中国共产党统一战线史

中共中央统战部　编著

中共党史出版社
華文出版社

图书在版编目（CIP）数据

中国共产党统一战线史 / 中共中央统战部 编著. — 北京：华文出版社，2017.6（2025.11 重印）

ISBN 978-7-5075-4307-0

Ⅰ. ①中… Ⅱ. ①中… Ⅲ. ①中国共产党—统一战线工作—历史 Ⅳ. ①D613

中国版本图书馆CIP数据核字(2017)第046935号

书　　名：中国共产党统一战线史
标准书号：ISBN 978-7-5075-4307-0
著　　者：中共中央统战部
责任编辑：雷平
出版发行：华文出版社
社　　址：北京市丰台区右外西路2号院
网　　址：http://www.hwcbs.cn
电　　话：总编室 010-59900723　　发行部 010-59900727
责任编辑 010-59900728
经　　销：新华书店
印　　刷：三河市航远印刷有限公司
开　　本：710 × 1000　1/16
印　　张：38.5
字　　数：518千字
版　　次：2017年7月第1版
印　　次：2025年 11 月第12 次印刷
定　　价：86.00 元

目录

第一章

建党初期和大革命时期的国民革命联合战线

（1921 年 7 月—1927 年 7 月）

中国是一个具有悠久历史的文明古国。自1840年鸦片战争后，中国在西方列强侵略下逐步沦为半殖民地半封建国家。为了实现民族独立和人民解放，中国各民族的人民大众，包括工人阶级、农民阶级、城市小资产阶级、民族资产阶级和其他爱国人士，对帝国主义和封建主义势力进行了英勇斗争，并从斗争中觉醒和团结起来。中国共产党成立后，中国革命面貌焕然一新。为了打倒势力强大的帝国主义和封建主义，中国共产党联合一切可能的同盟者，同国民党实行了第一次合作，建立了国民革命联合战线，掀起第一次大革命的高潮。

第一节 民主联合战线的提出

一、中国共产党人的早期统一战线思想

统一战线是马克思主义的一个基本战略和策略，根本问题是解决无产阶级解放运动中的自身团结统一和同盟军问题。马克思、恩格斯在《共产党宣言》中提出了“全世界无产者联合起来”这一鲜明的政治口号。列宁在领导俄国革命中提出了无产阶级掌握领导权和工农联盟、全世界无产者和被压迫民族联合起来等统一战线思想并付诸实践，激荡起欧亚波澜壮阔的革命浪潮。1917年十月革命一声炮响，给中国送来了马克思列宁主义。

统一战线思想萌芽　中国早期马克思主义者在传播马克思主义过程中，结合中国国情，从不同角度阐述和宣传全世界无产者联合起来、劳工阶级联合、民众大联合等统一战线思想。

1919年，李大钊在《新纪元》一文中指出：

劳工阶级要联合他们全世界的同胞，作一个合理的生产者的结合，去打破国界，打倒全世界资本的阶级。①

同年4月，他又在《每周评论》第16号上刊载《共产党宣言》第二

① 《新纪元》（1919年1月1日），《李大钊文集》（上册），人民出版社1984年版，第608页。

章，并加编者按强调这个宣言“要旨在主张阶级战争，要求各劳工的联合”，并热情地鼓励青年知识分子与农民联合，来完成中国的变革。

1919年七八月间，毛泽东在《湘江评论》上连续刊登《民众的大联合》文章，指出：

较大的运动，必有较大的联合。最大的运动，必有最大的联合。

共同利益因为我们的境遇和职业不同，其范围也就有大小的不同。

由许多小的联合，进为一个大的联合……由许多大的联合，进为一个最大的联合。为了反对帝国主义和封建军阀，必须实现中华民族的大联合。

并充满信心地预言：

中华民族的大联合，将较任何地域任何民族而先告成功。①

1920年6月间，陈独秀、李汉俊等在上海筹备成立中国共产党早期组织，并于11月起草了《中国共产党宣言》。这份宣言强调，共产主义者的目的是：

要组织一个革命的无产阶级的政党——共产党。共产党将要引导革命的无产阶级去向资本家争斗，并要从资本家手里获得政权……并要将这政权放在工人和农人的手里，正如一九一七年俄国共产党所做的一样。②

1920年10月，李大钊领导成立了北京的共产党早期组织。之后，武汉、长沙、广州、济南等地及旅日、旅法华人中的先进分子，也相继建立了共产党早期组织。

中国共产党的诞生　1921年7月23日，中国共产党在上海（7月30日转移到浙江嘉兴南湖）举行第一次全国代表大会。大会制订了《中国共产党第一个纲领》，通过了《中国共产党第一个决议》，选举陈独

---

① 《毛泽东早期文稿》，湖南出版社2008年版，第312、345、359页。

② 《中国共产党宣言》（1920年11月），中共中央文献研究室、中央档案馆编：《建党以来重要文献选编（一九二一——一九四九）》第1册，中央文献出版社2011年版，第487页。

秀、张国焘、李达为中央局委员，陈独秀担任中央局书记。在纲领中，确定党的名称为“中国共产党”，强调要“推翻资本家阶级的政权”，“承认无产阶级专政，直到阶级斗争结束”，“消灭资本家私有制”，以及“联合第三国际”①。在决议中，明确“本党的基本任务是成立产业工会”，集中精力领导工人运动。中国共产党是马克思列宁主义和中国工人运动相结合的产物。党的一大明确了中国共产党实现社会主义和共产主义的奋斗目标，提出了工人阶级自身团结统一的问题，不仅代表了工人阶级的利益，而且代表着整个中华民族的利益。但是，在中国共产党第一个决议中，提出“对现有其他政党，应采取独立的攻击的政策”，“不同其他党派建立任何关系”②。这说明，刚刚成立的中国共产党对建立革命同盟军的问题，特别是与其他政党的关系问题，在思想上还存在模糊认识。

二、中国共产党早期的统一战线活动

组织工人阶级统一战线　中国共产党作为中国最先进的阶级——工人阶级的政党，一经成立就集中力量开展工人运动。1921年8月11日，在上海成立了中国劳动组合书记部，张国焘担任书记部主任。这是党领导工人运动的第一个公开机构。《中国劳动组合书记部宣言》号召“已成立的劳动团体加入这个书记部与我们共同进行”，开展对资本家的斗争。随后，在北京、汉口、长沙、广州、济南先后设立了分部。1922年8月，总部从上海迁往北京，也建立了上海分部。党集中力量开展工人运动，在各地开设工人夜校，创办工人刊物，组织产业工会。以1922年1月香港海员罢工为起点，中国共产党领导掀起了中国

① 《中国共产党第一个纲领》（1921年7月），中共中央文献研究室、中央档案馆编：《建党以来重要文献选编（一九二一——一九四九）》第1册，中央文献出版社2011年版，第1页。

② 《中国共产党第一个决议》（1921年7月），中共中央文献研究室、中央档案馆编：《建党以来重要文献选编（一九二一——一九四九）》第1册，中央文献出版社2011年版，第6页。

工人运动的第一个高潮。在持续的13个月里，全国发生大小罢工100余次，参加人数在30万以上，充分显示出组织起来的工人阶级的力量。

【延伸阅读】

中国劳动组合书记部

为加强中国工人阶级的内部团结，1922年5月1日，中国共产党以中国劳动组合书记部的名义，在广州举行第一次全国劳动大会。到会代表中有共产党员、国民党员、无政府主义者以及无党派人士等共173人，代表全国12个城市、110多个工会和34万有组织的工人。大会接受了中国共产党的政治主张，把反帝反封建作为工人运动的基本目标，在大会宣言中号召全国工人阶级团结起来，削平行帮，消除隔阂，不分地域，不分党派，不分男女老少，联合成一个阶级战线，反对国际帝国主义和封建军阀。会议产生由国民党党员黄焕庭、林伟民、谢英伯和共产党员谭平山、邓培组成的5人主席团。大会决定在全国总工会成立以前，委托中国劳动组合书记部为全国工人组织的总通讯机关，并负责召集第二次全国劳动大会，实际上承认了共产党在全国工人运动中的领导地位。

组织各界统一战线活动　党在以主要精力开展工人运动的同时，积极在学生、农民、青年、妇女以及知识界等各界开展统一战线活动。早在1919年，周恩来就组织成立了有30多个团体、170多个单位，包括工人、学生、妇女、新闻、教育、工商、士绅、宗教等各界在内的天津各界联合会，这是全国成立最早的联合会，也是具有统一战线性质的组织。1921年4月，上海《共产党》月刊发表《告中国的农民》一文指出，革命者应面向农民，“要设法向田间去，促进他们的觉悟”，号召农民“集合起来”。中国共产党成立后，共产党人彭湃领导的广东海陆丰农民运动影响深远，为后来农民运动的兴起积累了经验。1921年8月，党组织在上海帮助中华女界联合会改组，举办平民女校。党的二大通过了关于妇女运动的决议，开展女工运动，组织进步妇女组织。上海、北京等地党的早期组织在筹建共产党的同时，领导建立了社会主义青年团。党成立后加强青年工作，在整顿和重建的基础上，1922年5月，在广州召开了中国社会主义青年团第一次全国代表大会，中共中央局书记陈独秀、青年共产国际代表达林出席并指导大会，会议通过了青年团纲领、章程等决议案，选举产生了由施存统任书记的青年团中央领导机构。5月，李大钊、邓中夏、陈独秀等发起组织以反对帝国主义宗教侵略为宗旨的非宗教大同盟，提出了求“反帝”之同、存“信仰”之异的指导思想，反对帝国主义的文化侵略。这一时期，党还在各地发起民权运动大同盟，广泛宣传反帝反封建的政治主张。

三、党的二大与民主联合战线的提出

中国共产党成立后，积极投身到实际的革命活动中去，并在斗争中学习运用马克思主义的观点来观察和分析中国面临的实际问题。但是，如何把马克思主义基本原理同中国革命的具体实践正确地结合起来，制定出符合国情的民主革命纲领，需要有一个探索的过程。

共产国际与国共合作　中国共产党的建立和中国革命一直得到列宁领导的共产国际的帮助。1922年1月21日至2月2日，共产国际在莫斯科召开远东各国共产党及民族革命团体第一次代表大会，出席大会的中国代表团由44人组成，其中除共产党员14人外，还有社会主义青年团、国民党以及工人、农民、学生、妇女等革命团体的代表。会议根据列宁关于民族和殖民地问题的理论，阐明被压迫民族所面临的反帝反封建的历史任务，讨论共产党同民族革命政党进行合作的问题，强调吸收农民参加民族民主革命运动的重大意义。会议期间，列宁抱病接见了中国共产党代表张国焘、国民党代表张秋白和铁路工人代表邓培，希望国共两党实现合作，勉励中国工人阶级和革命群众加强团结，推动中国革命向前发展。这次会议对帮助中国共产党人认清中国国情和制定中国民主革命的纲领，建立和发展广泛的反帝反封建的统一战线，推进国共合作，起到了很大作用。

1922年四五月间，共产国际代表达林在广州参加第一次全国劳动大会和中国社会主义青年团一大期间，建议陈独秀召集参会代表讨论研究远东会议精神，考虑同中国国民党建立联合战线的问题。

孙中山领导的国民党 孙中山是伟大的民族英雄、伟大的爱国主义者、中国民主革命的伟大先驱。1894年在檀香山成立革命组织兴中会，第一次响亮地喊出“振兴中华”的口号。1905年在日本东京发起成立资产阶级革命政党——同盟会，首次提出以资产阶级民主共和国取代腐朽专制的清封建王朝的革命目标。1911年10月，孙中山领导了伟大的辛亥革命，推翻了清王朝统治，结束了在中国延续几千年的君主专制制度。辛亥革命胜利后，建立了中华民国，也揭开了中国政党政治的序幕。从民国成立到1913年10月，仅在一年多时间里，中国出现了数百个党团，其中较大的有四个政党：国民党、民主党、共和党和统一党。1912年冬举行了首次国会选举，国民党夺得了多数议席。国民党领袖宋教仁积极宣传议会政党政治，为袁世凯为代表的封建军阀政治集团所不容，于1913年3月在上海火车站被刺杀。10月6日，袁世凯操纵选举，成为中华民国第一任正式大总统。随后，袁世凯又撕下民主的伪装，复辟帝制，下令解散国民党，取消国会，撕毁约法。民国初年的资产阶级多党制就这样宣告失败。

1914年7月，孙中山在日本组织中华革命党，1919年10月改称中国国民党，继续进行资产阶级民主革命，先后领导了“二次革命”和护法运动。中国共产党在1922年领导香港海员罢工运动中，孙中山和国民党广州政府给予了大力支持，国民党员与共产党员共同参加罢工，配合默契，最终取得胜利。1922年夏，孙中山又因广东军阀陈炯明叛乱离开广州避居上海，共产国际和中国共产党多次派代表对处于困境中的孙中山表示支持，同他磋商中国革命的道路和方法，商讨国共合作问题。李大钊同孙中山多次会见，讨论振兴国民党和振兴中国的问题，畅谈不倦。孙中山十分兴奋，亲自主盟，介绍李大钊加入中国国民党。1923年2月21日，孙中山重返广州，就任陆海空大元帅，第三次建立广东革命根据地。

提出“联合战线”主张　1922年6月15日，中国共产党中央执行委员会发表了《中国共产党对于时局的主张》，这是党成立后公开发表的第一个重要的政治声明。文件指出，帝国主义的侵略和军阀政治是中国内忧外患的根源，也是人民遭受痛苦的根源。

中国共产党的方法，是要邀请国民党等革命的民主派及革命的社会主义各团体开一个联席会议，……共同建立一个民主主义的联合战线，向封建式的军阀继续战争；因为这种联合战争，是解放我们中国人受列强和军阀两重压迫的战争，是中国目前必要的不可免的战争。①

这个文件，第一次明确提出了建立“联合战线”的主张，为党的二大制定民主革命纲领，提出建立“民主的联合战线”奠定了基础。

建立“民主的联合战线”　1922年7月16日至23日，党的二大在上海召开。陈独秀主持大会并作工作报告。

会议提出中国共产党的任务及其目前的奋斗纲领，即党的最低纲领是：消除内乱，打倒军阀，建设国内和平；推翻国际帝国主义的压迫，达到中华民族完全独立；统一中国为真正的民主共和国。会议规定党的最终奋斗目标，即最高纲领是：组织无产阶级，用阶级斗争的手段，建立劳农专政的政治，铲除私有财产制度，渐次达到一个共产主义的社会。②

党的二大第一次明确提出了反帝反封建的民主革命纲领，为中国革

---

① 《中国共产党对时局的主张》（1922年6月15日），中共中央文献研究室、中央档案馆编：《建党以来重要文献选编（一九二一——一九四九）》第1册，中央文献出版社2011年版，第98页。

② 《中国共产党第二次全国代表大会宣言》（1922年7月），中共中央文献研究室、中央档案馆编：《建党以来重要文献选编（一九二一——一九四九）》第1册，中央文献出版社2011年版，第133页。

命指明了正确方向。党的二大制定了第一部《中国共产党章程》，对党员条件、党的组织和党的纪律等作了明确规定。党的二大还通过决议案，确认中国共产党是共产国际的一个支部。这在当时是必要的选择，对后来的中国革命产生过积极作用，但也带来过消极方面的影响。

为了贯彻党的民主革命纲领，党的二大通过了9个决议案（议决案），其中《关于“民主的联合战线”的议决案》（以下简称《议决案》）是党关于统一战线的第一个专门文件。

关于建立民主联合战线的必然性、可能性和发展前途，《议决案》指出：

东方产业幼稚的国家，……无产阶级倘还不能够单独革命，扶助民主派对于封建革命也是必要的，因为封建武人是无产者和民主派公共的仇敌，两派联合起来打倒公敌，才能得着出版、集会、结社的自由，任何阶级都必须得着这几种自由方有充分发展的机会。民主派打倒封建以后，他们为自己阶级的利害计，必然要用他们从封建夺得政权来压迫无产阶级，这时他们压迫的程度和无产阶级能够抵抗的程度，乃看无产阶级在民主的战争期间所发挥的组织能力和战斗能力至何程度而定。①

关于建立民主联合战线的任务，《议决案》指出：

我们共产党应该出来联合全国革新党派，组织民主的联合战线，以扫清封建军阀推翻帝国主义的压迫，建设真正民主政治的独立国家为职志。②

这里包含两重任务，一是建立联合战线的组织任务；二是组织联合战线的斗争任务。特别强调保持无产阶级独立性的重要性：

① 《关于“民主的联合战线”的议决案》（1922年7月），中共中央文献研究室、中央档案馆编：《建党以来重要文献选编（一九二一——一九四九）》第1册，中央文献出版社2011年版，第138—139页。

② 《关于“民主的联合战线”的议决案》（1922年7月），中共中央文献研究室、中央档案馆编：《建党以来重要文献选编（一九二一——一九四九）》第1册，中央文献出版社2011年版，第139页。

无产阶级一方面固然应该联合民主派，援助民主派，然亦只是联合与援助，决不是投降附属与合并，因为民主派不是代表无产阶级为无产阶级利益而奋斗的政党；一方面应该集合在无产阶级的政党——共产党旗帜之下，独立做自己阶级的运动。①

关于建立联合战线的活动方式和实施计划，《议决案》指出，要先行邀请国民党及社会主义青年团商讨建立联合战线的具体问题。应联络倾向共产主义的议员和真正民主派的议员，结成民主主义左派联盟。还要在全国各城市集合工、农、商、教、学、妇及律师、记者等团体，组织“民主主义大同盟”。

党的二大统一了全党在统一战线问题上的战略策略思想，改变了党的一大关于不同其他党派建立任何联系的规定，为建立民主联合战线、推动国共合作奠定了思想理论基础，在党的统一战线发展史上具有开创性的重要地位和意义。

第二节　国民革命联合战线的建立

一、党的三大与国共合作政策的确立

1923年2月7日，在帝国主义势力支持下，军阀吴佩孚调动军警在京汉铁路沿线血腥镇压罢工工人。共产党员林祥谦、施洋先后被杀害，全国工人运动暂时转入低潮。这使党深刻地认识到，中国革命的

① 《关于“民主的联合战线”的议决案》(1922年7月)，中共中央文献研究室、中央档案馆编：《建党以来重要文献选编(一九二一——一九四九)》第1册，中央文献出版社2011年版，第139页。

敌人是异常强大的，战胜之单靠工人阶级孤军作战是不够的，必须争取一切可能的同盟者。党应该采取积极的步骤去联合孙中山领导的国民党，建立工人阶级和民主力量的联合战线。

党外合作到党内合作　党的二大决定与其他政党建立民主的联合战线。李大钊与孙中山多次会见，商讨共产党与国民党合作的问题。国共采取什么形式合作是讨论的主要问题。中国国民党是一个主要代表民族资产阶级和城市小资产阶级的政党，其成分复杂、组织松散，没有制定统一的行动纲领。共产党开始主张国共两党实行党外合作，并在北京、广州、上海等中心城市发起组织“民权运动大同盟”，试图利用这种群众团体的形式同国民党建立联合战线，但孙中山不接受中国共产党关于国共两党以平等地位进行党外联合的主张，而是要求共产党人以个人身份加入国民党，在国民党内实行党内合作。

此时，共产国际代表马林根据在印尼爪哇的工作经验，认为中国共产党应当正视自己在组织上仍十分弱小的现实，接受孙中山的建议。马林还向共产国际提出“在国民党内部开展工作”的建议，很快得到批准。根据马林的建议，1922年8月底，中共中央执行委员会在杭州西湖开会，讨论共产党员加入国民党的问题。开始，与会委员多数不赞成马林的建议，认为国民党是一个资产阶级政党，共产党员加入进去，有丧失自己独立性的危险。经过马林的解释和说服，经过充分讨论，会议决定在孙中山改组国民党的前提条件下，共产党的少数负责人先行加入国民党，同时劝说全体共产党员以个人身份加入国民党。西湖会议是中国共产党的国共合作政策由最初设想的党外合作开始转向党内合作的转折点。西湖会议后，共产党领导人李大钊、陈独秀等同孙中山等国民党领导人举行会谈，积极推进国共合作的实现。

孙文越飞联合宣言　1923年1月，孙中山会晤苏联代表越飞，发表《孙文越飞联合宣言》，公开确立了国民党的联俄政策。同时，共产国际执行委员会作出的《关于中国共产党与国民党的关系问题的决议》传到中国，系统地阐述了对国共合作问题的指导性意见，再次强调共产党员应该“留在国民党内”，但党要保持自己在政治上的独立性。这是共产国际第一次专门就中国问题作出的决议，对促进国共合作起到了积极的推动作用。此后，陈独秀、李大钊等人接连发表文章，对“党内合作”的必要性、客观条件和策略问题作了深入阐述，为党的三大召开做了思想上、政治上的准备。

共产党员加入国民党 1923年6月12日至20日，党的三大在广州召开。大会的中心议题是讨论共产党员加入国民党的问题。陈独秀作政治报告。大会正确估计了孙中山和国民党的革命立场，决定共产党员以个人身份加入国民党，实现国共合作；同时，明确规定党必须在政治上、思想上、组织上保持自己的独立性。大会通过了宣言和《关于国民运动及国民党问题的议决案》等十多个重要文件。三大选出新一届中央执行委员会，选举陈独秀、蔡和森、毛泽东、罗章龙、谭平山组成中央局，陈独秀为委员长。

在三大的大会讨论中，发生了激烈争论。张国焘、蔡和森等人虽然承认反帝反封建的国民革命是中国革命的重要任务，但认为共产党还有它的特殊任务，即领导工人运动同资产阶级作斗争，这两个任务同等重要，应同时进行。他们反对全体共产党员加入国民党，特别是反对党的领导干部和从事工人运动的党员加入国民党，认为那样会取消共产党的独立性，也强调在国共合作的统一战线中应保持党在政治上组织上的独立性。陈独秀和马林认为，中国革命目前的任务，只是进行国民革命，不是进行社会主义革命；国民党是代表国民革命的党，应成为革命势力集中的大本营；共产党和无产阶级现在都很幼弱，还没有形成一个独立的社会力量。因此，要全体共产党员、产业工人都加入国民党，全力进行国民革命。主张凡是国民革命的工作，都应当由国民党组织进行，即所谓“一切工作归国民党”，只有这样，才能增强国民革命的力量。争论双方的认识都有正确的一面，同时又存在片面性。最后，参加会议的代表表示赞成与国民党合作的意见，作出了符合当时国民革命的中心任务的正确决议。

党的三大决定采取共产党员以个人身份加入国民党的方式实现国共合作，把中国国民党改组为民主革命联盟，这是当时孙中山和国民党所能接受的唯一合作方式。它既有利于国民党的改造和发展，又有利于共产党登上更广阔的政治舞台，对双方都是有利的。党的三大将二大提出的建立民主的联合战线的原则和西湖会议提出的党内合作形式又向前推进了一步，国共合作的步伐大大加快了。

二、第一次国共合作的正式形成

关于"国民革命"的口号 国共合作是在"国民革命"旗号下进行的。孙中山在辛亥革命前曾把他领导的斗争称为国民革命，但含义不清，目标也不甚明确，以后长期不再使用。1922年9月，陈独秀在《向导》第2期上发表《造国论》一文，提出以国民革命解除国内国外的一切压迫，同"打倒列强，除军阀"的革命任务直接联系起来，赋予了国民革命新的明确的政治内容。陈独秀指出：

我们造国的程序是：第一步组织国民军；第二步以国民革命解除国内国外的一切压迫；第三步建设民主的全国统一政府；第四步采用国家社会主义开发实业。①

1923年5月，蔡和森在《向导》第23期发表《中国革命运动与国际之关系》的文章，对"国民革命"作了进一步阐述，指出：

殖民地国民革命运动的特性就是：一面打倒国内的封建势力，一面反抗外国帝国主义；在这种立场上，殖民地的无产阶级所以可与革命的资产阶级结成联合战线。②

---

① 陈独秀：《造国论——以真正国民军，创造真正民国》（1922年9月20日），中共中央文献研究室、中央档案馆编：《建党以来重要文献选编（一九二一——一九四九）》第1册，中央文献出版社2011年版，第187页。

② 蔡和森：《中国革命运动与国际之关系》（1922年5月2日），中共中央文献研究室、中央档案馆编：《建党以来重要文献选编（一九二一——一九四九）》第1册，中央文献出版社2011年版，第233页。

从此，国民革命的口号风靡一时，深入人心。在国共两党的努力下，国民革命思想在全国范围以前所未有的规模广泛传播开来，在大革命浪潮中发挥了唤起和团结民众的重大作用。

改组国民党 国共合作的前提条件是改组国民党。经过多次的严重挫折，孙中山在最后确定联俄联共的政策时，下决心以苏俄为榜样改组国民党。1922年9月，孙中山召开国民党首次改组会议，指定包括共产党员陈独秀在内的9人组成国民党改进案起草委员会，对国民党党纲和总章进行修改。1923年元旦，孙中山发表《中国国民党改进宣言》，次日召开中国国民党改进大会，公布党纲和总章，随后宣布国民党本部干部名单，其中共产党员陈独秀为本部参议，林祖涵（林伯渠）为总务部副部长。2月21日，孙中山重返广州，就任陆海军大元帅，第三次建立广东革命根据地。10月，应孙中山邀请，苏联政府代表鲍罗廷到达广州，被孙中山聘为中国国民党组织训练员。至此，国民党改组进入实质性阶段。

10月19日，孙中山委任廖仲恺、汪精卫、李大钊、张继、戴季陶等5人为国民党改组委员。24日，又委任廖仲恺、谭平山等9人为国民党临时中央执行委员，汪精卫、李大钊等5人为候补执行委员，负责筹备改组工作。28日，国民党临时中央执行委员会成立，鲍罗廷被聘为顾问。12月9日，孙中山发表演说指出：

> 吾党此次改组，乃以苏俄为模范，企图根本的革命成功，改用党员协同军队来奋斗。①

国共合作建立过程中，共产党起了积极推进作用。党的各级组织做了许多思想工作，动员共产党员和进步青年加入国民党，宣传三民主义，积极推进国民革命运动。1923年11月下旬，中共中央召开三届一次会议通过了《国民运动进行计划决议案》，指出，“国民运动是我党目前全部工作”，全党“当以扩大国民党之组织及矫正其政治观念为

---

① 《孙中山全集》第8卷，中华书局1986年版，第501页。

首要工作”。在广东、上海、四川、山东等地，努力扩大国民党组织；在政治上，根据三民主义之民族主义，促使国民党进行反对帝国主义的宣传及行动。反帝国主义的运动，在中国国民运动中，比反军阀更为切要，军阀与帝国主义者有冲突时，吾人得助军阀以抗外人，断不可借外力以倒军阀。①

第一次国共合作正式形成 1924年1月20日至30日，中国国民党第一次全国代表大会在孙中山主持下在广州举行。它是中国国民党（包括它的前身兴中会、中国同盟会、国民党、中华革命党）30年历史上第一次举行的全国代表大会。出席会议的代表有165人，其中共产党员有23人。孙中山指定胡汉民、汪精卫、林森、谢持、李大钊5人组成大会主席团。大会通过的宣言，对孙中山提出的三民主义作了适应时代潮流的新解释，在事实上确立了联俄、联共、扶助农工的三大政策②，并将新三民主义和三大政策这两个方面联系起来，成为第一次国共合作的政治基础。大会通过《中国国民党章程草案》，确认了共产党员以个人身份加入国民党的原则，虽然国民党内部情况相当复杂，但它已经开始成为工人、农民、城市小资产阶级和民族资产阶级的民主革命联盟。国民党一大的召开，标志着第一次国共合作的正式形成。这是中国共产党实践民主革命纲领和统一战线政策的重大胜利。

关于国民党中央执行委员会。在当选的24名中央执行委员中，有共产党员李大钊、谭平山、于树德3人；在当选的17名候补中央委员中，有共产党员毛泽东、张国焘、瞿秋白、林伯渠、韩麟符、沈定一、于方舟7人。也就是说，共产党员共10人担任了国民党中央执行委员会委员

---

① 《国民运动进行计划决议案》（1923年11月），中共中央文献研究室、中央档案馆编：《建党以来重要文献选编（一九二一——一九四九）》第1册，中央文献出版社2011年版，第348页。

② 国民党始终称“联共”为“容共”，即容纳共产党之意。“三大政策”是共产党人后来概括的。

或候补委员，约占总数的1/4。接着，国民党召开一届一中全会推选廖仲恺、谭平山、戴季陶为国民党中央常委，并决定成立中央党部。在中央党部所设的8个部中，共产党员谭平山任组织部长，林伯渠任农民部长，杨匏安、冯菊坡、彭湃、张善铭等分别担任组织、工人、农民、青年等部的秘书。3个中央党部执行部中，也安排共产党人担任负责人。上海执行部有毛泽东、恽代英、邓中夏、向警予、罗章龙等；北京执行部有李大钊、于树德、褚松雪等；汉口执行部有林伯渠、李立三、林育南、项英等。

由于孙中山的坚持，国民党一大后开始贯彻体现国共实行“党内合作”的新的组织路线。但是，国民党右派只在口头上不得不赞成，心里并不愿意执行。是否真正执行大会通过的宣言和章程，实际上成为后来共产党员和国民党左派同国民党右派斗争的核心问题。这次合作实现后，以广州为中心，很快开创出反帝反封建的革命新局面。

【延伸阅读】

新三民主义

经过重新解释的三民主义被称为新三民主义。民族主义有两方面内容，“一则中国民族自求解放，二则中国境内各民族一律平等”，突出了反对帝国主义的内容；民权主义主张民主自由权利“为一般平民所共有，非少数者所得而私也”，“效忠于帝国主义及军阀者，无论其为团体或个人，皆不得享有此等自由及权利”；民生主义最重要的原则是，“一曰平均地权，二曰节制资本”。新三民主义政纲与中国共产党在民主革命阶段的纲领是基本一致的，因而成为第一次国共合作的政治基础。

第三节　国共合作推动国民革命和北伐战争的开展

一、国民革命席卷中国大地

帮助建立国民党地方组织　改组前的国民党活动范围限于少数地方的上层社会，缺乏对下层的群众工作。共产党员加入国民党后，首先协助国民党组建起上海、汉口、北京3个中央执行部，继后在各地积极帮助创建和发展组织，不少省市党部的实际负责人是共产党员。到1926年5月国民党二大时，除新疆、云南、贵州等少数省区外，全国各地都已有了国民党组织，国民党党员达到20万人之多。在国民党党员人数增加的同时，党员成分也发生了很大变化，工农分子和青年学生占有较大比重。但国民党内仍有很多地主买办分子、官僚政客和军阀，并占有一定的地位，他们是国民党右派势力的主要基础。共产党人在国民党中央党部和各级地方党部中发挥了重大作用，对加强两党的合作作出重大贡献。

创办黄埔军校　在共产党人建议下，国民党一大决定创办一所陆军军官学校（因校址在广州附近的黄埔，通称黄埔军校）。1924年5月，黄埔军校开学，孙中山亲自兼任军校总理，蒋介石为校长，廖仲恺担任党代表，先后聘请苏联军官加伦等为军事顾问。11月，刚从欧洲归国不久的周恩来担任政治部主任，把军校的政治教育提到和军事训练同等重要的地位，注重培养学生的爱国思想和革命精神，成为它同一切旧式军校的根本不同的地方。黄埔军校是一所国共合作的学校，共产党十分重视黄埔军校工作，从各地选送党团员和进步青年到军校学习，选派恽代英、萧楚女、熊雄、聂荣臻等人到军校任职任教。黄埔军校的创办，为国民革命培养了大批军政干部，同时，也为共产党开展武装斗争培养了人才。一些受到革命思想熏陶的国民党员，在以后的国共斗争中，对共产党给予了同情和支持，甚至重新回到人民的怀抱。

国民革命军的政治工作 1924年11月，周恩来和中共广东区委在取得孙中山同意之后，从军校第一期毕业生中抽调部分党团员作骨干，改组大元帅大本营的铁甲车队，由共产党员廖乾五任党代表。后来以铁甲车队为基础创立了由共产党直接领导的、以叶挺为团长的独立团。1925年1月，创立了以黄埔军校学生为主的国民革命军第一军，蒋介石任军长，周恩来任政治部主任。周恩来借鉴苏联军队的经验，结合国民革命军的实际，制定了一整套政治工作制度和工作方法，从而提高了该军的革命精神和战斗力。

革命群众运动的兴起 国共合作的实现，促进了工人、农民、学生、妇女等革命群众运动的兴起。国民党一大在中央党部设立了工人部、农民部和青年部，共产党员负责实际工作。1924年7月，国民党中央在广州创办农民运动讲习所，彭湃、毛泽东等共产党人主持连续举办了6期，为全国20个省培训农运骨干700多名。1924年下半年，以上海为中心，在十多个省掀起第二次非基督教运动高潮，有力揭露和打击了帝国主义利用教会从事文化侵略的阴谋。1924年冬至1925年春，国共合作推动全国各阶层人民和工会、农会、学联、商会、妇女会等群众团体，开展国民会议运动，随后又开展声势浩大的废除不平等条约运动。1925年5月在广州召开了第二次全国劳动大会，成立了中华全国总工会，共产党员林伟民当选为执行委员会委员长兼总干事，刘少奇被选为副委员长。这次会议为中国工人运动第二次高潮和大革命高潮作了组织准备。

国共合作使中国共产党提出的反帝反封建的政治纲领，随着国民革命高潮的兴起，更广泛地深入人心，使中国共产党从原来比较狭小的圈子里走出来，登上更广阔的社会政治舞台。各地的农民协会和工会也纷纷成立，为此后土地革命风暴的掀起准备了重要的群众条件。1923年6月党的三大时只有党员420人，1925年1月党的四大时党员发展到994人，到1927年4月党的五大时党员发展到57967人，青年团员也发展到3.5万人。

【延伸阅读】

孙中山在北京逝世

1924年10月，具有进步思想的将领冯玉祥发动政变，推翻直系军阀控制的北京政府，一时控制了北京、天津一带，并把所部改编为国民军。他电邀孙中山北上“共商国是”。孙中山由广州、上海绕道日本经天津前往北京。1925年3月12日，孙中山因肝病在北京逝世。此前，孙中山自知病已无救，便亲手签署了三份遗书：国事遗嘱、家事遗嘱、致苏联遗书。孙中山的逝世引起全国人民的巨大悲痛。国共两党组织各界人民举行哀悼活动，广泛传播孙中山的遗嘱和革命精神，形成一次声势浩大的革命宣传。

二、大革命的高潮和北伐战争的胜利

领导权和工农联盟问题　为加强对日益高涨的革命运动的领导，1925年1月11日至22日，党的四大在上海召开。这次大会在党的历史上第一次明确提出无产阶级在民主革命中的领导权和工农联盟问题，并对民主革命的一些基本问题作出了比较完整的规定。大会强调在反对帝国主义的同时，还要反对封建的军阀政治和经济关系。但是，对如何正确处理同资产阶级争夺领导权过程中的种种复杂问题，大会没有作出具体回答，对建立政权和武装的极端重要性仍缺乏认识。大会选举产生了新的中央执行委员会，中央局决定陈独秀为总书记。党的四大推动了以五卅运动为标志的大革命高潮的到来。

国民革命运动的高潮 1925年5月15日，上海工人顾正红（共产党员）被日本资本家枪杀。中共中央决定30日在租界举行大规模反帝示威活动。游行队伍在南京路遭到英国巡捕枪击，打死13人，多人受伤。此后几天，在上海和其他地方又连续发生英、日等国军警枪杀中国人的事件，激起全国人民的极大愤怒，形成工人罢工、学生罢课、商人罢市的抗议运动。全国各地约1700万人直接参加了运动，到处响起“打倒帝国主义”、“废除不平等条约”的怒吼，史称五卅爱国运动。

五卅爱国运动不仅沉重地打击了外国列强在中国的统治，而且把国民革命运动推向了高潮。在南方，从6月开始，有25万人参加的省港大罢工坚持达16个月之久。有组织的罢工工人成为广州革命政府的有力支柱，国共合作进行了统一广东的战争，肃清了广东境内的大小军阀势力。1925年7月1日，国民政府在广州成立，汪精卫当选为主席，鲍罗廷被聘为高等顾问。7日，国民政府将黄埔军校校军和湘军、滇军、粤军等改编为国民革命军6个军，共8.5万人。在各军设立党代表和政治部，周恩来、李富春、朱克靖、廖乾五、林伯渠分别担任第一、二、三、四、六军的党代表或副党代表。在北方，在国共两党的共同组织和发动下，“反奉倒段”群众运动此起彼伏。

国共两党联合北伐 1926年夏，国共两党决定实行北伐，发动对北洋军阀的战争，直接打击目标是受帝国主义支持的吴佩孚、孙传芳、张作霖三派势力。根据敌众（70万）我寡（10万）但北洋军阀内部矛盾深刻的情况，北伐军采纳了苏联顾问的建议，确定了集中兵力、各个击破的战略方针。由于北伐军的英勇善战，共产党员和共青团员的先锋模范作用，以及广大人民群众的有力支援，在不到10个月的时间内，就取得了前所未有的伟大胜利，打垮了吴佩孚、孙传芳的主力，将革命从珠江流域推进到长江、黄河流域，席卷了半个中国，北洋军阀迅速崩溃。

随着北伐战争的胜利，工农运动更是不断高涨和深入。九江、汉口英租界的收回，上海工人的三次武装起义，以及各省市工会组织与会员的大幅度增加，显示了工人阶级的巨大力量。与此同时，以湖南为中心的农民运动席卷全国，长期身受封建势力压迫的广大农民，积极投身于大革命的洪流之中，成为中国民主革命的一支重要力量。

第四节　第一次国共合作的破裂

一、国民党右派的破坏、分裂和屠杀

国民党是一个复杂的混合体，成员中相当一批人虽曾追随孙中山参加过反清革命，但始终反对社会革命，反对工农运动，反对国共合作，是国民党中的右派。伴随革命运动的迅速发展，革命阵营内部的反共逆流也在滋长。

国民党二大与蒋介石地位上升　国共合作建立后，国民党右派利用“党团”等问题破坏国共合作，因共产党人和国民党左派的坚决反击而未能得逞。1925年3月，孙中山逝世，8月，廖仲恺被刺，右派的反共活动趋于猖獗。11月，老右派分子组成西山会议派，非法另立国民党中央，在国民党中搞分裂活动。1926年1月，国民党在广州举行第二次全国代表大会。由于各地选出的代表中共产党员和国民党左派占多数，因此，大会继续坚持反对帝国主义和军阀势力的主张，坚持联俄、联共、扶助农工的三大革命政策，并对参加西山会议的国民党老右派分子分别给以党纪处分。但蒋介石在这次会议上当选为国民党中央执行委员和国民革命军总监，在国民党和国民革命军内的地位都大大提高了。

中山舰事件 1926年3月20日，已经成为新右派代表的蒋介石制造了中山舰事件，借口共产党阴谋暴动逮捕海军局代理局长、共产党员李之龙，在广州实行紧急戒严，拘捕黄埔军校和第一军中的共产党员，调动军队包围省港罢工委员会和苏联顾问办事处。蒋介石通过这一事件，一方面逼走担任国民政府主席的汪精卫而攫取了国民党的大权，另一方面是公开进行反共活动的重要试探。事件发生后，在妥协政策指导下，中共中央接受了蒋介石的无理要求，撤回了第一军中的共产党员。共产党员被挤出第一军，蒋介石在政治上、军事上的地位大大加强。

整理党务案 同年5月15日，在国民党召开的二届二中全会上，蒋介石又抛出所谓《整理党务案》，提出：共产党员在国民党高级党部任执行委员的人数不得超过全体执行委员的1/3；共产党员不能担任国民党中央各部部长；加入国民党的共产党员名单须全部交出；中国共产党及第三国际对参加国民党的共产党员的指示，须事先交国共两党联席会议通过等。实际上把共产党人排除出国民党领导岗位之外。共产党再一次让了步，使决议案获得通过。担任国民党中央部长和代理部长的共产党员谭平山、林祖涵、毛泽东等只得辞职，所留空缺大部分由国民党右派分子取而代之。共产党人被挤出国民党领导岗位，蒋介石当上国民党中央组织部长兼军人部长，随后又当上了国民党中央执行委员会常务委员会主席和国民革命军总司令，成为一手控制国民党、国民政府和国民革命军的党政军最高权力的人物。

蒋介石攫取了国民党最高权力后，为了继续得到苏联和中国共产党人的帮助，没有立即与共产党公开分裂，甚至还作出了一些缓和的姿态。但随着北伐战争的胜利进行，蒋介石实力迅速增强，便加紧同帝国主义、封建买办阶级勾结，筹划反革命政变，反共面目越来越明显。

1926年10月，北伐军攻克武汉，11月26日，国民党中央决定迁都武汉，并令国民党中央执行委员和国民政府委员分两批北上。次年2月21日，在武汉的国民党中央执行委员和监察委员联合举行扩大会议，宣布中央党部和国民政府即日起在汉口和武昌开始办公。此时，蒋介石以国民党党、政、军5个最高领导机构首领的名义，在南昌自称“中央”，公开反动面目。

中共中央于1927年2月中旬发出通告，指出“现时蒋介石已成为右派反动势力的中心”，提出共产党应勇敢地站在主体地位，与国民党左派联合起来开展斗争。国民党左派也公开主张让加入国民党的共产党员参加国民党中央以及一切政治组织、民众组织。由于共产党和国民党左派的斗争，蒋介石不得不以“中央”名义宣布全体国民党中央委员赴汉口出席国民党二届三中全会。

武汉国民政府 在1927年3月召开的国民党二届三中全会上，在共产党人吴玉章、毛泽东、董必武、林祖涵、恽代英和国民党左派宋庆龄、何香凝、邓演达等共同努力下，通过了一系列巩固党权，制约军事独裁，坚决赞助工农群众运动，坚持孙中山三大政策和旨在加强集体领导的决议。会议决定，国民党中央常务委员会和军事委员会，中央政治委员会、国民政府，均改为主席团制或常务委员制，实行集体领导，不设主席。全会选举还在国外的汪精卫担任国民党中央和国民政府的主要领导人。3月20日，武汉国民政府正式成立。共产党人谭平山、吴玉章担任政府委员，谭平山、苏兆征分别担任农政、劳工部长，毛泽东等分别在政府有关部会任职。此时的武汉国民政府成为国共联合政府。

对于国民党二届三中全会的决议，蒋介石表面通电表示拥护，实际上却加紧了反共活动。在他的指使下，赣州、九江、安庆等地发生了杀害共产党人和捣毁总工会、国民党左派控制的党部等严重事件。3月24日，北伐军占领南京。当天下午，游弋在长江江面的英、美军舰借口保护侨民，猛烈炮轰南京，造成中国军民严重伤亡。南京事件后，蒋介石加快了勾结帝国主义实行反共的步伐。4月初，蒋介石等人在上海举行秘密会议，决定用暴力手段实行“清党”。

第一次国共合作的破裂 4月12日凌晨，蒋介石突然在上海发动四一二反革命政变，疯狂的搜捕和屠杀共产党人与革命群众，到4月15

日，上海工人300多人被杀，500多人被捕，5000多人失踪，中共江浙区委领导人陈延年、赵世炎、汪寿华等英勇牺牲。四一二反革命政变前后，在重庆、广州、南京、无锡、宁波、杭州、福州、厦门、汕头等地也相继发生以“清党”为名，大规模屠杀共产党员和革命群众的事件。与此同时，北方的奉系军阀张作霖也捕杀大批共产党员和革命群众。4月28日，李大钊等在北京英勇就义。四一二反革命政变，是大革命从高潮走向失败的转折点，它使中国政治风云突变，造成国民革命联合战线内部的巨大变动与分化。国内政局迅速逆转，除在北京张作霖控制的北洋军阀政府外，4月18日，蒋介石在帝国主义和江浙财阀的支持下，在南京另行成立南京“国民政府”，与武汉国民政府相对抗。中国一时形成了三个政权对峙的局面。南京“国民政府”从军事上对武汉形成包围之势，在经济上给武汉国民政府制造困难，在政治上策动破坏武汉国共合作局面，声称只反共不反武汉政府，力图缓和武汉的反蒋运动。以左派领袖面目出现的汪精卫打着反蒋旗号，迅速取得对武汉国民党中央和国民政府的领导权后，日益暴露其反革命面目，加紧了反革命活动。

四一二反革命政变后，共产党人同国民党左派联合发动了声势浩大的讨蒋运动。4月20日，中共中央发表宣言指出：“蒋介石业已变为国民革命公开的敌人”，号召人民群众为“推翻新军阀”而奋斗。4月22日，宋庆龄、邓演达、何香凝、谭平山、吴玉章、林祖涵、毛泽东等39人，以国民党中央执监委员、候补执监委员名义联名通电讨蒋；周恩来、赵世炎等致电中共中央，建议武汉政府趁蒋介石在沪宁地区立足未稳之机，迅速出兵东征讨蒋，但没有被采纳。同日，国民党左派的杰出代表、孙中山夫人宋庆龄写成《为抗议违反孙中山的革命原则和政策的声明》，随后在汉口公开发表。声明指出：

如果党内领袖不能贯彻他（孙中山）的政策，他们便不再是孙中山的真实信徒；党也就不再是革命的党，而不过是这个或那个军阀的工具而已。[①]

她号召国民党员和广大民众起来同违反孙中山革命原则和政策，把革命引上歧途的人作坚决斗争。

7月15日，汪精卫召开“分共”会议，悍然宣布与共产党决裂，并提出“宁可枉杀千人，不使一人漏网”口号，发动七一五反革命政变，武汉地区大批共产党人和革命群众惨遭杀害。第一次国共合作全面破裂，持续了三年多的大革命失败了。

二、共产国际和党的领导人的妥协退让

国共合作建立后，在大革命的初期和中期，党的路线基本上是正确的，因而获得很大的胜利。但是，中国共产党作为共产国际的一个支部，直接受共产国际的指导。共产国际及其代表虽然对大革命起了积极的作用，但由于他们并不真正了解中国的情况，也作出过许多错误的指示，出了一些错误的主意。而这时的党还处在幼年时期，年轻的共产党人对实现革命领导权的途径以及如何正确处理同资产阶级争夺领导权过程中遇到的复杂问题都缺乏经验，特别是中共中央主要负责人陈独秀在思想理论上存在不正确的认识，在一些重大问题上动摇不定，犯了右倾机会主义错误，没有能够领导全党采取果断有力的措施，革命遭到失败就难以避免了。

共产国际的无原则妥协　北伐的胜利和工农运动的蓬勃发展，使革命阵营内部的矛盾和斗争进一步激化。共产国际、联共（布）及其驻华代表提出了一些原则上正确的方针，给了中国共产党许多有益的指导。但由于他们对蒋介石等人叛变革命的危险性缺乏警惕，因而在处理与蒋介石、汪精卫等的关系时，采取了错误的方针，对中共中央的决策产生了消极影响。

---

① 《为抗议违反孙中山的革命原则和政策的声明》（1927年7月14日），《宋庆龄选集》上卷，人民出版社1992年版，第47页。

1926年冬，共产国际第七次扩大全会召开，会议中心议题是中国革命问题。斯大林在会上作了《论中国革命前途》的报告。全会通过《关于中国问题决议案》，指出：帝国主义已采取分化革命阵营的新策略，大资产阶级将不可避免地脱离革命；目前中国民族革命运动的发展重点是土地革命；中国革命的前途有可能向非资本主义即社会主义的方向发展，无产阶级应竭力争取革命的领导权；革命军队是中国革命极重要的因素，武装的革命反对武装的反革命，是中国革命的特点和优点之一。但是，联共(布)和共产国际试图推迟同蒋介石的决裂，指望用妥协策略来暂缓矛盾。1927年2月17日，联共(布)中央政治局向鲍罗廷发出指示，叮咛"不要把事态发展到与蒋介石决裂的地步"。甚至在上海工人第三次武装起义过程中，已对蒋介石阴谋活动有所警惕之时，陈独秀遵照共产国际和联共（布）的指示，致信上海区委，要求"表面上要缓和反蒋"，使得上海的反蒋斗争开始松懈。

右倾机会主义的错误　二七大罢工失败以后，陈独秀相继发表《资产阶级革命与革命的资产阶级》《中国国民革命与社会各阶级》，对中国革命一系列基本问题作了完全错误的判断。他认为中国革命的前途"自然是资产阶级的胜利"，因为国民革命时期不会有共产党夺取政权的事情。这是陈独秀犯下右倾机会主义错误的思想根源和理论基础。

在孙中山去世、国民党新右派势力逐渐抬头、国共关系日趋复杂的情况下，党内在如何处理同国民党关系上出现了不同意见。一种意见认为，鉴于国民党内部发生分化，共产党人应成为国民党左派的核心力量，同国民党新老右派展开积极斗争。针对1926年蒋介石发动的中山舰事件，毛泽东、周恩来等建议中央把黄埔军校和第一军中的共产党员派到其他军去，但未被采纳。另一种意见以中共中央主要领导人陈独秀、张国焘等为代表，仍然按联共（布）关于避免加剧同国民党关系的指示，认为应该协调两党关系，担心采取坚决斗争的政策，会树敌过多或吓跑资产阶级而使自己孤立起来。而共产国际驻中国代表维经斯基则主张国共应“从联盟转向联合”，即从党内合作转为党外合作。

在共产国际远东局直接指导下，1926年7月中旬，党召开四届中执委二次扩大会，认为国民革命若没有资产阶级有力参加，必陷于异常困难或置于危险境地，不能敌视他们过早，逼他们为帝国主义利用。会议把蒋介石列为新右派，但又强调他与老右派有质的区别，并幻想争取他向左转。会议仍将老右派作为主要斗争对象，看不到新右派蒋介石已逐渐发展成为同共产党争夺领导权的更危险的对手，也没有提出防止新右派力量增长的有效对策。

在北伐开始前后，共产党人本来应该而且有可能直接掌握更多的军队和一部分地方政权。城乡工农运动的深入，推动了许多县政权的变化。虽然共产党人参加革命政权已经成为革命进一步发展的需要，但中共中央对这个问题的认识落后于形势。中共中央向党内发出指示，严厉批评和制止各地共产党员参加政府的做法，强调在国民革命阶段，共产党必须彻头彻尾表示独立的在野党态度。中央甚至限令担任九江、永修等县县长的共产党员立即辞职，并强调“此后我们的人力务全用在民众方面，万勿参加政府工作”。中共中央对建立共产党直接领导的武装，也没有给予足够的重视。北伐开始前，黄埔军校毕业生中有共产党员和共青团员约2000人；湖南、湖北和江西的广大工人、农民从败散的敌军手里夺得大量枪支弹药，国民革命军的不少军官也邀请共产党派人去帮助工作。中共中央却要求共产党员和共青团员“只是注意政治宣传的事，而不可干涉到军事行政上的事”。因此，党在北伐中不仅没有更多地建立直接掌握的正规武装，而且也没有巩固和发展已有相当数量的工农武装。

面对革命阵营随时可能发生分裂的严重局面，1926年12月中旬，中共中央在汉口召开特别会议，把工农运动中出现的过激倾向夸大为主要危险，甚至把一些正确的做法也说成是“左”倾。会议不但没有解决好党如何生存并坚持斗争这个极端重要的问题，反而决定对群众运动采取消极压制的方针，企图以妥协退让来迁就国民党右派。这次会议，使党内的右倾错误逐步发展为右倾机会主义。

1927年3月，蒋介石已决定用暴力手段实行“清党”时，陈独秀还致信中共上海区委，提出“要缓和反蒋”。4月5日，陈独秀同汪精卫发表联合宣言，把“国民党领袖将驱逐共产党，将压迫工会工人纠察队”的真实计划，说成是“不审自何而起”的“谣言”，不仅完全掩盖了蒋介石蓄谋已久的屠杀阴谋，而且致使一部分共产党员对严峻复杂的形势放松了警惕，解除了革命群众的思想武装。

在革命的紧急关头，4月27日至5月9日，党的五大在武汉召开。大会通过的决议，一方面把蒋介石的叛变看作是整个资产阶级的叛变，把民族资产阶级当作革命的对象，从而混淆了民主主义革命同社会主义革命的界限；另一方面把汪精卫等控制的武汉政府当作工人、农民和小资产阶级的联盟，对之抱有很大幻想。这次大会，没能提出应对国民党右派叛变革命的正确方针，对汪精卫一派的右倾迁就政策使整个局势继续恶化。

由于党内对陈独秀的右倾错误越来越不满，7月12日，根据共产国际指示，中共中央实行改组，由张国焘、李维汉、周恩来、李立三、张太雷组成中央临时常务委员会。陈独秀从此离开中共中央最高领导岗位。13日，中共中央公开发表宣言退出武汉国民政府，同时严正声明共产党将继续支持反帝反封建的革命斗争，愿与国民党内的革命分子继续合作。这个宣言虽然发得迟了一点，但对振奋党内的革命精神起到了积极的作用。

三、大革命失败的教训

1924年至1927年，一场以推翻帝国主义在华势力和北洋军阀为目标的革命运动，席卷了中国大地，人们通常将其称为“大革命”或“国民革命”。国民党在大革命中有了威望，而中国共产党更以其最为积极、奋斗和牺牲的精神，在全国人民中赢得了信誉和信任。

轰轰烈烈的大革命虽然失败了，但它仍然具有深远的意义，并留给共产党人深刻的经验教训。

（一）必须建立包括工人阶级、农民阶级、小资产阶级和民族资产阶级参加的广泛的统一战线。这是中国革命完成反帝反封建的民主革命双重艰巨任务，取得革命胜利的一大法宝。

（二）必须坚持无产阶级及其政党的领导权。这是由中国革命的性质和特点决定的，也是由中国无产阶级的优点和中国共产党的性质所决定的。中国无产阶级只有通过中国共产党的领导，才能组成最广泛的革命统一战线，为实现革命的纲领和任务而奋斗。共产党在合作中必须坚持独立自主的原则。对资产阶级要实行既联合又斗争的政策，特别是要警惕资产阶级右翼的叛变活动，要进行坚决斗争，决不能妥协退让。

（三）必须结成巩固的工农联盟。工人阶级和农民阶级是统一战线的最基本力量，农民阶级是工人阶级的可靠同盟军，农民问题是实现无产阶级领导权的中心问题。以工农联盟为主体的工人阶级同其他劳动人民的联盟，是统一战线基本的、主要的基础。它的巩固和发展，决定着统一战线的巩固和发展。工人阶级只要团结了农民阶级，获得农民的支持，就基本实现了自己的领导权。否则，统一战线就不能巩固，自己的领导权就没有保障，资产阶级一旦叛变，自己就会处于孤立无援的境地。同时，必须坚持用无产阶级的先进思想对农民进行教育，不断巩固工农联盟，扩大统一战线。

（四）必须建立党和人民直接掌握的革命军队。中国革命的特点是武装的革命反对武装的反革命。无产阶级要领导中国革命，组织统一战线，也必须有革命武装。当资产阶级破坏、分裂统一战线，用暴力镇压工农群众时，无产阶级应用革命的武装予以反击。如果无产阶级没有自己的军队，在统一战线中就没有地位，就会失去领导权，就无力制止资产阶级的叛卖，自然也就无力巩固统一战线。

（五）必须制定和实行正确的政治路线和政策策略。实现共产党的领导，必须把马克思主义普遍真理与中国实践相结合，制定出符合实际的正确的政治路线和政策策略。这样，才能真正实现依靠工农劳动群众，争取中间派，揭露、孤立和打击右派，巩固统一战线。

第二章

土地革命战争时期的工农民主统一战线

（1927 年 8 月—1937 年 7 月）

以蒋介石为首的国民党新军阀在帝国主义支持下，建立起一个代表地主阶级和买办资产阶级利益的独裁专制政权。中国共产党继续推进彻底地反帝反封建的民主革命，领导了十年土地革命战争。在土地革命时期，党紧紧依靠农民这个革命主要同盟军，建立和巩固工农民主统一战线，开辟了一条适合中国国情的农村包围城市、武装夺取政权的革命新道路。当日本侵略者发动侵华战争，民族矛盾上升为社会主要矛盾之时，中国共产党以民族大义为重，在瓦窑堡会议上提出建立抗日民族统一战线的政治主张。西安事变，特别是全国抗战的爆发，促进了国共第二次合作的实现，掀起了全民族抗战的新高潮。

第一节　工农民主统一战线的提出

一、中国共产党工农联盟思想的形成和发展

工农联盟思想的提出　党从成立起就注意对工农群众的发动。1923年6月党的三大制定了专门的《农民问题决议案》，提出了联合小农佃农和雇工的要求。1925年1月，党的四大第一次明确提出工农联盟问题，肯定农民“天然是工人阶级之同盟者”。同年5月全国第二次劳动大会通过的《工农联合的决议案》，把引导农民参加民主革命，与农民建立巩固的联盟，作为民主革命胜利的保证。

毛泽东从1925年开始以主要精力领导农民运动，并注重研究中国农民问题和如何加强工农联盟问题，继《中国社会各阶级的分析》之后，1926年1月发表《中国农民中各阶级的分析及其对于革命的态度》一文，初步形成关于农村阶级分析的理论，为中国共产党正确认识农民在民主革命中的地位和作用，正确制定对农民的政策，奠定了重要基础。

1926年5月，党领导召开的广东省第二次农民代表大会专门作出《农民运动在国民革命中之地位决议案》，指出“半殖民地的中国国民革命便是一个农民革命”，“农民问题是国民革命中的一个中心问题”。同年7月，党的中央执委会扩大会议确定了党在革命高潮中领导

工农运动的方针，指出农民“将成为民族解放运动中之主要势力”，提出了制定农民问题政纲和运用“农村联合战线”的策略等问题，激起风起云涌的工农运动。

1927年一二月间，毛泽东到湖南的湘潭、湘乡、衡山、醴陵和长沙等县考察农民运动。3月，在《战士》周报上公开发表《湖南农民运动考察报告》，指出农民运动的伟大历史作用在于扫除封建地主阶级对中国农村的统治，摧毁封建专制制度的基础，挖掉帝国主义、军阀、贪官污吏的墙脚，其实质是实现国民革命的真正目标，阐明了农民运动与中国革命成败的密切关系。指出放手发动、积极领导农民运动的策略，是坚决贯彻依靠贫农、团结中农之阶级路线，建立农民协会和农民武装，由农民协会掌握农村一切权力，然后进行减租减息、分配土地等斗争，明确农民不仅是工人阶级的同盟军，甚至成为中国革命的主力军和主要依靠力量。这就为发展工农联盟、开辟农村包围城市的革命道路，提出新民主主义革命理论奠定了基础。

工农武装割据　在大革命失败后在中央仍然把工作重点放在城市上面的时候，毛泽东看到发展工农联盟问题的重要性和紧迫性，在八七会议上发言强调党在以主要力量领导武装斗争的同时，要解决农民的土地问题，对地主和富农、中农的土地要有所区分。会议同意了毛泽东提出的到群众基础较好的湖南、湖北、江西、广东地区发动农民举行秋收起义的意见。毛泽东作为中央特派员到湖南改组省委，并于1927年9月9日领导湘赣边界秋收起义。起义失败后，决定到敌人控制比较薄弱的山区寻找立足地，10月到达井冈山，开创工农武装割据局面；11月成立了湘赣边界第一个红色政权——茶陵工农兵政府。至此，奠定了井冈山根据地的基础。

井冈山红色政权建立之初，针对党内对上井冈山后能不能站住脚的怀疑，1928年5月，毛泽东在江西宁冈茅坪主持召开湘赣边界党的第一次代表大会，讨论了发展党的组织、深入土地革命、巩固和扩大红军和建立革命根据地等任务，接着建立了湘赣边界统一的工农兵苏维埃政府，初步回答了“红旗到底打得多久”的问题。10月5日，毛泽东在为湘赣边界党的第二次代表大会起草的决议中，进一步总结井冈山斗争和各地建立红色政权的经验，论证中国红色政权存在和发展的规律，提出“工农武装割据”的思想。11月25日在代表红四军前委写给中央的报告中指出：工农武装割据的存在和发展，还需要具备下列的条件：(1)有很好的群众；(2)有很好的党；(3)有相当力量的红军；(4)有便利于作战的地势；(5)有足够给养的经济力。①

明确提出实行武装割据，就是在中国共产党领导之下，把武装斗争、土地革命、建立革命政权三者结合起来。就全党来说，这时还没有解决以农村为工作中心的问题，但工农武装割据的思想为解决这个问题奠定了基础。

开展武装斗争、进行土地革命、建立革命政权的三位一体的武装割据思想，解决了工农联盟的核心问题。这种思想付之实践，就是中国共产党领导的工农民主统一战线的实际开端。中国新民主主义革命中工农联盟的这种形式，是对马克思主义工农联盟思想的新发展。

二、工农民主统一战线的建立

调整统一战线工作方针　1927年8月1日，南昌起义打响了中国共产党武装反抗国民党反动派的第一枪。8月7日，中共中央在湖北汉口秘密召开紧急会议，即八七会议。会议彻底清算大革命后期陈独秀的右倾机会主义错误，确定了实行土地革命和武装反抗国民党反动派的总方针，并选出瞿秋白、李维汉、苏兆征为常委的中共中央临时政治局，毛泽东、周恩来等被选为政治局候补委员。八七会议对统一战线经验教训作了初步总结，强调党的统一战线工作方针必须根本转变。

① 毛泽东：《井冈山的斗争》（1928年11月25日），中共中央文献研究室、中央档案馆编：《建党以来重要文献选编（一九二一——一九四九）》第5册，中央文献出版社2011年版，第738页。

一是必须把着眼点转向发动工农上，“与工会农会建立密切的关系。指导他们，使党的中心工作转移到这方面去”。共产党要独立地领导革命斗争，就必须废除封建地主土地所有制，实行耕者有其田的制度，才能得到占人口绝大多数的农民的支持和参加，才能使开展武装斗争和建立革命政权有广泛的群众基础。二是必须将工人运动和农民武装暴动互相结合，实现“工农独裁”的政权目标。同时也要与国民党左派、下层群众、下层组织联合。三是必须保持“共产党自己独立的政治面貌”。国共合作的一个重要教训就是，共产党在与国民党的关系上，“不是共产党领导国民党，而是国民党的上层分子完全在政治上俘虏了共产党的指导者”。八七会议后，中国共产党工作重心由对国民党工作转向发动工农群众上来，这对中国共产党在土地革命时期建立工农民主统一战线具有重要的指导作用。

【延伸阅读】

革命形势转入低潮

1927年春夏，蒋介石和汪精卫集团相继叛变革命后，建立了代表大地主大资产阶级的全国性政权。国民党反动统治者用法律、行政、特务、军事等手段残酷地镇压任何革命活动。中国共产党被宣布为“非法”，加入共产党成为最大的“犯罪”。据不完全统计，仅1927年3月至1928年上半年，惨遭杀害的共产党人和革命群众就达31万多人，其中共产党员2.6万多人。许多党员同党组织失去联系，一些不坚定分子公开宣布脱党，有的甚至公开向敌人忏悔，攻击共产主义和共产党，出卖党的组织和同志，党员人数锐减至1万多人。党的组织被迫转入地下活动，革命形势进入低潮。

工农民主统一战线策略　1928年6月18日到7月11日，党在莫斯科召开第六次全国代表大会。瞿秋白、周恩来等作报告。大会指出，中国仍然是半殖民地半封建社会，中国革命现阶段的性质仍然是资产阶级民主革命，批判了混淆民主革命与社会主义革命界限的所谓“不断革命”论的观点。大会指出，当前中国的政治形势是处在两个革命高潮之间即低潮时期，党的总路线是争取群众，而不是立即举行全国性的起义，强调“左”倾盲动主义和命令主义是当前使党脱离群众的“最主要的危险倾向”。大会制定了工农民主统一战线的策略。在大会通过的决议案中明确当前中国革命的“中心任务”是：要“力争建立工农兵代表会议(苏维埃)的政权”，“巩固工人阶级与共产党在农民运动与工人运动中的领导。”①强调坚决反对强迫工人罢工和盲目实行武装暴动，必须用最大努力恢复革命工会，尽可能地领导群众的日常的经济政治斗争，同时，要善于利用一切合法斗争手段。党的六大是一次具有重大历史意义的会议，集中解决了当时困扰党的两大问题：中国社会性质和革命性质、中国革命形势和党的任务的问题，对革命的复兴和发展起到了积极作用。

1930年6月，中央政治局会议通过李立三的《新的革命高潮与一省或几省首先胜利》，制定了以武汉为中心的全国中心城市起义和集中全国红军进攻中心城市的“左”倾冒险计划，使党和革命事业损失严重。9月，中共中央根据共产国际六大关于中国问题决议案的精神，在瞿秋白、周恩来主持下召开扩大的六届三中全会，纠正“立三路线”的错误。会议还制定了建立下层统一战线的方针，提出：

必须实行“下层群众的统一战线”的策略——就是在一切斗争尤其是日常部分要求的斗争之中，共产党应当和非共产党的一般下层群众团结起来实行斗争，独立的去领导他们的运动，使这些运动都走到苏维埃政权的总口号之下来。②

统一战线把工人、农民和士兵群众作为革命的基本力量，为

① 中央档案馆编：《中共中央文件选集》第4册，中共中央党校出版社1989年版，第216页。

② 《关于政治状况和党的总任务》(1930年9月)，中共中央文献研究室、中央档案馆编：《建党以来重要文献选编(一九二一——一九四九)》第7册，中央文献出版社2011年版，第475页。

中国共产党深入开展土地革命，巩固工农联盟，发展壮大工农红军，不断扩大根据地提供了政治和理论基础。因此，这个时期的统一战线性质是，“反封建压迫、反国民党统治的工农民主的民族统一战线”[①]。

第二节　农村革命根据地的统战工作

一、对实行土地革命政策的探索

土地革命路线的形成　在最初的土地革命实践中，出于对国民党反动派屠杀政策的愤恨，也由于缺乏经验，1927年11月，中央临时政治局扩大会议决定没收一切土地，由农民代表会议分配给农民耕种，一切私有土地完全归苏维埃国家的劳动平民所公有。“左”的政策，给初期的土地革命带来了严重危害。

党的六大总结了土地革命的经验教训，将没收一切土地的政策改为没收地主阶级一切土地的政策，提出要联合中农，区别对待富农使之中立，保护工商业，并肯定了平分土地的政策。此后的一年多时间里，随着各根据地土地革命的广泛开展，全党对土地分配政策的探索取得新进展。如在赣南、闽西根据地，提出分田以乡为单位，按人口平均分配，“抽多补少”，“抽肥补瘦”。但是，在如何对待富农和土地所有权问题的探索上，则出现较大的曲折。在一段时间里，各根据地贯彻了六大确定的中立富农的政策，但很快就发生变化。1929年6月7日，

① 《论统一战线》（1945年4月30日），《周恩来选集》上卷，人民出版社1980年版，第207页。

共产国际给中共中央发来指示信，批评中共六大及其后提出的“不要故意加紧反对富农”和“联合富农”的口号，是犯了“一个很严重的错误”，要求加紧进行反对富农的斗争。

井冈山根据地建立之初，主要任务是发动农民打倒土豪劣绅，分田只在小范围内试行，随着根据地的逐步稳定而在边界各县全面展开。起初，按照中央的指示，采取土地全部没收、彻底分配的办法。这种办法存在侵犯中农利益，使中间阶级受到打击的问题，导致中间阶级反水，根据地经济萧条。前委书记毛泽东很快发现并纠正了实际工作中存在的错误，在1928年11月红四军党的六次代表会上，提出了“保护中小商人利益”的提案。1929年初党的六大精神传达到井冈山后，又结合实际领导制定了关于土地问题的一系列法令法规，主要是将大中小地主、地主与富农区别开来，集中力量打击大中地主。经过不断探索和总结，中国共产党初步形成了一条依靠雇农、贫农，联合中农，保护中小工商业，限制富农，消灭地主阶级，变封建和半封建的土地所有制为农民的土地所有制的土地革命路线，以及有关的基本政策，解决了在农村依靠谁、团结谁、打击谁的问题，使井冈山革命根据地蓬勃发展，为以后赣南根据地的形成发展和中央革命根据地的建立奠定了基础。

【延伸阅读】

开辟农村革命根据地

在创建井冈山根据地中，毛泽东提出了把党的工作重点由城市转移到农村，在农村地区开展游击战争，进行土地革命，建立和发展红色政权，待条件成熟时再夺取全国政权的农村包围城市、武装夺取政权的中国革命的新道路。因此，根据地政权建设走出了一条由下而上、由分散而集中、由局部到全国的发展道路。党的六大后，各地党组织抓住国民党新军阀混战的有利时机，开辟、建立和扩大农村革命根据地，建立县、区、乡各级工农民主政权。到1930年夏，全国已建立大小十多块农村革命根据地。全国先后创建有13块比较大的苏区，分布在江西、福建、湖南、湖北、安徽、浙江、广东、广西、海南、河南、四川、贵州、陕西、甘肃、宁夏等15个省的边界地区或远离中心城市的偏僻山区，红色区域约40余万平方公里，总人口约3000万。1933年秋，中央苏区疆域全盛时期，共辖有江西、福建、闽赣、粤赣4个省、60个行政县，约有8.4万平方公里，总人口450多万。

工农民主政权建设中的统一战线 从1930年10月到1931年9月，中央根据地军民连续取得三次反“围剿”胜利后，中共中央决定以赣南闽西根据地为依托，建立苏维埃中央政府。1931年11月，中华苏维埃第一次全国代表大会在瑞金举行，来自各根据地、红军部队，及国民党统治区的全国总工会、全国海员总工会的610名代表出席了会议。毛泽东代表苏区中央局作了《政治问题报告》，大会通过了《中华苏维埃共和国宪法大纲》，以及土地法、劳动法、关于经济政策的决定等法律文件，选出了63人组成的中央执行委员会，宣告了中华苏维埃共和国临时中央政府成立。这个政府是与国民党政权性质根本不同的工农民主专政的新型政权。会议选举毛泽东为中央执行委员会主席、人民委员会主席。宪法大纲规定：“中国苏维埃政权所建设的是工人和农民的民主专政的国家。”[①]规定：苏维埃政权是属于工人、农民、红军士兵及一切劳苦民众的。在苏维埃政权领域内的工人、农民、红军士兵及一切劳苦民众和他们的家属，不分男女民族和宗教信仰，在苏维埃法律面前一律平等。苏维埃政权的最高权力机关为全国工农兵代表大会，在大会闭会期间，苏维埃中央执行委员会为最高政权机关等等。宪法大纲以法律的形式对苏维埃政权体现工农民主统一战线性质作出了保证。中华苏维埃共和国实行的是各级

① 中央档案馆编：《中共中央文件选集》第7册，中共中央党校出版社1991年版，第77页。

工农兵代表大会制，通过召开各级工农兵代表大会，吸收工农群众参加政权，行使自己的民主权利。这种制度体现了工农群众的利益和要求。

中华苏维埃共和国临时中央政府，是中国共产党领导创建的第一个国家形态的工农民主专政的政权。尽管这是党开始在局部地区执政，但苏区的广大工农大众第一次享受了民主权利，成了国家的主人和社会的支柱。苏区各项事业得到长足发展，在实际斗争中坚持了一系列正确的政策和做法，比如贯彻落实土地革命路线，建立工农民主统一战线，团结争取了大批商人、知识分子、医生等中间阶层，第一次以国家宪法的名义颁布了党的民族宗教政策，并开展了策反兵运、争取地方农民武装加入红军和游击队等统战工作。所有这些，对于革命根据地的建立、壮大和发展，对于苏维埃红色政权的创立和巩固，对于党的建设和武装斗争的胜利开展，都发挥了重要作用。

二、“左”倾错误对统一战线的严重危害

“左”倾错误在根据地的推行 1928年6月，党的六大在特定的历史时期和历史环境下召开。六大在作出重要历史贡献的同时，由于对中间阶级的两面性和反动势力的内部矛盾缺乏正确的估计，一方面承认小资产阶级的革命作用，另一方面又强调中国革命的动力“现在只是中国底层无产阶级和农民”，把城市小资产阶级排除在革命动力之外；一方面正确认定中国革命的性质是资产阶级民主革命，另一方面又错误地认为民族资产阶级是最危险的敌人；对其他党派也不加区别地视为敌人，把邓演达、谭平山组织的“第三党”等，看作是“统治阶级的奸细”[①]。这表明当时党对中国社会的阶级关系缺

① 中央档案馆编：《中共中央文件选集》第4册，中共中央党校出版社1989年版，第188、189页。

乏正确认识，在统一战线问题上“没有把策略观点着重放在争取中间阶级上”[①]，而且，六大还不适当地强调党员成分的无产阶级化和指导机关之工人化，不适当地规定了中国共产党对共产国际的隶属关系等。党的六大本身就体现了这种“两化”要求，出席会议的84名代表中工人有41人，选出来的36名中央委员中工人有21人，5名中央常委中工人有3人，工人出身的向忠发担任了总书记。这些使工农民主统一战线策略的制定和实行存在很大局限性，后来被“左”倾路线片面发展和扩大了，特别是王明“左”倾教条主义统治时期，这种反对民族资产阶级，排斥小资产阶级的政策急剧发展，使工农民主统一战线策略在实践中备受挫折，使党和革命受到严重损害，直到1935年12月瓦窑堡会议以后才得以纠正。

在“立三路线”之后，刚从苏联回国的王明夸大中国革命反资产阶级、反富农斗争的意义，否认中间营垒的存在，继续推行以“城市中心论”为特征的“左”倾教条主义，宣称党内的主要危险是“右倾机会主义”、“实际工作中的机会主义”和“富农路线”。1931年1月在党的六届四中全会上，王明成为中央政治局委员，从而开始了以王明为代表的“左”倾教条主义错误在党中央长达4年的统治。1933年初，党的临时中央由上海转移到中央苏区瑞金，“左”倾错误全面推行到红军和根据地中。

中央苏区的丧失　1933年下半年，蒋介石调集100万军队进攻各苏区，首先以50万军队围攻中央苏区。11月，蔡廷锴、蒋光鼐等发动福建事变，成立中华共和国人民革命政府，推李济深为主席，公开宣布抗日反蒋，并同红军签订了闽西边界及交通条约，相互停止军事行动。福建事变发生后，蒋介石迅速从“围剿”中央苏区的前线抽调九个师转入福建，进行讨伐。

---

① 《关于党的“六大”的研究》（1944年3月3日、4日），《周恩来选集》上卷，人民出版社1980年版，第186页。

面对这个粉碎国民党军队第五次“围剿”的有利机遇，周恩来致电中央，提出红军应趁机侧击蒋介石入闽部队，以达到既可援助福建人民政府又可寻机消灭敌人的目的。张闻天提出应在军事上与第十九路军采取配合行动。毛泽东向中央建议，乘此时机，以红军主力冲破国民党军队的围攻线，突进到以浙江为中心的苏浙皖赣地区去，将战略防御转变为战略进攻，威胁敌之根本重地，向广大无堡垒地带寻求作战，从而既迫使进攻苏区之敌回援其根本重地而粉碎其“围剿”，又援助福建人民政府。但是，临时中央负责人博古等继续执行王明的“左”倾路线，把福建人民政府看成“最危险的敌人”，又害怕红军主力向苏浙皖赣地区突进会造成中央苏区的丢失，拒绝采纳上述建议。结果，孤立无援的福建人民政府在蒋介石的军事进攻和政治分化下，加之领导本身失误等原因而于次年1月宣告解体。临时中央没有在军事上给予第十九路军的反蒋斗争以直接有力的配合，从而丧失了与国民党内抗日反蒋派结盟的一个机会，也使红军丧失了借助这次事变打破第五次“围剿”的一个有利战机。

1934年1月，临时中央在瑞金召开六届五中全会，不顾敌强我弱和第五次反“围剿”的不利形势，宣称中国革命进入到“实行社会主义革命将成为共产党的基本任务”的时候，主张集中火力反对中间派别，继续贯彻错误的只搞下层统一战线的策略，在党内片面强调纯洁革命队伍，对一批坚持正确意见的干部进行“残酷斗争”和“无情打击”，把“左”倾错误推向顶点。第五次反“围剿”失利后，中央苏区和南方根据地全部丧失，中央和中央红军被迫进行长征。后来毛泽东多次总结瑞金时代的“左”倾错误，指出：瑞金时代最纯洁，最“清一色”了，但那时我们的事情特别困难，结果失败了。所以真理不在于“清一色”。

第三节　国民党统治区的统战工作

一、建立工人群众统一战线

大革命失败后，党总结大革命失败的教训，更加注意城市与农村、工人运动和农民运动在中国革命中的地位作用及相互关系，强调党在国民党严密控制的城市中的工作必须切实地深入群众，从下层做起，集中表现在正确开展工人运动方面。

恢复革命工会　党运用统一战线的策略，在城市群众和工人群众中建立广泛的统一战线，使国民党统治区的工人运动有了一定的恢复和发展，掀起了全国范围的反日浪潮。为了加强对工人运动的领导，中共中央设立了以项英为书记的工人运动委员会。1928年5月，济南惨案发生后，中共中央连续发出通告，明确提出了“工人统一战线”问题。在第54号通告中指出，要“深入群众运用工人统一战线的策略”，“有黄色工会或反动工会的地方，并且要注意运用工人统一战线打入他们的群众中去”。6月，党的六大提出用最大努力恢复革命工会，用一切力量团结统一无产阶级群众。7月，在《中央关于城市农村工作指南》中，专门提出工人阶级内部团结统一问题：

运用统一战线策略的根本意义，是统一各派工人群众斗争的行动，在斗争中去获得群众工会的群众。①

并具体要求深入到各类有群众的工会中进行广泛的宣传，争取黄

① 中央档案馆编：《中共中央文件选集》第4册，中共中央党校出版社1989年版，第336、337页。

色工会的群众，用结拜兄弟姊妹等方法组织左派运动等等。中央还决定派一些身份没有暴露的共产党员加入工会，设法在工会中建立党的组织。

【延伸阅读】

工会组织

大革命失败后，党领导的工会成员从大革命时期的300万骤降至3万左右，大部分工人领袖和积极分子惨遭杀害和逮捕。当时，除共产党领导的工会以外，还有4种类型的工会组织：(1)由工人自发为保障自己的经济利益而组织的工会，具有相当的群众基础，要求提高工人待遇，改善工人生活，防范资本家的进攻，但不反对国民党，甚至形式上还有某种联系；(2)国民党“御用工会”，在政治上受国民党指挥，也从维护工人利益上去调节劳资纠纷；(3)借工会之名行政治欺骗之实的假工会，由国民党指定的所谓“忠实同志”组成，为控制和压迫工人斗争，只有上层机关而没有下层组织；(4)由工人贵族把持的工会，与国民党关系极深，同共产党领导的工会作对。

组织城市工人运动 党提出和建立工人群众统一战线的策略方针，对城市工人运动的恢复起到了较好作用，使各地工人争生存的斗争取得胜利或部分胜利，党在工人中的影响进一步扩大，也有力配合了农村革命根据地的创建和发展。到1929年底，全国赤色工会会员及其影响下的工人群众共有近4万人，党领导的重要罢工有47次，参加罢工的群众达30多万人，上海、广州、天津、武汉、厦门、无锡、苏州等地都相继爆发了由共产党领导的城市工人运动。

但相继而来的李立三、王明的“左”倾错误，采取冒险主义和关门主义的方针，拒绝以合法形式组织工人开展斗争，要求赤色工会无条件地举行冲厂、罢工活动。当时中央主管工运的中央职工部部长刘少奇反对冒险主义，主张觉悟的工人应加入有群众的黄色工会，利用一切合法机会，争取群众，组织工人斗争；主张向可能的同盟者作必要的让步，以便与之联合，采取共同行动，并在这个过程中去影响他们，因此被指责为“一贯的机会主义路线错误”，被撤销职务。在“左”倾错误路线指导下，这一时期国民党统治区工人群众统一战线被严重压缩，直到瓦窑堡会议后，才在建立抗日民族统一战线中实现斗争策略的转变。

二、开展对国民党军队的统战工作

为吸取大革命失败的教训，八七会议后，党加强了对军队特别是下层士兵的兵运工作，作出了一系列在国民党军队中开展统战工作的决议和指示。其基本精神是：目前革命斗争的发展，不仅须注意城市工作与乡村斗争的配合适应，同时须注意士兵运动与工农斗争配合适应的发展。[①]强调兵运工作是争取群众工作的重要组成部分，是统一战线的重要内容，兵运工作的目的是破坏与瓦解敌人军队；兵变成熟的地方，党要适时抓住时机直接领导士兵起义。兵变成功后，要对旧军队改造，使之转化为人民的军队。在党的正确政策的指导下，经过共产党员艰苦而卓有成效的策动工作，从1928年以后，国民党军队不断出现哗变、起义事件，最著名的是国民党第二十六路军宁都起义。

第二十六路军原为冯玉祥旧部，早在1925年就受过党和大革命的影响。冯玉祥在中原大战失败后，被迫在十分苛刻的条件下接受蒋介石的改编，蒋介石出于消灭异己的目的将其从北方调至江西“剿共”，使之对蒋情绪日益不满。该部士兵不适应南方气候，疾病流行，不少人病死。在“剿共”中，该军的27师受到红军的沉重打击，官兵厌战情绪日益增加。中央革命根据地土地革命和人民群众的革命热情，使广大

① 中央档案馆编：《中共中央文件选集》第7册，中共中央党校出版社1991年版，第318页。

士兵对共产党的主张有新的认识。特别是九一八事变后，蒋介石推行“攘外必先安内”的反动政策，更引起广大官兵不满。利用这一时机，上海党中央指示该军的共产党员准备起义。首先在该军建立党组织，发展士兵和下级军官，进而发展指挥部参谋长赵博生入党，后又由赵博生争取了所属的73旅旅长董振堂、74旅旅长季振同等旅团长，掌握了该军的主力。同时，通过各种关系派出共产党员到73旅学生连任连排长，掌握实力。还在士兵及下级军官中进行教育宣传和军事训练，为起义准备骨干力量。后又与苏区联系起义问题，得到中革军委的指导和军事策应。1931年12月14日，由赵博生、董振堂率领二十六路军约1.7万人，携带2万多件武器，在宁都宣布起义，改编为红军第五军团。宁都起义为红军增添了一支生力军，巩固和发展了中央根据地，对尚处于革命低潮的革命者是一个很大的鼓舞，对国民党反动派是一个沉重的打击，是党在国民党军队中开展统一战线工作的一次重大胜利。

三、建立文化界统一战线

从新文化运动中走出来的中国共产党人与文化界有着天然的联系。国民党新军阀掌握政权后，在对工农武装力量和革命根据地进行“围剿”的同时，还发动了对革命文化的“围剿”，迫害进步文化团体和文化工作者，镇压左翼文化运动。中国共产党团结文化界进步人士组成文化新军，冲破国民党反动派的文化“围剿”，传播进步思想，有力地配合了中国共产党领导的土地革命和武装斗争。

提出“革命文学”口号　1927年冬，一批共产党员团结创造社和太阳社的革命作家，如郭沫若、成仿吾、蒋光慈等，鲜明地提出了“革命文学”的口号。这个口号得到了因大革命失败而苦闷彷徨的广大青年的热烈欢迎和响应，在很短时间内席卷中国文坛。但与此同时，“左”倾情绪也开始对文化界产生影响。1928年起，在左翼文化队伍内部爆发了一场关于革命文学的论战，有的矛头指向鲁迅。党中央及时察觉到了问题，于当年10月发出了建立文化界统一的革命团体的指示。1929年6月，中央决定成立中共中央文化工作委员会(简称文委)，潘汉年为书记。文委成立后，极力推动左翼文艺界、文化界团结在鲁迅的旗帜下，尊重和听取鲁迅对发展进步文化运动的意见，为“左联”的酝酿和建立创造了条件。

成立中国左翼文化总同盟 经过党的建议和筹划，1930年3月2日，中国左翼作家联盟在上海正式召开了成立大会。大会通过了左联的理论纲领和行动纲领，选举鲁迅、夏衍、冯乃超、钱杏邨、田汉、郑伯奇、洪灵菲7人为常务委员，周令平、蒋光慈为候补委员，并决定成立马克思文艺理论研究会、国际文化研究会、文艺大众化研究会等机构，创办《萌芽月刊》《拓荒者》等刊物。左联的成立，使文艺开始成为党所领导的革命事业的有机组成部分。随后，又相继成立了中国社会科学家联盟、中国左翼戏剧家联盟、中国左翼美术家联盟、中国左翼教育家联盟、中国左翼新闻记者联盟和电影、音乐小组等左翼文化团体。10月，各左翼文化团体又共同组成中国左翼文化总同盟（简称文总）。

文总是以左联和社联为核心的文化界的统一战线组织。在党的领导下，左翼文化、文艺界工作者还努力和中间派合作，文化界统一战线队伍不断扩大。蔡元培、邹韬奋、陶行知、朱自清、叶圣陶、周信芳、徐悲鸿等都和左翼文化运动密切交往，活动地区由上海发展到北京、天津、武汉、广州等地，形成了一支团结在党的周围的浩浩荡荡的革命文化大军。

【延伸阅读】

左翼作家占据文化阵地

左翼作家们翻译了大量的马克思主义经典著作，创作了一大批文艺作品和理论著作，使革命文化占据了当时中国的文化阵地。鲁迅所写的大量杂文，无情抨击了国民党大地主大买办集团独裁专政、不抵抗主义及残酷的文化“围剿”。郭沫若所写的《中国古代社会研究》是第一部用马克思主义观点研究中国历史的著作，在青年中宣传了马克思主义。邹韬奋主编的《生活周刊》在共产党员胡愈之帮助下，成为国民党统治区宣传抗日救亡的重要文化阵地。在国民党元老蔡元培任所长的社会科学研究所中，共产党员阳翰笙和薛暮桥等成立中国农村经济研究会，并创办《中国农村》月刊，对党领导的土地革命起到了配合作用。茅盾小说《子夜》，聂耳、田汉作曲作词的电影主题歌《义勇军进行曲》等迅速在全国传播，对推动抗日救亡运动起到了巨大作用。

四、与国民党左派和其他党派的合作

宋庆龄声明 1927年7月14日，宋庆龄发表《为抗议违反孙中山的革命原则和政策的声明》，公开宣布退出国民党中央执行委员会，与蒋、汪之流决裂。8月1日，宋庆龄和邓演达等22名国民党二届中央委员发表《中央委员宣言》，指出：“武汉与南京所属党部政府皆已成为新军阀之工具，曲解三民主义，毁弃三大政策，为总理之罪人，国民革命之罪人”，号召全国同志“均应一本总理创造本党之精神，与一切假冒本党革命名义者坚决奋斗”。这一宣言为以宋庆龄为代表的国民党左派的反蒋斗争指明了方向。1931年11月，国民党临时行动委员会负责人邓演达被蒋介石杀害后，宋庆龄悲愤地发表宣言，公开宣布：“当作一个政治力量来说，国民党已经不复存在了。”号召开展为群众服务的革命，推翻蒋介石的反动统治。

1932年12月，宋庆龄和蔡元培、杨杏佛等人在上海发起成立了中国民权保障同盟，积极营救被国民党政府逮捕的包括共产党人廖承志、陈赓等在内的爱国革命人士，公开揭露和抨击国民党反动派的不抵抗政策和专制独裁统治，要求停止向苏维埃区域进攻。宋庆龄还组织近30个工人、学生、知识分子、商人等进步团体组成国民御侮自救会，开展民众救亡活动。宋庆龄在中华民族武装自卫委员会中担任主要领导人，要求国民党政府出兵抗日，收复东北、热河失地，武装民众抗日，给予人民一切政治自由。这些活动，在国内外产生了巨大的反响，有力地支持了我党的抗日反蒋斗争。

抗日同盟军成立　在全国抗日高潮的推动下，1933年5月26日，冯玉祥、方振武和吉鸿昌在张家口成立察哈尔民众抗日同盟军。冯玉祥是国民党内民主派，大革命后期曾参加蒋介石、汪精卫反对共产党的活动。九一八事变后，他多次发出通电，呼吁团结抗日，反对蒋介石的不抵抗政策，重新同共产党的北方组织建立了联系。1932年11月，党成立张家口特委，陆续派出许多干部，支持冯玉祥抗日。共产党员在同盟军中积极进行抗日的宣传和组织工作，开展工农运动，推动武装抗日。抗日同盟军由数千人迅速发展到10万多人，六七月间收复了多伦等四座县城后，乘胜收复了察哈尔省全部失地，使全国人心振奋。但国民党政府对抗日同盟军采取软硬兼施的破坏政策，先后调集15万兵力进行围剿，对冯部下进行拉拢和分化，逼迫冯玉祥交出察省军政大权，撤销抗日同盟军总部，方振武被迫流亡国外，共产党员吉鸿昌后被国民党杀害。察哈尔民众抗日同盟军虽然遭到失败，但党开创的同部分国民党人局部合作抗日的新局面及经验，对于推动全国的抗日运动，促进国共两党以后的合作抗日，都产生了积极的影响。

建立全国各界救国联合会　在中国共产党关于建立抗日民族统一战线主张的影响和党领导的一二•九运动的推动下，北平、上海、天津、武汉等地相继成立了群众性的各界救国会组织。1936年5月31日，来自全国20余省市60多个救亡团体的代表共70余人在上海开会，成立了全国各界救国联合会，进一步推动了全国各地的救亡运动。救国会提出：停止一切内战，建立全国统一的抗敌政权，团结一致，共同抗敌；国民党放弃一党专政，实行民主政治，开放民众运动，召开各党派联合会议，建立统一的救国政权。

救国会的成立及其主张得到中国共产党的高度评价。毛泽东代表中共中央致信章乃器、陶行知、邹韬奋、沈钧儒，表示“同意你们的宣言纲领和要求，诚恳的愿意和你们合作”。

【延伸阅读】

七君子事件

全国各界救国联合会成为国民党统治区抗日运动的一面旗帜，引起国民党政府的恐慌。1936年11月22日深夜，国民党政府以“危害民国”罪在上海逮捕了沈钧儒、章乃器、邹韬奋、李公朴、沙千里、史良、王造时等救国会领袖，制造了“七君子事件”。这一事件引起全国各界人士的震惊和愤慨，开展了声势浩大的营救活动。中国共产党发表《对沈、章诸氏被起诉宣言》，谴责国民党制造“爱国有罪之冤狱”，要求释放“七君子”等一切政治犯，并多方开展营救工作。次年6月，宋庆龄、何香凝、胡愈之等16人发起“救国入狱”运动，得到全国各界人士响应，纷纷签名参加。7月5日，宋庆龄抱病与其他发起人自带行装，到苏州高等法院自请入狱。在中国共产党和全国人民的共同声援下，国民党当局不得不承认“救国会以救国为目的，当然无罪”。抗战爆发后，“七君子”终于被释放出狱。中国共产党和救国会营救“七君子”的运动，推动了全国抗日高潮的兴起。

第四节　为建立抗日民族统一战线而斗争

一、红军长征中的统战工作

联陈反蒋抗日　中央红军第五次反“围剿”失利后，1934年10月中旬，中央党政军领导机关和中央红军约8.7万人，被迫撤离中央苏区，进行战略转移，突围长征。为了“追剿”红军，国民党军队以重兵先后在江西、湖南、广东、广西之间设置了四道封锁线，企图由粤军、湘军、桂军分别截堵中央红军。担任“剿匪”军南路总司令的广东军阀陈济棠与蒋介石积怨甚深，痛恨蒋介石排除异己的做法，曾多次树帜反蒋。当时已被排挤出红军领导岗位的毛泽东，到会昌与当时担任粤赣军区司令兼政委的何长工分析陈蒋之间的关系后，认为可以利用矛盾，联合陈济棠共同反蒋抗日，并向周恩来提出了开展军事和统战工作双管齐下的建议，得到采纳。陈济棠给周恩来写了一封亲笔信，表示赞同中共的共同抗日的主张，并提出秘密谈判合作事宜。中革军委主席朱德回信，对陈济棠愿意合作反蒋抗日表示欢迎，愿就停止内战、恢复贸易、代购军火和建立抗日反蒋统一战线等与之谈判。中央派遣何长工、潘汉年为代表到江西寻乌，与陈济棠的代表经过三天三夜持续谈判，达成了就地停战、互通情报、解除封锁、互相通商、必要时互相借道等五项协议。这次谈判的成功，是毛泽东、周恩来、朱德巧妙地利用陈蒋矛盾，实行统一战线策略思想的一大胜利，为党中央正确选择突围方向，创造了有利条件。红军借道陈济棠防区，顺利突破第一道封锁线，不仅大大减少了红军的伤亡，而且打破了蒋介石一年来对中央红军的包围和封锁，使蒋介石无法从容布阵，为后面突破第二、三道防线创造了有利条件。

遵义会议实现历史转折　1935年1月15日至17日，中共中央政治局扩大会议在贵州遵义召开。会议批评了博古、李德在第五次反“围剿”以来军事领导上的严重错误；增选毛泽东为中央政治局常委。会后不久，中央政治局常委决定张闻天代替博古，负中央总的责任，并成立了由毛泽东、周恩来、王稼祥组成的新的“三人团”，负责全军的军事行动。遵义会议结束了“左”倾教条主义错误在中央的统治，开始确立以毛泽东同志为主要代表的马克思主义正确路线在中共中央的领导地位，在极其危急的情况下挽救了党、红军和中国革命，是中国共产党历史上一个生死攸关的转折点，标志着中国共产党在政治上走向成熟。

遵义会议后，红军在长征中从实际情况出发，积极开展统一战线工作，特别是灵活有效地开展对地方实力派、少数民族和宗教上层人士的统一战线工作，为胜利完成万里长征和建立抗日反蒋统一战线提供了经验。

争取地方实力派 毛泽东充分利用各派军阀间的矛盾，带领红军寻找敌军间隙穿插，先集中兵力打击地方军阀王家烈部，再集中兵力打击中央军薛岳部，将敌两个师消灭大半，创造了四渡赤水的佳话，以致蒋介石愤怒地称此战为“追剿以来的奇耻大辱”。毛泽东又利用云南军阀同蒋介石的矛盾，指挥红军未经激烈战斗迅速通过滇东北渡过金沙江。中央红军过云南时，云南籍红军将领罗炳辉受命致函同为彝族的龙云，晓以利害，劝其保持中立，让红军尽速通过云南。1936年红二、六军团经过云南北上，也先后以云南旅沪同乡会、云南旅沪同学会和李达个人名义写信给龙云，劝其保存实力，不要过分与红军为难。这些信函以情理相劝，实力相诫，促使龙云在堵截红军方面行动消极，有利于红军通过云南、摆脱追兵。进入川康地区后，当地军阀一方面怕红军推翻其统治而大力防堵，一方面又怕蒋介石的追兵抢其地盘，有时“畏南京军甚于畏红军”。四川军阀刘湘向下属秘密交待，如红军停留就打，如不停就放他们走。中央红军洞悉地方军阀的心理，采取不进入四川腹地而沿西部山区北进的策略。同时，朱德还向过去熟悉的川军将领写信，说明红军只是路过北上抗日，要其警惕蒋介石借刀杀人之计，减少了损失。中央红军到达陕北后，又利用东北军、西北军同蒋介石的矛盾，同时注重激发东北军将士的抗日爱国热情，与之建立了秘密的合作关系。靠着这种正确的策略，中共中央不仅在陕北站稳了脚跟，还胜利完成了东征、西征，迎来了三大主力会师，显示出统一战线工作的巨大威力。

【延伸阅读】

国民党派系

蒋介石在国民党中央的统治地位确立以后，国民党内仍然派系林立。国民党中央的反蒋派系，政治影响较大，但无实力。国民党地方军阀中，南方的桂系、粤系，北方的冯系、阎系等实力较强，早就企图问鼎中央权力，取蒋代之，他们联合国民党中央反对派，也同外国势力有联系，多次举行大规模的反蒋战争；势力较小的地方军阀，为了抵御蒋介石剥夺地盘，消灭其军力，也积极反蒋。这种矛盾和斗争，始终贯穿在蒋介石统治时期，并对其统治构成直接威胁。蒋介石屡次统督各地军阀"剿共"，也包藏着利用内战消灭异己的目的。地方军阀为防蒋"一箭双雕""借刀杀人"，也都各怀心思，暗中保存实力。国民党大小军阀的矛盾和斗争，成为红色政权能够建立、存在和多次取得反"围剿"胜利的重要原因，充分利用这些矛盾也成为红军突出重围北上抗日、并取得长征胜利的一个重要原因。

党的民族政策的宣传　红军长征经过了苗、瑶、壮、布依、彝、藏、羌、回等十多个少数民族聚居区。这些地区社会形态千差万别，宗教信仰和民族习俗各不相同。红军在长征沿途发表有关决议、布告、宣言，张贴标语、口号等，宣传党的民族宗教政策。尊重各少数民族的风俗习惯，积极宣传实行中国境内"各民族一律平等"、反对轻视少数民族的"大汉族主义的愚蠢的偏见"等民族政策，提出红军和各族人民是一家等政策口号，并把争取少数民族上层人物作为统一战线的一个重要方面，明确规定"绝对不打彝民的土豪"，"不打藏族土豪"，"不立即提出没收土司的财产土地"等针对少数民族上层的统一战线政策。

党和红军的许多领导人亲自做少数民族上层人士的工作。在云南官渡经过回民居住区时，朱德亲至清真寺宣传红军民族平等主张，次日就有几十名回民加入红军，并在红军中单独组成回民队伍。红军参谋长刘伯承和彝族果基家支头人小叶丹在彝海边歃血结盟，借路北上，经七天七夜安全顺利通过200里彝地，为抢渡大渡河赢得了时间。

红军在贵州、四川帮助少数民族建立了一批革命政权，如黔东特区、川滇黔省等革命委员会，甘孜博巴政府，阿坝藏族苏维埃，冕宁县革命委员会，茂县、理县、汶川羌族工农兵苏维埃，豫海县回民自治政府，等等。

党的民族政策得到少数民族的赞誉和拥护，广大民众为红军提供了大量的粮食等物资援助，为红军输送了不少新生力量。四川大凉山地区越西县短期内就有七八百人参军，还专门成立了“倮倮连”；四川羌族土司安登榜，深受党的民族政策的教育和感染，毅然放弃家业率200名羌族勇士随红军踏上征途，成为红军中唯一一位土司出身的指挥员。阿坝地区参加红军的少数民族在5000名以上。在陇南各县红军就增员2000多人。由此走出了一批少数民族的重要政治、军事干部。

尊重宗教信仰自由　长征中党和红军实行了尊重宗教信仰自由，保护寺庙、经典，不没收喇嘛寺的财产等宗教政策。红军指战员严格遵守党的宗教政策，争取宗教界人士与红军的合作。甘孜寺及其属下的7个寺庙支援红军粮食19万斤。波巴政府副主席、四川甘孜白利寺的格达活佛组织僧俗救护、转移红军伤病员，先后接纳千余名伤病员隐藏白利寺内。甘肃回民众多，为争取回民支持，红军专门颁布《回民区域政治工作》，规定部队进入回族村庄前须先派代表与阿訇接洽，得到同意后方能进入；并规定尊重回民习俗和宗教信仰的“三大禁条、四项注意”，要求部队严格遵守。红军还请回族阿訇和藏族喇嘛将有关民族政策翻译成阿拉伯文、藏文，展开广泛的针对性宣传工作。

这一时期党的民族宗教政策的贯彻执行，使长征中的红军得到了广大少数民族和宗教界人士的大力支持和帮助，为顺利北上实现战略转移创造了条件，同时也扩大了共产党和红军的影响，推动了民族地区的革命斗争。

二、抗日民族统一战线策略的制定

提出联合抗日主张　九一八事变发生后，中国共产党立即发出全民族抗日的号召。1933年1月17日，中华苏维埃临时中央政府、工农红军革命委员会发表宣言，提出红军愿在停止进攻苏维埃区域、保证民众的民主权利、武装民众创立武装的义勇军等三个条件下与任何武装力量订立共同对日作战的协议，首次提出了全国军队联合抗日的主张。同月26日，中央给满洲党组织和党员的“一二六指示信”提出，要“尽可能地造成全民族的（计算到特殊的环境）反帝统一战线来聚集和联合一切可能的、虽然是不可靠的动摇的力量，共同地与共同敌人——日本帝国主义及其走狗斗争”。在继续强调建立下层统一战线之外，指示信还提出“在某种程度和范围内，或能实行上层统一战线”，“与民族资产阶级的某一部分实行统一战线”[①]。1934年4月10日，中央发出《为日本帝国主义占领华北并吞中国告全国民众书》，强调一切真正愿意反对帝国主义的不甘做亡国奴的中国人，不分政治倾向，不分职业与性别，都联合起来，在反帝统一战线下，与日本帝国主义作战。同月24日，以中国人民武装自卫委员会筹委会的名义发布的《中国人民对日作战的基本纲领》，提出了著名的抗日救国六大纲领。这个文件虽然仍揭露了国民党的卖国内战政策，但不再坚持推翻国民党政府是进行对日作战的前提条件；放弃了打倒一切帝国主义的口号，主张联合日本帝国主义的一切敌人。这都表明党关于建立抗日民族统一战线思想的重大发展。

发表《八一宣言》　1935年7月召开的共产国际第七次代表大会

---

① 中央档案馆编：《中共中央文件选集》第9册，中共中央党校出版社1991年版，第30-32页。

把建立最广泛的反法西斯统一战线作为各国共产党的基本方针。8月1日，中共驻共产国际代表团起草了《为抗日救国告全体同胞书》（即《八一宣言》），10月1日正式以中华苏维埃共和国中央政府和中共中央的名义发表。《八一宣言》提出“停止内战，一致抗日”主张，号召一切不愿当亡国奴的同胞，爱国的官兵，抗日的党派和团体，爱国的侨胞，被压迫民族（蒙、回、韩、藏、苗、傜［瑶］、黎、番等）的兄弟们，“组织全中国统一的国防政府”，“组织全中国统一的抗日联军”[①]，还提出了抗日救国十大方针。《八一宣言》突出了中日民族矛盾，提出了抗日救国政治主张，强调了建立包括上层在内的统一战线，扩大了抗日统一战线的范围。

《八一宣言》公布之时，中共中央正在长征途中，并未获悉宣言内容，但已从华北事变使民族危机加深的形势中，看到了民族矛盾已经上升为社会的主要矛盾，开始考虑建立更广泛的抗日民族统一战线问题。1935年10月，中共中央到达陕北根据地后，即提出“统一战线是抗日反蒋的总的策略”，强调党要毫不犹豫地去与一切反日讨蒋的团体和个人进行联合，并明确提出了“统一战线对象”、“统一战线的组织形式与领导方法”等具体策略。在统一战线对象上，提出不管什么阶级（从工农起到资本家止），不管什么党，如果他们不愿做亡国奴，愿尽一点救中国的义务，有一点救国救亡的情绪，共产党都与之联合。在统一战线的形式上，提出有上层、下层和上下层并用三种形式：

建立下层的统一，又可建立上层的统一，在上层统一的基础上来开辟与扩展其下层的联合工作；又在下层统一基础上，以加强和巩固上层的统一。[②]

---

① 中央档案馆编：《中共中央文件选集》第10册，中共中央党校出版社1991年版，第521、522页。

② 《中共中央为目前反日讨蒋的秘密批示信》（1935年10月），中共中央文献研究室、中央档案馆编：《建党以来重要文献选编（一九二一——一九四九）》第12册，中央文献出版社2011年版，第434页。

在党对统一战线的领导权问题上，强调：

党的领导权是使党的主张策略和决议在广大群众中得到信仰、拥护与执行。[①]

11月13日，中共中央发布《为日本帝国主义并吞华北及蒋介石出卖华北出卖中国宣言》提出，红军愿同“一切抗日反蒋的中国人民与武装队伍”联合起来，反对日本帝国主义。11月中旬，中央在瓦窑堡得知共产国际七大精神和《八一宣言》内容后，28日发表与《八一宣言》内容基本相同的《中华苏维埃共和国中央政府、中国工农红军革命军事委员会抗日救国宣言》，把《八一宣言》提出的“抗日救国十条方针”发展为“抗日救国十大纲领”。

此时，在国民党统治区，一切公开报刊都不允许宣传抗日。《八一宣言》经过10月在法国巴黎出版的《救国报》等报刊传到北平、上海等地，与中共中央11月的两个宣言一起，在全国各阶层中引起强烈反响。在上海从事救国运动的各界人士相互秘密传阅，认为反映了他们的愿望和要求。第三党响应《八一宣言》，重新起草了自己的党纲，制定了同共产党合作，实行联共抗日反蒋的总方针。在三个宣言影响下，在地下党组织领导下，1935年12月9日，北平爆发了爱国学生掀起的抗日救亡运动，并迅速发展成为全国规模的群众运动。许多大中城市爆发学生运动，工人罢工，上海等地的爱国人士、爱国团体还纷纷成立各界救国会，要求国民党政府停止内战，出兵抗日。一二·九运动极大地促进了中华民族的觉醒，标志着中国人民抗日救亡运动新高潮的到来。

确立抗日民族统一战线新策略　1935年12月17日至25日，党中央在陕北安定县（今子长县）瓦窑堡召开中央政治局扩大会议（即瓦窑堡会议），在政治战略上作出了重大调整。会议着重讨论全国政治形势和党的策略路线、军事战略，确立了建立抗日民族统一战线的新策

---

① 《中共中央为目前反日讨蒋的秘密批示信》（1935年10月），中共中央文献研究室、中央档案馆编：《建党以来重要文献选编（一九二一——一九四九）》第12册，中央文献出版社2011年版，第435页。

略，并相应地调整了各项具体政策。

会上，毛泽东在主题发言中分析各阶级对抗日的态度，明确提出民族资产阶级在亡国灭种的关头有参加抗日的可能，甚至连大资产阶级营垒也有分化的可能。强调，我们要从关门主义中解放出来，建立广泛的抗日民族统一战线。

会议通过了《中央关于目前政治形势与党的任务决议》。《决议》指出，当前政治形势的基本特点是日本帝国主义"正准备并吞全中国，把全中国从各帝国主义的半殖民地，变成日本的殖民地"。在这种形势下，一切不愿当亡国奴、不愿当汉奸卖国贼的中国人的唯一出路，就是：

联合起来，开展神圣的民族战争……只有最广泛的反日民族统一战线（下层的与上层的），才能战胜日本帝国主义及其走狗蒋介石。[①]

《决议》认为，民族革命的新高潮推醒了工人阶级和农民中的落后阶层；广大小资产阶级群众和知识分子已转入革命；一部分民族资产阶级，许多乡村富农和小地主，甚至一部分军阀也有对革命采取同情中立的态度以至有参加的可能。因此，"民族革命战线是扩大了"。"党应该采取各种适当的方法与方式，争取这些力量到反日战线中来"。《决议》明确指出，在地主买办阶级营垒中间，也不是完全统一的，党也应该利用他们之间的矛盾和冲突，以利于抗日民族解放斗争[②]。

为了适应建立抗日民族统一战线的要求，《决议》将"工农共和国"改为"人民共和国"，指出：

---

① 《中共中央关于目前政治形势与党的任务的决议》（1935年12月25日），中共中央文献研究室、中央档案馆编：《建党以来重要文献选编（一九二一—一九四九）》第12册，中央文献出版社2011年版，第536页。

② 《中共中央关于目前政治形势与党的任务的决议》（1935年12月25日），中共中央文献研究室、中央档案馆编：《建党以来重要文献选编（一九二一—一九四九）》第12册，中央文献出版社2011年版，第534、537页。

苏维埃自己不但是代表工人农民的，而且是代表中华民族的。[①]

同时改变不适应抗日要求的部分政策，改变对富农的政策，对其财产不没收，对其土地除封建剥削的部分采取保护政策；对工商业实行比过去宽大的政策等。决议重申：统一战线的最高组织形式是国防政府和抗日联军。

27日，毛泽东根据会议精神，在党的活动分子会议上作《论反对日本帝国主义的策略》的报告。毛泽东的报告阐明了民族资产阶级的两面性和利用地主买办营垒内部矛盾的可能性。他分析了九一八事变以来民族资产阶级的许多代表人物政治态度的变化，地主买办营垒内部因几个帝国主义国家争夺而造成的不能完全统一的状况，指出：

在民族危亡的关头，民族资产阶级有参加革命的可能，国民党统治营垒将进一步分化，英美派买办集团在一定条件下也将被迫参加抗日。因此，我们要把敌人营垒中间的一切争斗、缺口、矛盾，统统收集起来，作为反对当前主要敌人之用。[②]

报告指出，目前是大变动的前夜，党的任务就是把红军的活动和全国的工人、农民、学生、小资产阶级、民族资产阶级的一切活动汇合起来。在抗日战争中中国共产党的基本策略，是联合民族资产阶级和一切同盟者。毛泽东强调：

组织千千万万的民众，调动浩浩荡荡的革命军……不要关门主义，要的是制日本帝国主义和汉奸卖国贼的死命的民族革命统一战线。[③]

瓦窑堡会议决议和毛泽东的报告，解决了党的政治路线和策略问

---

① 《中共中央关于目前政治形势与党的任务的决议》（1935年12月25日），中共中央文献研究室、中央档案馆编：《建党以来重要文献选编（一九二一—一九四九）》第12册，中央文献出版社2011年版，第540页。

② 《论反对日本帝国主义的策略》（1935年12月27日），《毛泽东选集》第1卷，人民出版社1991年版，第148页。

③ 《论反对日本帝国主义的策略》（1935年12月27日），《毛泽东选集》第1卷，人民出版社1991年版，第155页。

题，为建立抗日民族统一战线提供了理论依据。决议和报告着重指出共产党和红军在这个统一战线中的领导作用，“不但要充当发起人，而且应当成为坚强的台柱子”，提醒全党记取1927年无产阶级放弃领导权而导致革命遭受失败的教训，表明中国共产党已经学会从中国实际出发，创造性地运用正确理论来指导中国的革命运动。瓦窑堡会议对于推动抗日民族统一战线和第二次国共合作的建立具有重要意义。

三、党对国民党地方实力派的争取

瓦窑堡会议后，中共中央加强了对统一战线工作的领导，中央政治局多次开会研究统一战线工作：1936年3月27日，政治局召开会议，讨论统一战线问题，毛泽东在报告中分析了国民党内左右翼情况，决定采取区别对待的方针；5月5日，在红军东征山西连连胜利的情况下，中共中央发表回师通电，以进一步争取阎锡山和蒋介石，以“兄弟阋于墙，外御其侮”的精神，停战议和，一致抗日；5月28日，政治局召开会议，研究争取张学良东北军反蒋抗日的问题；7月30日，政治局召开常委会议，讨论抗日统一战线与白区工作，确定整个统一战线工作和对东北军的统战工作由毛泽东负责；8月10日，政治局召开扩大会议，主要讨论抗日统一战线问题，毛泽东在报告中提出，党和红军应把抗日统一战线放在第一位，实现与蒋介石联合，争取中间阶层，推动全国抗日运动，并在统一战线中保持党的独立性。中国共产党大力推动建立广泛的抗日民族统一战线，在陕北积极开展了对东北军、西北军的统战工作，很快形成了西北抗日民族统一战线新局面。

【延伸阅读】

地方实力派

日本侵略中国以后，严重的民族危机改变了中国社会的阶级关系，也促使国民党营垒内部关系发生变化。在国民党中，那些拥有地盘和军队、又与蒋介石中央军存在矛盾的力量，称为有实力的反对派或地方实力派。在全民族抗战的形势下，国民党地方实力派大部分有团结抗日的要求，又同蒋介石存在着尖锐的利害冲突。他们出于抗日和与蒋抗衡的需要，有联合共产党的需求和行动。因此，党在建立抗日民族统一战线过程中，加强了对国民党地方实力派的统一战线工作。

联合张学良、杨虎城 红军到达陕北后，为解除国民党军队对陕北根据地的威胁，对驻扎在西北地区的张学良、杨虎城及其领导的东北军、西北军开展统一战线工作，取得突破性进展，到1936年上半年，红军和东北军、第十七路军之间，实际上停止了敌对行动。

1928年张作霖被日本军方炸死，张学良对日有杀父之仇。九一八事变时，东北军奉命不抵抗而退入关内，后奉蒋介石之命“剿共”，于1935年夏秋间与红军作战，三战三败，损失兵力近3个师。蒋介石对其不仅不予补充，反而宣布撤销被红军歼灭的第110师、109师的建制和番号，更促进了张学良抗日救国思想的发展。据此，中共中央加紧了对东北军的争取与联合工作：在瓦窑堡会议前后，毛泽东、周恩来等以书信传递等方式，同张学良建立了联系；中央成立以周恩来为书记的东北军工作委员会，开展对东北军的工作；1936年1月25日，毛泽东、周恩来、彭德怀等20名红军将领联名发表《红军为愿意同东北军联合抗日致东北军将士书》，明确表示愿意与东北军联合起来，组成国防政府和抗日联军，共同抗日，提议双方互派代表共同协商抗日的具体办法。二三月间，中共中央派联络局长李克农等赴洛川与张学良及其军长王以哲就联合抗日的问题达成口头协议。4月9日，应张学良的要求，周恩来到肤施（即延安）同张学良秘密会谈。张学良提出要设法使蒋抗日。周恩来对张不能反蒋表示理解。双方商定了互不侵犯、互相帮助、互派代表、经济通商等协议。通过会谈，张学良对共产党的抗日主张心悦诚服，特别是从周恩来等共产党人身上看到了中国的希望，逐步坚定了与红军联合抗日的决心，并同陕北红军达成秘密协议合作抗日。党中央派出刘鼎为中共驻东北军代表，在西安进行工作。著名爱国民主人士杜重远等，也受中共抗日民族统一战线主张影响，不断致信张学良，劝说他联合西北军杨虎城、联合中国共产党。

6月20日，党中央发出《关于东北军工作的指导原则》指出：争取东北军走向抗日是我们的基本方针，党在东北军的工作目标，不是瓦解东北军、分裂东北军，也不是把东北军变成红军，而是要使东北军变为红军的友军，使东北军实行彻底抗日的纲领。争取的方法，主要靠耐心说服与解释的工作。强调对东北军的统战工作，应是“上层统一战线与下层统一战线同时并进与互相配合”，上层统一战线尤其具有重要意义。10月5日，毛泽东、周恩来给张学良写信，提出共同签订抗日救国协定，为西北地区“三位一体”的大联合创造基础。

党积极开展对杨虎城及其西北军的争取工作。杨虎城在大革命时期就曾与党有过联系，四一二反革命政变发生后，他仍与共产党人保持联系。1935年秋，中共中央北方局通过南汉宸向杨虎城转达了党的《八一宣言》和愿与西北军联合抗日的六条意见，杨虎城表示基本同意。同年12月，中央派原陕西省委负责人汪锋带去毛泽东给杨虎城的亲笔信，向他阐明党的联合抗日、以西北大联合推动全国联合抗战的主张。杨虎城消除了疑虑，决心走联共抗日的道路。经过多次谈判，1936年5月，双方达成了四项协定：两军各守原防，互不侵犯；双方互派代表，加强联系；十七路军设立必要的交通站，掩护红军运输和人员往来；双方同时为联合抗日做准备工作。8月，党中央派出张文彬为红军代表驻西安。此后，党同十七路军建立了比较牢固的合作关系。

与此同时，党中央还在张学良、杨虎城之间进行工作，促使他们的团结合作。为了巩固东北军、西北军的联合，1936年10月26日，毛泽东、朱德、张国焘、周恩来、彭德怀等46名红军将领联合给蒋介石及国民革命军西北各将领写信，晓以民族大义，倡议停战抗日。红军同东北军、西北军合作关系的确立，促使西北地区局部抗日局面形成。这是党的抗日民族统一战线策略在西北地区首先取得的一个胜利。

为了实现西北联合抗日，党还派出邓发联络新疆督办盛世才，初步沟通了与他的联系。派出彭雪枫为特使联络国民党甘肃省政府主席、东北军五十一军军长于学忠，表示了立即停战、联合抗日救国的愿望。对宁夏马鸿逵、马鸿宾，陕北高桂滋、哥老会等都提出了共赴国难的呼吁。到1936年冬，西北抗日民族统一战线进一步扩大，推动了全国范围的抗日民族统一战线的建立。

【延伸阅读】

周恩来肤施会少帅

1936年4月初，周恩来接到张学良邀请，准备前往肤施会谈。由当时的党中央驻地瓦窑堡到肤施约有两天路程，并且密布蒋介石的暗探。周恩来只带20多个骑兵警卫。4月8日黄昏，周恩来一行抵达肤施谈判地点。张学良闻讯出来迎接，紧握周恩来的手连说："欢迎！欢迎！蒋介石在肤施的暗探很多，不能大张旗鼓欢迎，请周先生见谅。"周恩来笑道："肤施可是块宝地，我相信不久会大放光明的。"9日，周恩来代表中共中央开始与张学良会谈。张学良对中共停止内战、共同抗日的政治主张表示接受，但表示抗日不能反共，也不能反蒋，要设法使蒋抗日。周恩来充分肯定其坚持抗日的大义，表示尊重他提出的争取蒋介石抗日的意见，并坦诚地告诉张学良，要报告党中央讨论后才能决定。对张学良的意见，中共中央给予高度重视和考虑。9月1日发出《关于逼蒋抗日问题的指示》，将反蒋抗日口号改为逼蒋抗日。这一改变，赢得了张学良对中共的信任，很快促成了西北地区抗日统一战线的形成。

争取阎锡山等合作抗日　1936年5月，党分析了与阎锡山合作抗日的可能性与必要性，决定通过争取阎锡山实现山西局部合作抗日的局面，进而推动华北乃至全国的合作抗日局面。毛泽东致信阎锡山，陈述红军的抗日诚意，表示愿意联合一致，共同抗日。同时，通过多种关系和渠道敦促其早下决心。阎锡山虽未对联共明确表态，但表示愿意抗日，并取消了一些对抗日救国的限制。7月，日军进犯绥东，威胁山西。阎锡山权衡利弊，确定了“联共拥蒋”、“守土抗战”的方针。中共中央相继派出代表与阎锡山磋商联合抗日事宜，并在太原设立秘密联络站。北方局选派了大批优秀干部和一二•九学生运动的骨干到山西，推动抗日救亡运动的开展。8月下旬，受北方局派遣，刚出狱的薄一波接受阎锡山邀请，回山西做争取阎锡山抗日的工作。10月，成立由薄一波任书记的中共山西工作委员会，接办原山西牺牲救国同盟会(简称牺盟会)，进行公开合法的抗日救亡工作。11月中旬，中共中央代表彭雪枫秘密到达太原，开始了同阎锡山的正式谈判。双方在共同抗日的大原则下达成协议，决定互设通信站，建立电台联系。至此，正式确立了与阎锡山的合作关系。

1936年6月2日，国民党西南执行部、西南政务委员会通电全国，吁请国民党中央党部、国民政府立即对日抗战，并以抗日反蒋为名组成抗日救国西南联军。广东军阀陈济棠和广西军阀李宗仁、白崇禧等通电，要求国民党中央准许出兵北上抗日，发动了“两广事变”。随即以“北上抗日”名义出兵湖南。中共中央积极支持这一事变，6月12日，毛泽东、朱德联合署名发布《宣言》，表示“愿意同两广当局缔结抗日联盟共同奋斗”。7月初，蒋介石策动陈济棠部将叛变，重新控制了广东，并对广西形成重兵包围讨伐之势，李宗仁、白崇禧也准备破釜沉舟，决一死战。中共中央从有利于抗战出发，向李宗仁提出同蒋介石和平解决的意见。在全国人民强烈要求团结抗日的舆论压力下，事件得以和平解决。李宗仁、白崇禧深感中共抗日的诚意，派出代表到陕北与中共订立了《抗日救国协定草案》，确定了双方的合作关系。1937年6月，双方进一步拟定了巩固国内和平、实现民主和抗战的纲领草案7条。

此外，党还同绥远省政府主席兼第三十五军军长傅作义联系支持并推动该部抗日，同四川的刘湘建立联系并达成停战抗日的协议，对四川刘文辉、云南的龙云等也进行了联系或争取工作。到1936年12月以前，中国共产党与晋、绥、察、冀、滇、桂、川、新、甘、陕等省的地方实力派初步建立了联系，从而为形成广泛的抗日民族统一战线创造了条件。

四、从抗日反蒋到逼蒋抗日

公开放弃反蒋口号 瓦窑堡会议确定抗日民族统一战线策略方针之后，1936年1月29日，中华苏维埃共和国主席毛泽东发表谈话表示，倘蒋能真正抗日，中华苏维埃政府当然可以和蒋介石联手，第一次明确表示了中共可与蒋介石联合抗日的态度。

华北事变后，面对日本帝国主义的步步进逼，蒋介石和国民党中央的态度也发生了变化，在以军事力量消灭共产党为主的方针下，也打算利用抗日的旗帜，以极苛刻的条件同共产党谈判，以达到“溶共”的目的。从1935年冬开始，先后在上海、南京、莫斯科与共产党人接触。1936年2月，董健吾（化名周继吾，中共秘密党员，公开身份为牧师）受宋庆龄的派遣，带着南京方面表示要同中国共产党合作抗日的秘密信件，与赴陕北向中共中央汇报南京谈判情况的共产党员张子华一起，到达陕北瓦窑堡。对此，中共中央十分重视。3月4日，毛泽东、张闻天、彭德怀提出了党与国民党联合抗日的一般要求和政治基础。同月，刘长胜带着共产国际七大决议和《八一宣言》等文件，从苏联回国到达陕北。3月8日至27日，中共中央接连举行六次政治局会议（被称为晋西会议），专门讨论了同南京政府谈判的问题。4月9日，毛泽东、彭德怀致电张闻天，提出目前不应发布讨蒋令，我们的旗帜是讨日令，在停止内战旗帜下实行一致抗日。4月9日，周恩来代表中共中央到东北军驻地肤施（延安）与张学良秘密会谈时，对张提出的“联蒋”抗日意见十分重视。4月25日，中共中央发表《为创立全国各党各派的抗日人民阵线宣言》，首次公开把国民党列入抗日统一战线的对象。5月5日，毛泽东和朱德向南京政府发布《停战议和一致抗日通电》不再称蒋介石为卖国贼，而称其为蒋介石氏。这实际上是公开宣布党的抗日反蒋政策已经向逼蒋抗日政策的转变。此时，蒋介石没有联共抗日的诚意，虽然国共两党进行了秘密接触，但谈判没有结果。蒋介石仍然聚集重兵企图"围剿"陕甘根据地和红军，但遭到国民党内部的挑战。

【延伸阅读】

宋庆龄力促合作

1935年12月中国共产党提出建立抗日民族统一战线的策略方针后，得到各界爱国人士的积极响应。1936年1月，受胞弟宋子文的委托，宋庆龄向中共领导层转达国民党愿意在这一基础上谈判的信息。她把一封书信交给牧师身份的董健吾，托他前往陕北送交毛泽东和周恩来，为了途中安全还给董准备了一张由孔祥熙签名的委董为"西北经济专员"的委任状。3月4日，毛泽东等签署了一封电函积极回应国共合作。9月18日，为更好地促成国共谈判取得实质进展，中共中央派潘汉年作为同南京当局谈判的代表从陕北来到上海。毛泽东专门写了一封亲笔信交给潘汉年，让他将信连同党中央拟定的《关于国共两党抗日救国协定草案》一起面呈宋庆龄。毛泽东在信中说，请先生介绍与先生比较接近的诸国民党中枢人员，如吴稚晖、孔祥熙、宋子文、李石曾、蔡元培、孙科诸先生，与汉年同志一谈，不胜感幸。对于中共的要求，宋庆龄以她独特的身份和地位，采取各种特殊方式，积极支持，大力协助，为促成国共两党的第二次合作，发挥了非常重要的作用。

提出第二次国共合作主张　在南方，1936年6月发生了"两广事变"。广东的陈济棠和广西的李宗仁、白崇禧等在广西召开会议，通电成立军事委员会和抗日救国军，宣布要北上抗日反蒋。在北方，8月初日本指使它在内蒙古制造的傀儡军政府进攻绥东和绥北地区，被国民党军队将领傅作义率部击溃。对日本侵略军的步步紧逼，蒋介石在国民党五届二中全会上不得不作出表示：“对外交所抱的最低限度，就是保持领土、主权的完整”，“假如有人强迫我们欲订承认伪国等损害领土、主权的时候，就是我们不能容忍的时候，就是我们最后牺牲的时候”。不久，南京政府提出了新的国共谈判的四个条件，即军队统一编制、统一指挥，取消工农红军名义；政权统一，取消苏维埃政府名义；容纳各派，集中全国人才；共产党停止没收地主土地政策。与此同时，由苏联回国的潘汉年到达保安，汇报了共产国际不同意将反蒋、抗日口号并提以及他与国民党联络的情况。8月10日，中央政治局召开会议，毛泽东在报告中指出，我们愿意与南京谈判，我们可以承认统一指挥、统一编制，在许多策略方面有所改变，但是一定要停止“剿共”，一定要实行真正的抗日。8月12日，中共中央发出《关于今后战略方针》，提出“请蒋抗日”口号；25日又发表《中国共产党致中国国民党书》，倡议在抗日的大目标下，国共两党实行第二次合作，强调“只有国共的重新合作，以及同全国各党各派各界的总合作才能真正的救亡图存”。这是中共中央第一次发表主张实行第二次国共合作的正式文件。中共中央给国民党的信发出以后，9月间毛泽东分别致书宋庆龄、蔡元培、邵力子、李济深、李宗仁、白崇禧、蒋光鼐、蔡廷锴等国民党上层人物、爱国民主人士和爱国将领，希望他们利用各自的资望和地位，积极响应和推动统一战线的组成。周恩来也先后致书曾养甫、陈果夫、陈立夫、蒋介石、胡宗南、陈诚、汤恩伯等，反复陈述“大敌当前，亟应团结御侮”的道理，呼吁“重新合作共同抗日”。这时，国民党内忠于孙中山新三民主义的宋庆龄、何香凝等，提议召开国民党五届三中全会讨论国共合作问题。许多国民党上层人物也表示赞同停止内战、一致抗日的主张。

1936年9月1日和17日，中共中央先后向党内发出《关于逼蒋抗日问题的指示》和《关于抗日救国运动的新形势与民主共和国的决议》，明确提出将“抗日反蒋”口号改为“逼蒋抗日”方针。一方面继续揭破他们的每一次退让、妥协、丧权、辱国的言论与行动，另一方面要向他们提议并要求建立抗日的统一战线，订立抗日的协定，实行逼蒋抗日；还要继续联合抗日的各派军阀，用联合地方实力派去促使蒋介石走上抗日道路。10月初，中共中央起草了《国共两党抗日救国草案》，进一步提出了建立第二次国共合作的一系列重要原则，奠定了第二次国共合作的政治基础。从抗日反蒋到逼蒋抗日，是党根据中日民族矛盾上升，引起国内阶级关系变化的实际状况作出的统一战线政策的重大调整和变化。

五、和平解决西安事变推动全民族抗战

和平解决西安事变 正当中共中央采取逼蒋抗日方针的时候，12月12日，张学良、杨虎城为了“停止内战、联共抗日”，在多次“苦谏”“哭谏”蒋介石无效反而遭到斥责后，被迫采取“兵谏”，在西安临潼扣留了前来部署“剿共”的蒋介石以及陪同的国民党军政要员，向全国发出通电，提出改组南京政府、停止一切内战、释放爱国领袖和一切政治犯、开放民众爱国运动、保障人民集会结社之政治自由、确实遵行总理遗嘱和立即召开救国会议等八项主张。13日，张、杨宣布撤销西北“剿匪”总司令部，成立由张、杨担任正副委员长的抗日联军西北临时军事委员会，解散国民党省党部，成立民众运动指导委员会等。这就是震惊中外的西安事变。

事变发生后，国内外各种政治势力的反应强烈。亲日派企图发动所谓讨伐战争，实质想置蒋介石于死地，以取而代之；亲英美派则希望和平解决，以维持他们的统治。爱国救亡团体和民主进步人士对事变给予了极大的关注。全国各界救国联合会和救亡团体发表通电，竭诚拥护张、杨的救国行动和主张，主张和平解决事变。

西安事变发生当夜，张学良急电中共中央请求派代表到西安共商大计。12月13日，中共中央召开政治局常委扩大会议，毛泽东肯定这

次事变是革命性的，行动、纲领都有积极意义，并指出我们不是正面反蒋，而是具体指出蒋介石个人的错误，不把反蒋抗日并列。17日，中共中央派周恩来、博古、叶剑英组成中共代表团到西安与张学良、杨虎城商谈解决西安事变的有关问题。在弄清情况后，18日，中共中央以中华民族大局为重，致电国民党，提出和平解决西安事变的五项条件，即召开抗日救国代表大会；自陕甘撤退“中央军”，援助晋绥抗日前线，承认红军和西安方面的抗日要求；停止内战一致抗日；开放人民抗日救国运动，释放一切政治犯；实现孙中山先生的三大政策。中共中央的态度和主张，得到全国各界爱国人士和许多国民党上层人士的赞同。19日，中共中央召开政治局扩大会议，全面分析西安事变的性质和发展前途，经过反复研究，确定了和平解决西安事变的基本方针。为制止亲日派发动内战，红军主力集中到三原、泾阳等县，准备配合东北军、西北军。同时，中共中央致电北方局刘少奇和上海的潘汉年，告知党的和平解决事变、避免内战的方针，提出应对措施。

周恩来等还在西安广泛接触了东北军、西北军的广大官兵以及社会各界人士，了解情况，宣传党团结抗日的方针政策。21日，党中央根据对形势的进一步分析和了解，提出“扶助左派，争取中派，打倒右派，变内战为抗战”的策略和“争取蒋介石、陈诚等与之开诚谈判”，在对和平解决的条件“有相当保证时，恢复蒋介石之自由”的行动方针。12月23日至24日，周恩来作为中共中央的全权代表，参加张学良、杨虎城同南京政府代表宋子文、宋美龄所举行的谈判，并在会谈中做了大量卓有成效的工作。经过两天谈判，迫使蒋介石作出了六项承诺：（1）改组国民党和国民政府，驱逐亲日派，容纳抗日分子；（2）释放上海爱国领袖，释放一切政治犯，保证人民群众的自由民主权利；（3）停止“剿共”政策，联合红军抗日；（4）召开各党各派各界各军的救国会议，决定抗日救国方针；（5）与同情中国抗日的国家建立合作关系；（6）实行其他具体的救国办法。24日晚，周恩来会见蒋介石，再次向他阐明中国共产党团结抗战的真诚愿望。蒋介石表示接受谈判达成的协议，但要不采取签字的形式，而以他的人格担保履行这些条件。随后，张学良决定尽快把蒋介石放走。12月25日，他在没有和周恩来商量的情况下，亲自陪送蒋介石回南京，被蒋介石囚禁。

西安事变的和平解决，成为时局转换的枢纽。它粉碎了亲日派和日本帝国主义者的阴谋，促进了中共中央逼蒋抗日方针的实现。从此，基本结束了十年内战局面，国共两党关系开始改善。

促进第二次国共合作　西安事变和平解决后，第二次国共合作本应早日实现，但蒋介石不仅不履行承诺，而且在抗日问题上态度动摇。中国共产党继续动员全党和全国人民巩固和平，争取民主，实现全民族共同抗战，同时推动与国民党的一系列谈判，直到七七事变爆发后的1937年9月，第二次国共合作才得以正式实现。

为促进国共两党合作的实现，1936年12月27日，中共中央向党内发出《中央关于蒋介石释放后的指示》，指出：为达到抗日目的，必须“继续督促与逼迫蒋介石实现他自己许诺的条件”，改革国内政治，扩大与巩固陕甘两省首先成为抗日根据地等。1937年2月10日，中共中央致电国民党五届三中全会，提出五项要求，即停止内战，集中国力，一致对外；保障言论、集会、结社之自由，释放一切政治犯；召集各党各派各界各军的代表会议，集中全国人才，共同救国；迅速完成对日抗战之一切准备工作；改善人民的生活。电文指出，如果国民党将上述五项要求定为国策，中国共产党愿意作出四项保证，即实行停止武力推翻国民政府的方针；工农政府改名为中华民国特区政府，红军改名为国民革命军；特区实行彻底的民主制度；停止没收地主土地的政策，坚决执行抗日民族统一战线的共同纲领。五项要求是积极的、合理的，四项保证是中国共产党为结束国内两个政权的对立、实现国共合作所作出的重大的、有原则的让步。这种原则的重要表现就是，一是国民党必须抛弃内战独裁和对外不抵抗的政策；二是在特区和红军保持共产党的领导，保持工农已取得的权利；三是在国共两党关系上必须保持共产党的独立性和批评的自由。

共产党的主张得到广大爱国人士的赞同，也进一步推动了国民党内抗日派对亲日派的斗争。宋庆龄、何香凝、冯玉祥等人在2月15日召开的国民党五届三中全会上提出恢复孙中山先生的联俄、联共与扶助农工三大政策案，呼吁国共两党第二次合作。会上，国民党民主派同以汪精卫为首的亲日派进行了激烈斗争，最终通过了一个实际接受中国共产党提议的决议案，表明国民党的政策已经由内战转向抗日，由反共转向联共，正在接受中国共产党倡导的抗日民族统一战线政策。

为敦促蒋介石履行其在西安事变中承诺的六项条件，促进国民党早日实行联共抗日的政策，中共中央派出代表直接同国民党代表谈判。从1937年2月开始到7月全国抗战爆发前，先后派周恩来、叶剑英、林伯渠、博古等同国民党代表顾祝同、贺衷寒、张冲及蒋介石、宋子文等人，在西安、杭州、庐山举行了多次谈判。蒋介石在谈判中的基本企图是首先把共产党、红军和陕甘宁边区置于国民党控制之下，不许共产党有独立性，不许人民革命力量发展。其真实目的，就是用和平方法限制和削弱共产党的力量。党中央对蒋介石通过谈判来达到收编红军、取消陕甘宁边区政府、溶化共产党的企图进行了揭露和斗争。同时，从大局出发，在两党合作的组织形式以及边区政府的人事安排上作了重大让步。

推动抗日民族统一战线的建立　在推进国共谈判、促进国民党早日实行联共抗日政策的同时，党中央采取一系列重大步骤，带领全党把工作重点由工农民主统一战线转向推进抗日民族统一战线的建立。1937年5月2日至14日，在延安召开了由苏区、白区和红军代表参加的中国共产党全国代表会议(当时称苏区代表会议)。会上，毛泽东先后作了《中国共产党在抗日时期的任务》和《为争取千百万群众进入抗日民族统一战线而斗争》两个报告。

毛泽东的讲话和会议主要精神包括：一是进一步阐明建立抗日民族统一战线的形势和任务，明确了党在当前阶段的任务是巩固和平、争取民主、实现抗战三位一体。二是阐述了共产党的最高纲领与实行三民主义的关系。毛泽东指出：在民族危机极端严重形势下，两党重新合作，并领导人民坚决地实行起来，是完全适合于中国革命的历史要求，而应为每一个共产党员所明白认识的。同时共产党人决不抛弃其社会主义和共产主义的理想，民主革命是争取社会主义胜利的条件。三是强调在统一战线中坚持党的领导权的重要性。

毛泽东还提出了实现政治领导的方法：

根据历史发展行程提出基本的政治口号，和为了实现这种口号而提出每一发展阶段和每一重大事变中的动员口号。

按照这种具体目标在全国行动起来时，无产阶级，特别是它的先锋队——共产党，应该提起自己的无限的积极性和忠诚，成为实现这些具体目标的模范。

在不失掉确定的政治目标的原则上，建立与同盟者的适当的关系，发展和巩固这个同盟。

共产党队伍的发展，思想的统一性，纪律的严格性。①

毛泽东指出，在新形势下，过去在两个政权敌对路线下的斗争方式、组织方式和工作方式，应当有所改变，为此需要重新学习，既要向关门主义和冒险主义作斗争，又要向尾巴主义作斗争。

5月17日至6月10日，中共中央在延安召开了中国共产党白区工作会议。出席会议的主要有北方局及其所属地区党组织负责人。刘少奇、张闻天作报告，毛泽东讲话。会议总结了八七会议以来特别是瓦窑堡会议以来华北地区白区工作的经验，比较系统地揭露和批评了关门主义和冒险主义的错误。刘少奇在报告中阐述了党与群众的关系，公开工作与秘密工作的关系，领导群众斗争的策略以及党的思想转变等问题。会议着重阐明在西安事变和平解决的新形势下，党在白区工作的基本方针、策略和任务，以及为实现这些必须做的党的组织工作和群

---

① 《中国共产党在抗日时期的任务》（1937年5月3日），《毛泽东选集》第1卷，人民出版社1991年版，第262—263页。

众工作，要求党在白区的实际工作中贯彻抗日民族统一战线的政策。

党的全国代表会议和白区工作会议统一了新形势下党的政策思想，增强了党内团结，批判了关门主义、宗派主义和冒险主义倾向，进一步明确了党的抗日民族统一战线的基本方针和斗争策略，为即将到来的全国抗日战争在思想上、政治上、组织上做了重要准备。

第三章

抗日战争时期的抗日民族统一战线

（1937 年 7 月—1945 年 8 月）

七七事变，全国抗日战争爆发。中国共产党积极推动建立了以国共两党合作为基础的抗日民族统一战线。这一时期，党的统一战线理论政策全面成熟并取得巨大成功，毛泽东提出了统一战线、武装斗争、党的建设是党的三大法宝著名论断。党坚持抗日民族统一战线中独立自主的原则，发展进步势力、争取中间势力、孤立顽固势力，在边区建立了“三三制”民主政权，为最终赢得抗日战争的胜利奠定了坚实基础。抗日民族统一战线的成功坚持和发展，也进一步推动了各民主党派和爱国民主运动的发展，人民革命力量获得了前所未有的巩固和壮大。

第一节　抗日民族统一战线的建立

一、第二次国共合作的正式形成

1937年7月7日夜，日本侵略军在北平西南卢沟桥附近突然向中国驻军进攻，中国驻军第二十九军一部奋起抵抗，卢沟桥事变爆发。卢沟桥事变标志着全国抗战的开始，日本帝国主义以制造此事件为起点，发动了全面侵华战争。

三项要求和四项保证　卢沟桥事变后，中国社会各界群情激愤。7月8日，中共中央发出《为日军进攻卢沟桥通电》，指出只有全民族实行抗战，才是中国的出路。号召全中国同胞、政府与军队，团结起来，筑成民族统一战线的坚固长城，抵抗日寇的侵掠！呼吁国共两党亲密合作抵抗日寇的新进攻！

同一天，毛泽东、朱德、彭德怀等致电蒋介石，要求全国总动员进行抗日斗争，并代表红军将士请缨杀敌。中共中央派周恩来率代表团继续同国民党谈判。7月15日，周恩来等将《中共中央为公布国共合作宣言》送交蒋介石，提出迅速发动全民族抗战、实行民主政治和改善人民生活等三项基本要求，重申共产党为实现国共合作而保证取消两个政权敌对、红军改变名称、在革命根据地实行新民主制度和停止没收地主土地等四项保证。中共中央希望以宣言作为国共两党合作的政治基础。

7月17日，周恩来、博古、林伯渠同蒋介石、邵力子、张冲等在庐山谈判。谈判中，蒋介石承认陕甘宁边区，同意红军编为三个师，但在红军和苏区的管辖、每个师的参谋长和政训主任人选等问题上，双方各执己见，互不相让。蒋介石坚持红军改编后不设统一的军事指挥机关，改编后的三个师的管理教育直属西安行营；各师参谋长由南京派遣，政治训练处只管联络，无权指挥。蒋介石不愿承认共产党的平等地位，并企图通过改编红军，逼朱德、毛泽东“出洋”，达到控制和吞并红军的目的。周恩来表示，中共中央不能接受国民党当局对红军改编后的指挥和人事的意见。第二次庐山谈判未获结果。

八路军、新四军的成立　8月9日，应国民党邀请，中共中央派周恩来、朱德、叶剑英飞赴南京出席国防会议，同时与国民党继续谈判。这时，日军大举进攻上海，发动八一三事变，战火燃烧到国民党统治心脏地区。蒋介石急于调红军开赴抗日前线，在红军改编问题上的态度有所松动，同意不向红军中派遣国民党人员。此后，经过谈判，终于达成将在西北的红军主力改编为国民革命军第八路军（简称八路军），并设总指挥部；在国民党统治区的若干城市设立八路军办事处和出版《新华日报》等协议。8月22日，国民政府军事委员会发布命令，将红军改编为国民革命军第八路军(9月11日又改称为第十八集团军)，任命朱德为总指挥、彭德怀为副总指挥。共产党在坚持对红军的领导和实行独立自主的原则下，作出不设政治委员、将政治部改为政训处等让步。25日，中共中央军委发布红军改编为八路军的命令。8月下旬到9月底，八路军主力陆续开赴山西前线抗日。随后，南方八省的游击队也被改编为国民革命军新编第四军。9月，陕甘宁革命根据地改称陕甘宁边区，下辖23个县，人口约150万，为中共中央所在地。

【延伸阅读】

八路军和新四军

改编后的八路军由朱德、彭德怀分任正副总指挥，叶剑英、左权分任正副参谋长，任弼时、邓小平分任政治部正副主任。八路军全军约4.6万人，下辖3个师：第115师，师长林彪，副师长聂荣臻，政训处主任罗荣桓；第120师，师长贺龙，副师长萧克，政训处主任关向应；第129师，师长刘伯承，副师长徐向前，政训处主任张浩。

改编后的新四军由叶挺、项英分任正副军长，张云逸、周子昆分任正副参谋长，袁国平、邓子恢分任政治部正副主任。新四军全军约1.03万余人，下辖4个支队、1个特务营：第1支队，司令员陈毅，副司令员傅秋涛；第2支队，司令员张鼎丞，副司令员粟裕；第3支队，司令员张云逸（兼），副司令员谭震林；第4支队，司令员高敬亭。

第二次国共合作正式形成　在中共中央的多次催促下，9月22日，国民党中央通讯社发表《中共中央为公布国共合作宣言》。第二天，蒋介石发表谈话，指出团结御侮的必要，实际上承认了中国共产党的合法地位。从反蒋抗日、逼蒋抗日到联蒋抗日，经过半年多艰难曲折的谈判，以中共中央《宣言》和蒋介石谈话的发表为标志，国共两党第二次合作正式形成。

二、争取实现全面抗战路线

洛川会议　全国抗战一开始，中国共产党就提出了一条开放民主、改善民生，广泛发动群众、武装群众，实行全体人民参加战争、支援战争的全面抗战路线。1937年8月22日至25日，中共中央在陕北洛川召开政治局扩大会议（即洛川会议）。毛泽东在会上作了关于军事问题和国共两党关系问题的报告。大会通过了《中央关于目前形势与党的任务的决定》《中国共产党抗日救国十大纲领》和毛泽东起草的鼓动提纲。

会议分析了全国抗战开始以后的新形势和战争的持久性，指出共产党同国民党的争论是两条路线、两个前途的问题，争取抗战胜利的关键是实行共产党的全面抗战路线，反对国民党的片面抗战路线。会议讨论并决定了党在全国抗战到来新时期的基本行动路线和工作方针：

必须坚持统一战线中的无产阶级领导权。

在敌人后方放手发动群众，开展独立自主的山地游击战争，配合正面战场，开辟敌后战场，建立抗日根据地；在国民党统治区，广泛发动群众性的抗日救亡运动……争取人民应有的政治经济权利；以减租减息作为抗日战争时期解决农民问题的基本政策。①

抗日救国十大纲领提出：打倒日本帝国主义；全国军事总动员；全国人民总动员；改革政治机构；实行抗日的外交政策；实行为战时服务的财政经济政策；改良人民生活；实行抗日的教育政策；肃清汉奸卖国贼亲日派，巩固后方；实现抗日的民族团结。这个纲领是党的全面抗战路线的具体体现，阐明了党在抗日战争时期的基本政治主张，指明了坚持长期抗战、争取最后胜利的具体道路。

会议决定组成以毛泽东为书记，以朱德、周恩来为副书记共11人的中共中央革命军事委员会。中央政治局常委会决定设立中央军委前方军分会(后称华北军分会)，朱德为书记，彭德怀为副书记。同时决定建立长江沿岸委员会，周恩来为书记。洛川会议在全国抗战刚刚爆发的历史转折关头召开，及时制定和确立了党的全面抗战路线，把实行全民族抗战与争取人民民主、改善人民生活结合起来，把反对外敌入侵与推进社会进步统一起来，正确处理了民族矛盾与阶级矛盾的关系。

中国共产党的全面抗战路线在全国产生重大影响，成为全国人民

---

① 中共中央党史研究室编：《中国共产党历史》第1卷（1921—1949）下册，中共党史出版社2002年版，第476、477页。

坚持抗战、争取胜利的旗帜，推动全国各族各界各阶层爱国人士以及海外华侨投入抗日救亡的洪流。

各党派团体拥护国共合作 救国会领袖沈钧儒、邹韬奋等表示赞成中国共产党的抗日民族统一战线政策，拥护以国共合作为基础的全国的抗战团结。中华民族解放行动委员会①向国民政府提出普遍动员武装民众、实行民主政治等政治主张。李济深、陈铭枢等领导的中华民族革命同盟，也从反蒋抗日转为拥蒋抗日。国民党放松党禁，设立25人的国防参议会，聘请一些其他党派和团体的知名人士为参议员，被迫流亡国外的进步作家郭沫若被允许回国。国民党内各派系间、各地方势力与中央政府间的关系进一步改善。桂军、川军、滇军等也都远赴前线，对日作战。各少数民族群众也以不同方式参加抗战。

各地抗日救亡运动蓬勃开展 1937年7月，上海一批社会名流成立上海抗敌后援会。蔡元培等组织了上海文化界救亡救国会，沙千里等组织了上海职业界救亡协会。这些抗日团体在淞沪抗战中发挥了重要作用。同时，学生界、教育界、宗教界、妇女界都建立了各种形式的抗日救亡组织。何香凝、宋庆龄倡议建立了中国妇女抗敌后援会。宋美龄在南京成立了中国妇女慰劳自卫抗战将士总会。各地敌后后援团体开展了民众宣传、慰劳将士、战地服务、捐款、认购救国公债等多种活动。上海、北平、天津等大中城市的工人群众还纷纷组织抗日义勇队、宣传队，支援前线，参军参战。致公党中央发出训令号召“党内外各处党员，一致参加抗战工作，出钱出力，以尽职责”。陈演生、钟秀南等4人化装成商贾，几经艰辛，将所筹10万银元送交东北义勇军。广大侨胞在世界各地积极开展抗日救国运动。东南亚著名华侨领袖陈嘉庚成立了南洋华侨筹赈祖国难民总会，美洲的致公党创始人司徒美堂等成立了纽约华侨抗日救国筹饷总会。在世界各地的华侨也先后建立了

---

① 1935年11月，“中国国民党临时行动委员会”在香港更名为“中华民族解放行动委员会”，主要领导人为章伯钧、彭泽民、黄琪翔。该党以“民族至上、民主至要”的原则积极参加抗日救国和民主宪政运动，后于1947年2月改名为“中国农工民主党”，一直沿用至今。

支援祖国抗战的团体，积极筹集款物，进行抗日宣传，有的还组织华侨青年回国参军参战。

民族工商界人士表现出高昂的爱国热情。他们踊跃认购救国公债，为前线将士捐赠物资。华东、华中、华北地区的许多工商界人士抱着与敌人斗争到底的决心，把自己的企业搬迁到西南和西北后方省区继续从事生产，以支持长期抗战。著名实业家胡厥文等动员上海机器工厂克服重重困难内迁四川等地，上演了规模空前的民族工业大迁徙的历史壮剧。上海实业家沈鸿在八路军办事处协助下，将其五金厂机器设备经西安迁往延安，这对以后陕甘宁边区的工业生产起了重要的奠基作用。

在中国共产党的积极努力和推动下，以国共两党合作为中心，中国各族人民、各民主党派、各爱国军队、各阶层爱国人士以及海外华侨的抗日民族统一战线建立和发展起来。在抗日民族统一战线这个旗帜下，全国人民团结一致，开始了中国近代以来空前规模的民族革命战争。

三、国共两党合作抗日

在波澜壮阔的全民族抗战中，中国国民党和中国共产党领导的抗日军队，在正面战场和敌后战场，形成了共同抗击日本侵略者的战略态势。

中国军队共同抗战　第二次国共合作首先是军事上的合作。抗战初期，国共两党军队在军事上密切配合，同仇敌忾，携手抗战，给日本侵略者以沉重打击。从卢沟桥事变到武汉失守，在全国人民抗日热潮的推动下，国民政府调动全国军队，在正面战场进行了平津、淞沪、忻口、徐州和武汉等战役，抵抗日军进攻。一方面，中国共产党在战役上积极配合国民党军队作战，八路军和新四军分属第二、第三、第五战区战斗序列，分别参加了各战区的防御作战；另一方面，精心部署战略统一下的独立自主的山地游击战争。

在北线，日本侵略军占领北平、天津后不断向前推进，双方主战场很快转移到山西。阎锡山的晋绥军纷纷向雁门关方向撤退。八路军总部指示第120师从西面驰援雁门关，第115师从东面配合友军作战。1937年9月22日，日军从平型关正面发动进攻，国民党守军与之展开激战。25日，八路军第115师一部在平型关东北伏击日军，歼敌1000余人，击毁汽车100余辆，马车200多辆，缴获大量武器和军用物资。这是抗战以来中国军队取得的第一次大捷，有力配合了正面战场的防御作战，打破了日军不可战胜的神话，给中国军民很大的信心，也提高了共产党和八路军的威望。

忻口是守卫太原的最后一道防线，忻口战役具有阻敌南下的重要性。周恩来受中共中央委派，参与了阎锡山作战计划的制定。10月13日，日军向忻口西北主阵地南怀化发起猛烈攻击。中国守军伤亡惨重，战斗异常激烈。根据部署，朱德、彭德怀负责指挥以八路军为主的右路各军配合和支援友军的正面防守作战。第120师一度收复雁门关，切断从大同到忻口的交通；第115师主力夺回平型关，多次截断敌后方主要交通线，击毁日军大批运输汽车，袭击敌增援部队，收复一些县城，使日军侧背受到严重威胁，只能靠空运来维持给养；第129师陈锡联团乘黑夜突袭阳明堡机场，焚毁日军飞机24架，消灭敌守备队100余人。忻口战役历时一个多月，歼敌2万余人，是抗战初期华北战场上最大、最激烈的一次战役，也是国共两党军队合作抗日、配合较好的一次战役。八路军对忻口战役的贡献，阎锡山和国民党第十四集团军总司令卫立煌都多次予以肯定。蒋介石为此专门致电朱德、彭德怀：贵部林师及张旅，屡建奇功，强寇迭遭重创，深堪嘉慰。①

在南线，淞沪会战是中日之间规模空前的一场战役。中国军队广大官兵不畏强敌，浴血奋战，打得十分顽强。中国共产党在上海地区的组织和八路军办事处，广泛开展统一战线工作，积极推动上海各

① 电文中的“林师”，指林彪为师长的八路军第115师；“张旅”，指张宗逊为旅长的八路军第120师第358旅。

界、各阶层民众组织抗日救亡团体和战地服务团，给国民党军队作战以有力的支援。淞沪会战历时3个月，中国军队毙伤敌4万余人，打破了日本侵略者“速战速决”计划，鼓舞了全国人民的抗日热情。

1938年2月中旬，日军占领南京制造惨绝人寰的大屠杀后，又把主力集中指向徐州。中国军队决定组织台儿庄战役。战前，周恩来、叶剑英等向第五战区提出了作战方针方法的建议，被李宗仁、白崇禧基本上接受。同时，中国共产党领导的八路军以及山东、河北人民抗日游击队和工人武装进行破袭战，炸毁桥梁，拆除路轨，阻滞日军的运输，有力地支援了台儿庄作战。中国军队在台儿庄对日军进行分割包围，经过激烈战斗，击溃日军两个师团，歼敌1万余人，这是抗战以来国民党正面战场取得的最重大的胜利。

武汉保卫战中，中共中央号召全国人民：保卫武汉，保卫全国，用一切方法削弱敌人，加强自己，克服一切困难与动摇，以持久战最后战胜敌人。①

毛泽东指示八路军、新四军广泛开展敌后游击战争，配合友军作战。八路军广泛出击，有计划地破坏交通线，袭击敌人，共进行大小战斗近千次，歼灭大量敌军，破坏铁路、车站多处。武汉会战历时4个多月，共毙伤敌近4万人，大大消耗了日军的有生力量，成为中国抗日战争由战略防御转入战略相持阶段的转折点。

两个战场配合抗战　在整个战略防御阶段，尽管敌后抗战条件艰难，党领导人民军队同群众结成血肉关系，以游击战牵制和打击日军。据统计，从1937年9月到1938年10月，八路军和新四军对日、伪军作战1600余次，毙伤俘敌5.4万人，八路军发展到15.6万人，新四军发展到2.5万人。与此同时，党领导的东北抗日联军在极端艰难的条件下给日军以沉重打击。敌后游击战争不仅给正面战场的国民党军队以有力的支持，还迫使日军将原来用于进攻的大量兵力转用于防守占领区，

---

① 中央档案馆编：《中共中央文件选集》第11册，中共中央党校出版社1991年版，第525页。

对于停止日军的战略进攻，稳定全国战局，使抗战由战略防御转入战略相持阶段起了重要作用。

为推动贯彻党的全面抗战路线，中共中央、北方局和八路军总部进一步加强和发展与阎锡山的统一战线。阎锡山在日军进攻的威胁下，接受了中国共产党合作抗日的主张，并采用共产党提出的一些进步措施和口号，任用一批抗日青年和政治上比较开明的进步人士。鉴于这种情况，八路军在太原设立了以彭雪枫为处长的驻晋办事处，负责八路军总部与阎锡山的联络，开展对晋绥军的统一战线工作。在中共中央代表周恩来和八路军领导人彭德怀建议下，1937年9月20日，阎锡山在太原成立有各方面参加的第二战区民族革命战争战地总动员委员会(简称动委会)，由第二战区高级参议续范亭担任主任委员，共产党方面的委员有：邓小平、彭雪枫、程子华、南汉宸。各级(包括县、区、村)动委会是发动群众支援和参加抗战的领导机关，起着政府同民众之间的桥梁作用。

以薄一波为书记的中共山西（公开）工作委员会，以山西牺牲救国同盟会（简称牺盟会）为核心，放手发动群众，组织群众，开展各种抗日救亡活动。1937年9月下旬牺盟会召开第一次代表大会时，会员已发展到几十万人，创建了105个县分会和若干中心区，培养了2万多名政工干部和军事干部。在日军进攻时，山西大部分旧政权陷于瘫痪和瓦解，牺盟会不失时机地掌握部分地方政权。到1938年春，全省105个县中，已有70余县的政权由牺盟会所掌握。

全国抗战开始后，阎锡山急欲扩充实力。薄一波提议组建山西新军，遂于1937年8月先试建了山西青年抗敌决死队(简称决死队)。决死队各级军事干部由阎锡山指派旧军官担任，政治委员和政治工作干部则绝大部分是共产党员。到1939年底，山西新军共有50个团(其中46个正规团)，总兵力5万余人。新军在建制上属于阎锡山军队系统，但军中普遍建立有共产党的组织，是中国共产党领导的以统一战线形式出现的人民抗日武装力量。山西新军同八路军互相支持、互相配合，在发展和坚持山西及整个华北的抗日游击战争中，发挥了重要作用。

党在同阎锡山建立统一战线的过程中，既反对了关门主义，又坚持了独立自主原则；既重视上层统一战线工作，又大刀阔斧地放手发动群众；既抓群众工作，又抓政权和武装工作；既尽力推动阎锡山坚持抗日，又对他的动摇性和反动倾向保持高度的警惕。党在山西成功的统一战线工作，为八路军在山西开展抗日游击战争，建立抗日民主根据地，创造了极为有利的条件。

第二节　国民党统治区的统一战线工作

一、支持和开展国统区民主运动

第二次国共合作正式形成后，中国共产党在国民党统治区积极开展各项工作，以多种方式向国民党当局提出建议和方案，希望能够影响、推动和督促国民党改变政策，真正实行孙中山的革命三民主义和共产党提出的抗日救国十大纲领，组织动员全国民众实现全面抗战。

八路军办事处和中共代表团　1937年12月，中共代表周恩来等同蒋介石会谈，提出成立两党关系委员会、决定共同纲领、扩大国防参议会等具体建议，使这次国共合作在政治上、组织上、制度上有了一个全面的可靠的基础。蒋介石当面表示赞同，此后采取了一些措施改善国共关系。八路军先后在西安、南京、上海、太原、兰州、迪化、武汉等地设立了办事处。中共中央决定在武汉组织长江局，统一领导南方各省党的工作，发展长江流域和南方各省的抗日运动，同时组成中共代表团，负责与国民党的联系和谈判。不久，两个机构合为一个，对内为中共中央长江局，对外称中共代表团。王明为书记，周恩来为副书记。1938年中国共产党主办的《新华日报》和《群众》周刊相继在国民党统治区公开出版发行，将中国共产党政治主张直接传播给国民党统治区人民，引起巨大反响，对于推动爱国民主运动发展，团结一切可以团结的力量，作出了卓越的贡献。

国统区的抗日宣传 1938年1月，国民政府决定改组军事委员会，主要是按照第一次国共合作时期的经验设立政治部，邀请周恩来、黄琪翔任副部长，郭沫若任政治部下掌管宣传工作的第三厅厅长。4月1日，第三厅正式组建成立。在周恩来、郭沫若的领导下，第三厅还建立了10个抗敌演剧队、4个抗敌宣传队和1个儿童剧团，编写抗日剧本，谱写抗日歌曲，分赴各个战区前线演出劳军。此时在武汉成立的中华全国戏剧界抗敌协会、中华全国电影界抗敌协会、中华全国文艺界抗敌协会、全国歌咏协会和全国战时教育协会，都是以共产党员为领导核心的抗日统一战线组织。第三厅大力协助各协会冲破国民党对民众运动的统制政策，开展轰轰烈烈的抗日救亡运动，成为中国共产党在国民党统治区开展抗日统一战线工作的一个重要阵地。

国民参政会 1938年3月，中共中央致电国民党临时全国代表大会，提出发布以孙中山先生三民主义为基本原则的抗日民族统一战线的共同纲领，作为动员全国人民共同奋斗的目标。在这一纲领下，遵照孙中山联共精神，建立一种各党派共同参加的某种形式的民族解放同盟。并要求国民党继续改善政治机构，整顿地方政府，洗刷贪官污吏等。这次会议通过的《中国国民党抗战建国纲领》，在坚持抗战和开放民主方面，接受了共产党和广大人民群众的一些合理要求，并正式作出组织国民参政会的决定。但是，它没有包括共产党和其他抗日党派关于实行民主、改善民生等许多重要主张。4月7日，国民党五届四中全会通过《国民参政会组织条例》。《条例》规定：在抗战期间，政府对内对外之重要施政方针，于实施前应提交国民参政会决议，但是又规定，参政会的决议案，必须经国防最高会议通过才能有效；“国民参政会有听取政府施政报告暨向政府提出询问案之权”；参政员的遴选，由“中国国民党中央执行委员会会议决定之”。6月21日，国民政府公布第一届国民参政会参政员名单，并任汪精卫、张伯苓为正副议长。参政员共200名，有各党派的成员参加：国民党有88人，占44.5%；以“文化团体代表”的名义，邀请共产党员毛泽东、陈绍禹（王明）、秦邦宪（博古）、董必武、林伯渠、吴玉章、邓颖超7人为参政员。国民参政会既不是各党派统一战线的组织形式，也不是真正的民意机关，而是一个建议、咨询性质的机构，但它毕竟是向民主政治方面的一个进步。中国共产党对此表示欢迎。

1938年7月6日，国民参政会第一次会议在武汉召开。会上，共产党参政员分别参加审查提案委员会和宣言起草委员会，并同其他党派和各界参政员一起，积极发表政见和提交提案，在会内会外广泛接触和交流意见，使国民参政会成为国共两党和其他党派、爱国人士政治合作的一种形式，有力促进了抗日民族统一战线的巩固和发展。中共参政员董必武、秦邦宪、陈绍禹出席了会议。7月23日，毛泽东《致国民参政会的贺电》中提出“最切”希望的三句话：

一曰坚持抗战，二曰坚持统一战线，三曰坚持持久战。

【延伸阅读】

陈嘉庚驳斥汪精卫

全国抗战开始后，中国民众抗日热情高涨，但是，国民党副总裁、参政会议长汪精卫却公开鼓吹对日“和平”。远在南洋的华侨领袖、国民参政员陈嘉庚看到外国通信社有关报道，遂发电询汪精卫：“路透社电传是否事实，和平绝不可能，盼复以慰侨众。”汪复电大意：“凡两国战争终须和平，以我国积弱非和平即亡国”，“和平为救亡图存上策”。陈嘉庚极为愤慨，从新加坡向国民参政会发来一个电报提案：“官吏谈和平者以汉奸论罪!”这个电报提案一到会场，立即就有20多人联署。

民主宪政运动 抗日战争时期，是否要实行民主政治，始终是国共两党政策的主要区别之一。全国抗战和国民参政会的召开，唤起了民众对实现民主宪政的强烈企求。1939年9月，经过中共参政员与参政会的其他中间力量的共同努力，国民参政会通过了“实行宪政”的决议。随后兴起的宪政运动加强了各民主党派的联系，产生了联合起来共同斗争的迫切愿望。同年11月，统一建国同志会成立，将参政会中热心国事、主张团结抗战、实施民主宪政的人士组织起来，成为1941年3月成立的中国民主政团同盟的前身。共产党积极支持大后方的民主宪政运动，并于1940年2月在延安成立了各界宪政促进会，努力引导宪政运动的积极发展方向。这场长达一年的运动虽因国民党的压制而未得到应有的民主宪政成果，但使各中间党派及无党派民主人士对国民党假民主本质有了进一步认识，而且受到了共产党的新民主主义宪政主张的启迪和教育，为与共产党进一步合作打下了基础，同时也推动了中间党派由分散活动走向联合行动。

二、周恩来领导的南方局工作

武汉失守后，抗日战争进入相持阶段。国民党当局表现出很大的妥协倒退倾向，党在国民党统治区的工作处于十分艰难的时期。根据党的六届六中全会的决定，1939年1月16日，中共中央南方局在重庆正式成立，周恩来为书记，博古、凯丰、吴克坚、叶剑英、董必武为常委。南方局是抗战时期中共中央领导国民党统治区和部分沦陷区党的工作的机构，在国民党统治区极其复杂的情况下，南方局处于秘密状态，其领导人对外以中共代表或国民参政员的身份出面活动。南方局在周恩来等人领导下，创造性地贯彻执行抗战、团结、进步的方针，通过各种公开的和秘密的渠道，为巩固和扩大抗日民族统一战线开展了卓有成效的工作。

与国民党内各派人士的团结合作　周恩来、董必武、叶剑英、林伯渠、王若飞等代表中共中央多次同国民党谈判，表明共产党对国共合作抗战的诚意，对国民党顽固派的政治进攻进行坚决斗争，从而扩大了共产党的政治影响，维系了国共合作的局面。南方局重视同国民党内民主派人士的联系，团结和推动他们积极参加抗日斗争。南方局领导人把宋庆龄、何香凝、柳亚子、谭平山等国民党左派视为知己，经常征询他们的意见，和他们一起反对国民党顽固派。周恩来等人与冯玉祥、李济深、王昆仑、朱蕴山、朱学范、李德全等经常交往，与在国民党内担任要职的张治中、邵力子、贺耀祖等人也经常往来。1941年夏，在周恩来提议下，一部分国民党民主派以及国民党政府中担任幕僚的进步人士，在重庆秘密成立中国民族大众同盟(后改名中国民主革命同盟，又称小民革)，参加者后来发展到200余人。小民革的成立及其活动，对争取国民党上层进步人士，分化国民党顽固派，巩固抗日民族统一战线，起了重要的作用，进而推动国民党民主派组织起来，建立了三民主义同志联合会。

【延伸阅读】

周恩来与张冲

20世纪30年代，张冲是国民党中央组织部调查科（中统前身）总干事，他曾策划上海《申报》等国内主要报纸相继刊出所谓的“伍豪事件”（伍豪是周恩来在白区工作时化名），诬陷周恩来脱离了共产党组织，以蛊惑人心。西安事变后，张冲与周恩来成为国共谈判的主要代表。为了团结抗战，周恩来捐弃前嫌，不咎既往，让张冲深为感动。张冲为两党合作不懈努力，与中共建立秘密电台联系，置顽固派攻击陷害于不顾，凡周恩来提出要见蒋介石或蒋介石要见周恩来，都积极安排部署。1941年1月皖南事变发生后，面对国共两党之间的裂痕不断加深，张冲极力弥合。同年8月不幸病逝，周恩来写了“安危谁与共？风雨忆同舟”的挽联，并在追悼会上发表演讲，高度评价其为爱国志士。周恩来说：“我与淮南先生初无私交，且隶属两党，所往来者亦悉属公事，然由公谊而增友谊，彼此之间辄能推诚相见，绝未以一时恶化，疏其关系，更未以勤于往还，丧及党格。这种两党间相忍相重的精神，淮南先生是保持到最后一口气的。”“先生与我，并非无党见者，惟站在民族利益之上的党见，非私见私利可比，故无事不可谈通，无问题不可解决。先生与我，各以此自信，亦以此互信。”双方都以“敌人所欲为者我不为，敌人所欲不为者我为之”的准则互相勉励，互相提醒，进而增进了信任，加强了友谊，为合作打下了良好的基础。

与民主党派、无党派人士[①]的团结合作 在重庆的中共参政员，同国民参政会中的各界知名人士广泛联络，加强了解，并同他们一起为促进全民族抗战和国内民主提出许多提案。南方局领导人和工作人员积极同民主党派、无党派人士和著名知识分子交朋友，经常就国际国内形势、坚持团结抗战的大局交换意见，对他们给予很多支持和保护，如领导和参与营救马寅初出狱活动，支持章伯钧、左舜生等人发起成立民主联合会等。1941年3月，中国民主政团同盟成立后，因国民党当局的压制，无法在重庆公开活动，派人到香港开展工作。周恩来等指示中共驻香港办事处，对民主政团同盟在政治上、经济上给予大力支持。1943年2月，在南方局支持下，谭平山、王昆仑、陈铭枢等在重庆组织民主同志座谈会，后筹建了三民主义同志联合会（简称民联）。1944年，李济深、何香凝在广西从事抗日民主活动，为另一个国民党民主派的组织——中国国民党民主促进会（简称民促）的建立奠定了基础。

---

① 无党派人士的称谓在我国革命、建设、改革事业发展中经历了一系列变化：新民主主义革命时期称他们为社会贤达，新中国成立前后称为无党派民主人士，2000年针对改革开放后无党派民主人士、无党派爱国人士、无党派知名人士、无党派人士等多种称谓并用的情况，规范为无党派人士。

【延伸阅读】

中国民主政团同盟的成立

1941年1月，国民党顽固派蓄意制造了震惊中外的皖南事变。一些中间党派的领导人和民主人士在对国民党失望的同时，深感进一步组织起来反对内战独裁和争取民主之必要。1月中旬，章伯钧、丘哲等代表中间党派到曾家岩50号周公馆找到中共代表周恩来、董必武、叶剑英等沟通，请求中共能对将要成立的统一组织给予支持，周恩来当即表示积极赞同。随后，中共南方局利用各种资源竭力扶持、宣传中间党派，并在经济上给予了切实的援助。3月19日，包括中国青年党、国家社会党、中华民族解放行动委员会、中华职业教育社、乡村建设协会及社会贤达在内的中国民主政团同盟在重庆秘密成立。救国会于1942年1月正式加入。民盟的成立，加强了中间党派之间的联系，加强了民主力量的团结，成为中国共产党在抗日战争时期坚持抗战、民主团结的最可靠的朋友。

开展民族资产阶级工作　1940年12月，中共中央南方局成立统战委员会经济组，与民族工商界建立广泛经常的联系，帮助和直接领导工商界建立了中国中小工厂联合会、中国经济事业协进会等团体。周恩来、董必武多次同卢作孚、康心如、余铭玉、吴晋航等民族资本家交往，向他们宣传中国共产党的主张，鼓励他们发展生产，支持抗战。在周恩来等人的努力下，许多民族工商业人士积极参加大后方民主运动，以个人、联名或团体名义发表对时局的主张，要求国民党当局真正实行民主。

【延伸阅读】

令黄炎培感动的画

1938年10月，沈钧儒的儿子在重庆办画展，黄炎培在其中一幅《岁朝图》上看到茅台酒，联想到国民党的报纸曾报道红军战士长征中在茅台镇酒池以酒疗伤的事，就在画上题诗："喧传有人过茅台，酿酒池中洗脚来，是真是假我不管，天寒且饮两三杯。"周恩来得知后，立即指示买下此画。当时南方局经费紧张，购买小画家作品，大家都不理解。周恩来说，这幅画联系到两位重要民主人士，今后可能有用。1945年7月，黄炎培等6名参政员访问延安。当他走进毛泽东的会客室，第一眼就看见了《岁朝图》以及自己的题诗。他感慨共产党人真是拿他们当朋友，所以才直言坦陈"周期律"。多年后，国民党中统负责人徐恩曾在他的回忆录中专门提到这幅画的事情，由衷感叹道："周恩来搞统战，犹如水银泻地，无孔不入。细数吾党同仁，难有与其相匹敌者也！"

争取国民党地方实力派　1942年2月，周恩来在重庆会见川康地方实力派刘文辉，向他分析抗战形势和介绍共产党的主张，希望西南地方的民主力量同共产党配合，并表示愿意在政治上对他们给予支持。后中共中央又派人从延安到雅安，同刘文辉建立联系。刘文辉后来秘密参加了民盟、民革，积极从事反蒋民主运动。1940年12月，周恩来派员到云南卢汉的第一集团军做统战工作。后又派员同龙云联系商谈合作抗日的问题，并建立专门联络的电台。龙云秘密参加了民盟，使昆明的民主斗争得以广泛开展，被誉为"民主堡垒"。另外，对贵州、广东、广西等省的地方实力派，也做了大量卓有成效的争取、团结和教育工作。

开展各界人士统战工作　1939年4月6日，天主教爱国老人马相伯百岁诞辰，中共中央致电祝贺，称他为国家之光、人类之瑞。5月，周恩来在汉口专程访问了基督教人士吴耀宗，向他表示马列主义者是无神论者，但是尊重宗教信仰自由，并愿和宗教界人士合作，共同抗日。周恩来还为南岳祝圣寺和尚暮笳题词：“上马杀贼，下马学佛”。叶剑英出席了南岳佛道救难协会成立会等活动。

建立香港统战工作委员会等组织，以香港为枢纽和基地开展港澳统战工作，争取海外侨领，扩大对海外华侨的抗日宣传，组织海外华侨回国抗日。南方局领导人和工作人员还经常同外国驻华使节、援华机构人员和新闻记者会晤，广交外国朋友，以大量确凿的事实及文字资料说明共产党在抗战中的贡献，揭露国民党顽固派反共内战的阴谋，争取国际舆论支持中国团结抗战，努力扩大和发展国际反法西斯统一战线。

举办进步文化活动　南方局把大批电影、戏剧工作者组织起来，成立中华剧艺社，上演进步戏剧。当郭沫若因创作《屈原》遭到国民党顽固派种种攻击和迫害时，周恩来挺身而出，进行了针锋相对的斗争，在道义上给以支持，在安全上进行保护。南方局大力支持老舍主持的中华全国文艺界抗敌协会的活动，团结了一大批著名的作家、导演和演员，培育了许多文艺新秀。面对皖南事变后的险恶环境，南方局对大后方的文化工作者采取了保护措施，把大批进步作家等文化人送到延安或香港，成立以廖承志为首的香港文化工作委员会，加强党对进步文化工作的领导。太平洋战争爆发后，日本占领香港，周恩来指示有关同志尽快将留港的文艺工作者转移到安全地带。

开展群众工作　在做中上层统一战线工作的同时，南方局注意以工人、农民、青年、妇女为主要对象的群众工作，开展一些关系群众切身利益和民主权利的具体斗争。皖南事变后，还提出了凡有群众的地方一定要进去工作，要善于使上层工作与下层工作、公开工作与秘密工作、党外的联系与党内的联系相结合等党在国民党统治区开展工作必须遵循的基本原则。

南方局长期战斗在国民党统治中心，在抗战时期团结和领导人民群众同顽固势力进行斗争，为巩固发展抗日民族统一战线，坚持全民族抗战，推动抗战时期民主运动的发展，提高共产党在全国的威望和世界的影响，作出了极其重要的贡献，并为全国解放战争时期第二条战线的形成奠定了基础。

第三节　抗日民主根据地的统一战线政策

一、政权建设中的“三三制”原则

“三三制”的提出　陕甘宁边区是中共中央所在地，也是抗日根据地建设的楷模。根据地建设最根本的是民主政治建设。1939年12月，毛泽东在《中国革命和中国共产党》中指出：党领导的各抗日根据地内建设起来的抗日民主政权，乃是抗日民族统一战线的政权，它既不是资产阶级一个阶级的专政，也不是无产阶级一个阶级的专政，而是在无产阶级领导之下的几个革命阶级联合起来的专政。只要是赞成抗日又赞成民主的人们，不问属于何党何派，都有参加这个政权的资格。

1940年3月6日，毛泽东为中共中央起草《抗日根据地的政权问题》的党内指示，明确指出，在抗日时期，我们所建立的政权的性质，是民族统一战线的；这种政权，是一切赞成抗日又赞成民主的人们的政权，是几个革命阶级联合起来对于汉奸和反动派的民主专政；并第一次提出了“三三制”政权建设思想，指出：

根据抗日民族统一战线政权的原则，在人员分配上，应规定为共产党员占三分之一，非党的左派进步分子占三分之一，不左不右的中间派占三分之一。①

---

① 毛泽东：《抗日根据地的政权问题》（1940年3月6日），中共中央文献研究室、中央档案馆编：《建党以来重要文献选编（一九二一——一九四九）》第17册，中央文献出版社2011年版，第170页。

为了保证共产党在政权中的领导地位，毛泽东提出必须使占三分之一的共产党员在质量上具有优越的条件。只要有了这个条件，就可以保证党的领导权，不必有更多的人数。同时强调：

所谓领导权，不是要一天到晚当作口号去高喊，也不是盛气凌人地要人家服从我们，而是以党的正确政策和自己的模范工作，说服和教育党外人士，使他们愿意接受我们的建议。

同月11日，毛泽东在延安党的高级干部会议上再次强调，在“三三制”政权中，应该是：共产党员占三分之一，他们代表无产阶级和贫农；左派进步分子占三分之一，他们代表小资产阶级；中间分子及其他分子占三分之一，他们代表中等资产阶级和开明绅士。①

【延伸阅读】

陕甘宁边区政府的由来

1935年春，由刘志丹、习仲勋、谢子长领导的陕北、陕甘边两块革命根据地连成一片，统一为陕甘革命根据地。这块在土地革命战争后期“硕果仅存”的革命根据地，成为党中央和中央红军长征的落脚点和八路军奔赴抗日前线的出发点。西安事变后，1937年1月党中央由保安（志丹）迁至延安，建立了陕甘宁边区革命根据地。卢沟桥事变后，经国共两党谈判，改称为陕甘宁边区政府。这是共产党在抗日战争时期建立的民族统一战线性质的政权，是区别于国民党统治区政治体制的合法的地方政权。

“三三制”的实施　“三三制”原则提出后，首先在边区部分区县进行了试点。1940年4月，边区政府决定，新区建立统一战线政权

---

① 《目前抗日统一战线中的策略问题》（1940年3月11日），《毛泽东选集》第2卷，人民出版社1991年版，第750页。

时，各级参议会与政府委员，必须包括各阶级抗日党派与无党派之成分，无论任何一政党之党员所占议员或委员之总数不得超过三分之一。经过民主选举，分别建立了乡县两级的临时参议会和政府，许多有名望的绅士被选为参议员。同年7月，毛泽东在为纪念抗战3周年所发表的《团结到底》一文中，首次公开向全国人民提出了建立“三三制”政权的主张，指出：不论政府人员中或民意机关中，共产党员只占三分之一，而使其他主张抗日民主的党派和无党派人士占三分之二。无论何人，只要不投降不反共，均可参加政府工作。任何党派，只要是不投降不反共的，应使其在抗日政权下面有存在和活动之权。

1941年1月，中共边区中央局指示边区自乡村起可以彻底地实行“三三制”。5月1日，中共中央批准的《陕甘宁边区施政纲领》规定，边区参议会实行“三三制”原则，共产党员必须与党外人士实行民主合作，不得把持包办，独断专行。纲领要求把陕甘宁边区建设成为军民一致、军政团结、政治民主、经济上有办法的对全国有示范作用的先进地区。施政纲领为“三三制”奠定了思想基础和法律依据。

按照“三三制”原则，各根据地先后通过民主选举建立起临时参议会和政府机关。1941年7月，晋冀鲁豫边区召开临时参议会第一次会议，133名参议员出席，其中有共产党员46名，占三分之一多。11月，陕甘宁边区召开第二届参议会第一次会议。陕甘宁边区参议会各议员小组提出的常驻议员和政府委员候选人名单中，共产党员人数较多，于是谢觉哉、马文瑞等12名党员自动要求退出政府委员候选人，萧劲光等6名党员退出常驻议员候选人，后经无记名秘密投票方式从39名候选人中选出18名政府委员，其中共产党员占7名，略超过三分之一。此时，共产党人徐特立当即声明退出，经大会通过，以党外人士白文焕递补。林伯渠当选边区政府主席，开明绅士李鼎铭被选为副主席。李鼎铭在就职演说中讲：共产党很愿意大公无私做到精诚团结，各党派、无党派人士应互相信任，互相亲爱，看成一家人，同力合作，干这抗战建国的事。

此后，具有统一战线性质的“三三制”政权在敌后各抗日根据地相继建立起来。“三三制”政权作为一种统一战线性质的抗日民主政权，从制度上为党外人士进入政权并占有一定比例提供了保障。这对进一步巩固和扩大抗日民族统一战线，争取和团结各阶级、阶层、党派和团体参与抗战，最终夺取抗日战争的彻底胜利，具有重要历史意义。

二、党对各抗日阶级和阶层关系的调整

为了民族革命战争，党对阶级和阶层政策作了调整，以实现团结抗日。早在瓦窑堡会议前夕的1935年12月，中共中央就发出《关于改变对富农策略的决定》，对原来在苏区实行的反对富农的政策进行了调整。西安事变后，1936年12月20日，中央指示在东北军、西北军等友军区域采取减租减税等办法实现人民生活之初步改善。1937年2月10日，在《中共中央致国民党三中全会电》中公开提出，停止没收地主土地的政策。

洛川会议上决定，将在农村实行的土地政策改为既允许租佃存在，又减轻农民地租负担和所受高利贷剥削的减租减息政策。1940年12月，中央进一步提出在土地问题上实行减租减息政策，要求地主减租减息，农民交租交息。敌后抗日根据地在农村，农村的主要阶级是地主和农民，他们之间的严重矛盾是必然的。这一政策兼顾农民和地主两方面的利益，把发展统一战线和解决农民问题很好地结合起来。

但是，由于当时忙于在敌后打开局面、应对残酷的“扫荡”及其他原因，许多抗日根据地把重点放在合理负担上，减租减息没有得到普遍认真执行。针对这种情况，中共中央于1942年1月28日作出《关于抗日根据地土地政策的决定》，2月6日又发出《关于如何执行土地政策决定的指示》。这两个文件在总结经验的基础上，对减租减息政策及执行办法作了明确规定。还指出，实行减租减息，必须放手发动和组织群众，依靠贫农，团结中农，实行“三三制”的民主政治。在群众发动起来以后，要注意纠正“左”的偏向，同时注意保护干部和群众的

积极性。对顽固不化的地主，必须给予打击，但不是一切打倒。

此后，各抗日根据地普遍开展了减租减息运动。通过减租减息，适当调节了根据地内各阶级的土地占有关系和经济地位。地主的户数和占有土地的比例有所减少。贫雇农的户数有所减少，每户平均占有土地数量有所增加，经济地位显著上升，其中一部分上升为中农。中农的户数和所占土地的比例也有显著增长。

同时，根据地鼓励地主的资财向工业转移，并使开明士绅与其他阶层代表一道参加抗日的社会工作和政府工作，对于富农则鼓励其发展生产。根据地生产关系和阶级关系的适当调节，团结了各个阶级、阶层，改善了农民的政治地位和生活状况，促进了抗日民族统一战线的巩固和抗日民主根据地的发展。

【延伸阅读】

精兵简政的提出

1941年11月，在陕甘宁边区第二届参议会上，边区政府副主席李鼎铭等10位党外民主人士提出了“政府应彻底计划经济，实行精兵简政主义”的提案。对此，各界反应不一，议论纷纷，有人甚至认为这会影响进步力量发展。毛泽东一句一字地将提案抄在笔记本上，并在旁批注：这个办法恰是改造机关主义、官僚主义、形式主义的对症药。毛泽东提出将精兵简政提案提交大会讨论。李鼎铭受到鼓舞，在大会上大胆直言。他发言完毕，毛泽东立即站起来，一边鼓掌一边走到台前向其表达敬意。会后，又亲自找李鼎铭，进一步了解和讨论详细办法。同年12月17日，中共中央发出“精兵简政”的指示，并先后在陕甘宁和其他抗日根据地执行。“精兵简政”对于各抗日根据地克服敌伪“扫荡”、顽固派封锁及自然灾害造成的暂时困难，发挥了重要作用。1944年毛泽东在追悼张思德所作的《为人民服务》中，又一次指出：“‘精兵简政’这一条意见，就是党外人士李鼎铭先生提出来的；他提得好，对人民有好处，我们就采用了。”

三、大量吸收知识分子政策的提出

“抢夺”知识分子 1935年12月瓦窑堡会议通过的政治决议明确指出：一切同情于反日反卖国贼的知识分子，不问他们过去是否是国民党员，或在国民党政府工作，都能享受苏维埃政府的优待……一切受日本帝国主义和卖国贼国民党政府所驱逐，轻视，与虐待的智识分子，……苏维埃给予以托庇的权利（一切这些人都可到苏区来）。一切革命的知识分子，……（不问他们的出身是地主，富农，或资本家），苏维埃给与选举权与被选举权。[①]

1939年12月1日，中共中央专门作出大量吸收知识分子的决定，批评一些地区和部门在执行知识分子政策工作中的缺点和错误，要求全党同志注意大量吸收知识分子参加党领导的军队、学校和政府工作，并把具备共产党员条件的人吸收入党。

1939年12月10日，在陕甘宁边区第二次代表大会上，中共中央组织部部长陈云呼吁“抢夺”知识分子，指出：现在各方面都在抢知识分子，国民党在抢，我们也要抢，抢得慢了就没有了。为了更好地吸引知识分子，党还制定了“来则欢迎，去则欢送，再来再欢迎”的“来去自由”的政策。

各级地方党组织和设在各地的八路军、新四军办事处、通讯处，认真贯彻党的知识分子政策，千方百计地把一批批知识分子送往延安等抗日根据地。1937年，为适应抗战培养干部的需要，党通知上海党组织调艾思奇和何干之到新创办的陕北公学任教。他们一行12人是第一批到延安的著名知识分子，受到热烈欢迎。1940年，在周恩来的关心下，张仲实和茅盾到达延安。据统计，仅由西安八路军办事处转介至延安的知识分子就有2万人左右。太平洋战争爆发后，原在北平、天津

---

① 中央档案馆编：《中共中央文件选集》第10册，中共中央党校出版社1991年版，第610、611页。

的一些曾留学欧美的学者，冲破重重关卡，辗转到了延安和其他抗日根据地。1940年初，延安已聚集了知识分子约4万人。一般来说，青年学生绝大部分先进入各类院校或培训班，经过学习培训后再分配工作。已学有所成的知识分子则直接分配工作。此时的延安以共产党人的坚定抗战和政治民主，成为吸引广大知识分子的灯塔。陈毅为此作诗道："百年积弱叹华夏，八载干戈仗延安。试问九州谁作主？万众瞩目清凉山。"

培养知识分子　党在延安陆续创办一批学校，大力培养知识分子。抗日军政大学学员最初都是红军干部，随着大批知识分子来到延安，很多人在这里经过学习后奔赴前线。陕北公学成立于1937年9月，是统一战线的学校，只要不是汉奸亲日派，通过入学测验，都能入学，到1938年底就培养出6000多名干部。鲁迅艺术学院成立于1938年4月，为部队和地方培养了许多文艺工作者，不少人后来成为新中国文学艺术工作的骨干。

【延伸阅读】

冼星海与《黄河大合唱》

留学法国归来的音乐家冼星海，到延安担任鲁迅艺术学院音乐系主任。他看到作家光未然满怀激情只用5天写成的《黄河大合唱》歌词后，也只用6天完成了谱曲。这首慷慨悲壮的音乐很快传遍全国，走向世界，在异常艰难的日子里极大地振奋了人心。

四、党的民族宗教政策

成立民族工作机构　1936年7月，中共中央成立了少数民族工作委员会，任中央政治局成员王稼祥为书记；设立中共中央蒙古工作委员会，任高岗为书记。8月，中央关于内蒙古工作的指示信提出，建立民族统一战线，不但应当团结蒙古广大平民群众，并且应当把王公、军人、喇嘛、知识分子也都团结在内。根据蒙古民族的社会发展情况和王公、喇嘛等在群众中的地位和信仰，应当欢迎他们中的进步分子成为目前民族运动的领导者，同时组织与吸引广大群众到斗争中来，以壮大抗日力量。9月，成立中共中央定边少数民族工作委员会，任李维汉为书记。1937年7月，成立中共中央少数民族工作委员会，任高岗为书记，下设回民工作部和蒙古工作部。1938年11月，中共中央成立西北工作委员会(简称西北工委)，主持除陕甘宁边区以外的西北地区地下党的工作，尤其是少数民族工作，并把过去负责民族工作的机构合并进来；还专门设立民族问题研究室，系统进行中国少数民族问题的研究工作。

制定党的民族政策　1937年8月，中共中央在抗日救国十大纲领中提出动员蒙古族、回族及一切少数民族共同抗日的方针。在党的六届六中全会上，毛泽东在《论新阶段》报告中提出：

允许蒙、回、藏、苗、彝、畲各民族与汉族有平等的权利，在共同对日的原则之下，有自己管理自己事务之权，同时与汉族联合建立统一的国家。

1940年4月和7月，中共中央先后原则上批准西北工委起草的《关于回回民族问题的提纲》和《关于抗战中蒙古民族问题提纲》。文件规定了实行民族平等，尊重民族文化、风俗习惯和宗教信仰，帮助改善与提高各少数民族人民生活水平，改善各民族关系等具体政策。这是党在抗战期间开展民族工作的重要指导性文件。1941年5月公布的《陕甘宁边区施政纲领》，具体提出了"建立蒙回民族的自治区"，这是中国共产党解决民族问题的一个创造。民族区域自治后来成为党处理少数民族问题的一项基本政策。

1937年在中央党校举办少数民族班，1939年至1940年在陕北公学成立蒙古青年队、少数民族工作队和民族部等。1941年9月中共中央在延安创办的民族学院，是党培养少数民族干部和研究少数民族问题的专门机构。第一次招收蒙、回、藏、苗、彝、满、汉等各族青年300多名。学员毕业后，纷纷奔赴民族地区或抗日战场，进一步加强了民族间的合作和团结，巩固了抗日民族统一战线。

实行宗教信仰自由政策 在大革命时期，党在多个会议决议案中提出对宗教问题要持慎重态度，告诫党员不要故意制造与宗教信徒发生实际冲突的机会。土地革命时期，党提出了保证工农信教自由的主张。1935年红军长征到达陕北后，不仅明确了宗教信仰自由的原则，而且还提出了对信教群众、神职人员及宗教场所实行保护的政策，在根据地产生了积极的政治影响。抗日战争时期，党不断完善宗教政策。1938年1月，《晋察冀边区军政民代表大会决议案》指出，边区政府应扶植民众团体之组织，予人民以集会、结社、言论和出版、信仰等自由；在选举条例中，规定凡在边区境内之人民，不分性别、职业、民族、阶级、党派、信仰、文化程度、居住年限，年满18岁者，经选举委员会登记后，均有选举权及被选举权。《陕甘宁边区施政纲领》规定：

保证一切抗日人民（地主、资本家、农民、工人等）的信仰自由权，尊重蒙、回民族的宗教信仰与风俗习惯。①

1942年2月15日《新华日报》发表的《共产党对宗教的态度》社论，较为完整、系统地阐述了党的宗教信仰自由政策，即绝不去强迫别人遵从自己的信仰。各人有各人的宗教信仰自由，每个人有举行自己所信奉的这一种或那一种宗教仪式的自由。同时，每个人也有不属于任何宗教团体而保持自己不信宗教的自由。

在这些政策的影响下，很多宗教界人士积极建言献策，许多人参加了“三三制”政权，成为根据地的建设者和保卫者。

团结宗教界共同抗日 1940年1月，毛泽东在《新民主主义论》中明确指出：

共产党员可以和某些唯心论者甚至宗教徒，建立在政治行动上的

① 中央档案馆编：《中共中央文件选集》第11册，中共中央党校出版社1986年版，第644页。

反帝反封建的统一战线。[①]

聂荣臻积极支持五台山僧人要求，团结僧侣参加边区建设和抗日工作。一些宗教界领袖走上了与共产党长期合作的道路。

正确处理外国在华教会和传教士问题 1941年5月，《陕甘宁边区施政纲领》明确规定：允许任何外国人到边区游历、参加抗日工作，或在边区进行实业文化与宗教的活动。

1942年1月，中共中央明确提出对传教士要进行团结和保护。1944年来延安考察的美国著名记者斯坦因将访问陕甘宁边区的经历写进自己的书中，他说：亲眼所见延安有500个基督教徒，没有一个因宗教信仰蒙受不利。这些对抗日根据地宗教状况的真实报道，打破了国民党当局对根据地的封锁，使当时盛传"共产党消灭宗教"的谣言不攻自破。

【延伸阅读】

陕甘宁边区民族宗教工作状况

陕甘宁边区设立民族事务委员会，在边区政府统一领导下管理境内少数民族的事务。同时注意吸收少数民族参政议政，1941年召开的陕甘宁边区第一届参议会，边区的回族和蒙古族人民各选出参议员一名，以后历届参议会都有少数民族的参议员。

边区政府下设的县、区、乡的参议员或政府委员中也有不少少数民族成员。在回族民众较多的三边、关中和陇东专区，还建立了回民自治区、乡，由回族群众自己选举区长、乡长，管理所在区、乡的各项事务。

据1944年边区政府统计，陕甘宁边区内有天主教堂20多处，基督福音堂7处，佛教寺庙8处，清真寺10余处，还有道观等，信教群众4万余人。

---

① 毛泽东：《新民主主义论》（1940年1月），中共中央文献研究室、中央档案馆编：《建党以来重要文献选编（一九二一—一九四九）》第17册，中央文献出版社2011年版，第53页。

第四节　抗日民族统一战线的坚持和发展

一、统一战线是党的三个主要法宝之一

1939年7月9日，毛泽东在延安欢送一批青年学生奔赴抗日前线时的讲话说，当年姜子牙下昆仑山，元始天尊赠了他杏黄旗、四不像、打神鞭三样法宝。现在你们要出发上前线，我也赠你们三样法宝，这就是统一战线、游击战争和革命中心的团结。同年10月，毛泽东在为《共产党人》写的发刊词中，深刻总结了中国共产党成立18年以来的历史经验，明确指出："统一战线问题，武装斗争问题，党的建设问题，是我们党在中国革命中的三个基本问题。正确地理解了这三个问题及其相互关系，就等于正确地领导了全部中国革命。"①强调指出：

统一战线，武装斗争，党的建设，是中国共产党在中国革命中战胜敌人的三个法宝，三个主要的法宝。②

紧接着，毛泽东又先后发表了《中国革命和中国共产党》和《新民主主义论》等重要文章，从中国国情和革命历程的特点出发，系统阐述了新民主主义理论，指出统一战线是中国革命的一大法宝，成为新民主主义理论体系的重要组成部分。

---

① 《〈共产党人〉发刊词》（1939年10月4日），《毛泽东选集》第2卷，人民出版社1991年版，第605、606页。

② 《〈共产党人〉发刊词》（1939年10月4日），《毛泽东选集》第2卷，人民出版社1991年版，第606页。

二、建立党的统一战线工作机构

党中央1935年10月到达陕北后，即从组织上加强统一战线工作机构建设。11月5日建立的中共陕甘省委下设统战部，蔡畅任部长；同月13日成立的陕北省委也设统战部，王涛任部长。瓦窑堡会议后，随着抗日民族统一战线的建立和发展，在地方和军队中陆续建立了以统一战线命名的专门工作机构。1936年5月，中央军委总政治部下设统一战线部，李涛任部长。1936年西安事变后，在西安正式成立的陕西省委下设统战部，谢华任部长。1937年5月15日，陕甘宁边区党委成立，下设统战委员会，由副书记王观澜任主任。8月中共中央北方局下设统战部，张有清任部长。北方局所属的一些省委也设立了统战部。

1938年秋，党的六届六中全会通过的《关于各级党委暂行组织机构的决定》规定，在区委以上各级党委之下设立统一战线工作部。1939年1月5日，中央书记处会议决定“组织中央统一战线工作部”，由王明负责。从此，中共中央统战部正式成立。同时还成立了统一战线委员会，成员有王明、毛泽东、王若飞、王观澜、高自力等。同年3月20日，中央书记处《关于统战工作的指示》要求：各局、各省委、各特委如“还无统一战线部的”，必须“迅速成立”，各局、各省委、各特委“必须经常讨论和领导统一战线部的工作”。统战部主要负责调查和研究各党派、军队及少数民族的情况。

三、统一战线中的独立自主原则

在抗日民族统一战线中，由于国共两党间存在着两条不同的抗战路线，加上复杂的国际国内形势，如何处理统一战线中的统一与独立、团结与斗争的关系，成为极为重要的问题。

反对投降主义　中共中央汲取历史的经验教训，从提出建立抗日民族统一战线起就不断在党内敲起警钟。然而，党内仍然出现右倾思想，表现在：对国民党的压制干涉政策无原则地迁就让步；个别地区的红军因对国民党的反共阴谋丧失警惕，以致在改编时被国民党军队包围缴械；军队中个别人以受国民党政府的委任为荣，不愿严格接受党的领导；少数人主张在国民党尚未改变其一党专政的情况下，共产党可以参加国民政府；有的人对国民党特务在根据地的破坏活动不敢进行坚决斗争等等。

针对这些倾向，1937年11月，毛泽东在《上海太原失陷以后抗日战争的形势和任务》报告中提出，必须明确共产党的全面抗战主张和国民党的片面抗战主张是一个原则分歧，在党内在全国均须反对投降主义。他指出，投降主义有两种，一种是民族投降主义，它引导中国去适应日本帝国主义的利益，把中国变为日本的殖民地。抗日民族统一战线中存在左、中、右三个集团，以大地主、大资产阶级为主体的右翼集团，是民族投降主义的大本营。另一种是阶级投降主义，它引导无产阶级去适应资产阶级的改良主义。阶级投降主义实际是民族投降主义的后备军，是援助右翼营垒而使战争失败的恶劣的倾向。在统一战线中，是把国民党提高到共产党所主张的抗日救国十大纲领和全面抗战呢，还是把共产党降低到国民党的地主资产阶级专政和片面抗战？他强调：

必须尖锐提出谁领导谁的问题，必须坚决地反对投降主义。①

统一战线中的独立自主这个原则的说明、实践和坚持，是把抗日民族革命战争引向胜利之途的中心一环。

抵制王明的右倾错误　1937年11月底，中共驻共产国际代表、共产国际执行委员会委员、主席团委员和候补书记王明从苏联回国抵达延安。他根据共产国际和苏联领导人关于中国抗战应该依靠国民党的指示精神，否认抗日统一战线中存在阶级和阶级斗争，抹杀国民党与

① 《上海太原失陷以后抗日战争的形势和任务》（1937年11月12日），《毛泽东选集》第2卷，人民出版社1991年版，第392页。

共产党的原则区别，不赞成国民党和共产党谁吸引谁的提法，过分强调统一战线中的联合，主张“一切经过统一战线”，“一切服从统一战线”，影响独立自主原则的贯彻；在依靠谁抗战问题上，把希望寄托在国民党正规军身上，提出了“统一指挥、统一编制、统一武装、统一纪律、统一待遇、统一作战计划、统一作战行动”的七个“统一”，对党领导的游击战争的作用认识不足，忽视到敌后建立根据地，丢掉在长江流域更广泛地发动群众、武装群众、开展游击战争的大好时机。王明还不顾党的纪律和不同意见，将其右倾错误主张公开发表，对党的工作造成了危害，干扰了全面抗战路线的贯彻。

中共中央对王明的右倾错误进行了坚决抵制和斗争。1938年3月，中共中央派任弼时到苏联向共产国际如实说明中国的抗战情况、国共两党关系及党所采取的路线和政策。8月，中共驻共产国际代表王稼祥回国，传达了共产国际的指示：中共中央的政治路线是正确的，中共中央要以毛泽东为首来解决统一领导问题。这就进一步统一了中央领导层在重大政治、组织原则上的认识，并为六届六中全会的召开创造了有利条件。

提供政治、思想和组织保证　1938年9月29日至11月6日，中国共产党在延安召开扩大的六届六中全会。毛泽东代表中央政治局作《论新阶段》的政治报告，并在会议总结中着重讲了统一战线问题及战争和战略问题。全会通过《中共扩大的六中全会政治决议案》，批准了以毛泽东为核心的中央政治局的路线。

全会确定，要不断巩固和扩大抗日民族统一战线，用长期合作来支持长期战争，同时，要坚持统一战线中的独立自主原则。针对王明在统一战线问题上的错误主张，并鉴于国民党上层中亲日派的妥协投降倾向及日本侵略者的破坏活动，全会强调全党必须正确认识中国共产党在抗日民族战争中的地位，坚持在抗日民族统一战线中的领导权。全会批判了党内在统一战线问题上的关门主义和投降主义的偏向，着重批判了“一切经过统一战线”“一切服从统一战线”的错误主张。毛泽东提出要正确处理民族斗争和阶级斗争、统一性与独立性的关系，指出统一战线中的合作和让步都是以承认对方为前提的，不能因合作和统一而抹杀党派和阶级的独立性及其必要的权利，否则合作就变成了混一，必然牺牲统一战线。正确的方针应该是既统一，又独立。

关于国共关系问题，全会提出，为完成中华民族的长期抗战，必须坚持国共两党的长期合作。“认为国共合作的最好形式是共产党员加入国民党和三民主义青年团，并将加入国民党与青年团的共产党员的名单交给国民党领导机关，并且不在国民党及青年团中进行征收共产党员的活动。第二种形式则是由两党组织各级的共同委员会来进行两党合作的事宜。”①不久，蒋介石向周恩来表示不赞成中共“跨党”，并提出取消共产党，国共另组一个大党的主张，遭到中共的坚决拒绝。

这次会议基本上纠正了王明的右倾错误，进一步确立了毛泽东在全党的领导地位，统一了全党的步调，推动了包括统一战线工作在内的各项工作的开展。全会决定撤销长江局，设立南方局（周恩来为书记）和中原局（刘少奇为书记），东南分局改为东南局（项英仍为书记），充实北方局（杨尚昆为书记）。这次会议从政治上、思想上、组织上保证了党中央的正确领导，坚持和维护了党的抗日民族统一战线，坚持了党在相持阶段的战略方针，有力推动了各项工作的发展。

四、抗日民族统一战线策略原则

1938年10月，广州、武汉相继失守，抗日战争进入战略相持阶段。日军不得不放弃速战速决的方针，在正面战场上停止了战略性进攻，逐渐将其主要兵力用于打击敌后战场的八路军和新四军；对国民党则采取政治诱降为主、军事打击为辅的方针，力图分裂国共合作。国民党

① 《中共扩大的六中全会政治决议案》（1938年11月6日），中共中央文献研究室、中央档案馆编：《建党以来重要文献选编（一九二一——一九四九）》第15册，中央文献出版社2011年版，第761页。

统治集团发生投降、分裂和倒退。1938年底，以国民党副总裁、中央政治委员会主席、国防最高会议副主席、国民参政会议长汪精卫为首的国民党亲日派公开投敌，并拼凑伪中央政权。以蒋介石为代表的国民党亲英美派开始推行消极抗日、积极反共政策，甚至同日本侵略者密谋妥协。

坚持抗战、团结、进步方针 1939年1月，国民党召开五届五中全会，实行"一个主义""一个政党""一个领袖""一个军队"的专制主义，确定了"溶共""防共""限共""反共"的方针。按此主张和方针，同年先后制定了《防制异党活动办法》《共党问题处置办法》《异党问题处理办法》《沦陷区防范共党活动办法（草案）》等反动文件，并在各级党部设立了"特别委员会"，强化法西斯统治，打击并破坏共产党和其他进步组织，设立集中营，囚禁、屠杀共产党人、爱国人士和进步青年，向边区、解放区派遣大批特务，进行破坏活动，派遣游击武装在抗日根据地周围制造摩擦事件，袭击党领导的人民抗日力量。

中国共产党正确分析相持阶段到来后国际国内的复杂形势，提出了坚持抗战、团结、进步三大方针，巩固和扩大抗日民族统一战线。1939年7月7日，中共中央为纪念全国抗战两周年发表对时局宣言，明确提出："坚持抗战到底，反对中途妥协"；"巩固国内团结，反对内部分裂"；"力求全国进步，反对向后倒退"。10月10日，毛泽东在为中共中央起草的决定《目前形势和党的任务》中，将其概括为三大政治口号：

坚持抗战，反对投降；坚持团结，反对分裂；坚持进步，反对倒退。[①]

中国共产党表明坚持团结的立场，并尽量支持国民党内外的爱国力量，使国民党留在抗日阵营内。党还非常重视加强与中间政治力量的合作，周恩来、博古等多次以聚餐、座谈等形式与救国会、青年党、国社党、职教社等党派团体领导人会谈，共同商议国是，增进政治上

---

① 《目前形势和党的任务》（1939年10月10日），《毛泽东选集》第2卷，人民出版社1991年版，第616页。

的认同。

提出发展进步势力、争取中间势力、孤立顽固势力的策略 1939年冬至1940年春，国民党顽固派反共活动迅速扩大，向敌后抗日根据地发动较大规模的武装进攻，掀起了第一次反共高潮。1939年12月，国民党顽固派胡宗南首先向陕甘宁边区发动进攻，先后占领淳化、正宁、宁县等5座县城。同月，阎锡山制造了晋西事变，对新军、决死队、八路军多次发动袭击，屠杀共产党员、抗日干部、八路军后方医院伤病员和群众700余人。1940年初，国民党朱怀冰部、石友三部，进攻太行山区，袭击八路军总部，等等。

面对国民党军队的进攻，党领导的人民军队按照毛泽东提出的“人不犯我，我不犯人；人若犯我，我必犯人”的自卫立场，给予坚决回击，随即顾全大局，主动提出休战。中共中央派朱德、萧劲光和王若飞分别赴洛阳、陕西宜川与卫立煌、阎锡山谈判，达成停止武装冲突、划定驻地、分区抗战的协议。

在反对国民党顽固派反共摩擦的斗争中，党内有的人认为这次反共高潮是新的马日事变，国共合作已经破裂或就要破裂，斗争可以无限制使用的“左”的倾向逐渐发展起来。同时，对国民党反共政策的严重性认识不足，不敢同国民党顽固派斗争的右的倾向也还存在。

对国民党的反共摩擦，中间派民族资产阶级一些代表人物，虽然对国民党独裁和抗战不力表示不满，但对共产党的主张也抱有疑虑，有人提出在国共之间走第三条道路的政治主张。

在这种情况下，毛泽东及时总结打退第一次反共高潮的斗争经验，于1940年3月，在延安党的高级干部会议上作了《目前抗日统一战线中的策略问题》的报告，同年12月，又为中共中央写了《论政策》的党内指示，对共产党的抗日民族统一战线的政策和策略作了系统深刻的阐述，提出“发展进步势力、争取中间势力、孤立顽固势力”的策略总方针，并对根据这些策略原则所规定的许多具体政策作了明确的论述。指出：

抗日战争胜利的基本条件，是抗日统一战线的扩大和巩固。而要达此目的，必须采取发展进步势力、争取中间势力、孤立顽固势力的策略，这是不可分离的三个环节，而以斗争为达到团结一切抗日势力的手段。在抗日统一战线时期中，斗争是团结的手段，团结是斗争的目的。以斗争求团结则团结存，以退让求团结则团结亡。①

现在的抗日民族统一战线政策，既不是一切联合否认斗争，又不是一切斗争否认联合，而是综合联合和斗争两方面的政策。②

确立有理、有利、有节原则 在反对国民党顽固派的斗争中，对他们还能抗日、不愿破裂国共合作方面加以联合，对其动摇妥协、坚持反共反人民方面则进行坚决斗争，加以孤立。在此基础上提出了反摩擦斗争的“有理、有利、有节”原则：

在和反共顽固派斗争时，是利用矛盾，争取多数，反对少数，各个击破；是有理，有利，有节。③

有理，就是自卫原则；有利，就是胜利原则；有节，就是休战原则，要“适可而止”。

这些策略原则使党得以在复杂多变的环境中更熟练而恰当地处理统一战线中各种矛盾和问题，避免了“左”、右倾错误，为粉碎国民党顽固派接下来发动的反共高潮，巩固和发展抗日民族统一战线奠定了策略基础。

五、击退国民党的第二次反共高潮

冷静应对皖南事变 1941年初，国民党顽固派制造了震惊中外的皖南事变，掀起了第二次反共高潮。1941年1月6日，叶挺、项英奉命

---

① 《目前抗日统一战线中的策略问题》（1940年3月11日），《毛泽东选集》第2卷，人民出版社1991年版，第745页。

② 《论政策》（1940年12月25日），《毛泽东选集》第2卷，人民出版社1991年版，第763页。

③ 《论政策》（1940年12月25日），《毛泽东选集》第2卷，人民出版社1991年版，第763页。

率新四军军部及所属部队9000余人从泾县向北转移途中，遭到国民党军队8万多人的突然袭击。除2000余人突围外，大部壮烈牺牲或被捕，军长叶挺在同国民党谈判中被扣押，副军长项英等遇害。事变发生后，蒋介石反诬新四军“叛变”，宣布取消新四军番号，下令进攻新四军江北部队，要把叶挺交军事法庭审判。皖南事变严重影响了国共两党关系和抗日民族统一战线的巩固。

面对严峻的形势，中共中央冷静而坚定地坚持“又联合又斗争、以斗争求团结”的策略原则，实行军事守势、政治攻势的方针，在采取措施坚决揭露和严厉谴责国民党顽固派的反共罪行和宣布重建新四军军部的同时，以抗日大局为重，公开宣布抗战、团结的方针不变，在军事上保持克制未予报复。中国共产党这种坚定有力而仍把民族矛盾放在第一位的态度，赢得中间阶级、国民党内正义人士及国际舆论的同情和支持。周恩来、董必武、叶剑英、王若飞等在重庆广泛地同社会各界接触，并组织力量向各界人士宣传、散发《新四军皖南部队惨被围歼真相》。

各界人士反应强烈，国民党左派宋庆龄、柳亚子、何香凝、彭泽民等进步人士联名致电蒋介石，痛陈大敌当前，当共御外侮。中华民族解放行动委员会、救国会、职教社、美洲洪门致公党等各中间党派和民主人士对国民党的倒行逆施纷纷表示不满和愤慨。周恩来两次前往冯玉祥府上，讲述皖南事变经过，谈论时局问题，表示对国民政府的失望。冯玉祥听后受到很大震动。国民党内许多人士对政府发动皖南事变表示忧虑和愤慨，认为此事做得过火。陈嘉庚致电蒋介石，呼吁团结抗战。

国民党地方实力派的一些人物，对国民党解散新四军、取消新四军番号也感到恐慌，认为是解决地方势力的先声，深感自身朝夕不保。

南方局还努力使国际社会了解皖南事变的真相，争取他们的支持。苏联驻华大使指出，中国内战意味着灭亡。美国总统特使居里与周恩来秘密会见后向蒋介石声明：美国政府在国共纠纷未解决前，无法大量援华。英国政府也照会蒋介石，内战只会加强日军的进攻。

围绕皖南事变，共产党反击之坚决，国内外反应之强烈，出乎肇事者的预料。国民党当局把自己置于政治上空前孤立的尴尬之中，迫使蒋介石在第二届参政会上表示“以后再亦决无剿共的军事”。3月14日，蒋介石约请周恩来面谈，答应提前解决国共间的若干问题。至此，第二次反共高潮被打退。

国民党顽固派制造皖南事变，没有达到打击共产党、消灭新四军的目的，反而惊醒和教育了对国民党抱有幻想的人们，孤立了自己。中国共产党相忍为国和维护抗战大局的态度，赢得了多方面的同情，扩大了在人民群众中的影响，提高了在全国的政治地位。经过这场斗争，国共关系趋向一定程度的缓和，党与中间党派的合作关系得到加强，并对中间党派政治走向的发展、演变、重组产生了深远影响。

揭露国民党顽固派的挑衅　从1943年开始，世界反法西斯战争胜利发展，为中国人民争取抗战胜利提供了有利的国际环境。国民党继续采取避战观战的态度和限共反共政策。5月，共产国际宣布解散。国民党顽固派利用这一时机，大肆制造反共舆论，要求“解散共产党”，“取消陕甘宁边区”。胡宗南根据蒋介石的密令，准备“闪击”延安。

7月上旬，国民党军队向陕甘宁边区的关中地区挑衅。针对国民党顽固派大力制造反共舆论和进行武装挑衅的严重情况，中共中央决定立即发动宣传战进行政治反击，同时准备军事力量以粉碎其可能的大规模进攻。中共中央机关报《解放日报》发表《评〈中国之命运〉》等一系列文章，揭露蒋介石集团利用封建主义的文化糟粕来推行法西斯主义的独裁统治。中国共产党陆续发表《国共两党抗战成绩的比较》《中国共产党抗击的全部伪军概况》《八路军、新四军抗战六年战果》《两年来国民党五十八个叛国将领概况》等文件，用铁的事实证明共产党及其领导下的人民军队，已经成为坚持抗战的主力。按照中央的要求，一些重要文章被印成中英文小册子，在国民党统治区的中外人士中散发，产生了很大影响。与此同时，各解放区军民纷纷开展声势浩大的反对内战、保卫边区的群众运动。陕甘宁边区的警卫部队一次又一次地击退国民党军队的试探性进攻。

中国共产党的揭露、声讨和全国人民的反对，得到国际舆论的重视和支持。美国和英国政府认为，如果这时中国发生反共内战，只会使日本得到好处，苏、美、英大使也警告蒋介石不要发动内战。蒋介石被迫命令胡宗南停止军事行动。7月11日，蒋介石、胡宗南致电朱德，表示无意进攻陕甘宁边区，并撤回其部队。这样，国民党顽固派发动的第三次反共高潮在还没有发展成为大规模武装进犯的情况下就被制止了。

六、推动民主政治建设

提出联合政府主张　1943年9月，迫于国内外舆论的压力，国民党五届十一中全会通过决议案，许诺战争结束后一年内召开国民大会制定宪法而颁布之。25日，蒋介石在国民参政会上宣布即日起筹备实施宪政。1943年下半年至1944年，国际反法西斯战争节节胜利，国民党军却在1944年豫湘桂战役一败涂地，8个月丢失146座城市、20多万平方公里国土，激起各阶层人士强烈不满，国内外舆论普遍要求废除国民党一党专政，实行民主政治，掀起了第二次宪政运动的高潮。

中国共产党审时度势，提出了组织联合政府的新的政治主张。1944年3月，中共中央发出《关于宪政问题的指示》，决定参加宪政运动。中共中央认为，要求国民党改弦更张的时机已经成熟。8月17日，毛泽东在董必武给周恩来的电报上批示：

应与张、左商各党派联合政府。①

9月1日，又在六届七中全会主席团会议上说明，党的主张是各党派

① 电文中的“张、左”，指中国民主政团同盟主席张澜和秘书长左舜生。

代表会，成立联合政府，共同抗日将来建国。并指示：联合政府，三条政纲，可在答复张、王时提出。①

9月6日，第三届第三次国民参政会在重庆召开。9月15日，林伯渠代表共产党在参政会上正式提出废除国民党一党独裁，建立民主联合政府的主张。指出，只有坚决地变革国民党的政治和军事机构，才能团结全国人民，认真准备反攻力量，彻底打败日本侵略者，建设一个独立、自由、民主、统一、富强的新中国。因此，必须立即召开紧急国是会议，讨论解决改组国民政府，成立民主联合政府的问题。随后，共产党又以书面形式向国民党当局提出成立民主联合政府的方案。10月10日，周恩来在延安进一步阐明了这一主张的具体步骤和方法。

中国共产党关于建立民主联合政府的主张，反映了当时全国各阶层人民的愿望，给国民党统治区的爱国民主运动指明了斗争的方向，在国内外引起强烈反响，获得各民主党派和广大民主人士的赞同和拥护，成为全国人民奋斗的政治目标。

反对国民党一党专政　9月19日，中国民主政团同盟在重庆特园召开全国代表会议，决定将原来以党派团结为基础组成的中国民主政团同盟，改名为中国民主同盟（简称民盟），吸引更多无党无派的民主人士参加民盟组织。不久，民盟又发表对时局主张，谴责国民党排除异己，拒绝进行民主改革，呼吁：

立即结束一党专政，建立各党派之联合政权，实行民主政治。②

9月24日，张澜、沈钧儒、冯玉祥、董必武等各民主党派、民主人士和共产党的代表500多人在重庆举行会议，要求实行民主，结束国民党一党专政。10月1日，宋庆龄、郭沫若、张澜等72人发起追悼文化界爱国先进战士邹韬奋的大会，参加大会的各界人士近千人，一致谴责

---

① 引文中的“张、王”，指国民党谈判代表张治中和王世杰。

② 《对抗战最后阶段的政治主张》，《中国民主同盟历史文献》，文史资料出版社1983年版。

国民党践踏民主、迫害爱国人士的罪行。重庆、成都、昆明等地大学师生纷纷举行国是座谈会，要求改组国民政府及其军事统帅部，成立民主联合政府。民族工商界人士呼吁经济民主，迫切要求国民党取消经济"统制"。海外侨胞也发表宣言，举行集会，拥护关于成立民主联合政府的主张。

【延伸阅读】

邹韬奋先生的精神

邹韬奋是著名爱国民主人士，毕生从事新闻出版工作，是著名七君子之一。由于过度劳累，他患上了癌症。邹韬奋自知将不久于人世，于1944年6月2日立下遗嘱，希望死后"能将遗体先行解剖，或可对医学上有所贡献，然后举行火葬，骨灰尽可能带往延安。请中国共产党中央严格审查我一生奋斗历史，如其合格，请追认入党"。7月24日，邹韬奋病逝。毛泽东看到邹韬奋的遗嘱，深为感动。中共中央经过讨论，决定追认他为中共党员。11月22日，延安召开邹韬奋同志追悼大会。毛泽东题词："热爱人民，真诚地为人民服务，鞠躬尽瘁，死而后已，这就是邹韬奋先生的精神，这就是他之所以感动人的地方。"1949年夏，在邹韬奋逝世五周年之际，正在筹备中国人民政治协商会议的毛泽东不禁想起了这位与共产党真诚合作、风雨同舟的民主人士，于是再次命笔题词："纪念民主战士邹韬奋。"

国民党当局开出的"准备实施宪政"的许诺，没有达到它所热切希望的目的，却暴露了真独裁、假民主的面目。1945年3月1日，蒋介石发表演讲，公开拒绝召开党派会议，拒绝成立联合政府的主张，引起国民党统治区各界的强烈不满，激起国民党统治区民主运动的高涨和发展。

对话历史周期率 中国共产党建立民主联合政府的政治主张在

全国各界人士中产生了极大影响。1945年7月，重庆国民参政会褚辅成、黄炎培、冷遹、傅斯年、左舜生、章伯钧等6位参政员访问延安。

7月4日，毛泽东邀请黄炎培等到他住的窑洞里做客。毛泽东介绍了中共整风的情况，并诚恳地征求对延安的意见和建议。黄炎培谈了延安考察的感想后，坦率地说：“我生六十多年，耳闻的不说，所亲眼见到的，真所谓‘其兴也勃焉，其亡也忽焉’，一人，一家，一团体，一地方，乃至一国，不少单位都没有能跳出这周期率的支配力。大凡初时聚精会神，没有一事不用心，没有一人不卖力，也许那时艰难困苦，只有从万死中觅取一生。既而环境渐渐好转了，精神也就渐渐放下了。有的因为历时长久，自然地惰性发作，由少数演为多数，到风气养成，虽有大力，无法扭转，并且无法补救。也有为了区域一步步扩大了，它的扩大，有的出于自然发展，有的为功业欲所驱使，强求发展，到干部人才渐见竭蹶、艰于应付的时候，环境倒越加复杂起来了，控制力不免趋于薄弱了。一部历史，‘政怠宦成’的也有，‘人亡政息’的也有，‘求荣取辱’的也有。总之没有能跳出这周期率。中共诸君从过去到现在，我略略了解了的，就是希望找出一条新路，跳出这周期率的支配。”

听了黄炎培这番意味深长的话，毛泽东明确地回答：

“我们已经找到新路，我们能跳出这周期率。这条新路，就是民主。只有让人民来监督政府，政府才不敢松懈。只有人人起来负责，才不会人亡政息。”[①]

黄炎培接着说：“这话是对的，只有把大政方针决之于公众，个人功业欲才不会发生；只有把每个地方的事，公之于每个地方的人，才能使得地地得人，人人得事。用民主来打破这周期率，怕是有效的。”

黄炎培与毛泽东这次谈话，给后人很多启迪。“周期率”或“窑洞对”，都成为统一战线历史上的佳话。

---

① 中共中央文献研究室编：《毛泽东年谱（一八九三—一九四九）》（中），中央文献出版社2013年版，第611页。

国共两党谈判 击退国民党顽固派发动的第三次反共高潮后，鉴于国民党五届十一中全会表示国共关系仍要“政治解决”，1943年10月上旬，毛泽东明确表示，愿意随时恢复两党谈判。1944年5月至9月，中共代表林伯渠、王若飞与国民党代表张治中、王世杰，就两党有关的军事和边区问题等进行了多次谈判，皆因国民党坚持一党专政的顽固立场而终无结果。

美国政府从其战后的战略利益出发，表示愿意调解国共关系，帮助中国实现民主团结，并开始与国共双方接触。美国中国战区参谋长史迪威将军比较客观地看待中国共产党在抗战中的作用，主张凡是中国抗日的力量，都应该得到国际的援助。在经蒋介石同意后，中缅印战区美军司令部于1944年七八月间，分两批派美军观察组抵达延安，进一步了解中国共产党和敌后抗日根据地的情况。毛泽东同观察组成员谢伟思等进行了多次谈话，明确表示中国共产党坚持国共团结、反对分裂的立场。

1944年9月，美国政府派赫尔利以美国总统私人代表的身份来华。10月，史迪威被撤换。11月，赫尔利担任美国驻华大使，并居中调处国共关系。他在重庆与林伯渠、董必武举行了会谈。11月7日，又飞抵延安，毛泽东、朱德、周恩来同其进行了三天会谈。经过谈判，赫尔利表示赞同共产党关于废除国民党一党专政、成立民主联合政府的主张。双方共同拟定了《中国国民政府、中国国民党与中国共产党协定（草案）》，毛泽东代表中国共产党签字，赫尔利以美国总统私人代表身份签字作证。10日，周恩来与赫尔利一起到重庆，蒋介石拒绝接受协定草案，而赫尔利竟背弃诺言公开站在国民党一边。周恩来即返回延安。

12月18日，赫尔利又斡旋于国共两党间，邀请周恩来再到重庆谈判。1945年1月1日，蒋介石发表元旦广播演讲，虚伪地宣布将召开“国民大会”，“颁布宪法”，“以归政于全国的国民”。1月初，赫尔利建议举行有他参加的国共两党会议讨论国是。共产党认为两党会议不会有任何结果，因此提议召开有国民党、共产党和民主同盟三方参加的国是会议预备会议。1月24日，周恩来又到达重庆。国民党对共产党提出的建议采取“概置不理”态度。此时，赫尔利却提出了一个“新建议”，主要内容是：在国民政府行政院下，设立各党派参加的战时内阁性质的机构，国、共、美各一人参加的整编委员会，负责整编中共军队，并由蒋介石指派一位美国军官作总司令。周恩来当即拒绝，并指出美国干涉中国内政。

1月26日，周恩来和宋子文、王世杰、赫尔利再次举行正式会谈。周恩来起草了关于召集党派会议协定草案。国民党方面也提出关于政治咨询会议的方案。2月13日，蒋介石在约见周恩来时表示不接受共产党提出的组织联合政府的主张，宣称党派会议等于分赃会议，组织联合政府无异于推翻政府，并坚持要组织有美国人参加的三人委员会来“整编”中共军队。这种情况下，国共谈判无法继续下去。2月15日，周恩来发表声明，说明由于国民党在谈判中坚持要共产党交出军队，坚持不结束一党专政，反对民主的联合政府，所以谈判毫无结果。5月，国共两党关于建立民主联合政府的谈判宣告停止。

毛泽东认为，这次国共谈判虽然没有结果，却有重要意义。每次谈判都对我们有益，每谈一次就孤立了一次顽固派。针对4月2日赫尔利在华盛顿记者招待会上宣称美国政府只同国民党“合作”、不同共产党合作的扶蒋反共政策，毛泽东严正指出，以赫尔利为代表的美国对华政策的危险性，就在于它助长了国民党政府的反动，增大了中国内战的危机。在目前，妨碍抗日战争，在将来，妨碍世界和平。①

七、党的七大与统一战线

在世界反法西斯战争和中国抗日战争接近最后胜利的前夜，为了系统地总结中国革命的基本经验，为彻底打败日本侵略者、建设新中

① 《评赫尔利政策的危险》（1945年7月12日），《毛泽东选集》第3卷，人民出版社1991年版，第1115页。

国做准备，1945年4月至6月，中国共产党在延安召开了第七次全国代表大会。毛泽东作了《论联合政府》的政治报告，朱德作了《论解放区战场》的军事报告，刘少奇作了《关于修改党章》的报告，周恩来作了《论统一战线》的重要发言。

党的七大再次强调“废除国民党一党专政，建立民主的联合政府”的口号，并提出了建立联合政府的具体步骤。指出，当前中国人民最重要、最迫切的任务是成立一个有国民党、共产党和其他民主党派及无党派人士参加的民主的临时联合政府，以便实行民主改革，克服目前的危机，动员和统一全中国的抗日力量，有力地和同盟国配合作战，打败日本侵略者。然后，在广泛的民主基础上，召开国民代表大会，成立正式的民主联合政府，建立一个在工人阶级领导下、以全国绝大多数人民为基础的统一战线的各革命阶级民主联盟的国家，即新民主主义的国家。为了实现这个任务，七大制定了政治路线，即放手发动群众，壮大人民力量，在我党的领导下，打败日本侵略者，解放全国人民，建立一个新民主主义的中国。这是中国共产党全部政策的基本点。

七大确立了毛泽东思想在全党的指导地位，在概括毛泽东思想的九个方面中，“关于革命统一战线的理论和政策”是其中之一。特别从党的政治路线、党的纲领、总路线的战略高度，阐述了中国革命统一战线的问题，对全党提出“统一战线是一门专门科学”“我们要学会这一门科学”的要求。①

七大在党的文件上首次明确提出要以生产力标准来评判一个政党的历史作用。毛泽东在政治报告中指出：

中国一切政党的政策及其实践在中国人民中所表现的作用的好坏、大小，归根到底，看它对于中国人民的生产力的发展是否有帮助及

① 毛泽东：《在中国共产党第七次全国代表大会上的结论》（1945年5月31日），中共中央文献研究室、中央档案馆编：《建党以来重要文献选编（一九二一—一九四九）》第22册，中央文献出版社2011年版，第523页。

其帮助之大小，看它是束缚生产力的，还是解放生产力的。[①]

毛泽东在报告中详尽论述了新民主主义国家在政治、经济、文化各方面的纲领。强调要允许资本主义在新民主主义社会中得到比较大的发展。毛泽东指出：

拿资本主义的某种发展去代替外国帝国主义和本国封建主义的压迫，不但是一个进步，而且是一个不可避免的过程。它不但有利于资产阶级，同时也有利于无产阶级，或者说更有利于无产阶级。[②]

毛泽东强调要改善国内少数民族的待遇，允许各少数民族有民族自治的权利。毛泽东在报告中批判了国民党否定中国有多民族存在，把汉族以外的少数民族称之为"宗族"的错误观点，批判他们对少数民族压迫剥削的反动政策，强调必须帮助各少数民族的广大人民群众，争取他们在政治上、经济上、文化上的解放和发展。

强调根据信教自由的原则，中国解放区容许各派宗教存在，不论是基督教、天主教、回教、佛教及其他宗教，只要教徒们遵守人民政府法律，人民政府就给予保护，信教和不信教的人各有他们的自由，不允许强迫或歧视。

周恩来在所作《论统一战线》的专题发言中，回顾了抗日民族统一战线的形成和发展过程，总结了经验教训。强调，要建立一个巩固的新民主主义的统一战线，就是要认清楚敌人、队伍和司令官这三个问题。并指出：

领导权的问题，是统一战线中最集中的一个问题。右的是放弃领导权，"左"的是把自己孤立起来，成了"无兵司令""空军司令"。可以说右倾是把整个队伍送出去，"左"倾是把整个队伍推出去。[③]

---

① 《论联合政府》（1945年4月24日），《毛泽东选集》第3卷，人民出版社1991年版，第1079页。

② 《论联合政府》（1945年4月24日），《毛泽东选集》第3卷，人民出版社1991年版，第1060页。

③ 《论统一战线》（1945年4月30日），《周恩来选集》上卷，人民出版社1980年版，第220页。

七大使全党在马克思列宁主义、毛泽东思想的基础上达到了空前的团结，为争取抗日战争胜利和新民主主义革命在全国的胜利，奠定了政治上、思想上、组织上的基础。

八、在联合国开展国际统战活动

七大召开前夕，经过党的据理力争，董必武作为解放区的唯一代表参加中国政府代表团出席了在美国旧金山举行的联合国制宪会议。这是中国共产党的代表第一次公开出现在国际政治舞台上。

董必武在联合国，向广大侨胞宣传中国共产党领导下的军民英勇抗日的辉煌战绩和中国共产党关于建立民主联合政府的主张及战后发展新民主主义经济的方向。《华侨日报》以《中国共产党的基本政策》为题连载其演讲，受到广大侨胞的欢迎。董必武还主持出版英文版《解放区实录》一书，散发给出席旧金山会议的各国代表、记者及美国人士，引起很大反响。

联合国制宪会议结束后，根据中央指示，董必武带随员移住纽约，广泛接触国际人士和华侨华人，在美国活动7个多月，卓有成效地开展了国际统一战线工作，提高了中国共产党在海外华侨华人心目中的地位。

1945年8月15日，日本天皇宣布无条件投降。9月2日，日本代表在投降书上签字。日本军队128万人向中国投降。根据1943年12月公布的《开罗宣言》，日本侵占的中国东北(伪满洲)、台湾、澎湖列岛同时归还中国。1945年9月3日，成为中国抗战胜利纪念日。

抗日战争是中国人民近百年来第一次取得完全胜利的伟大的民族解放战争。历史证明，中国共产党正确处理民族矛盾和阶级矛盾的关系，在国难当头、民族危亡关头，以博大胸怀捐弃前嫌，提出与国民党第二次合作，建立包括各民主党派、人民团体，以及一切爱国阶级、阶层的广泛的抗日民族统一战线；制定正确的统一战线政策，并将抗日民族统一战线贯通于与同盟者的关系、军事方针、经济政策和政权建设等党的各项工作中；坚持独立自主的原则，争取对统一战线和民族解放战争的领导权；实行发展抗日进步力量，争取中间力量，孤立反共顽固势力的方针，对国民党实行又联合又斗争的策略，最大限度地团结了一切抗日力量，是抗日战争胜利的基本保证。

在中国共产党全面抗战路线的指引下，中国工人阶级、农民阶级、城市小资产阶级、民族资产阶级、海外华侨、一部分地主买办阶级，都以不同形式参加了抗日民族统一战线，使抗日战争成为全民族的反侵略战争。中国共产党坚持抗战、团结、进步方针，不仅成为团结抗战的中流砥柱，而且在抗日民主根据地认真落实抗日民主政策，成为全国人民坚持抗战争取胜利的旗帜，起到了政治领导的作用。全国人民通过抗日战争的实践对共产党有了正确认识，并给予大力支持。民族资产阶级、上层小资产阶级及民主党派、无党派人士中许多人通过抗日战争，明显改变了对中国共产党的认识，同党建立起团结合作、共同奋斗的关系，为统一战线的发展和中国共产党领导的多党合作制度的建立打下了坚实基础。

第四章

解放战争时期的人民民主统一战线

（1945 年 8 月—1949 年 9 月）

抗日战争胜利后，中国面临着两种前途、两个命运的大决战，并不可避免地成为国内各种政治势力斗争的焦点。国民党统治集团坚持内战、独裁、卖国的政策，破坏政协协议和停战协议，全面发动内战，导致第二次国共合作彻底破裂，遭到全国人民的反对。中国共产党代表全国各族人民的根本利益，提出和平、民主、团结的方针，积极争取实现国内和平民主，组织了最广泛的人民民主统一战线，团结各被压迫阶级、各人民团体、各民主党派、各少数民族、各地华侨和其他爱国分子，共同反对国民党独裁统治，筹备召开新政协，建立了新中国，取得了中国新民主主义革命的伟大胜利，基本完成了争取民族独立和人民解放的历史任务。

第一节 重庆谈判和政治协商会议

一、"和平、民主、团结"方针的提出

反对内战，争取和平 中国抗日战争暨世界反法西斯战争胜利后，中国人民迫切需要和平安定，重建家园。中国共产党从人民愿望出发，按照七大制定的政治路线，主张团结一切爱国民主人士，建设一个独立、自由、民主、统一、富强的新中国；而国民党统治集团则企图依靠美国政府的支持，维持抗战前一党专政的统治。中国向何处去？是建立一个无产阶级领导的人民大众的新民主主义国家？还是继续处于一个大地主大资产阶级专政的半殖民地半封建的黑暗前途？这是两种前途和命运的复杂斗争。

1945年8月13日，毛泽东在延安干部会议上所作的《抗日战争胜利后的时局和我们的方针》的报告指出：对于蒋介石发动内战的阴谋，我党所采取的方针是明确的和一贯的，这就是坚决反对内战，不赞成内战，要阻止内战。今后我们还要以极大的努力和耐心领导着人民来制止内战。

蒋介石打内战的方针早已确定，但对立刻发动全面内战还有顾忌。在国内，全国人民普遍期待能和平建设自己的国家，发动内战是极不得人心的。国际上，英、美、苏三国当时都表示不赞成中国发生内

战。蒋介石的精锐军队在抗战期间大多退到西南和西北地区，发动内战还需要有一段准备的时间。有鉴于此，蒋介石于8月14日、20日、23日向延安接连三次发出“万急”电报，邀请毛泽东到重庆谈判。如果毛泽东不来，就可借此攻击中共拒绝和平谈判，从而把内战的所有责任都推到中共身上；如果毛泽东来了，就利用谈判麻痹中共，以赢得时间调兵遣将，部署内战。

中国共产党对争取和平有着真诚的愿望，对局势也有清醒的认识。8月23日，中共中央政治局召开扩大会议，讨论同国民党进行谈判的问题。会议认为，内战是可以和必须避免的，和平是可能取得的；同国民党进行谈判，争取通过和平的途径实现中国的社会政治改革是必要的，也是有可能的。毛泽东在会上提出我们现在的口号是和平、民主、团结。我们要准备有所让步，在数量上作些让步，以取得合法地位，以局部的让步换取在全国的合法地位，养精蓄锐来迎接新形势。①

避免内战，与蒋和谈　8月25日，中共中央发表《目前对时局的宣言》，公开阐明中国共产党争取和平民主、反对独裁内战的基本立场，明确提出“和平、民主、团结”的方针，要求国民党政府立即实施承认解放区的民选政府和抗日军队，避免内战，严惩汉奸，承认各党派合法地位和召开各党派和无党派人士的会议，商讨成立举国一致的联合政府等为主要内容的六项紧急措施。当晚，中国共产党决定派毛泽东、周恩来、王若飞去重庆，同蒋介石进行和平谈判，并将这一信息通过美军中国战区参谋长魏德迈转达蒋介石。

8月26日，中共中央向党内发出毛泽东起草的《中共中央关于同国民党进行和平谈判的通知》，进一步说明国内斗争沿着和平方向发展的可能性和坚持统一战线原则的必要性。通知指出，在内外压力下，可能在谈判后出现国民党有条件地承认我党地位，我党亦有条件地承

① 毛泽东：《抗日战争胜利后的新形势和新任务》（1945年8月23日），中共中央文献研究室、中央档案馆编：《建党以来重要文献选编（一九二一—一九四九）》第22册，中央文献出版社2011年版，第648、651页。

认国民党的地位，造成两党合作（加上民主同盟等）、和平发展的新阶段。强调坚持统一战线策略原则，又团结，又斗争，以斗争之手段，达团结之目的；有理有利有节；利用矛盾，争取多数，反对少数，各个击破等项原则，必须坚持，不可忘记。①

二、重庆谈判

毛泽东飞赴重庆 1945年8月28日，毛泽东同周恩来、王若飞，在国民党政府代表张治中、美国驻华大使赫尔利的陪同下，从延安乘专机到达重庆。中国共产党的这一行动，让人们看到了中国共产党谋求和平的真诚愿望，受到各阶层人士的热烈欢迎和拥护，各民主党派领导和无党派民主人士都前往机场迎接，在国内外引起巨大反响。

中共代表团来到重庆后，由于国民党并无真心想谈判，事先毫无准备，所以一切提案都要由共产党提出。毛泽东就和平建国、国共关系的重大问题同蒋介石直接会谈达七八次之多。具体谈判主要在中共代表周恩来、王若飞和国民党政府代表王世杰、张群、张治中、邵力子之间进行。这次谈判从8月28日开始，到10月10日结束，前后历时43天。

签署《双十协定》 中共代表团在谈判中把原则的坚定性和策略的灵活性巧妙地结合起来，对国民党的无理要求予以坚决拒绝，同时也在不损害党和人民根本利益的前提下，在某些方面作出让步，从而争取了主动，赢得了全国人民与社会各界的支持。1945年10月10日，国共双方正式签署《政府与中共代表会谈纪要》（即《双十协定》），并公开发表。双方协议：必须共同努力，以和平、民主、团结、统一为基础；长期合作，坚决避免内战，建设独立、自由和富强的新中国。

双方确定召开有各党派代表和社会贤达出席、讨论和平建国方案

① 《中共中央关于同国民党进行和平谈判的通知》（1945年8月26日），中共中央文献研究室、中央档案馆编：《建党以来重要文献选编（一九二一——一九四九）》第22册，中央文献出版社2011年版，第659页。

的政治协商会议。会谈达成的协议还有：迅速结束国民党的“训政”，实现政治民主化，承认人民享有一切民主国家人民应享有的民主自由权利；党派平等合法；取消特务机关；释放政治犯；“积极推行地方自治，实行由下而上的普选”，等等。军队和解放区政权问题是谈判中双方争执的焦点，由于国民党当局执意要取消解放区的人民政权和人民军队，只得作为悬而未决的问题留待继续商谈。

重庆谈判的举行和会谈纪要的发表，表明国民党方面“承认了中共的地位”“承认了各党派的会议”①，同时使中国共产党关于和平建设新中国的政治主张被全国人民所了解，从而推动了全国和平民主运动的发展。《双十协定》签订的第二天，毛泽东回到延安。他在10月11日召开的中共中央政治局会议上说，这个东西，第一个好处是采取平等的方式，双方正式签订协定，这是历史上未有过的。第二，达成协议的六条，都是有益于人民的。11月17日，毛泽东在延安干部会上作报告说，谈判的结果，国民党承认了和平团结的方针。国民党再发动内战，他们就在全国和全世界面前输了理，我们就更有理由采取自卫战争，粉碎他们的进攻。②《双十协定》签订后，周恩来等留在重庆继续谈判。

【延伸阅读】

毛泽东三顾特园

重庆谈判期间，中国民主同盟主席张澜借住在民主人士鲜英的宅院——特园。8月30日，毛泽东在周恩来陪同下第一次来到特园。张澜郑重地提醒中共，蒋介石在演鸿门宴。毛泽东风趣地说，我们就来个假戏

① 《一年来的谈判及前途》（1946年12月18日），《周恩来选集》上卷，人民出版社1980年版，第252、253页。

② 《关于重庆谈判》（1945年10月17日），《毛泽东选集》第4卷，人民出版社1991年版，第1159页。

真演，让全国人民当观众，看出真假，分清是非，这场戏也就有大价值了！9月2日，毛泽东第二次到特园拜访，见到民盟领导人张澜、沈钧儒、黄炎培等都来了，高兴地说，这是“民主之家”，我也回到家里了！并充满自信地说，今天我们聚会在“民主之家”，今后我们共同努力，生活在“民主之国”。鲜英的女儿鲜继桢手捧纪念册请毛泽东题字留念，毛泽东笔走龙蛇，手书“光明在望”四个大字。9月15日，毛泽东第三次到特园看望张澜，在张澜卧室里进行了长时间的恳谈。张澜建议中共：“现在，是你们与国民党关起门来谈判，已经谈拢的，就应当把它公开出来，免得蒋介石今后不认账。”并主动表示：“你们如有不便，由我来给国共双方写一封公开信。”毛泽东备受感动，连声赞誉张澜：“老成谋国，老成谋国啊！”三天后，张澜即兑现承诺，在重庆《新民报》上发表了《致国共两党领袖的公开信》，呼吁公开谈判内容，实现国内和平。在中共的诚意和张澜等各方面的共同努力下，重庆谈判取得了重要成果。

毛泽东在渝的统战工作　重庆谈判期间，为了争取国民党上层人士对共产党谈判立场的理解，减少谈判阻力，促使达成协议，毛泽东、周恩来等会见和拜访了国民党军政要员于右任、翁文灏、何应钦、孙科、陈立夫、戴季陶、白崇禧、程潜、陈诚等，向他们介绍共产党对时局的主张，表明对和谈的诚意，希望他们能够支持。

重庆谈判期间，中共代表团对中间势力做了大量统一战线工作并与国民党民主派加强接触，毛泽东等会见了宋庆龄、冯玉祥、谭平山、柳亚子等著名人物，畅谈形势和党的政策。会见柳亚子时，毛泽东应其要求手书旧作《沁园春·雪》相赠，使这首气势磅礴的诗篇在重庆引起轰动，折服了一大批民主进步人士。毛泽东和周恩来还多次以会见、宴请、座谈等方式会晤各民主党派领导人张澜、沈钧儒、罗隆基、章伯钧、黄炎培、许德珩，以及社会知名人士郭沫若、章士钊、马寅初等，阐明中国共产党的政治主张，通报有关情况，听取并交流对谈判的意见，形成民主建国的共识。

期间，毛泽东邀请许德珩、梁希、潘菽等民主科学座谈会的负责人会谈，交流时政，鼓励他们成立永久性的政治组织，团结起来进行斗争，促成了九三学社的建立。毛泽东还宴请青年党负责人左舜生、何鲁之等人，会晤国家社会党负责人蒋均田等，阐明党的政治主张。毛泽东、周恩来、王若飞等广泛地会见了青年、文化、妇女、知识及工商界人士。在会见工商界人士章乃器、刘鸿生、李烛尘、范旭东、胡西园等时，赞扬了他们为发展中国民族工业所作的贡献，同时指出，在半殖民地、半封建社会的中国，民族资本是得不到发展的，只有在国家独立、民主、自由之下，民族工商业才有发展前途，并介绍了中国共产党对待民族资本的政策。

【延伸阅读】

“另起炉灶”

8月28日，毛泽东来到重庆与国民党谈判。29日，重庆《大公报》发表社评《毛泽东先生来了》，说：“毛先生能够惠然肯来，其本身就是一件大喜事。”这是由总编辑王芸生亲自撰写的。9月5日，毛泽东、王若飞等在重庆红岩村八路军办事处会见王芸生、孔昭恺、王文彬三人。20日，《大公报》在李子坝报馆设宴招待毛泽东、周恩来、董必武、王若飞等中共代表团成员。席间，王芸生提起所谓共产党“不要另起炉灶”的话，毛泽东笑笑回答说：“不是我们要另起炉灶，而是国民党的炉灶里不许我们造饭。”王芸生听了说：“多年写社论没有方针，今后有了。”毛泽东即兴挥毫题写了“为人民服务”五个大字，赠送给了《大公报》。1948年9月，王芸生指定由香港《大公报》首先表态，公开拥护中国共产党领导的人民解放军解放全中国，彻底推翻国民党政权。

重庆谈判期间，毛泽东、周恩来等还多次会见美、苏、英、法等外国驻华使馆官员、外国记者和各国援华救济团体人士等国际友人，与他们广泛交谈，希望他们为实现中国战后的和平民主作出贡献。

中共代表团的这些活动以及在谈判中多次作出的让步，增进了各界人士对共产党政治主张的理解，使中国共产党的立场得到各民主党派和各界民主人士的普遍同情和支持，扩大了中国共产党的政治影响，从而促进国共谈判取得了一些积极成果。

为配合谈判，人民军队站在自卫立场上对国民党军队的进犯进行反击，上党战役一举歼灭入侵的阎锡山所部3万余人，毙第七集团军副总司令彭毓斌，俘军长、师长多人，加强了中共代表团在谈判中的地位，直接配合了谈判斗争。

三、政治协商会议的召开

签订停战协定　《双十协定》刚刚签订，蒋介石就调集军队进犯解放区，遭到解放区军民坚决反击；国民党的内战政策激起国民党统治区反内战运动的掀起；国际舆论继续呼吁中国实行和平民主。11月27日，美国政府宣布调回声名狼藉的驻华大使赫尔利，任命前陆军参谋长马歇尔作为总统特使赴华“调停”国共争端。美国总统给马歇尔的调停底线是，如果蒋介石不顾美国的反对，顽固坚持以武力消灭共产党的政策，美国政府为着自己的利益最终也还得支持他。这决定了美国的调停，在本质上是不可能公允的。12月15日，美国总统杜鲁门发表美国对华政策声明，声称赞成中国“召开全国主要政党代表会议，以谋早日解决目前的内争——以促成中国之统一”。同月27日，苏、美、英三国外长在莫斯科会议上发表关于中国问题的协议，宣称：“必须在国民政府之下建立一个团结而民主的中国，必须由民主分子广泛参加国民政府的所有一切部门，而且必须停止内争。”

在上述情况下，蒋介石不得不履行承诺，同意召开政治协商会议。为避免内战，中共中央决定接受美国总统特使马歇尔的“调处”，派出以周恩来为首的中共代表团于12月16日抵达重庆，准备参加政治协商会议。中共代表团18日在记者招待会上说明了中国共产党持有的立场和观点，27日向国民政府提出立即无条件停战，以利于政治协商会议进行的书面建议。在中国共产党的争取和马歇尔的调停下，1946年1月10日，国共双方正式签订停战协定，下达停战令，并在北平建立由国、共、美三方代表参加的军事调停处执行部，负责监督执行停战协议。

代表名额的风波 政治协商会议尚未召开，在代表名额配备上就发生了激烈的斗争。重庆谈判时，本已规定参加政协的代表由国民党、共产党、民盟和社会贤达四个方面组成，每一方面9人，共36人。后来，国民党利用青年党，对民盟进行分化瓦解，以孤立共产党，硬要由三党（国家社会党、青年党、第三党）、三派（救国会、乡村建设派、中华职教社）和无党派人士为基础组成的民主政团同盟拿出5个名额给青年党。中国共产党为避免中间派分裂，主动提出让出两个名额。周恩来等人专程到特园向民盟负责人表明这一态度，并支持民盟9个代表席位不能动、不能让步，“希望民盟坚持这个意见”。最后商定的结果是青年党单独参加政协会议，不占民盟名额，由中国共产党让出2名，国民党让出1名，总名额增加到38人，民盟维持9个名额不变。最后确定的代表是：国民党8名，共产党7名，民盟9名，青年党5名，社会贤达9名。中国共产党顾全大局，主动让出代表名额，解决民盟的名额问题，粉碎了国民党妄图通过分化和削弱民盟，操纵“多数”，以控制政协的阴谋。

政治协商会议与政协协议 1946年1月10日，在签订停战协议的当天，政治协商会议在重庆开幕。在会议参加者中，政治倾向各不相同，基本上形成了左、中、右三种政治势力。以中国共产党为代表的革命力量，力争建立一个民主联合政府；民主同盟基本上是中间势力，主张通过和平改良方法建立议会制民主的国家；国民党及其附庸（从民主同盟中分裂出去的青年党），顽固坚持大地主大资产阶级的国民党一党专政。三种政治势力在建立什么样的国家问题上存在分歧，在会上展开了尖锐复杂的斗争。共产党同以民盟为代表的中间派，在反对国民党一党专政、反对内战、要求和平民主这些基本问题上，有着许多共同点。在会议召开之前，民盟代表同中共代表约定：双方携手合作，互相支持。

国民党虽然拉走了青年党，但却没能把民盟拆散，反而促进了民盟内部的团结，使民盟增强了对共产党的信任和感情，并决定和共产党实行全面合作，共同对付国民党的一党专政。政协会议中，民盟和共产党默契配合，互相支持，一起邀请了34位国内有声望的学者名流，组成政协代表顾问团，为民盟和中共政协代表提供咨询。不论在大会和小组会上，民盟代表和中共代表都做到了遇事商量，密切配合。

政协会议的中心议题是政治民主化和军队国家化的问题。为了能达成协议，周恩来在1月12日大会上所作的《关于国共会谈的经验教训》报告中提出具体意见：要互相承认，不要敌视；要互相商量，不要独断；要互相让步，不要独霸；要互相竞赛，不要抵消。强调这都是9年来在国共双方商谈中得出的痛苦经验和教训，诚恳希望在这次政治协商会议上能够避免。

关于政治民主化问题，国民党代表提出的方案声称不是改组，只是扩大国民政府委员会，增设若干委员，同时坚持国民党在政府委员中占有"特定的多数"；政府委员得由主席向国民党中央执行委员会提请选任；国民政府委员会属于政治指导机关，没有用人权；主席有紧急处置权，即可借口情况"紧急"，实行个人独裁。中共和民盟代表相继发言表示反对。民盟代表指出，改组政府的目的在于使国家"由一人集权制，过渡到民主集权制""结束训政完成宪政""各党派能参加政府"。必须遵循三项原则：以共同纲领为施政共同准绳；共同决策机构要真能决策；各方面人员参加执行机关，要真能执行。并提出七点质问，揭露国民党企图一党专政的用心。中共代表强调，改组政府应立即扩大现有政府的基础，使之成为各党派和无党派民主人士能公平而有效地参加的临时联合政府，并把政府委员会变成拥有实际用人权的机关，以委员制来代替个人独裁制。经过艰苦的协商讨论，会议通过的《和平建国纲领》明确：建立统一、自由、民主的新中国，保持国家的和平发展；规定政府委员会为最高国务机关，并拥有用人权；委员的一半由国民党以外的人士充任，而所有涉及施政纲领之变更须有出席委员的三分之二赞成始得议决。

会议通过的政府组织问题的协议明确：改组后的政府作为结束国民党的“训政”到实施宪政的过渡时期的政府，负有召集国民大会以制定宪法的任务。会议通过的宪法草案规定，立法院为相当于议会的最高国家立法机关，由选民直接选举产生；行政院为最高行政机关，并对立法院负责；立法院对行政院全体不信任时，行政院或辞职或提请总统解散立法院。还规定了中央同地方分权的原则，规定省为地方自治的最高单位，省长民选，省可以制定省宪等。这对于解放区民主政权的存在和发展提供了一种可能的保障。

在军队问题上存在着重大分歧。国民党坚持先军队国家化才能政治民主化，即必须由共产党首先交出军队，然后才能开放民主，企图以“民主”为诱饵，骗取共产党的军队。共产党认为，离开政治民主化来谈军队国家化，只能是军队的军阀化、党阀化，把作为政治民主化事业支柱的人民军队交给国民党一党专政的国家，将从根本上断送政治民主化事业。中间势力主张国共双方都交出军队，军队应立即脱离任何党派关系，而归于国家，达到军令、政令之完全统一。民盟代表还提出，任何党派的军队都要整编，不是只要一个党交出军队。为了推动谈判的进行，中共代表作了有原则的让步，提出政治民主化和军队国家化两者可以“平行前进，归于一途”。经过反复讨论，最后通过了军队属于国家，军党分立、军民分治的整军原则和以政治军的办法，决定由军事三人小组（由中共代表周恩来、国民党代表张治中、美国特使马歇尔组成）继续商定国共两党军队的整编办法，从而挫败了国民党企图取消人民军队的阴谋。

在会议进行期间，中共代表与民主同盟代表和无党派民主人士保持经常磋商，本着求同存异的精神取得共识并在一系列问题上事先协商，取得一致，并采取联合行动，同国民党展开了有理、有利、有节的斗争。

会外民主活动 政协会议召开期间，民主建国会、民主促进会、三民主义同志联合会等民主党派，纷纷向会议提出意见或建议书，要求国民党立即结束一党专政，切实保障人民的各项民主权利。重庆各界组成了政治协商会议陪都协进会。从1月12日到27日，协进会举行了8次各界民众大会，大会从第四次起在沧白堂举行，每次到会群众均在1000人以上，多时3000人，气氛非常热烈，有力配合了政协会内的斗争。国民党当局连续派遣特务跟踪威胁到会的政协代表，并且采取放爆竹、敲小锣、扔石头的方式扰乱会场，谩骂、殴打会议主持人、政协代表和到会群众，打伤政协代表郭沫若、张东荪等人，制造了“沧白堂事件”。民盟政协代表黄炎培、张申府家遭到国民党宪警的非法搜查，激起公愤。

1946年1月31日，经过会内会外的激烈斗争，会议通过了政府组织案、国民大会案、和平建国纲领、军事问题案、宪法草案等5项协议。政协协议虽然不同于中国共产党所主张的新民主主义纲领，但是，它公开地否定了蒋介石的一党专政和内战政策，确定了民主改革的方向，基本上符合全国人民的和平民主愿望，不利于国民党一党专政的独裁统治，因而受到人民群众的欢迎。协议较多地吸收了中间人士的意见，这使中间人士尤其感到振奋。政协协议的通过，是中国共产党与民主党派、爱国民主人士密切合作，并同国民党中坚持民主进步人士共同努力的结果，是中国人民在政治上的重大胜利。

四、国民党统治区爱国民主运动的兴起

做好和平合法斗争的准备 政协会议后，中国共产党坚定地维护和遵守停战协定和政协协议。政协会议闭幕后第二天，中共中央发出党内指示，指出，从此中国即走上了和平民主建设的新阶段，准备为坚决实现这些决议而奋斗。

同时，中共中央也指出，蒋介石接受协议是被迫的，英美和中国的大资产阶级还有许多阴谋，中国民主化的道路，依然是曲折的，长期的。[①]党必须提高警惕，做好练兵、减租与生产三项中心工作。此外，还要准备将全党的工作转变到非武装的群众与议会的斗争中去，用心去学习与组织合法斗争及上层统一战线与下层统一战线工作的配合，把党的工作推进到全国范围去。

帮助支持民主力量　重庆谈判和政治协商会议达成的协议，使国内要求民主团结、和平建国的气氛更为浓厚，反对国民党一党专政的呼声日益高涨。中国共产党抓住有利时机，推动和帮助各种民主力量组成新的党派，并与各民主党派一道，为争取民主、反对内战而努力。1945年10月，中国民主同盟召开临时全国代表大会，张澜继任主席，通过纲领、政治报告和宣言，要求民主，反对内战。此后，三民主义同志联合会、民主建国会、中国民主促进会、国民党民主促进会、九三学社等民主党派相继成立，其基本主张都是反对国民党的独裁内战政策，要求和平民主。从1946年中到1947年4月间，致公党陈其尤、陈演生、黄鼎臣、伍觉天等人，在中共华南分局的帮助和指导下，恢复致公党组织工作，顺利召开了第三次大会，一致决议加入中国共产党领导的人民民主统一战线。中国共产党与各民主党派团结合作，为争取和平、民主建国而共同斗争，推动国民党统治区内爱国民主运动迅速兴起。

国民党统治集团不能容忍、也难以承受任何的民主改革。政协会议闭幕后，国民党顽固分子放肆诋毁政协协议，认为政协协议“系国民党的失败”，攻击宪草原则“背叛孙中山的遗教”，甚至有人提议要监察院弹劾国民党出席政协会议的代表。蒋介石也对政协协议表示不满。这样，一场维护遵守政协协议与破坏撕毁政协协议的激烈斗争就接踵而至了。

---

① 中央档案馆编：《中共中央文件选集》第16册，中共中央党校出版社1992年版，第62、63页。

较场口事件 1946年2月10日，民建、救国会、民联等民主党派联合20多个团体组织在重庆较场口举行陪都各界庆祝政协会议成功大会。国民党特务及暴徒数百人捣毁会场，殴打李公朴、郭沫若、马寅初及与会群众60余人，一些人失踪，制造了较场口事件。事实证明这是一起国民党策划制造的血案。当晚，周恩来就事件发表严正声明，抗议国民党特务暴行，要求严惩凶手，同时率领董必武、邓颖超等人到医院慰问受伤者。国民党官方喉舌中央社发表消息，隐瞒真相，颠倒黑白，更加激起了各界人士和全国人民的公愤，纷纷起来控诉国民党的法西斯暴行。

蒋介石撕毁政协协议 3月1日至17日，国民党召开六届二中全会。蒋介石在会上提出对政协协议要“就其荦荦大端，妥筹补救”。会议通过的五项决议案，公然推翻政协协议提出的宪法原则，完全否定了政协关于国会制、内阁制和省自治制的协议。4月1日，在由国民党包办、中共代表拒绝出席的国民参政会上，蒋介石宣称，政治协商会议在本质上不是制宪会议，政治协商会议关于政府组织的协议案在本质上更不能代替约法，公然撕毁政协决议。这表明，国民党统治集团不仅根本反对中国人民建立新民主主义国家的要求，就连欧美资本主义国家所实行的民主制度也不能容忍。

中共与民主党派共同维护政协协议 中国共产党为维护政协协议，对国民党统治集团肆意破坏各项协议的行为进行了针锋相对的斗争。3月18日，中共中央向全党发出关于坚决反对国民党反动派破坏政协决议的指示，指出这是一件有关中国人民命运的原则问题，是中国走民主道路还是走独裁道路的问题，各地应严重注意和警惕。同日，周恩来在中外记者招待会上发表讲话，质问国民党，你们一方面要求人家来做，另一方面又把违反政协决议的东西写在国民党二中全会的决议上，这不能不说其中包含了欺骗。[①]并严正警告：

① 《关于国民党二中全会的谈话》（1946年3月18日），《周恩来选集》上卷，人民出版社1980年版，第230页。

政协的一切决议不能动摇或修改，这是由五方面的代表起立通过的，应成为中国的民主契约。谁要破坏，谁就是破坏今天中国的民主和平团结统一。①

各民主党派也纷纷发表讲话和文章，谴责国民党违反政协决议，号召：一切民主党派、民主人士，提高警惕，坚持政协决议。……加紧发动群众，去击碎反动顽固分子的最后抵抗。

4月，在宪法草案审议会上，民盟代表与共产党代表一致反对国民党篡改政协议定的宪草原则。其他民主人士也纷纷以发表宣言、谈话、写文章等方式，反对国民党撕毁政协决议。

1946年5月，国民党政府从陪都重庆迁回南京。中共代表周恩来、董必武等率中共代表团也来到南京和上海，同国民党继续谈判，并用事实揭露国民党的阴谋，团结各民主党派和各界民主人士，进行维护政协协议的斗争。5月5日，各民主党派、人民团体50多个单位在上海成立了上海人民团体联合会，发表宣言，要求立即停止内战，实施政协决议。6月6日，在上海的各民主党派领导人马叙伦、陶行知、沙千里等164人联名致函蒋介石、马歇尔及各党派，呼吁停止内战。11日，共产党代表团复函马叙伦表示支持和响应。

蒋介石对国民党统治区的爱国民主运动采取了残酷镇压的政策，先后制造了下关事件、李闻惨案。

下关事件　6月23日，上海人民团体联合会在北火车站广场召开近10万群众参加的上海各界人民反内战大会，推举马叙伦为团长的上海人民和平请愿团赴南京向国民党当局呼吁和平。请愿团一行到达南京下关车站时，遭到国民党暴徒特务长达5小时的围攻殴打，致使马叙伦、雷洁琼、阎宝航等人受伤。来车站迎接的民盟总部代表叶笃义等被殴致重伤。事件发生后，中共代表周恩来、董必武、邓颖超、滕代远及郭沫若迅即赶到医院慰问。马叙伦等人对周恩来说：

---

① 《关于国民党二中全会的谈话》（1946年3月18日），《周恩来选集》上卷，人民出版社1980年版，第231页。

中国的希望寄托在你们身上，过去我劝你们少要一些兵，少留一些枪，现在看来你们的战士不能少一个，枪不能少一支。

25日，毛泽东、朱德发出《致上海人民请愿代表慰问电》，表示中国共产党一贯坚持和平民主方针，誓与全国人民一道为阻止内战、争取和平而奋斗。

李闻惨案 7月11日晚，民盟中央委员李公朴被国民党特务暗杀，于12日逝世。7月15日下午，民盟中央委员闻一多主持了李公朴的追悼大会，随后出席民盟云南支部为李公朴被害举行的记者招待会，怒责国民党特务的暴行，在归家途中遭到国民党特务的杀害。李闻惨案激起全国人民新的抗暴高潮。7月18日，民盟主席张澜电责蒋介石，揭露其四项诺言的骗局，并正告蒋介石，星星之火，不但可以燎原，势亦可以焚身。

民主党派和无党派民主人士进一步认清了国民党的反动本质，不仅更加同情和支持共产党的主张，而且更加积极投身到爱国民主运动之中。

第二节 人民民主统一战线的形成与发展

一、国共关系的破裂

蒋介石背信弃义，撕毁了停战协定和政治协商会议的协议，于1946年6月26日，以21万余兵力进攻中原解放区，接着又大举进攻华东、晋冀鲁豫、晋绥、东北等解放区，全面内战爆发。

反对国民党非法召开“国民大会” 在集中军事力量向解放区

发动全面进攻的同时，国民党统治集团还加紧采取步骤破坏和平谈判和破裂国共关系。7月3日，国民党政府国防最高委员会第197次会议单方面作出决定，宣布“于本年11月12日召开国民大会”。中共代表周恩来、董必武等在同国民党代表举行会谈时，对这种破坏政协协议的做法提出抗议，要求召集政协综合小组商议此事，遭到国民党方面的拒绝。中共代表再向国民党政府提出书面抗议，声称本党绝不受国民党单独召开的“国大”的任何约束。8月6日，美国新任驻华大使司徒雷登向周恩来转达蒋介石提出的有关国共进行政治谈判的条件，实际上是要求中国共产党放弃军队、屈膝投降，理所当然地遭到中共代表团的拒绝。在这种情况下，美国总统特使马歇尔和驻华大使司徒雷登发表联合声明，认为国共争论的根本问题“似难获解决之方法”。这等于承认了美国进行的“调处”工作已经失败。8月13日，蒋介石在庐山发表文告，坚持国民党政府将“如期”召开“国民大会”。10月11日，国民党军队不顾中共方面的再三警告和各界人士的强烈反对，占领晋察冀解放区首府张家口。被“胜利”冲昏头脑的蒋介石，随即于当天下午宣布11月12日召开“国民大会”。

为了欺骗全国人民，蒋介石一边大打内战，一边故作和谈姿态，诱使国内各党派参加“国民大会”，并策动第三方面出来对国共关系进行调解。于是，民盟和青年党的代表同司徒雷登商议后前往上海，劝请周恩来返回南京。马歇尔也秘密赴沪劝周恩来与国民党继续会谈。正当沈钧儒、章伯钧、罗隆基、黄炎培等人在上海连日开会讨论挽救和谈问题，并访问了周恩来从中斡旋之时，突然听到国民党宣布召开“国民大会”的消息，引起极大愤慨。

10月14日，民盟主席张澜对记者发表谈话，指出：

国民党以一个“战胜者”的姿态来召开国大，是威胁！是利诱！我们民盟不能放弃自己的意见和立场，不怕一切威胁利诱，绝不参加。[①]

① 《中国民主同盟文献》，文史资料出版社1983年版，第241页。

蒋介石一面继续派各方面人士，先后有吴铁城、邵力子、商震等多次到上海活动第三方面，劝共产党和谈；一面于10月16日又发表声明，声称只有共产党同意国民党提出的八条所谓和平条件并宣布参加国民大会，他才能下停战令。第三方面最后选出章伯钧、罗隆基、黄炎培、张君劢、李璜、左舜生、胡霖为代表，劝说中共代表去南京谈判。

为了团结和教育第三方面人士，也为了揭露蒋介石的内战政策，10月21日，中共代表周恩来、李维汉与第三方面人士先后到达南京，继续和谈。蒋介石虽当即接见了中共代表，交代政府方面由孙科负责后即离席避谈，前后只用了8分钟，让第三方面代表大失所望。就在谈判进行期间，国民党军队又占领了解放军把守的安东。第三方面仍然奔波于国民党、共产党和马歇尔之间，并曾提出所谓折中方案，被国共双方否定。一些民主党派和民主人士希望说服蒋介石改弦更张，停战谈和，但没有取得实际效果。蒋介石的一意孤行，使民主党派、民主人士和广大人民进一步认清了国民党当局坚持独裁和内战的真面目。11月2日，中共代表团发言人声明：现在国民党政府片面决定召开国大，不唯其代表系十年前国民党一党包办选出者，则其筹备事务亦属一党包办，完全违背政协关于国大问题决议之规定，应被认为非法（不合政协之法）集议，我们坚决反对。

11月4日，中共代表团再次声明，对于国民党非法召开“国大”，“中共一概反对，一概拒绝参加”。11月10日，重庆和平促进会、民主建国会重庆分会等21个团体发表联合声明，反对国民党包办的“国大”。11月14日，张澜再次发表谈话，表示“绝不参加一党‘国大’”。

11月15日至12月25日，由国民党一手包办的“国民大会”在南京召开。出席大会的代表中，国民党代表占85%，只有依附于国民党的青年党、民主社会党①和若干“社会贤达”参加了大会。会议通过了《中华民国宪法》。虽然在条文上体现了一定的民主原则，但是从根本上是

① 民主社会党（简称民社党），是由原国家社会党和民主宪政党于1946年8月合并组成的。

代表和维护大地主、大资产阶级利益的，正如当时一些民主党派人士对其评价：

人民无权，政府有权；地方无权，中央有权；立法无权，总统有权，只能是国民党一党专政和蒋介石个人独裁的装饰品。

第二次国共合作关系彻底破裂 中国共产党和民主同盟坚决反对国民党召开的一党包办的“国大”。11月16日，周恩来在南京举行记者招待会，宣布：由于国民党当局单方面召开“国大”，把政协协议破坏无遗，和谈之门已被关闭，中共代表团人员即将撤回延安。周恩来说：

南京我们总是会回来的，无非是两种可能：一种是国民党打不下去了，再回到政协协议上来，请我们回来！另一种是国民党越打越垮，人民打回南京来。我看，这后一种可能性很大也很快。

11月19日，周恩来率中共代表团邓颖超、李维汉等人结束与国民党进行了一年多的和平谈判，离开南京返回延安。

中国共产党为挽救时局、重开国共和谈作了最后努力，12月4日，周恩来自延安致函马歇尔，表示尽管国民党一党包办“国大”的召开，但如国民党立即解散正在召开的非法“国大”，恢复1946年1月13日停战令时之军队原防地，两党仍可重开谈判。28日，周恩来在同新华社记者谈话中再次表示重开谈判的态度。但是国民党采取了坚决拒绝的态度。1947年1月29日，美国宣布退出国共关系调停。次日，国民党政府宣布解散三人小组及北平军调部。2月3日，美国驻延安联络团人员撤离。此后，美国政府更加公开地肆无忌惮地帮助蒋介石打内战。2月21日，国民党当局迫使军调处执行部中共代表叶剑英等返回延安。党中央认为，这表示蒋介石“已经决心最后破裂，放手大打下去，关死一切谈判之门”。3月5日，中共驻南京、上海、重庆的代表董必武、吴玉章及有关工作人员被迫全部撤退。同时，在重庆出版的《新华日报》也被封闭。通过谈判争取和平的大门，皆被国民党当局关闭，长达十年之久的国共合作关系彻底破裂。

二、第二条战线的形成和发展

全国各地爆发反内战运动 国民党的内战卖国政策，国民政府各级军政官员在收复区的掠夺性接收，美国在经济上大肆入侵和美军在中国大地上的横行霸道，激起了广大中国人民的强烈义愤。早在1945年11月5日，毛泽东就以中共发言人名义发表谈话，呼吁全国人民动员起来，用一切方法制止内战。国民党统治区各界人士和民主党派纷纷响应。同月19日，郭沫若、沈钧儒等500人在重庆举行反内战大会，成立陪都各界反内战联合会。11月25日，昆明学生在西南联合大学举行反内战集会，3万余人总罢课。12月1日，国民党派武装暴徒镇压学生，酿成震惊全国的一二•一惨案，一个群众性的反内战、争民主的爱国运动在全国范围内迅速兴起。

加强对城市工作的领导 为了加强对国民党统治区人民运动的领导，1946年2月1日，中共中央发出指示，要求把党的工作推进到一切大城市去。3月，进一步指示各地党组织，选派一批适宜的干部到大城市去开展职工、学生、青年及妇女运动并进行统战工作。同年12月2日，中共中央书记处会议专门研究国民党统治区的工作，并决定改组中共中央城市工作部，由周恩来兼任部长，李维汉任副部长，确定城工部的职责为：

在中央规定的方针下，研讨与经管蒋管区的一切工作（包括工、农、青、妇），并训练这一工作的干部。

部内分党务、统战、农村、文教、顽军五组。同时还规定，各中央局、中央分局和各有关区党委均设城工部，并对其工作范围、内部分工和相互关系等作出规定。党对国民党统治区工作的加强，有力推动了国民党统治区以反对美蒋为中心的人民运动的迅速兴起。

第二条战线的兴起 1946年12月24日，北平发生美军强奸一名中国女大学生事件，触发了一场声势浩大的抗议驻华美军暴行的运动。

12月30日，北京大学、清华大学等高等学校学生5000余人在北平举行抗议美军暴行的示威游行，沿途高呼“美军退出中国”“维护主权独立”等口号，得到广大市民的深切同情，一些店员、公务员自动加入示威行列。12月31日，中共中央指示地下党组织，发动各大城市群众响应北平学生运动，以“美军退出中国”为中心口号，把斗争引向深入。天津、上海、南京、杭州、重庆、广州、台北等地的学生纷纷举行集会、罢课和示威游行，全国参加抗议活动的学生总数达50万人。学生的爱国斗争，得到了全国各阶层人民的广泛声援，北平、上海等地的许多教授、学者和文化界知名人士以及各党派、团体纷纷声援学生的爱国行动。国民党统治区以学生运动为先导的人民民主运动，逐步形成配合人民解放军作战的第二条战线，使国民党统治集团深深地陷于革命力量两面夹击的境地。

1947年2月1日，中共中央举行政治局扩大会议，讨论通过了毛泽东起草的《迎接中国革命的新高潮》的党内指示中指出，“解放区人民解放军的胜利和蒋管区人民运动的发展，预示着中国新的反帝反封建斗争的人民大革命毫无疑义地将要到来，并可能取得胜利”。①

在这次会议上，周恩来提出蒋管区的人民运动是“第二战场”，第一次把蒋管区人民对国民党统治集团的斗争，提高到同解放战争相配合的战略地位。

国民党发动全面内战，不仅军事上遭遇惨败，在经济、政治上也陷入严重危机，引起各阶层人民的强烈不满。在国民党统治区，中国民族资本已在美国商品和资本冲击下处于危殆境地，农业经济凋敝，通货膨胀，物价较抗战前已上涨几万倍。城乡广大人民的生活日益恶化，民怨沸腾。靠工资收入和助学金维持生活的公务人员、教职员和学生的生活陷入极度的困境。

1947年5月15日，南京中央大学等校学生到国民党政府行政院和

① 《迎接中国革命的新高潮》（1947年2月1日），《毛泽东选集》第4卷，人民出版社1991年版，第1212页。

教育部请愿。18日，北京大学、清华大学学生上街进行反饥饿、反内战宣传。国民党政府下令禁止10人以上的请愿和一切罢工、罢课、示威游行。蒋介石发表讲话，声称将对学生“采取断然之处置”，但是爱国学生没有屈服。20日，在南京、上海、苏州、杭州16个专科以上学校的5000余名学生冲破宪警阻拦，举行“挽救教育危机联合大游行”，遭到宪警棍棒、皮鞭的毒打，重伤19人，轻伤90余人，20多人被捕。这就是五二〇血案。同一天，北平7000余名学生高举“华北学生北平区反饥饿反内战大游行”的横幅走上街头。

五二〇血案后，在党组织的引导和推动下，学生运动进一步发展为“反饥饿、反内战、反迫害”的全国性运动，席卷天津、上海、杭州、重庆、福州、桂林、济南、长沙、昆明等60多个大中城市，进而推动了国民党统治区工人、农民、市民斗争的发展。1947年，有20多个大中城市的约320万工人罢工。在农村，广大农民反抗抓丁、征粮和征税。1947年3月至7月，“抢米”风潮席卷南京、上海、江苏、安徽、四川等9省市的38个城市。2月28日，台湾人民为反抗国民党当局的暴政，举行武装起义，遭到国民党军的血腥镇压，被害者达3万人以上。五二〇运动标志着第二条战线的形成。

第二条战线的深入发展 1947年夏秋，战争已经引向国民党统治区，国民党政府加紧了对国民党统治区人民的疯狂掠夺和血腥镇压。根据国民党统治区的形势变化，中共中央提出了这一时期党在国民党统治区工作方针：

长期打算，积蓄力量，发动斗争，推动高潮，配合反攻形势，发动第二战场，准备里应外合，争取全国胜利。

1947年10月26日，浙江大学学生自治会主席于子三被省保安司令部非法逮捕，惨死狱中。惨案发生后，浙江大学校长、著名科学家竺可桢向记者披露真相，说明于子三之死是“千古奇冤”。杭州、北平、天津、南京、上海、昆明、厦门、西安、重庆、广州、长沙、武汉等12个城市10万名以上的大、中学生，为此举行罢课和示威，抗议反动当局的暴行。

1948年1月、3月，为声援上海同济血案和北平华北学联，先后又爆发了全国性的学生抗议活动。在开展反迫害斗争同时，反饥饿斗争继续发展。华北学联开展“助学运动”，数千名大、中学生以向社会劝募义卖，举行音乐、戏剧、电影等义演及体育义赛等方式募捐，得到社会各界人士的广泛支持，活动持续两个月之久，并扩展到天津、上海、杭州、武汉等地，使大批因家境贫寒面临失学的学生获得继续求学的机会。五六月间，以学生为先导，由各阶层人民参加的反对美国扶植日本侵略势力复活的运动迅速兴起。5月4日，上海各大、中学生1.5万多人在交通大学集会声讨，全国大中城市的学生、教授、社会名流、工商业者先后参加斗争。许多素来倾向保守的舆论机关和政治人物，也对美国明目张胆的扶日政策表示异议，香港的一些中国居民团体还组织抵制日货。

第二条战线的形成和发展，证明广大工人、农民、市民、城市小资产阶级、民族资产阶级、开明绅士、少数民族、爱国华侨和各民主党派、人民团体等，都逐步站到了中国共产党一边。第二条战线的开辟在政治上有力地揭露和孤立了国民党反动派。蒋介石政府内外交困，已“处在全民的包围之中”。

三、人民民主统一战线纲领和政策

号召打倒蒋介石 1947年下半年，人民解放战争由战略防御转入战略反攻，统一战线也进入了一个转折点。正如周恩来所说，一方面，我们已用事实证明给老百姓看，我们有力量打倒蒋介石；另一方面，老百姓也不要蒋介石，就连上层分子（除了少数反动集团外）、中产阶级也不想给蒋介石抬轿子了，也要推翻他了。所以这个时候提出打倒蒋介石正合时宜。[①]

---

① 《全国大反攻，打倒蒋介石》（1947年9月28日），《周恩来选集》上卷，人民出版社1980年版，第276页。

10月10日，中国人民解放军总部发表宣言和口号，及时提出了“打倒蒋介石，解放全中国”“工农兵学商联合起来，组织反蒋统一战线”的号召。10月27日，中共中央发出必须将革命进行到底的指示，要求彻底揭露美蒋组织的以中间派别面目出现的“和平阴谋”，做好争取和团结各民主党派的工作。

提出人民民主统一战线 为了全面制定党的行动纲领，准备夺取全国胜利，中共中央在陕北米脂县杨家沟召开扩大会议，即十二月会议。毛泽东作《目前形势和我们的任务》的报告，对人民解放军转入战略进攻后党需要解决的一系列重大问题作了纲领性的说明。这个报告和毛泽东1948年1月为中共中央起草的决定草案《关于目前党的政策中的几个重要问题》及相继发出的一系列党内指示，全面阐述了党关于人民民主统一战线的方针和政策。

（一）强调没有最广泛的统一战线，革命不可能胜利。毛泽东指出：

联合工农兵学商各被压迫阶级、各人民团体、各民主党派、各少数民族、各地华侨和其他爱国分子，组成民族统一战线，打倒蒋介石独裁政府，成立民主联合政府。这就是人民解放军的、也是中国共产党的最基本的政治纲领。[①]

毛泽东强调，我们的新民主主义的革命的统一战线，现在比过去任何时期都要广大，也比过去任何时期都要巩固。这件事，不但同我们的土地政策和城市政策相联系，而且同人民解放军的胜利，同蒋介石由进攻转入防御，人民解放军由防御转入进攻，中国革命已经进入新的高潮时期，这一总的政治形势，密切地联系着。中国新民主主义的革命要胜利，没有一个包括全民族绝大多数人口的最广泛的统一战线，是不可能的。不但如此，这个统一战线还必须是在中国共产党的坚强的领导之下。没有中国共产党的坚强领导，任何革命统一战线也

① 《目前形势和我们的任务》（1947年12月25日），《毛泽东选集》第4卷，人民出版社1991年版，第1256页。

是不能胜利的。

（二）明确了人民民主统一战线的重大政策。关于民族资本主义经济的政策，指出新民主主义革命的三大经济纲领：

没收封建阶级的土地归农民所有，没收蒋介石、宋子文、孔祥熙、陈立夫为首的垄断资本归新民主主义的国家所有，保护民族工商业。①

新民主主义国民经济的指导方针，必须紧紧地追随着发展生产、繁荣经济、公私兼顾、劳资两利这个总目标。一切离开这个总目标的方针、政策、办法，都是错误的。②

新民主主义革命所要消灭的对象，只是封建主义和垄断资本主义，只是地主阶级和官僚资产阶级（大资产阶级），而不是一般地消灭资本主义，不是消灭上层小资产阶级和中等资产阶级。由于中国经济的落后性，广大的上层小资产阶级和中等资产阶级所代表的资本主义经济，即使革命在全国胜利以后，在一个长时期内，还是必须允许它们存在；并且按照国民经济的分工，还需要它们中一切有益于国民经济的部分有一个发展；它们在整个国民经济中，还是不可缺少的一部分。③

关于团结、教育和使用知识分子的政策，强调：

中国学生运动和革命斗争的经验证明，学生、教员、教授、科学工作者、艺术工作者和一般知识分子的绝大多数，是可以参加革命或者保持中立的，坚决的反革命分子只占极少数。因此，我党对于学生、教员、教授、科学工作者、艺术工作者和一般知识分子，必须采取慎重态度。必须分别情况，加以团结、教育和任用，只对其中极少数坚决的反

① 《目前形势和我们的任务》（1947年12月25日），《毛泽东选集》第4卷，人民出版社1991年版，第1253页。

② 《目前形势和我们的任务》（1947年12月25日），《毛泽东选集》第4卷，人民出版社1991年版，第1256页。

③ 《目前形势和我们的任务》（1947年12月25日），《毛泽东选集》第4卷，人民出版社1991年版，第1254、1255页。

革命分子，才经过群众路线予以适当的处置。[①]

（三）强调革命胜利后由四个阶级"坐江山"。毛泽东批评了"贫雇农打江山坐江山"的错误观点，指出：

我党必须经过贫雇农发动土地改革，必须使贫雇农在农会中在乡村政权中起带头作用，这种带头作用即是团结中农和自己一道行动，而不是抛弃中农由贫雇农包办一切。[②]

在乡村，是雇农、贫农、中农和其他劳动人民联合一道，在共产党领导之下打江山坐江山，而不是单独贫雇农打江山坐江山。在全国，是工人，农民（包括新富农），独立工商业者，被反动势力所压迫和损害的中小资本家，学生、教员、教授、一般知识分子，自由职业者，开明绅士，一般公务人员，被压迫的少数民族和海外华侨，联合一道，在工人阶级（经过共产党）的领导之下，打江山坐江山，而不是少数人打江山坐江山。[③]

（四）指出了实现党的统一战线领导权的正确途径。毛泽东总结大革命以来党在建立统一战线方面的经验教训，强调统一战线必须在中国共产党的坚强领导之下，并指出：

领导的阶级和政党，要实现自己对于被领导的阶级、阶层、政党和人民团体的领导，必须具备两个条件：(甲)率领被领导者(同盟者)向着共同敌人作坚决的斗争，并取得胜利；（乙）对被领导者给以物质福利，至少不损害其利益，同时对被领导者给以政治教育。没有这两个条件或两个条件缺一，就不能实现领导。[④]

---

① 《关于目前党的政策中的几个重要问题》（1948年1月18日），《毛泽东选集》第4卷，人民出版社1991年版，第1269、1270页。

② 《关于目前党的政策中的几个重要问题》（1948年1月18日），《毛泽东选集》第4卷，人民出版社1991年版，第1268页。

③ 《关于目前党的政策中的几个重要问题》（1948年1月18日），《毛泽东选集》第4卷，人民出版社1991年版，第1268、1269页。

④ 《关于目前党的政策中的几个重要问题》（1948年1月18日），《毛泽东选集》第4卷，人民出版社1991年版，第1273页。

这是对统一战线领导权思想的重大发展。

（五）反对“左”、右倾错误倾向。毛泽东指出：

要依据具体情况，决定反对和防止右倾或“左”倾的方针。一般是：在遇到暂时挫折的时候容易犯右的错误，取得很大成绩时容易犯“左”的错误；在同资产阶级合作的时候，必须反对右倾，而在同资产阶级分裂的时候，必须防止“左”倾。

毛泽东严肃地指出，在战争、整党、土地改革、工商业和镇压反革命五个政策问题中，任何一个问题犯了原则的错误，不加改正，我们就会失败。强调：

政策和策略是党的生命，各级领导同志务必充分注意，万万不可粗心大意。①

毛泽东的报告和指示是党在打倒蒋介石反动统治集团、建立新民主主义中国的整个时期内，在政治、军事、经济各方面带纲领性的文件，进一步丰富和发展了新民主主义革命理论。这次会议正确地分析了当时的形势，明确规定了党在这一时期统一战线的方针政策，及时纠正和防止了工作中出现的“左”的偏向，团结争取了一切可以争取的力量，发展和壮大了人民民主统一战线，指导和推进国民党统治区爱国民主运动走向新的高涨。

接管城市政策 从1948年9月12日至1949年1月31日，中国人民解放军先后打响了辽沈、淮海、平津三大战役，历时4个多月，歼灭国民党军154万余人，基本上摧毁了国民党赖以维持反动统治的主要军事力量。随着人民解放战争的深入推进，接管城市成为统一战线面对的一个新课题，实质是如何按照发展生产、繁荣经济、公私兼顾、劳资两利的经济工作方针，正确对待工商业的问题。

1948年12月14日，中共中央批转陈云上报的《接收沈阳的经验》，认为沈阳接管解决了接收完整并迅速恢复秩序两大难点问题，具体办

① 《关于情况的通报》（1948年3月20日），《毛泽东选集》第4卷，人民出版社1991年版，第1298页。

法是“各按系统，自上而下，原封不动，先接后分”。对于较沈阳影响更大的北平和天津的接管，毛泽东指示：对民族工商业要好好保护，接收工作要“原封原样，原封不动”，先恢复生产，以后再慢慢来；做好城市工作要依靠工人阶级，还要团结好民族资产阶级，跟他们保持长期的统一战线。

接管城市政策不断完善，主要有：对于官僚资本要有明确界限，不要将国民党人经营的工商业都当作官僚资本而加以没收；接管官僚资本企业，不要打乱企业组织原来的机构，以保证企业的完整接收而不破坏或影响企业；对于城市中的生产资料，不应分散分配，应尽一切力量保证其继续生产或恢复生产；保护工商业者的财产所有权，经营自由权，及正当的营业，不得有任何没收物资、强购及捉人等破坏行为；对于国民党反动统治的政治机构（军队、警察、法庭、监狱及其各级政府机构）应该彻底加以破坏，但是要妥善处理国民党政治机构的旧人员，一般地不能用裁撤遣散方法解决，经过改造后需要给以工作和生活的出路；加强知识分子团结教育改造，对他们应以满腔热情与严重负责的态度，在工作中耐心地培养和锻炼他们。

【延伸阅读】

“原封不动”的城市接收经验

沈阳市是东北中心城市，是中国人民解放军最早接管的大城市之一。党中央任命陈云为沈阳特别市军事管制委员会主任。陈云提出“各按系统，自上而下，原封不动，先接后分”的接管思路，基本原则就是“原封不动”包下来，体现党的统一战线团结面越宽越好的政策。针对有些人认为旧人员政治不可靠以及对国家经济带来负担的疑虑，陈云强调：“这些技术人员和管理人员都是想在自己岗位上工作的，只要领导正确，他们是可以做些事业的”，对待他们要“政治上信任、工作上安排、生活上不使他们有家庭之累”。结果，共产党接收沈阳市风平浪静，各项工作顺利推进，各界人士满意。之后，陈云专门撰写《关于接收沈阳的经验简报》报送东北局并转党中央，受到中央充分肯定，这个经验在此后城市接收工作中发挥了重要作用。

全党工作重心由乡村转移到城市 1949年3月5日至13日，党的七届二中全会在河北平山县西柏坡村举行。全会听取并讨论了毛泽东所作的报告。全会提出了党的工作重心的战略转移，即由乡村转移到城市的问题。为了实现这个转移，全会指出，党在领导城市工作时，必须全心全意地依靠工人阶级，团结其他劳动群众，争取知识分子，争取尽可能多地能够同我们合作的民族资产阶级及其代表人物站在我们方面。全会规定了全国胜利后党在政治、经济、外交方面应采取的基本政策，在经济政策中提出没收官僚资本归人民共和国所有，利用、限制城乡资本主义，谨慎地、逐步地而又积极地引导个体农民和个体手工业经济向着集体化方向发展。全会提出了促进新民主主义革命取得全国胜利的方针、任务和主要途径，强调革命胜利后党务必保持谦虚、谨慎、不骄、不躁和艰苦奋斗的作风。

毛泽东在这次会议上所作的报告，特别着重地分析了当时中国经济各种成分的状况和党所必须采取的正确政策，指出了中国由农业国转变为工业国、由新民主主义社会转变为社会主义社会的发展方向。毛泽东估计了中国人民民主革命胜利以后的国内外阶级斗争的新形势，及时地警告资产阶级的“糖衣炮弹”将成为对于无产阶级的主要危险。毛泽东的这个报告和他在同年6月所写的《论人民民主专政》一文，构成了为中国人民政治协商会议第一届全体会议所通过的、在新中国成立初期曾经起了临时宪法作用的《共同纲领》的政策基础。根据毛泽东的报告，会议通过了相应的决议。这次会议为建设新中国，在政治上、思想上和理论上做了重要准备。

党的七届二中全会后，中共中央由西柏坡村迁往北平。

四、党与各民主党派合作进一步加强

民主党派遭到打击迫害 抗日战争胜利后，蒋介石迫于全国人民要求和平、民主、团结的愿望和国际上的压力，邀请共产党和各民主党派、无党派人士参加政治协商会议。与此同时，一面积极备战妄图以武力消灭共产党和人民军队，一面对民主党派实行法西斯镇压手段和利诱瓦解政策，制造针对民盟的各种血案，先后将青年党和民社党从民盟中拉了出去。发动全面内战后，当民盟拒绝参加伪“国大”后，国民党加紧对其打击迫害，诬蔑和攻击民盟是“新的暴乱工具”，是中共的“尾巴”。他们派遣大批特务，对民主同盟、民主促进会、民主建国会、农工民主党、三民主义同志联合会等民主党派成员和民主人士进行监视、恐吓、逮捕和绑架。1947年10月7日，民盟西北地区领导人杜斌丞被国民党胡宗南逮捕杀害。27日，国民党政府内政部发言人宣布民盟为“非法团体”，民盟被迫于11月6日宣布解散。

民主党派期望国民党实行民主的幻想彻底破灭。国民党的残酷镇压使得各民主党派处境日益艰难，被迫相继转入地下秘密活动。在民主党派困难危险的紧急时刻，中国共产党再次向民盟等民主党派伸出援助之手，一方面强烈抗议蒋介石的法西斯暴行，帮助一些民主党派的领导人秘密转移到香港活动；另一方面热情鼓舞他们彻底清除中间路线的思想，放弃第三条道路，继续为中国的民主政治和社会进步事业而奋斗。

民主党派放弃中间路线 中国的各民主党派，主要是代表民族资产阶级和上层小资产阶级的政治联盟，在反对帝国主义侵略和蒋介石独裁统治中诞生成长起来。特别是在抗战胜利后，各民主党派与中国共产党一起以各种方式对国民党蒋介石的内战、独裁、卖国政策进行坚决的斗争，维护政协决议，拒绝参加伪“国大”和伪政府，批判伪宪法，积极参加反对美蒋的爱国民主运动，支持学生的正义斗争，抗议国民党的法西斯暴行，揭露其独裁卖国的罪行，所有这些都教育了人民，打击了国民党的反动统治，为中国革命的胜利作出了贡献。

同时，也不可否认，在中国革命进程中，特别是解放战争初期，有一些民主人士幻想在国民党的大地主大资产阶级专政和共产党领导的人民民主专政之外，另找“第三条道路”。这条道路实际上就是英美式的资产阶级专政的道路，就是建立资产阶级共和国。在民主党派中，也有人主张中间路线，认为“国民党和共产党代表两个极端，都是少数”，只有“代表平民公意”的中间路线，“能代表一切处在大地主大资产阶级和工人阶级之间的中间阶层”，有些人甚至要求中共“放下武器”，与国民党“彻底合作”。

然而，“第三条道路”或“中间路线”仅仅只是一种一厢情愿式的幻想，在当时的具体历史条件下根本走不通。中国共产党一直以团结、批评、教育的方法对待民主党派中出现的第三条道路的主张。国民党对民主党派则加紧压制迫害，特别是在解放战争迅速发展的形势和民主党派内部进步分子斗争的影响下，使他们打破了走资本主义道路、建立资产阶级共和国的幻想，认识到只能在靠近共产党或靠近国民党中作出抉择，其中绝大多数人接受了中国共产党的政治主张，批判了中间路线，拥护新民主主义革命路线，站到人民革命阵营中来，使中国共产党领导的人民民主统一战线更加巩固和扩大了。

民主党派的历史性选择　在人民解放战争胜利发展和国民党统治区人民革命运动进一步高涨的形势下，各民主党派在中国共产党的帮助影响下，重新结合起来，采取更加坚定的立场和政治主张，反对国民党的反动统治。1947年5月，中国致公党在香港召开第三次代表大会，公开揭露和谴责美蒋反动派发动内战、独裁专制和贪污腐化的罪行。11月12日，台湾民主自治同盟在香港成立，反对帝国主义侵略和国民党的反动统治，拥护中国共产党建立民主联合政府的主张。国民党内长期存在的爱国民主力量也在推翻蒋介石国民党的反动统治的共同目标下实行联合。1947年11月，三民主义同志联合会与中国国民党民主促进会和国民党其他爱国民主力量在香港举行中国国民党民主派第一次联合代表会议。1948年1月1日，中国国民党革命委员会在香港正式成立，宣布赞成中共提出的新民主主义的基本纲领，推举宋庆龄为名誉主席，李济深为主席，何香凝、谭平山、蔡廷锴等为中央常务委员。国民党革命委员会的成立表明了国民党民主派和其他爱国民主分子的大联合及其与蒋介石为首的国民党反动派的公开决裂，促进了国民党内部的分化，进一步孤立了反动顽固派。1948年1月5日至19日，民盟一届三中全会在香港召开，宣布不承认蒋介石政府宣布民盟为“非法团体”之无理而又狂妄的举动，不接受解散民盟的任何决定，并决定恢复民盟总部。会议宣言主张：粉碎南京国民党独裁、反动、贪污、腐化的政权；彻底实行土地改革；坚决反对美国对中国的侵略；支持武装斗争，与中共携手合作，与民主党派合作，为实现真正的民主和平而共同奋斗。这次会议正如民盟领导人史良所说：

以民盟历史上的政治转折点而载入史册。从此，民盟走上与中国共产党全面合作的光明大道，在实际上接受了中国共产党的领导。①

中共中央发言人就民盟三中全会及国民党革命委员会宣言发表评论，表示欢迎和支持，并提出：

我们愿意在新民主主义的革命事业中，和所有一切反帝反封建的民主团体一道，为着共同目的而携手前进。②

【延伸阅读】

建立政党的主动性

1949年8月，美国国务院发表了关于中国革命的白皮书。黄炎培立即撰写了批驳文章在《人民日报》和《展望》周刊上发表，并以民主建国会

① 史良：《在中国民主同盟成立40周年大会上的讲话》（1981年12月15日），《中国各民主党派》，中国文史出版社1987年版，第90页。

② 中央档案馆编：《中共中央文件选集》第17册，中共中央党校出版社1992年版，第87页。

的名义发表声明，予以驳斥。声明发表的当天，毛泽东就亲笔写信给黄炎培说："声明写得极好，这对于民族资产阶级的教育作用是极大的。民建的这一类文件（生动的积极的有原则的有前途的有希望的），当使民建建立自己的主动性，而这种主动性是一个政党必不可少的。"黄炎培立刻给毛泽东写了回信，表达感激和深深的知遇之情。毛泽东接到黄炎培复信后，隔天又第二次致书黄炎培，信中说："民建此次声明，不但是对白皮书的，而且说清了民族资产阶级所以存在发展的道理，即建立了理论，因此建立了民建的主动性，极有利于今后的合作。民建办事采用民主方式亦是很好的，很必要的。此种方式，看似缓慢，实则迅速，大家思想弄通了，一致了，以后的事情就好办了。"新中国成立后，黄炎培担任了政务院副总理兼轻工业部部长，经常把自己的看法认识和意见建议向毛泽东和盘托出。毛泽东十分重视黄炎培的诚挚诤言，对他的一些错误观点，也及时、耐心地予以帮助。

五、国共和谈与国民党将领起义投诚

国共北平和谈　1948年以后，全国解放战争的进展极为迅速，国民党政权在长江以北的力量全线崩溃。蒋介石在各方面压力下，被迫于1949年元旦发表"求和"声明，1月21日宣告"下野"，退居幕后。国民党代"总统"李宗仁口头上表示愿以中共所提条件为基础进行和平谈判，实际上却是想争取喘息时间，部署长江防线，阻止人民解放军南下，实行"划江而治"。

1948年12月30日，毛泽东在新年献词中发出"将革命进行到底"的号召。但为早日结束战争，减少人民的痛苦，党仍愿意同南京政府或地方政府、军事集团进行和平谈判。1949年1月14日，毛泽东提出惩办战争罪犯、废除伪宪法和伪法统、改编一切反动军队等八项条件作为谈判基础。这一声明表达了全国人民的意愿，获得了全国人民和各民主党派的热烈拥护。中共中央派出以周恩来为首的中共代表团，同以张治中为首的南京政府代表团，于4月1日起在北平举行和平谈判。中共代表坚持无论和谈成功与否，解放军都必须渡江，但在战犯处理、对待国民党政府和军队人员以及联合政府组成等问题上，表示可照顾到国民党各方的情况，作宽大的处理和适宜的解决。在尽可能地采纳南京政府代表团提出的意见后，4月15日，周恩来将《国内和平协定》（最后修正案）送交南京政府代表团，宣布4月20日为最后签字日期。南京政府代表团一致认为，这个和平协定可以接受，并派代表将协定草案带回南京。李宗仁向蒋介石请示。到4月20日，南京政府最后决定拒绝在协定上签字，和谈破裂。

4月21日，毛泽东、朱德发布向全国进军命令，人民解放军迅即向尚未解放的广大地区全面大进军。20日夜，人民解放军发起渡江战役，胜利强渡长江，4月23日解放了南京，标志着国民党22年反动统治的崩溃。以张治中为首的南京政府代表团全体成员在中共的真诚挽留下都留在了北平，参与筹建新中国。

【延伸阅读】

和谈之后

1949年1月，蒋介石在内外压力下被迫引退，由李宗仁任代总统。李上台后宣布与共产党进行和谈，由张治中负责。对于和平协定内容，蒋介石听后拍案大骂“文白无能，丧权辱国!”20日国民党中常会发表声明不接受协定。和平谈判破裂，张治中心情苦闷，准备24日回南京复命。周恩来得知此消息后，当即赶到六国饭店看望并慰藉。张治中觉得自己是南京政府派来的，理应回去复命。对此，周恩来说：“你这是封建道德，你为什么只为一个人着想，而不为全国人民，为革命着想？西安事变时，我们已经对不起一位姓张的朋友，今天再不能对不起你这位姓张的朋友了。”听了周恩来情谊恳挚的劝说，张治中终于决定留下来。4月25日，当白崇禧派飞机来北平接张治中等人时，周恩来邀张治中一同去西郊机场，说要去接客人。张治中问是什么人，周恩来笑笑说去了就知道。张治中见到的“客人”不是别人，乃是自己夫人和其他9位家属，不由得欣喜若狂。原来，周恩来在得知白崇禧派飞机来接张治中等人后，当即通知上海地下党，想办法秘密将张治中亲属送上飞机。张治中等南京代表团成员留在北平，参加到新中国建设之中。

国民党爱国将领起义投诚 中国共产党历来重视对敌军的宣传工作和统战工作。毛泽东早就指出：

在中央军和杂牌军中，应该广泛地开展统一战线的工作，即交朋友的工作。①

解放战争时期，中国共产党的反对独裁内战、争取和平民主团结的政治主张和统一战线政策在国民党军队中产生极大影响，争取了大批国民党爱国将领率部起义投诚，大大加快了人民解放战争的进程。

1945年10月，国民党军冀察战区总司令兼第十一战区副司令长官兼新八军军长高树勋率部1万余人在河北邯郸内战前线举行反内战起义，并成立民主建国军。中共中央发出指示，号召国民党官兵学习高树勋，以新八军为榜样，拒绝进攻解放区，在内战战场上实行怠工，举行起义，站到人民方面来，对瓦解国民党军发挥了重要作用。

人民解放战争进入战略决战阶段，国民党上至“剿总”司令、集团军总司令、省政府主席，下至警察局长、师旅长等，更是纷纷倒戈。1948年9月济南战役中，国民党第96军军长吴化文率部2万人起义；10月，辽沈战役中，国民党第60军军长曾泽生率部4万余人起义，国民党东北“剿总”副司令郑洞国投诚；11月，淮海战役中，国民党第三绥靖区副司令官张克侠与国民党第77军副军长何基沣率59军两个师、77军一个半师共2万多官兵起义，国民党第85军第110师师长廖运周率部起义。1949年1月平津战役中，国民党华北“剿总”总司令傅作义部接受

---

① 《放手发展抗日力量，抵抗反共顽固派的进攻》（1940年5月4日），《毛泽东选集》第2卷，人民出版社1991年版，第756页。

解放军提出的和平条件，1月31日，北平和平解放。

1949年5月，河南省政府主席兼第十九兵团司令官张轸率部起义；8月，国民党湖南省政府主席兼长沙绥靖公署主任程潜和长沙绥靖公署副主任兼第一兵团司令陈明仁等30多名国民党将领联名通电起义，湖南和平解放；9月，国民党西北军政长官公署副长官兼绥远省政府主席董其武和第九兵团司令官孙兰峰通电起义，绥远和平解放；国民党新疆警备司令陶峙岳和新疆省主席包尔汉，率驻疆国民党军近10万人宣布起义，新疆和平解放；12月，国民党西康省主席兼24军军长刘文辉、西南军政长官公署副长官邓锡侯、潘文华联名宣布起义，云南省政府主席兼云南绥靖公署主任卢汉在昆明宣布起义，云南、西康两省和平解放。

此外，1949年11月，国民党中国航空公司和中央航空公司的2500多名香港员工，在总经理刘敬宜、陈卓林率领下毅然宣布起义，驾驶12架飞机北上，脱离国民党反动政府，加入新中国民航事业之中；国民党资源委员会驻港国外贸易事务所员工举行大会，在孙越崎、钱昌照等指示和率领下宣布起义，脱离国民党政府，中央人民政府主席毛泽东复电嘉勉。据统计，在整个解放战争期间，国民党军队师以上重大起义60余起，起义兵力达114万余人（不含投诚人员），驾机起义43架，大小舰艇73艘，地区性起义面积达553万平方公里，占全国总面积一半以上。

第三节　中国人民政治协商会议的召开

一、中国共产党发布“五一口号”

“五一口号”的发布　1948年3月28日至5月1日，国民党在南京召开所谓“行宪国大”，选举蒋介石为“大总统”，李宗仁为“副总统”。这些倒行逆施激起国民党统治区爱国民主运动新的发展，使民主党派和无党派民主人士更多地站到坚决反对国民党反动统治、同共产党携手奋斗的立场上来。

南洋爱国华侨领袖陈嘉庚向中共中央提议：解放区应紧急成立联合政府政权机构，以对抗国民党伪“国大”后的局面。民盟中央负责人沈钧儒希望中共考虑，可否由中共通电各民主党派，建议召开人民代表会议，成立联合政府。这些主张代表了当时民主党派、爱国民主人士的意见和看法，也表明国共两党力量对比此时发生了有利于革命的变化，人心向背已经倾向共产党，国民党统治集团日益孤立，从而为全国革命胜利准备了政治条件。

1948年“五一”国际劳动节即将来临之际，毛泽东决定用发布口号的方式进一步表达中共召开政治协商会议、成立联合政府的政治主张。4月30日，中共中央书记处扩大会议在河北省阜平县城南庄召开，会议讨论通过了经毛泽东修改后的《中国共产党中央委员会发布纪念“五一”劳动节口号》，其中第五条号召：

各民主党派、各人民团体、各社会贤达迅速召开政治协商会议，讨论并实现召集人民代表大会，成立民主联合政府。①

当日，通过陕北的新华社正式发布广播。5月1日，《晋察冀日报》头版刊发了“五一口号”，2日，《人民日报》头版头条全文发表。5月1日，毛泽东致函李济深、沈钧儒，进一步说明加强各民主党派、各人民团体的相互合作，讨论成立民主联合政府“业已成为必要，时机亦已成熟”。此前4月27日，毛泽东还曾写信给平津地下党的刘仁，请他转告民主人士张东荪、符定一，邀请他们及许德珩、吴晗、曾昭抡及其他民主人士来解放区开各民主党派、各人民团体的代表会议，讨论召开人

① 《中国共产党中央委员会发布纪念“五一”劳动节口号》（1948年4月30日），中共中央文献研究室、中央档案馆编：《建党以来重要文献选编（一九二一——一九四九）》第25册，中央文献出版社2011年版，第283—284页。

民代表大会成立民主联合政府和关于加强各民主党派、各人民团体的合作及纲领政策问题，会议名称拟称为政治协商会议，开会地点在哈尔滨，时间在当年秋季。①

“五一口号”得到热烈响应　“五一口号”发表后，立即得到各民主党派、各人民团体、海外华侨团体和无党派民主人士的热烈响应。5月2日，在香港的各民主党派集会讨论，一致认为召开政治协商会议、成立民主联合政府是中国“政治上的必须的途径”“民主人士自应起来响应”。5月5日，中国国民党革命委员会李济深、何香凝，中国民主同盟沈钧儒、章伯钧，中国民主促进会马叙伦、王绍鏊，中国致公党陈其尤，中国农工党彭泽民，中国人民救国会李章达，中国国民党民主促进会蔡廷锴，三民主义同志联合会谭平山和无党派民主人士郭沫若等，从香港联名致电毛泽东，响应中共“五一口号”，赞同召开新政协，赞同成立民主联合政府。同时向国内各报馆、各团体及全国同胞发出《响应中共“五一”号召的通电》，指出：

中共“五一”号召事关国家民族前途，至为重要。全国人士自宜迅速集中意志，研讨办法，以期根绝反动，实现民主。用特奉达，至希速予策进。

5月7日，台湾民主自治同盟发表《告台湾同胞书》，号召台湾同胞以实际行动响应“五一口号”。5月23日，民主建国会在上海秘密召开常务理监事会议，决议响应中共“五一口号”。6月4日，在港的各界人士柳亚子、茅盾、章乃器等125人联合发表声明，赞同中共“五一口号”。接连几天，中国国民党革命委员会、中国民主同盟、中国民主促进会、三民主义同志联合会、中国国民党民主促进会、中国致公党、

① 《毛泽东关于请张东荪等民主人士来解放区开代表会议事给刘仁的信》（1948年4月27日），中共中央文献研究室、中央档案馆编：《建党以来重要文献选编（一九二一—一九四九）》第25册，中央文献出版社2011年版，第281页。

中国人民救国会和九三学社①等党派，也都先后分别发表了响应中共“五一口号”的声明、宣言和告各民主党派、各人民团体及全国同胞书等。国外爱国华侨获悉“五一口号”，也纷纷表示拥护。

各民主党派积极响应“五一口号”，纷纷举行讨论会、座谈会，撰写文章，贡献意见，研究办法，草拟各种方案，为召开新政协献计献策。大家在讨论新政协的活动中，增强了团结，正如毛泽东指出的，召集政治协商会议的口号，团结了国民党区域一切民主党派、人民团体和无党派民主人士于我党周围。

各民主党派和民主人士积极响应“五一口号”，事实上接受了中国共产党的新民主主义革命纲领，承认了中国共产党的领导地位，为建立中国共产党领导的多党合作和政治协商制度拉开了序幕。

民主人士北上解放区　1948年8月1日，毛泽东给各民主党派负责人和无党派民主人士复电，邀请各民主党派代表来解放区协商召开新政协事宜。为了使各民主党派领导人及无党派民主人士的代表安全、及时地到达解放区，中共中央进行了周密安排部署。周恩来亲自指挥，中共中央华南分局、中共香港工委的负责人方方、潘汉年、连贯和中央派往香港的钱之光等具体负责，华北局、东北局密切配合，前后持续将近一年，大致分北线和南线分批分次进行。

北线主要是护送平、津、沪的民主人士到河北省平山县李家庄。当时，从平津沪等国民党统治区大城市前往解放区要冒很大的风险。中共地下党周密安排，确保了护送工作成功进行。至9月底，从北平、上海到李家庄的有：符定一、周建人、吴晗、刘清扬、韩兆鹗等。到1949年1月中旬，翦伯赞、楚图南、田汉、胡愈之、费孝通、张东荪、雷洁琼、严景耀、沈兹九、王蕴和、严信民、杨刚、袁震、张曼筠、安娥、周颖等又陆续到达。

南线主要是把汇聚在香港的大批民主人士安全地护送到东北解放

① 九三学社总部在北平，处于国民党的高压统治之下，不便公开发表声明。于1949年1月发表宣言，响应中共中央“五一口号”。

区，该线路人数最多，也最艰巨。中共中央东北局和香港工委做了大量准备工作，最终分四批成功地将民主人士护送到东北解放区。[①]第一批民主人士有沈钧儒、谭平山、蔡廷锴、章伯钧、王绍鏊等十几人，由章汉夫陪同，于1948年9月12日晚登船，经过艰难的航程，于9月27日到达朝鲜的罗津港，再转哈尔滨。10月底，第二批乘坐悬挂外国国旗的“华中”轮离港北上。这一批主要有郭沫若、马叙伦、许广平、陈其尤、沙千里、宦乡、曹孟君、韩练成、冯裕芳等，由连贯陪同。11月中旬，在大连与丹东之间的大东沟改乘小船上岸，再乘车经丹东于12月6日到达沈阳。第三批有李济深、茅盾夫妇、朱蕴山、章乃器、彭泽民、邓初民、洪深、施复亮、梅龚彬、孙起孟等，加上有关随行人员共30多人。周恩来发电报作出布置并提出了“保密、谨慎、周到、安全”的八字原则。为躲避国民党特务监控，该批人员离港时间定在圣诞节的后一天，利用香港放假狂欢之机行动。12月26日，要走的民主人士先各自离家，或去亲友处，或去旅馆开个房间，然后分别由交通员送到苏联货轮“阿尔丹”号上。第三批成功北上后，港英当局加紧了对进出港水陆交通的控制，国民党特务更是盯梢、恐吓无所不用其极。故直到1949年3月14日，第四批民主人士才得以离港北上。该批有黄炎培夫妇、盛丕华等，由刘恕护送。

1949年1月，毛泽东、周恩来联名致电在上海的宋庆龄，邀请她参加新政协筹备工作。5月27日上海解放。6月，中共中央派邓颖超携带毛泽东、周恩来的亲笔信，专程赴沪，邀请宋庆龄北上商筹建设大计。8月28日，宋庆龄在邓颖超、廖梦醒陪同下乘专车抵达北平，毛泽东、朱德、周恩来、林伯渠、李济深、何香凝、沈钧儒等到车站迎接。

毛泽东还十分重视团结海外华侨的力量，致电南洋侨领陈嘉庚，致公党元老、美洲华侨领袖司徒美堂，邀请莅临解放区参加会议。他们接电后都铭感中共盛意，毅然归国赴会。

在应邀人士中，民革领导人冯玉祥回国途中不幸遇难。杨杰将军

---

① 在这四批之前，朱学范与刘宁一等人已从西欧经莫斯科、西伯利亚铁路，进入东北解放区。

在香港被国民党特务暗杀。

到1949年3月，应中共中央邀请，经香港进入东北、华北解放区的民主党派领导人、无党派民主人士、科学家、作家及部分家属等共计350人以上。民主党派领导人、无党派民主人士、华侨代表、少数民族和宗教界代表人物，从全国各地及海外陆续到达解放区后，受到了共产党领导人和解放区人民的热烈欢迎和热情接待。中国共产党将大批民主党派领导人、无党派民主人士邀请护送到解放区，显示了中国共产党人海纳百川的政治胸怀。数百位各民主党派、爱国民主人士的到来，也充分显示出人民民主统一战线的极大广泛性和包容性。

恢复中华全国总工会 1948年秋至1949年上半年，在党的领导下，各种全国性的人民团体也先后恢复、建立和扩大，有些过去被分割在解放区和国民党统治区的团体也迅速统一起来，在新民主主义基础上在全国范围内首次实现了大联合、大团结。1948年8月，全国第六次劳动大会在哈尔滨举行，参加大会的不仅有各解放区的职工代表，而且有原国民党统治区的以朱学范为理事长的中国劳动协会的代表。会议决定恢复中国工人阶级统一的组织中华全国总工会，选出以陈云为主席，朱学范、刘宁一、李立三为副主席的第六届执行委员会。其后，中华全国学生联合会、中华全国民主妇女联合会、中国新民主主义青年团、中华全国民主青年联合总会、中华全国文学艺术界联合会相继成立。全国自然科学者、社会科学工作者、教育工作者、新闻工作者等代表也分别举行会议，成立全国性组织的筹备委员会。这些全国性群众团体的组成和全国会议的召开，也是人民民主统一战线扩大和巩固的重要标志。

二、新政治协商会议的筹备与召开

加强新政协的筹备力量 为适应筹备召开新政治协商会议[①]的

① 新政治协商会议，当时被称为“新政协”，以区别于1946年1月国民党召开的政治协商会议。

需要，1948年9月26日，中共中央决定将中央城市工作部改名为中央统一战线工作部[①]，管理国民党统治区工作、国内少数民族工作、政权统战工作、华侨工作及各兄弟党的联络工作。李维汉任部长，高文华任副部长。由中央统战部具体承办新政协的各项筹备工作。

1948年10月8日，中共中央委托东北局就有关召开新政协的问题，分别同到达东北解放区的民主人士协商会谈。30日，中国共产党将哈尔滨会谈的初步意见转告尚在香港的各民主党派领导人和无党派人士征求意见。11月25日，中共中央代表与到达哈尔滨的民主人士对于成立新政协筹备会及新政协的性质任务等问题，获得共同的协商意见。

关于成立新政协筹备会的决定：

（1）由中共和赞成“五一口号”的各民主党派、各人民团体及无党派民主人士等23个单位的代表组成；（2）筹备会会务为负责邀请参加新政协的各方代表人物、起草会议文件和召开正式会议；（3）筹备会组织条例，推举由中共起草送各方审阅，经同意后在筹备会正式通过。

关于新政协的性质任务等问题的决定：

（1）新政协参加范围，由反对美帝国主义侵略、反对国民党反动统治、反对封建主义和官僚资本压迫的各民主党派、各人民团体及无党派民主人士的代表人物组成，南京反动政府系统下的一切反动党派及反动分子必须排除，不许参加；（2）新政协举行时间定在1949年，具体时间地点由筹备会决定；（3）政协会议应讨论和实现的问题主要有共同纲领的制定和联合政府的建立。

1949年1月31日，北平和平解放后，新政协筹备会议决定在北平举行新政协会议。2月3日，中央统一战线工作部有关人员及已到达河北李家庄的民主人士先后到达北平。2月25日，在东北的各民主党派负责人和无党派民主人士，自哈尔滨到达北平。其他各地的民主人士也先

① 中央统一战线工作部最早成立于抗日战争时期，1939年1月5日，中央书记处会议决定组织“中央统一战线部”，由王明负责。

后到达北平。3月25日，中共中央领导人毛泽东、周恩来、朱德、刘少奇等从西苑机场进入北平，受到北平人民和各民主党派的热烈欢迎。这时，正如毛泽东在七届二中全会所说，召开政治协商会议和成立民主联合政府的一切条件，均已成熟。一切民主党派、人民团体和无党派民主人士都站在我们方面。①

召开新政协筹备会议 1949年6月11日，中国共产党同各民主党派、无党派民主人士在中南海举行了新政治协商会议筹备会预备会议，商定参加新政协筹备会的单位为23个，共134人，并协商确定筹备会常务委员会人选。

6月15日至19日，新政协筹备会举行第一次全体会议。会议通过了《新政治协商会议筹备会组织条例》《关于参加新政治协商会议的单位及其代表名额的规定》和新政协筹备会常务委员会名单，常委会推举毛泽东为主任，周恩来、李济深、沈钧儒、郭沫若、陈叔通为副主任。李维汉为秘书长(李维汉8月19日跌伤，8月26日由林伯渠代理)。会议设立6个小组，在常委会领导下工作。第一小组主要拟定参加新政协会议的单位名单及代表人数，组长李维汉，副组长章伯钧；第二小组起草新政协会议组织条例，组长谭平山，副组长周新民；第三小组起草共同纲领，组长周恩来，副组长许德珩；第四小组拟订中华人民民主共和国政府方案，组长董必武，副组长黄炎培；第五小组起草宣言，组长郭沫若，副组长陈劭先；第六小组拟订国旗、国徽和国歌方案，组长马叙伦，副组长叶剑英。

确定参加新政治协商会议的单位及其代表名额为：党派代表14个单位，142人；区域代表9个单位，102人；军队代表6个单位，60人；团体代表16个单位，206人。以上共计45个单位，共510人。另设一个特别邀请单位，其代表资格、名额人选，均由筹备会常委会决定。

经过三个多月努力，筹备会反复沟通、统一思想，9月20日，参加新

① 《在中国共产党第七届中央委员会第二次全体会议上的报告》(1949年3月5日)，《毛泽东选集》第4卷，人民出版社1991年版，第1435页。

政协的代表名单终于确定。新政协第一次全体会议，共有45个单位，正式代表585人，候补代表77人，总共662人。662名代表中，中共党员约44%，工农代表与无党派民主人士约26%，民主党派约30%。这是一份代表性极其广泛的名单，充分反映了中国新民主主义革命中各民族、各民主阶级和一切爱国民主力量的大团结；同时又包含了中国民族民主革命各个历史时期中为人民事业作出过贡献的知名人士和代表人物。从辛亥革命、五四运动、北伐战争、抗日战争到解放战争，各个革命时期的代表人物，乃至前清末期和北洋政府时期较有声望以及后来同情革命、为人民做过好事的人物都被吸收了。新政协的阵容，从组织上反映了中国革命从旧民主主义到新民主主义复杂曲折的历程，既保证共产党的领导，又体现共产党同党外人士的团结合作，巩固和扩大了统一战线，保证了国家新民主主义的前进方向。

其他各项准备工作于9月初完成。9月17日，新政协筹备会召开第二次全体会议，审议并基本通过由各小组分头起草的新政协组织法草案、共同纲领草案、政府组织法草案等各项文件草案。会议一致通过将新政协会议定名为中国人民政治协商会议（简称人民政协）。

三、《共同纲领》的起草和制定

起草和通过一部各民主阶级、各民主党派、各民族、各人民团体一致接受和遵守的共同纲领，是筹建新中国最重要的基础性工作。

《共同纲领》的组织起草　中共中央在发起召开新政协会议之时，就提出了起草共同纲领的问题。中央统战部成立后，即着手组织人民政协共同纲领的起草工作。1948年10月27日，形成共同纲领第一稿，名为《中国人民民主革命纲领草稿》。该文稿除简短的序言外，分总则、政治、军事、土地革命、经济财政、文化教育、社会政策、少数民族、华侨、外交等10部分，共46条，其中很多规定反映了长期以来形成的新民主主义的建国思想，大都为后来各个稿本所采纳。11月，形成第二稿，分人民解放战争的历史任务、建立人民民主共和国的基本纲领、战时具体纲领三大部分，并提出由新政协直接选举临时中央政府。这是一个宣言与纲领结合的文稿，与第一稿相比，更侧重于战时任务的规定。新政协筹备会成立后，由周恩来任组长的第三小组负责起草《共同纲领》。1949年6月18日，周恩来在第三小组成立会上说明起草共同纲领工作的重要性及以往工作的情况。会议决定委托中共方面再次草拟初稿。组员则分为政治法律、财政经济、国防外交、文化教育、其他（包括华侨、少数民族、群众团体、宗教等问题）五个小组讨论，写出具体条文供起草人参考。这一稿的结构分序言和总纲、政权机构、军事制度、经济政策、文化教育政策、民族政策、外交政策共7章60条。

9月以后，共同纲领的起草工作进入最后阶段。毛泽东直接参加各次过程稿的修改工作。共同纲领最后阶段的修改，是同筹备会及所有出席代表的讨论结合在一起进行的。共同纲领草案写出后，由先后到达北平的政协代表五六百人分组讨论两次，第三组本身讨论三次，筹备会常委会讨论两次。经过各方反复讨论和多次修改，于9月17日提交新政协筹委会第二次全体会议基本通过。9月21日，中国人民政治协商会议第一届全体会议召开，22日，周恩来在会上作了《关于〈中国人民政治协商会议共同纲领〉草案的起草经过和特点》的报告。经过讨论，29日会议一致通过《中国人民政治协商会议共同纲领》。

《共同纲领》的政治基础　1949年3月，毛泽东在党的七届二中全会作了报告，提出党在全国胜利后在政治、经济、外交等方面应采取的基本政策，使中国由农业国转变为工业国、由新民主主义转变到社会主义社会的总任务和主要途径，以及共产党同党外民主人士长期合作的思想。会议批准由中国共产党发起召开没有反动派参加的新的政治协商会议及成立民主联合政府的建议。

渡江战役之后，在解放战争即将取得全国胜利的形势下，为了回答全国人民极为关心的问题，驳斥国内外敌人的攻击和诬蔑，6月30

日，毛泽东发表了《论人民民主专政》，全面系统地阐述了中国共产党在建立新中国问题上的基本立场和政策思想，阐述了在中国建立人民民主专政的历史必然性，即将建立的新国家的性质、各阶级在国家中的地位及相互关系，人民民主专政的基本任务，民主与专政的关系，共产党同党外民主人士长期合作的思想等。毛泽东强调中国人民已经取得的主要的和基本的经验就是两件事：

（一）在国内，唤起民众。这就是团结工人阶级、农民阶级、城市小资产阶级和民族资产阶级，在工人阶级领导之下，结成国内的统一战线，并由此发展到建立工人阶级领导的以工农联盟为基础的人民民主专政的国家；（二）在国外，联合世界上以平等待我的民族和各国人民，共同奋斗。这就是联合苏联，联合各人民民主国家，联合其他各国的无产阶级和广大人民，结成国际的统一战线。①

在这里，毛泽东指出了人民民主专政的国家制度是人民民主统一战线发展的必然结果。党的七届二中全会通过的文件和毛泽东的《论人民民主专政》，为共同纲领的起草奠定了理论和政策基础。

在香港的各民主党派也就共同纲领问题展开讨论，围绕要不要以新民主主义作为建国指导原则问题，出现了多种意见。为了使各民主党派和无党派民主人士进一步统一思想，更加坚定地站到新民主主义立场上来，并解除他们之中某些人对共产党和人民革命的一些顾虑，中共中央做了大量工作。毛泽东写的1949年新年献词《将革命进行到底》和宣布同国民党谈判八项条件的《关于时局的声明》，推动了民主人士认识的统一和提高。李济深、沈钧儒、郭沫若、谭平山等55位已到达解放区的民主党派领导人和著名民主人士于1月22日联名发表《对时局的意见》，表示完全赞同中共的革命立场，旗帜鲜明地指出：

人民民主阵营之内，决无反对派立足之地，亦决不容许有中间路线之存在。

---

① 《论人民民主专政》（1949年6月30日），《毛泽东选集》第4卷，人民出版社1991年版，第1472页。

愿在中共领导下，献其绵薄，共策进行，以期中国人民民主革命之迅速成功，独立、自由、和平、幸福的新中国之早日实现。

各民主党派和无党派民主人士中的绝大多数人，在彻底推翻国民党反动统治和建立新民主主义中国这两个基本问题上，与共产党取得了共识，为共同纲领的正式制定创造了必要的政治前提。

《共同纲领》的主要内容　《共同纲领》定位为新中国的人民大宪章，在一个时期内将起到临时宪法的作用。《共同纲领》规定：

中国人民政治协商会议一致同意以新民主主义即人民民主主义为中华人民共和国建国的政治基础。①

国体和政体是要解决的基本问题。关于新中国政权的性质，即国体，《共同纲领》规定：

中华人民共和国为新民主主义即人民民主主义的国家，实行工人阶级领导的、以工农联盟为基础的、团结各民主阶级和国内各民族的人民民主专政。

关于政权的组织形式，即政体，《共同纲领》规定：

人民行使国家政权的机关为各级人民代表大会和各级人民政府。

实行民主集中制的人民代表大会制度是新中国的根本政治制度。

同国体、政体相适应的，还有具有中国特色的政党制度。各民主党派、无党派民主人士经过相互合作、反复比较，郑重地选择了中国共产党的领导。中国人民政治协商会议第一届全体会议的召开，标志着中国共产党领导的多党合作和政治协商制度正式确立为新中国的一项基本政治制度。

关于国家结构形式，《共同纲领》规定：

中华人民共和国境内各民族一律平等。

各少数民族聚居的地区，应实行民族的区域自治，按照民族聚居的人口多少和区域大小，分别建立各种民族自治机关。

---

① 《中国人民政治协商会议共同纲领》（一九四九年九月二十九日中国人民政治协商会议第一届全体会议通过），《人民日报》1949年9月30日第2版。

由此，基本确立了在我国统一的国家内，实行民族区域自治这个基本政治制度。关于人民政协，《共同纲领》规定：

中国人民政治协商会议为人民民主统一战线的组织形式。其组织成分，应包含有工人阶级、农民阶级、革命军人、知识分子、小资产阶级、民族资产阶级、少数民族、国外华侨及其他爱国民主分子的代表。

在普选的全国人民代表大会召开前，由全国政协第一次全体会议执行了全国人大的职权；在全国人大召开后，人民政协作为统一战线组织继续发挥作用。

《共同纲领》是全国人民意志和利益的集中表现，是中国人民百年革命经验的总结和成果，是新中国的建国纲领和建设蓝图，在全国人大制定宪法之前，它具有临时宪法作用。《共同纲领》的起草、制定和通过表明，中国共产党的最低纲领即新民主主义革命纲领，已被集中代表各民主党派、各人民团体、各民主阶级、各少数民族、海外华侨及其他爱国民主人士意志的中国人民政治协商会议所一致接受，成为全国各族各界广泛团结的政治基础。在整个新民主主义建设时期，《共同纲领》成为全国一切党派、团体、个人的行为活动的共同准则。

四、中国人民政治协商会议第一届全体会议的召开

1949年9月21日至30日，中国人民政治协商会议第一届全体会议在北平（今北京）中南海怀仁堂召开。出席大会的有党派代表、区域代表、人民解放军代表、团体代表共45个单位及特别邀请人士，共有正式代表、候补代表及特邀代表662人。全体代表推选出毛泽东等89人组成大会主席团。主席团推举毛泽东、刘少奇、周恩来、宋庆龄、李济深、张澜、沈钧儒、谭平山、蔡廷锴、章伯钧、黄炎培、马叙伦、马寅初、郭沫若等31人组成主席团常委会，林伯渠任大会秘书长。

中共中央主席、新政协筹备委员会主任毛泽东主持大会并致开幕词。他指出：

现在的中国人民政治协商会议是在完全新的基础之上召开的，它具有代表全国人民的性质，它获得全国人民的信任和拥护。因此，中国人民政治协商会议宣布自己执行全国人民代表大会的职权。

毛泽东充满自信地说：

占人类总数四分之一的中国人从此站立起来了。

会上，周恩来作了关于起草《共同纲领》草案的报告。9月27日，会议一致通过了四项决议案：(1)中华人民共和国的国都定于北平，改名为北京；(2)中华人民共和国的纪年采用公元，当年为1949年；(3)在中华人民共和国的国歌正式制定以前，以《义勇军进行曲》为国歌；(4)中华人民共和国的国旗为五星红旗，象征共产党领导下的中国革命人民大团结。会议代行全国人民代表大会的职权，于27日和29日先后通过了具有临时宪法性质的《中国人民政治协商会议共同纲领》和《中国人民政治协商会议组织法》《中华人民共和国中央人民政府组织法》等具有划时代意义的重要文件。

【延伸阅读】

国旗、国歌、国号的诞生

1949年6月15日，中国人民政治协商会议筹备会第一次会议决定以政治协商会议的名义，通过新闻媒体向全国公开征集国旗，之后共收到海内外应征稿件3012份。经初选，评委们一致看好三幅图案。为了慎重起见，筹备小组把这三幅设计图案与其他被选出的稿件编成一本《国旗图案参考资料》，共38件作品。其中，第32号是上海曾联松设计的五星红旗图案，是筹备小组成员之一的田汉从被淘汰的设计稿中重新找出来的。代表们热烈讨论，但意见不统一。9月25日晚，毛泽东、周恩来在中南海丰泽园召集国旗、国歌、纪年、国都等事宜协商座谈会，当讨论到国旗时，毛泽东从桌上拿起五星红旗图案问大家怎么样？张治中、贺绿汀都表示自己同意32号。毛泽东微笑地说："过去我们脑子老想在国旗上划上中国特点，因此划上一条，以代表黄河，其实许多国家国旗也不一定有什么该国的特点。苏联之斧头镰刀，也不一定代表苏联特征。英、美之国旗也没有什么该国特点。我们这个五星红旗图案表现我们革命人民大团结。现在要大团结，将来也要大团结，因此现在也好将来也好，又是团结又是革命。”毛泽东的话音刚落，会场上立即响起了热烈的掌声。1949年9月27日，中国人民政治协商会议第一次全体会议投票表决，一致通过了五星红旗为中华人民共和国国旗。

1949年6月15日，新政协筹备会第一次全体会议在中南海勤政殿开幕，马叙伦担任第六组组长，主持拟定国旗、国徽和国歌方案。9月25日晚，毛泽东、周恩来在中南海丰泽园召开座谈会，听取关于国旗、国徽、国歌、纪年、国都问题的意见。会上，马叙伦率先提议：用《义勇军进行曲》暂代国歌。徐悲鸿等许多代表表示赞成，但一部分代表提出需要修改歌词。周恩来支持马叙伦的建议，赞同用原来的歌词，并认为“这样才能鼓动情感。修改后，唱起来就不会有那种情感”。最后，毛泽东拍板，歌词不改。与会者一致赞同，在中华人民共和国的国歌未正式确定前，以《义勇军进行曲》为代国歌。1949年10月1日，马叙伦登上天安门城楼，出席了庄严豪迈的开国大典。听到毛泽东向全世界庄严宣告和中华人民共和国的雄壮国歌响彻云霄，马叙伦感到无限幸福和自豪。大典结束后，他饱含激情写下大幅作品“得宿”二字，以表达自己追求真理、为正义事业流血奋斗终于安得归宿，以庆祝中国民族独立解放、人民幸福的共同夙愿终于得到实现。此外，每年10月1日作为中华人民共和国国庆节，也是在马叙伦的提议下确定的。

1949年9月22日，出席中国人民政治协商会议第一届全体会议的代表，听取有关中国人民政治协商会议组织法、中华人民共和国中央人民政府组织法、中国人民政治协商会议共同纲领等文件起草经过的报告。董必武报告了关于中央人民政府组织法的草拟经过，并说：“国家的名称问题：本来过去许多人写文章或演讲都用中华人民民主共和国；黄炎培、张志让两先生曾经写过一个节略，主张用中华人民民主国。在第四小组第二次全体会议讨论中，张奚若先生以为用中华人民民主国，不如用中华人民共和国。我们现在采用了最后这个名称”。经毛泽东审定将新中国国号命名为“中华人民共和国”后，关于要不要“简称中华民国”，代表们发生了争论。9月26日，应周恩来、林伯渠联名邀请，张元济、陈叔通、沈钧儒、周致祥、何香凝、黄炎培、张澜、符定一、马寅初、徐特立、吴玉章、陈嘉庚、司徒美堂等23位各方面知名人士到东交民巷六国饭店参加午宴，并商谈国号简称问题。周致祥、司徒美堂、沈钧儒等反对在“中华人民共和国”后加上“简称中华民国”。9月27日，政协第一届全体会议讨论和通过《共同纲领》和《政府组织法》时，一致同意并决定去掉国号后面“中华民国”的简称。新国号“中华人民共和国”诞生了。

30日，会议选举产生以毛泽东为主席，朱德、刘少奇、宋庆龄、李济深、张澜、高岗为副主席的由63人组成的中央人民政府委员会。同时，选出以毛泽东为主席的由180人组成的中国人民政治协商会议第一届全国委员会。会议还通过了《中国人民政治协商会议第一届全体会议宣言》《中华人民共和国中央人民政府公告》《给中国人民解放军的致敬电》，通过竖立为国牺牲的人民英雄纪念碑的决定和纪念碑碑文。朱德致闭幕词，会议胜利闭幕。当晚，在天安门广场举行人民英雄纪念碑奠基礼。

【延伸阅读】

选举产生中央人民政府主席、副主席和委员

1949年9月30日，中国人民政治协商会议第一届全体会议在它的最后一天选出了毛泽东为中华人民共和国中央人民政府委员会主席，朱德、刘少奇、宋庆龄、李济深、张澜、高岗六人为副主席，陈毅、贺龙、李立三、林伯渠、叶剑英、何香凝、林彪、彭德怀、刘伯承、吴玉章、徐向前、彭真、薄一波、聂荣臻、周恩来、董必武、赛福鼎、饶漱石、陈嘉庚、

罗荣桓、邓子恢、乌兰夫、徐特立、蔡畅、刘格平、马寅初、陈云、康生、林枫、马叙伦、郭沫若、张云逸、邓小平、高崇民、沈钧儒、沈雁冰、陈叔通、司徒美堂、李锡九、黄炎培、蔡廷锴、习仲勋、彭泽民、张治中、傅作义、李烛尘、李章达、章伯钧、程潜、张奚若、陈铭枢、谭平山、张难先、柳亚子、张东荪、龙云等56人为中央人民政府委员。当宣告毛泽东当选中央人民政府委员会主席时，会场一致起立，热烈鼓掌并欢呼万岁至数分钟之久。

中国人民政治协商会议的召开，中华人民共和国的成立，标志着中国近代以来无数仁人志士为之奋斗的争取民族独立和人民解放的历史任务的胜利完成。这个胜利是中国共产党领导全国各族人民、各民主党派及爱国民主人士长期共同奋斗的结果，是人民民主统一战线的巨大成功。中国历史从此进入一个人民当家作主的新时代，中华民族发展进步从此开启了新的历史纪元。

【延伸阅读】

毛泽东起草、周恩来书写碑文

新中国即将成立了，政协筹备会准备竖立“为国牺牲的人民英雄纪念碑”。人民英雄纪念碑的碑文由毛泽东亲自起草、周恩来书写。全文是：三年以来，在人民解放战争和人民革命中牺牲的人民英雄们永垂不朽！三十年以来，在人民解放战争和人民革命中牺牲的人民英雄们永垂不朽！由此上溯到一千八百四十年，从那时起，为了反对内外敌人，争取民族独立和人民自由幸福，在历次斗争中牺牲的人民英雄们永垂不朽！

第五章

新中国成立和向社会主义过渡时期的人民民主统一战线

（1949 年 10 月—1956 年 9 月）

新中国成立后，中国共产党的地位发生了根本性的变化，成为掌握全国政权、领导社会主义革命和建设的执政党。中国共产党领导人民巩固新生的人民政权，迅速恢复国民经济，初步建立了社会主义基本制度，实现了从新民主主义向社会主义的历史性转变。在这一伟大进程中，人民民主统一战线自觉服从服务于人民民主专政的巩固、国民经济的恢复发展、党在过渡时期总路线的贯彻执行，成功地完成了对资本主义工商业的社会主义改造，进一步巩固和发展了人民民主统一战线，为社会主义革命和建设作出了历史性贡献。

第一节　人民民主统一战线进入新的发展时期

一、新中国建立初期的形势和第一次全国统战工作会议

1949年10月1日，首都北京隆重举行开国大典，毛泽东主席庄严宣告中华人民共和国中央人民政府成立，揭开了中国历史的新篇章。党领导的人民民主统一战线发生了历史性的重大转变，进入新的历史发展时期。

统一战线的新特点　人民民主统一战线空前巩固。一是统一战线领导者的地位发生了历史性变化。中国共产党从领导人民为夺取全国政权而奋斗的党，成为领导人民掌握全国政权并长期执政的党，各民主党派、无党派民主人士明确宣布接受中国共产党的领导，中国共产党同各民主党派和无党派民主人士建立起新型的亲密合作共事关系。二是统一战线政治基础发生了历史性变化。《共同纲领》成为统一战线各方面团结合作的共同政治基础和行为准则，人民民主统一战线内部团结更加巩固。三是统一战线地位作用发生了历史性变化。人民民主专政是中国工人阶级、农民阶级、小资产阶级、民族资产阶级及其他爱国分子的人民民主统一战线的政权，共产党同各民主党派及一切爱国民主人士一道参加人民政府，共同管理国家事务。四是统一战线组织形式发生了历史性变化。建立了由中国共产党、各民主党派、各

人民团体、各地区、人民解放军、各少数民族、国外华侨及其他爱国民主分子的代表所组成的最广泛的统一战线组织——中国人民政治协商会议。五是统一战线任务发生了历史性变化。人民民主统一战线主要任务由服务新民主主义革命向社会主义过渡。

统一战线的新阵容 由于人民解放战争在全国范围内的决定性胜利和中国人民政治协商会议的成功召开，包括了全国各民族、各民主阶级、各民主党派、各人民团体、广大华侨、各界民主人士和其他爱国分子，国民党统治集团中的一部分地方实力派也脱离了反动营垒，转到人民革命一边。以《共同纲领》为团结合作的共同政治基础，形成了最广泛的人民民主统一战线。

在中央人民政府委员会组成人员中，毛泽东任主席；6位副主席中，共产党员3人，民主党派和无党派民主人士3人(宋庆龄、李济深、张澜)；56位委员中，共产党员29人，民主党派和无党派民主人士27人①。政务院4位副总理中，共产党员2人，民主党派和无党派民主人士2人(郭沫若、黄炎培)；15位政务委员中，共产党员6人，民主党派和无党派民主人士9人(谭平山、章伯钧、马叙伦、陈劭先、王昆仑、罗隆基、章乃器、邵力子、黄绍竑)。在政务院所辖4个委员会和30个部、会、院、署、行等机构中，担任正职的共产党员18人，民主党派和无党派民主人士14人，即文化教育委员会主任兼中国科学院院长郭沫若、人民监察委员会主任谭平山、轻工业部部长黄炎培（兼）、邮电部部长朱学范、交通部部长章伯钧、农业部部长李书城、林垦部部长梁希、水利部部长傅作义、文化部部长沈雁冰、教育部部长马叙伦、卫生部部长李德全、司法部部长史良、华侨事务委员会主任何香凝、出版总署署长胡愈之。上述民主人士中，后来个别同志恢复了共产党党籍，有少数同志加入了共产党。出任中央人民政府各部、委正职的民主党派和无党派

① 他们是：何香凝、赛福鼎、陈嘉庚、马寅初、马叙伦、郭沫若、沈钧儒、沈雁冰、陈叔通、司徒美堂、李锡九、黄炎培、蔡廷锴、彭泽民、张治中、傅作义、李烛尘、李章达、章伯钧、程潜、张奚若、陈铭枢、谭平山、张难先、柳亚子、张东荪、龙云。

民主人士，独立负责地领导各自部门的工作。此外，还有一大批民主党派和无党派民主人士担任部、院的副职。中央人民政府还任命了一批民主党派及无党派民主人士为政务院参事，参与人民政权建设工作，并在11月正式设置政务院参事室，成为政府统战性、咨询性机构而长期存续。

中华人民共和国中央人民政府的强大阵容，充分体现了它的“工人阶级领导的、以工农联盟为基础、团结各民主阶级的统一战线的联合政府的性质”[①]和民主、合作、协商、团结的原则，生动反映了中国共产党在长期的革命斗争中，团结各民主党派、无党派民主人士一道反对帝国主义及国民党反动独裁统治，共同创建新中国的实际进程，对于团结鼓舞全国各族各界人民参加新中国的各项建设、巩固人民民主专政，具有重要意义。

统一战线的新形势　新中国成立初期，新生人民政权面临着错综复杂的国际环境与国内形势。在国际上，以美国为首的帝国主义国家，仍然坚持与中国人民为敌的立场，对新中国采取不承认和敌视的态度，并竭力阻挠其他国家与中国建交，企图在政治上孤立、在经济上封锁、在军事上包围新中国。在国内，军事上，人民解放战争后期作战还在继续进行，国民党还有上百万军队在西南、华南和沿海岛屿负隅顽抗；在新解放区，国民党溃逃时留下的大批残余力量，同当地恶霸势力以及惯匪相勾结，以土匪游击战争的方式捣乱破坏，他们寄希望于帝国主义对中国的干涉和“第三次世界大战”的爆发，妄图卷土重来，严重危及社会政治新秩序的建立和稳定；在经济上，新中国继承的是一个十分落后的千疮百孔的烂摊子，生产萎缩，交通梗阻，民生困苦，失业众多，特别是国民党统治下长期的恶性通货膨胀，造成物价飞涨、投机猖獗、市场混乱的局面，给国民经济的恢复带来极大的困难。此外，在拥有3亿以上人口的新解放区还没有实行土地改革，封

① 《人民民主专政的机构》，《人民日报》1949年10月20日第1版。

建半封建的土地所有制还严重束缚着生产力的发展。面对严峻的形势和困难，中共中央和中央人民政府一方面不得不用很大力量去完成民主革命遗留任务；另一方面，确定以恢复和发展生产为中心任务，稳定全国的经济形势。统一战线的主要任务是最大限度地团结一切可以团结的力量，巩固新生的人民政权，团结民族资产阶级，利用、限制资本主义，合理调整工商业，促进恢复国民经济和反对帝国主义。

面对复杂艰巨的新形势新任务，共产党内在统一战线问题上存在不完全适应的问题。党内一部分人滋长了骄傲自满情绪和以功臣自居的思想，表现出在统一战线问题上的“左”的关门主义倾向，忽视统一战线的重要性，看不起民主党派和无党派民主人士，对于安排民主党派和无党派民主人士担任人民政府领导职务不服气，发牢骚，讲怪话；对民族资产阶级则强调斗争和限制，要求提前消灭私人资本主义，实行社会主义；瞧不起统战工作，说什么“统战路线，地主路线；民主观点，糊涂观点”。同时在少数同志中存在着敷衍主义和迁就主义的倾向，认为统战工作只是一种手段，拉拢拉拢而已；有的则对有明显错误的观点不进行必要的批评教育，而是一味迁就。这些错误思想和倾向，严重阻碍统一战线工作的开展。因此，提高全党对统一战线工作的认识，克服和纠正错误倾向，成为新中国成立初期巩固和发展人民民主统一战线必须解决的重大问题。

第一次全国统战工作会议　1950年3月，第一次全国统战工作会议在北京召开。会议主题是研究新中国成立初期统战工作的方针任务和各方面统战政策。由于是新中国成立后的第一次全国统战工作会议，又处在一个历史转变的时刻，许多新情况新问题需要研究，致使原定半个月的会议实际开了一个半月。

会上，中央统战部部长李维汉作了题为《人民民主统一战线的新形势与新任务》的报告。这个经党中央和毛泽东审阅同意的报告，就建国初期人民民主统一战线的形势和任务以及各方面工作的基本政策作了全面阐述。其主要内容是：明确新中国成立后统一战线已经发生了历史性变化，其主要任务是争取尽可能多的力量，为实现《共同纲领》，稳步实现党在新时期的历史任务而奋斗；确定统一战线内部阶级关系的变化及共产党对民族资产阶级的基本政策，强调无论在政治上和经济上对民族资产阶级都必须执行又团结又斗争、斗争为了团结的方针，在目前要特别注意同民族资产阶级搞好经济上的合作以巩固政治上的合作；指出新中国成立后国内民族关系已从压迫与被压迫的关系转变为平等互助的关系，但民族间的矛盾还没有完全消除，实行民族区域自治政策；说明民主党派性质、作用和中共对民主党派的基本方针政策，指出各民主党派都是阶级联盟的性质，不是单一阶级的政党，中共对各民主党派既要在政治上和思想上以《共同纲领》为准则团结它们共同奋斗，同时又必须在组织上适当尊重它们的独立性，推动和帮助它们逐步前进；指出工会、农会、青联、妇联等各种人民团体的性质、任务和组织形式各有不同，但都负有统一战线工作的任务；指出各级人民政权机关和协商机关是统一战线工作的中心环节，政权机关统战工作的主要内容是建立共产党与党外人士合作的正确关系，要同党外人士沟通政策思想，使党外人士有职有权；提出要在全党加强统战政策的宣传教育，克服关门主义和敷衍主义、迁就主义倾向；明确统战部门的主要职责是了解情况，掌握政策，安排人事，调整关系。

与会同志根据报告，联系本地本部门统战工作情况进行了认真讨论，争论最多的主要问题，一是对待民族资产阶级的政策，是斗争为主还是团结为主？是节制资本还是搞垮资本？二是关于民主党派的性质及其存在的必要性：有的认为，对民主党派不应在政治上去抬高他们、在组织上去扩大他们，为我们找麻烦；有的认为，民主党派是为争取民主而成立的，现在有了民主，其任务已尽；有的认为，民主党派只不过“一根头发的功劳”。三是工会和其他人民团体是否带有统一战线性质。

毛泽东听取了会议情况的汇报，针对会议中反映出来的问题作了重要指示。

关于民族资产阶级问题，毛泽东指出：

今天的斗争对象主要是帝国主义封建主义及其走狗国民党反动派残余，而不是民族资产阶级。对于民族资产阶级是有斗争的，但必须团结它，要采取既团结又斗争的政策以达到团结它共同发展国民经济之目的。对私营工商业问题，应限制和排挤的是那些不利于国计民生的工商业，即投机商业，奢侈品和迷信品工商业，而不是正当的有利于国计民生的工商业，对这些工商业当它们困难时应给以扶助使之发展。国营商业不要垄断一切，除食盐外，只能控制几种主要商品（粮布油煤）的一定数量，应当划分公私经营范围。

关于民主党派问题，毛泽东指出：

对民主党派及非党人士不重视，是一种社会现象，不仅党内有，党外也有。要向大家说清楚，从长远和整体看，必须要民主党派。民主党派和民主人士是联系资产阶级、小资产阶级的，政权中要有他们的代表才行。有人认为民主党派只是“一根头发的功劳”，“一根头发拔去不拔去都一样”的说法是不对的。从他们背后联系的人们看，就不是一根头发，而是一把头发，不可藐视。我们对民主党派在抗战时有“团结、抗战、进步”的口号，今天应该是“团结、建设、进步”。要团结他们，使他们进步，帮助他们解决问题。要给事做，尊重他们，当作自己的干部一样，手掌手背都是肉，不能有厚薄。对他们要平等，不能莲花出水有高低。要实行民主，现在许多人有好多气没有机会出，要出的气不外是两种，一种是有理的，一种是无理的，对有理的应接受，对无理的给他们讲道理。君子动口不动手，不让批评，他当面不能说，背后一定说，所以一定要敞开来让人家说。

毛泽东还针对共产党内严重存在的“左”的关门主义倾向，强调要在党内广泛开展统一战线政策的宣传教育，使大家认识统一战线的必要性。他指出：

无产阶级只有解放全人类，才能最后解放自己。中国工人阶级单求得自己的解放不行，必须求得四个阶级的共同解放。

这一概括，把统战工作的重要性提到了一个新的战略高度。

4月12日、13日，周恩来到会连续作了两次报告，主要讲国内外形势和如何处理好人民民主统一战线中的阶级关系、党派关系、民族关系和上下级关系的问题，并就大家在讨论中争论较多的问题作了回答。

关于对民族资产阶级的方针问题，周恩来指出：

今天我们中心的问题，不是什么推翻资产阶级，而是如何同他们合作。有利于国计民生的私营经济是有一定的积极作用的，应当予以扶助使其发展。[①]

关于民主党派问题，周恩来指出：

各个民主党派，不论名称叫什么，仍然是政党，都有一定的代表性，但不能用英美的政党标准来衡量他们。他们是从中国的土壤中生长出来的。各民主党派中都有而且必须有进步分子，这样才能与我们很好合作。但不能把民主党派搞成纯粹进步分子的组织，若都是进步分子，还有什么意义呢？那种认为民主党派会“给我们找麻烦”的观点是错误的。民主党派在人民民主统一战线中起着相当重要的作用。我们人民民主专政的国家，现阶段是四个民主阶级的联盟。有些工作他们去做，有时比我们更有效，在国际上也有影响。民主党派成员在我们的帮助和教育下，愿意同我们一道进入社会主义，我们多了一批帮手，这不是很好嘛？

关于工会和其他人民团体是否带有统一战线性质的问题，周恩来指出：

工会既是工人阶级的群众性组织，同时也带有统一战线性质。青联、学联、妇联这些团体都带有统一战线性质，其他学术团体也是一样。

---

① 《发挥人民民主统一战线积极作用的几个问题》（1950年4月13日），中共中央统一战线工作部、中共中央文献研究室编：《周恩来统一战线文选》，人民出版社1984年版，第167—172页。

关于统战部的工作问题，周恩来指出：

它既是党委的参谋部，又是政治部，又是组织部，又是办事机关。

周恩来强调统战部的主要工作，是掌握政策、协调关系、配备干部。统战政策是要全党贯彻的，尤其是党组更应注意。首先是政府中党组，其次是人民团体中党组。要使全党同志了解，团结、带领非党群众同我们党一起前进，是统一战线的基本任务，任何部门的工作都不能与统战工作相脱离。

第一次全国统战工作会议，明确了新中国建立后统一战线工作的新任务以及各方面统战工作的基本方针政策，提高了人们对新中国统一战线工作的必要性和重要性的认识，着重纠正了“左”的关门主义倾向，也指出了敷衍主义和迁就主义的危害，为统战工作指明了前进方向，对在新的历史条件下充分发挥统一战线的重要作用，具有继往开来的意义。

提出“不要四面出击” 1950年6月，中共中央在北京召开党的七届三中全会。毛泽东在向全会提交的《为争取国家财政经济状况基本好转而斗争》书面报告中，强调在统筹兼顾的方针下，合理地调整现有工商业，切实而妥善地改善公私关系和劳资关系；有步骤地谨慎地进行旧有学校教育事业的改革工作，争取一切爱国的知识分子为人民服务；要认真地团结各界民主人士，帮助他们解决工作和生活问题，克服统一战线工作中的关门主义倾向和迁就主义倾向。

毛泽东还发表《不要四面出击》的重要讲话。讲话着重阐述了报告所依据的战略策略思想，针对有些地区“左”的倾向导致阶级、阶层及民族之间关系紧张的问题，指出：我们当前的总方针就是肃清国民党残余、特务、土匪，推翻地主阶级，解放台湾、西藏，跟帝国主义斗争到底。在即将开始的推翻整个地主阶级的土地改革中，我们的敌人是够大够多的。面对这样复杂的斗争，我们现在跟民族资产阶级的关系搞得很紧张，工人、农民、小手工业者和知识分子中都有一部分人不满意我们。为了孤立和打击当前的敌人，就要把人民中间不满意我们的人变成拥护我们的人。全党都要认真地、谨慎地做好统一战线工作。要在工人阶级领导下，以工农联盟为基础，把小资产阶级、民族资产阶级团结起来。不要四面出击，树敌太多，造成全国紧张。“不要四面出击”的战略策略方针，是党在新中国成立后的形势下，对国内统一战线内部阶级关系进行新的分析基础上提出的，它体现了党历来“打击主要敌人，争取最大多数同盟者”的重要战略思想。党的七届三中全会是新中国成立初期党的重要会议，为全面实施《共同纲领》规定了明确的战略策略方针和行动纲领。

二、三大运动中的统战工作

在建立和巩固政权、恢复国民经济的同时，党领导人民开展了抗美援朝战争、土地制度改革和镇压反革命三大运动。三大运动的矛头指向帝国主义、封建主义及国民党统治的残余势力，是彻底完成新民主主义革命和实现《共同纲领》的需要。人民民主统一战线在运动中经受了重大考验和锻炼，得到进一步巩固和发展。

开展抗美援朝运动 1950年6月25日，朝鲜内战爆发。美国随即出兵朝鲜进行武装干涉，同时派遣第七舰队入侵台湾海峡，将战火燃烧到中国东北边境，中国再次面临来自外部侵略的严重威胁。在这个危急关头，应朝鲜党和政府的请求，党中央和毛泽东作出抗美援朝、保家卫国的历史性决策。10月19日，中国人民志愿军奔赴朝鲜战场，与朝鲜军民并肩作战，抗击侵略者。最后迫使美国不得不于1953年7月27日在停战协定上签字，取得了抗美援朝战争的胜利。

在中国人民志愿军入朝作战的同时，国内也掀起了轰轰烈烈的抗美援朝运动，人民民主统一战线表现了高度的反帝爱国的一致和热情。一是支持出兵朝鲜。中共中央在作出出兵朝鲜的重大决策前，及时与各民主党派和无党派民主人士代表进行座谈，征求他们的意见。10月24日，全国政协第一届常委会第十八次会议专题讨论抗美援朝问题，周恩来作《抗美援朝，保卫和平》的报告。与会政协常委、各民主党派和人民团体负责人及无党派民主人士一致同意组建中国人民志愿军援朝。11月4日，中国共产党同各民主党派、无党派民主人士及中国新民主主义青年团发表联合宣言，表示了抗美援朝的决心。二是开展抗美援朝运动。各民主党派和各界人士积极参加全国人民抗美援朝运动的统一领导机构——中国人民保卫世界和平反对美国侵略委员会，在全国掀起轰轰烈烈的抗美援朝运动；京津沪等大城市的工商界分别组织了成万人、成十万人参加的抗美援朝、保家卫国的示威游行。民主党派在成员中广泛开展爱国主义和国际主义的教育，揭露美帝国主义纸老虎的本质，克服各种不正确的认识，并且成立宣传小组深入城乡进行抗美援朝的宣传教育。三是踊跃捐献飞机大炮。中国国民党革命委员会、中国民主同盟、中国民主建国会、中国民主促进会等都建立了捐献运动委员会，积极进行捐献工作。许多爱国民主人士、工商界人士、宗教界人士积极捐献飞机大炮，慰问伤病员和烈军属，以实际行动支援抗美援朝的斗争。上海工商界人士先后捐献飞机404架，北京工商界人士捐献飞机43架，天津工商界人士捐武器代金可购买战斗机100架和坦克1辆、大炮3门、高射炮1门。著名京剧表演艺术家梅兰芳、著名豫剧表演艺术家常香玉以个人义演所得各捐献飞机1架。民建中央副主席胡厥文除将自己资财捐献国家抗敌之用外，还将儿子送到朝鲜前线参加战斗。四是参团赴朝慰问。各民主党派及知识分子代表多次参加了祖国人民慰问团，奔赴朝鲜前线和后方进行亲切慰问。1952年3月，中国红十字会总会会长李德全担任团长，由各人民团体的代表和专家学者以及文学、艺术、新闻工作者等组成的“美帝国主义细菌战罪行调查团”，赴朝鲜前线和中国东北各地进行实地调查，搜集美帝国主义撒布细菌的各种罪证，并代表全国人民慰问英雄的朝鲜人民和中国人民志愿军。五是发展生产，支援战争。北京工商界发起了工商界巩固经济战线的爱国公约运动，号召搞好劳资关系，搞好生产，保证税收，加强城乡物资交流，协助政府稳定社会秩序。这一运动迅速扩展到全国，推进了工商业生产，物价没有发生大的波动。伟大的抗美援朝斗争及其辉煌胜利，极大地激发了中国人民的民族自信心和自豪感，进一步促进了人民民主统一战线的巩固和发展。

【延伸阅读】

何香凝作画支援抗美援朝

为了在物力财力上支援抗美援朝，民革中央常务委员何香凝多次举办国画义卖，而且亲自到朝鲜慰问捐献。1951年5月的一天，她听了中国人民志愿军捷报后，乘兴创作一幅《喜鹊报喜图》。周恩来看到高兴地在上面题字："鹊报援朝胜利，花贻抗美英雄。"这是对何香凝及民主党派、无党派民主人士积极参加抗美援朝行动的充分肯定，也是对抗美援朝的胜利前景的预示。

组织参观土改　按照《共同纲领》规定，从1950年冬到1953年春，我国开展了大规模的土地改革运动。1950年6月，人民政协第一届全国委员会举行了第二次全体会议，会议的中心议题是讨论土地制度改革问题。刘少奇在会上作了《关于土地改革问题的报告》，系统地说明了土改的必要性、正义性和有关方针政策，号召各界人士同情农民、帮助农民、支持土地改革。对于中共提出的《土地改革法（草案）》和刘少奇的报告，大多数民主人士表示拥护和赞成。由于民族资产阶级、民主党派和无党派民主人士中一部分人同地主阶级和土地有着千丝万缕的联系，其中一些人本身就是地主兼工商业者，一些人是从地主阶级中分化出来的，他们的自身利益同土地制度改革存在矛盾。因而，有些人流露出"和平土改"的主张，提出"只要政府颁布法令，分配土地，不要发动群众斗争"。甚至还有人对土改抱有抵触情绪，说："地主养活了农民""江南无封建"。为了统一认识，中共中央负责同志分别约请各民主党派、无党派民主人士中的代表人士进行协商座谈，沟通思想，交换意见。在小组会和大会上，开展批评和自我批评，摆事实，讲道理，在《共同纲领》的基础上统一认识。通过学习，不少民主人士提高了认识，表示要为圆满完成土地制度改革而努力奋斗。刘文辉说："我就是一个大地主，拿四川的话来说就是'大绅粮'。我将无保留地献出我所有的土地，分给农民。"政协会议后，各民主党派都发布了拥护、支持土改运动的指示和决议。中共中央同各民主党派协商，在取得他们的同意后，还组织民主党派成员、大学教授、民主人士参加、参观和视察土改工作，使他们一方面帮助农民进行翻身斗争；另一方面在实践中受到考验和教育；既消除有的民主人士对土改运动的疑虑，又便于发现和纠正土改工作中的缺点偏差。土改运动中还制定政策措施，保护与农村有联系的民族工商业和上层民主人士。这更减少了土改运动的阻力，更大限度地孤立了地主阶级，保证了土改运动的顺利进行。

拥护镇压反革命　新中国成立初期，残留在各地特别是广大新解放区的土匪、恶霸、国民党特务以及各种反动会道门头子等，不甘心他们的失败，伺机进行破坏和捣乱。朝鲜战争爆发后，他们自以为梦寐以求的美蒋"反攻大陆"的时机到了，更是明目张胆地抢劫物资，杀害干部和进步群众。1950年在新解放区就有近4万名干部和群众被杀害。为了肃清反革命分子，巩固新生的人民政权，1950年10月，中共中央发出《关于镇压反革命活动的指示》，要求各级党委对一切继续进行反革命活动的分子，必须坚决予以严厉制裁，纠正镇压反革命工作中"宽大无边"的偏向，全面贯彻"镇压和宽大相结合"的政策。对这场镇压反革命运动，各民主党派都表示坚决拥护，号召成员投身运动，协助政府检举反革命分子，并向群众广为宣传。在镇压反革命运动开始时，党外人士中有些人划不清敌我界限，主张对反革命分子施"仁政"，特别是有些与国民党反动派有历史联系的人们，思想上震动更大。为了加强团结，共同对敌，1951年3月和6月，中共中央先后发出《关于在镇压反革命中处理涉及民主党派民主人士爱国分子问题的指示》《关于在土改和镇反中对高级民主人士家属照顾和宽大处理的规定》，指出：对于解放前已开始参加反蒋斗争，已经与我们合作的民主人士特别是高级民主人士，对于真正起义的军官，在土改和镇反中，必须有意地予以特殊的照顾或宽大处理，这对于统一战线和革命胜利的巩固是十分必要的，决不可不加区别地把他们与一般反动地主和反动军官一样对待。文件中规定了具体的照顾办法。中国共产党还通过各种方式同各民主党派和无党派民主人士以及各界代表人士进行充分协商，通报镇反情况，介绍重大案件，宣传镇反政策，解除各种疑虑。不少省市还注意邀请民主党派和无党派民主人士参加对反革命案件的调查处理和评议。民主党派的许多地方组织和基层组织积极组织成员学习和宣传党和政府的有关文件精神。通过学习和事实的教育，许多党外人士划清了界限，坚定了立场，壮大了革命声势，有力地支援了镇压反革命运动。

第二次全国统战工作会议 在抗美援朝战争、土地改革和镇压反革命三大运动深入开展的过程中，1951年1月16日至25日，第二次全国统战工作会议召开。会议中心议题是三大运动中的统战工作问题和帮助民主党派发展组织问题。周恩来、彭真等到会作了报告。毛泽东同与会代表作了长时间谈话，李维汉作总结报告。

毛泽东强调要让民主党派和民主人士到各地参观、视察土改运动，各地不要以此为累赘。

让他们听听农民的诉苦，看看农民的欢喜，看看我们有些什么缺点和错误。这是一件有益的事情，应该欢迎他们去。状元三年一考，土改千载难逢。[①]

毛泽东还指出，对于民主人士不要估计不足。对于工商业家、宗教界、校长、教员、开明士绅和爱国分子，我们都应该采取积极的态度团结教育他们，带领他们共同前进，决不能置之不理。会议提出，当前统一战线的任务是与三大运动相结合，积极争取知识分子、工商界、宗

---

① 中共中央文献研究室编：《毛泽东年谱（一九四九——一九七六）》第1卷，中央文献出版社2013年版，第283、284页。

教界、各民主党派、少数民族人士等参加三大运动和适当工作，在运动中使他们受到教育，并经过运动，推动和扩大统一战线。

会后，党中央向全党发出《关于进一步加强统战工作的指示》。各地组织包括民主党派成员、科学工作者、文艺界、工商界和宗教界在内的各界大批人士参加和参观三大运动。到1952年春季，仅北京、天津两市就有各界人士7000多人参加，使许多以前心存疑虑和游离态度的人转为信任和拥护。有人说，过去只有地主的感情，这次看了土改，听了农民的诉苦，才有了农民的感情。人民民主统一战线通过三大运动的考验和锻炼得到进一步发展，三大运动的胜利完成为从新民主主义向社会主义过渡提供了重要保障。

三、知识分子思想改造运动和知识分子问题会议

团结争取知识分子 旧中国知识分子的数量很少，在全国总人口中所占比例很低，绝大多数是爱国的。新中国成立后，党对知识分子实行团结、教育、改造的方针，强调必须把知识分子团结在党和政府的周围，充分发挥他们在科技教育文化知识方面的作用。在进城之初，党和政府对包括原国民党公教人员在内的知识分子实行“包下来”的政策，使他们绝大多数继续从事文教科技等专业工作，用其所长。同时，积极争取海外学者和留学生回国参加建设。1949年12月，政务院文教委员会成立办理留学生回国事务委员会。到1952年底，接待李四光、华罗庚等2000多名海外科学家、学者和留学生回国。1956年2月，中共中央批转的《关于争取尚在资本主义国家留学生回国问题的报告》指出：现在还在资本主义国家的几千留学生，“他们大都是高级知识分子，具有专门知识，不少人已经是科学家和高级技术人员”，“对我国社会主义建设是一个很大的后备力量，必须大力争取他们回国参加建设”。

在毛泽东、周恩来倡导、关怀和支持下，1951年7月29日，成立了政务院文史研究馆，符定一为馆长，为学有专长的老知识分子各致其力、安

度晚年开创了一个新载体。次年9月5日，邓小平主持制定《中央人民政府政务院关于设置文史研究馆的决定》，要求在各省及中央和大行政区的直属市均设文史研究馆。此后各地按文件要求建立文史研究馆，由政府聘请了一批馆员，到1956年10月，全国共聘请了2710名馆员。

开展知识分子思想改造的学习运动 从旧社会过来的知识分子占当时知识分子的大多数，他们中的绝大多数受过三座大山的压迫，有程度不同的革命性，但由于刚从旧社会进入新社会不久，资本主义、封建主义思想在知识分子中还有很大影响，许多人对党的政策、对新的社会事物不了解、不熟悉，大多有重新学习的愿望。1951年9月，北京大学汤用彤等12位教授，响应周恩来的号召，发起北大教员政治学习运动，请校长马寅初致信周恩来，热诚邀请毛泽东等中央领导人为北大政治学习运动的教师。党中央十分赞赏和支持这种主动要求学习的行动，决定把学习运动扩大到北京、天津所有高校。9月29日，周恩来向参加北京、天津高等院校教师学习会的3000余名教师作了《关于知识分子的改造问题》报告。在报告中，他结合自己参加革命的经历和思想改造的体会，着重阐明了知识分子进行思想改造的必要性。随后，京津20所高校开展了以学习马列主义、毛泽东思想为主要内容，联系本人思想和学校实际，肃清封建买办思想，批评资产阶级和小资产阶级思想的学习运动。

10月23日，毛泽东在全国政协一届三次会议上赞扬文化教育战线和知识分子的自我教育和自我改造运动是我国值得庆贺的新气象，指出各种知识分子的思想改造，是我国在各方面彻底实现民主改革和逐步实行工业化的重要条件之一。11月30日，中共中央发出指示，要求有计划、有领导、有步骤地在大中小学的教职员和高中以上学生中，普遍进行初步的思想改造工作，从而在整个教育系统展开了思想改造学习运动。1952年1月5日，政协全国委员会常务委员会作出《关于开展各界人士思想改造的学习运动的决定》，号召各民主党派、各级政府机关、各人民团体以及宗教界积极参加思想改造学习运动。6月，第三次全国统战工作会议讨论通过《关于继续加强各界民主人士思想改造的学习运动的意见》，经中央批准下发。文件针对学习运动中有的机械照搬只适用党内干部的要求和学习方式，如主观地用工人阶级思想作尺度来改造他们，或不适当地进行严格的批评和自我批评等错误认识，对民主党派和无党派民主人士、政府和企业机关中的专家、工商界人士、宗教界人士等不同界别人士的思想改造分类提出了具体要求和教育内容，以及学习方式等，推进了包括各界民主人士在内的全国规模的知识分子思想改造学习运动的健康发展。1952年秋，知识分子思想改造学习运动基本结束。

经过这次学习运动，广大知识分子认真学习马列主义基本理论，学习时事政治和社会发展史，通过参观或参加三大运动，思想政治觉悟有了很大的提高，初步树立了为人民服务的思想，基本上划清了敌我界限，《共同纲领》成为大家思想认识和行动的准则。周恩来在第一届全国人民代表大会第四次会议上的报告中指出，“思想改造运动，批判了许多反动思想，初步解决了大多数知识分子为谁服务的问题”。①

在这次学习运动中，在制定执行具体政策的过程中，也存在一些“左”的偏差，主要是有些地方的领导在指导思想上有急于求成的倾向，方法过于简单。有些地方在思想批评中混淆是非界限，把崇美思想和学习研究西方的科学技术混为一谈，造成思想混乱，使一些学术研究受到影响。但在总体上，对社会主义是有利的。正如周恩来指出的，“由于这个运动也是以群众运动的形式进行的，某些问题的处理是比较粗糙的，因而损伤了一些从旧社会过来的、资产阶级的知识分子的自尊心。但是，通过思想改造运动，确实帮助了知识分子的绝大多数基本上渡过了社会主义革命这一关”。②

① 中共中央文献研究室编：《建国以来重要文献选编》第10册，中央文献出版社2011年版，第268页。

② 中共中央文献研究室编：《建国以来重要文献选编》第10册，中央文献出版社2011年版，第269、270页。

召开知识分子问题会议 社会主义建设事业的发展，需要更好调动和发挥知识分子作用。1954年春召开的第五次全国统战工作会议提出，要把文教、科技方面的统战工作也列为统战部门的工作重点。民盟中央费孝通等人将通过调查了解到的知识分子问题，向中央统战部作了反映。中央统战部参照有关材料，综合编写了《高级知识分子目前存在的困难和问题》，指出了对高级知识分子存在估计不足、信任不够、使用不当、安排不妥、待遇不公、帮助不够等问题，引起了中共中央的高度重视。11月23日，毛泽东主持会议，决定召开全面解决知识分子问题的会议，并成立由周恩来负责的中共中央研究知识分子问题10人领导小组，进行会议筹备工作。周恩来指示各省、自治区、直辖市党委及有关部门，先期对知识分子问题进行调查研究，并将有关情况及时报告中共中央。

1956年1月14日至20日，中共中央在北京召开了关于知识分子问题会议。周恩来代表中共中央向会议作了《关于知识分子问题的报告》。报告的主要内容是：

（一）阐述了知识分子在社会主义建设事业中的重要地位和作用。强调社会主义建设更加需要科学知识，需要知识分子。要又多、又快、又好、又省地建设社会主义，必须依靠体力劳动与脑力劳动的密切合作，依靠工人、农民、知识分子的兄弟联盟。我们现在所进行的各项建设，正在愈来愈多地需要知识分子的参加，“知识分子已经成为我们国家的各方面生活中的重要因素。而正确地解决知识分子问题，更充分地动员和发挥他们的力量，为伟大的社会主义建设服务，也就成为我们努力完成过渡时期总任务的一个重要条件”。

（二）提出知识分子“已经是工人阶级的一部分”的科学论断。指出：

我国知识分子的面貌在过去六年来已经发生了根本的变化……他们中间的绝大部分已经成为国家工作人员，已经为社会主义服务，已经是工人阶级的一部分。

（三）提出正确地使用和帮助知识分子不断进步是党和国家极其重要的任务。必须加强领导，克服缺点，采取一系列有效的措施，最充分地动员和发挥现有的知识分子的力量，不断地提高他们的政治觉悟，大规模地培养新生力量来扩大他们的队伍，并且尽可能迅速地提高他们的业务水平，以适应国家对于知识分子的不断增长的需要。

（四）提出知识分子工作的正确方针和措施。一是应当改善对他们的使用和安排，使其能够发挥对国家有益的专长；二是对于所使用的知识分子有充分的了解，给他们以应得的信任和支持，使他们能够积极地进行工作；三是应给知识分子以必要的工作条件和适当的待遇。

（五）提出了知识分子改造的道路。主要是经过社会生活的观察和实践、业务的实践和马列主义理论的学习，逐步地成长为全心全意为社会主义服务的知识分子。《报告》还提出了“科学是关系我们的国防、经济和文化各方面的有决定性的因素”的思想，发出了“向现代科学进军”的号召。①

1月20日，毛泽东在闭幕会上讲话，强调中国应该有大批知识分子，现在叫技术革命和文化革命，革愚昧和无知的命，单靠老粗，没有知识分子是不行的，号召全党努力学习科学知识，同党外知识分子团结一致，为迅速赶上世界先进科学水平而奋斗。

这次会议的召开，极大鼓舞了广大知识分子投身社会主义事业的积极性，他们决心为改变国家科学技术落后状况，赶上世界先进水平，发挥自己的聪明才智。会后，全国形成了“向科学进军”的热潮。

【延伸阅读】

得到“自觉”

1956年1月，中共中央在中南海怀仁堂召开关于知识分子问题的会

① 《关于知识分子问题的报告》（1956年1月14日），中共中央文献研究室编：《建国以来重要文献选编》第8册，中央文献出版社2011年版，第10、11、13、18—22、26、34页。

议，提出知识分子“绝大多数已经成为国家工作人员，已经为社会主义服务，已经是工人阶级的一部分”的论断，极大激发了广大知识分子参加社会主义建设的积极性。吴阶平亲耳聆听了周恩来关于知识分子问题的报告，思想上大为振奋，但有些还没有真正理解。后来见到周恩来，吴阶平当面请教：“您当时提了三点，社会实践、理论学习和业务实践可以提高知识分子思想，我对前两点都有感受，可业务实践也能提高人的思想，我还没什么体会。”周恩来问他现在业务上在做些什么？回答说：“一直在研究结核病。”周恩来问为什么研究它？吴阶平答：“因为这种病常见，许多人死于这种病。”还进一步解释：“原来把一侧肾结核而另一侧肾积水的病人误诊为双侧肾结核，使很多人失去救治机会，经过研究两者能够区分以后，每年可使数千人的生命得以挽救。”周恩来又问：“那你们从来都是这样做研究工作吗？”吴阶平说：“不是的。过去相当多的研究是所谓‘从文献中来到文献中去’，只是印证前人的一些成果。”听到这里，周恩来哈哈大笑，说：“体会你已经得到了，但没有自觉。”一语惊醒梦中人，吴阶平自己也笑了。这次与周恩来的一番倾心交谈，使吴阶平彻悟一生、实践一生。

四、基督教、天主教“三自”爱国运动和佛教、道教宗教制度的民主改革

中国是一个有多种宗教的国家，佛教、道教、伊斯兰教、天主教和基督教是五种主要宗教。新中国成立后，国内外敌对势力企图继续利用宗教反对新生人民政权，进行各种破坏活动。对此，一方面，党进一步坚持和发展在新民主主义革命时期提出并实行的宗教信仰自由政策和对宗教界爱国民主人士的统一战线政策，邀请宗教界爱国人士代表参加政协会议，参与制定《共同纲领》，参加新中国建设和三大运动；另一方面，实行积极慎重的工作方针，针对各种宗教的实际情况制定具体政策，支持、引导基督教、天主教割断与帝国主义的联系，肃清

其影响，使宗教真正成为中国信教群众自办的宗教事业；推动佛教、道教、伊斯兰教实行民主改革，走上正常发展道路，使宗教界逐渐与新社会相适应。

天主教、基督教的反帝爱国运动　在中国近代史上，天主教、基督教传入中国是同西方帝国主义列强的侵略和扩张联系在一起的。西方天主教会、基督教会和传教士凭借不平等条约进入中国内地，长时期控制中国天主教会、基督教会，并被帝国主义用作侵略中国的工具，有的还用作间谍活动的工具。在民主革命时期，中国基督教会有民族自尊心的有识之士做过改变"洋教"面貌的努力，但在旧中国根本无法改变教会人财物的支配权、管理权掌握在外国人手中的局面。新中国的建立，则为中国天主教、基督教摆脱西方殖民主义、帝国主义势力的控制创造了最根本的条件，而解放前后特别是朝鲜战争爆发后，外国反华势力继续通过教会进行敌视和反对新中国的破坏活动，激起包括天主教、基督教神职人员和教徒在内的中国人民和信教群众的极大义愤。在党和政府的支持下，在全国人民爱国热情鼓舞下，天主教、基督教界内的爱国民主人士和广大教徒倡导和推动了天主教、基督教反帝爱国运动的兴起和蓬勃发展。

1950年4月，吴耀宗、刘良模、邓裕志等基督教民主人士组成的华北访问团来到北京，与京、津部分教会人士谒见政务院总理周恩来。周恩来于5月2日、6日和13日，先后三次同他们进行了坦诚的长谈。周恩来对基督教爱国进步人士提倡的"自治、自养、自传"的自立原则表示支持，强调中国基督教会必须肃清其内部的帝国主义的影响和力量，依照"三自"精神，提高民族自觉，恢复宗教团体的本来面目，使自己健全起来。只有这样，才能"使基督教在中国人民的心目中观感一新"。中国基督教民主人士抓住历史的机遇，作出了正确的抉择。

1950年7月28日，吴耀宗等40名基督教人士将《中国基督教在新中国建设中努力的途径》的宣言连同征求签名信寄发全国基督教负责人士。《宣言》号召全中国基督教徒拥护《共同纲领》，为建设新中国而奋斗，并提出在最短时期内完成“自治、自养、自传”的任务。9月23日，《人民日报》刊登《中国基督教在新中国建设中努力的途径》的全文，以及40名发起人和第一批1527人签名者名单。中国基督教“三自”爱国运动随之在全国范围内蓬勃开展起来。

1950年11月30日，四川广元县天主教神父王良佐率教徒500多人发表《天主教自立革新运动宣言》，提出：“基于爱祖国爱人民的立场，坚决与帝国主义者割断各方面的关系，并肃清亲美、恐美、媚美的思想，自力更生，建立自治、自养、自传的新教会。”同年12月25日《新华日报》全文刊登这个宣言。《人民日报》12月12日发表报道，又于1951年1月8日发表社论予以坚决支持。

政务院文教委员会于1951年1月17日举行茶话会，邀请华北地区的天主教人士座谈天主教革新问题。会上，周恩来阐述了党和政府对天主教的政策，支持广大爱国的天主教徒积极参加天主教的革新运动，并指出：“天主教和基督教的自治、自养、自传是能够实现的。凡依靠人家而不靠自力更生的决不能自强，凡自主者才有前途。”[①]此后，中国天主教界的爱国运动迅速发展到全国。

与此同时，各级人民政府积极帮助基督教、天主教解决了一些重大问题。（一）坚决同破坏“三自”爱国运动的敌对势力作斗争，使中国教会的领导权开始转移到爱国的宗教界人士手里。到1954年底，原有的130多个外国“差会”已经结束，基督教内的大批外国传教士已经离境；清除天主教内帝国主义分子的斗争到1955年基本结束。（二）接办教会文化教育救济机关。对接受美国津贴的宗教团体，完全改由中国教徒自办。同时，对中国基督教、天主教在“自治、自养、自传”中遇到的暂时困难，政府给予支持和帮助。（三）支持建立全国和地方教会爱国组织。在开展“三自”爱国运动的过程中，培养造就了一大批

① 中共中央文献研究室编：《周恩来年谱（一九四九——一九七六）》上卷，中央文献出版社1997年版，第119页。

爱国积极分子，为建立爱国宗教组织奠定了组织基础。1954年7月22日至8月6日，中国基督教全国代表会议在北京召开。会议成立了中国基督教“三自”爱国运动委员会，选举吴耀宗为主席。1957年7月15日到8月2日，第一次全国天主教代表会议在北京召开。会议正式成立中国天主教爱国会，选举皮漱石总主教为主席。（四）自选自圣主教。据1949年统计，控制中国天主教的外国传教士有5500人，中国天主教绝大多数教区均由外国人担任主教。外籍传教士离境后，全国143个教区中有120个教区主教空缺，影响正常教务的开展。从1958年开始，中国天主教本着宗教上“当信当行”的原则，实行独立自主、自办教会和自选自圣主教，使中国天主教的“三自”爱国运动进入了一个新阶段。

佛教、道教的宗教制度改革　长期以来，佛教和道教对中国的政治、经济和思想文化都发生过深刻的影响。新中国成立初期，在全国性的自下而上的群众性的反封建斗争的急风暴雨中，佛教、道教中的种种封建制度和特权被革除，佛教、道教获得了新生。在经济上，革除寺观地主经济，走上自养道路。土地改革中，征收了寺庙、宫观在农村中的土地分给了租地的农民，废除了高利贷，从而摧毁了佛教和道教的封建剥削制度。城市实行房产改革，寺观原来出租的房屋同其他私人出租房产一样归入地方政府房产管理部门统一管理，获取一定租金。寺观僧尼道众依法保留一部分土地，主要是他们自己组织劳动生产。佛教界发扬“农禅并重”的传统，建立了各种生产劳动组织。在宗教制度上，废除等级制度，反对上层僧侣对下层僧侣的封建压迫，肃清混乱，改革陋习，建立寺观民主管理制度。与此同时，积极促进佛教、道教界在“爱国爱教”基础上的团结。1953年5月30日至6月3日，中国佛教协会成立会议在北京召开。会议选举圆瑛法师为会长。1957年4月8日至12日，道教界第一次全国代表会议在北京召开。中国道教协会正式成立，会议选举岳崇岱为会长。

开展反帝爱国运动和宗教制度的民主改革，使中国宗教界独立自主自办地开展宗教事业，信教群众同不信教群众一起参加新中国建设。

五、中央关于统一战线工作的指示

在向社会主义过渡中，随着国内政治、经济形势不断好转，在一些干部的头脑中，统一战线观念逐渐淡薄，甚至出现一些错误的倾向。对此，毛泽东、刘少奇、周恩来等中央领导人反复提醒全党重视统战工作，并把发展统一战线写入《宪法》和政协章程。但是，党内在统一战线问题上，在对待民主人士和党同非党联盟问题上，仍然出现了严重的关门主义倾向。为了纠正这种倾向，1955年1月17日，即距全国政协二届一次会议闭幕不到1个月，中共中央又下发了《中央关于统一战线工作的指示》。

《指示》列举和批评了严重的关门主义倾向的表现：一是根据各省、市委提出的省、市政府厅、局长的人选草案中，有很多省、市安排党外的正副厅长、局长过少，特别是正厅长、正局长少。有些省、市的正厅长清一色是共产党员，不但没有民主人士，也没有劳动人民中的非党分子。二是有些中共地方党委对政协工作不重视，对民主人士不太理睬，因而使民主人士以为在全国人大召开后，政协大概是可有可无的了。有些党员不认识统一战线工作的重要性，不屑于同民主人士接触，嫌他们麻烦，有些人则怕他们提出的问题解决不了。

《指示》指出，忽视统一战线爱好清一色的倾向，是不符合于当前党的总路线的，是不符合于社会主义工业化和社会主义才刚刚开始的经济基础的，是不符合于现在的历史条件的。这种倾向是一种不争取多数，抛弃同盟者，使自己陷于孤立地位的冒险倾向，是一种忽视现存的生产关系、阶级关系的主观主义倾向。有这种错误倾向的同志忘记了要按照总路线进行社会主义建设和改造，也同民主革命时期一样，需要有巩固的广泛统一战线，否则，在过渡时期就会遭遇许多本来可以避免的困难和麻烦。

《指示》强调，人民民主统一战线，特别是党同非党劳动人民的联盟，是党的一项根本政策。不仅是对于非党的劳动人民的代表人物，就是对于民族资产阶级分子和少数民族中的上层分子，对于在解放战争和土地改革斗争中，从反动统治集团和地主阶级营垒中分化而被我们争取过来的一部分人，都有重要的积极作用。只要他们拥护或者不反对社会主义建设和改造，我们就必须坚持地继续团结和改造他们，而不能采取抛弃和排斥的方针。因此，除开那些机密性很大的机关外，我们的国家机关、事业机关和人民团体机关，任何时候都不应当搞清一色，都应当按其组织和工作性质，配备适当数量的民主人士或者劳动人民中的非党分子。在这些机关中要求配备清一色的共产党员的观点，在任何时候都是极端错误的观点。

《指示》就加强统一战线工作提出了具体要求，明确规定各省、市必须正确配备各厅、局长和人民政协地方委员会的人选。

（一）现在国务院各部、委正职共有35人，其中党外人士有13人，占全数的37.2%；国务院组成人员为47人，其中党外人士有13人，占全数的25.5%。各省、市的厅、局长正职和副职中，党外人士比例可以稍少于国务院部、委中党外人士的比例，但不应过少，一般以四分之一左右或五分之一左右为适宜。

（二）政协全国委员会委员559人，中共党员约为27%；常委83人，中共党员约为三分之一。在政协地方委员会中，中共党员同党外人士的比例应大体与此相近。实际负责党的工作的党委第一书记，一般地应任地方政协委员会主席，以便同党外人士保持必要的接触，进行必要的协商。

（三）政协各省、市地方委员会全体会议，每年至少应召开一次，对于有关国家政治生活和统一战线的重大问题，特别是关于资本主义工商业的改造、人大代表和人民委员会的候选人名单、政协的各种名单等，应提到适当的会议上进行协商。这种对重大问题的协商会议每年至少要有四次，即平均每季度一次，此外还应有一些对若干个别问题的会议。政协地方委员会开会时，中共主要负责人应出席主持，由适当的负责人提出有内容的报告，并应预先通知各委员准备意见或提案，使他们能畅所欲言地对工作提出批评或建议。对于他们的批评或建议，凡是正确的应该采纳，不正确的也应允许他们提出来，然后向他们解释，或作适当的批评。切不可阻塞言路，拒绝党外人士的批评和建议。对政协委员应经常注意领导他们学习。

（四）人民政协各省、市地方委员会对于住在当地的全国政协委员，应邀请他们列席适当会议，在自愿基础上把他们编入学习组织，并注意听取他们的意见和照顾他们的生活。

（五）各地要经常注意培养一批能够起积极作用的民主人士和劳动人民群众中非党的代表人物，以便在国家机关、事业机关和人民团体机关中保持党同非党人员的适当比例。各级国家机关的中共党组，在讨论一般政策和本部门的工作方针、计划的时候，应该邀请本部门正职的党外人士或者有关的副职中的非党人士参加会议和讨论。

（六）对于各机关的党外人士，只要是忠于国家和人民事业的，应信任他们，放手让他们工作，加强对他们的领导，尽一切可能帮助他们在工作中作出成绩。

（七）在强调加强人民民主统一战线的任务的同时，不要忘记又团结又斗争的原则。我们的任务是，既要反对关门主义的"左"的偏向，又要反对同错误思想和平共居的右的偏向。

（八）各省、市委接到本《指示》后，应加强对统一战线工作的领导，应对政府、政协和其他有关方面的统一战线工作，加以检查，作出总结，并将检查结果报告中央。

这八条指示下发后，有力地纠正了党内的关门主义倾向，推动了全国各地统战工作的深入开展。

六、统战工作"七年方针"的制定

1956年，随着生产资料私有制的社会主义改造进入高潮并基本完成，我国开始探索适合中国国情的社会主义建设道路，并进入全面的、大规模的社会主义建设历史时期。为了适应我国这种新的形势和任务，继续巩固、扩大人民民主统一战线，广泛团结一切可能团结的力量，把我国建设成为伟大的社会主义强国，中央统战部经过集体研究，由李维汉主持起草了《一九五六年到一九六二年统一战线工作的方针（草案）》（简称“七年方针”），报送中央。周恩来审阅后，认为把我国人民民主统一战线说成是“社会主义的统一战线”，各民主党派和工商联“已经是社会主义性质的团体”不妥，当即向中央统战部的负责同志指出，并要求对文件稿作适当修改。李维汉主持修改，取消了这些提法，重新报送中央，经中央审核同意，提交第六次全国统战工作会议讨论。

1956年2月16日至3月3日，第六次全国统战工作会议在北京召开，着重讨论统战工作的“七年方针”。28日，李维汉就“七年方针”（草案）发言指出，从实现社会主义改造这个过渡时期的任务来说，资产阶级分子、知识分子、大多数少数民族、民主党派都走过了有决定意义的一步。社会主义改造的迅速发展和阶级关系的根本变化，要求我们在统战工作方针上有新的提法。制定“七年方针”的基本目的，就是要在今后七年内把教育工作提到首要地位，经过工作实践的教育，经过政治理论的学习，帮助资产阶级分子、高级知识分子和民主人士的思想改造，逐步做到同他们已经变化和正在变化着的政治地位和社会地位相适应，为社会主义建设服务。

关于民族工作问题，李维汉提出民族工作方面要有一个规划目标：一个目标是，要使各兄弟民族都能够经过不同的途径完成社会主义改造；另一个目标是，使各民族经过不同的步骤，在经济上和文化上达到或者接近于先进民族的水平。

会议经过讨论，一致同意把“七年方针”作为这次全国统战工作会议的决议。这一方针，正确分析了社会主义改造完成后统一战线面临的新形势和新任务，强调教育工作已成为统一战线的中心工作，但对调动党外人士为社会主义建设服务这一点强调得不够。3月31日，中央将“七年方针”批发各地执行。

第二节 多党合作和政治协商制度的巩固

新中国成立初期，共有11个民主党派。1949年11月，中国国民党民主派举行第二次代表会议，决定将中国国民党革命委员会、三民主义同志联合会和中国国民党民主促进会统一为一个组织——中国国民党革命委员会。同年12月18日，中国人民救国会认为其政治主张已经实现而宣布解散。这样就形成当代中国的政党体制中，除执政党中国共产党外，还有八个民主党派，即中国国民党革命委员会、中国民主同盟、中国民主建国会、中国民主促进会、中国农工民主党、中国致公党、九三学社、台湾民主自治同盟。无党派民主人士长期参加民主革命斗争，虽然形式上没有结成党派组织，实际上具有党派性的政治影响，因而从新政协筹备会开始，就被列为党派性单位，成为人民政协的参加单位，从而构成中国多党合作的基本格局。[①]

① 中国国民党革命委员会（简称民革），1948年1月1日，在香港正式成立。历任主席为李济深、何香凝、朱蕴山、王昆仑、屈武、朱学范、李沛瑶、何鲁丽、周铁农，现任主席万鄂湘。中国民主同盟（简称民盟），1941年3月19日在重庆成立，历任主席为黄炎培、张澜、沈钧儒、杨明轩、史良、胡愈之（代主席）、楚图南、费孝通、丁石孙、蒋树声，现任主席张宝文。中国民主建国会（简称民建），1945年12月16日在重庆成立，历任领导人和主席为黄炎培、胡厥文、孙起孟、成思危，现任主席陈昌智。中国民主促进会（简称民进），1945年12月30日在上海成立，历任主席为马叙伦、周建人、叶圣陶、雷洁琼、许嘉璐，现任主席严隽琪。中国农工民主党（简称农工党），1930年8月9日在上海成立，历任领导人和主席为邓演达、黄琪翔、章伯钧、季方、周谷城、卢嘉锡、蒋正华、桑国卫，现任主席陈竺。中国致公党（简称致公党），1925年10月由华侨社团发起，1947年5月在香港改组，历任主席为李济深、陈其尤、黄鼎臣、董寅初、罗豪才，现任主席万钢。九三学社，1946年5月4日在重庆成立，历任主席为许德珩、周培源、吴阶平，现任主席韩启德。台湾民主自治同盟（简称台盟），1947年11月12日在香港成立，历任主席为谢雪红、蔡啸、苏子蘅、蔡子民、张克辉，现任主席林文漪。无党派人士，主要指没有参加任何党派，有参政议政愿望和能力，对社会有积极贡献和一定影响的人士，代表人士有郭沫若、马寅初、巴金、程思远、袁隆平等。

一、支持民主党派组织发展

明确政治纲领　1949年11月至1950年11月，除台盟外，各民主党派相继召开了全国代表会议和中央会议，确定新中国成立后的政治纲领和组织方针。会前，一些党派内部发生争论，焦点是组织的存废问题和要不要以《共同纲领》为政治纲领。各党派内部的进步分子对企图脱离共产党领导的言行进行了坚决斗争，对一些右翼分子采取了“政治严肃、组织宽大”的原则，做到既坚持原则，又坚持团结。中共中央明确表示：凡与中共有合作奋斗历史的各民主党派，在政治上不存在存废问题，希望各党派内部作必要的整顿，以达到长期合作的目的。之后各民主党派的中央会议都明确宣布接受中国共产党的领导，以《共同纲领》作为各自的政治纲领，并确定了今后的方针和任务。

确立发展重点　1950年底，各民主党派经过清理整顿组织、重新登记后，共有成员11540人。其中民盟7000余人，民革、民建、农工党都是1600余人，致公党350多人，其他几个党派只有一二百人。这种状况与新中国赋予它们的政治地位和历史任务极不相称。为了改变这种状况，1950年10月，周恩来代表中共中央向他们提出了发展成员的建议。1951年初，第二次全国统战工作会议上专门讨论了帮助民主党派组织发展问题。毛泽东说，民主党派“就应当发展”，并提出民主党派的发展对象主要应是中上层代表人物，因为这些人物代表性大，作用大，影响大。1952年6月，党中央批准第三次全国统战工作会议制定的《关于民主党派工作的决定》，确立了着重吸收中上层有代表性人物的各民主党派发展方针。经过各民主党派的努力，加上中共各级组织的积极协助，到1953年初，各民主党派在国内的总数达到3.2万余人，较之1950年底增加了近两倍。

为了帮助各民主党派组织发展，中国共产党和各民主党派协商，根据各个民主党派组织成员的历史情况，确定了各民主党派活动主要范围和组织发展重点：

民革以原国民党员及在职的旧公务人员的中上层为主。

民盟以文教界的中上层知识分子为主，首先应吸收一批大学教授和文教界有影响的上层人士。

民建以工商业资本家及其代表人物为主，与工商界有联系的知识分子、资本家代理人，私营企业中的高级职员亦可吸收。

民进以中小学教职员和文化出版界人士为主要发展对象，在社会上较有影响的上层知识分子、大学教职员亦可吸收。

农工党以公职人员、与经济建设有关的中上层人员和医务工作者为主。

致公党以归国侨胞及与华侨有联系的人士为主。

九三学社以科学技术界的高、中级知识分子为主。

台盟的发展对象是祖国大陆上的台湾省籍同胞。①

此外，为避免引起有关国家的疑虑和外交纠纷，经协商确定，各民主党派原在国外以及香港、澳门等地建立的分、支组织，停止活动。

积极发挥作用 民主党派在进行自身建设的同时，认真贯彻执行《共同纲领》，参与对国家重大问题的协商和决定，积极参加抗美援朝、土地改革和镇压反革命三大运动和“三反”“五反”运动。1953年党在过渡时期总路线公布后，各民主党派为实现过渡时期的总任务，积极投入社会主义改造实践，在国家政治生活中主要发挥了“参、代、监、改”作用。参，就是参加国家事务的管理，参与国家重大问题的协商、决定和执行；代，就是代表它们所联系的阶级、阶层的利益，反映这些阶级阶层人们的意见和要求，协助国家适时地调整阶级关系，促进多党合作的发展；监，就是在国家政治生活中，通过统一战线对共产党和国家机关的工作进行监督，提出批评和建议；改，就是推动和帮助各自组织成员学习马列主义理论和时事政策，进行自我教育和自

① 《关于民主党派工作的决定》（1952年6月），中共中央统战部研究室编：《历次全国统战工作会议概况和文献》，档案出版社1988年版，第103、104页。

我改造。

各民主党派、无党派民主人士在为新中国政治经济文化建设作贡献中不断进步和发展，也为中国共产党同其长期合作奠定了重要的政治基础、思想基础和组织基础。

二、加强同党外人士的合作共事

吸收党外人士参加政权　在民主革命时期的根据地中，党就制定了“三三制”原则，吸收党外人士参加政权。新中国成立后，从中央到地方的各级人民政权，是彻底打碎旧的国家机器之后，在全新的基础上建立的四个革命阶级联合专政的统一战线政权。根据《共同纲领》，凡人民解放军初解放的地方，一律实施军事管制，取消国民党反动政权机关，并自上而下委任人员组成军事管制委员会和地方人民政府，负责建立革命秩序，恢复和发展生产，并在条件许可时，召开各界人民代表会议，逐步地代行人民代表大会的职权，选举各级人民政府。在少数民族地区实行民族区域自治，建立民族自治机关。为了体现人民民主专政的统一战线性质，各地军管会在成立时，都吸收了相当数量的民主人士和其他爱国人士参加，具有广泛的群众基础，避免和减轻了新旧政权交替、社会剧烈变革时期可能产生的动乱和破坏。

根据中央的精神，中央人民政府委员会在各大行政区都任命了爱国民主人士为军政委员会副主席；有54位爱国民主人士任省、区、市人民政府主席、副主席。为吸收更多的上层民主人士参加政权建设，早在1949年4月7日，毛泽东就电示华东局领导人，提出上海解放后“设立某种咨询机关例如参议室”，并明确指示：“不但上海如此，整个京沪杭区域都应注意此点。”[①]新中国成立后，紧接着政务院参事室建立，12月

① 《注意吸收自由资产阶级代表参加工作》(1949年4月7日)，《毛泽东文集》第5卷，人民出版社1996年版，第274页。

16日，政务院第十一次政务会议通过《大行政区人民政府委员会组织通则》，对各大行政区人民政府委员会提出了“得设参事室”的明确要求，此后，各省市也设立了政府参事室。中国共产党在工作重心刚刚由农村转入城市之初，通过对联合各民主党派和无党派民主人士的统一战线性质政府的领导，有效弥补了管理这样一个大国在许多方面经验的不足，团结和带动各方面的社会力量为建设新中国而共同奋斗。

【延伸阅读】

政府也是统一战线的

解放初期，在各大区、各省及重点城市的政权建设中，毛泽东特别提出要“网罗各方民主人士”，使他们参加到各级政权中来。1949年10月24日，毛泽东在同绥远负责人的谈话中说：绥远要成立军政委员会，“由傅作义任主任，乌兰夫任副主任，统一领导绥远的军事、政治、经济和文化教育。”“政府由董其武任省主席，奎璧任副主席。政府也是统一战线的，一定要合作好。”“长征二万五千里不是因为有统一战线，而是因为太纯洁。这次政府的名单中，共产党人和进步人士还是一半一半好，要搞五湖四海。”

党外人士有职有权　中国人民政治协商会议是人民民主统一战线的组织，同时也是中国共产党领导的多党合作和政治协商的机构。在普选的全国人民代表大会召开之前，中国人民政治协商会议代行全国人大的职权，国家一切大政方针，都要先经过政协全国委员会协商，然后建议政府施行。作为政协成员的各民主党派，通过彼此联系、共同发挥作用的统一组织机构政治协商会议，参与国家大政方针的协商决定并监督其实施；同时，民主党派又通过各自独立的组织系统和单独发挥作用的渠道，动员和团结各自所联系的社会人士投入新中国建设。

各民主党派的代表人物在中央人民政府及所属各部门中担负各种职务，直接参与国家事务的管理。中共中央要求共产党员在政府工作中，一定要同党外人士沟通政策思想，要使他们有职有权，各级正副职人员之间要有适当分工，做到“一份职务，一份权力，一份责任，三者不可分离”；要使非党人士在其职权范围内，让他们与闻一切应该与闻的事情，同他们商量一切应该商量的事情，向他们报告和请示一切应该报告和请示的事情，同时还要积极地帮助他们履行责任，作出成绩；在政府机关中，共产党的组织应该适当地分配自己的党员去和一切非共产党工作人员建立密切的关系。

【延伸阅读】

国务院参事室

国务院参事室为国务院直属机构，1949年11月由毛泽东、周恩来等老一辈无产阶级革命家亲自倡议设立。参事室的主要职责是参政议政、建言献策、资政国是、民主监督、统战联谊。参事由国务院总理聘任，多数是民主党派成员和无党派人士，也有中共专家、学者和富有宏观管理经验的领导干部，多为各领域“德、才、望”兼备之士。新中国成立以来先后聘任国务院参事共计241位，现任参事59位。

三、人民代表大会制度的确立和人民政协职能的转变

经过三年的艰苦奋战，新中国恢复和发展了国民经济，巩固了新生的人民政权，并着手进行大规模的经济建设。新的历史任务要求进一步健全国家的民主制度，实施《共同纲领》规定的人民代表大会制度，制定中华人民共和国宪法，以保证中国各项建设事业的顺利进行。

筹备召开各级人民代表大会　1952年12月，全国政协常委会举行扩大会议，就中国共产党提议定期召开全国人民代表大会和地方各级人民代表大会问题交换意见。周恩来代表中共中央对提议作了说明。会议认为新中国成立之初由全国政协代行全国人民代表大会的

过渡时期已经过去，我国即将进入大规模的经济建设的新时期，为适应这一新时期的国家任务，必须召开全国人民代表大会和地方各级人民代表大会。为此，应开始进行起草选举法和宪法草案等准备工作。委员们热烈地发表意见并坚决拥护中国共产党的提议。1953年1月，中央人民政府委员会召开第二十次会议，讨论关于筹备并召开全国人民代表大会和地方各级人民代表大会问题。毛泽东说，“就全国范围来讲，召开全国人民代表大会和地方各级人民代表大会的条件已经成熟。”“人民代表大会制的政府，仍将是代表全国各民族、各民主阶级、各民主党派和各人民团体统一战线的政府。”会议决定：1953年召开由人民用普选方法产生的乡、县、省(市)各级人民代表大会，并在此基础上召开全国人民代表大会。同时决定成立以毛泽东为主席、由32名委员组成的中华人民共和国宪法起草委员会和以周恩来为主席、由23名委员组成的选举法起草委员会，领导宪法和选举法的起草工作。根据1953年2月通过的选举法，全国各地陆续开展基层民主选举，选举产生全国人民代表大会代表1226人。

人民代表大会制度的实行与统一战线组织的关系 为了在实行人民代表大会制度时，能继续充分发挥民主人士的作用，根据中央的精神，1953年6月25日至7月22日，第四次全国统战工作会议在北京召开。会议认为，人民代表大会制度的实行，决不意味着要削弱统一战线，而是更应使之巩固和加强。新中国成立以来，大多数民主人士都已有了不同程度的进步，在实行人民代表大会制时，对民主人士的安排，应与人民代表的选举、政府人员的选任、统一战线组织及其他诸方面人事的安排结合起来，通盘筹划。对于凡是已经同我们合作的，仍应根据具体情况，用各种方式从各个方面分别予以适当安排。对各方面新的代表人物和在工作上有特殊贡献者，应适当提拔。凡有民主人士的地方，自县市以上各级人民代表大会、人民政府、统一战线组织、部分人民团体和其他组织，都要注意做好民主人士的安排工作。在人民代表大会制度实行后，中国人民政治协商会议不再代行全国人民代表大会的职权，它作为统一战线组织将继续存在。中共中央和毛泽东听取会议汇报时，批评了党内一部分人对民主人士采取敷衍或排斥态度，认为在我国的过渡时期，人民民主专政的国家政权中需要吸收一定数量的民主人士，这不取决于任何党派、个人的主观好恶，而是由我国特殊的历史条件和革命建设的需要所决定的，那种把普选看成是排斥民主人士的机会或包袱的观点是错误的。会议制定了《关于人民代表大会制实行后统一战线组织问题的意见》和《关于实行人民代表大会制时安排民主人士的意见》两个文件，同年10月，经中共中央批准转发各地执行。

1954年3月召开的第五次全国统战工作会议，专门研究了人民代表大会制实行后对党外人士的安排工作问题，强调在实行人民代表大会制后，在国家权力机关和管理机关中，仍然需要安排民主人士。会议形成的《关于各省、市人民代表大会和省、市人民政府委员会中民主人士安排方案的意见》提出，人物安排应以全国、省市的人大、政府、政协等方面通盘考虑，适当安排，尽量减少兼职，以便提拔和吸收一批新的代表人物，扩大阵容；过去已经安排，这几年又有贡献、有进步的，一般都要予以适当安排；为适应社会主义建设和改造的需要，安排中应吸收一批文教科技人员和私营工商业中有代表性的人物及有代表性的妇女；民主人士在省、市人大代表中的比例，省可占到30%，市可占到35%。4月中旬，中央批准下发，要求各地结合当地情况研究执行。

第一届全国人民代表大会　1954年9月15日至28日，第一届全国人民代表大会第一次会议在北京隆重举行，参加大会的人民代表均是在普选基础上产生的。这次会议全面贯彻了党中央关于统一战线的思想和有关文件指示精神。在全国人大1226名代表中，共产党员668人，占54.48%，党外人士[①]558人，占45.52%。会议选举产生了人大常务

① 党外人士，当时主要指与中国共产党合作的民主党派和无党派民主人士。

委员会，在13位人大常委会副委员长中，共产党员5人，党外人士8人；在79位常务委员中，共产党员40人，党外人士39人。在新组建的国务院35个部、委的部长、主任中，共产党员22人，党外人士13人。实行人民代表大会制的中华人民共和国国家政权，仍然是人民民主专政政权，它既体现了工人阶级的政治领导，又反映了人民民主统一战线的广泛性。

【延伸阅读】

为红色资本家助选

1957年1月9日下午，上海市二届一次人代会闭幕前夕，陈毅到会讲话。他说："这次匆匆赶回来，毛主席给了我一个特殊的任务，要我和上海的同志们商量一下，请投荣毅仁一票，把他选上副市长。""毛主席对我讲，荣家是我国民族资本家的首户，在国际上称得起财团的，我国恐怕也没有几家子。荣家现在把全部企业都拿出来和国家合营了，在国内外起了很大影响。怎么样把合营企业搞好，上海要创造经验，从荣家推选出代表人物参与市政府的领导，现在就十分必要了。"陈毅又说："我要以老共产党员的身份为这位红色资本家竞选。因为他确实既爱国又有本领，堪当重任；而且凭着他的特殊身份，在国内外资产阶级中还能够发挥出我陈毅起不到的作用哩。"就这样，荣毅仁顺利当选为上海市副市长。

大会通过的《中华人民共和国宪法》以《共同纲领》为基础，又是《共同纲领》的发展。《宪法》用法律形式把国家的性质、人民民主的政治制度、向社会主义过渡的方针步骤、民族区域自治等重大问题明确地规定下来，成为各民族、各民主党派和各界人士团结的政治基础。《宪法》阐明："我国人民在建立中华人民共和国的伟大斗争中已经结成以中国共产党为领导的各民主阶级、各民主党派、各人民团体的广泛的人民民主统一战线。今后在动员和团结全国人民完成国家过渡时期总任务和反对内外敌人的斗争中，我国的人民民主统一战线将继续发挥它的作用。”国家根本大法既肯定了人民民主统一战线性质、地位、作用，又为人民民主统一战线的巩固和发展提供了最根本的法律保证。

人民政协职能的转变 实行人民代表大会制度以后，有些党外人士对人民政协的性质、地位、作用产生了某些疑虑。一些人说：“真正的权力在人大常委，最高权力在中共中央，政协没什么权了。”有的则认为政协应是“权力机关”或“半权力机关”。针对这些言论和情绪，1954年12月19日，毛泽东邀请各民主党派、无党派民主人士座谈政协工作。他说：

人民代表大会是权力机关，有了人大，并不妨碍我们成立政协进行政治协商。各党派、各民族、各团体的领导人物一起来协商新中国的大事非常重要。宪法草案就是经过协商讨论使得它更为完备的。人大的代表性当然很大，但它不能包括所有的方面，所以政协仍有存在的必要。

针对有人提出是否可以把政协搞成国家机关，毛泽东回答：

不能把它搞成国家机关。因为人大和国务院是国家权力机关和国家管理机关，如果把政协也搞成国家机关，岂不成了二元论了吗？这样就重复了、分散了，民主集中制就讲不通了。

政协不仅是人民团体，而且是各党派的协商机关，是党派性的机关。

毛泽东强调，这不等于不重视它，而恰好是重视它。共产党就是党派，也不是国家权力机关，但它的价值并不因此而有所降低[①]。毛泽东的这些意见，为民主党派、无党派民主人士所接受，不仅统一了各方

① 李维汉：《建国以来十五年统战工作的回顾与再认识》，《回忆与研究》（下），中共党史资料出版社1986年版，第620页。

面对政协工作必要性和重要性的思想认识，而且对我国民主政治建设具有极其重要的指导意义。

全国政协二届一次会议　1954年12月21日至25日，中国人民政治协商会议第二届全国委员会第一次会议在北京举行。全国政协委员由一届的198人扩大到二届的559人，其中，中共党员150人，占26.84%，党外人士达409人，占73.16%。毛泽东主持了大会开幕式，周恩来作《政治报告》，陈叔通作《中国人民政治协商会议第一届全国委员会工作报告》，章伯钧作《关于中国人民政治协商会议章程(草案)的说明》。会议通过了《中国人民政治协商会议章程》《关于第一届全国委员会工作报告的决议》以及《中国人民政治协商会议第二届全国委员会第一次全体会议宣言》。

周恩来在《政治报告》中指出，今后中国人民政治协商会议的任务，可归纳为下列五点：（1）协商国际问题；（2）对全国人民代表大会和地方同级人民代表大会的候选人名单，以及中国人民政治协商会议各级组成人员的人选进行协商；（3）协助国家机关，推动社会力量，解决社会生活中各阶级间相互关系问题；并联系人民群众，向国家有关机关反映群众的意见和提出建议；（4）协商和处理政协内部和党派、团体之间的合作问题；（5）在自愿的基础上，学习马克思列宁主义和努力进行思想改造。

会议推选毛泽东为政协名誉主席，选举周恩来为政协主席，宋庆龄等16人为副主席，同时选出常务委员65人。

全国政协二届一次会议在人民政协发展历史上有着特殊的意义。它解决了全国人民代表大会召开后人民政协的性质、地位、作用和任务的问题，解决了政协与人大、政府机关之间相互配合的关系问题，解决了加强统一战线和人民政协工作的必要性和重要性问题，为在中国长期坚持共产党领导的多党合作和政治协商制度奠定了思想基础、政治基础和组织基础。

四、“长期共存、互相监督”方针的提出

1956年在社会主义改造基本完成、社会主义制度基本建立的新的历史条件下，民主党派是否有必要继续存在下去，在共产党内和民主党派内部都有不同的看法。按照有些人的观点，各民主党派的阶级基础主要是民族资产阶级和小资产阶级，进入社会主义了，剥削阶级已不复存在，民主党派自然是“皮之不存，毛将焉附”。

1956年4月，毛泽东在中央政治局扩大会议上发表《论十大关系》的讲话，以苏联为鉴戒，全面论述了社会主义革命和建设中的十大关系。在党与非党的关系方面，首次提出了“长期共存，互相监督”的方针。他说：

究竟是一个党好，还是几个党好？现在看来，恐怕还是几个党好。不但过去如此，而且将来也可以如此，就是长期共存，互相监督。①

毛泽东还指出，在我们国内，在抗日反蒋斗争中形成的以民族资产阶级及其知识分子为主的许多民主党派，现在还继续存在。在这一点上，我们和苏联不同。我们有意识地留下民主党派，让他们有发表意见的机会，对他们采取又团结又斗争的方针。一切善意地向我们提意见的民主人士，我们都要团结。……这对党，对人民，对社会主义比较有利。

9月，刘少奇代表中共中央在党的八大政治报告中郑重宣布，在今后，“应当采取共产党和民主党派长期共存、互相监督的方针”。关于民主党派在社会主义时期存在的社会基础，刘少奇在报告中提出：

在社会主义改造完成以后，民族资产阶级和上层小资产阶级的成员将变成社会主义的劳动者的一部分。各民主党派就将变成这部分

① 中共中央文献研究室编：《毛泽东年谱（一九四九—一九七六）》第2卷，中央文献出版社2013年版，第568页。

劳动者的政党。[①]

邓小平在党的八大上作的《关于修改党的章程的报告》中对“长期共存、互相监督”方针作了阐述。他说：这些党外的民主人士，能够对于我们党提供一种单靠党员所不容易提供的监督，能够发现我们工作中的一些我们所没有发现的错误和缺点，能够对于我们的工作作出有益的帮助。在社会主义改造取得了决定性的胜利以后，在他们的立场和我们的立场比以前更接近以后，他们可以给我们的帮助只有越来越多。

中国共产党提出的“长期共存、互相监督”方针，使各民主党派和无党派民主人士欢欣鼓舞，他们感到是“思想上的解放”，赋予民主党派更重大的政治责任，是“民主党派新生命的开始”，表示要以饱满的政治热情同共产党团结合作到底。“长期共存、互相监督”方针的提出，标志着中国共产党领导的多党合作的基本格局在社会主义条件下的进一步确立，为正确处理中国共产党与民主党派的关系、实行合作共事奠定了理论基础。

第三节　对资本主义工商业的社会主义改造

一、新中国成立初期党对民族资产阶级的政策

新民主主义经济方针　没收封建地主阶级的土地归农民所有，没收官僚垄断资本归国家所有，保护民族工商业，是新民主主义革命的三大经济纲领。新中国在对前国民党政府的工矿企业、金融系统、贸易公

① 毛泽东：《论十大关系》（1956年4月25日），中共中央文献研究室编：《建国以来重要文献选编》第9册，中央文献出版社2011年版，第73页。

司和铁路、航运等官僚垄断资本没收、接管的基础上，建立和发展了国营经济。1949年底，国营工业的固定资产占全国工业固定资产的80.7%，拥有全国电力产量的58%、原煤产量的68%、钢产量的97%，掌握了全国铁路和其他大部分近代交通运输事业以及大部分银行业务和对外贸易。国营经济、合作社经济、农民和手工业者的个体经济、私人资本主义经济是新中国主要经济成分。掌握了整个国民经济命脉的社会主义性质的国营经济成为整个社会经济的领导力量，为国家调节各种经济成分提供了有力的物质手段，并决定着全社会经济的性质和发展方向。《共同纲领》确立了新中国经济建设的根本方针，是公私兼顾、劳资两利、城乡互助、内外交流的政策，使包括私人资本主义经济在内的各种经济成分在国营经济领导下，分工合作，各得其所，以促进整个社会经济的发展。

在"公私兼顾、劳资两利"的方针下调整公私关系 新中国成立初期，中国共产党采取利用和限制私人资本主义经济的政策，对有利于国计民生的私营经济事业，实行鼓励其经营的积极性并扶助其发展的政策。当时，由于解放战争尚未完全结束，交通中断，物流阻塞，加之帝国主义封锁等原因，许多私营工商业在经营中感到不少困难。他们虽然对推翻"三座大山"感到扬眉吐气，但许多人对共产党的民族资产阶级的政策心存疑虑，担心被"共产"、被"清除"。因此，一度出现私营企业开工严重不足，一些大资本家出走香港、国外。针对这种情况，党和政府积极对他们进行思想政治教育，安排他们的代表人物参加各级人民代表会议、政治协商会议以及担任其他领导职务，使之了解党的政策，同时在发放工商贷款、提供原料、收购成品、委托加工等方面对有利于国计民生的私营工商业大力扶持，使私营工商业在短期内恢复了生产经营，并初步建立了社会主义经济与资本主义经济之间的联系。与此同时，党和政府坚决地打击投机资本取得胜利之后，又对全国财政收支、物资调度、现金管理实行三统一，结束了自抗战以来连续12年的恶性通货膨胀，为安定人民生活，恢复发展国民经济创造了有利条件。1950年春，第一次全国统战工作会议上，毛泽东、周恩来批评了对民族资产阶级强调斗争和限制、要求提前消灭资本主义的错误思想。会议指出，无论在政治上和经济上，对民族资产阶级都必须执行既团结又斗争，斗争为了团结的方针，并强调在目前要特别注意同民族资产阶级搞好经济上的合作，以巩固政治上的合作。6月，党的七届三中全会把合理调整工商业，列为争取财政经济状况基本好转的重要条件之一。中央确定：在“公私兼顾、劳资两利”的方针下，抓好调整公私关系、劳资关系和产销关系，重点是调整人民政府和国营经济同私人资本主义经济之间的关系。调整的措施包括扩大对私营工商业的加工订货和代购代销，调整税收负担，加强货币投放等。通过调整，帮助合法的私营工商业渡过了难关，提高了民族资产阶级的生产经营积极性，城市工商业迅速恢复。1951年形势更加好转，私营工业生产总产值增长39%，私营商业销售额增长38.7%。

“五反”中的统一战线工作　资本家中的不法分子不满足于用正常方式获得利润，力图用向国家工作人员行贿等非法手段获取暴利。1951年12月，中共中央开始在国家机关和企事业单位开展以反贪污、反浪费、反官僚主义为主要内容的“三反”运动。1952年1月26日，中共中央发出《关于首先在大中城市限期开展“五反”斗争的指示》，要求首先在大中城市中，依靠工人阶级，团结守法的资本家及其他市民，向着违法的资本家开展一个大规模的反行贿、反偷税漏税、反偷工减料、反盗骗国家财产和反盗窃国家经济情报的“五反”斗争。当时，极少数私营工商业户的违法乱纪行为十分严重，情节恶劣。一些不法资本家在承建国家工程、完成加工订货任务中，偷工减料，弄虚作假，以次充好。特别是在运往抗美援朝前线的军需物资里，竟有不法资本家制造和贩卖的变质罐头食品、伪劣药品、带菌急救包，造成一些战士用后致病、致残甚至死亡。上海大康药房老板王康年，行贿骗取志愿军购药款项达3亿元（旧人民币），将失效药品供应正在浴血奋战的抗美援朝前线，而前线急需的药品又卡住迟迟不肯发货。显然，开展这场“五反”斗争是必要的。

开展“五反”运动的目的是打击资产阶级的非法行为，划清合法与非法的界限，把资产阶级的经济活动纳入《共同纲领》的轨道。运动初期，中共中央明确指出，要注意采取利用矛盾、实行分化、团结多数、孤立少数的策略。由于策略正确，在斗争中迅速形成了“五反”的统一战线，打击的重点是极少数“五毒”俱全、完全违法的不法资本家。在运动后期进行处理时，中央制定了明确的原则，即“过去从宽，今后从严；多数从宽，少数从严；坦白从宽，抗拒从严；工业从宽，商业从严；普通商业从宽，投机商业从严。”把私人工商户划分为五类，即“守法的、基本守法的、半守法半违法的、严重违法的和完全违法的”，实行区别对待，把打击面限制在极少数完全违法户。由于运动限期展开，来势迅猛，曾发生斗争面过大和逼供信的情况，但在后期定案处理中基本得到纠正。

运动初期，理论刊物《学习》杂志曾连续发表署名文章，根本否定民族资产阶级在现阶段仍有积极性的一面。毛泽东从思想理论上到具体政策上及时批评和纠正了运动中“左”的错误。经过“五反”运动，打击了不法资本家的“五毒”行为，对工商业者普遍进行了守法经营的教育，推动了私营企业中建立工人监督制度和实行民主改革，巩固了工人阶级和社会主义经济的领导地位。

【延伸阅读】

树立守法标兵

荣毅仁家的企业在“五反”中也发现了个别问题，薄一波和陈毅经过反复商量，定为基本守法户。毛泽东知道这个意见后说：何必那么小气！再大方一点，划为完全守法户。这个“标兵”一树，在上海以至全国各大城市产生了很大影响。“五反”运动于1952年10月结束，据华北、东北、华东、西南、中南五大区67个城市统计，参加“五反”运动的工商户共999707人，受到刑事处罚的只有1509人，仅占工商户总数的0.15%，其中被判处死刑和死刑缓期执行的仅19人，占判刑总数的1.26%。

改造民族资产阶级　“五反”运动是工人阶级同资产阶级之间的尖锐斗争，但又发生在人民民主统一战线内部。因此，如何正确对待民族资产阶级，就成为统一战线工作的一个重大理论和现实问题，1952年6月召开的第三次全国统战工作会议对此作出明确回答。毛泽东在审阅为会议准备的一份文件时批示：在打倒地主阶级和官僚资产阶级以后，中国内部的主要矛盾即工人阶级与民族资产阶级的矛盾，不应再将民族资产阶级称为中间阶级。周恩来在会议讲话中指出，在国内把帝国主义、封建主义和官僚资本主义的势力基本肃清后，“国内的阶级斗争就突出地表现在人民民主统一战线内部”“主要矛盾就变成无产阶级跟资产阶级这样一个矛盾了”[①]。会议认为，工人阶级与民族资产阶级的矛盾已经成为国内主要矛盾。在国内主要矛盾转变和民族资产阶级不再是中间阶级以后，民族资产阶级仍有两面性，党对民族资产阶级的基本政策仍然是又团结又斗争、斗争为了团结的统一战线政策。对民族资产阶级的改造，在当时主要是把违法的改造成为守法的，而不是改造成为工人。他们学习的内容，仍然是《共同纲领》、政府的政策法令，不应用工人阶级思想作尺度要求他们，否则必会引起混乱。会议将中国民主建国会的主要发展对象调整为大的工商业资本家，并确定改组工商业联合会，进一步加强了对民族资产阶级的统战工作。

筹备成立全国工商联　在一盘散沙的旧中国，没有全国性的工商界组织。新中国成立前，中共中央考虑在改造旧中国工业会和商会的基础上，组建新中国的工商联。1949年2月，毛泽东在西柏坡同苏共中央政治局委员米高扬谈话中讲，我们准备成立一个工商联组织，这可以把工商业方面的活跃人物组织起来，其主要任务一是他们较有组织地发挥

---

① 《关于中国的民族资产阶级问题》（1952年6月19日），《周恩来选集》下卷，人民出版社1984年版，第93、96页。

自己的积极性；二是使他们有监督地自我改造[①]。1949年8月，中共中央《关于组织工商业联合会的指示》指出，工商业以合并成立工商业联合会为好，并对工商联组成结构提出明确要求。新中国成立后，1951年2月28日，《中共中央关于进一步加强统一战线工作的指示》明确提出："必须加强工商业联合会的工作，准备成立全国工商业联合会。"工商界提出组建全国工商业联合会的要求后，中央统战部经过深入调查研究，经中央同意，1951年11月，全国工商联筹备委员会筹备处正式成立。为进一步团结教育民族资产阶级，1952年6月，中央批准了第三次全国统战工作会议讨论通过的《关于改组工商业联合会的指示》。当月20日至30日，中华全国工商业联合会筹备代表会议召开。参加会议的不少私营工商业者在"五反"运动中受到批评教育，同时在生产经营中也受到"左"的干扰，生产困难，因而对中国共产党和人民政府有疑虑，甚至对前途失去信心。针对这种情况，筹委会主任陈叔通在开幕词中指出，私营工商界"五毒"行为是严重的，强调私营工商业在清除"五毒"之后，仍有光明前途，鼓励发扬生产经营的积极性。6月24日，陈云代表中财委到会讲话，主要针对与会代表提出的一些资产阶级较为关心、较重大的公私关系和劳资问题，一一作了明确的回答，决定在"五反"后的新情况下进一步调整工商业，照顾工商业者的合法权益。会议闭幕前，毛泽东接受了会议的献旗，周恩来到会做了关于学习《共同纲领》的报告。通过这次会议贯彻了党对民族资产阶级的方针政策，巩固了"五反"运动的成果，缓和了"五反"运动后紧张的阶级关系，安定了资产阶级的情绪，许多代表反映："低着头去(开会)，抬起头回来。"

1952年下半年，党和政府及时采取措施，在新的基础上调整工商业，扩大加工定货和收购包销，保证合理利润。8月16日，政务院公布施行《工商业联合会组织通则》，对工商业联合会的基本任务、组织原则等作了规范。经过调整，资本主义工商业继续有所发展，为国民经

① 师哲：《在历史巨人身边——师哲回忆录》，中央文献出版社1995年版，第383页。

济恢复作出贡献。新中国在胜利完成翻天覆地的社会改革任务和进行抗美援朝战争的同时，仅用短短的三年时间，到1952年底，全国工农业生产就恢复到历史的最高水平，在世界经济史上创造了一个经济恢复和发展的奇迹。

1953年10月23日至11月12日，在贯彻党在过渡时期总路线的过程中，中华全国工商联第一届会员代表大会召开，宣告中华全国工商业联合会正式成立，选出了领导机关，陈叔通当选为主任委员。

二、党在过渡时期总路线的提出

1952年底到1953年初，中国的发展面临新的形势和新的问题。抗美援朝可望结束，土地改革的任务已在全国范围内基本完成，国民经济恢复工作提前实现预定目标，第一个五年计划即将开始。新的形势和新的问题，需要提出新的任务和目标。

根据实践的发展和形势的变化，1952年9月24日，毛泽东在中央书记处会议上首次提出“中国怎样从现在逐步过渡到社会主义去”的指导思想和大致设想：现在就要开始用10年到15年的时间基本上完成社会主义改造，而不是10年或者更长的时间以后才开始过渡。此后，中央书记处会议进行了多次讨论。毛泽东在1953年6月15日召开的中央政治局会议上，首次提出了党在过渡时期的总路线的基本内容；8月，在审阅一个文稿时作了比较完整的文字表述；12月，在审阅修改关于总路线的学习和宣传提纲时，将党在过渡时期的总路线的完整表述最后确定下来：“从中华人民共和国成立，到社会主义改造基本完成，这是一个过渡时期。党在这个过渡时期的总路线和总任务，是要在一个相当长的时期内，逐步实现国家的社会主义工业化，并逐步实现国家对农业、对手工业和对资本主义工商业的社会主义改造。”这是一条社会主义工业化和社会主义改造同时并举的路线，二者相互联系，相互促进，体现了发展生产力与变革生产关系的辩证统一。1954年9月，全国人大通过的《中华人民共和国宪法》将党在过渡时期的总路线作为国家在过渡时期的总任务确定下来，成为团结和动员全国人民共同为建设一个伟大的社会主义国家而奋斗的新的纲领。

三、对资本主义工商业的社会主义改造

李维汉的调研报告　在中央酝酿过渡时期总路线的过程中，1953年四五月间，李维汉率领调查组先后到民族工商业比较集中的武汉、南京、上海等地进行调查研究。调查组广泛听取当地财经、工商、税务、银行、工会等部门的情况汇报，召开有中南局、华东局及相关省、市负责人参加的座谈会，深入考察了私营工业的状况，总结了工业方面发展国家资本主义的经验。5月27日，李维汉向党中央和毛泽东报送了《资本主义工业中的公私关系问题》调查报告及有关说明的报告。报告指出：新中国成立后三年来，私人资本主义经济经历了深刻的改组和改造，国家资本主义已有相当的发展，形成了从加工、订货、收购、包销、统购、统销至公私合营等一系列从低级到高级的形式，包括了资本主义工业的主要部分，其在国民经济中的地位已凌驾于纯粹的资本主义经济之上，在现代性工业经济中占了第二位，仅次于国营经济。报告从生产力和生产关系相结合的角度向中央提出建议：国家资本主义的各种形式（其中一部分将由低级向高级发展），是我们利用和限制工业资本主义的主要形式，是我们将资本主义工业逐步纳入国家计划轨道的主要形式，是我们改造资本主义工业使它逐步过渡到社会主义的主要形式，是我们利用资本主义工业来训练干部并改造资产阶级分子的主要环节，也是我们同资产阶级进行统一战线工作的主要环节。抓住了这个主要形式和主要环节，在经济和政治上都有利于领导和改造资本主义和资产阶级分子的其他部分①。

对资本主义工商业利用、限制、改造方针的制定　李维汉的报告

① 《关于〈资本主义工业中的公私关系问题〉给中央并主席的报告》（1953年5月27日），《李维汉选集》，人民出版社1987年版，第266、267页。

在调查研究的基础上解决了如何改造资本主义企业的具体途径问题，受到党中央、毛泽东的高度重视。6月，中央政治局两次召开扩大会议进行讨论，参加会议的有中央政治局委员、中央有关负责人，还有10个大城市的市委书记。

6月15日，毛泽东主持中央政治局会议讨论调查报告。李维汉的报告题目是《关于利用、限制和改组资本主义工商业的若干问题》。毛泽东审阅时作了不少修改，其中一个重要修改，是把题目中的“改组”改为“改造”[①]，并在会上首次提出了中国共产党过渡时期总路线的战略蓝图，就是要在10年到15年或者更多一些时间内，基本上完成国家工业化和对农业、手工业、资本主义工商业的社会主义改造。从而使资本主义工商业的社会主义改造成为党在过渡时期总路线的一个重要组成部分。毛泽东在会上强调：基本完成社会主义改造，是用逐步过渡的办法。这对农业和手工业的集体化、合作化，比较容易懂。如何将资本主义工商业逐步改造过渡到社会主义，好多人不懂。社会主义因素是逐年增长的。两种国家资本主义，都带有社会主义因素，高级的是公私合营，是半社会主义性质。低级的是加工订货。今后公私合营每年都要发展。一方面要把资产阶级看成是一个敌对阶级，不这样看就要犯错误。另一方面，要看到资产阶级分子是可以改造的。不要忘记一个政治条件，就是政权在我们手里，因而我们有能力有本领来改造他们。另外，不要忘记一个经济条件，就是社会主义经济的优胜[②]。刘少奇说，这个文件很好，系统地解决了问题，中心问题是通过国家资本主义来解决对资本主义工商业进行社会主义改造问题，具有我国的特殊性。周恩来说：我也在调查、寻找对私人资本家实行社会主义改造的方针和途径，李维汉的报告解决了问题。在会上，毛泽东指定李维汉为中央起草一个对资本主义工商业的政策性报告。

---

① 逄先知、金冲及主编：《毛泽东传（1949—1976）》上册，中央文献出版社2003年版，第424页。

② 毛泽东：《毛泽东在中共中央政治局会议上的讲话》（1953年6月15日），中共中央文献研究室、中央档案馆编：《党的文献》2003年第4期，第20—22页。

中央统战部报告起草出来后，经中央政治局讨论，将对资本主义工商业的政策，确定为利用、限制、改造的方针。这样，从七届二中全会提出利用、限制私人资本主义，到1953年6月政治局会议明确为利用、限制、改造方针，经过国家资本主义的途径，用和平的方法，逐步实现资本主义生产所有制的变革和对资产阶级分子的教育、改造。

对资本主义工商业改造的方针政策　毛泽东十分重视过渡时期对资本主义工商业的社会主义改造问题，在1953年7月29日中央政治局扩大会议和8月12日全国财经会议上进行了专门论述。9月7日，毛泽东约请民主党派和工商界代表谈话，详细说明党在过渡时期对资本主义工商业实行改造的形式、方法、时间和利润分配等一系列方针政策。在12月9日政治局扩大会议上，毛泽东又就资本家的安排问题发表了讲话。毛泽东这些讲话的主要内容是：

（一）国家资本主义是改造资本主义工商业和逐步完成社会主义过渡的必经之路，是较健全的方针和办法。这一点无论在共产党和民主人士方面都应该明确起来。

（二）对私营工商业实行社会主义改造要分两步走：第一步，把不受限制的独立的资本主义变成受限制的国家资本主义；第二步，使国家资本主义转为社会主义。将全国私营工商业基本引上国家资本主义轨道，至少需要三年至五年的时间。至于完成整个过渡时期的任务，包括基本上完成国家工业化，基本上完成对农业、对手工业和对资本主义工商业的社会主义改造，则不是三五年所能办到的，而需要几个五年计划的时间。在这个问题上既要反对遥遥无期的思想，又要反对急躁冒进的思想。

（三）要发展国家资本主义，同时要承认资本家的企业所有权、用人权和经营管理权。要使资本家有利可图，企业的利润要实行“四马分肥”的原则。要实行国家资本主义，不但要根据需要和可能，而且要出于资本家自愿，因为这是合作的事业，既是合作就不能强迫，这和地主不同。

（四）资产阶级是要被消灭的，但要把资产阶级分子改造过来。

总的政策是包下来。人员要安排使用，要合作下去。应以教育为主，斗争为辅；教育以鼓励为主，批评为辅。

（五）对资产阶级采取逐步地和平地改造方针，运用自上而下的和平的方法逐步地实行国家资本主义，并不是取消阶级斗争，而是一种比较巧妙、比较温和的、特殊形式的斗争。

（六）需要继续在资本家中间进行爱国主义教育，为此需要有计划地培养一部分眼光远大的、愿意和共产党和人民政府靠近的资本家，以便经过他们去说服大部分资本家。

（七）我们搞社会主义革命不是毫无根据的。我们是为了工人阶级自己的利益，而来改造资产阶级分子、农民、手工业者等等。要用马克思关于工人阶级不解放全人类就不能解放自己的战略思想教育共产党人。公私合营，实际上90%是社会主义。

（八）包括资本家在内的统战人士的安排问题，是一个策略方针问题。他们可以当全国、省、市人民代表大会的代表，担任政府职务，安排这些人没有坏处。

毛泽东的一系列讲话精神为具体实施对资本主义工商业的社会主义改造指明了方向和道路。

部署对资本主义工商业改造的任务　1953年6月25日至7月22日，第四次全国统战工作会议在北京召开，主题是学习和贯彻党的过渡时期总路线，研究和部署对资本主义工商业的社会主义改造。李维汉在会上作了题为《关于利用、限制、改造资本主义工商业的意见》的报告，详尽阐述了对民族资产阶级实行和平改造的方针。他指出，利用、限制和改造资本主义工商业是整个过渡时期的根本问题之一，各级统战部门应当在党中央的统一领导下，把政治工作和经济工作结合起来，参加这一伟大的社会主义变革。党中央非常重视这次会议。7月16日，中央政治局专门讨论了加强统一战线工作问题。7月18日，刘少奇出席全国统战工作会议，并根据中央政治局讨论的精神，在会上发表重要讲话。这次会议明确了党在过渡时期对民族资产阶级的方针政策和今后统战工作的主要任务，推进了过渡时期统一战线的稳步发展。

1953年6月29日，中共中央政治局扩大会议决定，今后对资本主义工商业的领导，应集中于党中央及各级党委，日常工作在中央方面委托中央统战部管理。1953年11月，在中共中央财经委员会下设立第六办公厅，1954年10月，改为国务院第八办公室。李维汉先后兼任中财委副主任（分管第六办公厅）和国务院第八办公室主任，协助总理周恩来、中财委主任陈云主持对资本主义工商业利用、限制和改造的工作。从1953年起，对资本主义工商业和资产阶级分子的双重改造，成为中央统战部的一个工作重点。

推动总路线的宣传教育　对资本主义工商业的社会主义改造，是一场极其深刻的革命，必然引起资产阶级的各种疑虑和抵触，少数人还会以各种方式进行反抗。党中央深刻分析了形势，决定首先有领导、有步骤地、大张旗鼓地进行党在过渡时期总路线的宣传教育。毛泽东说，要使各级党委和统战部门有意识地懂得，半年之内是大喊大叫的半年，为新生事物开辟道路。党在过渡时期总路线和对资本主义工商业改造的方针传开以后，在广大工商业者中间引起了波动，一部分人表示拥护、赞成，多数人则不同程度感到震动和不安，一部分人存在严重抵触情绪，少数人则以停工、停伙、停薪、抽逃资金、破坏生产等手段抵制社会主义改造。

针对这种情况，根据毛泽东和中共中央指示，李维汉在中华全国工商联第一届会员代表大会上发表讲话，阐述党在过渡时期总路线和对资本主义工商业利用、限制、改造政策的内容、意义和步骤。他指出，一切积极为实现党在过渡时期总路线努力的工商业者，今天有合法的利润可得，将来有适当的工作可做，和全国人民一道为社会主义事业服务，这是私营工商业者的现实和前途，也就是他们的光明大道。会议经过对党在过渡时期总路线的学习和讨论，大多数人受到了教育。黄炎培在大会发言中说，在过渡时期，资产阶级只要接受改造，将是“风又平，浪又静，平平安安到达黄鹤楼”“到社会主义都有一份工作，有饭吃”。他的话博得与会许多代表的赞赏。对于个人前途问题，代表们开始认识到，只要遵循总路线，将来可以稳步地最后完成社会主义改造，可以有工作做，保留消费财产，从而大大地解除了顾虑。许多人的情绪由原来的沉闷、疑惧、怕挨整、怕斗争转变为比较开朗，比较积极。大会于11月12日通过决议，郑重宣告接受和拥护过渡时期的总路线和对私营工商业所采取的利用、限制、改造政策。会后，全国工商界层层传达学习讨论会议精神，做到家喻户晓，深入人心，为开展对资本主义工商业的社会主义改造，作了必要的思想舆论准备。

有计划地扩展公私合营　对资本主义工商业利用、限制、改造政策的确定和粮油棉统购统销的实行，大大地促进了对资本主义工商业的改造。1954年是有计划地扩展公私合营工业的第一年，中财委计划会议确定了“巩固阵地、重点扩展、作出榜样、加强准备”的工作方针。9月，政务院第223次会议通过了《公私合营工业企业暂行条例》。《条例》阐明了在合营企业中公私双方的地位，规定了合营企业利润分配原则。《条例》的制定，使得公私合营工业有章可循。这一年，公私合营企业由1953年的1036户增加到1954年的1746户，产值占私营、公私合营工业全部产值的33%，就是说私营工业产值的1/3实现了公私合营。

由于中国的资本主义工业企业大户少，绝大多数是中小企业，采取“吃苹果”的个别企业合营的做法，打乱了资本主义经济固有的内部联系，造成了已合营户与未合营户、大户与中小户、国营企业与私营企业的诸多矛盾，导致不少私营工业停工关门。1954年12月，根据党中央、国务院的指示，第二次全国扩展公私合营工业计划会议确定了“统筹兼顾、归口安排、按行业改造”的方针。在扩展公私合营的方式上，要求按行业作通盘规划，统一安排；分别情况，或实行个别合营，或采取以大带小、以先进带落后的办法实行联营合并或公私合营。这样，就为加快对资本主义工业的改造找到了途径。1955年1月，中共中央批转第二次全国扩展公私合营工业计划会议报告，确定实行“统筹兼顾、合理安排”的方针，在扩展公私合营的方式上，采取“个别合营与按行业改造相结合”的办法。1955年，全国公私合营工业已达3197户，产值占私营、公私合营工业全部产值的49.7%，相当于私营工业产值有近一半实现了公私合营，大大超出了国家原来的计划。

1955年11月，中央拟定的已经大大加速的计划仍然是用两年时间分批分期完成全行业公私合营。11月，上海在8个行业实行了全行业公私合营。1956年1月10日，北京市政府召开资本主义工商业公私合营大会，宣布全市35个工业行业的3990家工厂和42个私营商业行业的13973户坐商全部实行公私合营。15日，北京市各界20多万人在天安门广场举行庆祝社会主义改造完成大会。北京、上海的热潮感染了全国。各地的私营工商业者包括部分企业职工，天天敲锣打鼓，要求批准公私合营。在这种情况下，政府采取一次批准、全面合营的办法，即先承认全行业公私合营，然后进行清产核资，确定利息，并实行企业改组、人事调整、生产安排等。据1956年1月27日的统计，全国已有118个大中城市和193个县的资本主义工商业全部实行了公私合营。到年底，全国私营工业8.9万户的99%、总产值的99.6%，私营商业240万余户的82.2%、资金的93.3%，已分别纳入了公私合营和合作化的轨道。

关于和平赎买的政策 为适应公私合营高潮迅速到来的形势，中共中央和国务院正确地制定并实行了对资产阶级的以和平赎买、从宽照顾为核心的一系列方针政策，保证了对资本主义工商业社会主义改造的顺利进行。

(一)在企业清产核资中，执行“从宽从了”的方针。“从宽”，就是对清产核资中有关公私关系方面的问题，凡是可以从宽处理的即要从宽处理。“从了”，就是对于企业原有的各种债务和财产关系包括敌伪财产、对公欠款、抽走的资金和呆滞物资在内，根据从宽的方针，尽可能地加以了结。1956年清产核资的结果是，全国公私合营企业(包括高潮以前的公私合营企业在内)私股投资总额为24.2亿，全国拥有定息的人员共114.2万人。

(二)在福利待遇上，执行宽大政策。一是确定“从简从宽”的定息原则。毛泽东同意陈云的意见：不分工商，不分大小，不分盈余户、亏损户，不分地区，不分行业，统统为年息5厘，个别需要提高息率的企业，可以超过5厘。当时资本家估计的息率是“坐三望四”，因此，中央这一决定使他们喜出望外，很受感动。1956年12月，全国工商联会议期间，中央又决定，从1956年起，定息7年不变，如7年后工商业者生活还有困难，还可以拖个尾巴。到1963年，又决定延长3年，直到1966年9月停发。资本家共拿定息10年又9个月，计12亿多元，加上高潮前“四马分肥”私股分得的红利股息，已相当于资本家的资产总额。二是福利待遇问题从宽解决。在福利待遇上，国务院规定：企业核定资财的时候，私方人员本人股金在2000元以下的，其疾病医疗和病假期内的工资支付办法，均按所在企业职工的待遇办理；本人股金虽然超过了2000元，而有困难的私方人员，本人的疾病和病假期内的工资支付办法，也可以参照本企业职工的待遇办理。这样，就使80%左右的私方人员享受了职工医疗待遇。同时，国务院又规定，在职私方人员的原有工资一律不动，高薪不动，低的以后随着工资制度改革逐步调高。

（三）在人事安排上，实行“量才使用，适当照顾”的政策。合营以后的几十万原私营工商业者，有些人继续担任企业的领导职务，尽量发挥他们的才能。老弱病残的私方人员作了适当安排。在人事安排后，要求公股代表和共产党员，要充分认识和估计资方人员的积极作用，要尊重私方人员的合法权益和合理意见。

【延伸阅读】

工作岗位和政治地位都要安排好

1955年下半年，资本主义工商业全行业公私合营的浪潮，以汹涌澎湃之势席卷全国。10月27日、29日，毛泽东两次邀集工商界代表人物进行座谈，勉励大家认清社会发展规律，主动掌握自己的命运，走社会主义的道路，把自己从一个剥削者改造成为自食其力的劳动者。毛泽东的讲话，引起工商界代表人物的强烈反响，全国工商联副主任委员李烛尘在会上提出要搞一个接受社会主义改造的高潮。毛泽东说，不要搞高潮，要瓜熟蒂落，水到渠成。对于接受“和平赎买”的资本家，毛泽东强调“一个工作岗位，一个政治地位，都要安排好”“要使这些人过得去”。以对资本主义工商业社会主义改造的基本完成为主要标志，社会主义基本经济制度在中国建立起来。

对资本主义工商业改造的成就与问题 在对资本主义工商业社会主义改造过程中，党总结人民群众的丰富实践经验，创造了加工订货、统购包销、经销代销、公私合营等国家资本主义形式，使资本主义私有制逐步地过渡到社会主义公有制。采用多种组织形式逐步地向社会主义过渡，这是我国社会主义改造的一条独创性经验。

中国共产党根据中国的历史和现实的条件，在社会主义改造中继续保持同资产阶级的联盟，确定了对资本家实行和平赎买的政策。同其他社会主义国家相比，中国对私人资本主义的改造，既不是采取剥夺的方式，也不是采取由国家付出一大笔赎金的购买方式，而是创造了在相当一段时期内让资本家继续从企业分得一部分红利和股息的赎买办法。这不仅有效地减少了资本家对私有制变革的抵抗，而且继续利用了私人资本主义在扩大生产、增加国家税收、改进企业管理和生产技术、培养和训练技术工人和技术人员等方面的积极作用。在社会主义改造期间，私营工业和公私合营工业提供的产值，从1949年的约70亿元增加到1956年的191亿元，增长超过1.5倍，为国家作出了贡献。由于党正确地实施了过渡时期总路线和相应的一整套改造方针和政策，加上民族资产阶级中的进步分子和大多数人在社会主义改造过程中起了有益的配合作用，这两方面结合起来，使中国成功地实现了马克思、列宁曾经设想的对资产阶级的和平赎买，以新的经验丰富了科学社会主义理论。陈云在1956年6月一届全国人大三次会议上评价说：“企业的私有制向社会主义所有制的改变，这在世界上早已出现过，但是采用这样一种和平方法使全国工商界如此兴高采烈地来接受这种改变，则是史无前例的。”党和国家对资本主义工商业社会主义改造的完成，标志着党领导全国人民实现了从新民主主义到社会主义的历史转变，社会主义制度在我国基本建立起来了。

由于我国是在20世纪50年代的国际环境和社会历史条件下，实现从新民主主义到社会主义转变的，基于当时中国共产党对社会主义的认识，尤其是各社会主义国家都普遍接受的苏联社会主义模式的影响，我国社会主义改造后期也出现了一些缺点和偏差。主要是：第一，在1955年夏季以后，改造要求过急，工作过粗。第二，改造的面过大，不分地区、不分行业、不分企业大小，一律改造。由于对经济形式的多样性、复杂性认识不足，许多地方不适当地把没有雇工剥削或仅有轻微剥削的小商、小贩、小手工业者和其他独立劳动者，也纳入公私合营的范围，把他们笼统地划为“私方人员”，错当成资本家对待，挫伤了这部分劳动者的社会主义积极性。第三，1956年资本主义工商业改造基本完成以后，对一部分原工商业者的使用和处理也有不当之处。

对于上述问题，党在社会主义改造后期有所觉察，并在1956年党的八大前后提出了一些比较符合实际的调整措施。但是，由于对什么是社会主义以及在中国怎样建设社会主义的问题还远未达到成熟的认识，这些措施没有从根本上解决问题。

第四节　开辟解决民族问题的正确道路

一、实行“慎重稳进”方针

中国是各族人民共同缔造的、统一的多民族国家。新中国的成立，开创了中华民族历史的新纪元，为实现各民族平等互助、团结合作、共同走向繁荣昌盛开辟了广阔前景。

建立中央民族事务委员会 新中国刚成立时，由于历史上反动统治者长期实行民族压迫政策，各民族之间特别是少数民族和汉族之间存在着很深的隔阂。有的少数民族对人民政府抱有疑虑，有些地方由于复杂的历史原因和反动势力的挑拨，甚至还存在着严重的民族对立现象，一部分少数民族上层及信教群众不了解共产党和人民政府对待宗教的政策，以致有些民族问题往往同宗教问题交织在一起而难于处理。另外，各少数民族的经济、社会发展很不平衡，各种不同社会经济形态并存。与汉族地区相邻近的地区是地主经济占统治地位，资本主义经济也有不同程度的发展，而边远地区的少数民族则大都分别处在封建农奴制、奴隶制以至原始公社制末期等不同社会发展阶段。各少数民族的政治制度和政权形式也很复杂，有世袭的封建王公、政教合一的僧侣贵族统治制度，有以父系血缘为纽带的家支制度，还有土司、山官、王子、部落头人和千百户制度等等。即使社会制度和汉族地区大致相同的少数民族地区，在政治、经济、文化和生产力发展水平方面，也和汉族地区有很大差距。因此，各地区开展民族工作的条件极不相同。这个基本情况决定了新中国建立初期民族工作的复杂性和艰巨性。

鉴于少数民族地区的复杂情况，中国共产党从不同民族地区的社会经济政治实际状况出发，制定了正确的民族工作方针和政策。1949年10月，中央民族事务委员会成立，负责主管全国的民族宗教事务，李维汉兼任主任委员，乌兰夫、刘格平、赛福鼎·艾则孜担任副主任委员。1950年3月，第一次全国统战工作会议讨论了民族工作问题，要求必须采取有效办法，逐步消除历史上造成的民族间的仇恨、隔阂、猜忌、歧视和不信任的心理，尤其着重反对汉民族中的大民族主义倾向，同时在少数民族中反对狭隘民族主义倾向。

提出"慎重稳进"方针 1950年4月28日，政务院召开政务会议，听取中央民族事务委员会副主任乌兰夫报告当前民族工作问题。报告强调：民族工作的方向和目的，是要尽量减少民族间的隔阂和矛盾，加强和巩固各民族人民的团结，并尽可能有计划有步骤地帮助各少数民族逐渐发展其政治、经济和文化。对少数民族地区的一切工作，必须采取慎重缓进的方针，反对急性的做法。政务院批准了这个报告。之后，周恩来把“慎重缓进”改为“慎重稳进”，并在欢迎来京参加国庆一周年典礼的各民族代表宴会上的讲话中正式提出：对于少数民族内部的改革，按照各民族大多数人民的觉悟和志愿，“采取慎重稳进的方针”。

1950年6月，针对部分民族地区党委和干部在对待出现的民族问题态度不够慎重，不及时将发生的问题和处理问题的情况向上级汇报、请示，进而妨害党的民族政策贯彻落实的现象，中共中央发出了《中央关于慎重处理少数民族问题的指示》。《指示》制定了严格的请示报告制度，强调：“以后各地有关少数民族的问题，应集中由各中央局处理，重要的问题则报告中央处理”“擅自处理少数民族问题，因而引起事变者，应该认为是严重的违反纪律的事件并受到应有的处分。”《指示》对应慎重对待的民族地区社会改革问题作了规定，即关于各地少数民族内部的社会改革，特别是有关少数民族的宗教信仰、风俗习惯，及土地制度、租息制度、婚姻制度的改革等，必须从缓提出，在没有得到各中央局和中央的批准之前，各级党委不得在少数民族人民中提出这些改革和发布有关这些改革的决议和口号，不得在报上进行有关这些改革的宣传。《指示》还明确要求：在少数民族中进行工作，必须首先了解少数民族中的具体情况，并从各少数民族中的具体情况出发来决定当地的工作方针和具体工作步骤。必须严格防止机械搬用汉人地区的工作经验和口号，必须严格禁止以命令主义方式在少数民族中去推行汉人地区所实行的各种政策。

【延伸阅读】

为少数民族群众着想

1950年3月，在西安召开的西北军政委员会会议上，甘肃省农业厅副厅长、藏族干部黄正清欲言又止，习仲勋见状热情鼓励他说："你现在是西北军政委员会委员了，又是西北藏族地区的民族领袖，你把民族地区的情况谈一下，我们共同把民族地区的工作做好。"于是，黄正清提出了两个问题：一是由于刚解放，牧区比较落后，人民群众习惯使用银元宝和银圆，不相信纸币，如果马上发行纸币，恐怕行不通；二是牧民为防野兽防盗，家家都花费三四百银圆的高价购置枪支，如果现在宣布收枪，会引起牧民群众的紧张和不满。两个问题提出时，与会的不少同志还为黄正清捏了一把汗，认为这些话不该讲。但彭德怀和习仲勋同志听了后却非常高兴，认为这些情况很重要。军政委员会立即通知银行，在牧区仍暂时流通硬币，并宣布在牧区不马上收缴枪支。由此，作为西北藏族地区民族领袖的黄正清认定共产党说话算数，处处为农牧民着想。

在社会改革方面，党和人民政府坚持"慎重稳进"的方针，根据少数民族地区大多数人民及与人民有联系的领袖人物的志愿，并主要地经过他们自己去进行。在这个方针指导下，到1952年，少数民族农业区大都实行了减租退押，在条件成熟的内蒙古、宁夏、青海、新疆地区进行了土地改革。在少数民族聚居的牧业区，中央决定实行牧主牧工两利政策，同时逐步取消牧主的封建特权，鼓励牧民的生产积极性，以发展畜牧经济。党和政府在少数民族地区进行社会改革，非常慎重、非常注重条件。

二、改善民族关系与加强民族团结

派出民族访问团 新中国成立后，党把加强与各少数民族的团结作为一项重要任务。为了解各民族的生活状况，加强与各民族人民的联系，从1950年开始，中央就向全国各民族地区派出访问团，有关的中央局、省、自治区和地（州）、县也配合中央民族访问团，先后派出了若干个民族访问团、慰问团和工作组，持续十多年。仅中央派出的民族访问团就曾先后访问了西南的云南、西康、四川、贵州，西北的新疆、甘肃、宁夏、青海，中南的广东、广西、湖南、河南，华北的内蒙古、绥远以及东北各省等地的少数民族和边疆民族地区，向少数民族群众宣传党和国家的民族政策，召开各族代表座谈会，了解他们的疾苦和要求，征求他们对民族工作的意见，并向生活特别困难的少数民族群众发放食盐、布匹、药品、医疗手术器械、农具及大量生活用品。这些大规模的访问活动，深受各族群众欢迎，有效疏通了民族关系，对于扩大党在少数民族地区的群众基础和政策影响，加强和改进党和政府的民族工作，增进各民族的团结，起到了很大的推动作用。

与此同时，各地也组织了各少数民族地区几百个民族参观团、代表团、国庆观礼团等，到北京和内地参观访问。党和国家领导人毛泽东、刘少奇、周恩来、朱德等都先后多次接见、设宴款待，并倾听他们的意见建议，有效地疏通和改善了民族关系，增进了民族之间的信任和团结，增进了各民族对祖国的认同和热爱。

【延伸阅读】

西北各民族访问团

1950年8月29日至12月1日，由中央人民政府最高人民法院院长沈钧儒为团长的中央西北各民族访问团，先后赴新疆、甘肃、宁夏、青海等少数民族地区访问。访问团携带有各种礼物，其中包括少数民族群众急需的药品、医疗手术器械、医药卫生书籍和宣传品；介绍人民解放战争、经济建设、首都人民活动的照片；毛泽东主席、朱德总司令等领袖像章相片；印着毛泽东主席所题“中华人民共和国各民族团结起来”的锦旗，并用各族文字绣译。访问团每到一地都召集各民族各界代表举行座谈并进行个别访问，听取各阶层人民的意见要求，受到各民族同胞热烈欢迎。访问团所到之处，各族人民高举五星红旗，以不同的语言欢呼“毛主席万岁”“中华人民共和国万岁”等口号，有力促进了民族团结。

开展民族识别 在新中国成立以前，中国究竟有多少少数民族，并不清楚。1953年，结合全国普选，进行了新中国成立后的第一次全国人口调查。在全国6.19亿人口中，除汉族外的其他民族共3532万人，约占全国人口总数的6.06%。在人口普查中，汇总各地登记自报的民族名称有400多个，仅云南就有260多个。为了全面贯彻实行民族平等政策，从1953年起，党和政府组织了大规模的民族识别考察工作，辨别民族成分和民族名称。识别考察从中国的历史和现实情况出发，按照科学认定与本民族意愿相结合的原则，只要具有构成单一民族条件的，不管其社会发展水平如何，不论其居住区域大小和人口多少，都认定为一个民族。经过认真的调查研究，到1954年，中国政府确认了38个少数民族①。民族识别工作使许多不被旧中国的统治者承认的少数民族获得了应有的承认，并与其他民族一样享有平等权利。

消除民族歧视 为了坚决消除旧中国统治者施行欺侮少数民族的歧视政策的种种影响，1951年5月发布的《政务院关于处理带有歧视或侮辱少数民族性质的称谓、地名、碑碣、匾联的指示》，强调为加强民族团结，禁止民族间的歧视与侮辱，对于历史上遗留下来的强加于少数民族的称谓及有关少数民族的地名、碑碣、匾联等，如带有歧视和侮辱

① 1964年中国政府又确认了15个民族，1965年确认了珞巴族，1979年确认了基诺族。到20世纪80年代中后期，民族识别和更改民族成分工作基本完成，全国55个少数民族都被正式确认并公布。55个少数民族加上汉族，中国共有56个民族，即汉、蒙古、回、藏、维吾尔、苗、彝、壮、布依、朝鲜、满、侗、瑶、白、土家、哈尼、哈萨克、傣、黎、傈僳、佤、畲、高山、拉祜、水、东乡、纳西、景颇、柯尔克孜、土、达斡尔、仫佬、羌、布朗、撒拉、毛南、仡佬、锡伯、阿昌、普米、塔吉克、怒、乌孜别克、俄罗斯、鄂温克、德昂、保安、裕固、京、塔塔尔、独龙、鄂伦春、赫哲、门巴、珞巴和基诺族。其中，汉族人口占绝大多数，其他55个民族人口相对较少，习惯上称为少数民族。

少数民族意思者，应分别予以禁止、更改、封存或收管。根据这一指示，有关省、自治区都指定专门机构对此进行了调查研究，一经发现都陆续作了更改。例如内蒙古自治区首府“归绥”改名为“呼和浩特”，新疆维吾尔自治区首府“迪化”改名为“乌鲁木齐”，“僮族”改为“壮族”，“佧佤族”改为“佤族”，“崩龙族”改为“德昂族”等等。结果证明，这是一项深得各少数民族群众拥护的举措。一位瑶族领导干部形象地说：旧中国，我们瑶族被称作“猺”，是“动物”；解放了，我们被称作“傜”，变成了“人”；民族识别后，我们被称作“瑶”，变成了“玉”。从“动物”到“人”再到“宝”。新中国的成立使少数民族得以中华民族大家庭中平等一贯的地位登上历史舞台，成为国家和社会的主人。

培训少数民族干部 1949年11月，毛泽东在给西北局的电报中指示：“要彻底解决民族问题，完全孤立民族反动派，没有大批从少数民族出身的共产主义干部，是不可能的”，要求“青海、甘肃、新疆、宁夏、陕西各省省委及一切有少数民族存在地方的地委，都应开办少数民族干部训练班，或干部训练学校”①。1951年2月，中共中央政治局扩大会议作出决议，把推行民族区域自治和训练少数民族自己的干部，作为党在少数民族中进行的两项中心工作。据此，中央制定了培养少数民族干部的方案，决定在北京建立中央民族学院，作为培养少数民族干部的基地。同时还决定在西北、西南、中南各设中央民族学院分院一处，必要时还可增设。各地除在工作中放手使用和大胆提拔少数民族干部外，还普遍开办了各种民族干部训练班和民族干部学校。至1954年底，中央民族学院及西北、西南、中南、云南、贵州、广西、广东等八所民族学院，共毕业学生1.1万多名。通过实际工作锻炼和短期培训等办法，培养了一大批少数民族干部。1951年，全国培养少数民族干部5万多人，1953年超过10万人，1956年更达20万人以上，对少数民族地区各项工作的开展起到了很大的推动作用。

---

① 《关于大量吸收和培养少数民族干部的指示》（1949年11月14日），中共中央文献研究室编：《建国以来重要文献选编》第1册，中央文献出版社2011年版，第32页。

为了推动少数民族地区建设，1952年12月，中共中央颁发了关于制订五年建设计划应重视少数民族地区建设的指示，要求“将少数民族地区的政权建设、经济建设和文教建设及其他民族事务列入五年建设计划之内”。在中央政府和各级地方政府的大力支持和推动下，民族地区的经济、文化和各项社会事业迈出了坚实的步伐。

三、实行民族区域自治制度

民族区域自治制度的形成　采用什么样的国家结构形式来解决民族问题，中国共产党进行了不懈探索。党在早期受共产国际和苏俄联邦制度影响，曾在党的二大宣言提出“建立中华联邦共和国”的口号。同时，也在实践中探索总结。长征途中，帮助少数民族建立了甘孜博巴政府、豫海回民自治政府等。抗日战争时期，在陕甘宁边区建立了若干小范围的民族自治地方。1945年2月雅尔塔会议后，中国共产党意识到，用联邦制解决民族问题存在被大国操纵和利用，可能导致国家分裂的巨大危险。1945年10月，中共中央书记处在《关于内蒙工作的意见》中提出，在内蒙古实行民族区域自治，建立自治政府。1947年5月1日，内蒙古自治政府宣告成立，为党领导建立区域性民族自治提供了成功的范例。

新中国成立前夕，在起草《共同纲领》过程中，毛泽东提出：要考虑到底是搞联邦，还是搞统一共和国、少数民族区域自治，并就此向党内征询意见。李维汉经过研究，提出意见：中国与苏联国情不同，国内各民族始终都是一个统一的国家，各民族人民在中国共产党领导下由平等联合进行革命，到平等联合建立统一的人民共和国，并没有经过民族分离，因此，中国不宜实行联邦制①。中共中央和毛泽东采纳了这个建议。

---

① 李维汉1983年10月致中共中央书记处并邓小平《关于建立满族自治地方问题》的信中提到，1949年新政协筹备会议期间，他根据毛泽东的要求对中苏民族问题进行比较研究的情况和意见。

全国政协第一届全体会议通过的《共同纲领》明确规定："各少数民族聚居的地区，应实行民族的区域自治，按照民族聚居的人口多少和区域大小，分别建立各种民族自治机关。"由此，在统一的国家内实行民族区域自治，作为我国的一项基本政治制度确定下来。

制定《实施纲要》 新中国成立后，党把在少数民族聚居的地方推行民族区域自治作为民族工作的一项主要任务。主政西南的邓小平高度重视少数民族问题，在他的努力下，1950年12月，西康省藏族自治区成立，这是新中国最早成立的相当于省辖市一级的民族自治地方。此后，西北、西南、中南也建立了一些自治地方。

在总结全国各少数民族地区开展民族工作经验的基础上，1952年2月22日，政务院通过了《中华人民共和国民族区域自治实施纲要》。同年8月8日，中央人民政府委员会批准《实施纲要》，次日公布施行。《实施纲要》明确规定：各民族自治区统为中华人民共和国领土的不可分离的一部分。各民族自治区的自治机关统为中央人民政府领导下的一级地方政权，并受上级人民政府的领导。各少数民族聚居的地区，依据当地民族关系，经济发展条件，并参酌历史情况，得分别建立各种自治区：以一个少数民族聚居区为基础建立自治区；以一个大的少数民族聚居区为基础建立自治区，包括在该自治区内的各个人口很少的其他少数民族聚居区，均应实行区域自治；以两个或多个少数民族聚居区为基础联合建立自治区。《实施纲要》并对民族自治机关、自治权利、自治区内的民族关系、上级人民政府的领导原则等问题作了具体规定。

建立民族自治地方 《实施纲要》在各少数民族聚居地区得到认真的贯彻实行，逐步建立起一批民族自治地方，组成自治机关行使自治权利，使民族区域自治走出法律化、制度化的第一步。1954年《中华人民共和国宪法》确定将民族自治地方分为自治区、自治州、自治县三级，县以下的少数民族聚居区设民族乡，使民族区域自治制度更加符合我国的实际情况。根据宪法的规定，国务院发布指示，将过去各地建立的民族民主联合政府，依照不同情况和条件，逐步改建为自治州、自治县或民族乡。改建工作至1956年完成，当时全国共建立27个自治州（另有云南大理白族自治州在筹建中）、43个自治县。按照宪法的规定，在少数民族聚居区域较大、聚居人口较多的地区，开始建立省一级聚居的各项筹备工作。最早成立于1947年5月的内蒙古自治政府，1949年12月，改称内蒙古自治区人民政府。1955年10月1日，新疆维吾尔自治区宣告成立。广西壮族自治区成立于1958年3月5日。宁夏回族自治区成立于1958年10月25日。西藏自治区正式成立于1965年9月9日，此前筹备时间大约用了10年。至此，全国5个省级自治区全部成立。

此外，对于汉族人口占绝大多数、少数民族人口相对较少的地区，以及对于散居在汉族地区的少数民族人口，中央人民政府政务院出台《关于地方民族民主联合政府实施办法的决定》和《关于保障一切散居少数民族成分享有民族平等权利的决定》，对少数民族群众的平等权利予以保障。

四、西藏的和平解放

确定和平解放西藏方针　西藏是中国不可分割的一部分，解放西藏是中国人民解放事业的重要组成部分。近代以来，帝国主义势力经印度等地染指西藏，1888年、1903年，英国两次武装入侵西藏，并在西藏培植亲帝分裂势力，处心积虑破坏挑拨西藏地方与中央政府的关系，通过军事、政治、经济侵略手段在西藏攫取多项特权。第二次世界大战爆发后，美国涉足西藏，策动西藏内部的上层亲帝分裂势力进行一系列图谋西藏独立的活动。1949年7月8日，西藏地方政府以“防止共产党混迹西藏”为借口，下令将国民政府驻藏办事处人员及相关人员驱赶出西藏，制造了“七八事件”（又称“驱汉事件”），企图乘国民党政权覆亡之际将西藏从中国分离出去。9月3日，党中央授权新华社发表题为《决不容许外国侵略者吞并中国的领土——西藏》的社论，强调："西藏是中国的领土，绝不容许任何外国侵略；西藏人民是中国人民的一个不可分离的组成部分，绝不容许任何外国分割。这是中国人民、中国共产党和中国人民解放军的坚定不移的方针。"①

为彻底清除帝国主义侵略势力在西藏的影响和分裂阴谋，完成祖国统一大业，根据西藏历史和现状，并分析国内外斗争形势等复杂因素，党中央确定了争取和平解放西藏的方针。早在1949年2月初，毛泽东与来访的苏共中央政治局委员米高扬谈到解放西藏的问题时就说："不能太快，不能过于鲁莽。"8月，又电告彭德怀要十分注意保护并尊重班禅及甘青境内的西藏人，以为解决西藏问题的准备。之后，湖南、宁夏以及与西藏相邻的新疆、云南、西康等省相继以和平方式解放，这些都为和平解放西藏提供了借鉴。1950年1月初，中央作出进军西藏的决策和部署，随后批准成立中共西藏工作委员会，统筹进军西藏和经营西藏的工作。1950年1月20日，毛泽东授权中央人民政府外交部发言人向新华社记者发表谈话，对外宣告了通过谈判以和平方式解放西藏的政策。西藏广大民众和上层爱国人士对此表示热烈拥护。

开展西藏上层人士工作　为了争取和谈早日进行，党中央在积极做好进军西藏的军事准备的同时，又发挥上层统一战线工作的作用，大力开展对西藏上层集团的政治争取工作，力促西藏地方政府派出代表到北京进行关于和平解放西藏办法的谈判。此时的西藏地方政府依然在主张分裂的摄政达扎·阿旺松饶的控制之下，面对中央人民政府发出的和谈信号迟迟不予回应。先后有四批民族宗教界爱国上层人士入藏劝和。1950年2月1日，西北局派出藏族干部张竞成携带青海省人民政府副主席廖汉生致十四世达赖喇嘛和摄政达扎·阿旺松饶的书信等赴藏联络。3月底，西南局派出与西藏政教界有着良好关系的汉族高僧志清法师赴藏劝说西藏上层集团同中央举行谈判。5月间，西北局派出以达赖的大哥、塔尔寺当才活佛为团长的青海寺院赴藏劝

① 《决不容许外国侵略者吞并中国的领土——西藏》，《人民日报》1949年9月3日第1版。

和团。5月，西南军政委员会委员、西康省人民政府副主席、甘孜白利寺五世格达活佛给朱德总司令发电报，请缨自荐入藏劝和。7月10日，格达活佛一行10人从白利寺出发，踏上赴藏劝和征程。这一系列劝和活动，受到帝国主义势力和西藏亲帝分裂分子的重重阻挠，劝和人员被驱赶或软禁、隔离，格达活佛在昌都被投毒致死。僧俗各界人士通过劝和活动没有叩开和平解放西藏的大门，但他们沿途宣传新中国的民族政策和宗教信仰自由政策，做了大量影响上层和群众的工作，为和平解放西藏事业作出了重要贡献。

昌都战役"以打促和" 以摄政达扎•阿旺松饶为首的亲帝分裂分子千方百计破坏和平解放西藏计划，甚至把藏军主力集中于以昌都为中心的周围地区，企图阻止人民解放军进藏。1950年8月23日，毛泽东批复西南局关于昌都战役实施计划的报告，指出占领昌都"对于争取西藏政治变化及明年进军拉萨，是有利的"，"有可能促使西藏代表团来京谈判，求得和平解决（当然也有别种可能）"[①]。10月6日，进藏部队分南北两线渡过金沙江，正面攻击昌都，侧翼切断藏军西撤南逃的退路。在人民解放军的强大攻势下，西藏地方政府噶伦、昌都总管阿沛•阿旺晋美毅然命令所部放下武器，向解放军投诚。正如毛泽东的预料，昌都战役的胜利，实现了"以打促和"，打开了和平谈判的大门，为促进西藏和平解放创造了必要条件。

昌都战役后，西藏上层内部急剧分化。1950年11月17日，达赖喇嘛在亲帝分裂分子达扎•阿旺松饶辞职下台后提前理政。在感到再战不能，"独立"无望，只有谈判才是出路时，达赖喇嘛于1951年1月27日派人请中国驻印度大使转达他致中央人民政府主席毛泽东的信，报告其亲政情况，表示愿意进行和平谈判。随后，委任阿沛•阿旺晋美为首席全权代表，凯墨•索安旺堆、土丹旦达、土登列门、桑颇•登增顿珠

---

① 毛泽东：《占领昌都，促使西藏代表团来京谈判》（1950年8月23日），中共中央文献研究室、中共西藏自治区委员会编：《西藏工作文献选编（1949—2005）》，中央文献出版社2005年版，第31页。

为全权代表，赴北京进行和平解放西藏的谈判，代表团分两路于4月26日齐聚北京。中央人民政府派出首席全权代表李维汉、全权代表张经武、张国华、孙志远。与此同时，中央还邀请十世班禅率堪布会议厅[①]官员于4月27日抵达北京。班禅在谈判期间做了许多有益的工作。

签订“十七条协议” 4月29日，中央人民政府全权代表与西藏地方政府全权代表举行了第一次谈判。此后在20多天的谈判中，虽然在一些问题上有争论和不同意见，但始终是在友好真诚、充分协商的气氛中进行的，最终就有关和平解放西藏的所有问题达成协议。5月23日，《中央人民政府和西藏地方政府关于和平解放西藏办法的协议》（简称“十七条协议”）正式签订。协议规定，西藏人民团结起来，驱逐帝国主义侵略势力出西藏；西藏地方政府积极协助人民解放军进入西藏，巩固国防；西藏实行民族区域自治；西藏现行政治制度和达赖喇嘛、班禅额尔德尼的固有地位及职权，中央不予变更，各级官员照常供职；实行宗教信仰自由的政策，尊重西藏人民的宗教信仰和风俗习惯；逐步发展西藏民族的语言、文字和学校教育，以及农牧工商业，改善人民生活；有关西藏的各项改革事宜，中央不加强迫，西藏地方政府自动进行改革，人民提出改革要求时，得采取与西藏领导人协商的办法解决之；中央人民政府统一处理西藏地区的一切涉外事宜。协议维护了中国的国家主权、统一和完整，促进了各民族的团结和西藏内部的团结，为西藏与全国一起共同进步和发展创造了基本前提。

“十七条协议”签订后，1951年6月，张经武持毛泽东给达赖喇嘛的亲笔信和“十七条协议”的副本，代表中央前往亚东做达赖喇嘛工作。8月，达赖喇嘛回到拉萨。阿沛·阿旺晋美从北京回到拉萨后，立即拜见达赖，建议批准协议。9月26日至29日，西藏地方政府召开有全体僧俗官员、三大寺代表参加的大会，专门讨论协议问题。大会最后通过的给达赖的呈文说，“签订的十七条协议，对于达赖之宏业，西藏之

---

① 1923年九世班禅被迫出走内地后成立的议事决策权力机构。

佛法、政治、经济诸方面，大有裨益，无与伦比，理当遵照执行”。10月24日，达赖致电中央人民政府主席毛泽东，表示拥护关于和平解放西藏办法的协议，“并在毛主席及中央人民政府领导下积极协助人民解放军进藏部队巩固国防，驱逐帝国主义势力出西藏，保护祖国领土主权的统一”。

“十七条协议”的签订，推动了十世班禅与十四世达赖之间关系的改善。1951年5月30日，十世班禅致电十四世达赖喇嘛表示：“愿竭绵薄，精诚团结，在中央人民政府和毛主席的英明领导下，协助您和西藏地方政府，彻底实行协议，为和平解放西藏而奋斗。”经过中央代表的工作，达赖承认十世班禅“确是前辈班禅化身”，于9月19日致电班禅，表示欢迎班禅返回西藏，“即速启程回寺”。在西北军政委员会协助下，十世班禅一行经过四个月的长途跋涉，于1952年4月28日抵达拉萨，并于当天下午与十四世达赖喇嘛在布达拉宫会晤，“彼此作了友谊的交谈”。6月9日，十世班禅由拉萨启程返回后藏日喀则，于6月23日上午在扎什伦布寺历代班禅举行坐床典礼的大殿内，隆重举行升座参禅。

成立西藏自治区筹备委员会 和平解放之初，西藏地方政权机构不统一，呈现出原有的西藏地方政府、班禅堪布会议厅和昌都地区人民解放委员会[①]并存的局面。1954年9月，达赖和班禅联袂出席一届全国人大一次会议。会议期间，经过商量，他们一致赞同成立西藏自治区筹备委员会。1955年3月9日，国务院全体会议第七次会议通过《关于成立西藏自治区筹备委员会的决定》。《决定》指出，西藏自治区筹备委员会是负责筹备成立西藏自治区的带政权性质的机关，受国务院领导。其主要任务是依据《中华人民共和国宪法》的规定以及关于和平解放西藏办法的协议和西藏的具体情况，筹备在西藏地区实行区域自治。1956年4月22日，西藏自治区筹备委员会成立大会在拉萨举行。达赖喇嘛·丹增嘉措任主任，班禅额尔德尼·确吉坚赞、张国华分

---

① 昌都战役后成立的带有统一战线性质的过渡性政权机构。

任第一、第二副主任，阿沛·阿旺晋美为秘书长。西藏自治区筹备委员会的成立，标志着西藏实行民族区域自治迈出了实质性的一步。

五、党的民族政策的贯彻落实

新中国成立初期，在有些地区，尤其是民族杂居地区，在执行民族政策时仍存在不少问题。针对这种情况，中央统战部先后于1952年和1956年在全国范围进行了两次民族政策执行情况的大检查，及时纠正民族工作中的缺点和失误，保证了党的民族政策的贯彻落实。

开展民族政策检查　1952年9月，中央批转甘肃定西地委执行民族政策的检查报告，要求西北、西南、中南每个有少数民族聚居或杂居地区的县委及地委都进行一次民族政策执行情况的检查，以后又扩大检查范围，到1953年，全国大部分有关地区都进行了检查，中央先后收到此项检查报告192份，其中大区8份，省46份，专区51份，县75份，市12份。中央统战部在此基础上形成《关于党的民族政策执行情况的初步检查》，提交1953年7月召开的第四次全国统战工作会议讨论。7月16日，在中央政治局会议讨论中，毛泽东说，这个总结的内容重，题目轻，不相称，同时也用不着叫初步检查，提议把题目改为《关于过去几年内党在少数民族中进行工作的主要经验总结》。毛泽东、刘少奇还肯定这个文件很好，讲清了一些思想问题和策略问题，对干部有帮助，是纲领又是策略。《总结》经全国统战工作会议通过后，又促使一些地方党委进一步对本地少数民族政策执行情况进行检查，并报告中央。经过再修改后，1954年10月24日，中共中央批发各地。

党的民族工作经验总结　中共中央批发的《总结》明确提出了过渡时期党在民族问题方面的任务，即巩固祖国的统一和各民族的团结，共同来建设伟大祖国的大家庭；在统一的祖国大家庭内，保障各民族在一切权利方面的平等，实行民族区域自治，在祖国的共同事业的发展中，与祖国的建设密切配合起来，逐步地发展各民族的政治、经济、文化(其中包含稳步的和必要的社会改革在内),消灭历史上遗留下来的各民族间事实上的不平等,使落后的民族得以跻身于先进民族的行列,过渡到社会主义社会。

《总结》阐明了党的民族政策中的几个重要问题。

(一)关于推行民族区域自治问题。在不少自治区普遍存在的最突出的严重问题是一些汉族干部包办代替,少数民族干部有职无权;个别汉族人不尊重少数民族宗教信仰、风俗习惯等;一些有关上级人民政府对民族自治区的权利尊重不够等。《总结》要求,要纠正这些缺点和错误,努力实现各民族自治机关逐步民族化,并加强党对自治区的领导与上级人民政府对自治区的领导,取得汉族或其他民族干部群众的帮助和支持。

(二)关于少数民族地区的社会改革问题。文件确定仍须坚持"慎重稳进"的工作方针。但同时重申,慎重稳进并不意味着不准备去帮助少数民族人民进行社会改革,也不意味着要勉强去推迟社会改革。过去几年,在社会经济结构和汉族地区相同或大体相同的少数民族地区,已经完成或开始进行土地改革,而尚未进行改革的民族地区社会经济的发展则更为落后。因此,对于这些地区的社会改革,可以考虑不再采取激烈的阶级斗争方法,而采用比较和平的方法即经过曲折迂回的步骤和更为温和的办法去进行社会改革,以便稳妥地推动这些地区向前发展。

(三)关于对少数民族上层的统战工作问题。文件强调,要采取广泛的统一战线政策,大力进行上层统战工作,争取、团结一切可以团结的民族上层人物和宗教人物。对已团结了的人物,必须树立长期合作、帮助其进步的观点,稳步地进行教育和改造,反对那种"今天团结、明天打倒"的观点。

(四)关于少数民族的宗教信仰问题。文件指出,宗教问题不仅是个人信仰问题,而且是整个民族问题不可分离的一个重要部分,并从理论和实践的结合上概括和阐述了少数民族宗教的长期性、民族性和国际性等特点，强调必须采取十分谨慎和认真尊重的态度，坚决执行宗教信仰自由的政策，切忌任何用行政命令办法干涉宗教的错误做法。

（五）关于处理民族地区的叛乱问题。文件强调必须采取在有充分军事准备的条件下力争政治解决的方针。

《总结》提出了纠正大汉族主义及地方民族主义要求。对一部分汉族干部中存在的大汉族主义、主观主义与命令主义的思想作风问题，文件规定，凡有少数民族的地区，各级党政机关在进行带全局性的工作部署和颁发带全局性的决定或法令时，均应根据各少数民族的不同情况，在政策及工作方法上作必要的或适当的交代。其未作交代者，各少数民族地区一律不得机械执行。

在反对大汉族主义的同时，文件正确地阐述了反对地方民族主义的问题，明确指出：大汉族主义或少数民族中的地方民族主义，都是与共产党的原则，亦即马克思列宁主义的原则不相容的。实现各民族自治机关逐步民族化是和加强党对自治区的领导与上级人民政府对自治区的领导分不开的，是和汉族或其他民族干部的帮助与支持分不开的。如果认为“当家作主”或“民族化”可以无需党的领导了，可以不注意国家统一的法令、制度和不服从中央人民政府的统一领导与上级人民政府的领导了，可以不需要汉族群众和干部帮助和支持了等，显然都是错误的，是应该注意防止的。

中共中央批发的《关于过去几年内党在少数民族中进行工作的主要经验总结》，是党在多年实践基础上形成的关于国家民族问题的一整套工作方针和具体政策的基本文件，具有长期指导意义。

第六章

全面建设社会主义时期的
人民民主统一战线

（1956 年 9 月—1966 年 5 月）

1956年社会主义改造基本完成后，中国开始转入全面大规模的社会主义建设时期，党对社会主义建设的道路进行了艰辛探索，取得了重大成就。同时由于党领导社会主义建设的经验不足，出现了“左”倾错误，经历了曲折的发展过程。统一战线也在探索总结中曲折发展，为克服困难和纠正失误作出了持续努力。

第一节　统一战线的全面推进和曲折发展

一、毛泽东《论十大关系》和党的八大中的统一战线思想

在中国这样一个贫穷落后、人口众多的国家怎样建设社会主义，是一个非常困难和复杂的问题，既不能凭主观去想象，也不能照抄照搬苏联模式。以毛泽东《论十大关系》讲话为开端，到党的八大召开，中国共产党比较系统地对中国的建设社会主义道路进行了探索，其中包含了丰富的统一战线理论方针和政策。

《论十大关系》中的统一战线思想　1956年4月25日，毛泽东在中央政治局扩大会议上作《论十大关系》的报告，经会议讨论，得到中央政治局赞同后，5月2日又向最高国务会议作了报告。这个报告确定了一个基本方针，就是努力把党内党外、国内国外的一切积极的因素，直接的、间接的积极因素，全部调动起来，把我国建设成为一个强大的社会主义国家。

报告在论述党和非党的关系时提出，在社会主义条件下，还是几个党好，不但过去如此，而且将来也可以如此，就是共产党和各民主党派要"长期共存、互相监督"。关于汉族和少数民族的关系，报告指出，在苏联，俄罗斯民族同少数民族的关系很不正常，我们应当接受这个教训，着重反对大汉族主义，同时也要反对地方民族主义。

党的八大关于统一战线的重要论述 1956年9月，中国共产党第八次全国代表大会在北京召开。这是党在全国执政后召开的第一次全国代表大会。党的八大正确分析了国内形势和国内主要矛盾的变化。认为由于社会主义改造已经取得决定性的胜利，我国无产阶级同资产阶级之间的矛盾已经基本上解决，几千年来的阶级剥削制度的历史已经基本上结束，社会主义制度已经基本上建立。明确指出：

我们国内的主要矛盾，已经是人民对于建立先进的工业国的要求同落后的农业国的现实之间的矛盾，已经是人民对于经济文化迅速发展的需要同当前经济文化不能满足人民需要的状况之间的矛盾。党和全国人民当前的主要任务，就是要集中力量来解决这个矛盾，把我国尽快地从落后的农业国变为先进的工业国。

这些论述，是社会主义基本制度在我国建立起来以后制定党的总路线、总政策的基本依据。

在毛泽东为大会所致的《开幕词》，刘少奇、邓小平代表党中央向大会所作的《政治报告》《关于修改党的章程的报告》和大会通过的《关于政治报告的决议》。都对社会主义改造基本完成后统一战线的理论、方针、政策等作了比较全面的论述。

（一）阐明了国内社会阶级关系的历史性变化。指出，经过对农业、手工业、资本主义工商业的社会主义改造，原来剥削农民的地主和富农正在被改造成为自食其力的新人；民族资产阶级分子正处在由剥削者变为劳动者的转变过程中；广大的农民和其他个体劳动者，已经变为社会主义的集体劳动者；工人阶级已经成为国家的领导阶级，它的队伍扩大了，它的觉悟程度和文化技术水平大大提高了；知识界已经改变了原来的面貌，组成了一支为社会主义服务的队伍；国内各民族已经组成为一个团结友好的民族大家庭。以共产党为领导的人民民主统一战线，更加扩大和巩固了。

（二）阐明了人民民主统一战线存在和发展的重要性和必要性。毛泽东指出，在我们继续加强全党的团结的时候，我们还必须继续加强各民族、各民主阶级、各民主党派、各人民团体的团结，继续巩固和扩大我们的人民民主统一战线，必须认真地纠正在任何工作环节上的任何一种妨害党同人民团结的不良现象。刘少奇指出，无产阶级只有同广大的可以接受社会主义的群众结成联盟，才能形成最大多数人对于反动阶级的专政，才能实现社会主义。

（三）明确了统一战线工作各个方面的任务。《关于政治报告的决议》明确指出：

继续巩固以工农联盟为基础的人民民主统一战线，是加强人民民主专政的必要条件。

《关于政治报告的决议》要求，为了巩固人民民主统一战线，必须继续贯彻执行团结、教育、改造知识分子的政策，使广大知识分子在社会主义事业中同工人农民形成亲密的团结。必须继续加强对于民族资产阶级的工作，给以工作上和生活上的适当安排，使他们中间的绝大多数人在社会主义思想的教育下逐步改造成名副其实的劳动者，把他们在生产上、经营上有用的知识和经验贡献给祖国。必须继续团结少数民族的上层人士和宗教界的爱国人士和有各种社会影响的爱国人士，继续团结国外各地的华侨。必须按照“长期共存、互相监督”的方针，继续加强同各民主党派和无党派民主人士的合作，并且充分发挥人民政治协商会议和各级协商机构的作用。在一切政府机关、学校、企业和武装部队中，共产党员都必须负责建立起同党外工作人员合作共事的良好关系。

党的八大在探索中国建设社会主义的道路上取得了具有深远意义的成果，其中关于统一战线的重要论述，为在新形势下巩固和发展人民民主统一战线指明了方向。

学习贯彻党的八大精神　1956年10月16日至11月8日，第七次全国统战工作会议在北京召开。会议以党的八大精神为指导，讨论了关于检查统一战线工作问题的报告，讨论了改善党与民主党派关系的问题，以及加强地方政协工作、资产阶级代表人物工作、知识分子统战工作、省市自治区参事室工作、文史研究馆工作以及民族工作、华侨工作等问题。会后，中央先后批发了这次会议讨论修改的一系列文件，如《中共中央关于进一步开展统一战线工作检查和民族政策执行情况检查的指示》《中共中央批准中央统战部〈关于加强政协地方工作委员会工作的意见〉》《中共中央批发中央统战部〈关于继续发挥工商业联合会的作用的意见〉》。中央统战部还制订了《关于对资产阶级代表人物工作安排中的平衡问题的意见》《关于统战部门进行知识分子的统一战线工作的意见》和《中央统战部对各省、市、自治区文史研究馆工作的意见》等文件，就做好各个方面的统一战线工作作出了具体部署。

围绕“长期共存、互相监督”方针的学习和贯彻，在中央统战部多次召开的民主党派、无党派民主人士座谈会和民主党派各自召开的会议上，民主党派和无党派民主人士畅所欲言，各抒己见，提意见，作批评，广泛涉及共产党的方针、政策等多方面的问题。1956年12月4日，毛泽东给民主建国会主任委员黄炎培复信，对民建会一届二中全会的成果给以高度评价：批评和自我批评这个方法竟在你们党内，在全国各地工商业者之间，在高级知识分子之间行通了，并且做得日益健全，真是好消息。

12月7日、8日，毛泽东分别接见了在北京开会的各地民建会、工商联负责人，就时局问题、对资产阶级的看法以及共产党的政策等问题作了明确回答，进一步团结、稳定了资产阶级人们和民主人士，增强了民主党派关心国家各方面工作的积极性。

创办中央社会主义学院 为了满足广大民主党派成员、无党派民主人士开展政治学习和理论学习的要求，在毛泽东、周恩来直接关怀下，1956年10月中央社会主义学院在北京创办，吴玉章为院长，聂真为常务副院长兼党组书记，邵力子、杨明轩、千家驹为副院长。作为民主党派、无党派民主人士的“高级党校”，组织统一战线成员分期分批进行短期学习。

二、学习贯彻《关于正确处理人民内部矛盾的问题》

《关于正确处理人民内部矛盾的问题》的发表 苏共二十大和波兰、匈牙利事件，给国际共产主义运动带来巨大冲击，也把社会主义社会的各种矛盾比较充分地暴露了出来；同时由于我国社会主义改造的急促进行和经济建设的快速发展，也使一些社会矛盾突出起来，以致1956年秋冬在中国的农村、工厂、学校出现了一些“闹事”的情况。正确认识和处理中国社会主义社会各种矛盾，成为党中央着重考虑的重大课题。1956年4月，毛泽东在《论十大关系》中就指出，十种关系，都是矛盾，我们的任务，就是要正确处理这些矛盾。

1957年2月27日，毛泽东在有1800多位各方面人士出席的最高国务会议第十一次（扩大）会上，发表了后来题目定为《关于正确处理人民内部矛盾的问题》的重要讲话。毛泽东深入研究社会主义社会的矛盾问题，系统阐明了关于严格区分社会主义社会的敌我和人民内部两类矛盾以及正确处理人民内部矛盾的理论。指出，矛盾是普遍存在的，社会主义社会也充满矛盾，正是这些矛盾推动着社会向前发展。强调在社会主义社会存在着敌我矛盾和人民内部矛盾两类性质根本不同的矛盾，必须严格区分和正确处理两类不同性质的矛盾。矛盾的性质不同，解决的方法也就不同，前者是分清敌我的问题，后者是分清是非的问题；前者需要用强制的、专政的方法去解决，后者只能用民主的、说服教育的方法去解决。

讲话强调正确处理人民内部矛盾是国家政治生活的主题，并阐述了正确处理人民内部矛盾的方针：

在政治思想上要提倡和善于运用“团结—批评—团结”的公式，即从团结的愿望出发，经过批评或者斗争，分清是非，在新的基础上达到新的团结；在经济上采取“统筹兼顾、适当安排”和兼顾国家、集体、个人三方面利益，并找出一条中国化的道路；在民族关系上采取各民族平等和团结，既克服大汉族主义，又克服地方民族主义；在共产党与民主党派的关系上实行“长期共存、互相监督”方针；对知识分子应从根本上改善同他们的关系，给予信任，善于团结，同时加强对他们的教育和思想工作；在科学文化工作方面实行“百花齐放、百家争鸣”的方针。

这些方针政策，接续了《论十大关系》和八大精神，基本指导思想是调动一切积极因素，团结一切可以团结的人，尽可能将消极因素转变为积极因素，为建设社会主义这一伟大事业服务。这些为正确认识和处理人民民主统一战线内部矛盾提供了理论依据。

召开第八次全国统战工作会议 为了进一步学习贯彻毛泽东的讲话精神，分析研究统一战线内部的各种矛盾，中央统战部于1957年3月21日至4月4日，在北京召开了第八次全国统战工作会议。与会同志联系统战工作实际，就正确认识和处理统一战线内部矛盾进行了畅所欲言的讨论。李维汉作了总结发言，结合学习毛泽东关于正确处理人民内部矛盾问题的讲话，系统分析了同统战工作有直接关系的几个重要矛盾。

（一）关于工人阶级同资产阶级的矛盾。他指出，从国内的政治形势看，工人阶级和资产阶级的矛盾的发展趋势，是要逐步地转化为劳动人民内部的矛盾。目前，统一战线的第二个联盟(即工人阶级同民族资产阶级及其他爱国人士的联盟)，正处在向劳动人民联盟的过渡状态中，他们自身正在分化。由于民主党派和民主人士总的来说是民族资产阶级、上层小资产阶级及其知识分子的政治代表，因此，随着工人阶级和资产阶级之间矛盾的发展和转化，民主党派自身性质以及中国共产党同他们的关系，也会发生相应的变化。

（二）关于民族问题。他指出，在全国范围内，不仅消灭了民族间的对抗，而且在新的即社会主义的基础上，进一步增强了民族间的统一性，巩固了民族大家庭的团结；但是，民族矛盾还存在，民族差别还要长期存在，经济和文化上的事实上的不平等，还有待长时间的努力才能逐步地消除。自治权利的实现，目前还存在着不小的距离。历史上遗留下来的民族隔阂，也非短时间内所能消除。各民族内部阶级矛盾还没有完全消灭，个别民族内部阶级对抗的存在，不可避免地要反映在民族关系上。一部分民族矛盾还带有宗教矛盾的色彩。此外，还有大汉族主义和地方民族主义。这一切，使民族矛盾呈现复杂的情况。如果我们只注意社会主义内容的一致性，而忽视民族形式的日益丰富多彩，例如在社会主义改造过程中强求形式上的统一，就要犯错误。

（三）关于宗教问题。他指出，在中国除个别地区外，宗教矛盾已经转化为基本上是人民内部的矛盾，是人民内部信仰或不信仰宗教的矛盾，信仰这种宗教或信仰那种宗教的矛盾，信仰这个教派或信仰那个教派的矛盾。我们允许宗教信仰自由，正是为了在政治上团结宗教徒，争取宗教影响下的群众和广大人民一道，为了解放和发展生产力，为了在长时期内逐渐地消除宗教存在的根源。这些问题，要在道理上讲透，在政策上作妥当处理。

（四）关于如何处理统一战线内部的各种矛盾。根据毛泽东多次讲话的精神，会议提出了三点意见：一要从6亿人口出发，实行统筹兼顾、适当安排的战略方针；二要加强思想工作，提倡学习马列主义；三要贯彻“放”的方针，鼓励党外人士唱对台戏。李维汉指出，对统一战线内部的各种矛盾，必须运用民主的、说服的方法，把对同盟者的政治教育和尊重同盟者的利益结合起来，正确地加以解决。各民主党派享有政治上的自由、组织上的独立、法律上的平等权利。他还说，右派的存在，是人民内部矛盾的反映，要用处理人民内部矛盾的办法来对待。右派也是人民的一部分，也只能这样对待。

三、整风运动和反右派斗争中的统一战线工作

欢迎党外人士帮助整风　为了改善共产党的领导，更好地领导全国人民进行社会主义建设，1957年4月27日，中共中央发出了《关于整

风运动的指示》，文件指出，由于党已经在全国范围处于执政党的地位，得到广大群众的拥护，有许多同志就容易采取单纯的行政命令的办法去处理问题，而一部分立场不坚定的分子，就容易沾染旧社会作风的残余，形成一种特权思想，甚至用打击迫害的方法去对付群众。因此，有必要在全党进行一次普遍的、深入的反对官僚主义、宗派主义和主观主义的整风运动。确定整风的主题是正确处理人民内部矛盾，以解决党的自身思想作风问题为着眼点。本次整风运动应是一次既严肃认真又和风细雨的思想教育运动，应是一次恰如其分的批评和自我批评的运动。欢迎非党员群众自愿参加整风运动。4月30日，毛泽东召开最高国务会议第十二次(扩大)会议，党和国家领导人、各民主党派负责人和无党派民主人士出席会议，主要议题是即将开始的共产党整风。他希望通过各界人士的批评，使党的作风真正得到改进，也设想通过党的若干领导体制的进一步完善，来妥善解决实际工作中党与民主党派、党与知识分子的矛盾。例如毛泽东提出，关于高等学校的领导体制，教授治教恐怕有道理，是否分两个组织，一个校务委员会管行政，一个教授会议管教学，这些问题要研究。毛泽东责成邓小平找高等学校党委和民盟、九三学社等开会座谈，对有职有权和党委负责制的问题征求意见。

5月4日，中共中央发出《关于继续组织党外人士对党政所犯错误缺点展开批评的指示》。为贯彻落实毛泽东和党中央的指示，中央统战部从5月8日到6月3日召开了13次各民主党派负责人、无党派民主人士座谈会；从5月15日到6月8日，中央统战部和国务院第八办公室联合召开了25次工商界人士座谈会，请大家提意见，并将座谈会所提意见整理见报。各级党政机关和高等学校、科学研究机构、文化艺术单位的党组织也纷纷召开各种形式的座谈会和小组会，听取党内外群众的意见，并及时见报。

民主党派负责人和无党派民主人士的大部分批评、意见和建议是正确的、善意的，有的切中时弊。如民建中央副主任委员胡子昂提出党群关系“敬而不亲，亲而不密”问题；民革中央常委刘斐等批评“以党代政”问题；民革中央副主席熊克武等批评立法工作落后问题；民革中央副主席张治中在书面发言中谈及中共与党外人士关系，建议从思想认识上解决问题，从制度上求得保证，从生活和交往上培养感情，从加强学习、宣传教育和检查工作上贯彻政策。有的批评意见很尖锐，如无党派民主人士张奚若讲的四种偏差：“好大喜功，急功近利，鄙视既往，迷信将来。”民主党派个别领导人中也有一些错误言论，如“政治设计院”“平反委员会”等，引起毛泽东的警觉。

对于党外人士的批评和意见，中共中央表示衷心欢迎并非常重视。在多次向党内发出的指示中，指出党外人士对我们的批评，不管如何尖锐，基本上是诚恳的、正确的，这类批评占90%以上，对于我党整风、改正缺点错误大有利益。毛泽东看到一些关于整风的报道后指示：“不整风党就会毁了。”开展整风，正确处理人民内部矛盾，“这是天下第一大事”。同时也提出注意“右倾分子”反共言论，要求过一段时间再加以反驳。6月3日，李维汉在中央统战部邀请民主党派负责人座谈会结束的总结发言中指出，各方面提出的批评和意见，很多是正确的，应当认真地加以接受和处理；有相当一部分是错误的，还需要进一步加以研究和分析。“有相当一部分是错误的”之语是毛泽东审阅发言稿时加上的，目的是向党外人士“打招呼”。

反右派斗争及扩大化　国内社会主义改造带来的深刻社会变革使许多人感到不适应，国际上苏共二十大及波匈事件后帝国主义掀起的反苏反共高潮的影响，使极少数人对共产党和社会主义制度抱有敌对情绪或不满。有的说，百家争鸣不应当再有思想改造了，过去知识分子的思想改造搞错了；向科学进军，业务第一，可以不学习马列主义了；资本家只有一面性，同工人差不多了；民主党派要独立自由，应当采用英美民主方式。总之，思想改造应当收起来了，马列主义指导地位成了问题，共产党的领导地位有了问题，等等。这些不满，主要是右派分子散布的，但也有不少人附和或受影响。对此，党认为仍然属于人民内部矛盾的反映，右派也是人民的一部分。

但是，随着整风运动的迅猛展开，也出现了一些复杂情况。有极少数人乘机向党和新生的社会主义制度放肆地发动进攻。他们把党开展整风及邀请党外人士批评党和政府工作中的缺点错误，看成是天下即将大乱，散布说共产党已经“进退失据”，局势是“一触即发”；把共产党在国家政治生活中的领导地位，攻击为“党天下”，公然提出共产党退出机关、学校，公方代表退出合营企业，要求“轮流坐庄”，妄图取代共产党的领导；极力抹煞社会主义改造和建设的成绩，根本否定社会主义制度的优越性，攻击“现在政治黑暗，道德败坏，各级机关都是官僚机构，比国民党还坏”，把人民民主专政的制度说成是产生官僚主义、宗派主义和主观主义的根源，叫嚣“根本的办法是改变社会制度”。在他们的煽动、蒙蔽下，一些地方发生少数工人罢工、学生罢课和闹事行为，且有蔓延之势。民革中委卢郁文在座谈会上说自己与共产党没有“墙和沟”，竟收到匿名信，被说成为虎作伥、无耻之尤。这种异常现象，不能不引起党的高度警觉，并被看成是一个危险的政治信号。

5月15日，毛泽东写了题目后来改为《事情正在起变化》的文章，印发党内高级干部。6月8日，《人民日报》发表《这是为什么?》的社论，同一天，中央发出组织力量反击右派分子进攻的党内指示，标志反右派斗争正式开始。7月1日，《人民日报》发表了毛泽东起草的社论《文汇报的资产阶级方向应当批判》，提出资产阶级右派就是反共反人民反社会主义的资产阶级反动派，标志反右派斗争进一步升级。7月中旬青岛会议后，又进一步把整风和反右派斗争的意义和目标提高到政治思想战线上的社会主义革命，并推向全国范围广泛展开。

对右派分子进行反击和斗争，事实上是不可避免的，也是必要的。从新中国成立到社会主义改造基本完成，在短短7年实现这样深刻的社会变革，不能不引起社会各阶级、各阶层的不同反应。反对社会主义制度、反对共产党领导的敌对势力确实存在，在一些人的心目中，中国要不要走社会主义道路和坚持党的领导的问题，实际上没有完全解决。只有坚决地反对一切脱离社会主义的言论行动，在人民中间进行坚持社会主义道路的教育，才能顺利地推进社会主义建设事业。在国际敌对势力强大、台湾蒋介石集团蠢蠢欲动的背景下，如果放弃这种斗争，不在问题发生的范围内旗帜鲜明地击退极少数右派分子的进攻，就会造成思想上和政治上的混乱。但是，敌视社会主义的人毕竟只是极少数，同这种倾向的斗争应该在问题发生的范围内进行。对这一点，党本来是有清醒估计和正确认识的，党中央、毛泽东试图把反右派斗争在政治上打击的范围尽量缩小到极右派，加大争取中间派的力度，然而，在整风运动发展过程中，党对阶级斗争形势作了过于严重的判断，把本应在一定范围内并主要采用解决思想问题的方式来进行的斗争，扩展成全党、全国范围的“一场大规模的思想战争和政治战争”，这就不可避免地导致了反右派斗争严重扩大化的错误。许多同党有长期合作历史的朋友，许多有才能的知识分子，许多政治上热情而尚不成熟的青年，由于被错划为右派分子，经受了长期的冤屈和磨难，不能在社会主义建设中发挥应有的作用。这不但造成他们个人和家庭的悲剧，也给整个党和国家的事业造成巨大的损失。

为缩小打击面，中央曾一再提出，划分右派分子的标准限于反对社会主义和反对共产党，而把一般的历史上的老账、个别问题的意见和学术性问题撇开。9月八届三中全会召开时，全国已划右派6万余人，当时估计右派最多15万人。为防止放宽标准，右派划得过多，会上还制定了《划分右派分子的标准》。但这个标准10月15日才正式下发，因为许多地方右派已经划完，此政策没有普遍传达。而1957年冬至1958年春，在全国中小学200多万教职员中，仅小学教员中就划了10多万右派分子。后来，在1958年与党外人士整风交心中，一些地方和单位把党外人士自我检查中交出的“黑心”，作为判定右派的依据，又错划了一批右派。最后到1958年夏整个运动结束时，全国被划为右派者达55万人，反右派斗争被扩大化，产生了严重后果。

反右派斗争扩大化的影响　（一）导致党的八大关于中国社会主要矛盾的正确论断和社会阶级关系状况的客观分析发生改变，党的指导思想开始出现“左”的偏差。毛泽东在1957年10月八届三中全会上提出：无产阶级和资产阶级的矛盾，社会主义道路和资本主义道路的矛盾，毫无疑问，这是当前我国社会的主要矛盾。刘少奇在1958年5月八大二次会议工作报告中提出，我国现在有“两个剥削阶级和两个劳动阶级”。两个剥削阶级：一个是反对社会主义的资产阶级右派、被打倒了的地主买办阶级和其他反动派，另一个是正在逐步地接受社会主义改造的民族资产阶级和它的知识分子；两个劳动阶级：一个是农民和其他原先的个体劳动者，一个是工人阶级。进而提出：整风运动和反右派斗争的经验再一次表明，在整个过渡时期，也就是说，在社会主义社会建成以前，无产阶级同资产阶级的斗争，社会主义道路同资本主义道路的斗争，始终是我国内部的主要矛盾。这就改变了八大关于我国社会阶级关系的正确分析，成为后来党在阶级斗争问题上屡犯扩大化错误的理论根源。反右派斗争的严重扩大化，也使党探索适合中国情况的建设社会主义道路的良好开端受到挫折，党的建设、社会主义民主与法制建设、社会经济文化生活等各方面，都受到了极大损害。

（二）影响了中国共产党同知识分子、民主党派的关系。整风初期，中共中央本来想通过邀请党外人士帮助整风，充分调动知识分子的积极性，增强同民主党派的团结合作。反右派斗争扩大化的错误，使这个目标不仅没有实现，反而造成了共产党同知识分子、民主党派之间的关系出现了前所未有的紧张，“百花齐放、百家争鸣”和“长期共存、互相监督”两大方针的贯彻执行难以落实，统一战线遭受了严重的损失。

反右派斗争中的统一战线政策　在反右派斗争中，从中央到地方对统一战线成员均采取了一些保护性措施。1957年6月28日、29日，中央先后发出《关于在一两个月后吸收一批高级知识分子入党的通知》和《关于争取、团结中间分子的指示》，强调团结和教育知识分子，缩小打击面。周恩来专门召集有关部门负责人开会，提出全国人大代表和政协委员划右派须报国务院批准，在国外有影响的人，包括一些知识分子划右派须把材料给他看。9月8日，中共中央《关于自然科学方面反右派斗争的指示》对国内外相当著名的、有突出成就的自然科学家和一批在日内瓦会议后争取回国的欧美留学生，规定了除个别情节严重非斗不可外，应一律采取坚决保护过关的政策。9月14日，中共中央《关于企业整风运动应该注意的若干事项的通知》提出，“特别要慎重对待那些专心业务，确有真才实学的高级工程技术人员”。10月15日，中共中央《关于〈划分右派分子的标准〉的通知》提出，高级知识分子、重要民主人士中的右派分子的名单，必须报省一级或省以上的党的领导机关审查批准。1957年底，在中央决定对右派分子作处理前，周恩来广泛征询了文化教育、民主党派等方面的知识分子对右派分子的处理意见，提出只要犯错误者有悔改之意，处理就宽。国务院参事室没有在参事中划一个右派。在全民整风普遍开展中，1958年1月7日，中央批准中央统战部的建议，在各级文史研究馆馆员中不进行反右派斗争，不组织大辩论，而采取听报告、读文件和开小型座谈会的方式进行整风学习，避免和减少了一些统一战线成员被划为右派分子。

反右派斗争中，出现了党内有些同志怀疑统战政策的正确性、否定统战工作的成绩的问题，有的提出不要两个联盟，只要一个联盟，说右派是统战工作统出来的，怀疑“长期共存、互相监督”的方针等问题。1957年12月8日，毛泽东约集各民主党派负责人和无党派民主人士座谈，表达了党与党外人士长期合作的态度，并就广泛关注的对右派分子的处理问题说，第一，要处理，要处分，否则会脱离群众；第二，处分过严也不利，要批判从严，处理从宽，除了个别很坏的以外，选举权不取消，有一些还给他地位。给点事做好。改造好了，右派帽子可以取消。

1957年12月2日至16日，第九次全国统战工作会议召开，主要讨论处理民主人士中的右派分子的政策和人大、政协中民主人士的安排问题。周恩来作了目前世界形势和整风任务的报告，会议传达了毛泽东8日讲话。13日，刘少奇就会议中提出的问题作了重要指示。他说，有些人总想不要统一战线，图清静。照他们的想法办，则更不清静。统一战线工作成绩是主要的，但也有错误缺点，错误有右的也有“左”的，但从时间的长短、错误的数量看来，“左”的错误多些、长些。现在是犯“左”的错误的可能性更多。强调要批判党内的清一色倾向，改善和加强党与党外人士的合作，用统一战线的办法消灭资产阶级更有利于人民和事业。会后中央下发的关于人大、政协人事安排的文件规定，在下届各级人大、政府、政协中，共产党员与党外人士所占的比例，仍按上届的规定基本上不变，从而稳定了人民民主统一战线的基本格局。

四、统战工作贯彻“弛”的方针

纠正“交心”运动 1958年5月，党的八大二次会议制定了“鼓足干劲、力争上游、多快好省地建设社会主义”的总路线。在这前后发动了“大跃进”和人民公社运动。以高指标、瞎指挥、浮夸风和“共产”风为主要标志的“左”的错误严重泛滥，反映在统一战线工作上，主要是在民主党派整风运动中，掀起了所谓“交心”运动。受当时“大跃进”“高速度”“高指标”“挑战”“评比”“竞赛”等一套“左”的做法影响，出现了大量形式主义的、虚假浮夸的现象。被戴上资本家帽子的小商、小贩、小手工业者提出了放弃定息、放弃高薪和下放参加体力劳动等要求，大、中资本家及其家属思想紧张，迫于形势也表示同意。中央统战部及时发现并向中央作了反映。毛泽东明确表示，定息不能取消；工资高一些，是为了赎买，以不动为好。参加劳动可以。3月底，中共中央根据毛泽东的意见，发出《关于资本家要求参加劳动、放弃定息和降低高薪问题的通知》。这个通知的贯彻执行，使工商业者，特别是大、中资本家情绪稳定下来。但有的地方、有的行业不适当地将一部分有技术专长或经济管理经验的工商业者下放车间、柜台，长期从事工农业体力劳动，则是一个损失。

向为社会主义服务方向转移 为扭转统一战线工作中的一些错误倾向，1958年7月1日至22日，第十次全国统战工作会议在北京召开。会议的中心议题是研究对资产阶级分子和民主党派的改造问题。参加会议的有中央、省、地和县四级干部1009人。352人在会上作了口头或书面发言。7月11日，中共中央政治局常委、中央委员会总书记邓小平就国际国内形势作了报告，同时针对反右派斗争后党内外滋长起来的宁“左”勿右的情绪和怀疑统战工作是否右倾的思想，明确指出：统战部门的同志要努力工作，同党外人士、各民主党派多接触，多来往。党外人士、民主党派应该参与的事情，要吸收他们参加。要经常研究他们的思想状态，经常了解他们的意见。这对我们党考虑整个国家的事有益。

7月16日，中共中央政治局委员、中央书记处书记彭真到会作长篇讲话，提出统战工作应当贯彻“弛”的方针。他强调对民主党派、知识分子和资产阶级分子不要总是斗下去，把弦绷得那么紧。现在整风应该告一段落，转到为社会主义建设服务的实践上来，从以斗争为主转入以团结为主，让他们到实践中去，以实际行动来表现思想改造的决心和成果。毛主席经常讲文武之道，一张一弛。老是那么紧不行，要松一松。不要把一些大学教授、科学院的研究人员长期放下去参加义务劳动。必须看到党外朋友经过整风交心运动之后的转变，他们中间许多人有比较大的进步。各级党委、各级统战部门，凡有统战对象的单位，都要像对待自己的工作人员那样，耐心地帮助教育他们，让他们在各种实践中得到锻炼改造。从旧社会过来受旧教育的知识分子是可以改造成为劳动人民的一部分，可以改造成为工人阶级知识分子，他们有这个愿望，人民有这个需要，在我国的具体条件下是可以实现的。有人主张取消资本家的定息，我们党宣布过，定息再延长几年。讲了的话要算数，定息这几个钱在我们国家整个预算中只占很小一个数，况且取消定息必然给他们生活上带来一些困难，对个人、对国家都无好处。统战工作的跃进，就是在有统战对象的那些方面，如工业、商业、文教等方面，把他们的积极性调动起来，为社会主义，为工人阶级，为工农兵，为6亿人民服务。

7月16日，毛泽东和中央政治局的同志在中南海接见了全体与会人员。会后，中央统战部起草了《关于全国统战工作四级干部会议向中央的报告》，中共中央于10月15日批转各地结合当地实际研究执行。这次全国统战工作会议的召开，标志着反右派斗争和整风运动的基本结束。一年多来的紧张的阶级斗争形势缓和了下来。会议确定的统战工作要转移到为社会主义服务的方向上来，团结和推动民主党派、知识分子、工商界投身于为社会主义服务的实践，并在这种实践中继续进行自我改造的方针政策，对当时统一战线工作有着积极的意义。

实行“五不变”政策　1959年元旦，在中央统战部举行的招待各民主党派和无党派民主人士的会议上，中央统战部副部长徐冰宣布了中共中央关于统一战线的“五不变”政策，即定息不变、高薪不变、学衔不变、政治安排不变和教育改造不变，同时，强调在统战工作中将采取和风细雨、正面教育的方法，推动党外人士到工作和劳动实践中去，调动为社会主义服务的积极性。这一政策，对工商界、知识界、民主党派及统一战线各方面人士起到了团结和稳定的作用。

三个“大有进步”　1959年庐山会议后，虽然在全党错误地开展了“反右倾”斗争，但在对待民主党派和无党派民主人士的关系上，毛泽东和中共中央仍采取了比较慎重和稳妥的方针。毛泽东9月15日约集各民主党派负责人、各人民团体负责人及无党派民主人士座谈，明确表示：现在不是1957年那样的形势，也不是1952年“三反”“五反”那样的形势，知识分子大有进步，民主党派大有进步，工商界也大有进步。但不是什么问题都解决了，比如世界观的问题，要慢慢来。并正式宣布，在党外人士中现在不搞反右倾运动。据此指示，11月，中央批转中央统战部的报告，明确提出，这次反右整风运动不要在民主人士中进行，即不要在各民主党派、工商界和老的高级知识分子中进行。已经开始进行的单位，应采用适当方式加以结束。还提出，在组织党外人士学习中，要贯彻自我教育的精神，着重正面教育。

【延伸阅读】

民主人士的旗帜

1963年元旦，全国政协主席周恩来主持团拜会，招待在京70岁以上的全国人大代表、政协委员、各民主党派中央负责人以及国务院各部门领导人和参事中的老人，同时为沈钧儒等各位老人集体祝寿。周恩来祝酒词说："沈钧儒老人今年九十岁，我们为他祝贺。沈老是民主人士的左派旗帜，他曾经为民主主义，为社会主义奋斗到老。"在座的党外人士都深受感动，纷纷向沈老祝贺。

分批为右派分子摘掉帽子　1959年9月17日，根据毛泽东的提议，中共中央发布《关于摘掉确实悔改的右派分子的帽子的指示》，决定在新中国建立10周年的时候，摘掉一批确实改造好的右派分子的帽子，今后还将分批分期摘掉右派分子的帽子。11月，中共中央又作出了《关于摘掉右派分子帽子的人员的工作分配和生活待遇的规定》。根据中央指示，全国第一批共摘掉了约4.5万名右派分子的帽子，对他们一般都恢复或重新安排了工作。1960年9月，中共中央批准了中央组织部、中央统战部《关于右派分子工作的几点意见的报告》，提出1960年国庆前后再摘掉15%—20%的右派分子的帽子。1961年9月，中央统战部、组织部、宣传部共同召开了第一次全国改造右派分子工作会议，提出1961年摘掉右派分子帽子的比例一般不要低于30%，并根据中央关于改造右派分子工作由各级党委统战部门主管的指示，成立了由统战、组织、政法、宣传、文教等部门组成的"改造右派分子工作领导小组”，在中央统战部设立了领导小组办公室负责日常工作。这一年，全国有近10万名右派分子摘掉了帽子。到1963年，分五批累计共为28万多人摘了右派分子帽子，占原划右派分子的半数以上。为数十万人摘掉右派分子帽子，对于团结工商界、知识界、民主党派和各界人士，调动他们投身社会主义建设事业具有重要的积极意义。

对于被错划为右派分子的人来说，单是摘去帽子并没有从根本上解决问题。1962年初召开的“七千人大会”，总结了近年来的工作失误，提出对过去错误处理过的一些干部按照具体情况加以甄别平反。各地在1962年春夏，在摘帽的同时，改正了一批人的右派问题。

分批特赦战犯　1959年8月24日，为了化消极因素为积极因素，毛泽东写信给刘少奇，提出给右派分子分期分批摘帽子和对一批改恶从善的战犯实行特赦，9月14日以中共中央名义向全国人大常委会提出特赦建议，并在9月15日邀集各民主党派负责人、各人民团体负责人及无党派民主人士座谈，作了通报。9月17日，全国人民代表大会常务委员会讨论并通过了毛泽东对国民党战犯实行特赦的建议，并通过了《全国人民代表大会常务委员会关于特赦确实改恶从善的罪犯的决定》，同日，刘少奇发布了《中华人民共和国主席特赦令》。12月4日，杜聿明、爱新觉罗•溥仪等33名战犯被首批特赦。此后，又陆续释放了5批战犯，至1966年“文化大革命”前共释放了296名。党和政府对全部战犯在押期间所给予的教育及生活上的照顾，特赦后给予的妥善安置，即使在国民党内部也引起了较大的震动，并获得了国际上的好评。

召开“神仙会”　为增进统一战线内部团结，1959年底，民建和全国工商联召开全国代表大会，有将近2000名工商界人士参加大会。李维汉在他们开会前和会议过程中，多次同民建和全国工商联的领导人黄炎培、陈叔通等谈话和举行座谈，建议并帮助他们改变那种程式化的开会方法，不要搞什么检查过关，而应采取和风细雨的“神仙会”的办法开会，就是要创造一种氛围，让大家都讲话，讲老实话，讲心里话，敞开思想，实事求是，以理服人。而要开好“神仙会”，就必须贯彻“三自”和“三不”方针，即自己提出问题、自己分析问题、自己解决问题和不打棍子、不戴帽子、不抓辫子。这样，与会的工商界人士逐步解除了顾虑，展开了热烈的争论。会上讨论，会后自由结合漫谈，走廊里、饭桌上，到处都在交谈、争辩，相互间有批评和自我批评。会议开得生动活泼，实现了自我教育、共同提高的目的。在民建和全国工商联的“神仙会”快要结束的时候，刘少奇接见了与会全体代表，并同民建和全国工商联领导人座谈。他重申了党的“包一头，包到底”的基本政策，号召工商界“顾一头，一边倒”。对于定息问题，他说，毛主席有过指示，七年定息，到1962年取消，必要时可留尾巴。对于高薪问题，他说，我们的政策是高薪不降，调职不减薪，减者补发。总而言之，工商界只要顾一头，跟着人民政府、一心一意搞社会主义、同共产党合作，不论老、病或有其他困难，国家都要负责到底，包到底。刘少奇的讲话，进一步解除了工商界人士的思想顾虑。

“神仙会”首先在民建和工商联的全国代表大会上采用和取得成功后，继而在各民主党派的中央会议上得到推广。1960年夏，民革、民盟、民进、农工党、致公党和九三学社分别召开中央全会扩大会议，台盟各地组织也召开了会议。会议开出了两个积极性，即为社会主义服务的积极性和自我教育改造的积极性。各民主党派的中央扩大全会结束时，毛泽东、刘少奇、周恩来、朱德、邓小平等中共中央负责人接见了会议的全体人员，同他们照了相。毛泽东在同各民主党派见面谈话中，称赞了“神仙会”，给了大家很大的支持和鼓励。

【延伸阅读】

“神仙会”

1959年12月，中国民主建国会第二次全国代表大会和全国工商联第三届会员代表大会同时在北京召开，中央统战部部长李维汉在会前和会议过程中，多次建议采取“神仙会”办法，创造宽松的会议氛围，但是大家还是有所顾及。当云南省工商联秘书长聂叙伦等几位代表发言后，遭到了一些与会者的抨击。李维汉知道后，专门请聂叙伦等人到人民大会堂吃饭，对他们说：“我工作很忙，要我来听人讲假话，我是不高兴的。何必浪费时间呢？今天你们是讲了真话的，是不是够，我不能说，但这是好的。你们对党讲真话，够朋友！”又说：“做到大家都讲真心话，应该允许别人有不同的意见。我们思想上还应该有个准备，就是自己反映出来的情况，不一定全面，将来如果有出入，怎么办？改就是了。”李维汉的一席话，使聂叙伦等人消除了心理压力，也使与会代表们受到了鼓舞。接下来的会议开得生动活泼，人人心情舒畅，取得了良好效果。后来，“神仙会”的方法推广到其他民主党派和各地工商界、知识界，有效缓和了党与非党的关系。

改善合作共事关系　1960年9月以后，中央统战部和各级党委统战部按照中央关于包下来、安排使用、教育改造的指示，开始调查研究党与非党人士合作共事关系的现状，对存在的问题进行检查、调整，以进一步改善中共与党外人士的合作共事关系。对这一问题，周恩来十分重视。11月5日，他邀请国务院各部党外正、副部长沈雁冰、许德珩、蒋光鼐、张奚若、蔡廷锴、丁西林、石志仁、屈武等，及有党外部长的部、委党组书记谈话和进餐。周恩来说：党与非党之间应当建立正确的批评与自我批评关系。要造成一种气氛，有意见要说，说错了也不要紧，只要方向对头，意见总会有出入的，各部要创造这种空气。部领导每月开一次谈心会，这样对启发思想很有好处。思想不交流，行动就难以一致。这次座谈会，对于做好三年困难时期的合作共事是个很大推动。会后，中央统战部将会议纪要转发给国务院各部、委和各地统战部。

1961年，中央统战部把检查统一战线政策执行情况、改善合作共事关系作为工作重点。在广泛调查的基础上，8月4日拟制了《关于继续贯彻对资产阶级人们安排政策的意见》，17日中央批转这个《意见》。

《意见》指出了人事安排方面党外人士在省市政府机关中担任正

副厅局长的显著减少，在企业担任行政领导职务的有不少被降职撤职或长期下放、名存实亡等问题。分析主要原因是不少同志存在着严重的排斥党外人士的关门主义倾向，进而提出了改进措施：已经安排好了的，只要工作上、政治上表现一般，没有违法乱纪和严重错误，一律不应降低和撤掉他们的职务；几年来表现较好，工作上有一定能力的，应该酌情提拔；对上面两种人，如果过去把他们换下来了或挤掉了，应安排其他相应的职务或恢复原职；对他们中下放劳动的，必须明确期限，下放期满的，应由原单位负责安排工作，原任领导职务的应恢复原职或分配相应的职务。这些规定有利于纠正当时盲目排挤党外人士的错误，进一步改善了党与党外人士的合作共事关系。

此外，进入社会主义时期，中央在统一战线方面陆续制定了一系列特殊政策，如1956年6月23日，国务院制定了参事室参事、文史研究馆馆员不适用退休、退职等办法的政策；1958年在精简机构编制中，2月4日，中央批准中央统战部的报告，对于国家机关中担任参事、专员、顾问的民主人士，实行参照参事、馆员的办法，不作为工作编制的政策；1960年4月28日，中央发出指示，按照“包到底”的方针，对资产阶级分子中年老、体弱、多病者，采取暂不退职退休，请假时间不限、薪金照发的政策；20世纪60年代初期精简机构、下放城镇人口工作中，对民主人士、私方人员实行不下放农村的政策；同时，在物质生活上对党外上层人士和高级知识分子予以特殊照顾政策。这些具体政策的贯彻落实，在一定程度上缓和了紧张的阶级关系，为团结全国人民战胜国民经济的暂时困难作出了贡献。

【延伸阅读】

巧做工作

统战工作大量是做人的工作，思想教育采用一些巧妙的办法去做，效果才好。有一次，周恩来宴请溥仪及其家族，因为老舍也是满族人，他就把老舍也请去作陪。席间，周恩来说，一个溥仪，一个老舍，都是满族人，过去一个是皇帝，一个是穷旗人，非但不能坐在一起，就是见了面大家也都要给皇帝下跪呢。今天，我们三个人能坐到一张桌旁，变化真大啊！既然变化大，我们大家就都得学习，才能适应这翻天覆地的变化。我们都要活到老、学到老、改造到老啊！周恩来风趣的一段话，让在场的所有人都深受教育，而又不觉难堪。

五、为知识分子“脱帽加冕”

为了调整党和知识分子的关系，正确理解党对科学文化事业的政治领导，端正知识分子工作的方向，认真贯彻落实“双百”方针，从1961年上半年开始，中共中央先后制定颁布了“科学十四条”“高教六十条”和“文艺八条”。这些条例的制定和施行，使中国共产党和知识分子之间的紧张关系得到了一些缓解，科学、教育、文化部门的工作秩序逐渐恢复。但是要端正对知识分子工作的方向，落实党的知识分子政策，还需要从指导思想上端正对知识分子的估计，对知识分子的阶级属性作出科学的判断。

1962年3月，全国科学工作会议和戏剧创作座谈会在广州召开。周恩来在会上作了《论知识分子问题》的重要讲话，重申了1956年知识分子会议上党对知识分子阶级状况所作的基本估计，肯定知识分子的绝大多数已经是属于劳动人民的知识分子。周恩来指出：

知识分子不是独立的阶级，而是脑力劳动者构成的社会阶层。中国共产党不论在解放前还是解放后，历来都把知识分子放在革命联盟之内。①

强调，我国的人民民主专政包括两个联盟：

一个是无产阶级同包括知识分子在内的其他劳动者的联盟；另一

① 《论知识分子问题》（1962年3月2日），中共中央统一战线工作部、中共中央文献研究室编：《周恩来统一战线文选》，人民出版社1984年版，第408、412、413页。

个是无产阶级同民族资产阶级政治上的联盟，这是同非劳动者的联盟。坚持这两个联盟是我们的战略方针和长期的历史任务，在我国的统一战线中将长期起作用。对知识分子的估计要以这个为纲。

周恩来指出，12年来我国大多数知识分子已有了根本的转变和极大的进步，要信任他们，帮助他们，改善党同他们的关系，切实纠正在知识分子问题上确实存在的错误，并帮助他们解决能够解决的问题。

陈毅在会议讲话中指出，经过12年的考验，尤其是这几年严重困难的考验，证明我国知识分子是爱国的，相信共产党的，跟党和人民同甘共苦的。8年、10年、12年，如果还不能鉴别一个人，那共产党也太没有眼光了。强调：科学家是我们的国宝！真正有几个能替我们解决问题的人，一个抵几百个！共产党不尊重文化、共产党不尊重知识、共产党不尊重科学这类话，不晓得是马克思讲过？是恩格斯讲过？还是列宁讲过？毛主席讲过？谁也没有讲过这个话。不能够经过12年改造、考验，还把资产阶级知识分子这顶帽子戴在所有知识分子头上。他宣布：

给广大知识分子“脱帽加冕”，即脱“资产阶级知识分子”之帽，加“劳动人民知识分子”之冕。

周恩来和陈毅在会议上的讲话，在广大知识分子特别是党外知识分子中产生了强烈反响，许多人潸然泪下，为缓解党和知识分子之间的紧张关系，调动知识分子的积极性，起到了很大的积极作用。

1962年3月，周恩来在二届全国人大三次会议和全国政协三届三次会议上的工作报告中，又一次郑重宣告：

知识分子中的绝大多数，是属于劳动人民的知识分子……知识分子在社会主义建设的各条战线上作出了宝贵的贡献，应当受到党和人民的尊重。

同时指出：进入了社会主义建设阶段，人民民主统一战线的任务就更重了。要团结一切可以团结的力量，动员更多可以动员的因素，来参加社会主义建设，扩大我们的民主生活。这就是我们的新任务。

六、调整统一战线内部关系

为贯彻中央1962年1月“七千人大会”有关做好调整工作的精神和周恩来有关统一战线的讲话精神，1962年四五月间，第十二次全国统战工作会议在北京召开。会议重点研究当时统一战线的形势、任务和主要工作。

5月17日，中央书记处听取了中央统战部汇报全国统战工作会议的情况。周恩来、邓小平等中央领导同志作了重要指示，主要强调：

（一）统一战线是长期的，统战工作是得到益处的，是三大法宝之一。现在讲政治形势好，也就是说统一战线的形势好。

（二）要恢复建立一套统战的经常工作，包括机构、统战、民族、宗教、工商、侨务、知识分子、政协等等，都要恢复原有的经常工作，保留原有的一套经常工作的组织。统战部不拆庙，原则上不削弱，工作熟练的干部归队，加强质量。

（三）精简中涉及的问题。对资产阶级分子不要勉强他们下乡，要分别研究他们的出路，不能一脚把他们踢开。一定要给安排出路，照顾生活。一般不下放农村，个别自愿的可以。一视同仁，处理不要太急，总要有所安置。

（四）甄别平反和右派问题。对县以下的如小学教员等等的甄别平反问题，按中央的通知办。凡属在1959年反右倾时戴帽的，重点批判了的，一揽子解决，统统摘掉。县以下这几年搞错了的，搞过头的，一风吹。县以上的，要一个一个地处理。右派摘帽，还是按过去的正常办法，一个一个摘帽。右派家属子女，一定要一视同仁，不受右派牵连。

（五）合作共事问题。对于原在政府机关、企业的党外人士，都要重申过去中央的规定，使其有职有权。精简中涉及党外人士的，完全不减不行，但中上层一定要安排，不降低待遇、生活，可以从企业转到工商联、政协。生活困难的，要用互济金帮助。企业中可以组织顾问团，当专员，原则是继续包下来。

（六）政治教育问题。保留各级政治学校。

（七）关于民主党派的性质，中央书记处同意这样讲：第一，一般不再叫资产阶级政党；第二，民主党派是为社会主义服务的政治力量。对民主党派的性质等问题，可继续讨论和研究，不要匆忙作结论，哪一天搞清楚哪一天说。

（八）人大、政协人事安排问题。原则上还是按原来比例，总要有党内党外的人，共产党员人数太多总不好，还是保留原来比例。要吸收点新人，知识分子中可以多吸收点。少数民族、知识分子、妇女方面的比例可以提高一点。

会后，中央统战部向中共中央报送了关于此次全国统战工作会议的报告。中共中央在批转这个报告的批语中鲜明指出：近几年来，在一部分同志中存在的或忽视统战工作，忘记了中央和毛泽东历年来关于统一战线政策和许多重要指示和规定的倾向；或滋长了骄傲自满、宁“左”勿右的情绪，任意或擅自修改党的政策，犯了分散主义的错误。批语还强调，所有这些，对于党和党外人士团结合作，对于社会主义事业，是十分不利的，必须坚决纠正。当前为了保证顺利完成调整国民经济的艰巨任务，必须进一步调整统一战线内部的各种关系，发扬人民民主，加强思想政治工作，团结一切爱国的人们，充分调动一切积极因素，共同克服困难，争取社会主义建设的新胜利。

七、对和平解决台湾问题的探索和努力

台湾问题的产生　台湾自古就是中国领土不可分割的一部分。历史上，台湾先后被西班牙、荷兰、日本侵占过。1945年抗日战争胜利后，台湾重归祖国怀抱。中华人民共和国成立后，国民党统治集团退踞台湾，在以美国为首的反华势力的支持下，打着“中华民国”的旗号，继续维持“代表全中国”的政治架构对抗大陆，台湾海峡两岸分隔对

立，台湾问题由此产生。

为达到将台湾从中国分离出去的目的，美国设计了种种方案，但最终未能得逞。1949年中华人民共和国成立后，美国为阻止新中国解放台湾，不但对新中国采取了孤立、遏制的政策，还决定继续援助退踞台湾的国民党政权。1950年6月25日，朝鲜战争爆发。美国总统杜鲁门发表声明宣布“我已命令第七舰队阻止对台湾的任何攻击”，并提出所谓的“台湾地位未定论”，声称“台湾未来地位的决定，须等到太平洋安全恢复之后，由对日和约或联合国决定”。1954年12月，美国与台当局签订了所谓的《共同防御条约》，将台湾置于美国的“保护”之下，声称要与台当局采取“共同行动”，对抗中国人民解放军解放台湾，给中国的统一设置障碍。此后，尽管美国对台政策随着国际形势的变化而作出调整，但始终将台湾作为“一艘不沉的航空母舰”，推行“以台制华”的战略。美国政府粗暴干涉中国内政、插手台湾问题，造成了台海两岸长期的紧张与对峙。

争取和平方式解放台湾　为实现祖国完全统一，中共中央在20世纪40年代末确立了解放台湾的方针。但1950年朝鲜战争爆发，阻止了解放台湾的进程。20世纪50年代中期，国际形势缓和，亚太国家求和平的呼声高涨。同时，中国开始进入全面社会主义建设的时期，客观上需要一个和平稳定的环境。中央根据国内外形势的变化，及时调整了对台方针，开始争取和平解放台湾。

1955年4月，周恩来率中国政府代表团赴印度尼西亚参加万隆会议前，毛泽东提出，可相机提出在美国撤退台湾和台湾海峡武装力量的前提下和平解放台湾的可能。万隆会议期间，周恩来发表声明指出：中国人民同美国人民是友好的。中国人民不要同美国打仗。中国政府愿意同美国政府坐下来谈判，讨论缓和远东紧张局势的问题，特别是缓和台湾地区的紧张局势。万隆会议后，周恩来访问缅甸时表示：如果美军撤退，我们可能用和平的方式解放台湾，如果蒋介石接受，我们欢迎他派代表来北京谈判。只要蒋介石同意中国的和平统一，同意和平解放台湾，并且派代表来北京谈判，我们相信即使蒋介石本人，中国人民也可以宽恕他。

5月，周恩来在全国人大常委会第十五次会议上首次公开提出和平解放台湾的主张，指出：中国人民解放台湾有两种可能的方式，即战争的方式与和平的方式，中国人民愿意在可能的条件下，争取用和平的方式解放台湾。

1956年中国开始进入全面建设社会主义的历史时期，为调动一切积极因素，维护和平安定的环境，中国共产党进一步明确了和平解放台湾的方针。1月25日，毛泽东在最高国务会议上指出，只要现在爱国，国内国外一切可以团结的人都可团结起来，为我们的共同目标奋斗。国共已合作了两次，我们还准备进行第三次合作。30日，周恩来在全国政协二届二次会议上发出号召：台湾同胞和一切跑到台湾的人员，站到爱国主义的旗帜下，同祖国人民一起，为争取和平解放台湾，实现祖国完全统一而奋斗。2月4日，《人民日报》发表《为争取和平解放台湾而奋斗》的社论。4月，毛泽东又提出"和为贵""爱国一家""爱国不分先后"等政策主张。6月，周恩来在一届全国人大三次会议上指出，我们愿意同台湾当局协商和平解放台湾的具体步骤和条件，并且希望台湾当局在他们认为适当的时机，派遣代表到北京或其他适当地点，同我们开始这种商谈。7月，中共中央《关于加强和平解放台湾工作的指示》确定了对台"多方影响、积极并且耐心争取"的工作方针。9月，党在八大政治报告中申明：我们愿意用和平谈判的方式，使台湾重新回到祖国的怀抱，而避免使用武力。这是党的正式文件首次提出和平解决台湾问题。

1957年4月16日，毛泽东在欢迎苏联最高苏维埃主席团主席伏罗希洛夫的酒会上说，"我们还准备进行第三次国共合作"，再次向国际社会表明了党和平解放台湾的诚意。

1958年10月，毛泽东亲自起草的《告台湾同胞书》，向台湾当局提出结束两岸军事对峙的办法，"建议举行谈判，实行和平解决"。同月，毛泽东还请人给台湾领导人带话，表示只要蒋氏父子能抵制美国，我们可以同他合作；台、澎、金、马要整个回来，可以照原有方式生活，军队可以保存，继续搞三民主义。

1960年5月，毛泽东主持中央政治局常委会时又指出，台湾宁可放在蒋氏父子手中，不可落到美国人手中；对蒋介石我们可以等待，解放台湾的任务不一定要我们这一代完成，可以留交下一代去办，从而进一步提出了和平解放台湾的原则。在此期间，为落实和平解放台湾的方针政策，中共中央成立了“对台工作领导小组”，由周恩来直接领导，李克农、罗瑞卿等负责。

1963年1月，周恩来将毛泽东提出的这些原则概括为“一纲四目”，并在张治中、傅作义致陈诚的信中向台湾方面提出。“一纲”为：只要台湾归回祖国，其他一切问题悉尊重台湾领导人意见妥善处理。“四目”即：（一）台湾归回祖国后，除外交必须统一于中央外，所有军政大权、人事安排等悉由台湾领导人全权处理；（二）所有军政及建设费用，不足之数，悉由中央拨付；（三）台湾之社会改革，可以从缓，必俟条件成熟，并尊重台湾领导人的意见协商决定，然后进行；（四）双方互约不派人进行破坏对方团结之事。“一纲四目”的提出标志着中央对台政策已由“武力解放台湾”调整为“和平解决”。

宽大处理国民党战犯　和平解放台湾的政策提出后，中央在广泛征集各方面意见的基础上，对国民党战犯确立了“一个不杀，分批释放”的方针。1956年3月，周恩来在全国政协二届常委会第十九次扩大会议上，针对战犯问题指出：杀他们是容易的，杀了他们，他们就不能再起积极作用，只能起消极作用。对台湾的影响也不好，使他们觉得战犯的下场只能是被杀，增加了台湾的恐慌。这不符合我们的政策。4月，毛泽东在《论十大关系》中进一步阐明宽大处理战犯的政策：反革命中的大多数人是可以改造过来的，我们要坚持“一个不杀”的方针……对一切反革命分子都应当给以生活出路，使他们都有奔头，这样做，或许对台湾还会产生影响。

1959年国庆前夕，在对战犯进行了全面严格的审查后，包括杜聿明、王耀武、曾扩情、宋希濂等30名国民党高级将领被特赦。此后，中央又先后特赦了6批战犯。1974年3月，四届全国人大常委会第二次会议决定，对全部在押战犯予以特赦，给予公民权。国民党战犯被释放后，得到妥善安置，各得其所，各有所依，有的还被安排担任重要政治职务。对国民党战犯的宽大处理，使被释放人员备受鼓舞，获释后他们积极参与对外交往，联络同胞感情，并通过书信、撰文、广播等形式，宣传中央政府和平解放台湾的方针政策，为祖国统一贡献力量。

国民党军政人员回归大陆 党和政府通过各种线索，采取多样方法，争取台湾实力派及有代表性的人物回归大陆的工作卓有成效。在“爱国一家”“爱国不分先后”政策感召下，国民党军政人员上千人先后回到祖国大陆。在毛泽东、周恩来的邀请下，原中华民国行政院长翁文灏于1951年3月回到北京，后任全国政协委员，继续从事地质学研究，撰写多部专著。原东北“剿总”司令、东北行辕主任卫立煌1955年3月辗转回到大陆，先后担任全国政协常委、国防委员会副主席、全国人大代表。周恩来总理亲自出面，对海外爱国人士发出真诚召唤，强调“‘和为贵’，‘爱国一家’，既往不咎，立功受赏，希望国民党人对祖国统一大业贡献力量”，指出，台湾当局如要了解国内情况，尽可以派人来大陆考察，我们将提供一切帮助。国民党军政负责人员来大陆探亲、访友、观光，我们将给以各种方便和协助，并保证他们来去自由。

为争取原中华民国代总统李宗仁归国，党中央邀请定居香港的李宗仁政治秘书程思远五上北京，商讨相关事宜。周恩来提出请李宗仁回国看看，并强调“四可”精神，即可以回国定居；可以回国后再去美国；回来后可以再出去，如果还愿意，可以再回来；可以在欧洲暂住一个时期再定行止。并指出“一切不强加于人，由他自己决定”、“来去自由”。李宗仁得知“四可”意见后，兴奋地说，我只要“一可”，回到祖国定居，安度晚年。在周恩来的精心安排下，李宗仁及夫人远渡重洋，于1965年7月18日安全归国，受到毛泽东、刘少奇等党和国家领导人、各民主党派负责人、无党派知名人士及国民党起义将领的热烈欢迎，对海内外爱国人士产生很大的触动。

第二节　推动少数民族地区的社会变革

一、少数民族地区的社会主义改造

随着民主改革的完成，各少数民族地区先后进行了农业、畜牧业和城市私营工商业以及手工业的社会主义改造。

农业地区的社会主义改造　少数民族地区的农业地区社会主义改造，大致和汉族地区相同，大多经历了从互助组、初级社到高级社的发展过程。在多民族杂居地区，除建立单一民族的合作社以外，还组织有两个或两个以上民族的农民参加的民族联合社。在半农半牧区，也有单一民族或不同民族成员联合组成的农牧结合社。在处理土地和生产资料入社问题上，多数地区都注意照顾了当地少数民族的特点，如在广西苗族聚居地区，就对家庭留下的用于为女儿置办嫁妆的"姑娘田"予以保留，没有入社。因此，少数民族地区农业地区的社会主义改造进行得比较平稳、顺利。

牧区畜牧业的社会主义改造　对牧区畜牧业的社会主义改造，根据不同对象采取区别对待的政策和措施。对个体牧民，如同农村的个体农民一样，通过互助合作，逐步实现牧业合作化。牧业生产合作社，是牧民群众按自愿互利原则，在财产私有基础上，实行牲畜入股，由合作社统一经营的半社会主义性质的集体经济组织。社员自留畜数量，按各地不同情况确定。对牧主经济的改造，采取了类似对城市资本家的赎买政策，改造形式主要是举办公私合营牧场，将牧主的牲畜交给牧场管理，牲畜作价定息，按比例分红。牧主的自留畜数量可以从宽。由于各地情况不同，改造的具体办法也有所区别。改造的形式可以由他们自由选择，或加入国营牧场，或加入公私合营牧场，或加入牧业生产合作社，听其自愿。牲畜统一经营管理后，按双方协商的比例分取收益。如不愿加入场、社，而愿将牲畜交场、社代牧，也可以允许。到1956年底止，少数民族广大农村的社会主义改造，除西藏以外都已先后完成。牧区的社会主义改造，内蒙古等一些牧区稍迟于农村完成，藏族牧区是在实行人民公社化中实现的。

资本主义工商业的社会主义改造　少数民族地区的农业地区社会主义改造基本完成以后，接着于1956年进行了资本主义工商业的社会主义改造。新中国成立前，少数民族地区私营工业数量少、规模小、设备简陋、技术落后，几乎没有像样的工商业。有些少数民族地区也存在着官僚资本，进行垄断经营。新中国成立后，这些官僚资本被没收归全民所有，其他中小私营工商业则得到保护和发展。

少数民族地区资本主义工商业的社会主义改造同全国一样，是通过由低级到高级的国家资本主义的过渡形式，采取和平改造和赎买政策实现的。1956年在全国各大城市掀起的资本主义工商业全行业公私合营的社会主义改造高潮影响下，除西藏以外的少数民族地区城镇，私营工商业也全部或大部分实行了公私合营，一部分实行了合作化。对政治上有代表性的私营工商业者还作了适当安排，如担任各级人民代表、政协委员。少数私方人员还在地方国家机关担任领导职务。在少数民族地区私营工商业的社会主义改造方面，也存在一些问题，主要是没有从少数民族地区的实际出发，混淆了资本主义经营和个体经营的界限，混淆了资本家与小业主及小商、小贩的界限，不加分别地把个体经营者即小商、小贩、小业主一律作为社会主义改造的对象。至于对个体手工业的社会主义改造，则忽视了少数民族地区的手工业大多具有分散、灵活、多样、适应性强的特点，也一律要求把个体工匠组织起来，建立各种手工业生产合作社或联合社。

二、伊斯兰教、藏传佛教宗教制度的民主改革

宗教制度民主改革是中国社会制度改革的组成部分。在我国的少数民族中，有回、维吾尔、哈萨克、柯尔克孜、乌孜别克、塔塔尔、塔吉克、东乡、撒拉、保安等10个民族信仰伊斯兰教，有蒙、藏、土、羌、裕固等民族信仰藏传佛教。随着少数民族地区社会改革和社会主义建设的顺利进行，人们对存在于宗教中的封建特权和剥削制度提出了改革的要求。在伊斯兰教方面，清真寺大量占有土地，由信教群众无偿“代耕”，群众的宗教负担多达十几种，占人均年收入的20%以上，最多的占60%。在藏传佛教方面，民主改革前，寺庙占有大量的土地和牲畜，进行无偿劳役剥削，享有许多特权。在云南迪庆，寺庙既是政教合一的统治中心，又是最大的高利贷主，甚至凭封建特权设立法庭、监狱。在四川藏族地区，平均每4户农民就有1户欠寺庙的债，每年都要服三四十天的无偿劳役。群众反映说，他们在1956年的民主改革中“只翻了半个身”，迫切要求改革宗教的封建特权。

为了搞好宗教制度的民主改革，中央统战部于1958年5月和9月，先后在青岛召开了回族伊斯兰教问题座谈会和藏语系佛教问题座谈会。在回族伊斯兰教问题座谈会上，李维汉指出，宗教制度的民主改革，是一次伟大的社会变革，它是中国社会制度民主改革的组成部分。没有宗教制度的改革，中国社会制度的改革就是不完全的，真正实行宗教信仰自由政策也是不可能的。

他强调：我们不讲改革信仰，而是要改革宗教制度。宗教制度是不是所有的东西都要改？不是，是改那些在今天的条件下，对回族的发展变成了阻碍，妨害比较大的，同国家法令相抵触的东西。这样一些东西应该改，不改回族就不好发展。怎样改呢？基本的办法就是依靠群众的生活经验，帮助他们去认识宗教制度中哪些是对他们有害的，

妨碍他们发展生产、改善生活和增进民族团结的东西，从而启发他们改革和抛弃那些东西。

他还强调，宗教制度的改革，毫无疑问要用和平的方式进行。改革中会遇到一些敌我矛盾，但为数一定很小，大量的是人民内部矛盾。①

废除宗教中的封建特权和封建剥削制度 1958年12月，中共中央批转国家民委党组关于当前伊斯兰教和喇嘛教工作问题的报告。报告正式提出了废除宗教中的封建特权和封建剥削制度问题，提出了改革的内容和政策界限，即废除宗教的一切封建特权，包括寺庙私设法庭、监牢和刑罚，干涉民事诉讼，擅自委派部落头人、阿訇，私藏武器，干涉婚姻自由，压迫、歧视妇女以及干涉文化教育事业等。废除喇嘛庙和清真寺的生产资料所有制和高利贷、无偿劳役等剥削制度，取缔非法商业，但在处理寺庙财产的时候，对保留的寺庙，可以适当留出一小部分土地、牲畜和其他财物，使留下来的宗教人员参加生产劳动，维持生活。禁止寺庙敲诈勒索群众财物，宗教活动不得妨碍生产和违反国家的政策法令，但群众自愿的“布施”不加干涉；寺庙不得强迫群众当喇嘛，强迫“封斋”，强迫儿童学经文、当“满拉”，喇嘛有还俗的自由，群众自愿当喇嘛或“满拉”的也不要加以制止。废除寺庙的封建管理制度，包括管家制度、等级制度、打罚制度和寺庙间的隶属关系等。宗教职业人员，凡是能够劳动的，一般要参加生产，都要履行公民的义务。在寺庙的封建管理制度废除以后，可以由宗教职业人员成立新的管理组织，但须加以领导。

中共中央在批转这个报告时，作了重要指示，要求各地必须注意：把宗教信仰问题同宗教中的压迫、剥削制度加以区别，把僧侣的一般宗教活动同他们对教徒勒索、虐待等为非作歹的行为加以区别，把参加叛乱和有其他现行破坏行为的反革命分子同思想反动但无反革命

① 《在回族伊斯兰教问题座谈会上的讲话》（1958年6月4日和7日），《李维汉选集》，人民出版社1987年版，第340—361页。

活动的分子加以区别，把作恶多端、民愤极大的分子同没有什么民愤或者民愤不大的分子加以区别，把发生叛乱的地区同没有发生叛乱的地区加以区别。并指示，要逐步废除宗教中的压迫剥削制度。在社会改革中，革除一些有害的风俗习惯是必要的，但是必须坚持少数民族群众自觉自愿的原则，防止强迫命令和汉族干部的包办代替。

在开展这场运动中，首先在共产党内进行了无神论教育，帮助共产党员划清马克思主义同宗教信仰的界限。还在宗教界上层人士中开展了反对坏人坏事的斗争。此后，在信仰伊斯兰教和藏传佛教的一些少数民族中，普遍地进行了宗教制度的民主改革。

经过民主改革，废除了在宗教掩盖下的封建特权和封建剥削制度，广大信教群众从宗教封建特权压迫下和封建剥削制度下得到了解放，大大促进了生产力的发展。

在当时的工作中，由于受“左”的思想的影响，也出现过缺点和错误，主要是在某些方面超出了宗教制度民主改革的范围，搞过了头。个别地方将宗教制度和民族风俗习惯等同起来，发生过不准回民土葬等错误做法。

三、西藏平叛和民主改革

平息西藏叛乱　和平解放前，西藏实行的是上层僧侣和贵族专政的政教合一的封建农奴制度。1956年4月，西藏自治区筹备委员会成立时，因邻省藏区开始进行民主改革，于是民主改革成为西藏各阶层普遍关心的问题。西藏广大人民要求改革的呼声日益高涨，西藏许多中上层的开明人士也认识到，如不改革旧制度，西藏民族断无繁荣昌盛的可能。但是，考虑到西藏历史和现实的特殊情况，根据“十七条协议”，中央对西藏社会制度的改革采取了十分慎重的态度和极为宽容的政策，耐心劝说和等待西藏地方上层统治集团主动进行改革，并给他们以充分的时间。中央于1956年9月4日提出“六年不改”方针，指出西藏的民主改革一定要对西藏上层统治集团做好准备工作以后再进行，肯定不会是第一个五年计划期内的事，也可能不是第二个五年计划内的事，甚至还可能推迟到第三个五年计划内去。以后，毛泽东、周恩来多次强调六年不改，并说六年之后是否改革，仍由西藏根据那时的情况和条件决定。

尽管中央提出了“六年不改”方针，但西藏上层统治集团从维护封建农奴主阶级的既得利益出发，从根本上反对改革，要求“永远不改”。达赖喇嘛参加一届全国人大一次会议后，于1955年5月由内地返藏。随行的西藏地方政府噶伦索康等在当时的西康省藏区，以佛事活动为名，策动武力对抗当地实行民主改革。西康省藏区叛乱被平息后，一些叛乱分子窜逃西藏，在昌都地区又发动了叛乱。1957年5月，叛乱分子成立“四水六岗”叛乱武装组织。下半年，西藏地方政府给各寺庙、宗本发布密令，煽动僧侣官员反对改革，并提出“西藏独立”口号。之后叛乱活动愈演愈烈，叛乱分子武装袭击解放军兵站，袭扰道班，伏击车辆，炸毁桥梁，截断公路，甚至围攻党政机关驻地，残杀干部、战士和无辜群众。

面对西藏愈来愈严峻的叛乱形势，1958年6月24日，毛泽东在批转青海省委《对全省镇压叛乱问题的指示》中就指出：西藏要准备对付那里的可能的全局叛乱。只要西藏反动派敢于发动全面叛乱，那里的劳动人民就可以早日获得解放，毫无疑义。

中央的方针是力求和平改革，但是如果反动分子一定要武装叛乱，就一定坚决实行武装平息叛乱。根据中央的指示精神，中共西藏工委书记张经武和西藏军区司令员张国华于7月18日向达赖转达了中央对西藏改革及叛乱武装等问题的既定方针，指出西藏地方政府对叛乱武装采取纵容的态度是错误的，要西藏地方政府改变态度。

叛乱分子的叛乱活动不仅没有收敛或停止，反而向拉萨地区蔓延。7月21日，叛乱武装在拉萨以东的墨竹工卡宗争莫寺附近伏击解放军运输车辆。至此，叛乱活动发展到拉萨地区。8月27日，中共西藏工委对平息叛乱发出指示，指出叛乱如果停止在局部状态，仍然坚持“六年不改”的方针，但在叛乱地区，就要通过平叛行动适当地发动和组织群众，适当地改造旧政权、削弱封建统治。局部叛乱如果发展为全面叛乱，就要坚决地、彻底地摧毁封建农奴制度，解放劳动人民。

1959年3月10日，西藏上层反动集团在外国势力支持和唆使下，公然撕毁协议，发动了全面武装叛乱。叛乱分子打伤西藏军区副司令员桑颇•才旺仁增，用石头打死西藏自治区筹备委员会委员堪穷帕巴拉•索朗降措，还将其拴在马尾在拉萨市中心示众。叛乱分子无视中央的要求和警告，继续进行叛乱活动。3月17日夜，达赖喇嘛离开拉萨，前往山南地区，而后逃亡印度。3月19日夜，叛乱分子发动了对人民解放军驻拉萨部队和中央代表机关的全面进攻。3月20日上午，人民解放军驻藏部队对叛乱武装发起反击。在西藏各族、各界人民的大力支持下，仅用两天时间，就彻底粉碎了拉萨市区的叛乱。至1959年底，60%的叛乱武装被歼灭。1961年底，全部肃清了西藏境内的残余叛乱武装，取得了西藏平叛的最后胜利，有效地维护了国家统一和人民的利益。

1959年3月28日，国务院发布命令，宣布自即日起，解散西藏地方政府，由西藏自治区筹备委员会行使西藏地方政府职权，十世班禅额尔德尼•确吉坚赞代理主任委员职务。任命西藏自治区筹备委员会常务委员帕巴拉•格列朗杰为副主任委员，常务委员兼秘书长阿沛•阿旺晋美为副主任委员兼秘书长。西藏地方政府的解散，标志着在西藏延续了700多年的政教合一的封建农奴制度的灭亡。

在平息叛乱中进行民主改革　叛乱发生后，西藏广大人民要求推翻封建农奴制度的愿望非常强烈，1959年3月21日，党中央作出《关于在西藏平息叛乱中实现民主改革的若干政策问题》的指示，指出因西藏地方政府已经撕毁“十七条协议”，叛变祖国，发动西藏的全面叛乱，使中央原来决定的六年不改革的方针自然不能再继续执行下去。中央认为：

在这次平息叛乱的战争中，必须同时坚决地放手发动群众，实行民主改革，以便彻底解放藏族人民群众，引导西藏地区走上社会主义的道路。

并提出了边平叛边改革、先叛先改、后叛后改、未叛地区暂时缓改的方针。中央明确指出，民主改革要“把自下而上的充分发动群众同自上而下的协商结合起来，对没有叛乱的农奴主生产资料实行赎买政策，依靠劳动人民，团结一切可能团结的力量，有步骤、有区别地消灭封建农奴制度。改革中要充分照顾藏族人民的宗教信仰和风俗习惯，继承和发扬藏族的优秀文化。”

4月15日，毛泽东在最高国务会议上指出：“现在是平叛，还谈不上改革，将来改革的时候，凡是革命的贵族，以及中间派动动摇摇的，总而言之，只要是不站在反革命那边的，我们不使他吃亏，就是照我们现在对待资本家的办法。”①

5月7日，毛泽东在会见十世班禅和阿沛·阿旺晋美时说，“你们主张边平叛，边改革，这很好。民主改革是西藏人民的根本利益所在，希望你们多做工作，搞好民主改革，早日把西藏变成繁荣昌盛的新西藏。”②此后，阿沛·阿旺晋美不仅积极做工作支持民主改革和赎买政策，而且多次主动放弃政府发给他的赎买金。

5月31日，中央同意西藏工委《关于当前在平叛工作中几个政策问题的决定》，并批示：目前西藏地区的任务是，结合平息叛乱的斗争，采取边打边改的方法，完成全区的民主改革。西藏地区的民主改革可以分为两个步骤进行：第一步，以“三反”（反叛乱、反乌拉、反奴役）“双减”（减租、减息）为内容；第二步，以实行分配土地为内容。西藏工委在之后的两年中，按照中央确定的方针，带领广大藏族群众，完成了西藏地区的民主改革。

西藏的民主改革从不同地区的实际情况出发，对农区、牧区、寺院

---

① 毛泽东：《关于西藏平叛》（1959年4月15日），中共中央文献研究室、中共西藏自治区委员会编：《西藏工作文献选编（1949—2005）》，中央文献出版社2005年版，第212页。

② 《见证西藏》，中国藏学出版社2005年版，第47页。

等采取了有所区别的政策。

农区的民主改革严格按照中央关于分两步走的步骤进行。西藏噶厦地方政府解散后，在其管理下的地方军队、法庭、监狱和相关的法典一起被废除。民主改革当年，对叛乱领主的土地实行“谁种谁收”的政策，对于没有参加叛乱的农奴主和代理人实行“二八减租”政策，即八成归农奴，二成归农奴主。之后没有参加叛乱的农奴主和代理人的土地和多余的农具、耕畜、房屋，一律仿照内地对待民族资产阶级的办法，实行赎买政策。广大农民分到了土地，彻底废除了农奴、奴隶对农奴主的人身依附关系。在开展“三反双减”运动的同时，废除了农村旧政权，建立了农民协会。农民协会是在农村领导群众进行民主改革的基本组织形式，也是民主改革期间的农村基层政权组织。

牧区的民主改革采取了一种宽松、灵活的政策。改革的主要办法是“三反两利”，即反叛乱、反乌拉、反奴役，牧工牧主两利。除宣布废除乌拉差役、高利贷和解除人身依附的制度，没收参加叛乱的牧主的牲畜分配给牧民所有外，对整个牧业地区的生产资料不予变更，实行不斗争、不分配、不划分阶级的政策。1959年9月，西藏工委《关于牧区工作的指示》明确指出牧区工作好坏的标志，是以牧业经济是否得到了发展、牧民生活是否得到了改善为准绳；一切政治措施和经济措施是否得当，也是以此为准绳。民主改革赢得了广大牧民的拥护，生产力得到促进和发展，到1961年西藏全区牲畜总数达到1161万头（只）的创纪录水平。

寺院的民主改革采取了更加慎重的政策。政教合一的封建农奴制度下，寺院上层僧侣是三大领主之一。寺庙占有整个西藏1/3以上的土地和牧场、牲畜，拥有大量的农奴和奴隶。许多下层僧侣无异于农奴、奴隶。武装叛乱中，许多寺院参与其中，有些寺庙甚至成为叛乱的窝点。面对这种复杂的情况，民主改革中，根据“政治统一，信仰自由，政教分离”的原则，严格区分宗教信仰与封建特权、封建剥削这两个不同性质的问题，凡属封建性质的，予以废除，实行政教分离。对于参叛的寺庙，首先发动群众彻底清查隐藏在寺庙中的叛乱组织和叛匪残余。之后没收寺庙和僧侣的土地、牧场和其他生产资料，债务、乌拉差役等封建特权一律废除。对于没有参加叛乱的寺庙的一部分土地、农具、耕畜、房屋，也实行赎买政策。寺庙的土地和多余的房屋、耕畜和农具，经过与寺庙协商分配给农民，其多余粮食不予没收，但可经过协商，借一部分给农民，由农民在收获之后归还。至于他们的债务、乌拉差役，同样应予废除。要求所有寺庙必须爱国守法，不得违反国家的政策法令和干涉政府的行政事宜；不得私藏枪支；不得强迫群众当喇嘛，群众有当喇嘛的自由，喇嘛也有还俗的自由。对寺庙财产，可由寺庙僧众组织管理委员会民主管理，取消寺庙间的隶属关系。强调在平叛中，要注意保护名山大寺和文物古迹。

到1960年10月，西藏地区的民主改革基本完成。民主改革废除了政教合一的封建农奴制度，解放了百万农奴和奴隶，开创了西藏人民当家作主的新时代，实现西藏社会发展史上最广泛、最深刻、最伟大的社会变革。

西藏平叛和民主改革工作中曾发生过一些偏差，特别是日喀则地区和扎什伦布寺民主改革群众运动初期发生了直接冲击班禅及其主要官员的问题。中央对此高度重视，一方面到西藏深入调查和解决工作中的偏差；另一方面具体做好班禅工作。1961年1月23日，毛泽东、刘少奇、周恩来等中央领导接见班禅。在同班禅的谈话中，毛泽东称赞班禅敢于讲真话的好作风，并对他提出的一些好意见给予了肯定和鼓励，强调“要纠正‘左’的偏向”。之前李维汉同班禅正式谈话13次，随后在制定和下发的《中共中央关于西藏工作方针的指示》中明确提出，民主改革基本完成之后，西藏工作必须采取稳定发展的方针。从1961年算起，五年以内不搞社会主义改造，不搞合作社（连试点也不搞），更不搞人民公社，集中力量把民主革命搞彻底，让劳动人民的个体所有制稳定下来，让农牧民的个体经济得到发展，让翻身的农牧民群众确实尝到民主改革给他们带来的好处。在这五年内，西藏的一切政策，包括财政政策、社会改革政策、民族政策、宗教政策、对上层人士的统战政策等，都一定要力求稳妥，都要防“左”防急。

四、全国民族工作会议的召开

全国民族工作座谈会　1957年共产党整风期间，在一些少数民族地区，也有极少数人借机攻击党的领导和党的民族政策，反对党的团结统一，提出按民族成分划分党组织，甚至要求取消党的领导；在民族关系上反对民族间的团结合作，主张民族单干，要把边界封锁起来；反对民族区域自治政策，主张联邦制，等等。还暴露一些地区资产阶级民族主义思想仍然严重，在一些干部中对党的民族政策有不少错误认识等问题。同年7月，全国人大民族委员会在青岛召开了全国民族工作座谈会，就民族工作中的重大问题进行讨论，进一步总结经验，统一认识。8月4日，周恩来作了《关于我国民族政策的几个问题》的重要讲话，强调既反对大民族主义，也反对地方民族主义，特别要注意反对大汉族主义；实行民族区域自治是新中国在民族问题上的一个根本性的政策；对各民族既要平等，又要繁荣，要繁荣关键在于改革，最根本的是经济改革；必须尊重民族区域自治权利和重视民族化问题。周恩来的讲话深刻分析了中国民族问题的特点，阐述了党的民族政策，既总结了新中国成立以来民族工作的经验，又澄清了当时民族工作中的一些错误认识，标志着党的民族政策正走向成熟和完善。

同年10月，中共中央发出《要在少数民族地区进行整风和社会主义教育运动指示》，并把批判地方民族主义列为整风和社会主义教育运动的一项重要内容。经过党内整风和社会主义教育运动，使广大干部和党员提高了觉悟，明辨了是非，认识到祖国的统一、民族的团结是建设社会主义的根本保障，任何民族如果离开共产党的领导，离开各民族的大团结，要想单独得到进步和发展，不仅违背本民族的根本利益，事实上也是不可能实现的。但是，由于对当时阶级斗争形势估计过于严重，在反对地方民族主义斗争中犯了扩大化的错误。一是扩大了范围，有些地方由党内扩大到党外，有的地方甚至把一些民族宗教上层人士也列为地方民族主义分子进行批判斗争。二是混淆了两种不同性质的矛盾，把大量人民内部矛盾当作敌我矛盾来处理，伤害了许多同志和朋友。

全国民族工作会议 为贯彻中央“七千人大会”精神，解决“大跃进”中违反民族政策、造成民族关系紧张等问题，1962年4月全国人大民族委员会、国务院民族事务委员会联合召开了全国民族工作会议。会议全面检查了“大跃进”以来执行民族政策、宗教政策、统一战线政策和民族工作中存在的问题，研究了解决问题的方针、政策和具体措施。

国务院民族事务委员会主任李维汉在会议上作了长篇报告。他指出，在民族宗教实际工作中存在的“左”的错误，主要表现在：在一些地区，对于两类矛盾的区别没有掌握好，有斗争扩大化的错误；有一些干部把民族融合讲得很乱，把民族融合当作实际任务来处理；在民族区域自治方面，忽视自治权利的现象普遍存在，有的撤销自治地方，有的合并自治地方，有的上级机关布置工作不经过自治机关；对少数民族干部，在近几年的几次政治运动中批判过头，相当一部分少数民族干部不敢讲话，不敢反映本民族的实际情况；在统一战线工作中，同民族上层人士协商不够，有的地方采取简单粗暴的办法对民族上层人士进行批斗；废除封建压迫制度后，在宗教工作中忽视了党的宗教信仰自由政策，干涉群众的正常宗教活动，寺庙、喇嘛、阿訇留得很少；近几年来大汉族主义思想有所增长。

会议决定以乌兰夫、李维汉等人的名义向中央写报告，主要对“大跃进”以来在统战、民族宗教工作方面的一些“左”的错误，提出了处理意见。报告提出，今后五年对少数民族地区的工作方针应是：依照中央政策，调整民族关系，加强民族团结，调整各民族内部各阶级和阶层间的关系，加强工农联盟，加强同一切爱国民主人士的团结，以便调动和发挥各少数民族人民的积极性，集中力量恢复和发展农业生产，牧业区发展牧业生产，林区发展林区生产，逐步恢复经济，改善人民生活。报告认为，为了服务于这个总任务，一切不是急需办理的事情，五年之内应当不办或缓办。自治地方的内部事务，特别是有关照顾经济特点、文化形式、语言文字、风俗习惯的问题，应当放手让少数民族人民和干部自己去管。按照各少数民族地区的实际情况，分别办好人民公社或合作社，有些地区，在这几年可以不办人民公社和合作社，将来再办。某些边疆地区，在这些方面，需要后退的，应该坚决退下来。对少数民族生产、生活上的特殊需要应尽可能照顾；了解群众宗教生活的实际需要和意见，让群众的宗教生活恢复正常；主动改善同民族上层人士的关系，加强同他们的团结，帮助他们进步，让他们发挥应有的作用。

中共中央批准了这个报告。中央指示，各级党委要检查一次民族政策执行情况，解决工作中存在的问题。强调民族问题的彻底解决是长期的，必须长期地进行经常性的工作，方能逐步实现。

第三节　统战工作中“左”倾错误的发展

一、党的八届十中全会对统一战线的影响

经过“七千人大会”前后将近两年的调整，国内形势逐步好转。但党在政治思想上的“左”的错误并没有从根本上纠正，加之中苏争论的进一步激化，使党内对形势估量和工作指导上的分歧又逐渐发展起来，有的涉及重大的原则问题，这使毛泽东感到事态严重。

八届十中全会重提阶级斗争问题 1962年9月，党的八届十中全会在北京召开。会议提出阶级斗争必须年年讲、月月讲、天天讲。全会指出，在无产阶级革命和无产阶级专政的整个历史时期，在由资本主义过渡到共产主义的整个历史时期（这个时期需要几十年，甚至更多的时间）存在着无产阶级和资产阶级之间的阶级斗争，存在着社会主义和资本主义这两条道路的斗争。被推翻的反动统治阶级不甘心于灭亡，他们总是企图复辟。同时，社会上还存在着资产阶级的影响和旧社会的习惯势力，存在着一部分小生产者的自发的资本主义倾向，因此，在人民中，还有一些没有受到社会主义改造的人，他们人数不多，只占人口的百分之几，但一有机会，就企图离开社会主义道路，走资本主义道路。会议公报还断言，这种阶级斗争，不可避免地要反映到党内来。国外帝国主义的压力和国内资产阶级影响的存在，是党内产生修正主义思想的社会根源。在对国内外阶级敌人进行斗争的同时，我们必须及时警惕和坚决反对党内各种机会主义的思想倾向。会议强调，我们千万不要忘记阶级斗争。

八届十中全会重提阶级斗争问题，与当时特定的历史背景直接相关。进入20世纪60年代，主导世界冷战格局的美苏关系进入一个时而紧张时而缓和的阶段，随着中苏之间的分歧扩大及中美之间的斗争加剧，中国周边的国际形势日趋紧张：1959年西藏上层反动集团发动叛乱后，印度政府正式向中国提出大片领土要求，中印边境军事冲突增加；苏联策动新疆伊犁、塔城地区边民外逃并发生袭击州政府的暴力事件；美国介入越南战争，U-2侦察机频繁侵犯中国内陆领空；台湾蒋介石集团以为时机有利，有明显的反攻大陆意图。这些情况，使党中央认为，帝国主义、修正主义和各国反动派在包围中国，正联合掀起反华逆流，并影响党对国内形势的严重估量，提出国内批判修正主义问题。而对包产到户和分田到户的主张，则成为重提阶级斗争的直接原因之一。在社会主义社会，阶级斗争仍将在一定范围内长期存在，在一定条件下还可能激化，这是一个重要事实，正视其存在，正确加以处理并保持清醒的认识，是完全必要的。但作为执政党，如果将社会主义社会中一定范围内存在的阶级斗争扩大化和绝对化，就不仅会混淆敌我和是非界限，而且会把党的注意力集中到阶级斗争上来，导致在政治和思想文化方面的“左”的错误发展起来，对统一战线产生极为严重的影响。

二、对统战部门所谓“投降主义”“修正主义”的批判及其后果

错误批判李维汉 1962年10月，中央统战部在学习和贯彻八届十中全会精神时，以所谓“政策理论检查”的名义，对李维汉自1956年以来在政策研究过程中提出的一些政策理论性意见，进行了不点名的批评，历时半年多。不少与会干部不赞成对一些正确的统一战线政策理论简单地予以否定，对指向李维汉的批评抱有疑问和不理解。

1963年4月19日，中央派主管统战工作的中央书记处书记出席中央统战部的部务扩大会议，指出中央统战部开了35次会议，仍然没有解决问题，原因是会议没有抓住问题的核心，即消灭阶级的问题，就是阶级观点不明确。此后，中央统战部又召开了5次部务扩大会议，进行检讨和批判，5月27日形成了《关于中央统战部几年来若干政策理论性问题的检查总结》。这个报告接受了八届十中全会的阶级斗争论断，对李维汉在统一战线政策理论方面形成的一些基本正确的意见进行了批判。该报告提交同月25日至6月18日召开的第十三次全国统战工作会议讨论。不少同志对这个报告的一些观点提出不同意见或疑问，许多同志认为只讲缺点，对统战工作的成绩肯定不够，担心传达下去，会影响统战政策的贯彻执行。但在当时情况下，一些比较符合实际的意见未被采纳。会后，中央统战部作了某些修改补充，主要是在最后部分，简述了新中国成立以后统战工作的几条成绩。1964年1月，毛泽东审阅了这个报告，批示强调报告是马克思主义的，并说阶级斗争要几

百年。1月13日，中共中央批转了这一报告，并要求各地检查近年来统战工作方面存在的问题。

在1963年、1964年同外国党领导人的谈话中，毛泽东多次点名批评了李维汉。李维汉关于统战工作的许多主张，被说成是“不讲阶级斗争”“向资产阶级投降”。1964年五六月间的中共中央工作会议上，毛泽东提出了中国会不会出修正主义，会不会出赫鲁晓夫和出了赫鲁晓夫怎么办的问题。并点名批评中央统战部，提出“统战部是同国内资产阶级打交道的，但是里面却有人不讲阶级斗争”“要把资产阶级的政党变成社会主义政党，并且定了五年计划，软绵绵地软下来，就是向资产阶级投降”。根据中央工作会议精神和毛泽东的批评，中央统战部从8月开始召开部务会议，对李维汉进行了点名的再次批判。

撤销李维汉部长职务 1964年12月25日，中共中央决定撤销李维汉的中共中央统战部部长职务。不久，在三届全国人大和三届政协全体会议上，又撤销了他的全国人大常委会副委员长、常委和全国政协副主席、常委的职务。26日，中央统战部向中共中央呈送了《中央统战部李维汉同志的问题的报告》，给李维汉罗列了8条罪名，主要是“长期以来在统一战线、民族宗教工作方面坚持一条反党、反中央、反毛主席的修正主义路线，反对无产阶级专政，反对社会主义革命，向资产阶级和封建农奴主投降，严重地损害党的事业”。

中央统战部对李维汉的两场批判，涉及统一战线政策理论的多方面问题，集中起来，就是所谓的“五社一短”，即社会主义统一战线、社会主义政党、社会主义合作共事关系、社会主义民族、社会主义宗教和短期消灭资产阶级。这些就是当时强加给李维汉的所谓修正主义纲领。事实上，“社会主义统一战线”“社会主义政党”等提法，虽是由李维汉最早提出的，但当周恩来指出不要弄“混”、弄“窄”的意见后，就没有在文件中使用了；而“社会主义宗教”，李维汉从来没这样讲过；李维汉虽曾在1957年底起草《改造资产阶级分子工作纲要》过程中，提出了“在五年或者五年多一点时间，实际上达到消灭资产阶级的水平”的想法，就是为了使资产阶级分子的改造与1962年取消定息时的要求相适应。实践证明，这个想法并没有错。至于“社会主义民族”，无论从理论上讲还是从实践上讲都是正确的。

对李维汉的两场错误批判，不仅使这位德高望重的老一辈无产阶级革命家，为党的统一战线事业的发展壮大作出过重大和突出贡献的卓越领导人，蒙受了不白之冤，而且使一系列重大的统战理论政策的是非完全颠倒了，造成了统战工作中极大的思想混乱，在民主党派、无党派民主人士和知识分子中引起很大震动。把这种批判推向全国，更使不少统战、民族宗教干部受到株连、迫害，造成了大批冤假错案，使党的统一战线工作遭受到严重损失。

第七章

“文化大革命”中的统一战线

（1966年5月—1976年10月）

1966年开始的“文化大革命”，是一场由领导者错误发动，被反革命集团利用，给党、国家和各族人民带来严重灾难的内乱。统一战线遭到严重破坏，在运动初期受到严重冲击；在毛泽东、周恩来等党的领导人关注和维护下，统一战线没有被取消，人民政协、各民主党派、各人民团体及有关统一战线组织都得以保留，在运动后期得到了部分恢复。1976年10月，党中央粉碎“四人帮”，结束了“文化大革命”，从危难中挽救了党和社会主义，挽救了党的统一战线事业。

第一节 “文化大革命”对统一战线的严重破坏

一、统一战线受到严重冲击

“文化大革命”的重灾区 以1966年5月中央政治局扩大会议和同年8月八届十一中全会召开为标志，“文化大革命”全面发动。这两次会议从理论上、政策上、组织上和领导机构上为“文化大革命”提供了“依据”。中央政治局扩大会议于5月16日通过《中国共产党中央委员会通知》，会议决定撤销原来以彭真为首的文化革命小组，成立陈伯达任组长的中央文化革命五人小组，使之实际上成为不受中央政治局约束的、领导“文化大革命”的指挥机构，并在很大程度上控制了中央各重要媒体，乃至全国的舆论工具。八届十一中全会通过了由中央文革小组起草、经毛泽东审定的《中国共产党中央委员会关于无产阶级文化大革命的决定》，改组了中央领导机构，全会公报号召全党和全国人民把“文化大革命”进行到底。八届十一中全会后，在毛泽东的支持下，红卫兵运动迅猛发展。红卫兵形形色色的造反狂风借助大串联由北京刮向全国，并从破“四旧”[①]开始，对被诬蔑为是“封、资、修”[②]的行为、人士和文物进行了大“扫荡”，而以1966年8、9月最为

① 即“十六条”中所说的“剥削阶级”的旧思想、旧文化、旧风俗、旧习惯。

② “封、资、修”，即封建主义、资本主义、修正主义。

激烈，党的统一战线首当其冲。

各民主党派被说成资产阶级政党，民主党派领导人和爱国民主人士受到批斗和迫害。民族资产阶级分子被看成同地主、富农、反革命、坏分子一样予以打倒，许多人的存款被没收，高薪被扣减，私人房屋被占用。一些在企业中担任行政领导职务的人，被下放到车间从事体力劳动。

党的民族政策、宗教政策遭到肆意践踏，大批少数民族干部和群众受到残酷打击和迫害，大量冤假错案发生。在破“四旧”中，宗教教职人员被赶出寺院，信教群众的正常宗教生活被强行禁止，各宗教团体被迫停止活动，寺观教堂几乎全部被关闭、占用。爱国宗教界人士，以至一般信教群众被当作“专政对象”，在宗教界制造了大量冤假错案。

知识分子被诬蔑为“资产阶级知识分子”“臭老九”“反动学术权威”，遭到打击和迫害。知识界成为“文化大革命”的重灾区。“文化大革命”在知识分子问题上造成的破坏，给我国科技文化教育事业的发展和民族文化素质的提高造成了无法估量的损失。

党的侨务政策、起义投诚政策遭到严重破坏，大量归国华侨和侨眷、归国留学人员、起义投诚人员，被强加“里通外国”“历史反革命”等罪名，遭到诬陷和迫害，极大地伤害了他们的感情，损害了社会主义祖国的声誉。

二、统战工作机构遭到破坏

统战部门遭受诬蔑　1966年8月，在党的八届十一中全会上，陈伯达、江青等中央文革小组成员向中央统战部发动突然袭击，围攻部长徐冰。他们全盘否定新中国成立以来统一战线工作的巨大成绩，诬蔑全国统战、民族宗教工作部门执行了“投降主义”“修正主义”路线，是“牛鬼蛇神的庇护所”“资本主义的复辟部”，并将统战部同所谓“资产阶级司令部”联系起来，为他们蓄意破坏统一战线、摧残统战部门制造借口。

同年12月，张春桥说：文史馆、参事室、民主党派都是“牛鬼蛇神”。广大统战干部被攻击为“资产阶级的代理人”“资产阶级的孝子贤孙”和“反革命修正主义分子”，遭到了残酷的打击和迫害。

中央统战部部长徐冰被揪斗，后被关押，1972年在狱中含冤去世。中央统战部副部长以上干部全部被打倒，统战部被宣布为“反革命修正主义司令部”而接受军管，干部下放“五七”干校，统战工作处于停顿状态。

民主党派、工商联被迫停止活动　1966年8月24日，北京市中学红卫兵向各民主党派中央机关发出“最后通牒”：限令在72小时之内自动解散一切组织。8月25日，各民主党派中央、全国工商联机关分别贴出公告，自即日起停止办公。民主党派的各级地方组织也被迫停止了活动。各民主党派、工商联的许多领导人及其成员遭到诬陷和迫害。据统计，各民主党派在北京的中央委员和候补中央委员中，被揪斗和查抄的占36.5%。

人民政协受到冲击　人民政协机构被戴上“投降主义”“修正主义”的帽子，被诬蔑为“牛鬼蛇神的黑窝子”，政协全国委员会机关从1966年8月30日起被迫暂停办公。各地政协组织也普遍受到冲击，事实上停止了活动。1968年8月，康生、谢富治等人炮制了《关于四届全国政协常务委员会政治情况的报告》，把159名全国政协常委中的74人分别诬陷为“叛徒”“叛徒嫌疑”“特务”“特务嫌疑”“国民党特务”“反革命修正主义分子”等。

第二节　统一战线经受严峻考验

一、毛泽东指示还要统一战线

告诫红卫兵注意统一战线问题　在“文化大革命”初期，红卫兵开始“造反”的时候，毛泽东就写信告诫他们：

我们支持你们，我们又要求你们注意团结一切可以团结的人们。对于犯有严重错误的人们，在指出他们的错误以后，也要给以工作和改正错误重新做人的出路。同时又用无产阶级统一战线的根本理念启示他们重视统一战线问题，按马克思主义理论，无产阶级不但要解放自己，而且要解放全人类，如果不能解放全人类，无产阶级自己就不能最后得到解放。这个道理，也请同志们予以注意。[①]

开列名单保护党外人士　1966年8月30日，中央文史研究馆馆长章士钊写信给毛泽东，反映红卫兵抄家并斗争他的情况，恳求在“可能范围内稍稍转圜一下”。毛泽东当日批示：送总理酌处，应当予以保护。9月1日，毛泽东又亲笔复信给章士钊，说：来信收到，甚为系念，已请总理予以布置，勿念为盼!顺祝健康。

周恩来在接到毛泽东的批示及章士钊的信后，严厉批评了有关人员，责令当即送还抄走的全部东西，并指示派人保护章宅。同时拟定了一份应予保护的党外著名人士的名单，并且详细地提出了保护范围、

① 中共中央文献研究室编：《毛泽东年谱（一九四九—一九七六）》第5卷，中央文献出版社2013年版，第604页。

原则和具体办法。他们是：

宋庆龄、郭沫若、章士钊、程潜、何香凝、傅作义、张治中、邵力子、蒋光鼐、蔡廷锴、沙千里、张奚若；国家副主席，全国人大副委员长、常委，政协副主席，国务院副总理、部长、副部长，各民主党派负责人，最高人民法院院长和最高人民检察院检察长。

后来在毛泽东的提议下，又加上李宗仁。名单开出后，嘱公安部有关负责人把这份名单转交给统战部，要统战部照名单划定范围，把党外人士的名单开列出来。周恩来又命三〇一医院准备接收一批特殊“病人”。这样张治中、章士钊、程潜、傅作义、蔡廷锴、李宗仁等每人带一名秘书，以假姓名入院，到医院后由解放军负责警卫，安排医护人员给以特别照顾。对思想不通或不能离家的人，则派解放军和公安人员身穿便服，臂带红卫兵袖章阻止红卫兵前来抄家。在周恩来的精心安排下，名单开列的著名党外人士都安全度过最艰难的岁月。

政协还是要的，民主党派还是要的　1966年国庆节，毛泽东在天安门城楼对李宗仁说：

红卫兵把全国政协、民主党派封了，但政协还是要的，民主党派还是要的。①

同年10月24日，毛泽东在中共中央一次汇报会上说：

民主党派还是要，政协也还是要，要同红卫兵讲清楚。②

1968年10月，在党的八届十二中全会上，毛泽东再次提出统一战线、政协还是要，并提到了著名遗传学家谈家桢，说：“谈家桢还可以搞他的遗传学嘛。”当时正在农村劳动改造的谈家桢便很快回到复旦大学。1974年，毛泽东已重病在身，还特意嘱托王震给谈家桢捎口信说：“这几年为什么没见到你发表文章？你过去写的文章，有些观点是

① 中共中央文献研究室编：《毛泽东年谱（一九四九—一九七六）》第6卷，中央文献出版社2013年版，第2页。

② 中共中央文献研究室编：《毛泽东年谱（一九四九—一九七六）》第6卷，中央文献出版社2013年版，第7页。

正确的嘛!”并鼓励谈家桢用马列主义观点指导遗传学的研究工作。

【延伸阅读】

“庙”可以重修，我出点香火钱

1967年，湖南省副省长周世钊的家被红卫兵查抄后，去北京见毛泽东。毛泽东安慰说：这对不起你，由我负责赔偿。还说：你不要心存芥蒂，湖南的事，你还是要管的，当说则说，可管则管，至少是教育方面的事。周世钊说：我连个党员都不是，怎能管事？毛泽东说：你愿入党我可作介绍，你是副省长嘛!即使造反，你也应管，再说你又是湖南民盟的负责人，怎能袖手旁观?周世钊说：今天这个局面，民主党派还能起什么作用?连个庙都没有了。毛泽东鼓励说：庙可以重修嘛！修庙是积福的事，我出点香火钱。周世钊忧虑地说：有庙宇找不到和尚。毛泽东说：像胡愈之、杨东莼和你，不都是和尚?毛泽东的这一席话表达了他对民主党派成员的关切和鼓励。

指示纪念孙中山百年诞辰　1966年10月24日，毛泽东在中共中央一次汇报会上说：中国的民主革命是孙中山搞起来的，那时没有共产党，是孙中山领导反康、梁，反帝制。今年是孙中山诞辰一百周年，怎么纪念？要和红卫兵商量一下，还要开纪念会。①

根据毛泽东的指示精神，11月12日，孙中山诞辰一百周年集会在北京隆重举行，各民主党派、无党派民主人士、港澳人士和华侨代表出席。董必武副主席致开幕词，周恩来总理代表中共中央讲话，宋庆龄副主席发表了题为《孙中山——坚定不移、百折不挠的革命家》的长篇讲话。同年，还出版了《孙中山选集》。

区别对待资本家　1969年九大前后，毛泽东希望通过“斗、批、改”运动落实党的政策，5月5日，将北京市北郊木材厂认真落实党对

① 中共中央文献研究室编：《毛泽东年谱（一九四九——一九七六）》第6卷，中央文献出版社2013年版，第70页。

民族资产阶级和小资产阶级的各项政策的材料送周恩来。当晚，周恩来即组织讨论，商定核实修改后由中央转发各地参考。7日，将中央批语稿及附件送毛泽东审批。毛泽东批示“照发”，并将原批语稿提出的进行试点的范围由“上海、天津、武汉、广州等地”扩大到“上海、天津、武汉、广州及其他大、中城市”。8日即由中共中央转发。

该材料提出资本家中的大多数是能够接受党的领导和社会主义改造的。因此，对资本家要做具体分析，区别对待。具体做法是：对资本家中的大多数，坚持执行“团结—批评—团结”的政策；对资本家中的极少数反动分子，坚决斗争，彻底批判，区别对待，给予出路；对不够资本家的，把他们划出去；对小业主，让他们回到群众中去，在“斗、批、改”的群众运动中进行自我教育和改造。

“文化大革命”使党、国家和人民遭到建国以来最严重的挫折和损失。毛泽东在全局上一直坚持“文化大革命”的错误，但也制止和纠正过一些具体错误，保护过一些党的领导干部和党外著名人士，使一些负责干部重新回到重要领导岗位。毛泽东在是否取消民主党派、取消政协、取消统一战线的问题上的清醒认识，维护和保存了中国统一战线的根基。

二、周恩来对爱国民主人士的保护

周恩来在“文化大革命”中虽处于非常困难的地位，但他从党和国家的根本利益出发，忍辱负重，殚精竭虑，在可能的范围内保护爱国民主人士，一定程度上减轻了统一战线工作的损失。

保护宋庆龄　“文化大革命”之初，北京街头出现攻击宋庆龄的大字报，还有人扬言要冲入她的寓所。1966年9月1日，周恩来在对北京红卫兵的讲话中提出，要保护与尊重宋庆龄。他说：宋庆龄是孙中山的夫人。她营救过我党地下工作的同志，抗日战争时期与我们合作，解放战争时期也同情我们，她和共产党的长期合作是始终如一的。到她家里贴大字报不合适。她兄弟三人、姐妹三人就出了她一个革命的，不能因为她妹妹是蒋介石的妻子就要打倒她。由于周恩来的尽力保护，宋庆龄的寓所未受到冲击。

“文化大革命”初期，上海万国公墓内安葬宋庆龄父母的宋氏墓地被人盗掘，宋庆龄得悉后非常痛心，她请廖梦醒向邓颖超反映情况，邓颖超立即转告了周恩来。日理万机的周恩来马上给上海挂长途电话，指示此事一定要妥善处理。1967年，上海市民政局根据指示重新修缮了宋氏墓地。宋庆龄对此十分感激，觉得在当时的情况下能做到这一步已实属不易。

保护少数民族领袖人物　在红卫兵“造反”的高潮中，周恩来对红卫兵说：对乌兰夫、班禅这样的少数民族领袖人物要保护，不能揪斗。

1966年8月下旬，周恩来在得知红卫兵把班禅劫持到中央民族学院关押后，立即指示北京卫戍区派人前去制止，并交待：绝不容许红卫兵对班禅采取侮辱性的斗争方式。同时，他还嘱中央统战部负责人徐冰和刘述周，共产党员应该坚守自己的工作岗位，在任何时候都要履行自己的职责。就是你们自己受到揪斗，也要把班禅保护好。随后他们赶到中央民族学院，将班禅转移到安全地方。[①]

周恩来不但保护了一大批民主人士免受劫难，并且在极端艰难的情况下，仍然为坚持党的统一战线政策进行了不懈的努力。

【延伸阅读】

制止散发消灭伊斯兰教传单

当破“四旧”在北京迅猛展开时，出现了一张中国伊斯兰教协会部分人员起草的所谓“消灭”伊斯兰教的传单。1966年9月12日，周恩来知道后，当夜责成国务院宗教事务局局长萧贤法查明此事。他又与时任中

① 中共中央文献研究室编：《周恩来年谱（一九四九——一九七六）》下卷，中央文献出版社1997年版，第55页。

央统战部副部长的张经武通电话，要求必须在13日解决。13日，张经武召集国务院宗教局及伊斯兰教协会有关人员开会，传达周恩来指示，并通知27个省、市、区的宗教、民族工作部门及有关学校，指出这一传单有严重错误，应当作废，各地要设法控制和收回。

统战工作必须坚持下去 1966年8月底，鉴于许多民主人士、无党派爱国人士、工商业上层代表人物受到冲击，统战政策遭到破坏，周恩来指示中央统战部负责人：

统战部对统战政策不要动摇，不要撒手不管，统战工作必须坚持下去。[①]

与此同时，就在红卫兵"造反"，勒令全国政协、各民主党派中央及有关人民团体宣布解散时，周恩来立即加以制止，并指示：

全国政协、各民主党派等可以先停止办公和活动，但绝不能宣布解散，任何人也没有这个权力。

周恩来这个非常明智的处理，为在粉碎江青反革命集团后人民政协、民主党派恢复活动和开展工作奠定了基础。

9月22日，周恩来在国务院各口、各部委党组成员会议上说，民主党派政策、宗教政策、民族政策、高级知识分子政策、华侨政策、外事政策，大家都要想一想，国庆节抓一抓。他还提出要有意识地保护乌兰夫、赛福鼎、阿沛•阿旺晋美等。刘文辉、蒋光鼐也要上天安门。9月24日，周恩来主持召开中央碰头会，就在上海串联的北京红卫兵准备第二天强制一二百名资本家游街示众一事，商定应当停止。电报经毛泽东同意当夜发出。

九大之后保护民主党派 党的九大使"文化大革命"的理论和实践合法化。此后，周恩来更加注重保护党外人士，1969年5月4日在给有关单位和部门《关于保护民主党派领导人的一封信》中提出，要对派

① 中共中央文献研究室编：《周恩来年谱（一九四九——一九七六）》下卷，中央文献出版社1997年版，第55页。

往各民主党派机关的军代表“谈谈政策”：

机关革命造反派的任务是清理机关干部的队伍，而不要去斗批民主党派的领导人，即他们的中央委员、省市党部委员。……机关干部也要在清理队伍时，按具体情况区别对待，不能以中共党内标准要求。

这封信对保护各民主党派领导机构成员起了重要作用。

6月10日，周恩来在关于精简国家机关的讲话中宣布，国家机关由62个精简为19个，参事室、文史馆为保留单位，归口国务院办公室。1970年2月，周恩来对进驻各民主党派机关军代表指示：

对民主人士不能那样随便揪斗；如果党外人士有政治历史问题，可以背靠背地进行审查；历史问题，既往不咎，如有现行反革命，另当别论。

之后，他又几次向有关部门提出：

要把已下放劳动的民主党派人士中的中央委员以上人员，从干校抽调回来。[①]

1970年11月1日，在周恩来的过问下，各民主党派中央机关迁入全国工商联大楼，开始联合办公，并组织在北京的各民主党派、工商联负责人和中央委员进行学习。

1971年9月6日，周恩来主持讨论《政府工作报告》稿，对统一战线问题提出：

统一战线其实最广泛，党与非党，党外帮助整党，不是没有话可说。工人阶级和劳动人民是最广泛的统一战线。三结合一强调，气势就大了。剥削阶级只能占少数。党与非党是大的统一战线。

三、统战部门坚持开展工作

在“文化大革命”初期，统战、民族、宗教工作部门在自身受到冲

① 中共中央文献研究室编：《周恩来年谱（一九四九——一九七六）》下卷，中央文献出版社1997年版，第351页。

击的情况下，不畏困难，坚持党的统战政策、民族政策、宗教政策，履行职责，开展工作。

对在京和外地的党外上层爱国人士采取了保护措施 针对“文化大革命”初期红卫兵的猛烈冲击，1966年8月23日，徐冰约集各民主党派负责人谈话，宽舒他们的紧张情绪，并提出应对策略给予帮助。指出，党的统战政策至今未变，还是团结、教育、改造；民主党派是客观存在，是党和国家承认的，红卫兵要摘牌子，摘就摘，摘了也还是存在；定息在国家未决定前仍然不变，要你们交出股票，“文化大革命”办公室暂时保存；高薪也如此，要你们上交40%工资，也可以从9月份起暂交办公室保存；不用大师傅、保姆，对有些人可能有困难，这些人是管理局派来的，你们可以向红卫兵说明，要请示管理局决定。

9月21日，中央统战部就当前“文化大革命”中有关统一战线政策的迫切问题提出应对意见，强调严格分别两类不同性质的矛盾，努力降低统一战线成员受冲击的范围和程度。9月27日，根据李富春的指示，中央统战部制发文件，就党外人士当前迫切需要解决的几个问题提出处理措施：

在国家机关、民主党派、工商联任职的人员（包括被批判斗争的对象）的工资，应照旧发，暂不改变。本人要求扣减一部分，可暂为保存。供给关系在人大、政协的也按此办理。有些人已被抄家的，应留给住房；生活有困难，由原单位酌发必要的生活费；衣被有困难，可酌情发还一部分。被打受重伤的，原单位应帮助解决其治疗的问题。对少数已故的上层代表人物的遗属的生活补助费仍照旧发。

深入调研，及时向中央反映情况、提出建议 1966年9月，中央统战部、国务院宗教事务局根据周恩来、李富春的指示，派出4个调查组分赴中南、西南、西北及河北调查“文化大革命”冲击宗教的情况。据10月上旬对全国25个大中城市和一个专区（山东菏泽）调查的不完全统计，当时有宗教职业者6151人，运动中遭批斗的有1516人。在调查的基础上草拟了一些意见和建议。

对一些重要寺观教堂采取了一些保护措施，四川新都宝光寺、北京雍和宫和白云观、河北承德外八庙、上海玉佛寺、广东曲江南华寺等一批著名寺观教堂得以保护。①

1970年7月，根据中央和周恩来的指示，中央国家机关统战系统军管组对人大、政协机关所属统战对象在“文化大革命”初期被查抄财物的情况做了调查，共有68人（包括自动上交财物的12人），并提出了《对在京部分统战对象被查抄财物的处理意见》。该意见提出了属于人民内部矛盾的，其被抄财物除“四旧”、违禁物品外，均退还本人；已去世的，被抄财物退还其家属等办法。这68人中绝大多数定为“人民内部矛盾”。1971年2月，该意见经毛泽东批准下发。这也是当时条件下第一个处理“文化大革命”中查抄财物问题的政策文件。

文件下发后，当年即对国务院参事、中央文史馆馆员被街道、学校、红卫兵查抄的财物集中进行了清理，将其中21户的财物退还了本人，尚有9户没有解决或存有遗留问题待解决。此后，各地根据该文件的规定对统一战线的代表性人物绝大多数被查抄财物进行了处理。

四、民主党派和无党派民主人士经受住考验

“文化大革命”期间，统一战线遭到严重破坏，各民主党派和无党派民主人士经受住了严峻的政治考验。他们中的绝大多数都没有动摇热爱祖国和拥护共产党的领导、拥护社会主义的立场，他们与广大的共产党员风雨同舟、患难与共，与林彪、江青反革命集团进行了各种形式的斗争。

民革中央负责人张治中1966年在天安门城楼上参加国庆观礼时对毛泽东说，我一向认为共产党的干部都是好的，怎么一下子这么多好干部都变成了走资派了？

---

① 《当代中国的宗教工作》，当代中国出版社1999年版，第130页。

一些民主党派成员和爱国民主人士不受林彪、江青反革命集团的威胁利诱，并与之展开了坚决的斗争。民革中央副主席程潜在住宅附近发现丑化朱德的大字报和漫画，就让人赶快撕掉。在斗争刘少奇时，他坚持让服务员买来刘少奇的像挂起来。他还坚决反对揪斗陈毅、彭真，说这些人都是毛主席的左右手。民革中央委员廖运泽曾参加八一南昌起义，被一再胁迫提供林彪是南昌起义领导者的伪证，甚至被用枪威胁，都严辞拒绝。

在"文化大革命"中，江青反革命集团大肆鼓吹"不为错误路线生产"，批判所谓的"唯生产力论"，宣扬无政府主义，煽动武斗，造成严重的停工、停产局面。广大的知识分子、民主党派成员、爱国民主人士和全国人民一道，排除各种干扰和阻力，坚持工作和生产。特别是科技界人士，潜心从事科学研究和生产活动，取得了以氢弹和人造卫星为代表的国防尖端技术方面一批重要科研成果。后来成为世界著名数学家的陈景润在"文化大革命"动乱中，仍潜心研究。他在6平方米的小屋内，借着煤油灯光伏在床板上演算，在耗去几麻袋的草稿纸后，对解析数学领域"哥德巴赫猜想"的研究取得世界领先地位。"文化大革命"初起时，后来享誉世界的"杂交水稻之父"袁隆平的科研事业刚刚起步。他顽强克服造反派对试验的几次严重破坏，在近乎保密的情况下进行科研工作，终于在籼型杂交水稻的研究上连续攻关，取得突破性成果。在教育战线工作的广大知识分子和各民主党派成员，顶着江青反革命集团掀起的"反复辟""反回潮""反击右倾翻案风"等阵阵恶浪，坚守自己的工作岗位，恪守人民教师的光荣职责。

1974年初，当江青等人利用所谓"批林批孔"运动，影射攻击周恩来时，民主党派绝大多数成员和其他爱国民主人士对此采取了消极抵制的态度。1976年4月，在全国范围内掀起的以天安门事件为代表的悼念周恩来、反对江青反革命集团的强大抗议运动中，不少爱国民主人士也自动地加入了运动的行列。

早在“文化大革命”前夕，民革中央领导人朱蕴山就郑重地告诫自己的亲朋故友：

不管受到什么冲击，都要记住共产党是伟大的，在中国这个国家，除共产党谁也领导不起来，除了走社会主义道路，不要说富强，独立也不可能。

朱蕴山的这番话，道出了民主党派成员和爱国民主人士的心声。他们在“文化大革命”中经受住了严峻考验，主要原因在于，新中国成立后他们经过不断学习、实践和锻炼，已经树立起拥护共产党的领导和为社会主义服务的信念；他们在同共产党长期合作中，已经成为党的诤友，能够理解共产党在探索社会主义道路过程中出现的历史曲折；他们在“文化大革命”中受到毛泽东、周恩来等老一辈无产阶级革命家的关心、保护，在一定程度上减轻了他们的苦难，使他们看到了前途和光明。

五、“文化大革命”后期党的统战政策的部分落实

统战部门初步恢复工作　1971年林彪事件的发生，客观上宣告了“文化大革命”理论和实践的破产。“批林整风”开始后，周恩来在毛泽东支持下主持中央日常工作。周恩来正确地提出要批判极左思潮的意见，加快了落实干部政策、知识分子政策的进程和落实党的统战、民族等政策的工作。1972年11月，周恩来、李先念指示，对上层爱国人士，不仅要在物质生活上照顾他们，而且要在政治上给予照顾，让他们看到文件，遇到国内外重大事情给他们通通气。

中央统战部着手成立了临时业务班子，初步恢复了一些工作和活动。

开展调查研究。1972年，对一些省市统战工作机构和工作情况，对工商、民主党派、知识分子、民族宗教等方面的现状和问题进行了调查。

清退统战对象被查抄的财物和被挤占的住房。1972年9月29日，国务院批转国务院办公厅《关于老干部、高级知识分子和爱国民主人士住房情况的调查报告》，规定住房被挤占的原则上应予退还。与此同时，继续落实中央早些时候批发的《对在京部分统战对象被查抄财物的处理意见》。除北京市外，其他各省、市也都参照执行。这项工作的落实，在一定程度上调动了工商界、知识界和民主党派的积极性。

【延伸阅读】

九成以上被查抄对象获得清退财物

据中央统战部1973年派出调查组所了解的情况，上海、天津、山东、江苏、浙江，按照规定已作出处理的人数，均已超过被查抄对象总数的90%。例如，上海市在有政治安排的党外人士中，曾被查抄的有580人，查抄现金、珠宝等折价约为4100万元，已作处理的541人，约占93%。天津市在有政治安排的党外人士中，曾被查抄的有424人，已作处理的达413人，约占97%。山东省省、市、县三级党外人士中，曾被查抄的有541人，已作处理的达504人，约占93%。

组织党外人士参观考察等活动。1973年5月，经周恩来同意，中央统战部组织上层爱国人士到外地和在北京参观学习，全国人大代表、全国政协委员、国务院参事、各民主党派在京中央委员及部分知名人士共128人报名参加，共分中南、华东和北京三组。这是"文化大革命"以来首次组织如此重大的参观活动。周恩来还对组织工作提出了具体要求。他说：爱国人士年纪大了，各方面应有所照顾。安排不能搞得那么紧，每个人可带秘书或家属照顾，一个人住一间房，要组织服务人员拿行李、搀扶，饭要软，菜要适应老年人的口胃。参观、座谈也不要安排得太紧，不休息好怎么参观？之后，周恩来还对组织爱国人士外出参观提出明确要求，如要与参观人员协商，要征求本人意见，取得他们的同意再定，要体现我们历来主张的民主协商精神，不要通知一下了事，等等。

民主党派工作得到初步恢复 1971年夏，毛泽东视察南方，再次提出，民主党派还是要的，不要急于取消。九一三事件后，周恩来即指示有关部门，让下放到全国人大、全国政协机关“五七”干校劳动的民主党派中央委员返回北京。

12月29日至31日，中共中央召开各民主党派和无党派民主人士座谈会，周恩来用两天半的时间，向在京的全国人大常委、全国政协常委中的党外人士传达中央关于揭批林彪、陈伯达的一系列文件，说明林彪反革命集团的问题。这是“文化大革命”以来，中共中央领导人第一次向民主党派和无党派民主人士亲自传达讲解中共中央文件和国家的重大政治事件，也是在当时历史条件下所进行的一次重大的统一战线活动。周恩来还询问了一些民主人士的身体和生活情况，肯定他们对党和国家所做的贡献，勉励他们不断学习，做共产党的诤友。

党外上层人士对恢复统一战线活动，备感欣慰和高兴。之后，经周恩来批准，向在北京的各民主党派中央委员和无党派民主人士作了传达，各地也陆续进行传达和讨论。在周恩来的过问下，10月9日，统战系统军管组决定，各民主党派中央和全国工商联机关联合办公，撤销机关军代表，成立了临时领导小组，下设联合办事机构，负责日常工作。

民族工作得到初步恢复 1972年1月24日至2月12日，根据周恩来的批示，党中央、国务院在北京召开宁夏固原地区工作座谈会。针对民族工作中的“左”倾错误，会议指出：

要认真落实党的民族政策，在一切工作中坚持民族平等和民族团结；要挑选懂得民族政策的干部到少数民族地区工作；要尊重少数民族的宗教信仰和生活习惯，积极培养少数民族干部，满腔热情地帮助各少数民族得到发展和进步。

3月，党中央指示检查贯彻民族政策情况。公安部和农林部根据中央的指示，组成联合调查组赴宁夏德隆县调查。调查组与当地党政机关一起，落实党的民族政策、农村政策，促进了当地的春耕生产。当月，周恩来建议以农林部的名义再派出4个调查组，分赴内蒙古、新疆、西藏、云南等少数民族地区，调查了解民族政策的执行情况和当地群众生活、生产中存在的问题。当年7月，中共中央在批转宁夏固原地区工作座谈会和公安部、农林部联合调查组报告的通知中提出，近几年来，在某些同志中间，由于受极左思潮的影响，对党的民族政策观念十分淡薄，有的甚至发生了严重违反党的民族政策的情况，因此应当对执行民族政策的情况进行一次检查。8月，周恩来指示农林部派专人赴青海，调查了解青海省农牧业落后问题。一些地方也派工作组深入基层检查民族政策落实情况。

1973年，毛泽东指示，政策问题多年不抓了，特别是民族政策。现在地方民族主义少些，不突出了，但大汉族主义比较大，需要再教育。经过一系列工作，党的民族政策得到一定程度的恢复，一些错案得以纠正，受到严重破坏的民族关系得到初步改善。

宗教工作得到初步恢复　根据周恩来的指示，1972年中国佛教协会和伊斯兰教协会开始部分恢复工作。中国佛协接待了日中友好宗教者恳话会代表团来访，以后又多次接待日中友好佛教协会和日本佛教各宗派来华访问。在周恩来直接过问下，修复“文化大革命”初期受到破坏的洛阳白马寺、浙江天台山国清寺、北京广济寺、杭州灵隐寺等一些关闭的寺庙经过维修逐步开放，金陵刻经处刻经活动逐步恢复。

知识分子工作得到初步恢复　1972年7月14日，周恩来对周培源说，你回去要把北大理科办好，把基础理论水平提高。这是我交给你的任务。有什么障碍要扫除，有什么钉子要拔除。周培源于20日上书周恩来，分析了造成中国基础科学落后的三方面原因，真实地反映了在当时环境下，广大知识分子欲罢不忍、欲教不能的思想状态。23日，周恩来就写信给国务院科教组和中科院负责人：把周培源同志来信和我的批件及你们批注的意见都退给你们好作根据，在教科组和科学院好好议一下，并要认真实施，不要如浮云一样，过了就忘了。

10月6日，根据周恩来多次指示精神，周培源在《光明日报》发表《对综合大学理科教育革命的一些看法》，提出工和理、应用和理论都必须受到重视，不可偏废；综合大学理科要对基本理论的研究给予足够的重视。在那个特殊的年代，周培源的声音如空谷足音，在教育界引起很大反响，对于抵制当时教育界泛滥的极左思潮起了重要作用。

1972年11月6日，周恩来到国务院参事室和中央文史研究馆视察，关切询问参事、馆员的工作、学习和生活等情况。随后，北京市委书记万里也到室馆，提出对参事、馆员要例外照顾。1973年4月，华国锋、李先念先后批示解决了参事、馆员的医疗照顾问题。

1974年1月，周恩来针对江青等对郭沫若的迫害，派人到郭家了解情况，提出保护措施。

1975年2月，根据毛泽东的指示，章乃器被摘掉右派分子的帽子。5月3日，毛泽东召集在京中央政治局委员谈话时说，教育界、科学界、文艺界、新闻界、医务界，知识分子成堆的地方，其中也有好的，有点马列的。毛泽东并针对当时有人把知识分子贬称为"臭老九"，说"老九不能走"。新任教育部长周荣鑫上任后，重提两年前周恩来领导批判极左思潮时关于教育工作的意见，明确否认所谓十七年教育路线的要害是"资产阶级专了无产阶级的政"的提法。7月，党中央批准国务院关于中国科学院要整顿的报告。在调查研究的基础上，中国科学院起草了《关于科技工作的几个问题（汇报提纲）》（后来修改为《科学院工作汇报提纲》），明确肯定新中国成立以来科技战线上的成绩，肯定绝大多数科技人员是好的和比较好的，做了大量工作，指出：科学技术也是生产力。科研要走在前面，推动生产向前发展。

邓小平十分赞同《汇报提纲》所提观点和加强科研工作的各项措施，说这个文件很重要，不单管科学，而且对文化教育各部门都有用处。并指出：

科学研究是一件大事，科学技术叫生产力，科技人员就是劳动者!

全国政协工作得到初步恢复 1972年10月30日，在周恩来的过问下，全国政协建立了各民主党派和无党派民主人士学习领导小组，由各民主党派负责同志组成，正式恢复各民主党派中央和全国工商联的学习活动。1973年2月28日，经周恩来批准，全国政协在人民大会堂台湾厅举行纪念台湾人民二二八起义26周年座谈会。全国政协副主席傅作义主持会议并发言。这是“文化大革命”以来第一次以全国政协的名义公开见报的一次会议。

中央统战部业务组先后于1972年11月和1973年3月就纪念孙中山诞辰、忌辰的活动写了请示报告，经周恩来批准先后恢复了新中国成立以来一直在孙中山诞辰和忌辰举行的纪念活动，仍由全国政协、民革中央分别出面举行纪念仪式。

特赦全部在押战犯 1975年2月27日，毛泽东在关于特赦战犯问题的报告上作了批示，全部特赦在押战犯，并说，放战犯的时候要开欢送会，请他们吃顿饭，每人都有公民权。不要强迫改造。有些人有能力可以做工作。年老有病的要给治病，跟我们的干部一样治。人家放下武器25年了。

3月17日，根据中共中央建议，第四届全国人大常委会决定特赦了293名在押战犯。至此，在押的战争罪犯全部释放。9月，司法机关又宽大释放了全部在押的95名台湾当局派遣的武装特务和49名武装特务船员。至此，自1962年至1965年捕获的美蒋武装特务及武装特务船员全部释放。10月8日，上述宽大释放的特务人员，分别经海路和陆路，离开大陆返回台湾。9月9日，毛泽东对清理在押国民党省、将级党政军特人员请示报告批示：建议一律释放。本地不能就业的，转别地就业。

报告查清全国有1.4万多名以历史罪判刑关押改造和刑满留在劳动改造单位就业的原国民党县团级以上党政军特人员。同年12月，各地司法机关先后召开宽大释放大会，对在押的原国民党县团级以上党政军特人员，全部宽大释放。中共中央和人民政府的特赦和宽大政策的实行，对于化消极因素为积极因素，恢复统一战线工作具有重要作用。

四届人大重申党的统战政策　1973年8月，在党的十大上，一批久经考验的、在“文化大革命”开始后受到打击和排斥的老干部如邓小平、乌兰夫、廖承志等被选进中央委员会。1973年10月中旬，叶剑英、邓颖超同在京的党外人士协商四届人大的代表名单问题。叶剑英强调要继续发挥统一战线的作用，今后需要大家协助建设国家，经常提些意见，把各方面的事情办好，从而恢复了党同党外人士民主协商的优良传统。叶剑英多次会见回国参观访问的港澳同胞、海外侨胞，向他们阐述党和政府的正确政策，严厉地批评了歧视、迫害华侨和侨眷的行径。他还多次叮咛党的侨务工作者：

华侨政策有些地方贯彻得不好，应该纠正！

海外有几千万侨胞，他们爱国心很强，我们不能伤害华侨感情！

1974年，在筹备四届人大过程中，周恩来指示中央统战部派领导干部参加四届人大的筹备工作，推荐党外人士。当时大多数爱国人士、民主党派代表都还没有被“解放”，所以排来排去，可以参加人大的只有十几个科技界的人。毛泽东感到不满意，对周恩来说，像侯宝林、荣毅仁就应该让他们出来。周恩来根据毛泽东指示精神，要统战部提名。

据此，中央统战部在文化艺术界、工商界提出了一批名单，周恩来要求相关各部门，经过调查研究，为这些上层爱国人士澄清问题，提出实事求是的审查结论。这些人的审查结论报周恩来审核，经毛泽东批准，终于从文化艺术界、民主党派和工商联各方面选出沈雁冰、胡子昂、胡厥文、李烛尘等100多名代表，使民主党派和无党派民主人士的代表人数达到237名。这个数字虽比第三届人大时党外人士的代表名额少100多名，但在“左”的思想还占主导地位的情况下，能做到这一步已是很不容易了。这也为后来的恢复和落实统战政策开了一个好头。

1975年1月13日至17日，四届全国人大一次会议在北京举行。周恩来在《政府工作报告》中，重申在20世纪内全面实现农业、工业、国防和科学技术四个现代化的宏伟目标，把全国人民的注意力再次引到发展经济、振兴国家的事业上来。这是饱受“文化大革命”内乱之苦的中华民族最强烈的愿望。《政府工作报告》中还指出：

我们要加强全国各族人民的大团结。要全心全意依靠工人阶级、贫下中农，团结其他劳动群众和广大知识分子，进一步发展工人阶级领导的以工农联盟为基础的包括爱国民主党派、爱国人士、爱国侨胞和港澳同胞的革命统一战线。我们要团结95%以上的干部和群众，团结一切可以团结的力量，为建设伟大的社会主义祖国而共同奋斗。

《政府工作报告》重申了党的统一战线政策，使各民主党派和各族各界爱国人士增添了希望。1975年10月1日，一批在“文化大革命”中受冲击的老干部、高级民主人士、老教授、老专家被邀请出席国庆招待会。毛泽东看了《学部老知识分子出席国庆招待会的反映》后很高兴，批示：“打破‘金要足赤’，‘人要完人’的形而上学错误思想。可惜未请周扬、梁漱溟。”[①]

四届人大闭幕后，已患重病的周恩来病情更加严重。邓小平在毛泽东支持下，相继主持国务院和党中央的日常工作。受命于危难之际的邓小平，强调四个现代化建设是大局，提出要全面整顿，努力纠正“文化大革命”的错误。

【延伸阅读】

牵挂党外朋友

1974年9月，周恩来因患癌症住进医院。29日晚，他在灯下细细地翻看将出席国庆招待会的大名单。因为这个名单是要见报的，可以利用这个机会为一些同志和党外人士“平反”。周恩来一边看，一边提笔增加一些名字。在名单第十七类，他见到张学铭的名字，感到一丝宽慰。

① 中共中央文献研究室编：《毛泽东年谱（一九四九—一九七六）》第6卷，中央文献出版社2013年版，第614页。

他一直惦念着这位张学良胞弟，更惦念着那位在台湾的朋友。为了保证这些人都能出席国庆招待会，都能见报，他决定对此再作些说明：“今晚又将2000多见报名单细细翻阅。在第十七类爱国人士方面，据统战部意见提出了起义将领四夫人韩权华（卫立煌夫人）、郭翼青（程潜夫人）、洪希厚（张治中夫人）、刘芸生（傅作义夫人）及张学铭（张学良之弟、张学思之兄，因吕正操案被禁多年，去年已无罪释放）。”他仍不放心，又写道：“至于张学铭，则因林彪利用东北军一案大搞东北民主人士，现吕正操同志已平反，张学思已死（此案亦应弄清）。故邀张学铭出席有此必要。”后来，在毛泽东、周恩来、叶剑英关怀下，海军还成立了张学思专案复查组，经过三年的努力，终于在1975年4月为张学思平反。

“文化大革命”后期，统一战线工作开始有了一些转机。但在“以阶级斗争为纲”的错误思想指导下，统一战线工作仍然面临重重困难，许多统战政策很难全面落实，广大党外人士仍然处于压抑之中。这种全局性的灾难，直到1976年10月粉碎江青反革命集团，“文化大革命”宣告结束，特别是到中国共产党十一届三中全会召开，经全面拨乱反正之后，才逐步地根本改观，统一战线工作也才随着全局形势的好转而开始得到恢复和发展。

第八章

实现伟大历史转折中的统一战线

（1976 年 10 月—1978 年 12 月）

“文化大革命”结束后，统一战线工作逐步恢复起来，开始部分平反冤假错案。1978年12月召开的党的十一届三中全会，作出了把党和国家工作中心转移到经济建设上来、实行改革开放的历史性决策，实现了新中国成立以来党的历史上具有深远意义的伟大转折。党和国家进入改革开放新时期，统一战线也进入了一个新的历史发展阶段。

第一节　党的统战工作的逐步恢复

一、统战部门陆续恢复工作

1977年5月27日，中央召集中央统战部负责人座谈恢复统战工作、民族工作问题，强调要落实统战政策和民族政策，保持与各民主党派和民主人士的接触，调动各方面的积极性。6月2日，中共中央任命全国人大常委会副委员长乌兰夫兼任中共中央统战部部长，中共中央统战部正式恢复工作。与此同时，各地统战部门也陆续恢复了工作，这为开展统战工作从组织上创造了有利条件。10月5日，中央统战部召开各省市自治区统战部长座谈会，乌兰夫在讲话中指出：江青反革命集团是破坏统战工作、民族工作的罪魁祸首，不把江青反革命集团的路线和流毒、影响肃清，工作搞不好。强调逐步把统战工作开展起来，把统战机构建立起来，准确、完整地贯彻毛主席的统战政策。要一边工作，一边总结经验。

二、各民主党派、工商联恢复活动

1977年5月5日、7日，中央统战部分别向中共中央报送了《关于爱国民主党派开展活动问题的请示报告》和《关于全国工商联开展活动问题的请示报告》。报告反映自“文化大革命”以来各民主党派、工商联组织一直停止活动，他们的成员特别是上层人士普遍关心恢复组织活动，建议中共中央邀集各民主党派和工商联的负责人座谈。9月27日，中共中央召开全国各省、自治区、直辖市党委组织部部长、统战部部长会议，集中讨论帮助各民主党派恢复活动的问题。会议指出，要进一步从政治上、思想上、组织上肃清“四人帮”的流毒和影响，要从思想上重视统战工作，更好地调动共产党内外各个方面和全国亿万人民的社会主义积极性。

同年10月11日，中央统战部同各民主党派、工商联的负责人协商恢复和开展各民主党派、工商联组织活动事宜，首先是恢复、建立各民主党派中央和全国工商联的领导班子。经过各民主党派酝酿并由他们在其领导层和在京常委商议确定：领导班子健全的，不再变动；正副主席都没有的，提出临时领导班子的组成人员和负责人名单；主席空缺、只有几位副主席的，商定临时负责人；领导班子人员过少的，补充一二人。1977年冬，各民主党派的临时领导机构陆续成立。各省、市地方组织也相继成立了临时领导小组。各民主党派、工商联组织恢复后，便开始着手调查、了解各自成员情况，组织成员学习中国共产党和国家的有关方针政策，整顿加强各级领导班子，重建了一批基层组织。

三、党的十一大提出加强统战工作

1977年8月12日至18日，党的十一大在北京召开，宣告“文化大革命”结束，重申要在本世纪内把我国建设成为社会主义现代化强国。十一届一中全会选举华国锋为中央委员会主席，叶剑英、邓小平、李先念、汪东兴为副主席。大会提出加强统一战线工作，并建议在适当时候召开五届人大和五届政协会议。但是，在当时历史局限下，这次大会未能从根本上纠正“文化大革命”的错误，继续肯定了“无产阶级专政下继续革命”等理论，在实际上为全面拨乱反正带来了困难。

1977年10月15日，中共中央发出召开五届人大和五届政协会议的通知。通知指出：

在当前形势下，进一步发展革命统一战线，更好地调动党内外一切积极因素，团结一切可以团结的力量，对于我们在党中央领导下，把我国建设成为社会主义的现代化强国，具有重大意义。

四、政协组织和统战工作的恢复

1977年12月27日至29日，全国政协第四届第七次常委扩大会议在北京举行。在京的中央政治局委员、全国人大常委会副委员长、国务院副总理、各民主党派中央和全国工商联负责人、无党派爱国人士以及中共中央统战部和有关单位的负责人出席了会议。中共中央副主席、全国政协副主席叶剑英作了重要讲话，指出：

建国28年来，统战工作成绩是巨大的，各民主党派是作出了贡献的。统一战线是中国革命的一个法宝，中国统一战线的理论和实践，是我们的一项宝贵财富，我们要继承下来，发扬光大。

叶剑英在讲话中重申了党同各民主党派要实行“长期共存、互相监督”的方针，要恢复、发扬统一战线民主协商的优良传统，善于同党外人士合作，虚心听取党外人士的批评和意见，要正确执行党的知识分子政策、民族政策、侨务政策、宗教政策等等。号召把人民政协、各民主党派、有关人民团体的工作活跃起来，为继续推进社会主义事业和完成统一祖国大业作出贡献。各民主党派和爱国人士普遍反映，叶剑英代表中共中央的讲话，肯定统战工作的成绩，肯定党外人士不断进步，有了这两条，就把“四人帮”搅乱了的路线是非澄清了，基本问题解决了，国家有了希望，表示要在有生之年，为国家建设贡献力量。这次会议标志着粉碎江青反革命集团后，政协组织和统一战线工作的恢复。

五、全国政协五届一次会议

1978年2月，中国人民政治协商会议第五届全国委员会第一次会议在北京隆重举行。这次会议是政协全国委员会在停止活动10年之后召开的首次会议。大会一致通过了《中国人民政治协商会议章程》和《中国人民政治协商会议第五届全国委员会第一次会议决议》。《章程》重申了人民政协是中国共产党领导下的革命统一战线组织的性质；《决议》号召政协各界在中国共产党领导下，进一步清除“四人帮”的流毒和影响，发扬社会主义民主，发展革命统一战线，加强各族人民大团结，为巩固人民民主专政，解放台湾、统一祖国，在本世纪内把中国建设成伟大的社会主义现代化强国而共同奋斗。大会一致选举邓小平为第五届全国政协主席，乌兰夫等22人为副主席，齐燕铭为秘书长，丁光训等243人为常务委员。邓小平在闭幕会上作了讲话，强调在实现新时期总任务的斗争中，在向四个现代化的伟大进军中，要发挥革命统一战线的重要作用。

第二节　平反冤假错案与拨乱反正的局部进展

一、邓小平复出落实知识分子政策

1977年7月，邓小平复出后，分管科学教育和文化领域的工作。他首先在科学教育领域进行整顿，拨乱反正，着手落实知识分子政策。8月4日至8日，邓小平主持召开科学和教育工作座谈会，邀请了33位科学和教育工作者一起座谈，听取他们对科学和教育工作的意见。座谈会主要讨论了澄清对教育战线“两个估计”的是非；重新树立起全民族尊重知识、尊重文明的风尚；改善科技人员的生活和工作待遇；解决科技人员后继乏人的问题；改革高等学校现行招生制度，立即恢复文化考试等问题。8月8日，邓小平在会上作了《关于科学和教育工作的几点意见》的重要讲话，明确肯定新中国成立十七年的教育战线“主导方面是红线”，十七年中“我国的知识分子绝大多数是自觉自愿地为社会主义服务的”，“如果对十七年不作这样的估计，就无法解释我们所取得的一切成就了”。他还指出：

无论是从事科研工作的，还是从事教育工作的，都是劳动者。要尊重劳动，尊重人才……知识分子的名誉要恢复。

9月19日，邓小平同教育部主要负责人谈话时又强调指出，1971年“四人帮”炮制的《全国教育工作会议纪要》应当否定，这个纪要里讲的所谓“两个估计”是不符合实际的。怎么能把几百万、上千万知识分子一棍子打死呢？我们现在的人才，大部分还不是十七年培养出来的？

1978年3月和4月，中共中央和国务院先后召开了全国科学大会和全国教育工作会议。邓小平在全国科学大会开幕式上讲话，着重阐明了马克思主义关于科学技术在社会发展中的地位和作用，强调科学技术是生产力的观点。讲话再次重申，我国的知识分子绝大多数已经是工人阶级和劳动人民自己的知识分子，已经是工人阶级的一部分，是我们党的一支依靠力量。这就恢复了党在1956年和1962年对知识分子阶级属性的正确判断，扭转了把知识分子一概看成“资产阶级知识分子”的错误观念。

1977年8月13日，邓小平就老舍夫人胡絜青请求尽快给老舍作结论一事，作出批示：对老舍这样有影响有代表性的人，应当珍视。由统战部或北京市委作出结论均可，不可拖延。[①]1978年初，老舍得到

① 中共中央文献研究室编：《邓小平年谱（一九七五——一九九七）》（上），中央文献出版社2004年版，第183页。

平反，彻底恢复名誉。同年6月3日，在北京八宝山革命公墓为老舍举行了骨灰安放仪式，邓小平送了花圈。这一时期，党中央为在历次政治运动特别是“文化大革命”中受到打击、诬陷、迫害的科技、文教领域知名人士平反，如经济学家马寅初，数学家熊庆来，气象学、地球物理学和空间物理学家赵九章，历史学家吴晗，化学家傅鹰，建筑学家梁思成等。

1978年10月至11月，中央组织部分批召开落实知识分子政策座谈会。11月3日，中央组织部发出《关于落实党的知识分子政策的几点意见》，客观地分析了中国知识分子的状况，指出目前中国知识分子队伍已经发生了一系列根本的变化，已经成为工人阶级的一部分。现有的知识分子队伍，90%以上是解放后中国自己培养起来的，70%以上出身于劳动人民家庭，即使是从旧社会过来的知识分子，经过长期教育和历次政治运动的锻炼，也有了很大的进步。因此，新中国成立初期提出的对知识分子的“团结—教育—改造”的方针已经不适用了。对知识分子要做好复查和平反冤假错案的工作，要充分信任，放手使用，使他们有职、有权、有责，政治上要关心知识分子，要努力改善知识分子的工作条件和生活条件，更好地发挥他们的作用。文件下达后，各地区、各部门开始逐步落实知识分子政策。这些政策的落实，极大地鼓舞了广大知识分子为社会主义事业服务的热情。知识分子心情舒畅，科学知识和聪明才智有了用武之地，知识分子施展才华的机遇来到了，中国大地科学的春天来到了。

二、全部摘掉右派分子帽子

到1978年，“估计全国大约还有右派分子10万多名”未摘掉右派帽子。1978年4月5日，中共中央批转中央统战部、公安部《关于全部摘掉右派分子帽子的请示报告》，提出：

现在全部摘掉右派分子帽子是必要的，有利于调动一切积极因素，把消极因素转化为积极因素，为社会主义服务。……切实做好对摘掉右派帽子的人的工作安置。

但报告仍重申一般不搞甄别平反的规定。5月开始的关于“实践是检验真理的唯一标准”这个马克思主义认识论的基本原理大讨论，打开了对右派分子不搞甄别平反的禁区。6月14日至22日，经中央批准，中央组织部、中央宣传部、中央统战部、公安部、民政部在烟台联合召开会议，讨论为右派分子全部摘帽的实施方案。会上，一种意见认为，全部摘掉“右派分子”帽子，对他们进行适当安置，不再歧视，就可以了，不必搞甄别平反，只能对个别确实完全搞错了的才加以改正。另一种意见则主张，对待右派问题一定要实事求是，不能只对“个别确实完全搞错了的”才给予改正，而应该错多少改多少。两种意见争执的结果，前一种意见占了上风。但持后一种意见的同志没有放弃努力。中央统战部原部长李维汉写信给中央有关领导同志提出，党的方针是实事求是，应是有错必纠。9月，参加烟台会议的5个部门的负责人继续在北京开会，研究错划右派的改正问题。会上仍有两种不同主张。坚持只“摘帽”、不改正的同志认为，过去的是是非非已经过去了，没有必要再一一清账，如果几十万右派都改正过来，全党就乱了套了。而坚持既要“摘帽”、又要改正的同志则认为，必须坚持实事求是、有错必纠的原则，只有将冤假错案都纠正过来，才能分清是非，增强团结，促进事业的发展。经过激烈的争论，后一种意见得到绝大多数同志的赞成。中央采纳多数人的意见，在9月17日批转《贯彻中央关于全部摘掉右派分子帽子决定的实施方案》时明确提出：

对于过去错划了的人，要做好改正工作。有反必肃，有错必纠，这是中国共产党的一贯方针，已经发现划错了的，尽管事隔多年，亦应予以改正。

改正错划右派工作由此得以推开。另一方面，这一文件对安置好摘掉右派帽子人员的工作和生活以及若干具体政策作了规定，使全部摘掉右派帽子工作进展很快，到11月中旬，仅半年多时间已全部完成。

三、恢复民族工作机构和政策

1977年8月，党的十一大提出要诚心诚意地积极帮助少数民族，切实搞好少数民族地区的社会主义革命和社会主义建设，经常地、广泛地进行民族政策的教育，搞好汉族和少数民族的关系，巩固和发展各民族的团结。1978年2月，五届全国人大一次会议重申了党和国家的民族政策，指出要深入揭批“四人帮”破坏党的民族政策的反革命罪行，进一步加强各民族人民的团结；要进行民族政策再教育，认真执行民族区域自治政策；要诚心诚意地积极帮助少数民族发展经济建设和文化建设。并强调指出，这些是党和国家在民族工作方面的重大任务，也是加强边疆建设和巩固国防的重大任务。为了加强党和国家对民族工作的领导，会议决定恢复国家民族事务委员会。4月，在少数民族地区影响重大的“新内人党”冤案获得平反。5月26日，国务院发出《关于国家民族事务委员会工作任务和机构设置的通知》。国家民委恢复工作后，随即集中力量抓了揭批林彪、江青反革命集团破坏民族政策的罪行，开展民族政策的再教育，推动民族工作的开展。

四、恢复开放宗教活动场所

“文化大革命”中，宗教工作遭受的破坏比较严重，宗教问题上“左”的思想禁锢比较多，因而落实宗教政策的难度也较大。1978年2月，国务院总理华国锋在五届人大所作的《政府工作报告》中提出：“继续贯彻执行宗教信仰自由政策。”为了贯彻这一政策，根据当时宗教工作中出现的问题，中央统战部在7月初召开了有部分省、自治区、直辖市统战部负责人参加的宗教工作座谈会。会议分析了“文化大革命”对宗教工作所造成的破坏，研究了当前宗教工作急需解决的问题。中央统战部根据这次座谈会的意见，于10月向中共中央报送了《关于当前宗教工作急需解决的两个政策性问题的请示报告》。报告分析了当时宗教工作的形势，提出了两个急需解决的政策性问题：第一，认真地、全面地贯彻执行宪法所规定的宗教信仰自由政策。要尊重信教群众的正当宗教生活，恢复开放少量寺庙教堂。进行这一工作，要经过试点，总结经验，稳步进行，防止偏差。第二，严格区分两类不同性质的矛盾，加强对宗教活动的管理。10月21日，中共中央转发了这一请示报告，并强调要加强对宗教工作的领导，全面贯彻落实党的宗教政策，尊重群众的宗教信仰，团结广大信教群众，继续贯彻对宗教界爱国人士的团结、教育、改造的方针，调动一切积极因素，为实现新时期的总任务而奋斗。这一文件，对于全面推动宗教政策的落实，恢复开放宗教活动场所，实现宗教领域的拨乱反正，产生了很好的作用。

五、纠正歧视"海外关系"现象

1977年至1978年间，邓小平多次谈论侨务工作。1977年9月29日下午，他在会见到北京参加国庆活动的华侨、华人、台港澳同胞旅行团部分成员时说：现在，侨务工作提到日程上来了，准备恢复过去的侨务机构。我们的政策还是那些，长期居住在外国的，鼓励他们加入所在国的国籍，但也不能强迫。加入外国国籍的也可以为祖籍国服务，还有个更好的条件，可以加深两国的关系。不愿意的也不勉强，祖国有责任保护他们的合法权益。过去侨务工作的政策是毛主席、周总理定的，绝大部分要恢复起来，有些需要改正，有些不完善的要完善起来，不妥当的要改进。①

10月2日，邓小平又说，什么"海外关系"复杂不能信任，这种说法是反动的。"四人帮"胡说什么"地、富、反、坏、侨"，把华侨同地、富、反、坏并列起来。这种错误政策一定要纠正过来，要做大量工作，进行

① 中共中央文献研究室编：《邓小平年谱（一九七五——一九九七）》（上），中央文献出版社2004年版，第211页。

政策教育，全国执行。中央已下了这个决心。对愿意出去的人，不要搞得那么紧，继承遗产、娶亲等等，都可以出去。回来的也欢迎。[①]并强调：

我们现在不是海外关系太多，而是太少。海外关系是个好东西，可以打开各方面的关系。[②]

1977年11月至12月，全国侨务会议预备会议在北京举行，会议着重讨论了如何正确对待“海外关系”的问题，认为中央1962年批准的中侨委党组关于“海外关系”问题的报告是正确的，应继续执行。因受所谓“海外关系”的影响而受到审查处理或影响参军、上学等等，应尽快复查纠正，处分错的一律平反，被迫害致死的应予昭雪。会议提出，建议中央成立侨务办公室，作为国务院直属机构，在归侨、侨眷较多的省、市、区建立相应机构，恢复全国侨联组织，在适当时候召开全国侨务工作会议。

1978年1月，中共中央转发了外交部党组《关于全国侨务工作会议预备会议的情况报告》，要求各地认真讨论并贯彻执行。文件指出，中国华侨人数众多，遍及全世界，侨务工作是党的一项重要工作，做好侨务工作，对国内外都有重大意义。对侨眷（包括有外籍亲属的中国公民）、归侨应一视同仁、不得歧视，根据特点、适当照顾的政策，团结广大华侨、归侨，充分调动他们的积极性，为实现四化建设作出贡献。同月，国务院侨务办公室正式成立，廖承志任主任。在侨务工作中，开始纠正因所谓“海外关系”而歧视、迫害归国华侨和侨眷的现象。

六、研究落实原工商业者政策

“文化大革命”中，原工商业者被当作专政对象，银行存款（主要

---

① 中共中央文献研究室编：《邓小平年谱（一九七五——一九九七）》（上），中央文献出版社2004年版，第214—215页。

② 中共中央文献研究室编：《邓小平年谱（一九七五——一九九七）》（上），中央文献出版社2004年版，第214页。

是定息）被冻结，财产被查抄，企业行政职务被撤销，工资被削减。粉碎江青反革命集团后，人们强烈要求拨乱反正，落实政策。1977年7月15日，上海市委向中共中央报送了《关于对上海民族资产阶级分子被查抄财物处理意见的请示报告》，提出对上海市3000元以上、1万元以下的7800多户资本家的被查抄财物予以退还。10月4日，中共中央批复并转发了上海的请示报告，同意发还。同时指出，受“四人帮”干扰破坏的其他有关对民族资产阶级分子的政策，亦应按照中共中央过去规定的政策，继续调查研究，逐步加以解决。1978年四五月间，应上海市委的要求，中央统战部由副部长童小鹏带队，组织调查组去上海调查研究落实原工商业者政策问题。调查中涉及被查抄的银行存款（共4.8万余户，3.8亿余元）及公债、金银等财款（折价1亿元），被扣减工资（估计为2.8亿元），被占用私房（5304户，共5.87万多平方米），安排使用等8个方面的问题。由于受“左”的错误思想影响，一些人担心全面落实原工商业者的政策会导致对“文化大革命”的否定，在调查研究中，看法和意见相左。突出地表现在：对被扣减的工资（包括高薪）是否如数恢复、补发？一些人仍主张要砍一刀，最高不得超过200元—300元。有人则认为，砍一刀不符合赎买政策，而且被砍的大多数是原工商业者中的头面人物和有专长的工程技术人员，政治影响不好，坚持如数恢复或补发。其次是，原工商业者在企业的职务能不能一律恢复，发还被查抄的巨额存款子女能不能继承。这些意见，经向上海市委汇报后，上海市委第一书记彭冲指出：中共中央、国务院原有的规定都要恢复，如何落实要研究。5月中旬，童小鹏在上海约请北京、天津、上海、江苏、广东、浙江、四川、湖北、黑龙江、江西10个省市统战部主管工商统战工作的负责人座谈，意见渐趋一致，并草拟了落实政策意见的讨论稿，送上海市委参考。经上海市委讨论修改，8月24日，上海市委向中共中央报送了《关于落实对民族资产阶级政策的若干问题的请示报告》。当时，中共中央未批发，主要是考虑到：一次发还巨额存款、恢复补发工资，全国约10亿元，一锤子下去，广大职工群众反映怎样？为此，责成中央统战部再听取一下职工的意见。中央统战部调查组于11月又先后到北京、天津、上海和广州邀请约300名职工及工会、交通、财贸、银行等有关单位负责人，进行了40余场座谈，广泛听取了职工、干部的意见。总体看，大多数工人对落实原工商业者的政策是赞同支持的。他们说，中共中央关于对资产阶级的赎买政策是完全正确的，“四人帮”干扰破坏，理应尽快落实，决不能“一面搞赎买，一面又拿回来”，中国共产党说话要算数，“言必信，行必果”，这既有利于他们继续接受改造，又能调动他们为社会主义服务的积极性。上海，特别是与港澳相邻的广州的职工认为，许多原工商业者和海外有着广泛的社会联系，政策落实好坏，政治影响很大。但也有一部分职工认为，原工商业者工资恢复又补发，锦上添花，思想不通，但表示：“党中央怎么决定，我们还是拥护的”。据此，中央统战部12月4日再次报告中共中央，认为各项赎买政策应予尽快落实。中共中央在12月26日，即在党的十一届三中全会召开后的第四天，便迅速向全国转发了上海市委的《请示报告》。这就为全面落实对原工商业者的政策铺平了道路。

第三节　端正统一战线思想路线

一、真理标准大讨论推动统一战线思想解放

落实政策工作取得了很大成绩，但还要不要继续推进、全面落实，成为党内外极为关注的问题。由于“左”倾错误的影响还未肃清，一些地方在落实政策工作遇到不少阻力、困难。有的同志思想僵化，

不去实事求是地研究情况，很多问题都采取拖的态度；有些同志心有余悸，不敢认真抓落实政策工作，所谓“一朝被蛇咬，十年怕草绳”；有的人过去曾参与一些案件的错误处理，现在考虑个人得失，怕纠正这些错案会否定自己；还有些干部怕某些案件平反后经济上需要补偿，因此把案件挂在那里，说是“被经济卡住了”，等等。社会上也有人对党的统战政策不满意，有些职工群众和干部认为落实党对原工商业者的政策，是照顾了资产阶级，损害了工人阶级利益，甚至责备统战部门是搞“投降”。以上种种情况都直接影响着党的各项统战政策的全面落实。

1978年5月开始的真理标准问题的大讨论，推动了统一战线的思想解放。中央统战部多次召开部务会进行学习讨论。大家认为，当前落实政策中存在的阻力、困难，从根本上说来，是一个思想路线问题。党内外存在的所谓统一战线的“取消论”“收缩论”“危险论”等思想，都是完全错误的，阻碍着统战政策的贯彻。广大统战干部和统一战线成员积极参与真理标准问题的大讨论，普遍感受到解决统战工作中的思想混乱问题已成为人们的共同期待。

二、肃清极左路线流毒和影响

1978年12月18日至22日，党的十一届三中全会在北京召开。全会之前，中共中央召开了为期36天的工作会议，邓小平作《解放思想，实事求是，团结一致向前看》重要讲话，对半年来党内外热烈开展的关于真理标准问题的讨论作了总结，强调只有解放思想，坚持实事求是，一切从实际出发，理论联系实际，我们的社会主义现代化建设才能顺利进行，马列主义、毛泽东思想才能顺利发展。这篇纲领性讲话提出了当时实现历史转折和进行现代化建设所面临的最重大、最关键的问题，实际上成为党的十一届三中全会的主题报告，明确了会议的指导思想。在中央工作会议充分讨论并达成共识的基础上，党的十一届三中全会取得了一系列具有决定意义的成果：恢复和重新确立了解放思想、实事求是的思想路线；果断地停止使用“以阶级斗争为纲”的错误口号，将党的工作中心转移到社会主义现代化建设上来，实行改革开放；恢复党的民主集中制的优良传统，提出使民主制度化、法律化的重要任务；审查和解决历史上遗留的一批重大问题和一些重要领导人的功过是非问题；提出必须历史地、科学地认识毛泽东的伟大功绩，必须完整地、准确地掌握毛泽东思想的科学体系。全会认为，随着中美关系正常化，我国神圣领土台湾回到祖国怀抱、实现统一大业的前景，已经进一步摆在我们的面前。全会欢迎台湾同胞、港澳同胞、海外侨胞，本着“爱国一家”的精神，共同为祖国统一和祖国建设的事业继续作出积极贡献。党的十一届三中全会，作出把党和国家的工作中心转移到经济建设上来和实行改革开放的战略决策，重新确立了马克思主义的思想路线、政治路线、组织路线，实现了新中国成立以来党的历史上具有深远意义的伟大转折。从此，中国进入了改革开放和社会主义现代化建设的新时期，统一战线也进入了一个新的历史发展阶段。

党的十一届三中全会精神得到广大统战干部和统一战线成员的热烈拥护和一致赞同。统一战线认真学习、贯彻执行三中全会确定的党的基本路线，将端正思想路线、加强政策宣传作为一项重要工作，在统战系统内深入开展统战政策的再教育，进一步肃清极左路线的流毒和影响，促进了党的统战、民族、宗教等各方面政策的全面落实。

第九章

开启改革开放历史新时期的爱国统一战线

（1978 年 12 月—1992 年）

改革开放开启了中国以经济建设为中心的社会主义现代化建设的新时期。这一时期的统一战线已经成为工人阶级领导的、工农联盟为基础的社会主义劳动者、拥护社会主义的爱国者和拥护祖国统一的爱国者的广泛联盟。适应党的工作重心的转移，调动一切积极因素，努力化消极因素为积极因素，团结一切可以团结的力量，为把我国建设成为现代化的社会主义强国，促进祖国和平统一，成为统一战线的两大任务。

第一节 统一战线进入新的历史发展阶段

一、邓小平《新时期的统一战线和人民政协的任务》讲话发表

1979年6月15日至7月2日，全国政协五届二次会议在北京举行。中共中央副主席、全国政协主席邓小平在开幕式上作了《新时期的统一战线和人民政协的任务》重要讲话，成为新时期统一战线的纲领性文件。

我国社会阶级状况发生根本变化与新时期统一战线性质 讲话指出，我国工人阶级的地位已经大大加强，我国农民已经是有20多年历史的集体农民。工农联盟将在社会主义现代化建设的新的基础上更加巩固和发展。我国广大的知识分子，包括从旧社会过来的老知识分子的绝大多数，已经成为工人阶级的一部分，正在努力自觉地为社会主义事业服务。我国各兄弟民族经过民主改革和社会主义改造，早已陆续走上社会主义道路，结成了社会主义的团结友爱、互助合作的新型民族关系。各民族的不同宗教的爱国人士有了很大的进步。在实现四个现代化进程中，各民族的社会主义一致性将更加发展，各民族的大团结将更加巩固。资本家阶级原来占有的生产资料早已转到国家手中，定息也已停止13年之久。他们中有劳动能力的绝大多数人已经改

造成为社会主义社会中的自食其力的劳动者。现在，他们作为劳动者，正在为社会主义现代化建设事业贡献力量。各民主党派在民主革命中有过光荣的历史，在社会主义改造中也作了重要的贡献。现在它们都已经成为各自所联系的一部分社会主义劳动者和一部分拥护社会主义的爱国者的政治联盟，都是在中国共产党领导下为社会主义服务的政治力量。台湾同胞、港澳同胞和国外侨胞心向祖国，爱国主义觉悟不断提高，他们在实现统一祖国大业、支援祖国现代化建设和加强国际反霸斗争方面，日益发挥着重要的积极作用。

在对上述各个方面的变化分析后，邓小平明确提出：

我国的统一战线已经成为工人阶级领导的、工农联盟为基础的社会主义劳动者和拥护社会主义的爱国者的广泛联盟。

新时期人民政协的性质和任务　邓小平在全国政协五届二次会议讲话中指出，人民政协是发扬人民民主、联系各方面人民群众的一个重要组织。中国的社会主义现代化建设事业，继续需要政协就有关国家的大政方针、政治生活和四个现代化建设中的各项社会经济问题，进行协商、讨论，实行互相监督，发挥对宪法和法律实施的监督作用。要广开言路，广开才路，坚持不抓辫子、不扣帽子、不打棍子的“三不主义”，让各方面的意见、要求、批评和建议充分反映出来，以利于政府集中正确的意见，及时发现和纠正工作中的缺点、错误，把我们的各项事业推向前进。新时期统一战线和人民政协的任务，就是要调动一切积极因素，努力化消极因素为积极因素，团结一切可以团结的力量，同心同德，群策群力，维护和发展安定团结的政治局面，为把我国建设成为现代化的社会主义强国而奋斗。

邓小平的重要讲话，从根本上回答了人们所关心和思索的有关统一战线的重大理论和政策问题，对统一战线和人民政协的性质、作用和任务等进行了科学的阐述，进一步丰富和发展了马克思主义统一战线理论和毛泽东统一战线思想。

二、新时期统战工作重点的战略转移

根据中共中央的指示，经过较长时间的筹备，第十四次全国统战工作会议于1979年8月15日至9月3日在北京举行。这是从1963年后相隔16年又召开的全国统战工作会议。这次会议是在我国阶级状况已经发生根本变化和党的工作重点开始战略转移的新的历史条件下召开的，目的是贯彻党的十一届三中全会和五届全国人大、全国政协五届二次会议精神，研究讨论统一战线的重大问题和统战工作方针政策。中央统战部顾问李维汉结合党的历史上的统一战线经验教训和多年从事统战工作的体会讲了话。中央政治局听取了会议情况汇报并作了重要指示。乌兰夫作了总结讲话。出席这次会议的有中央各有关部门及各省、自治区、直辖市党委统战部负责人共271人。

会议按照党的十一届三中全会提出的解放思想、开动脑筋、实事求是、团结一致向前看的指导方针以及中央领导同志对统战工作的一系列指示，认真总结了历史经验教训，并对新时期统战工作中面临的一些理论和政策问题，进行深入的讨论和研究，着重解决了新时期统一战线的性质、范围和任务等几个主要问题。

（一）确定了现阶段统一战线应是革命的爱国的统一战线。这不是一般名称的变动，而是反映了国内阶级状况和整个形势的根本变化。正如邓小平所指出的，现在最大的统一战线，是台湾回归祖国、统一祖国的问题。华裔也有爱国的问题。他们热爱祖国，不等于热爱社会主义。革命的爱国的统一战线，就是劳动者与爱国者的联盟。

（二）明确了新时期革命的爱国的统一战线是一个全体社会主义劳动者和一切爱国者（包括拥护社会主义的爱国者和拥护祖国统一的爱国者）的非常广泛的联盟。它除了社会主义的工人、农民、知识分子和其他拥护社会主义的爱国者外，还包括一切热爱祖国、赞成祖国统一的人，即使不赞成社会主义制度的人，也要团结。

（三）明确了新时期统一战线担负着为四个现代化和统一祖国服务的双重任务。过去，统战工作的重点是消灭民族资产阶级，改造这个阶级的人们，这个历史任务已经基本完成了。在实现四个现代化的新的历史时期，统一战线的方针任务是：调动国内外一切积极因素，团结一切可以团结的力量，努力化消极因素为积极因素，全力维护和发展安定团结的政治局面，为把我国建设成为现代化的社会主义强国，为实现祖国统一大业而奋斗。统一战线要牢牢树立起为现代化建设服务的根本指导思想，把自己的工作重点切实地转到为四个现代化服务的轨道上来。统一战线担负的又一方面的重大任务，是统一祖国。统一战线要高举爱国主义的旗帜，积极进行对台湾当局和人民的团结争取工作，发展爱国统一战线，促进台湾早日回归祖国，实现祖国和平统一。

这次会议确立了统一战线工作重点的战略转移，明确了新时期统一战线的基本政策、各项工作以及加强党对统战工作的领导等重要问题。会后，中央统战部按照中央批示精神和会议讨论形成的意见，制定了《新的历史时期统一战线的方针任务》重要文件，经中央批准于1979年10月下发。为了贯彻会议和文件精神，中央统战部还于1979年底召开40多场务虚会，进行实践是检验真理唯一标准的补课学习，开展了批评与自我批评，取得了明显的成果，为新时期统战工作的开展和统一战线的发展扫除了一些"左"的思想障碍。

三、爱国统一战线的提出和确立

爱国统一战线的提出　高举爱国主义旗帜，是邓小平为新时期统一战线赋予的重大内涵。1979年1月，在中央政治局听取全国统战工作会议情况汇报时，邓小平明确指出：

现阶段的统一战线可以提革命的爱国的统一战线。

统一战线的性质，叫革命的爱国的统一战线，就是劳动者和爱国者的联盟。这样范围就宽了，具有广泛的性质。

同时指出，“统一战线的对象，清楚得很，顾名思义，是把一切能够联合的都联合起来，范围以宽为宜，宽有利，不是窄有利。”统一战线担负的一个重大任务是统一祖国，“现在可以提第三次国共合作。”[①]

1980年8月28日，邓小平在全国政协五届三次会议的开幕词中强调，我国革命的爱国的统一战线具有空前的广泛性，它在社会主义和爱国主义基础上更加巩固和发展了。我们要进一步加强全体社会主义劳动者、拥护社会主义的爱国者和拥护祖国统一的爱国者的广泛团结，使我国统一战线和人民政协在发扬社会主义制度优越性的实践中，作出积极的贡献。

1981年6月，党的十一届六中全会通过的《关于建国以来党的若干历史问题的决议》，明确指出：

一定要毫不动摇地团结一切可以团结的力量，巩固和扩大爱国统一战线。

这个重要决议改变了“文化大革命”以来使用多年的“革命统一战线”的提法，正式将新时期的统一战线明确地称为“爱国统一战线”。作出这个重要改变的原因是：爱国统一战线的提法有利于更广泛地团结一切可以团结的力量，即凡是热爱我们伟大祖国的集体和个人，都可以、都能够加入到统一战线中来，从而更加扩大统一战线的范围。另一方面，这样提却不会影响在政治思想上比爱国者更进步的集体和个人加入统一战线。

1982年12月4日，五届全国人大五次会议通过新修改的《中华人民共和国宪法》指出：“在长期的革命和建设过程中，已经结成由中国共产党领导的，有各民主党派和各人民团体参加的，包括全体社会主义劳动者、拥护社会主义的爱国者和拥护祖国统一的爱国者的广泛的爱国统一战线，这个统一战线将继续巩固和发展。”在国家根本大法上确立了爱国统一战线的称谓、性质和作用。同月召开的全国政协五届

① 中共中央文献研究室编：《邓小平年谱（一九七五——一九九七）》（上），中央文献出版社2004年版，第549页。

五次会议通过的《中国人民政治协商会议章程》，在总纲开宗明义地表述了“最广泛的爱国统一战线”，并申明“中国人民政治协商会议是中国人民爱国统一战线的组织。”

将新时期的统一战线明确地称为“爱国统一战线”，更加明确地强调了新时期统一战线的爱国主义性质，使新时期统一战线在爱国主义基础上的团结更加广泛，充分体现了新时期爱国统一战线大团结、大联合的基本精神，使一切热爱祖国的个人、团体、政党、组织，不受社会制度、政治立场、意识形态、生活方式等限制，都可以、都能够加入到统一战线中来，从而更加扩大了统一战线的范围。爱国统一战线的提出和确立，得到海内外中华儿女广泛认同，成为实现中华民族团结振兴和建设有中国特色社会主义的一面具有巨大凝聚力、感召力的旗帜。

【延伸阅读】

英雄所见略同

1981年7月18日上午，香港《明报》社长查良镛(即金庸)带着妻子林乐怡和一对子女，在廖承志陪同下走进人民大会堂。中共中央副主席邓小平站在福建厅门口迎接，见查良镛等人迎上前握手，满脸笑容地说：“欢迎查先生回来看看。你的小说我读过，我们已经算是老朋友了。”并同查良镛及妻子和子女合了影。查良镛对邓小平说：“我一直对您很仰慕，今天能够见到您，感到很荣幸。”邓小平笑盈盈地说：“对查先生，我也是知名已久了!我这是第三次重出江湖啊!你书中的主角大多是历经磨难才终成大事，这是人生的规律嘛。”邓小平抽出一支香烟递过去，自己也用火柴点了一支。查良镛感慨邓小平自己不当主席，并说起刚刚结束的中共十一届六中全会。邓小平听后微微地笑着说：“刚刚结束的六中全会比原定时间推迟了一段时间才召开，这是因为《决议》没有写好。在写《决议》的过程中，我们反复进行了讨论，最大的一次讨论会有4000人参加。我们写这样一个

《决议》要经得起历史的考验。”查良镛说：“国内外对会议的反应都很好。全会通过的决议实事求是、坦白公正地从政治上解决了历史上的一些问题。这个决议很好。”讲到两岸统一问题，查良镛说：“我觉得，在国家统一这件事上，中国大陆的经济发展，人民生活水平的提高，是最基本的因素。”邓小平对此表示赞同，说：“三件大事中，国家的经济建设最重要，我们的经济建设发展得好，其他两件事就有基础，经济建设是根本关键，目前的经济需要调整。”一个多小时的会见，气氛欢快，宾主谈笑间常有“英雄所见略同”的火花闪现。

爱国统一战线的工作对象　1981年12月21日至1982年1月6日，第十五次全国统战工作会议在北京召开。会议根据党的十一届六中全会通过的《关于建国以来党的若干历史问题的决议》和中共中央领导同志对统战工作的指示精神，对三年以来的统战工作进行总结，讨论了统战工作面临的新形势、新任务，着重研究了如何进一步落实各项统战政策的问题。

会议期间，中央书记处专门听取了会议情况的报告。1月5日，中央领导同志用一整天的时间在怀仁堂接见了全体与会同志，胡耀邦在讲话中充分肯定了五年来特别是党的十一届三中全会以来统战工作取得的成绩，强调了新时期统一战线的重要性，提出了统一战线的主要任务，并对统战工作干部队伍建设等提出了具体意见。彭冲、习仲勋、宋任穷、李维汉、廖承志等同志讲了话。乌兰夫在闭幕会发表了《进一步巩固和扩大爱国统一战线》的讲话。

这次会议在集中解决全党对新时期统一战线认识问题的基础上，进一步明确了新时期统战工作的范围和对象，指出现在有两个统一战线，一个是国际范围的反霸统一战线，一个是国家范围的爱国统一战线。随着爱国统一战线的广泛发展，统战工作的范围越来越宽广，统战工作的对象会越来越多。当前可归纳为十个方面：各民主党派、无党派知名人士、非党的知识分子干部、起义和投诚的原国民党军政人员、原工商业者、少数民族的上层人物、爱国的宗教领袖人物、去台湾人员的家属和亲友、台湾同胞和港澳同胞、归国侨胞和国外侨胞等。他们不但人数众多，比较有知识，有比较广泛的社会联系，还有为国家出力的强烈愿望。

会后，中共中央在转发《全国统战工作会议纪要》的通知中指出：在整个建设现代化的社会主义强国的新的历史时期中，统一战线仍然是我党的一大法宝。要求各级党委和统战部门认真总结经验，狠抓各项政策的落实，同党外朋友真正建立起肝胆相照、荣辱与共的合作关系。

四、统一战线两个范围联盟的形成

海外统战工作座谈会　以“一国两制”方式实现祖国和平统一的基本方针确立以后，爱国统一战线在促进祖国统一方面的作用突出起来，统一战线的格局随之发生了新的变化。中央书记处于1985年5月20日专门研究了统一战线工作，指出：统战工作的根本目的，是为统一祖国、振兴中华服务。统战工作是一项长期的重要工作，对我国的社会主义革命和建设事业起着减少阻力、增加助力的重要作用。目前我国处在一个新的历史时期，统战工作面临的形势、对象、任务也发生了很大的变化。为了适应对外开放的新形势，统战工作应当开阔眼界，走向世界，广交朋友，联络友谊。①

遵照中央书记处的指示，1986年1月，由中央统战部牵头，与中宣部、对台办、外交部、港澳办、经贸部、科委、教委、社科院、中科院和全国政协祖国统一工作组等部门，共同召开了海外统战工作座谈会。会议认为，“一国两制”的提出，是爱国统一战线出现新形势、新格局的主要标志。统一战线一定要为实现“一国两制”服务，这是一项长期

① 《第十六次全国统战工作会议》，中央统战部研究室编：《历次全国统战工作会议概况和文献》，档案出版社1988年版，第496页。

的战略任务，必须充分认识其重要意义。

两个范围联盟的提出 为了适应改革开放和推进“一国两制”的新形势，确立统战工作的方针、任务，经中共中央批准，第十六次全国统战工作会议于1986年11月27日至12月4日在北京召开。中共中央统战部部长阎明复作了题为《发展最广泛的爱国统一战线，为统一祖国、振兴中华而奋斗》的工作报告，阐明了爱国统一战线面临的新形势和新任务，部署了今后一个时期的统战工作。会议期间，邓小平等中央领导亲切会见了全体代表并合影留念。中央政治局委员、中央书记处书记习仲勋代表中共中央作了重要讲话，强调全党认清爱国统一战线面临的新形势、新特点，妥善处理统一战线与两个文明建设的关系、大陆统战工作与海外统战工作的关系，进一步做好统战工作。

会议认为爱国统一战线已形成新格局，主要表现在：（一）在中华民族大团结、大统一的爱国主义旗帜下，新时期统一战线的爱国主义性质更加鲜明了。（二）统一战线的范围和规模进一步扩大，形成了两个范围的联盟：

一个是由大陆全体劳动者、爱国者组成的，以社会主义为政治基础的联盟；一个是团结台湾同胞、港澳同胞、国外侨胞，以拥护祖国统一为政治基础的联盟。这两个范围的联盟构成新时期统一战线的整体。①

（三）统一战线的工作对象有了新的发展。一是在实行“一国两制”的方针时，凡是赞成祖国统一的人，不管属于哪个阶级、政党和集团，无论其政治主张、思想信仰如何，都是爱国统一战线团结、争取的对象；二是在改革、开放、搞活经济的形势下，经济领域增加了许多新的统战工作对象；三是新一代的各界党外代表人物和“三胞”的第二、第三代新人正在各个领域崛起，在进一步做好老一代党外人士工作的同时，增强同新一代代表人物的团结与合作，将成为统战工作的重要方面。

---

① 《第十六次全国统战工作会议》，中央统战部研究室编：《历次全国统战工作会议概况和文献》，档案出版社1988年版，第499页。

（四）统一战线的内部关系呈现新的情况，社会主义商品经济蓬勃发展和“一国两制”的逐步实施，不同阶级、阶层、党派、社会集团和社会力量的不同利益、意见和要求，在统一战线内部日益强烈地反映出来。正确地处理和调节新的矛盾和关系，是统战工作的新课题。

会议认为，当前爱国统一战线的工作布局和主要任务是：以统一祖国、振兴中华为总目标，团结全国各族人民、各民主党派、有关人民团体和无党派民主人士，团结几千万台湾同胞、港澳同胞和海外侨胞，积极推进“一国两制”的实施，为统一祖国服务；发展爱国的传统和智力优势，为改革、开放，建设社会主义物质文明和精神文明服务；完善发展中国共产党领导下的多党合作，为社会主义民主和法制建设服务，并使这三者密切配合，互相促进。

第十六次全国统战工作会议是在中央书记处直接指导下召开的一次重要会议，第一次提出统一战线的“两个范围联盟”，明确了新形势下爱国统一战线的新格局。这对于促进改革开放和社会主义现代化建设事业的顺利发展，促进港澳顺利回归祖国、海峡两岸关系发展，以及海内外中华儿女的大团结具有重大意义。

五、爱国统一战线的巩固和发展

1989年6月，党的十三届四中全会在北京举行。全会选举江泽民为中央委员会总书记。6月28日，中央政治局常委江泽民、李鹏、乔石、姚依林、宋平、李瑞环就同各民主党派中央、全国工商联负责人以及无党派民主人士、民族和宗教界人士举行座谈。这是新的中共中央领导集体同党外人士的第一次见面会、谈心会。江泽民强调我们党将继续坚持和扩大爱国统一战线。党的十一届三中全会以来的路线方针政策不变。这里所说的不变，包括我们的有关统一战线的各项方针不变，“一国两制”的方针不变，对台湾、香港、澳门的方针不变，既定的民族政策、宗教政策、侨务政策也不变。①

1990年6月11日至15日，第十七次全国统战工作会议在北京召开。江泽民作了题为《努力发展最广泛的爱国统一战线》重要讲话。讲话阐明了新时期统一战线的重要性、必要性和长期性，要求全党都要重视做统战工作。江泽民指出，建设有中国特色的社会主义宏伟事业必须有一个最广泛的统一战线。把绝大多数人团结在党周围，结成最广泛的统一战线，是我们战胜一切困难、夺取革命和建设事业胜利的强大力量源泉，是我们党在政治上的一个巨大优势，是建设中国社会主义的一大特色。江泽民还就解决台湾问题发表重要意见，并阐述了留学人员、海外知识分子的政策。

会议形成了《中共中央关于加强统一战线工作的通知》下发贯彻。《通知》指出，坚持和发展统一战线是党的一项坚定不移的战略方针，"统一战线过去是、现在是、今后仍然是我们党的一大法宝，不是可以削弱，而是必须加强，不是可以缩小，而是必须扩大。只要阶级还没有最后消灭，只要我们党还存在，就必须有我们党领导的广泛的统一战线"。

《通知》提出发展最广泛的爱国统一战线的"三个有利于"原则：

要在爱国主义旗帜下，联合中华民族海内外一切有爱国心的人们。只要有利于建设四化、统一祖国、振兴中华，只要有利于民族团结、社会进步、人民幸福，只要有利于挫败国内外敌对势力的渗透、颠覆和和平演变，不论哪一个阶级、阶层，哪一个党派、集团，哪一个人，我们都要团结。这种团结愈广泛，对社会主义建设愈有利。

《通知》强调，领导权问题是统一战线最根本的问题，实现党对统一战线的领导，要依靠党的正确的路线和政策及广大党员的先锋模范作用，团结党外人士为实现共同任务而奋斗；维护国家稳定是压倒

① 江泽民：《坚持党的统一战线的各项方针不变》(1989年6月28日)，中共中央统一战线工作部、中共中央文献研究室编：《新时期统一战线文献选编（续编）》，中共中央党校出版社1997年版，第127、128页。

一切的大事，必须坚持和完善中国共产党领导的多党合作和政治协商制度，坚决抵制政治多元化，必须巩固和发展平等团结、互助友爱的社会主义新型民族关系，必须团结依靠宗教界的爱国力量，挫败国内外敌对势力的阴谋活动；要充分发扬社会主义民主，密切联系党外人士，创造团结民主和谐的气氛；爱国统一战线汇聚着各方面的代表人士和大批中高级知识分子、专家学者，要开展以经济建设为中心、以服务为宗旨的各项活动，努力为四化建设、改革开放服务；要认真贯彻落实统一战线的各项政策；要积极培养和选拔党外干部，同他们建立良好的合作共事关系。

《通知》要求，全党重视做统一战线工作。各级党委、政府及其有关部门的负责干部，尤其是党政主要领导同志，都要及时过问并认真研究统战工作，监督检查统一战线方针、政策的贯彻落实；要在全党广泛深入地进行党的统一战线方针、政策的宣传教育，普及统一战线知识；统战方针、政策要统一归口，具体工作各司其职，工作中互通情况、互相支持，重大统战活动要密切配合、协同动作。为切实加强统战工作，还明确规定，在一些统战工作任务比较重的省、自治区、直辖市，不担任党委常委的统战部长可列席党委常委会议。各级统战部部长应担任同级政协的领导职务。对统战干部的配备，要注意质量，保持相对稳定。地方各级统战部部长的任免、调动，应征求上级统战部门的意见。统战工作任务比较重的高等学校和企事业单位，应建立统战工作机构，配备必要数量的专职统战干部。[①]

第十七次全国统战工作会议是以江泽民为核心的党的第三代中央领导集体召开的第一次全国统战工作会议。党在面临国际国内严峻局势中，高度重视新时期爱国统一战线，总结经验，明确任务，继往开来，澄清了人们对党的统一战线政策的模糊认识，巩固了最广泛的爱

① 《中共中央关于加强统一战线工作的通知》（1990年7月14日），中共中央统一战线工作部、中共中央文献研究室编：《新时期统一战线文献选编》（续编），中共中央党校出版社1997年版，第248—263页。

国统一战线。

1990年11月，中共中央决定，中央政治局候补委员、中央书记处书记丁关根兼任中共中央统战部部长。为切实加强统一战线工作，从1991年3月起到1992年4月，中央统战部多次召开务虚会和统战部部长会议，回顾过去，总结经验，思考未来，经过反复酝酿、讨论、修改，制定了《九十年代统一战线部门工作纲要》，1992年5月中央办公厅转发各地贯彻执行。以《纲要》的形式系统阐述统一战线工作的方针政策，在党的历史上这是第一次。

第二节　统一战线全面拨乱反正

在党的十一届三中全会精神指导下，各级党委和政府大力进行拨乱反正，全面落实各项统战工作政策。1979年第十四次全国统战工作会议提出新时期统一战线的十项任务，第一项就是“抓紧落实政策”，包括党的知识分子政策、民族政策、宗教政策、侨务政策、右派摘帽和改正的安置政策等。1982年第十五次全国统战工作会议强调，中央部门和省、市、自治区党委，要带头狠抓统战政策的落实。1986年底第十六次全国统战工作会议提出，要抓紧完成落实政策的扫尾善后工作，力争在党的十三大召开之前，基本上完成任务。经过几年的努力，落实政策工作基本完成，取得了显著成果，不仅平反了“文化大革命”中统一战线方面的冤假错案，而且还处理了一批“文化大革命”前历史上的遗留问题，使统一战线从长期“左”的束缚中彻底解放出来，对于巩固和发展安定团结的政治局面，广泛调动统一战线各方面人士的积极性，促进社会主义现代化建设和祖国统一大业，都起到了重要的促进作用。

一、为统战部门摘掉“执行投降主义路线”的帽子

党的十一届三中全会以后，中共中央开始为“文化大革命”中受到错误批判或遭受诬陷的一些党政部门平反。经过认真研究，中央统战部于1979年2月3日向中共中央报送了《关于建议为全国统战、民族、宗教工作部门摘掉“执行投降主义路线”帽子的请示报告》。这一《报告》回顾了新中国成立以来，统战、民族、宗教诸方面所做的大量工作，发挥的重要作用。《报告》指出，把中央统战部打成“修正主义司令部”，给全国统战、民族宗教工作部门都扣上“执行投降主义路线”的帽子，诬蔑成“牛鬼蛇神的庇护所”“资本主义的复辟部”，是完全没有根据的。统战系统的广大干部因此遭到了残酷的打击、迫害，甚至被迫害致死，使党的统一战线工作受到了一场空前的浩劫，造成了极其严重的恶果。因此，《报告》要求将强加在全国统战、民族、宗教工作部门头上的“执行投降主义”的帽子摘掉，使各级统战干部从沉重的精神枷锁中彻底解放出来。中共中央很快就批准了这个《报告》。

3月16日，中央统战部在北京召开统战系统干部大会，并邀请各民主党派中央负责人和在京全国政协委员中的爱国民主人士参加会议。中共中央政治局委员、中央统战部部长乌兰夫在会上全文宣读了中共中央批准的中央统战部的报告，代表中共中央宣布：新中国成立以来，党的统战工作是在毛主席、周总理的亲切关怀和直接领导下进行的，重大的方针政策都是以毛泽东为首的党中央决定的。中央和各级统战、民族、宗教工作部门是认真贯彻执行了党的方针政策的，是党在实现总任务的伟大事业中一个方面的有力助手，成绩是很大的。加在统战系统的“执行投降主义、修正主义路线”的帽子应当摘去，为全国统战系统平反、恢复名誉。凡是因这个问题而受到牵连的人员，都一律平反，恢复名誉。

4月26日，中央统战部向中共中央呈报的《关于徐冰同志的复查结

论》指出，原中央专案一办给徐冰定为叛徒完全是不符合事实的，应予撤销，为其平反昭雪。7月3日，中共中央批准了这个报告。8月27日，徐冰、张经武等5人的追悼会在全国政协礼堂隆重举行。追悼会由李先念主持，胡耀邦致悼词，充分肯定了徐冰等人为党的统一战线事业所作出的贡献。

1980年11月，中共中央又批准了中央统战部《关于李维汉同志问题的复查报告》，明确指出，中央统战部1962年、1964年对李维汉的两场批判，“在理论上和政治上是违背马列主义、毛泽东思想的，在组织上是违背毛主席关于党内斗争的方针和方法的教导的”。中共中央批准将两场错误批判中送中央的有关报告，连同1964年12月25日中央决定撤销李维汉担任的中央统战部部长职务的通知，一并撤销。

中共中央为全国统战、民族、宗教工作部门摘帽，为李维汉等平反的决定，使统战系统干部卸掉了思想包袱，受到了极大的教育和鼓舞，一大批干部得以重新回到了工作岗位，党委统战部门工作重新走上正轨，广大统战系统的干部积极努力地贯彻落实党的方针政策，为统战、民族、宗教工作方面的拨乱反正、落实政策创造了条件、扫清了障碍。

二、改正错划右派的工作

党的十一届三中全会以前，全部摘掉了右派分子帽子。但是，被错划成右派的人，特别是广大的知识分子、党外朋友，要求改正和平反的呼声很高。因此，在拨乱反正工作全面展开后，中共中央更加重视对错划右派改正和落实政策工作，还强调在改正的基础上，做好对错划右派的安置工作。在解决右派问题上，时任中央组织部部长的胡耀邦非常关注，多次批示指出这是一件关系到国家政治生活的大事，一定要解决好。

1979年2月，中组部、中宣部、统战部、公安部、民政部联合召开全国复查改正工作经验交流会，由公安部、教育部、北京市、上海市、北京大学等部门、地方和单位介绍了各自改正错划右派工作的经验和做法。会议确定了实事求是地处理历史遗留问题的基调，明确提出1957年反右派斗争犯了扩大化错误，必须实事求是地改正错划右派的问题，无论哪一级组织或哪一个人批准定案的，凡是错了的都要改正。这次经验交流会，是一次解放思想、推动改正错划右派工作的促进会。交流会后，改正错划右派工作立即在全国铺开。各省、自治区、直辖市以至地、县也都召开了类似的会议。各级党委的第一把手或主要领导人都亲自过问此事，听取汇报，发表讲话，主动承担反右派斗争扩大化错误的责任，研究解决改正工作中的问题。要求做具体工作的同志，解放思想，把改正错划右派工作当成一件大事来抓，不要再留尾巴。

由于长期受"左"的思想的影响，许多人对改正错划右派工作还是顾虑重重。一些人把坚持四项基本原则与处理历史遗留问题对立起来，认为改正右派错案是右了，过头了。在这种怀疑、否定思潮影响下，大部分省、自治区、直辖市的这一工作曾一度陷于停顿。针对这种状况，1979年9月10日，中共中央批转中央统战部等五部门对有关问题的请示，及时纠正了各种错误认识，使这项落实政策的工作得以继续进行。11月，中央五部门摘帽办肯定并转发四川省提出的"凡是划错了的，不论本人是否申诉或已经死亡的，都应予以改正"和山西省提出的"要主动改正，全面复审"的意见后，全国都采取了全面复查的做法。

1980年5月8日，中央统战部向中共中央报送《关于爱国人士中的右派复查问题的请示报告》。《报告》提出，全国代表性较大的民主党派、无党派上层爱国人士中，被划右派分子的27人中有22人属于错划，提请民主党派中央复查。6月11日，中共中央在批转中央统战部以上请示报告的《通知》中指出：在反右派斗争中犯了扩大化的错误，并坚决加以改正，目的是团结一致向前看，同心同德搞四化。并指出，对维持右派原案，只摘帽子，不应改正的人，也要全面历史地看待他们。他们中的有些人同中国共产党有过合作的历史，为人民做过一些好事，对这一点也应实事求是地加以肯定。对他们也应该在政治上和生活上予以适当照顾，能够工作的予以适当安排，发挥他们的积极作用。对其家属子女不得歧视。中央统战部的请示报告以及中共中央的《通知》精神，不但树立了改正错划右派的案例，而且明确了改正错划右派工作的原则和界限，扫除了思想障碍。

经过各级党委和有关部门的积极工作，到1981年上半年，在全面复查的基础上，全国共改正错划右派54万多人，包括一些可改可不改的都本着从宽精神给予改正，改正比例占原划右派总数的99%。原来失去公职的27万人，恢复了工作或重新安排了工作。不能工作的，在生活上做了较好的安置。对被划为“中右分子”和“反社会主义分子”的31.5万人，一律给予了平反，并对因此受株连的家属子女，也基本落实了政策。对维持右派原案，摘掉右派分子帽子的3000多人，也全部正确评价了他们的历史功过，恢复了政治权利，适当安置了工作和生活。

到1981年7月，全国范围的反右派斗争遗留问题的处理工作全部结束。党对反右派斗争这个历史遗留问题的正确处理，得到了广大人民群众的衷心拥护。被改正错划为右派分子的人，更是欢欣鼓舞，笑逐颜开，庆幸自己在政治上获得新生，捐弃前嫌，积极投身到现代化建设中。不少人回到领导工作岗位后，勇挑重担，发挥了骨干作用。大批的知识分子在自己的工作岗位上发挥了很好的作用，作出了显著的成绩。

三、原工商业者政策的落实

1978年12月下旬，《中共中央批转上海市委〈关于落实对民族资产阶级政策的若干问题的请示报告〉的通知》下发后，中央统战部即邀请民建中央、全国工商联负责人座谈，传达文件精神，希望他们向广大原工商业者做好宣传教育、协助做好落实政策的工作。次年1月22日至24日，中央统战部再次召开落实原工商业者政策问题座谈会。乌兰夫详细地阐释了中央批准的《关于落实对民族资产阶级政策的若干问题的请示报告》，并强调对原工商业者中被查抄的存款，无论金额大小，全部解冻，一次发还，并且按照银行的规定，发给利息；本人已经去世的，退还给配偶。至于其他财物，也要抓紧落实发还。原工商业者被扣减的工资(包括高薪)，被占用的私房，也要恢复和归还。

各级党委和政府有关部门坚决贯彻中央的指示精神，在财政资金十分困难的情况下，经过努力，坚决发还了原工商业者被查抄、冻结的存款，并且发给利息；恢复了他们原来的工资，并补发了“文化大革命”中被扣减的部分工资；允许他们领取应领未领的定息。截至1984年，“文化大革命”中被查抄的原工商业者的(包括其他方面人士)约300万两黄金、700万两白银、15万件金银制品和800万枚银元，按上交银行时的牌价作价退还；被查抄尚存的350万件文物、字画、珠宝、玉器、工艺品和264万册私人图书也基本退还。“文化大革命”中被侵占、没收的私房，采取腾退归还原主，或其他协商同意的办法，有一半多得到了解决。

1979年9月26日，中央统战部、中央组织部、国家计委党组、国家劳动局党组、全国总工会党组制定了《关于对原工商业者的若干具体政策的规定》，提出：不在原工商业者中具体划分谁是自食其力的劳动者，谁是拥护社会主义的爱国者；今后不再称呼他们“资本家”“私方人员”“资产阶级工商业者”，对于在职的原工商业者，政治上应与干部、工人一视同仁，可以参加工会，可以担任各级领导职务，可以评定相应的职称；担任各种职务的，在工作中要有职、有权、有责。

自1956年以来，小商、小贩、小手工业者对把他们按“资产阶级工商业者”对待的政策与做法很有意见。1969年5月8日，中央曾下发文件，提出了在企业中“对不够资本家的，把他们划出来”政策的试点工作。但在当时条件下，很难得到贯彻。在落实政策中，中央责成中央统战部会同有关部门，进行调查研究，提出做好这一工作的意见。1979年10月29日，中央统战部、国家计委党组、国家经委党组、商业部党组、轻工业部党组、全国总工会党组等六部门向中共中央报送了《关于把原工商业者中的劳动者区别出来问题的请示报告》，提出：区别阶级成分的唯一依据是人们在社会生产体系中所处的地位，凡占有少量生产资料，一般不雇用工人或店员，自己从事劳动，依靠劳动收入为生活的全部或主要来源者，称为小商、小贩、小手工业者，他们是劳动者；占有一定生产资料，雇用少量(1—3人)工人或店员，自己从事劳动为生活之主要来源的，为小业主；合伙经营资本主义性质的企业，本人占有资金较少，参加主要劳动，不掌握经营管理、财产管理、人事任免和奖惩权的，也应划为小业主；小业主属劳动者范畴。进行区别工作掌握的原则是：要实事求是，确是劳动者，都应坚决区别出来，有多少是多少，不搞比例限制；要从宽了结，对可区别可不区别为劳动者的，作为劳动者区别出来；办法要简便易行，不搞逐个交群众评议。

中共中央批准了这个报告以后，经过一年多艰苦细致的工作，全国从参加公私合营、国营的原资产阶级工商业者86万人中，区别出属于劳动者范畴的小商、小贩、小手工业者共70万人，占81%。区别出来的劳动者普遍欢欣鼓舞，精神面貌大为改观。这些劳动者们一致反映：过去被当作“资产阶级”进行改造，十年内乱期间更是吃尽了苦头，现在不再为“资本家”成分而苦恼了。区别出来的劳动者的亲属也普遍反映：“区别一人，全家得福，恩及子孙！”“今后一定轻装前进，甩开膀子干四化。”

四、原国民党起义、投诚人员政策的落实

“爱国一家，既往不咎，一视同仁，量才录用，妥善安置”，始终是中国共产党对起义、投诚人员的重要政策。但是，由于极左错误思想影响，这个政策在“文化大革命”中受到严重破坏，许多起义、投诚人员被扣上“假起义、真潜伏”等罪名，制造了许多冤假错案。

1979年1月9日，中央统战部、中央调查部、最高人民法院、公安部、民政部、总政治部向中共中央报送了《关于落实对国民党起义、投

诚人员政策的请示报告》。该请示报告认为，国民党军政人员的起义、投诚，是爱国行动，应该对其落实政策，贯彻“冤案要昭雪、假案要平反、错案要纠正”的原则，并提出了对于因此而被戴上历史反革命分子帽子或其他帽子的一律摘掉，被判刑的撤销原判，被关押、劳改的予以释放，被管制的予以解除，要一律恢复他们的公民权，按起义、投诚人员政策对待；适当安排工作，恢复原来工资级别；对起义、投诚人员的家属子女不得歧视，他们的入党、入团、参军、升学等不应受到影响；退还被查抄的财物给本人或家属。1月17日，中共中央批转了这个报告，要求“各级党委要加快步伐，跟上形势，组织力量，认真落实对起义、投诚人员的政策”。①

从1980年到1985年，中央办公厅和国务院办公厅还先后转发了《关于落实“两航”起义人员政策的请示报告》《关于恢复“两航”起义人员保留工资问题的报告》《关于“两航”起义人员有关待遇问题的请示》《关于原国民党招商局驾船起义人员有关待遇问题的处理意见》《关于解决原国民党空军驾机起义人员工资待遇等问题的通知》《关于提高部分原国民党省将级起义投诚人员工资待遇问题的请示报告》《关于解决部分原国民党海军起义人员工资待遇等问题的请示报告》等文件，对上述各类人员工资待遇等问题作出了规定。1981年，中央办公厅又转发了中央统战部等六部门《关于抓紧对原国民党起义、投诚人员落实政策的请示报告》，对政策落实中遇到的问题给出了处理意见，提出了工作进度要求。这样，平反冤假错案的时间上溯到解放初期，范围扩大到无申诉的主动平反，落实政策工作发展到国民党地方政权机构和名目繁多的游杂部队以及士兵。同时，对历次政治运动中受到各种处理的起义、投诚人员进行了复查审理，均按“既往

① 《中共中央批转中央统战部等六部门〈关于落实对国民党起义、投诚人员政策的请示报告〉的通知》（1979年1月17日），中共中央统一战线工作部、中共中央文献研究室编：《新时期统一战线文献选编》，中共中央党校出版社1985年版，第12页。

不咎”的政策予以平反改正。

经过认真细致的查证工作，对起义、投诚的原国民党军政人员的政策落实工作取得了比较圆满的成绩。全国共认定了45.4万多名起义、投诚人员的身份，肯定了他们的爱国历史，向他们颁发了起义、投诚人员证书。为其中的15万人在政治上平了反，为因追究历史问题而被错误判刑的10多万人撤销了原判，为8万多人重新安排了工作或者办理了离退休手续，为1.5万多名原来没有工作、又无子女赡养的人定期发给生活费或给予社会救济，为原国民党省、将级起义及投诚人员、起义有功人员以及其他起义人员提高了工资级别，为被错杀者或者在服刑期间死亡的人的家属在经济上作了补助。

【延伸阅读】

共产党要讲信义

裴昌会原是国民党西安绥靖公署副主席兼第七兵团中将司令官，1949年12月23日，率部10万人在四川德阳孝泉镇向毛泽东主席、朱德总司令发出起义通电，同时电令兵团所属各军就地起义，除失去联络的孤军外，其余各军都复电随兵团起义。起义后，裴昌会提出要转到地方工作，被安排任川北行署副主任兼工业厅厅长。胡耀邦时任川北区委书记兼统战部部长，两人同住一个院，同吃一个灶，相互信任，密切合作，关系十分融洽。1954年起，裴昌会担任第一至六届全国人大代表，第五、六届全国人大常委会委员。每次到北京开会，胡耀邦都要接他到家中相聚，吃顿便饭，一直保持着亲密交往。1984年裴昌会向胡耀邦反映：成都解放时，西安绥靖公署散处在成都的3000多名官兵，是他根据贺龙司令员的口头指示接受的，当时贺龙在大会上向这些人讲过按起义政策对待，但未形成档案，致使在落实政策中无据可查。胡耀邦立即指示中央统战部专门研究并下发文件，使这些人落实政策的问题得到圆满解决。胡耀邦还在听取裴昌会的孙女反映有关第七兵团起义人员的冤假错案情况时说:“无论何党何派,起码要讲信义,你爷爷联系起义时我们是有保证的,共产党讲信义,我们对他负责到底。”

五、民族工作的拨乱反正

1979年4月25日,党中央在北京召开全国边防工作会议。这次会议虽然着重讨论边疆少数民族地区建设和边防工作,实际上也是指导民族工作拨乱反正的一次全国性民族工作会议。内蒙古、新疆、西藏、广西、宁夏5个自治区和云南、贵州、青海3个多民族省,以及当时的29个自治州、部分自治县的代表参加了会议。

会上,乌兰夫作了重要报告。他针对“文化大革命”对民族工作的冲击和破坏,着重对新中国民族工作的经验教训作了总结:必须坚持理论联系实际的原则,从少数民族地区的实际出发;必须坚持民族问题长期存在的观点,尊重少数民族的平等地位和自治权利;必须坚持无产阶级的民族观点,团结各族人民的绝大多数;必须坚持国家帮助和自力更生相结合的方针,加速边疆、少数民族地区的经济文化建设。他强调要认真落实党的民族政策,增强各民族人民的大团结:一定要坚持各民族一律平等的原则,搞好汉族和少数民族的关系,加强民族团结;一定要执行民族区域自治政策;一定要培养大批少数民族出身的共产主义干部;一定要重视使用和发展少数民族的语言文字;一定要尊重少数民族的民族习惯;一定要做好团结、教育、改造少数民族上层爱国人士的工作;一定要认真贯彻执行党的宗教政策。同年7月31日,党中央批转了这个报告。这个报告是“文化大革命”结束后第一个重申党的民族政策的文件,第一个进行民族工作拨乱反正、正本清源的文件,标志着民族工作重新回到了正确的轨道上来。

全国边防工作会议后,开始全面落实党的民族政策。1979年10月12日,中共中央、国务院批转了《国家民委党组关于做好杂居、散居少数民族工作的报告》,指出做好杂居、散居少数民族工作是关系到巩固和发展安定团结的政治局面，充分调动少数民族人民群众的积极性、加速社会主义现代化建设的一个重要因素。10月14日，中共中央又批准了中央统战部《关于地方民族主义分子摘帽问题的请示》，决定对1957年被划为地方民族主义分子的人，全部摘掉地方民族主义分子的帽子，对确实划错的，要实事求是地改正过来。1980年1月18日，中央统战部、中央宣传部和国家民委党组批转《民族政策宣传工作座谈会纪要》，提出了在全国经常性地开展民族政策再教育的要求和措施，并要求在1980年春节前后集中进行一次宣传教育，把民族政策再教育同检查民族政策执行情况、解决实际问题结合起来。当月，第一次公开发表了周恩来于1957年8月在青岛民族工作座谈会上所作的《关于我国民族政策的几个问题》的重要讲话，这对民族工作的拨乱反正起了重大作用。同年7月16日，中央书记处批准的《中央统战部关于加强少数民族上层爱国人士统战工作的意见》指出，团结教育改造少数民族上层人士，是党的民族政策的一项重要内容，也是统一战线工作的一个重要组成部分。新中国成立以来，这方面工作取得了很大的成绩，收到了很好的效果。针对有些地区在少数民族上层爱国人士落实政策的问题上步子不大、进展迟缓的情况，提出：对“文化大革命”制造的冤假错案，必须一律平反；对他们的安排，作出通盘考虑，使之各得其所；应着重从政治上平反，经济上作适当解决；凡是“文化大革命”中被遣送到农村，现已在省、州、县安排了职务的，应连同其配偶一起调回城镇，并解决其户口、住房问题；受到株连的家属子女，应恢复工作，补发工资，今后对他们在政治上不得歧视；在“文化大革命”中因错斗而被迫逃亡国外的，要积极争取他们回国，并妥善安置，尚未回归的，对他们在国内的房屋、财产要妥为保管。这些政策措施的贯彻落实，促进了全国各族人民的团结。

为了根据民族地区的特点实行具体的工作指导，1980年3月，中央书记处召开了西藏工作座谈会，此后又相继召开了西藏、云南、新疆、内蒙古、青海和海南岛等6次少数民族地区工作座谈会。这些会议针对民族地区的不同情况，分别作出了重要指示和决定。通过这些会议，否定了社会主义时期“民族问题实质是阶级问题”的错误理论，实现了民族工作根本指导思想的拨乱反正；明确了民族工作总方针是关心、帮助少数民族的政治、经济和文化的全面发展，沿着社会主义道路不断发展，逐步实现各民族事实上的平等；解除了人们在民族问题上长期以来受到的“左”的思想的束缚，提出了新的历史条件下各民族地区的中心任务和奋斗目标，明确了支持各民族地区经济文化建设的政策措施，为民族地区各项工作的发展指明了前进方向。

如何认识社会主义时期民族问题的实质，是关系民族工作成败的重大理论问题。20世纪60年代初期，在批判统战、民族、宗教工作方面所谓“执行投降主义、修正主义路线”过程中，把“民族问题的实质是阶级问题”作为一个普遍原理指导民族工作，把社会主义时期我国各民族间因历史原因造成的各种人民内部矛盾，甚至把少数民族的风俗、习惯、宗教信仰等等的差异和矛盾，统统上纲到阶级矛盾，不仅使党的民族政策遭到严重的歪曲，而且对一批民族工作干部进行了错误的批判和斗争，制造了大批冤假错案，给民族关系带来了严重的损害。1980年4月，党中央在《转发〈西藏工作座谈会纪要〉的通知》中明确指出，所谓“民族问题的实质是阶级问题”的说法是错误的。7月15日，《人民日报》发表了题为《评所谓“民族问题的实质是阶级问题”》的特约评论员文章，进一步从理论和实践、历史和现实的结合上，全面批驳了这个观点，强调我国各民族人民在根本利益一致的基础上形成了平等、团结、互助合作的新型的社会主义民族关系，国内的民族问题主要是各族劳动人民间的问题。1981年6月，党的十一届六中全会通过的《关于建国以来党的若干历史问题的决议》，进一步明确“现在我国的民族关系基本上是各族劳动人民之间的关系”，并指出：“在民族问题上，过去，特别是在‘文化大革命’中，我们犯过把阶级斗争扩大化的严重错误，伤害了许多少数民族干部和群众，在工作中，对少数民族自治权利尊重不够，这个教训一定要认真记取。”从而澄清了长期混淆的民族问题和阶级问题的界限。1982年12月，全国人大审议通过的新宪法明确规定："平等、团结、互助的社会主义民族关系已经确立，并将继续加强。"在国家根本大法上确认了我国社会主义民族关系的性质和内容。

自1980年3月起，在一年多的时间内，中央书记处和国务院先后形成了一系列民族工作《纪要》，强调做好民族工作是全党和全国的一项长期任务，是关系边疆巩固、祖国统一、安定团结和现代化建设的全局性重大问题；民族工作必须从实际出发，实事求是，充分照顾民族特点和地区特点，首先要把经济搞上去；加强民族团结，在各族人民中要树立汉族离不开少数民族，少数民族也离不开汉族的"两个离不开"思想；必须大力培养一支坚持四项基本原则，有现代科学文化知识的民族干部队伍；必须坚决维护祖国统一，反对分裂活动。1982年，党的十二大报告进一步强调，民族团结、民族平等和各民族的共同繁荣，对于我们这个多民族的国家来说，是一个关系到国家命运的重大问题。1987年，中共中央、国务院在批转中央统战部、国家民委《关于民族工作中的几个重要问题的报告》的通知中，进一步明确新时期民族工作总的指导思想和根本任务，是以经济建设为中心，全面发展少数民族的政治、经济和文化，不断巩固社会主义的新型民族关系，实现各民族共同繁荣。

党的民族政策的恢复和落实，民族地区冤假错案的平反昭雪，大量历史遗留问题妥善处理，使被严重损伤的民族关系得到进一步改善。

六、宗教工作的拨乱反正

1978年12月1日至11日，中央统战部在北京召开了全国宗教工作座谈会。此次会议距上次全国宗教工作会议已有16年之久。会议主要任务是学习讨论《中共中央转发中央统战部〈关于当前宗教工作中亟需解决的两个政策性问题的请示报告〉的通知》，以统一思想，贯彻执行。乌兰夫等作了讲话。

由于“文化大革命”结束不久，有的人担心落实宗教政策是搞“复辟”，担心将来“秋后算账”。会上，大家进一步学习文件，提高认识，揭发批判“左”的错误对宗教工作的干扰和破坏，讨论和明确了宗教工作中的不少问题。会议提出，做好宗教工作应注意以下几个问题：（1）宗教问题是一个复杂的问题，处理宗教问题应持慎重的态度。要划清思想信仰问题同政治问题的界限；一般政治问题同敌我问题的界限，严格区分和处理两类不同性质的矛盾。（2）宗教问题是一个长期的问题，绝不是经过几次运动在短期内能够解决的。彻底解决宗教问题是一个相当长的历史过程，这是由宗教产生、发展和消亡的客观规律所决定的。（3）宗教是千百万人的思想信仰问题。宗教工作要面向群众，从思想教育入手。对待群众的思想信仰问题，只能说服教育，不能强迫命令；只能正面引导，不能压制打击；只能采取民主的办法，不能采取粗暴甚至专政的手段。（4）中国的宗教特别是伊斯兰教和喇嘛教，在少数民族中有较深的影响。民族问题与宗教问题经常交织在一起，我们在工作中要注意两者之间的区别与联系，以利于宗教问题的正确处理。（5）宗教信仰自由政策是我们党和国家解决宗教问题的基本政策，要坚定不移地全面贯彻这一政策。会议明确了今后一个时期宗教工作的主要任务是：认真贯彻宗教信仰自由政策，妥善安排宗教活动场所，团结广大信教群众参加社会主义建设。并就恢复和健全宗教工作机构，恢复各爱国宗教团体的活动等问题提出了意见和要求。1979年2月10日，党中央转发了这次会议形成的《纪要》。

1981年6月，党的十一届六中全会通过的《关于建国以来党的若干历史问题的决议》重申：要继续贯彻执行宗教信仰自由的政策。坚持四项基本原则并不要求宗教信徒放弃他们的宗教信仰，只是要求他们不得进行反对马列主义、毛泽东思想的宣传，要求宗教不得干预政治和干预教育。[①]

这期间，党和政府的各级主管部门与广大宗教界人士和信教群众一起，在落实宗教信仰自由政策，保障公民宗教信仰自由权利方面做了大量工作，取得了显著成绩。（1）逐步恢复各宗教团体。“文化大革命”中，各宗教团体都被迫停止了活动。1980年1月25日，党中央批准了中央统战部关于召开各宗教团体全国性会议的请示报告，确定会议方针为：根据党的十一届三中全会精神，进一步贯彻党的统战政策和宗教政策，团结宗教界人士和信教群众维护安定团结，调动一切积极因素，为实现四个现代化，反对霸权主义，维护世界和平而努力。当年，伊斯兰教、道教、天主教、基督教、佛教分别召开了全国性会议，修改章程，选举新的领导机构和负责人。（2）落实宗教界人士的政策。“文化大革命”中，宗教界人士普遍受到了冲击。“文化大革命”结束后，在党中央的督促下，各地对有关宗教界人士的冤假错案、错划右派问题和历史积案进行了复查纠正，并清退了查抄财物，补发了他们被停发和扣发的生活费。广大宗教教职人员重新回到宗教活动场所，主持宗教活动，管理教务。许多地方还安置了分散在社会上失去劳动能力的老年宗教教职人员，使他们生活有了保障。许多宗教界人士，运用他们与信教群众精神上的密切联系，引导信教群众走爱国爱教的道路。（3）退还宗教房产。各级党政部门从政治上着眼，把落实宗教房产政策作为特殊问题来处理，从解决信教群众的宗教活动场所和宗教团体自养考虑，既维护宗教团体合法权益，也考虑到历史和现状，从实际出发，将宗教团体房屋产权全部退还宗教团体，无法退还的折价付款；结算长期停付的包（定）租费；退还被占用的寺观教堂，以满足信教群众过宗教生活的需要；退还宗教团体存款。（4）恢复宗教活动场所。合理安排宗教活动场所，成为落实宗教政策，实现宗教活动正常化的重要物质条件。各级党委和政府部门积极贯彻执行党的方针政

---

① 《关于建国以来党的若干历史问题的决议》（一九八一年六月二十七日中国共产党第十一届中央委员会第六次全体会议一致通过），《人民日报》1981年7月1日第1版。

策，在部分大中城市，历史上有名的宗教活动胜地，教徒聚居的地方，特别是在少数民族地区，有计划、有步骤地恢复了一些寺、观、教堂。国家对宗教活动场所的房屋及占用土地免税，对于需要维修而缺乏资金的寺、观、教堂给予补助。据不完全统计，1980年至1991年间，从中央财政拨给寺、观、教堂的维修补助费超过1.4亿元。到1989年底，经各级政府批准恢复开放的宗教活动场所4万余处，为“文革”前2万处的两倍多。(5) 开展宗教方面的国际交往。1980年4月，邓小平在《一件具有深远意义的盛事》文章中指出：“在中国人民友好往来和文化交流的历史长河中，鉴真是一位作出了重大贡献，值得永远纪念的人物。”改革开放后，中国宗教界的国际交往和文化交流日益频繁。1982年11月，以丁光训主教任团长的中国基督教代表团应邀访问瑞典和英国。1984年8月，中国佛教协会会长赵朴初为首的中国佛教代表团赴斯里兰卡出席世界佛教徒联谊会第十四次大会。

【延伸阅读】

推心置腹

1980年8月26日上午，重新当选全国人大常委会副委员长、全国政协副主席的班禅大师，心情格外激动，因为他要到中共中央副主席邓小平家里作客。邓小平早已在门口迎候班禅大师，一见面就真诚地对班禅说：“你是我们国家一个最好的爱国者。”这一句话，使班禅大师感动得热泪盈眶。班禅说：“我爱自己的祖国，也爱自己的民族。不爱自己的民族的人，不可能成为真正的爱国主义者。”邓小平说：“是的，你同达赖不同，你是爱国的，维护国家统一的，而达赖是搞分裂的。”望着眼前这位历尽坎坷却始终如一地热爱党、相信党的爱国宗教领袖，邓小平又坦率地说：“1964年和‘文化大革命’，你挨了两回整，你两次出来，表现都是好的。”听到这番话，一向豪爽的班禅大师被邓小平的广阔胸怀感染了，轻松地说：“与老一辈革命家、与您所受的迫害相比，我这点委屈算得了什么?!”班禅不计较个人恩怨的豁达态度也同样为邓小平所赞赏。两人敞开心扉、亲切交谈。最后,邓小平将话题转向现实:“最近看了你的东西,你还是有思考的,有分析,有能力,希望你对祖国多作一些贡献。”“关于你自己的活动,可以放手,不要顾虑。”邓小平的信任使班禅大师深受鼓舞,他表示要在有生之年,为党和国家多做有益的事。临别之时,邓小平又说:“我约你到家里谈,是不把你当外人”,“以后可以再来”。

七、党的知识分子政策的落实

落实知识分子政策是拨乱反正的重要内容。知识分子广泛分布于各个方面、各个系统、各个部门,为便于统筹协调、共同推进,1981年3月,中组部牵头,中宣部、中央统战部等13个单位参加组建了知识分子工作联系小组,定期开会协调解决各种问题。具体从两个方面对知识分子政策进行了全面落实:一方面是改正错划右派问题;另一方面是解决历史遗留的一系列问题,主要包括平反冤假错案,清退“文化大革命”时期的查抄物资,退还被挤占的房产,解决知识分子入党难问题,合理使用、发挥知识分子专长问题,解决夫妻两地分居问题,安排荣誉职务等。

从1982年1月到1986年底,为保证全国落实知识分子政策工作的完成,有关部门连续进行了四次全国性检查。1986年第四次全国性检查结果显示:落实党的知识分子政策的任务基本完成。这在1983年六届全国人大代表和六届全国政协委员构成中得到了具体的体现,大量知识分子当选为人大代表和政协委员。在六届全国人大代表中,具有大专文化程度的占44.5%;年富力强、德才兼备的科学技术、经营管理、教育、文化、卫生、体育等各方面的专业人才占代表总数的41.5%。在六届全国政协2036名委员中,文化知识界委员的比例是五届政协的两倍半。这么多的知识分子当选为人大代表和政协委员,说明了党的知识分子政策进一步落实,也说明新时期党对知识分子的信任与期望。对此，一些知识分子感受很深地说："'文化大革命'以前，我们是'座上客'；'文化大革命'中，我们是'阶下囚'；现在我们成了'主人翁'。"

在此期间，各级统战部门积极配合有关部门，检查、了解知识分子政策的落实情况，把落实知识分子政策作为这一时期党外知识分子工作的核心工作，作出了不懈努力。1981年，在中央知识分子工作联系小组统筹安排下，中央统战部配合有关部门，对中央和国家机关及其在京直属企事业单位高级知识分子落实政策的情况，进行了一次比较普遍的检查。1982年1月，中共中央批转中央统战部等部门《关于专业人员出国出境问题的报告》，就知识分子出国出境增多、不少人去而不归的问题提出意见，要求认真落实党的知识分子政策和归侨政策，进一步消除党内和社会上对知识分子的偏见，真正做到对知识分子政治上一视同仁、工作上放手使用、生活上关心照顾。为此，中央统战部于当年2月和4月连续发出通知，要求各地统战部门认真贯彻中央精神，并提出了统战部门应当注意解决的几个问题。中央统战部受中央知识分子工作联系小组委派，1982年五六月间，组织调查组赴东北三省和山东省，调查了解贯彻落实知识分子政策和开展知识分子工作的情况。1984年四五月间，又组织调查组赴四川、贵州两省调查落实知识分子政策的情况，调查中发现的10个典型案例，表明某些地方、某些单位打击迫害知识分子的情况还比较严重，引起了中央的重视。中央有关领导作出批示，要求进一步了解有关情况并作认真严肃处理。中央统战部还于1985年五六月间，协助中央组织部分别在广东和黑龙江分片召开了全国落实知识分子政策工作座谈会，研究和部署了在党的十三大召开以前基本完成落实知识分子政策，以及解决历史遗留问题的工作规划和进度问题，强调要继续肃清"左"的错误影响，克服畏难和松劲情绪，采取有效的组织措施，保证任务的完成。

经过各级党委统战部门的努力，落实党外知识分子政策工作取得了明显成绩。据24个省、自治区、直辖市党委统战部统计，属于统战工作范围内党外知识分子需要落实政策的总数是58.7万件，从党的十一届三中全会到1986年5月，已经解决的达53.3万件，占总数的90.8%，其他的也陆续在1987年党的十三大召开前得到解决。

【延伸阅读】

人之相交，以心换心

1983年9月20日，费孝通在江苏家乡调查时写下了后来影响很大的《小城镇大问题》一书，回到北京后印成一本小册子，分发给当时全国政协的一些朋友参考。胡耀邦因患感冒在家休息时，无意中看到这本书，并写下一段批语："这本小册子是值得一看的，文字将近四万，太长了一点，但是好看。费老毕竟是一位学有专长的学者。而这篇东西持之有据，言之成理，能给人一定的思想启迪。"于是，他推荐这本小册子给党内一些同志看。费孝通知道了胡耀邦的批示和推介后，感慨地说："我当时并没有想到我这篇文章会到达胡耀邦同志的手里，也没有想到他会愿意在百忙之中把它看完，而且还要推荐给其他同志们看看。他也不可能想到他这短短几句话却打中了我这个知识分子的心，真是做到了古人所说的'人之相交，以心换心'。就是这点推心置腹的话感动了我。"若干年后，费孝通仍对这件事难以忘怀："现在回想起来，可以说对我其后近20年的生命起了决定性的作用。"通过这件事，费孝通说："悟到了这正是统战工作的真谛，做到了周恩来总理一再强调的要党的领导同志多交几个党外朋友。"费孝通一生作为中国共产党的挚友和诤友提了很多非常有价值的建议，也与中国共产党的领导同志结下了深厚的友谊。

八、侨务工作的拨乱反正

1978年12月，全国侨务工作会议在北京举行。廖承志在会议报告中指出，当前侨务工作的主要任务是：认真落实党的侨务政策，充分调动归侨、侨眷的社会主义积极性；认真学习，提高政治思想水平和科学文化水平；解放思想，鼓足干劲，办好华侨事业、企业；欢迎华侨支援祖国社会主义建设；密切党和归侨的联系，积极开展侨联活动；加强党对侨务工作的领导，健全侨务机构。这次会议确定了新时期侨务工作的指导思想、方针政策，为全面落实侨务政策、开拓侨务工作新局面奠定了基础，标志着中国共产党领导的侨务工作进入了一个新时期。

1981年5月，国务院侨办、中央统战部、公安部发出《关于善始善终地复查纠正归侨、侨眷中冤假错案工作的通知》。要求各地对复查核实确属冤假错案的，要坚决平反纠正，全错的全纠正，部分错的部分纠正。要认真做好纠正冤假错案，及时解决当事人的党籍、工作安排等一系列具体的善后问题。

1982年9月，中共中央办公厅、国务院办公厅转发了国务院侨办、城乡建设环境保护部《关于落实华侨私房政策座谈会纪要》等文件。《纪要》对几年来各地落实华侨私房政策进展情况进行了估计，认为清退“文化大革命”时期挤占的华侨私房工作进展较快，取得了很大成绩。但很不平衡，多数城市清退任务还很繁重艰巨，一些城市进展十分缓慢，个别地方党政领导对此重视不够，领导不力。《纪要》提出了加快清退华侨私房的若干具体措施，并对“文化大革命”前历史遗留的华侨房屋问题也提出了解决办法。

1984年12月，中共中央办公厅、国务院办公厅又转发了国务院侨办《关于加快落实华侨私房政策的意见》。文件要求各地加快落实华侨私房政策步伐，并且进一步明确规定：在土地改革中没收、征收的华侨私房一律退还；在社会主义改造时被错误改造的华侨私房，包括原住房，改造起点以下的出租房等，一律撤销改造，改造起点以上的出租房屋一律不再改造。对代管华侨私房，则参照国务院1983年批转城乡建设环境保护部《关于对国民党军政人员出走弃留的代管房产处理意见的通知》中有关规定办理。

1984年10月，国务院侨办发出《关于配合有关部门妥善处理归侨、侨眷被查抄财物遗留问题的通知》，要求各地对本地区归侨、侨眷被查抄财物和退还情况进行调查，并督促配合有关部门，按照文件的要求和中央规定的期限，完成这项工作。

到1987年底，99%以上的在“文化大革命”中遭受迫害的华侨、归侨、侨眷得到了平反昭雪，恢复了名誉，落实了政策。绝大多数华侨私房得到退还，被查抄的财物得到了妥善处理，一些“文化大革命”前遗留下来的问题也得到了解决。

经过几年不懈的努力，各领域统一战线政策得到全面落实，妥善解决了大量长期历史遗留问题，复查和平反了大批冤假错案。这项工作的推进和完成，极大地调动了广大知识分子、民主党派成员、无党派民主人士、原工商业者、国民党起义投诚人员、少数民族上层人士、宗教界人士和归侨、侨眷等各界人士为社会主义建设服务的积极性，在全国范围内化解了矛盾，增强了团结，促进了社会稳定，对于巩固和发展党领导的统一战线，动员广大统一战线成员同心同德进行社会主义现代化建设产生了巨大的作用。采取这些落实政策的措施，也增强了台湾同胞、港澳同胞和国外侨胞对祖国的凝聚力和向心力。

第三节　统一战线各领域方针政策的确立

一、多党合作理论政策丰富和发展

多党合作十六字方针的提出　1956年社会主义改造基本完成后，党的八大明确了中国共产党与民主党派“长期共存、互相监督”

的基本方针。1982年1月5日，胡耀邦在第十五次全国统战工作会议上《开创统战工作新局面》的重要讲话中强调：共产党员要“同一切党外人士交朋友，并且从泛泛之交变为真朋友，进而达到肝胆相照、荣辱与共的关系”。1982年9月，党的十二大报告明确提出：我们党要继续坚持“长期共存、互相监督”，“肝胆相照、荣辱与共”的方针，加强同各民主党派、无党派民主人士、少数民族人士和宗教界爱国人士的合作。1989年中共中央颁布的《关于坚持和完善中国共产党领导的多党合作和政治协商制度的意见》中，将十六字并列，明确表述为：

“长期共存、互相监督、肝胆相照、荣辱与共”，是中国共产党同各民主党派合作的基本方针。[①]

“十六字方针”正式确立，体现了中国共产党领导的多党合作和政治协商制度的深刻内涵，成为新时期中国共产党领导的多党合作的基本方针和处理统一战线内部关系的重要准则。

按照“长期共存、互相监督、肝胆相照、荣辱与共”的方针，各级党委政府及统战部门努力在政治上、思想上和组织上帮助各民主党派解决一些亟待解决的问题。

妥善解决民主党派工作条件和干部待遇。1983年1月，经中央书记处和国务院同意，由中共中央办公厅、国务院办公厅转发了中央统战部《关于帮助民主党派解决工作条件和干部待遇若干问题的意见》，对民主党派、工商联机关干部的待遇问题、管理问题、阅读文件资料的问题，民主党派、工商联的编制和经费问题，都作了比较明确的规定。该文件转发各地执行后，情况有了明显改善，为民主党派进一步开展工作创造了必要的条件。

协商确定各民主党派的组织发展和重点分工。1979年10月，各民主党派分别召开了全国代表大会，修改了各自的章程，改选了中央领导

---

① 《中共中央关于坚持和完善中国共产党领导的多党合作和政治协商制度的意见》（1989年12月30日），中共中央统一战线工作部、中共中央文献研究室编：《新时期统一战线文献选编（续编）》，中共中央党校出版社1997年版，第147页。

机构。朱蕴山、史良、胡厥文、周建人、季方、黄鼎臣、许德珩、蔡啸分别当选为民革、民盟、民建、民进、农工党、致公党、九三学社、台盟中央的主席。1983年11月，中央统战部邀请各民主党派负责人就民主党派组织发展问题举行座谈，并达成一致协议。随后以《座谈会纪要》的形式，由各民主党派中央分别下达各自的地方组织贯彻执行。该纪要指出，新中国成立后，经各民主党派协商确定的工作范围和发展对象的重点分工，反映了各民主党派的不同特点，有利于发挥各自的优势和作用。今后仍应继续维持原有的重点分工，即民盟为文教界(着重高等院校)人士；民进为中小学教师、师范院校和文化出版界人士；农工党为医药卫生界人士；致公党为归国华侨和侨眷人士；九三学社为科学技术界人士；台盟为居住在大陆的台湾省籍人士；民革为原国民党和与国民党有历史联系的人士，为了适应当前情况和开展对台工作需要，今后可在几个特定方面适当发展；民建原来发展的主要对象为代表性较大的原工商业者，因现已为数不多，今后可在从事工商企业和其他经济工作的人士中适当发展。各民主党派的发展对象，仍以中上层为主，即发展有一定代表性的人士。发展地区仍以大中城市为主，一般不在县级发展。这个纪要结合新的历史条件，重申和进一步明确了各民主党派发展组织的一些行之有效的原则，对民主党派的健康发展起到了积极的作用。

协助民主党派机关调配干部。鉴于各民主党派的工作已有较大发展，其各级组织的任务也日益繁重，但民主党派各级组织的领导成员大都年事已高，专职干部没有配齐，而在调进领导骨干和专职干部上又存在许多实际困难的情况，中组部、中央统战部、劳动人事部于1985年12月联合发出《关于积极协助民主党派调配干部的通知》，要求各级组织、统战、劳动人事部门，积极支持和帮助民主党派选调一批比较符合干部条件、热心并能胜任党派工作的中青年非共产党员干部到民主党派机关工作。凡是民主党派需要的中层以上骨干，各地区、各部门应积极支援，尽力帮助调进。按此通知，各民主党派选调了一批非共产党员干部充实机关工作，使各民主党派机关专职干部严重缺乏的状况在一定程度上得到了缓解。

协助民主党派健全领导机构。从1986年底到1987年上半年，民革、民盟、民建、民进、农工党、致公党分别召开了全国代表大会，局部调整了中央领导机构。一部分年事已高的老同志不再担任中央委员，而进入新设立的民主党派中央荣誉机构(如中央监察委员会、中央参议委员会、中央咨议委员会等)。同时增选了一批比较年富力强的骨干进入中央委员会，加强了领导层的工作。

进一步加强党与各民主党派和各界党外人士的民主协商。1983年5月和1988年3月，中共中央就六届、七届全国人大、全国政协的人事安排问题与民主党派和无党派民主人士反复进行酝酿协商，取得一致意见。1983年下半年起，中国共产党进行整党。10月27日，中共中央召开了党外人士座谈会，充分听取党外朋友对共产党的意见和批评。11月，中共中央整党工作指导委员会发出通知，要求一切有民主党派、无党派爱国民主人士和其他有代表性的党外群众的地区、单位，在整党期间，都要召开党外人士座谈会，听取他们的意见和建议。

明确新时期党对民主党派工作的方针任务　1986年4月，中央统战部起草《关于新时期党对民主党派工作的方针任务的报告》。《报告》强调：共产党领导下的多党派合作，是我国政治制度的一个重要特点和优点；统一思想，正确贯彻“长期共存、互相监督、肝胆相照、荣辱与共”的方针；积极支持各民主党派为推进“一国两制”，实现祖国和平统一和推进现代化建设，放手工作；支持和帮助民主党派加强自身建设；加强和改善中国共产党对民主党派的政治领导。

中共中央在批转《报告》的通知中指出：中国共产党领导下的多党派长期合作，是马克思主义基本原理同中国革命与建设实际相结合的一个创造，是建设有中国特色社会主义的一个重要特征。在新时期，继续加强多党合作，充分发挥民主党派的监督作用，对于巩固扩大最广泛的爱国统一战线，发扬社会主义民主，促进全国各族人民的大团结、大统一，实现新时期的总任务，具有重大意义。必须提高对统战工作的长期性和重要性的认识，坚定不移地贯彻“长期共存、互相监督，肝胆相照、荣辱与共”的方针，进一步加强和发展中国共产党同民主党派的合作，更好地发挥民主党派的积极作用。

1987年底到1988年底，各民主党派、工商联先后召开全国代表大会，总结工作，明确任务，修改章程，选举中央领导机构。朱学范、费孝通、孙起孟、雷洁琼、卢嘉锡、董寅初、周培源、林盛中(1988年为蔡子民)分别当选为民革、民盟、民建、民进、农工党、致公党、九三学社、台盟中央的主席。中共中央分别向各民主党派、工商联全国代表大会致了贺词。民主党派成员由1979年恢复活动时的6.5万人发展到1989年底的33.7万人。

《中共中央关于坚持和完善中国共产党领导的多党合作和政治协商制度的意见》的制定和颁布　中国共产党领导的多党合作和政治协商制度是我国一项基本政治制度，是建设有中国特色社会主义民主政治的重要内容。1987年党的十三大报告中把完善“共产党领导下的多党合作和政治协商制度”列为政治体制改革的一项重要内容。为使共产党领导的多党合作和政治协商制度进一步规范化、制度化，1989年1月2日，邓小平在一份民主党派成员关于共产党领导的多党合作问题的建议上批示：可组织一个专门小组(成员要有民主党派的)，专门拟定民主党派成员参政和履行监督职责的方案，并在一年内完成，明年开始实行。[①]

根据这个批示，由中共中央和各民主党派中央以及党和国家有关部门组成的完善共产党领导的多党合作制度研讨小组在1月底成立。小组经过多次研讨，形成《关于坚持和完善中国共产党领导的多党合作和政治协商制度的意见》初稿。党的十三届四中全会以后，又进行了

① 《关于制定民主党派成员参政和履行监督职责方案的批示》(1998年1月2日)，中共中央统一战线工作部、中共中央文献研究室编：《邓小平论统一战线》，中央文献出版社1991年版，第294页。

几次重要的修改。中共中央邀请各民主党派中央及无党派人士进行座谈，再次征求对文件初稿的意见。12月31日，《中共中央关于坚持和完善中国共产党领导的多党合作和政治协商制度的意见》以中共中央文件下发。次年2月8日，《意见》全文在《人民日报》公布。

《意见》对我国多党合作和政治协商制度的长期实践进行了深刻总结，明确了多党合作制度的指导思想和基本原则等。主要内容是：

（一）阐明了我国社会主义政党制度的性质、地位及特点。《意见》指出，中国共产党领导的多党合作和政治协商制度是我国一项基本政治制度，是符合中国国情的社会主义政党制度。我国实行的共产党领导、多党合作的政党体制是我国政治制度的特点和优点。它根本不同于西方资本主义国家的多党制或两党制，也有别于一些社会主义国家实行的一党制。它是马克思主义同中国革命与建设相结合的一个创造。

（二）提出了参政党的科学概念，并对多党合作的政治基础、基本方针作出了明确规定。文件指出：

中国共产党是社会主义事业的领导核心，是执政党；各民主党派是各自所联系的一部分社会主义劳动者和一部分拥护社会主义爱国者的政治联盟，是接受中国共产党领导的，同中共通力合作、共同致力于社会主义事业的亲密友党，是参政党。

坚持中国共产党的领导，坚持四项基本原则，这是中国共产党同各民主党派合作的政治基础。

中共对各民主党派的领导是政治领导，即政治原则、政治方向和重大方针政策的领导。

中国共产党和各民主党派都必须以宪法为根本活动准则，负有维护宪法尊严、保障宪法实施的职责。民主党派享有宪法规定的权利和义务范围内的政治自由、组织独立和法律地位平等。

（三）规定了民主党派参政的基本点，确定了民主党派发挥监督作用的总原则。

民主党派参政的基本点是：

参加国家政权，参与国家大政方针和国家领导人选的协商，参与国家事务的管理，参与国家方针、政策、法律、法规的制定执行。

发挥民主党派监督作用的总原则是：

在四项基本原则的基础上，发扬民主，广开言路，鼓励和支持民主党派与无党派人士对党和国家的方针政策、各项工作提出意见、批评、建议，做到知无不言，言无不尽，并且勇于坚持正确的意见。

《意见》还对加强多党合作的制度化、规范化作出了具体规定，指出要加强中国共产党和各民主党派之间的合作与协商，进一步发挥民主党派成员、无党派人士在人民代表大会中的作用，举荐民主党派成员、无党派人士担任各级政府及司法机关的领导职务，进一步发挥民主党派在人民政协中的作用，支持民主党派加强自身建设等。

《意见》贯穿两条主线，一是加强和改善中国共产党的领导，二是发扬社会主义民主。它体现了中国共产党和各民主党派、无党派人士的共同意志，是新时期中国多党合作的纲领性文件和共同行动准则。

以《意见》颁发为标志，中国多党合作走上制度化、规范化的轨道。1993年3月，经民建中央提议，中共中央提请全国人大讨论，在八届全国人大一次会议通过的宪法修正案中，“中国共产党领导的多党合作和政治协商制度将长期存在和发展”被写入宪法序言，成为全国人民的共同意志。

二、《民族区域自治法》的颁布和实施

《民族区域自治法》制定　民族区域自治是党解决我国民族问题的一项基本政策。1984年全国人大根据宪法的规定，制定了《中华人民共和国民族区域自治法》，标志着我国民族区域自治制度的实行进入了一个新时期。

《民族区域自治法》经历了较长时间的酝酿过程。从1955年起，

全国人大民族委员会就着手进行这部法律的草拟工作，但是由于受到种种干扰，没有能够完成。1980年，叶剑英在五届全国人大三次会议上提出“要加强民族立法”，中断20多年的《民族区域自治法》的起草工作被重新提到国家的重要日程。党中央批准设立了由全国人大常委会副委员长乌兰夫主持的民族区域自治法起草小组，领导自治法的起草工作。1982年9月，五届全国人大五次会议修订宪法中，对民族区域自治的行政地位、自治权等作出一系列重要的修改和补充，为制定民族区域自治法提供了法律依据。以全国人大民族事务委员会为主组织的起草小组做了大量的准备工作，多次到一些民族自治地方和有关省进行调查研究，广泛征求各省、自治区、直辖市，各自治州、自治县和国务院有关部委的意见，经过反复研究修改，形成了草案。1984年3月和5月，经过全国人大常委会两次审议修改后，1984年5月31日经过六届全国人大二次会议通过，当日中华人民共和国主席签发主席令予以公布，从1984年10月1日起实施。

《民族区域自治法》共分8个部分67条。它既是关于国家结构的基本法律，又是包括政治、经济和文化等广泛领域的一部综合性法律，是党的民族政策和民族区域自治制度的法律化。它是以四项基本原则为指导，以宪法有关民族区域自治的规定为依据，在总结30多年来执行民族区域自治政策经验的基础上制定的。它以法律的形式对民族自治地方的行政地位、民族自治机关的自治权、国家与民族自治地方的关系、民族自治地方内部的各民族的关系都作了详细的规定。

《民族区域自治法》以基本法的形式把民族区域自治固定下来，实现了我国民族区域自治的制度化、政策化和法律化的三位一体。它的制定，对于保障各少数民族行使自治权利，自主地管理本地区本民族的内部事务，加速少数民族地区经济和文化的发展，对于加强平等、团结、互助的社会主义民族关系，巩固国家的统一，促进社会主义现代化建设的顺利发展，都具有重要的意义。

《民族区域自治法》的贯彻实施 1984年10月上旬，中宣部、中央统战部联合印发了《中华人民共和国民族区域自治法宣传提纲》，并发出通知，要求各地宣传、统战和有关部门结合本地情况向干部、群众广为宣传。这一提纲从民族区域自治法的重要性，民族区域自治法的任务和指导思想，民族自治地方的建立和自治机关组成的主要原则，自治机关的自治权，上级国家机关对民族自治地方的领导和帮助，发展社会主义民族关系，促进各民族的共同繁荣等方面进行了详尽的阐述。

有关部门积极推进《民族区域自治法》的贯彻实施。(1) 新增了一大批民族自治地方。这期间，国务院批准建立了50个自治县。截至1992年底，中国已建立民族自治地方159个，其中5个自治区，30个自治州，124个自治县。共有45个少数民族，7000多万人口实现了民族区域自治。民族自治地方国土面积占我国国土总面积的64%。(2) 国务院及有关部委采取多种措施，对少数民族地区实行了特殊政策。(3) 健全了民族区域自治的法制建设。从1982年宪法和《民族区域自治法》颁布实施以来，民族自治地方依照当地民族的政治、经济和文化特点，抓紧制定自治条例和单行条例。截至1992年4月底，全国159个民族自治地方已批准实施自治条例113个，单行条例71个，还有9个辖有自治州和自治县的省颁布实施了贯彻实施民族区域自治法的地方性法规和规章，初步形成了以宪法为基础、以民族区域自治法为主体、以民族区域自治法配套法规规章和其他规范性文件为分支的民族区域自治法体系。在民族区域自治工作的主要方面已经基本上实现了有法可依。(4) 培养了一大批少数民族干部。到1990年底，全国少数民族干部已达219万人，少数民族干部在全国干部中所占的比例由1977年的4.8%提高到6.2%。全国有相当副县、处级以上少数民族干部4.5万人，副厅（局）级以上少数民族干部3000多人。少数民族各类专业技术人员共140万人，占少数民族干部总数的64%，占全国专业技术人员的5.7%。这批少数民族干部活跃在民族地区党政、经济、科技、文化、教育、卫生等各个领域，为增进民族团结、发展民族经济文化发挥着重要作用。[①]（5）全国人大民委、中央统战部和国家民委对《民族区域自治法》贯彻落实情况进行了检查。1987年5月，全国人大常委会彭冲和阿沛•阿旺晋美两位副委员长主持召开汇报会，认真听取了财政部、经贸部、物资部等20多个部委关于贯彻落实《民族区域自治法》的情况汇报。随后组织检查组分赴部分民族自治地方进行了检查。

《关于民族工作几个重要问题的报告》 为了总结新时期以来的民族工作，1987年1月，中央统战部、国家民委向中央提出《关于民族工作几个重要问题的报告》。4月17日，中共中央、国务院批转了这个报告。这个报告共分6个部分。（1）新时期民族工作总的指导思想和根本任务是：坚持四项基本原则，坚持改革、开放、搞活的基本国策，紧密结合少数民族地区和少数民族的实际，从民族平等、民族团结、民族进步、相互学习、共同致富出发，以经济建设为中心，全面发展少数民族的政治、经济和文化，不断巩固社会主义的新型民族关系，实现各民族的共同繁荣。（2）切实把经济工作放在民族工作的首位。在实际工作中，要致力于党和国家的大政方针在少数民族地区的具体化，在全局的发展中实现各民族的共同发展。（3）大力搞好社会主义精神文明建设。（4）认真贯彻执行《民族区域自治法》。（5）做好杂居、散居少数民族的工作，是党的民族工作的重要组成部分。要在经济、教育、文化事业上，给予他们更多的关心和照顾，使他们在民族大家庭中共同发展繁荣。（6）加强各级民委的建设，充分发挥民委的作用。

民族团结进步教育与宣传 1982年，国家民委倡议开展民族团结模范集体和模范个人表彰活动。到1988年，全国先后有26个省、自治区、直辖市召开了民族团结表彰大会。还有许多自治州、自治县和民族杂居、散居的地、市、县也开展了这项活动。全国数以万计的先进集体和先进个人受到了表彰和奖励。在此基础上，1988年4月25日至29日，国务院在北京召开了第一次全国民族团结进步先进集体和先进人物表

① 《当代中国的统一战线》（下），当代中国出版社1996年版，第139—141页。

彰大会，表彰了56个民族成分的565个先进集体、601名先进个人。

巩固和发展社会主义民族关系，不仅需要在各族人民中广泛深入地进行马克思主义民族观和民族政策的宣传教育，而且要注意消除不利于祖国统一、民族团结的因素，妥善处理民族关系中发生的摩擦和纠纷。从整体上说，这类问题都属于人民内部矛盾，要采取适当的方法，加以妥善处理，及时化解民族间的矛盾。这期间，出现了或是丑化少数民族的形象，或是侮辱伊斯兰教的出版物事件，严重违反了党的民族宗教政策，严重伤害了少数民族感情和穆斯林群众的宗教感情。这引起党中央和地方各级党政机关的高度重视，采取了一系列紧急措施，做了大量积极有效的工作，责令有关责任者在报刊上公开向少数民族群众和穆斯林群众承认错误，赔礼道歉，对直接责任者进行了认真严肃处理。

三、《关于我国社会主义时期宗教问题的基本观点和基本政策》

《关于我国社会主义时期宗教问题的基本观点和基本政策》的形成　1980年12月8日，中央书记处听取了中央统战部和国务院宗教事务局党组关于落实宗教政策的情况和存在的主要问题的汇报，10日对宗教工作进行了讨论。会议决定，起草一个阐述党关于宗教问题的方针政策的文件，由中央下发。1981年6月27日党中央《关于建国以来党的若干历史问题的决议》中关于宗教工作的方针政策，为总结新中国成立以来的宗教工作指明了方向。

根据中央书记处的决定，中央统战部和国务院宗教事务局组织力量，对全国宗教的情况和问题进行了大量调查研究，做了不少起草文件的前期工作。中央统战部、国务院宗教事务局、中国社会科学院等单位为起草文件提供了有关宗教政策、宗教情况和宗教理论等方面的材料。中央书记处直接组织力量起草，先后征求了党内外许多人士的意见，形成了《关于我国社会主义时期宗教问题的基本观点和基本政策》。1982年3月31日，以中央19号文件下发。

《关于我国社会主义时期宗教问题的基本观点和基本政策》从12个方面论述了党对宗教问题特别是关于社会主义时期宗教问题的基本观点和基本政策。

（一）宗教有其发生、发展和消亡的过程，在社会主义社会中还会长期存在，不能用行政力量去消灭宗教。指出，“宗教是人类社会发展一定阶段的历史现象，有它发生、发展和消亡的过程。宗教信仰，宗教感情，以及同这种信仰和感情相适应的宗教仪式和宗教组织，都是社会的历史的产物”。“宗教在社会主义社会一部分人中的影响，也就不可避免地还会长期存在”。强调：

那种认为依靠行政命令或其他强制手段，可以一举消灭宗教的想法和做法，更是背离马克思主义关于宗教问题的基本观点的，是完全错误和非常有害的。

（二）宗教信仰问题是公民个人的私事，宗教信仰自由受国家宪法的保护，公民有信仰宗教的自由，也有不信仰宗教的自由。指出：

宗教信仰自由，就是说：每个公民既有信仰宗教的自由，也有不信仰宗教的自由；有信仰这种宗教的自由，也有信仰那种宗教的自由；在同一宗教里面，有信仰这个教派的自由，也有信仰那个教派的自由；有过去不信教而现在信教的自由，也有过去信教而现在不信教的自由。

强调“宗教信仰自由的政策的实质，就是要使宗教信仰问题成为公民个人自由选择的问题，成为公民个人的私事”。

（三）无神论者和宗教信仰者在政治上、经济上的根本利益是一致的，在思想信仰上差异是次要的，要坚持政治上团结合作、信仰上互相尊重。“在现阶段，信教群众和不信教群众在思想信仰上的这种差异，是比较次要的差异”，不能忽视和抹杀“信教群众和不信教群众在政治上、经济上根本利益的一致”，要“团结全体人民（包括广大信教和不信教的群众）为建设现代化的社会主义强国而共同奋斗”，“巩固和扩大各民族宗教界的爱国政治联盟”。

（四）共产党人是无神论者，应当坚持不懈地宣传无神论。“共产党员不得信仰宗教，不得参加宗教活动，长期坚持不改的要劝其退党”。在基本上全民信教的少数民族当中，生活在基层的共产党员，“既要在思想上同宗教信仰划清界限，又要在生活中适当尊重和随顺民族的风俗习惯”。

（五）我国宗教方面的矛盾主要是人民内部矛盾，但在一定条件和一定情况下也可能出现对抗性的问题。在我国，“宗教问题上的矛盾已经主要是属于人民内部的矛盾；但是宗教问题仍将在一定范围内长期存在，有一定的群众性，在许多地方同民族问题交织在一起，还受到某些阶级斗争和国际复杂因素的影响”。

（六）宗教活动必须在法律和政策范围内进行，国家依法对宗教事务进行管理。宗教活动的开展要按照国家的法律程序，“一切宗教活动场所，都在政府宗教事务部门的行政领导之下，由宗教组织和宗教职业人员负责管理”。“任何人都不应当到宗教场所进行无神论的宣传，或者在信教群众中发动有神还是无神的辩论；但是任何宗教组织和教徒也不应当在宗教活动场所以外布道、传教，宣传有神论，或者散发宗教传单和其他未经政府主管部门批准出版发行的宗教书刊”。

（七）坚持独立自主、自办教会的原则，反对境外宗教团体和个人干预我国宗教事务，抵制境外敌对势力利用宗教进行渗透。对于一切宗教界人士，“必须坚持不懈地和耐心地对他们进行爱国守法、拥护社会主义、拥护祖国统一和民族团结的教育，在天主教和基督教中还要加强独立自主、自办教会的教育”。明确提出：

既要积极组织开展宗教方面的国际友好往来，又要坚决抵制外国宗教中的一切敌对势力的渗透。

（八）争取、团结和教育宗教界人士。“争取、团结和教育宗教界人士首先是各种宗教职业人员，是党对宗教的工作的重要内容，也是贯彻执行党的宗教政策的极其重要的前提条件”。“必须在各种宗教中培养一大批热爱祖国，接受党和政府的领导，坚持走社会主义道路，维护祖国统一和民族团结，又有宗教学识，并能联系信教群众的代表人物”。“在世界观上，马克思主义同任何有神论都是对立的；但是在政治行动上，马克思主义者和爱国的宗教信徒却完全可以而且必须结成为社会主义现代化建设共同奋斗的统一战线。这种统一战线，应当成为党在社会主义时期所领导的规模广大的爱国统一战线的一个重要的组成部分。”

（九）充分发挥爱国宗教团体的作用。各级爱国宗教组织，要“协助党和政府贯彻执行宗教信仰自由的政策，帮助广大信教群众和宗教界人士不断提高爱国主义和社会主义的觉悟，代表宗教界的合法权益，组织正常的宗教活动，办好教务”。

（十）有计划地培养年轻一代的爱国宗教职业人员。“应当帮助各种宗教组织办好宗教学院，培养好新的宗教职业人员”。“一切年轻的宗教职业人员，都要不断提高爱国主义和社会主义的觉悟，努力提高文化水平和宗教学识，忠实地执行党的宗教政策。他们应当尊重一切正直的爱国的年老宗教职业人员，认真学习这些老年宗教职业人员的长处”，“年轻的爱国宗教职业人员，同原有的宗教界爱国进步分子相结合，将成为在我们党领导下，保证我国宗教组织按照正确方向活动的骨干力量”。

（十一）国家保护正常的宗教活动，制止和打击利用宗教进行违法犯罪活动。“坚决打击一切在宗教外衣掩盖下的违法犯罪活动和反革命破坏活动，以及各种不属于宗教范围的、危害国家利益和人民生命财产的迷信活动”。“注意划清正常宗教活动同违法犯罪活动的界限”，恰恰就是“坚决保障一切正常的宗教活动”。

（十二）加强党的领导，是处理好宗教问题的根本保证。“党对宗教的工作是党的统战工作和群众工作的重要组成部分，涉及社会生活的许多方面”。“在社会主义条件下，解决宗教问题的唯一正确的根本途径，只能是在保障宗教信仰自由的前提下，通过社会主义的经济、文化和科学技术事业的逐步发展，通过社会主义物质文明和精神文明的逐步发展，逐步地消除宗教得以存在的社会根源和认识根源”。[①]

这一文件，是党对新中国成立以来在宗教问题上正反两方面的历史经验的一次全面系统的总结，是把马克思主义关于宗教问题的基本理论同中国宗教问题的具体实践相结合的典范，对于如何认识社会主义时期宗教问题和做好宗教工作作出了历史性贡献。

党中央在下发这一文件的通知中，要求各省、自治区、直辖市党委和中央有关部委、国家机关有关部委的党组，在接到这个文件后，应对宗教问题进行一次认真的调查研究和讨论，并对有关各项政策的落实工作加以督促和检查。

1982年4月2日至8日，第九次全国宗教工作会议在北京召开。会议认真学习和深入讨论《关于我国社会主义时期宗教问题的基本观点和基本政策》，结合各地区各宗教的具体情况，提出了贯彻落实的意见和建议，推进了宗教工作的拨乱反正。

依法对宗教事务进行管理　1990年12月，国务院召开了全国宗教工作会议，江泽民、李鹏作重要讲话，强调指出，正确对待和处理宗教问题，是中国社会主义建设事业中的一个重要课题，也是建设中国特色社会主义的一个重要内容。

1991年2月，中共中央、国务院下发《关于进一步做好宗教工作若干问题的通知》。文件在要求全面正确地贯彻执行宗教信仰自由政策基础上，第一次明确提出“依法对宗教事务进行管理”的概念，并对这一概念的涵义、内容、目标和方式方法做出界定，指出：

依法对宗教事务进行管理，是指政府对有关宗教的法律、法规和政策的贯彻实施进行行政管理和监督。政府依法保护宗教团体和寺、

① 《中共中央印发〈关于我国社会主义时期宗教问题的基本观点和基本政策〉的通知》（1982年3月31日），中共中央统一战线工作部、中共中央文献研究室编：《新时期统一战线文献选编》，中共中央党校出版社1985年版，第196—215页。

观、教堂的合法权益，保护宗教教职人员履行正常的教务活动，保护信教群众正常的宗教活动，防止和制止不法分子利用宗教和宗教活动制造混乱、违法犯罪，抵制境外敌对势力利用宗教进行渗透。对宗教事务进行管理，是为了使宗教活动纳入法律、法规和政策的范围，不是去干预正常的宗教活动和宗教团体的内部事务。①

文件同时对充分发挥爱国宗教团体的作用，坚决打击利用宗教进行的犯罪活动，健全宗教工作机构、加强宗教工作干部队伍建设和加强党对宗教工作的领导提出了明确要求。

按照依法治国的要求，依据国务院《社会团体登记管理条例》，为保障宗教团体的合法权益，1991年5月6日，国务院宗教事务局和民政部制发《宗教社会团体登记管理实施办法》，对全国地区性宗教社会团体和全国性宗教社会团体进行了登记、换证工作。

确立党同宗教界人士关系的原则 1991年春节前夕，江泽民邀请全国性宗教团体领导人到中南海作客谈心，认真听取意见和建议，充分肯定他们在为国家建设、祖国统一和世界和平服务中所作出的成绩，并阐释党的大政方针和宗教政策。指出，广大宗教界爱国人士在与中国共产党长期合作共事中经受了考验，是完全可以信赖的真诚朋友。我们合作的政治基础是爱国主义和建设有中国特色的社会主义。特别是明确提出处理同宗教界朋友之间的关系的原则：

政治上团结合作，思想信仰上互相尊重。②

这是党处理同宗教界人士关系的政策和实践的精辟总结和高度概括。建设有中国特色的社会主义，振兴中华，完成祖国统一，是中国共产党与宗教界人士的共同目标和共同利益。这既是政治上实现团结

---

① 《中共中央、国务院关于进一步做好宗教工作若干问题的通知》（1991年2月5日），中共中央统一战线工作部、中共中央文献研究室编：《新时期统一战线文献选编（续编）》，中共中央党校出版社1997年，第295页。

② 《高度重视民主问题和宗教问题》，中共中央文献研究室编：《江泽民论有中国特色社会主义（专题摘编）》，中央文献出版社2002年版，第368页。

合作的基础，也是信仰上互相理解、互相尊重的基础。实践证明，只有在政治上真诚团结合作，才能真正做到在信仰上互相尊重；而只有在信仰上互相尊重，才能有效巩固和加强政治上的团结合作。这两者相辅相成，缺一不可。只要中国共产党坚定不移地执行这个原则，就一定能够团结宗教界爱国人士和广大信教群众，不断巩固和扩大新时期的爱国统一战线。从此，“政治上团结合作，信仰上互相尊重”被确定为党处理同宗教界人士关系的原则。党和国家领导人在一年一度的春节邀请宗教界人士到中南海作客座谈也成为惯例。

推动宗教政策贯彻落实　（1）在全党进行了一次社会主义时期宗教问题的基本观点和基本政策的教育，广大干部明确了宗教工作的指导思想和基本任务，对宗教问题的认识有了较大的提高，使宗教工作逐步走上了正确的轨道。（2）各地落实宗教政策取得了显著成绩，宗教界人士中的冤假错案绝大多数得到平反纠正，逐步恢复和建立了各级爱国宗教组织，恢复开放了一批宗教活动场所，使宗教活动基本恢复正常，改善了党和政府同宗教界人士及信教群众的关系，巩固和扩大了宗教界的爱国政治联盟，促进了安定团结。（3）宗教组织和寺观教堂在为社会主义现代化建设服务和实现自养方面，有了一个良好的开端。由于宗教政策的逐步落实，激发了广大信教群众和宗教界人士的爱国热忱和参加社会主义现代化建设的积极性，一批寺、观、教堂从各自的具体条件出发，兴办了生产、社会服务和公益事业，有的不仅实现了自养，而且还为社会作出了贡献。（4）宗教方面的国际友好往来出现了新的局面，中国各宗教组织和宗教界人士组团出访了五大洲许多国家和地区，参加了一些国际会议，也接待了不少来我国访问的国外宗教组织和宗教人士，增进了相互的了解和友谊，对发展中国人民同世界各国人民之间的友好往来，都产生了良好的作用。[①]

① 赤附主编：《当代中国的宗教工作》（上），当代中国出版社1999年版，第158页。

四、新时期党的知识分子的政策

尊重知识、尊重人才 党的十一届三中全会以后，党中央总结新中国成立以来在知识分子政策方面的经验教训，纠正了过去在知识分子问题上“左”的错误，以重申知识分子是工人阶级的一部分为先导，制定了以“尊重知识、尊重人才”为核心的新时期党的知识分子政策。

党的十一届三中全会召开前的1977年5月，针对社会上存在的轻视知识、歧视知识分子的现象，尚未恢复工作的邓小平在一次谈话中就指出，“一定要在党内造成一种空气：尊重知识，尊重人才。要反对不尊重知识分子的错误思想”。[①]1979年6月，邓小平指出，我国广大的知识分子，包括从旧社会过来的老知识分子的绝大多数，已经成为工人阶级的一部分，正在努力自觉地为社会主义事业服务。[②]1983年3月，胡耀邦在马克思逝世100周年纪念大会上指出：尽管知识分子在劳动方式上，同工人、农民还有重要差别，但这并不妨碍我们从总体上说，从取得生活来源的方法和为谁服务来说，明确肯定我国知识分子已经成为工人阶级的一部分。[③]“知识分子是工人阶级的一部分”，是党对马克思主义关于知识分子理论的发展，是新时期党的知识分子政策的理论依据。

科学技术是第一生产力 1984年10月，中共中央在《关于经济体制改革的决定》中明确指出，进行社会主义现代化建设，必须尊重知识、尊重人才，同一切轻视科学技术，轻视智力开发，轻视知识分子的

---

① 《尊重知识，尊重人才》（1977年5月24日），《邓小平文选》第2卷，人民出版社1994年版，第41页。

② 《新时期的统一战线和人民政协的任务》（1979年6月15日），《邓小平文选》第2卷，人民出版社1994年版，第186页。

③ 胡耀邦：《全党必须确立对待知识和知识分子的马克思主义观念》（1983年3月13日），中共中央统一战线工作部、中共中央文献研究室编：《新时期统一战线文献选编》，中共中央党校出版社1985年版，第272页。

思想和行为做斗争。此后，中共中央又相继作出了《关于科学技术体制改革的决定》《关于教育体制改革的决定》，以推进尊重知识、尊重人才方针的贯彻落实。

马克思在100年前就指出，“劳动生产力是随着科学和技术的不断进步而不断发展的。”[①]“生产力中也包括科学”[②]。中共中央坚持和发展了这一观点。邓小平在1975年提出了科学技术是生产力的观点，又在1978年全国科学技术大会上指出，“四个现代化，关键是科学技术的现代化”。[③]1988年9月，邓小平又指出，马克思讲过科学技术是生产力，这是非常正确的，现在看来这样说可能不够，恐怕是第一生产力。对科学技术的重要性要充分认识。[④]邓小平作出科学技术是第一生产力的论断，把知识分子与先进生产力结合起来，赋予知识分子的工人阶级属性新的内涵。这是对科学技术的掌握者——知识分子的充分肯定和高度重视，是在新的历史条件下对马克思主义观点的丰富和发展，具有重要的理论意义和现实意义。

党外知识分子也是统战对象　进入新时期，中央宣布知识分子是工人阶级一部分，知识分子同工人、农民一样是建设社会主义的依靠力量，属于社会主义劳动者。随着国内阶级状况和统一战线内部关系发生重大变化，社会主义劳动者之间也有统一战线，党外知识分子既是工人阶级一部分，又属于统战对象。但是，党内和社会上对“社会主义劳动者之间也有统一战线”思想没有深刻理解，经常笼统地把知识分子是工人阶级一部分、又是统战对象对立起来。1980年6月，中央统战部在上海召开了七省市党委统战部参加的党外知识分子工作座谈会，初步回答了知识分子成为工人阶级一部分、统战部门还要继续

① 《马克思恩格斯全集》第23卷，人民出版社1972年版，第664页。

② 《马克思恩格斯全集》第46卷（下册），人民出版社1980年版，第211页。

③ 《在全国科学大会开幕式上的讲话》（1978年3月18日），《邓小平文选》第2卷，人民出版社1994年版，第86页。

④ 《科学技术是第一生产力》（1988年9月5日、12日），《邓小平文选》第3卷，人民出版社1993年版，第275页。

做知识分子工作的问题。1982年11月，一篇在公开报刊上发表的认为知识分子是工人阶级的一部分而不属于统战对象的文章，引起社会上广泛的争论。中央统战部对此非常重视，进行了认真的研究，认为：

党外知识分子既是工人阶级一部分，同时又是统战工作对象。

形成专门报告报送中央后，当时分管统战工作的中央政治局委员、书记处书记习仲勋明确批示："统战部提出的意见是对的。"此后，统战部门又对这一问题进行了深入研究。1985年6月，《中央统战部关于全国统战理论工作会议的情况报告》进一步强调，"统一战线的根本问题，是无产阶级解放运动中自身统一和同盟军的问题"，"非党知识分子干部是工人阶级一部分，是依靠力量，在一定意义上又是统一战线工作的对象"[①]。经中央书记处审阅同意，中央办公厅于1985年7月9日转发了这个报告。

统战部门要管知识分子工作 1979年9月，邓小平在听取第十四次全国统战工作会议汇报时明确指出：知识分子问题，统战部应注意。知识分子的安排、待遇，包括政治的、生活的，别的单位不能从总的方面去考虑，统战部要集中反映这个问题，反映全貌。把知识分子团结起来，统战部要研究，要管，综合反映问题。[②]

同年10月，中共中央批转第十四次全国统战工作会议《新的历史时期统一战线的方针任务》的文件，把加强对知识分子的工作列为新时期统一战线的10项工作之一，并且明确规定，统战部门要管知识分子工作。统战部门在党外中老年知识分子工作方面的对象，主要是文教、科技、医药、卫生等各条战线的业务骨干。这次会议还确定统战部门知识分子工作的任务主要是：了解情况，综合研究，掌握政策，调

---

① 《中共中央统战部关于全国统一战线理论工作会议的情况报告》（1985年6月9日），中共中央统一战线工作部、中共中央文献研究室编：《新时期统一战线文献选编》，中共中央党校出版社1985年版，第507、511页。

② 《第十四次全国统战工作会议》，中共中央统战部研究室编：《历次全国统战工作会议概况和文献》，档案出版社1988年版，第439页。

整关系。1984年12月，中央统战部下发《关于统战部门知识分子工作的对象、范围和工作任务的意见》，进一步明确了以下问题：知识分子是建设社会主义的三支基本社会力量之一，在建设社会主义现代化的新时期具有特别重要的作用；知识分子工作是全党的工作，党外知识分子干部是新时期统战工作对象的10项工作之一，统战部门应该从统一战线工作的角度积极做好这项工作；党对知识分子的工作由中央组织部抓总，统战部门在知识分子工作上处于配合和协作的地位，主要是做有代表性的党外知识分子工作。1991年4月，中共中央办公厅、国务院办公厅制发文件，明确中央和地方党政有关部门制定知识分子政策时应邀请统战部门参加。统战部门在知识分子工作方面的职能部门地位和任务的确定，推进了党外知识分子工作的深入发展。

政治上充分信任、工作上放手使用、生活上关心照顾　1990年8月，中共中央发出《关于进一步加强和改进知识分子工作的通知》，要求“各级党委和政府对知识分子要做到政治上充分信任，工作上放手使用，生活上关心照顾”[①]，并成为对知识分子的基本政策。政治上充分信任，要求牢固地树立知识分子是工人阶级的一部分、是社会主义建设所依靠的三大基本社会力量之一的思想，做好培养吸收优秀知识分子入党工作，制定有关知识分子政治待遇的规定，维护知识分子的合法权益，搞好知识分子的来信来访工作。工作上放手使用，要求充分调动知识分子的积极性和创造性，发挥知识分子在现代化建设中的生力军作用，搞好用非所学、用非所长人员的调整，做好人才、智力流动工作，及时把有组织领导才能的优秀知识分子选拔到各级领导班子中来，建立知识分子智囊制度和参政议政制度，发挥知识分子在决策工作中的参谋作用。生活上关心照顾，要求各级党委和政府以积极负责的态度，努力改善知识分子的生活条件，为知识分子创造必要的

---

① 《〈中共中央关于进一步加强和改进知识分子工作的通知〉（摘要）》（1990年8月14日），中共中央组织部知识分子工作办公室编：《知识分子工作手册》，党建读物出版社2003年版，第22页。

生活条件和工作环境，使他们更加精力充沛、心情舒畅地发挥业务专长，为社会主义物质文明和精神文明建设作出贡献。

新时期中国共产党关于知识分子的理论和政策，极大地调动了广大知识分子为社会主义现代化建设和改革开放事业服务的积极性和创造性。广大科技人员积极发挥作用，取得了显著的科技成果。据统计，1979年至1988年，获得国家发明奖的共有1561项，获得国家科技进步奖的共有3082项，获得国家自然科学成果奖的共有3032项，获得国家重大科技成果奖的共有74407项。其中，有的已接近或超过世界先进水平。改革开放后的10年中，已有130万科技人员取得了近300万项国家级和省部级科技成果奖。科技成果的推广和应用，取得了比较明显的经济效益，产生了良好的社会影响。

五、“和平统一、一国两制”方针的提出

《告台湾同胞书》　20世纪70年代末，国际、国内形势发生了深刻变化。1971年，第26届联大将台湾当局逐出联合国及其所属机构，中华人民共和国恢复了在联合国的一切合法权利。之后，遍及世界各大洲的国家纷纷与中国恢复或建立外交关系，国际社会普遍承认世界上只有一个中国，中华人民共和国是代表中国的唯一合法政府，台湾是中国领土不可分割的一部分，为中国寻求和平统一提供了有利的外部环境。1978年，党的十一届三中全会公报中，首次以“台湾回到祖国怀抱，实现统一大业”代替了“解放台湾”的提法，为制定新的对台方针政策奠定了思想理论基础。

1978年12月26日，第五届全国人大常委会第五次会议讨论通过了《中华人民共和国全国人民代表大会常务委员会告台湾同胞书》，并于1979年元旦正式发表。《告台湾同胞书》郑重宣布了在新的历史条件下台湾回归祖国、实现国家统一的大政方针。其要点是：（1）强调坚持一个中国的立场，反对台湾独立。这是我们与台湾当局“共同的立

场，合作的基础”。(2) 在解决统一问题时，一定要考虑台湾的现实情况，“尊重台湾现状和台湾各界人士的意见，采取合情合理的政策和办法，不使台湾人民蒙受损失”。(3) 提出解决台湾问题要“寄希望于1700万台湾人民”的方针。(4) 停止对金门等岛屿的炮击，针对海峡两岸仍存在的军事对峙局面，提出首先应通过中华人民共和国政府和台湾当局之间的商谈结束这种军事对峙状态，以便为双方的任何一种范围的交往接触创造必要的前提和安全环境。(5) 希望“双方尽快实现通邮通航，以利双方同胞直接接触、探亲访友、旅游参观”，并“发展贸易，互通有无，进行经济交流”。

《告台湾同胞书》中所宣告的台湾归回祖国、实现祖国统一大业的大政方针，标志着新时期对台方针政策的重大转变。《告台湾同胞书》在国内外得到了各方面的积极响应，广大台湾同胞、港澳同胞和国外侨胞热烈拥护。台湾岛内中的不少爱国有识之士，也热切赞同实行通邮、通商、通航，进行双方人员的各种交往，希望早日实现祖国的统一。

对台工作九条方针　为加强对台统战工作的组织领导，推进实现和平统一，1979年12月，中央成立对台工作领导小组[①]，由邓颖超担任组长，廖承志、罗青长为副组长。同时下设中央台湾工作办公室为其办事机构。在中央对台工作领导小组的直接领导与亲自组织调查研究的基础上，大陆方面逐渐形成了新时期两岸实现和平统一的方针政策，并制定出解决海峡两岸在经济、贸易、文化、商务、交通、民航、邮电等领域所面临问题的具体对策。

1981年9月30日，全国人大常委会委员长叶剑英向新华社记者发表谈话，进一步阐明了对台工作九条方针。其核心内容：(1) 建议举行中国共产党与中国国民党两党对等谈判，实现第三次国共合作。(2) 提

① 1988年9月，国务院系统成立国务院台湾事务办公室。1991年4月，国务院台湾事务办公室与中央对台工作机构合并成立中共中央台湾工作办公室、国务院台湾事务办公室，两个机构合署办公，一个机构、两块牌子。

出“通邮、通商、通航、探亲以及开展学术、文化、体育交流”的主张。(3) 提出“国家统一后，台湾可作为特别行政区，享有高度的自治权，并可保留军队”。“台湾现行社会、经济制度不变，生活方式不变，同外国的经济、文化关系不变”。(4)“台湾当局和各界代表人士，可担任全国性政治机构的领导职务，参与国家管理”。这些内容对实现祖国统一的方式、途径，以及统一后台湾政治定位、社会管理模式、两岸关系等提出了设计及规划，标志着“和平统一、一国两制”方针的初步成型。

“一国两制”的提出 在九条方针的基础上，1982年1月11日，邓小平首次完整提出“一个国家、两种制度”的概念，指出“九条方针是以叶副主席名义提出来的，实际上是一个国家、两种制度”。同年12月，五届全国人大五次会议通过的《中华人民共和国宪法》第31条规定，“国家在必要时得设立特别行政区”，为实行“一国两制”提供了宪法保障。1983年6月26日，邓小平在会见美籍华人学者杨力宇时进一步阐述了实现祖国统一构想的六条原则，至此“一国两制”方针更加具体化并形成了较为完备的理论形态。(1) 台湾问题的核心是祖国统一。和平统一已成为国共两党的共同语言。(2) 坚持一个中国，制度可以不同，但在国际上代表中国的只能是中华人民共和国。(3) 不赞成“完全自治”的提法，“完全自治”就是“两个中国”。自治应有一定的限度，条件是不能损害统一的国家的利益。(4) 统一后，台湾作为特别行政区，可以实行与大陆不同的制度，享有高度自治，台湾还可以有自己的军队。大陆不派人去台湾，不仅军队不去，行政人员也不去。中央政府还要给台湾留出名额。(5) 和平统一不是大陆把台湾吃掉，也不是台湾把大陆吃掉。所谓“三民主义统一中国”是不现实的。(6) 以“两党平等会谈”的形式实现“第三次合作”，但不可以让外国插手，那样只能意味着中国还未独立，后患无穷。

六、首次召开全国统一战线理论工作会议

早在1945年党的七大上，毛泽东就提出了“统一战线是一门专门科学”的论断。1979年3月，李维汉在中央统战部一次会议上重申“统一战线是一门科学”的论断，指出“统战工作，包括民族宗教工作是一门科学，有它的规律”，提出要认真总结经验，找出统战工作的规律，有所发现，有所创造，有所前进。

1983年4月，中央统战部召开了新中国成立以来第一次全国性统一战线理论座谈会，北京、上海、辽宁、四川、内蒙古、湖南、广东、青海、甘肃、云南等10个省、自治区、直辖市及中央书记处研究室、中央宣传部、中央组织部、中央党校和中国社会科学院等单位参加。会议回顾了新中国成立以来统一战线理论政策研究的曲折历程，指出加强统一战线理论政策研究的重要性，提出要研究具有中国特色的统一战线理论。会议认为，统一战线是一门科学的命题是正确的；统一战线是科学社会主义的重要组成部分；统一战线的根本问题是无产阶级解放运动中自身统一和同盟军的问题；自有科学社会主义以来，就有统一战线，就有了统一战线这门科学；在中国，研究马列主义、毛泽东思想，研究科学社会主义，不能不研究统一战线理论。

会议提出，开展统一战线理论研究应该坚持理论与实践相结合的原则，坚持贯彻“百花齐放、百家争鸣”的方针，开展统战理论研究要同统战政策的宣传结合起来，在中央和各级党委的领导下由统战部门、宣传部门、学校和社会科学研究部门共同努力。为推动统战理论研究的开展，会议还提出了筹建统一战线研究所、筹备成立全国统一战线理论研究会和创办统战理论研究刊物等具体措施。

7月23日，中共中央办公厅转发中央统战部《关于统一战线理论座谈会和开展统一战线理论研究的设想的报告》，提出：各级统战、宣传部门，各级党校和社会科学研究单位，都要将统一战线问题的研究、

教学和宣传摆上日程，纳入计划，并加强相互之间的配合和协作，共同努力把这项工作做好。此后，全国统一战线理论研究工作迅速开展起来。若干省、自治区、直辖市和一些市、县以及大专院校、工矿企业相继召开统一战线理论讨论会，成立统一战线理论研究会。

在此基础上，1985年2月2日至12日，中央统战部召开了新中国成立以来的第一次全国统一战线理论工作会议，习仲勋到会讲话。会议总结了近年来统一战线理论研究工作的经验，讨论了新时期统一战线这门科学的若干理论问题以及今后统一战线理论研究的方向、原则和方法；成立了中国统一战线理论研究会，讨论通过了《中国统一战线理论研究会章程》，选举产生了由124名理事组成的研究会第一届理事会，全国政协副主席、中共中央统战部部长杨静仁任会长。7月9日，中央办公厅转发了中央统战部《关于全国统一战线理论工作会议的报告》，要求各地参照执行。

为贯彻党的十三大精神，1988年11月，第二次全国统一战线理论工作会议召开。会议制定了《1989—1993年全国统战理论研究规划纲要》，就社会主义初级阶段统一战线、中国共产党领导的多党合作、人民政协和民主政治建设、经济领域统战工作、基层统战工作、民族问题、宗教问题、“一国两制”以及统一战线基本理论问题等，进行了热烈讨论。这次会议促进了统战理论政策研究的开展和深入，对推动统战工作全面开展起到了理论武装和舆论支持的重要作用。

【延伸阅读】

一篇好意见

1981年12月，中共中央召开全国统战工作会议。胡厥文与胡子昂认为，这次会议意义重大，不能因为是中共党内会议就不提意见。于是，两位“胡老”商量后联名致函胡耀邦，向会议提出几点意见和建议：一是加强统战理论、政策的再教育；二是听取各方面代表人士的意见要做到经常化、制度化；三是充分发挥和运用民主党派、人民团体的力量；四是解决民主党派、工商联的工作条件问题。这封信引起中共中央的高度重视。胡耀邦在全国统战工作会议结束时作了讲话，专门提到这封信，并对胡厥文和胡子昂给予很高的评价。他说，这次会议提出了许多问题，特别是引出了胡厥文、胡子昂两老的一篇好意见，表现了各民主党派同中国共产党“肝胆相照、荣辱与共”的关系。两老提出了当前统战工作需要解决的重要问题，要加强研究解决。

第四节　统一战线为社会主义现代化建设服务

一、邓小平与工商业界代表人士的谈话

党的十一届三中全会以后，经济建设成为党和国家的工作中心，原工商业者在生产和经营上的知识、经验和海外关系等优势，受到党和国家领导人的高度重视。

1979年1月17日，邓小平在人民大会堂设宴邀请胡厥文、胡子昂、荣毅仁、周叔弢、古耕虞等工商界领导人座谈，就如何搞经济建设问题进行讨论，听取意见。这次具有历史意义的谈话活动，被誉为“五老火锅宴”。邓小平说：现在搞建设，门路要多一点，可以利用外国的资金和技术，华侨、华裔也可以回来办工厂。要发挥原工商业者的作用，有真才实学的人应该使用起来，能干的人就当干部。还要请你们推荐有技术专长、有管理经验的人管理企业，特别是新行业的企业。落实政策以后，工商界还有钱，有的人可以搞一两个工厂，也可以投资到旅游业赚取外汇，手里的钱闲起来不好。你们可以有选择地搞。总之，钱要

用起来，人要用起来。

邓小平请荣毅仁“出山”，并对荣毅仁说，你主持的单位，要规定一条：给你的任务，你认为合理的就接受，不合理的就拒绝，由你全权负责处理，处理错了也不怪你。邓小平还强调，要用经济方法管理经济，从商业角度考虑签订合同，有利润、能创汇的就签，否则就不签。应该排除行政干扰。[①]有了这一“尚方宝剑”和此后的组织工作密切配合，荣毅仁主持的中国国际信托公司发展迅速，至20世纪90年代初便形成了拥有3万多职工、500多亿元总资产的大企业集团。

邓小平这次谈话是党的十一届三中全会后第一次提出要吸引外资，第一次提出希望原工商业者办企业，对工商界人士是极大的鼓舞和激励。上海市民建和工商联负责人经过反复酝酿，形成了通过认款的方式吸纳原工商业者落实政策后所发还资金，创办上海市工商界爱国建设公司的设想。1979年9月1日，中央政治局举行会议听取中央统战部关于全国统战工作会议情况的汇报。邓小平说：给原工商业者定息的钱不多，但给国家、给社会主义的利益却大得很。对于吸收外资，引进技术，调动他们的积极性为社会主义服务，这是有益的事。大的工商业者还是想把钱投到建设上来。半个月后，上海市工商界组织的爱国建设公司正式成立，这年底认款总额已达5535.7万元，它是新时期第一家大型私人经济实体。

4月11日至5月14日，以工商界人士代表人物、全国政协副主席荣毅仁为团长的新中国成立以来全国政协第一个代表团出访联邦德国、瑞士和法国。代表团中除中国科学技术和经济管理方面的专家外，还包括工商界人士经叔平等。这个代表团的主要任务是了解联邦德国等欧洲国家发展经济的情况，学习他们的先进科学技术和企业管理经验，也向世界展示了党的改革开放政策和对原工商业者的信任和重视，极大地调动了原工商业者的爱国热忱和为社会主义建设服务的积极性、

① 《搞建设要利用外资和发挥原工商业者的作用》（1979年1月17日），《邓小平文选》第2卷，人民出版社1983年版，第157页。

主动性和创造性。

二、中共中央批转中央统战部《关于工商联若干问题的请示》

随着非公有制经济的发展和在国民经济中地位的上升，中国出现了非公有制经济人士这样一个新的社会群体。在现实生活中，这一群体呈现出比较复杂的情况，有大量积极因素，也存在某些消极现象。因而，一方面非公有制经济人士作为一个新的社会群体，必然要求有一定的组织机构为之服务；另一方面党和政府也亟需有一个以他们为主体的人民团体，团结和联系非公有制经济人士，向他们宣传党和国家的方针政策，维护他们的合法权益，反映他们的意见和要求。

工商联是党领导的具有统一战线性质的人民团体和民间商会，是人民政协的组成单位。1956年社会主义改造基本完成后，它实际上成为以原工商业者为主体、实行自我教育的人民团体。改革开放后，工商联提出了“坚定不移跟党走、尽心竭力为四化”的工作方针，开展了以经济建设为中心、以服务为宗旨的各项活动，为改革开放和社会主义现代化建设做出了新的成绩。但与此同时，解放初期的原工商业者人数却逐渐减少，年龄日益增大，工商联老会员由“文化大革命”前的86万人降到1990年的30万人，且多数已退休。以原工商业者为主体的工商联存在着“后继无人、一代而亡”的危险。面对新形势，工商联积极探索为改革开放和经济建设服务的途径和方法，从1984年起，开始进行吸收新会员的试点工作。1988年，工商联六大修改会章，规定工商联是“中国工商界组织的人民团体，民间的对内对外商会”，还规定国营企业可以参加为企业会员。至1991年上半年，在各类企业会员中，国营企业会员的数量已占首位。工商联向经济性倾斜，统战性渐趋弱化。可是，它本身并不具备相应的经济和行政的手段，工作困难。1987年5月，中央书记处会议提出，“工商联工作要适应新情况，要有新的经验，要加强私营企业者的工作”的思路。

经过深入调查和研究，1991年6月，中央统战部向中央报送了关于工商联若干问题的请示。7月，中共中央下发批转中央统战部《关于工商联若干问题的请示》的通知，作出了工商联职能调整的重要决策。

文件首次提出非公有制经济代表人士是新时期统一战线工作的重要工作对象。指出：

对现在的私营企业主，不应和过去的工商业者简单地类比和等同，更不是要像20世纪50年代那样对他们进行社会主义改造。

这项政策给私营企业主吃了定心丸，使他们能够安心经营企业，对巩固和扩大统一战线具有重要意义。

文件明确了新时期工商联的性质、主要会员对象和工作职能等，指出：

工商联作为党领导下的以统战性为主，兼有经济性、民间性的人民团体，政府管理非公有制经济的助手，党和政府联系非公有制经济代表人士的一个桥梁，能够配合党和政府承担这方面的任务。

明确工商联的主要工作对象是私营企业、个体工商户、“三胞”投资企业和部分乡镇企业。工商联的工作任务是对私营企业主、个体工商户、港澳同胞、海外侨胞投资者介绍党的方针、政策，进行爱国、敬业、守法的教育，维护他们的合法权益，反映他们的正确意见，做好非公有制经济人士的思想政治工作，在他们中逐渐培养起一支坚决拥护党的领导的积极分子队伍。文件赋予工商联以“民间商会”的形式开展工作，工商联联结政府、企业、市场之间的中介作用逐渐突出出来。

文件明确提出了对非公有制经济人士工作的基本方针：

团结、帮助、引导、教育。

这个文件是党对工商联工作的重大决策，是指导新时期工商联工作的纲领性文件，不仅解决了工商联“后继无人、一代而亡”的问题，而且为工商联开辟了广阔的工作领域[①]，也为新时期统一战线开辟了一个新的领域。以这个文件为标志，工商联工作进入了一个新的历史阶段。

文件下发后，统战部门一方面协调工商联同组织、经贸、工商行政管理、体改等有关部门的联系和协调，制定贯彻中央文件精神的配套措施，赋予工商联必要的工作手段和职权；另一方面推动工商联全面加强自身建设，转变工作职能，增强自身活力和凝聚力。

三、各民主党派、工商联和无党派人士积极投身现代化建设

1979年10月，各民主党派和工商联分别召开全国代表大会，确立把工作着重点转移到为社会主义现代化建设服务上来，并利用自身智力和人才密集、社会联系广泛的优势和特点，多方面探索新的路子、开辟新的领域，为现代化建设献计出力。

发挥人才和智力优势　“文化大革命”结束后，成千上万“上山下乡”知识青年返城，原有僵化的城市计划经济体系无法提供足够的工作岗位，对社会稳定局面构成了严峻挑战。面对这一突出的城镇青年就业问题，在1979年6月全国政协五届二次会议上，民建和工商联82名政协委员联名提出“广开就业门路，培育就业能力”的提案，主张搞活经济，通过大量创办集体企业创造新的就业机会，并对在“文化大革命”中科学文化基础知识相对缺失的城镇青年进行职业技能的培训。提案受到重视和肯定。民建、工商联立即行动起来，利用自身成员的商业管理知识，推举原工商业者中的能人，协助街道举办、整顿集体企业，扩大待业青年就业。1981年8月，民建中央、全国工商联与国家劳动总局商定，分别下达《关于广开门路，搞活经济，扩大城镇就

---

① 《非公有制经济代表人士是新时期统一战线的重要对象》，中共中央统一战线工作部编：《邓小平新时期统一战线理论学习纲要》，华文出版社1998年版，第100页。

业的通知》。同年11月，中共中央、国务院制发《关于广开门路，搞活经济，扩大城镇就业问题的若干决定》，责成有关部门和民建、工商联在统筹规划下协同动作，为发展城镇集体经济和个体经济切实负起应尽的责任。之后，民建、工商联采取了三种形式：一是进一步协助街道、企业、机关、团体和学校兴办或整顿集体企业；二是成立投资服务公司与有关部门合办集体企业；三是自办集体企业。据不完全统计，截至1982年底，全国各地民建、工商联共发动6000多名会员，自办集体企业208个，合办133个，协办3003个，培训和安置待业青年9万多人，促进了社会的安定，企业也盈利3286余万元。此后各级自办集体企业逐年增加扩大，经营范围从商业服务发展到加工制作、维修装配、资源开发等行业，沿海城市还举办了合资企业或来料加工等外向型企业。到1988年底，共自办集体企业1200多个，拥有固定资产5800万元，流动资金2亿元，全年产值18亿元，上缴国家税收7000万元，税后利润6000万元，扩大安置待业青年1.5万人。致公党也积极举办集体企业，安排归侨、侨眷的子女等近2500人就业。

积极献计出力　1981年初，民建中央、全国工商联召开了为社会主义现代化建设服务经验交流会，会议围绕中共中央提出的进一步调整国民经济这一中心任务，提出了178份专业、专题的书面建议，并在此基础上综合整理成《关于国民经济调整工作的建议书》，报送中共中央和国务院，受到高度重视。会议还明确提出民建、工商联组织经济咨询服务中心，以开展经济咨询服务和工商专业培训为工作重点的新路子。1982年7月，民建中央、全国工商联又召开经济咨询服务工作经验交流会，杨静仁到会讲话。会议提出要把主动争取党政领导和支持同充分发挥原工商业者的积极性紧密结合起来，把对经济方针政策的咨询服务同对具体经济业务的咨询服务紧密结合起来，把当前的咨询服务同传帮带和工商专业培训紧密结合起来，更加自觉地、有计划地促进经济咨询服务工作的组织化、专业化和协作化。此后民建、工商联会同其他民主党派就企业设备管理和维修、中药业振兴、传统名特食品的恢复和发扬、茶叶管理和流通体制改革、地方经济和社会发展规划等专项问题，进行了大规模的调研并提出建议和咨询。到1986年，各地民建、工商联已建立咨询服务机构350多个，总计提出咨询项目1.5万多个，带来经济效益约12亿元。各地原工商业者还积极配合“星火计划”的实施，至1987年5月，为1300个乡镇企业提供了2000多项咨询服务。民建还十分关注私营经济的发展并展开调研。1988年1月，民建中央副主席冯梯云带队在私营经济发展较快且争议较大的温州地区进行了专题调查。行前，中央统战部召集中央和国务院有关部门负责同志向调研组介绍全国私营经济发展状况。调研组经过深入调查，形成了《温州私营经济调研报告》，提出“社会主义在公有制为主体前提下发展私营经济，是进一步解放生产力，发展商品经济的一条有效途径，是建设有中国特色的社会主义的一项主要政策”等观点，为中央决策提供了参考。

1987年和1988年，民盟两次对全国约20个省（自治区、直辖市）的数千名知识分子进行抽样调查，分别向中共中央提出《关于当前知识分子情况的报告》和《关于当前职称评审工作的调查报告》，就知识分子和教育问题大声疾呼。九三学社就重大经济建设项目、科技和教育体制改革、知识分子问题进行了调查和研讨论证，先后于1986年7月和1987年5月，提出了《关于三峡工程的意见和建议》《关于中年知识分子问题的意见和建议》供中共中央和国务院决策参考。截至1988年，九三学社地方组织建立科技服务机构115个，总计完成科技服务项目6063项。民进先后提出了《对中小学和师范教育的建议》《关于会员对教育计划、教育体制建议的综合报告》《对出版工作的建议》等，受到中共中央和国务院的高度重视。同时，民进中央的开明文教音像出版社还出版有关德育、智育和美育内容的录音磁带54万盒，各种录像节目1600个小时。农工党的一些地方组织还对医院管理、中西医结合、计划生育、教育体制等方面进行了专业性调查研究。到1987年底，农工各地组织共建立咨询服务机构227个，完成咨询项目2102项。

【延伸阅读】

行行重行行

1990年4月，费孝通和钱伟长等民盟中央领导人联名提出一份建议书《关于建立长江三角洲经济协作开发区的设想》。不久，他们接到江泽民总书记的邀请，到中南海商谈设想的有关问题。座谈会后，费孝通感到这个设想虽然得到中共领导同志的肯定，但是还应该带到地方上去进行意向性探讨和考察。于是，费孝通率领调查组开始了南京、杭州、上海的深入考察。1991年6月，费孝通已经80岁高龄，又赴大西南山区考察，在崇山峻岭中连续9天跑了11300多公里。归来之后，写出《关于建立攀西开发区重建南方丝绸之路开发大西南的设想》。当这份建议书又一次送到中共中央总书记江泽民手中时，他当即批示国务院有关部门认真研究。后来江泽民在中共中央举行的党外人士情况通报会上，高度赞扬费老不顾年事已高，长期深入实际，认真调查研究，向党和政府提出了许多有利于经济发展的建设性意见。

兴教办学 社会主义现代化建设需要大量专业人才，因此国家鼓励动员社会力量办学，为四化建设培养人才。积极开展社会办学是民主党派、工商联在新的历史条件下为社会主义现代化建设服务的又一新领域、新途径。各民主党派在各地举办了各类业余补习学校和专业培训班。据不完全统计，到1988年，各地民革组织和党员兴办了各类业余学校253所，结业学员总数达78万人，在校学员超过20万人；民盟兴办各类学校350多所，结业学员多达36万人；民进有170个地方组织举办了各类学校和培训班268所，学员11万人，累计为社会培训各类人才30万人，办学内容不但涵盖了传统重点的中小学和幼教师资，还发展到了成人教育和军地两用人才培养；九三学社创办和联合举办大、中专院校累计268所，举办各种函授、培训班1692个，学员总数近17万人；农工党举办了各种学科、各种类型的业余学校、专业培训班、文化补习班449所，总计约30万人，同时举办医疗卫生、科技、文教等专业专题讲座6236次，听讲人数计近百万人次。1981年3月，为响应中共中央和国务院《关于加强职工教育工作的决定》，民建中央和全国工商联组织了工商业者培训中心，各地根据当地改革开放和经济发展的需要，举办了许多灵活多样、学制不一、课程内容广泛的培训班和业余学校，到1988年举办包括大专学校在内的各类学校152所，培训班6542个，培训人员达130万人。

智力支边扶贫 面对我国经济发展区域极不平衡的特点，党中央和国务院向全国发出帮助贫困地区尽快改变贫穷落后面貌的号召，提出在“七五”计划期间，要基本解决大多数贫困地区群众温饱问题，并采取了一系列重大举措，其中包括广泛动员国家机关和社会各界帮助贫困地区经济开发，建立扶贫联系点，包片扶贫。各民主党派、工商联响应党和国家的号召，把智力支边扶贫作为参与国家建设、参政议政、为四化建设知情出力的一项义不容辞的光荣任务，先后开展了智力支边和扶贫工作。1983年2月，中央统战部、国家民委在北京举行了民主党派为边疆和少数民族地区四化服务挂钩会议，邀请民盟、民进、农工党、九三学社、民革中央的负责人和边疆、沿海地区的统战、民族部门，以及中央有关部门的负责人，就民主党派成员中的专家学者赴边疆和少数民族地区讲学，帮助培训师资以及开展经济咨询服务等活动进行了洽谈交流。经过充分磋商，初步达成了“智力支边”协议共151项。会后，中共中央办公厅、国务院办公厅转发了中央统战部和国家民委《关于民主党派为边疆地区建设服务挂钩会议的报告》。

各民主党派根据各自承担的任务，迅速进行了组织落实工作。民盟积极行动，根据自身特点和优势，先后就滇西、闽南三角地区、海南等地区经济与社会发展情况，长江荆江段和洞庭湖的综合治理情况，黄河上游建立多民族经济开发区情况，黄河三角洲和长江三角洲的开发情况，贵州的开发情况，珲春出海口岸建设情况，攀西、重建西南丝绸之路的开发情况，开发大西南情况等作了实地考察和综合研究，向有关部门提出了有价值的建议。民盟还在甘肃会宁建立了农牧业综合发展的支边示范点，和四川遂宁市长期紧密合作，开展从农业到工业和科技改造的一系列咨询服务活动。到1988年，全盟参加支边扶贫的就有4000多人次，完成近2000个支边扶贫项目。1988年2月，国务院贫困地区经济开发领导小组专门致函民盟，代表中共中央和国务院对民盟扶贫支边作出的重要贡献表示衷心感谢，并恳请在今后贫困地区经济开发的过程中继续得到支持和帮助。

民进结合自身特色，截至1992年，组织了3500多人次深入13个省和自治区的40多个贫困地区，指导技术开发、中小学和幼教师资培训和医卫咨询，直接听课受益者达44万人次。农工党以贵州、内蒙古为重点支援地区，同时推动省市区之间的横向联系，到1992年，有26个省级组织支援了18个省区的“老、少、边、穷”地区，组织次数1623批，参加人数7213人次。同时由中央主席和副主席亲自带队，组织专家组先后应邀到贵州毕节、广西百色、陕西榆林等地区就经济发展战略进行考察论证，提出建议，受到有关部门的重视。九三学社则发挥自身人才优势，发展宏观咨询和多省市横向联合，以大西南和长江上游经济开发为重点，多次召开“振兴大西南经济研讨会”，还参加了“三江”（金沙江、雅砻江、大渡河）水电综合考察和论证工作，并同四川广元、贵州黔西南州、黔南州等进行了不同形式的合作。

在有关部门支持下，民建和工商联早在1981年即开始组织成员到少数民族地区进行咨询服务，截至1983年已派出240多人。民建中央和全国工商联于1983年3月举行了“开展少数民族地区经济咨询工作座谈会”，确定把工作重点放在内蒙、广西、贵州、云南等9省区少数民族聚居的比较贫困的地区。根据1980到1991年不完全统计，有25个省（自治区、直辖市）的民建和工商联成员6000多人次到少数民族地区和贫困地区为2000多个企业7万多个项目提供了管理、生产工艺的咨询服务，还培训了数万企业管理和技术人才，穿针引线引进国外资金和技术，在云南、贵州毕节和黔西南、广西百色、河北丰宁等重点地区取得了丰硕成果。

1988年2月，中央统战部、国家民委与各民主党派中央、全国工商联联合成立了智力支边协调小组，有计划有组织地开展支边工作。在时任贵州省委书记胡锦涛的倡导和中央统战部的牵头组织下，各民主党派中央、全国工商联决定共同参与贵州毕节“开发扶贫、生态建设试验区”建设，开创了在中国共产党领导下，多党合作共同推进贫困地区发展的先河，经多年发展探索，后来成为统一战线服务科学发展的“毕节经验”。到1993年的5年中，各民主党派和工商联各级组织为贫困地区和少数民族地区举办各类专业技术培训班、讲座6000多次，培训各类人才65万多人次；共派出专家学者、科技人员3.6万多人次，提供各类咨询服务、协助开发项目2.7万多项，为这些地区创造了可观的经济效益和社会效益；协助贫困地区和边疆少数民族地区引进资金、技术、人才、设备，其中协助引进资金人民币16亿多元，美元4000多万元，引进技术700余项，促进了这些地区的对外开放和经济发展。1993年12月，各民主党派、工商联智力支边扶贫经验交流暨表彰大会在人民大会堂举行，各民主党派、全国工商联的63个智力支边扶贫先进集体和16位先进个人受到中央统战部、国家民委的表彰。

对外联络工作　在“对内搞活、对外开放”的背景下，民主党派和工商联大力开展对外联络工作，促进经贸合作，并把海外联谊工作与引进资金、技术、设备等结合起来。由于历史渊源，致公党与海外华侨华人具有代表性的各方面人士存在广泛联系。1984年，致公党代表团出访了菲律宾、加拿大、美国的洪门侨团。到1988年，致公党各级组织接待“三胞”18万多人次，团体758个，引进资金和成交外贸8.7亿多美元和3.5亿多元人民币，介绍亲友来华讲学324人次，介绍劳务输出375人。工商联发挥民间渠道的作用，不断发展对外联络工作，影响范围不断扩大。到1988年底，已同100多个国家和港澳台地区的工商社团、工商界人士建立了不同程度的联系，为政府加强同海外工商界人士的联系穿针引线、铺路搭桥、提供咨询和服务，协助引进资金、技术设备和人才。从1979至1988年间，仅全国各地民建和工商联就接待了国外工商社团和工商界人士来访6万多人次。1984年至1988年，经各级工商联联系搭桥促成的合作项目协议共1500项，总金额19.6亿美元。沿海城市工商联还密切联系三资企业的外商投资者，反映其意见和要求，参加协调合作关系，帮助解决困难，初步展现了其民间对内对外商会的功能。台盟根据自身优势特点开展了有针对性的经济咨询服务工作，协助台湾中小企业来大陆投资和贸易，协助引进台资实际投资金额达2亿多美元，同时注意了解台资企业的困难和要求，为其排忧解难，并协助当地政府完善相关政策法规。

进行总结表彰　各民主党派、工商联在为四化建设服务中，涌现了大批先进模范人物。据1979年至1984年不完全统计，其成员中获得各级劳模、先进生产者、先进工作者、模范教授、“三八”红旗手等光荣称号的有4.8万多人，获得全国性光荣称号和奖励的有1200多人。

1985年10月2日至6日，新中国成立以来第一次由各民主党派中央和全国工商联共同召开的全国性为四化建设服务表彰大会在北京举行，各民主党派、工商联负责人和受到表彰的404名教育、科技、文化、卫生、工交、财贸界优秀代表出席会议。中共中央政治局委员、中央书记处书记习仲勋代表中共中央和国务院在大会上讲话，充分肯定了各民主党派和工商联为四化服务的工作成果和其中表现出的爱国热忱和献身精神，并希望各党派和工商联放手工作，继续开拓新局面，并注意加强自身的思想建设和组织建设，以适应长期共存和所肩负任务的需要。出席此次表彰大会的404名先进集体和先进个人的代表都作了书面发言，其中40名代表作了大会发言。杨静仁在闭幕讲话中指出，这次大会是各民主党派、工商联为四化建设服务的一个里程碑。大会结束后，李先念、邓颖超、习仲勋等党和国家领导人会见了出席表彰大会的全体代表。

四、港澳台海外同胞踊跃参与祖国建设

吸引港澳台同胞和海外侨胞积极参与社会主义现代化建设是改革开放的迫切需要。改革开放初期，中国引进的大量“三资”企业（指中外合资经营企业、中外合作经营企业、外资企业三类外商投资企业）中，属于“三胞”的就占了70%的比例，金额在一半以上。统战工作为港澳台和外资的成功引进起了很大作用，许多有成效的引进项目是通过统一战线各有关单位和爱国民主人士参与促进的。1986年，中央统战部牵头制定文件提出，外商投资企业的统战工作作为一个多部门协调合作的系统工作，其主要任务是广交朋友，宣传政策，反映情况，协调关系，为办好企业、贯彻对外开放政策服务。

邓小平亲自做“船王”工作　祖籍宁波的香港著名“船王”包玉刚曾因其祖坟在“文化大革命”中遭严重破坏而不愿回乡。改革开放之初，邓小平亲自做工作。他同包玉刚谈话后，有关部门很快就同包玉刚签订了1亿美元的出口船合同。这一举动在世界航运界引起极大的反响，也促进了作为世界航运中心的香港市场的开拓。随后，著名实业家李嘉诚、曹文锦、赵世光和后来首任香港特别行政区行政长官董建华等，纷纷转向内地订船。宁波市委统战部也积极会同有关部门落实了包家的房产，修缮祖坟，还帮他查询到他是宋代著名清官包拯后代的家谱，使包玉刚深受感动和鼓舞。他不但几次携家眷回乡，在当地捐资兴办了宁波大学和兆龙图书馆，还带动了一大批海外“宁波帮”关心支持家乡建设发展，兴办学校，开设工厂，从而进一步带动了海外华侨华人回国投资建设的热潮。

港澳台海外同胞投资内地　港澳台和海外企业家抓住改革开放政策的历史机遇，积极参与祖国的现代化建设。1980年4月，经过国家50多个部门半年多的审批，香港伍沾德、伍淑清父女与中国民航北京管理局合资经营北京航空食品有限公司，这是中国内地第一家合资企

业。不久，香港霍英东在广东建立了从化温泉宾馆，又与澳门的何贤、马万祺一起投资建设广州洛溪大桥。1983年2月初，霍英东在广州市建立了内地第一家五星级酒店。之后，胡应湘、郑裕彤、利铭泽、李兆基、李嘉诚等港澳台及海外侨胞华裔纷纷陆续投资中国内地。

1980年9月6日，中央统战部邀请港澳人大代表、政协委员在人民大会堂举行座谈会，乌兰夫主持座谈会，他肯定了港澳同胞在支援祖国四化建设和促进台湾归回祖国等方面所作的贡献，并且欢迎在座的代表、委员对党和政府工作中的缺点和错误提出批评。香港《大公报》社长费彝民、香港中华总商会副会长王宽诚、澳门中华总商会理事长何贤、香港有荣公司董事长霍英东、香港中华总商会会长汤秉达等先后在会上发言，表示对国家前程和四化建设充满信心。

1986年6月，邓小平在会见来自美国、加拿大、澳大利亚、联邦德国、巴西以及港澳等国家和地区的荣氏亲属回国观光团成员和内地的荣氏亲属时，从国际战略和长远发展的角度阐述了中国改革开放的前景，为海外华侨华人展现了中国富强的美好未来，并真诚希望海外华侨华人参与到中国改革开放这一伟大事业中来。他说：我们欢迎海外的华侨、侨眷都回来走走。一是了解我们的国家，二是看看有什么事情可以参与，可以尽力。我相信在国外的华侨、侨眷是会热心支持我国的建设事业的。①

截至1989年，外商投资企业增加到1.9万户，投资总额达469亿美元，注册资金275.9亿美元，外方认缴资金达150亿元，其中以港澳台的企业和资金为主，成为推动国民经济快速发展的重要力量。

① 《争取整个中华民族的大团结》（1986年6月18日），《邓小平文选》第3卷，人民出版社1993年版，第162页。

第十章

建立社会主义市场经济体制中的爱国统一战线

（1992 年—2002 年 10 月）

1992年，邓小平视察南方并发表重要谈话和党的十四大的召开，标志着我国改革开放和社会主义现代化建设进入了新的发展阶段。爱国统一战线以邓小平建设有中国特色社会主义的理论为指导，围绕建立社会主义市场经济体制，“一国两制”方针的贯彻实施，不断研究新情况和新问题，充分调动各族各界人士的积极性、主动性和创造性，形成了新的气势，开创了新的局面。

第一节　形成建立社会主义市场经济条件下统战工作新气势

一、社会主义市场经济体制改革目标的提出和确立

社会主义市场经济的提出　1979年11月26日，邓小平在一次谈话中首次提出了“社会主义也可以搞市场经济”的论断。在这一理论指导下，1982年，党的十二大提出了计划经济为主、市场调节为辅的方针。1984年，党的十二届三中全会突破了把计划经济同商品经济对立起来的传统观念，明确提出了在公有制基础上有计划的商品经济的概念。1987年，党的十三大进一步提出了社会主义有计划商品经济的体制应该是计划与市场内在统一的体制的观点。

1990年12月24日，邓小平在同几位中央负责同志的谈话中指出：“我们必须从理论上搞懂，资本主义与社会主义的区分不在于是计划还是市场这样的问题。社会主义也有市场经济，资本主义也有计划控制。……不要以为搞点市场经济就是资本主义道路，没有那么回事。计划和市场都得要。”①

1991年7月1日，江泽民在庆祝中国共产党成立七十周年大会上指

① 《善于利用时机解决发展问题》（1990年12月24日），《邓小平文选》第3卷，人民出版社1993年版，第364页。

出："必须建立适应社会主义有计划商品经济发展的、计划经济与市场调节相结合的经济体制和运行机制，在国家法律法规和计划的指导下发挥市场调节的积极作用，既要克服过去那种过分集中、管得过多过死的弊端，又不能过于分散和削弱宏观调控。"①

1992年初，邓小平视察南方武昌、深圳、珠海、上海等地，就一系列重大问题发表谈话。明确指出："计划多一点还是市场多一点，不是社会主义与资本主义的本质区别。计划经济不等于社会主义，资本主义也有计划；市场经济不等于资本主义，社会主义也有市场。计划和市场都是经济手段。"②从根本上解决了把社会主义与市场经济对立起来的思想束缚。

确立经济体制改革的目标是建立社会主义市场经济体制 1992年10月，党的十四大确立了邓小平建设有中国特色社会主义理论在全党的指导地位，明确了经济体制改革的目标是建立社会主义市场经济体制，要求全党抓住机遇，加快发展，集中精力把经济建设搞上去。十四大报告指出，我国经济体制改革确定什么样的目标模式，是关系整个社会主义现代化建设全局的一个重大问题。"我国经济体制改革的目标是建立社会主义市场经济体制"。1993年11月，党的十四届三中全会作出了《关于建立社会主义市场经济体制若干问题的决定》，对社会主义市场经济体制的基本内容和实施步骤作出总体规划。1997年，党的十五大报告进一步提出了到2010年"形成比较完善的社会主义市场经济体制"的目标任务。

把社会主义基本制度和市场经济结合起来，建立社会主义市场经济体制，这是中国共产党总结中国改革开放以来的新鲜经验，总结世界社会主义运动中的历史教训，把握当今时代的特征和发展潮流，作

---

① 《当代中国共产党人的庄严使命》（1991年7月1日），《江泽民文选》第1卷，人民出版社2006年版，第153页。

② 《在武昌、深圳、珠海、上海等地的谈话要点》（1992年1月18日—2月21日），《邓小平文选》第3卷，人民出版社1993年版，第373页。

出的一项具有划时代意义的重大决策。这一决策打破了传统的社会主义建设模式和思路，开辟了社会主义事业的新天地、新境界。

二、开创社会主义市场经济条件下统战工作新局面

深入调研新形势下统一战线的新情况新问题 建立社会主义市场经济体制的改革目标任务，使爱国统一战线面临新的历史条件和社会环境，也使统一战线工作面临着新的机遇和挑战。为了深入研究和把握这个社会发展的大趋势，主动适应，找准位置，发挥优势，作出成绩，1993年，中央统战部组织18个调查组分赴全国25个省、区、市，就新形势下统一战线新情况、新问题和建立社会主义市场经济体制对统一战线的影响进行了为期三个月的调查，形成了《中共中央统战部关于新形势下的统一战线工作调研情况综述》。该情况综述就建立社会主义市场经济体制对统战工作的影响提出：统一战线工作对象出现新变化，原工商业者和国民党起义、投诚人员等原有的一些统一战线工作对象正在减少，非公有制经济的发展形成新的社会群体，产生一批新的代表人物，知识分子队伍正在发生变化；海外统一战线工作的面在扩大，工作对象增多，统一战线两个范围的联盟互相交融，工作任务加重；利益分配差距拉大，人民内部矛盾增多，统一战线在协调关系、化解矛盾、维护安定团结等方面的任务更重，正确处理人民内部矛盾日益成为统一战线的主题；社会主义民主政治建设成为重要课题；统一战线工作出现社会化趋势，统一战线工作正逐步向基层、向乡镇延伸，各种具有统一战线性质的民间组织不断涌现，统一战线日益渗透到经济、文化、教育、科技等各个领域。同时，就如何在建立社会主义市场经济体制过程中发展最广泛的爱国统一战线，从提高全党对统战工作的认识和做好各领域统一战线工作方面，提出了解决问题的对策和思路。各省、自治区、直辖市和一些重点城市的统战部门，在当地中共党委的重视和支持下，也根据各地区的不同特点、不同情况进

行了认真的调查研究。这些富有成效的工作，为第十八次全国统战工作会议的成功召开奠定了基础。

第十八次全国统战工作会议　1993年11月3日至7日，中共中央召开了第十八次全国统战工作会议。中共中央政治局常委、全国政协主席李瑞环主持开幕会议，全国政协副主席、中共中央统战部部长王兆国作工作报告。5日，中共中央政治局常委、书记处书记胡锦涛主持第二次大会，李瑞环发表重要讲话。7日下午，江泽民、李鹏、乔石、李瑞环、朱镕基、刘华清、胡锦涛等中央领导同志，同出席全国统战工作会议的部分代表座谈，江泽民作重要讲话。会议以邓小平建设有中国特色社会主义理论为指导，解放思想，实事求是，认真研究了统战工作面临的形势任务，明确了统一战线的基本社会职能，坚持和发展了新形势下统一战线各领域工作的方针政策，强调要形成全党重视统战工作的新局面。

江泽民在讲话中指出，要充分认识新时期统战工作的重要性，努力使统战工作形成新的气势，开创新的局面。强调：

这种新气势、新局面，要体现在充分发挥统一战线中各界群众的爱国主义和社会主义的积极性、主动性、创造性之上，要体现在为我们党和政府广交朋友、广纳群言、广求善策之上，要体现在为促进政治稳定、促进改革开放、促进经济发展、促进社会进步、促进祖国统一、促进世界和平与发展不断作出贡献之上。而最根本的是要促进集中各方面的力量把我国经济建设搞上去。①

这是中国共产党对新时期统战工作的基本要求。各级党委都要有政治意识和战略眼光，把统一战线看作党的总路线总政策的重要组成部分，把这个法宝牢牢地掌握起来，作为党委工作的重要一环。各级党政主要领导同志都要带头做统战工作，参加统一战线的重要活动，模范地执行党的统战政策，广交、深交党外朋友。要选拔年富力

① 《巩固和发展最广泛的爱国统一战线》，中共中央文献研究室编：《江泽民论有中国特色社会主义（专题摘编）》，中央文献出版社2002年版，第341页。

强、具有开拓精神的干部担任统战部长。要加强学习，增强工作中的原则性、系统性、预见性和创造性，增强工作的责任感、使命感。同时强调“民族、宗教无小事”[①]。在民族工作上，要求：

继续巩固和发展社会主义的民族关系，坚持和完善民族区域自治制度，加快民族地区的经济发展和社会进步。

在宗教工作上，要求：

全面、正确地贯彻执行党的宗教政策，依法加强对宗教事务的管理，积极引导宗教与社会主义社会相适应。

李瑞环在讲话中指出，爱国统一战线是实现广泛团结，凝聚人心，完成新时期总任务的基本保证；是多党合作，参政议政，发扬社会主义民主的有效形式；是协调关系，化解矛盾，维护社会稳定的积极力量；是体察民情，反映民意，密切党同群众联系的重要渠道；是安排人事，合作共事，加强国家政权建设的必要途径；是联络友谊，沟通感情，促进实现“和平统一，一国两制”的桥梁纽带。讲话要求各级党委要从战略高度充分认识新形势下统一战线的重要地位和作用，纠正把统战工作和经济工作割裂开来的片面认识，克服把统战工作看作是软任务、可有可无的错误观点。指出：

要把有没有统战观念、懂不懂统战政策、会不会做统战工作，作为衡量主要领导干部政治素养、工作水平的一个重要标准。[②]

第十八次全国统战工作会议，是党的十四大之后，中国从计划经济向市场经济体制过渡、改革开放加快发展的关键时候召开的，标志着为建立和发展社会主义市场经济服务成为对新时期统一战线的时代要求。第十八次全国统战工作会议后，各地认真传达学习会议文件，

---

① 江泽民：《高度重视民族工作和宗教工作》（1993年11月7日），中共中央统一战线工作部、中共中央文献研究室编：《新时期统一战线文献选编（续编）》，中共中央党校出版社1997年版，第611页。

② 李瑞环：《在全国统战工作会议上的讲话》（1993年11月5日），中共中央统一战线工作部、中共中央文献研究室编：《新时期统一战线文献选编（续编）》，中共中央党校出版社1997年版，第607页。

深入调查研究，结合本地实际情况，制定切实可行的具体落实措施。从省到地(市)、县，出现了一级抓一级，层层抓落实，上级给下级做示范，一级带着一级干的好势头，统一战线工作开创出了新局面。

三、学习研究邓小平新时期统一战线理论

邓小平是我国改革开放的总设计师，也是新时期统一战线工作的奠基人。1990年6月，江泽民在第十七次全国统战工作会议上指出，“邓小平同志创造性地提出了新时期统一战线的性质、方针和任务，丰富和发展了毛泽东思想关于统一战线的理论。”[①]同年7月，《中共中央关于加强统一战线工作的通知》明确指出，邓小平同志的统一战线思想，是建设有中国特色社会主义理论的重要组成部分。1993年11月，第十八次全国统战工作会议提出，用邓小平建设有中国特色的社会主义理论指导统一战线工作，对邓小平新时期统一战线理论的主要内容进行了概括，推动形成学习、研究和宣传邓小平新时期统一战线理论的热潮。

1994年7月5日至7日，第三次全国统战理论工作会议暨中国统一战线理论研究会第二届理事会召开，从统一战线性质、地位、任务、对象和范围、民主党派、知识分子、原工商业者、非公有制经济、民族、宗教、人民政协、祖国统一等12个方面，对邓小平新时期统一战线理论进行了总结和阐述。党的十五大确立邓小平理论在全党的指导思想地位后，中央统战部编写出版《邓小平新时期统一战线理论学习纲要》，全面、准确、系统地阐述和概括了邓小平新时期统一战线理论的科学体系和主要内容，并将其核心和精神实质凝练为解放思想、实事求是，广泛的爱国主义大团结和充分发扬社会主义民主等三个基本方面，进一步推动统一战线掀起学习邓小平新时期统一战线理论的新高潮。

---

① 江泽民：《努力发展最广泛的爱国统一战线》（1990年6月11日），中共中央统一战线工作部、中共中央文献研究室编：《新时期统一战线文献选编（续编）》，中共中央党校出版社1997年版，第232页。

对邓小平新时期统一战线理论体系的全面把握、科学概括和深入学习，使全党、统战部门和社会各界对爱国统一战线的认识提高到一个新水平，增强了做好新时期统一战线的自觉性和主动性。

四、明确私营企业主等新的社会阶层是“中国特色社会主义事业的建设者”

私营企业主等新的社会阶层的出现 随着改革开放和社会主义市场经济的发展，社会的经济成分、经营方式、分配方式、就业方式等日益多元化、多样化，非公有制经济人士等新的社会群体和社会阶层开始出现并快速发展。对新的社会阶层的形成，特别是对私营企业主的认识，在党内和社会上都有一个过程。

对非公有制经济在社会主义初级阶段的重要性和必要性的认识，从1982年宪法肯定“城乡劳动者个体经济”，到1988年宪法修正案首次肯定“私营经济”的合法地位和合法利益，再到1999年宪法修正案将包括个体经济、私营经济在内的非公有制经济纳入国家的基本经济制度，党内和社会上基本形成了广泛共识。但对非公有制经济人士，特别是私营企业主的社会属性的认识却分歧严重。中共中央批转中央统战部《关于工商联若干问题的请示》的通知指出，对现在的私营企业主不应和过去的工商业者简单类比和等同。但是，社会上仍然争论激烈：有的说是剥削者，有的说是劳动者；有的认为具有两重性，既是剥削者，又是劳动者；更有人说是新生的资产阶级。理论上的争论和不确定性，直接导致思想上的疑虑和实践中的摇摆。

1989年3月，中央统战部《关于开展私营企业统战工作的几点意见》中提出，私营企业者已形成一个新的利益群体，是发展商品经济的一支重要力量，是社会主义初级阶段统战工作的重要对象。党的十四大后，统战部门密切关注社会群体、社会阶层的变化、分化对统一战线的影响，特别重视对非公有制经济和从业人员的调查研究。中央统战部和全国工商联连续多年在全国范围内开展广泛、深入和持续的非公有制经济的情况调查，发布非公有制经济代表人士统战工作情况报告。中央统战部多次召开研讨会、理论务虚会，组织部内人员、各省区市统战部门、社科界同志就这个问题进行探讨。特别是2000年在协助中央筹备召开第十九次全国统战工作会议过程中，中央统战部和各地统战部围绕私营企业主等新的社会阶层的社会属性等问题，进一步调查研究，为中央科学界定提供了十分重要的参考。

中国特色社会主义事业的建设者的提出 2000年4月18日，在中国光彩事业促进会第二届理事会第一次会议上，王兆国讲话指出，非公有制经济人士这个群体特别是其中的私营企业主既不同于原来的民族工商业者，也不同于资本主义社会的资本家，他们是在党的富民政策鼓励下成长起来的有中国特色社会主义事业的建设者，是推进改革开放和现代化建设的重要力量。

同年11月22日，王兆国等在向中央汇报全国统战工作会议筹备工作时，提出了非公有制经济人士是有中国特色社会主义事业的建设者的看法和建议，得到江泽民等中央领导的高度重视。

2000年12月4日，江泽民在第十九次全国统战工作会议讲话中，明确指出，“在改革开放的进程中，在党的富民政策指引下，通过诚实劳动和合法经营先富起来的个体劳动者和私营企业主，不仅是党和政府的政策允许的，也是光荣的，他们为建设有中国特色社会主义贡献了力量，应该受到社会的尊重”①。2001年，江泽民在庆祝中国共产党成立80周年大会上的重要讲话中，从贯彻“三个代表”的战略高度对非公有制经济人士等新的社会阶层的社会属性作出了科学论断，明确指出：

改革开放以来，我国的社会阶层构成发生了新的变化，出现了民营科技企业的创业人员和技术人员、受聘于外资企业的管理技术人

① 《进一步开创统一战线工作的新局面》（2000年12月4日），《江泽民文选》第3卷，人民出版社2006年版，第151—152页。

员、个体户、私营企业主、中介组织的从业人员、自由职业人员等社会阶层。在党的路线方针政策下，这些新的社会阶层中的广大人员，通过诚实劳动和工作，通过合法经营，为发展社会主义社会的生产力和其他事业作出了贡献。他们与工人、农民、知识分子、干部和解放军指战员团结在一起，他们也是有中国特色社会主义事业的建设者。[①]

2002年，江泽民在党的十六大报告中进一步明确指出，在社会变革中出现的民营科技企业的创业人员和技术人员、受聘于外资企业的管理技术人员、个体户、私营企业主、中介组织的从业人员、自由职业人员等社会阶层，都是中国特色社会主义事业的建设者。

“中国特色社会主义事业的建设者”论断，科学界定了私营企业主等新的社会阶层的社会属性和政治地位，回答了长期以来社会各界普遍关注而又是社会主义现代化建设中亟需解决的一个重大理论和实践问题。这一科学论断的形成，为正确认识和对待私营企业主等新的社会阶层提供了科学依据，对于统一全党、全社会的思想认识，团结新的社会阶层共同致力于社会主义现代化建设，巩固党的阶级基础和扩大党的群众基础，巩固和发展新世纪最广泛的爱国统一战线，具有重要的理论、政策和实践意义。

五、党外知识分子工作的进一步加强

党外知识分子工作是统一战线的基础性工作 着眼建立社会主义市场经济体制和实施科教兴国战略，1992年5月，在《中共中央办公厅转发中央统战部〈九十年代统一战线部门工作纲要〉的通知》中，第一次明确提出：党外知识分子工作是统一战线的基础性工作。

通知指出，在我国知识分子中党外知识分子占大多数，各个领域统一战线工作对象绝大多数是知识分子，做好党外知识分子工作，统

① 《在庆祝中国共产党成立八十周年大会上的讲话》（2001年7月1日），《江泽民文选》第3卷，人民出版社2006年版，第286页。

一战线工作就有了基础，并强调统战部门要重点做好有代表性的党外知识分子工作。1993年第十八次全国统战工作会议又再次强调，党外知识分子工作是统一战线的基础性工作，需要大力加强。做好党外知识分子工作，可以为统战工作各个领域源源不断地输送党外代表人士和干部，对于巩固和扩大爱国统一战线具有重要的意义。强调各级统战部门一定要把党外知识分子工作摆到重要位置。统战部门是党委在知识分子工作方面的职能部门，要与政府的人事部门、科委协作，共同做好知识分子工作。

统战部门知识分子工作职责　1993年机构改革中，党中央批准中央统战部在知识分子工作方面的主要职责是：调查研究党外知识分子的情况，反映意见，协调关系，提出政策建议；联系并培养党外知识分子的代表人物，并负责教科文卫和国有大型企业中党外知识分子的统战工作。统战部在知识分子工作方面的职能部门地位和任务的确定，推动了党外知识分子工作逐步走向规范化。中央统战部先后与十多个部委建立起联系协调机制。1994年召开了全国部分企业统战工作座谈会和全国部分高校统战工作座谈会。1995年中央统战部、国家教育委员会联合下发《关于进一步加强高等学校统一战线工作的意见》，中央组织部、中央统战部、国家经贸委联合下发《关于进一步加强和改进国有企业统一战线工作的意见》，明确了新形势下高校统战工作和企业统战工作的重要方针政策。

明确留学人员工作方针　在改革开放和建立社会主义市场经济体制中，知识分子队伍状况发生新的变化：一是知识分子数量大幅度增加，总体素质显著提高；二是知识分子流动加剧，内部结构发生变化，其中有1000多万人到非国有企事业单位工作；三是知识分子学习交流范围日益具有世界性；四是知识分子工作生活条件显著改善。随着知识经济时代的到来，全世界都出现了人才紧缺的危机，波及全球的人才争夺战愈演愈烈。能不能吸引和凝聚各方面的人才，特别是高素质的人才，在很大程度上决定着中国特色社会主义事业发展的前途。1989年政治风波后，公派留学人员滞留不归的现象严重，西方某些国家趁机截留我国的海外人才。1990年江泽民在第十七次全国统战工作会议上，表明了党对广大留学人员和在海外的中国知识分子采取欢迎回国、妥善安排、不加歧视、来去自由的态度。1993年10月，江泽民在欧美同学会成立80周年庆祝大会上讲话，明确提出“支持留学、鼓励回国、来去自由”的方针，这一方针被写进党的十四届三中全会文件。

各级统战部门和有关党政部门不断探索党外知识分子工作新形式、新载体、新方法，如组织党外专家学习考察，开展联谊活动；建立华夏英才基金，资助党外杰出人才出版学术著作；用巴金、陈景润、袁隆平等党外杰出文学家、科学家的名字命名小行星；组织“海外百名博士科技创新周”活动等，有力推动了党外知识分子工作的开展。

第二节　多党合作和政治协商制度的坚持和完善

一、多党合作向深度拓展

多党合作制度化、规范化　1989年，《中共中央关于坚持和完善中国共产党领导的多党合作和政治协商制度的意见》下发后，中央和各级地方党委结合实际，制定了贯彻落实的实施意见和配套措施，并根据实践的发展不断完善，推进政治协商和民主党派的参政议政、民主监督走向内容具体化、运行机制化、操作规范化。

政治协商被纳入决策程序，协商于决策之前。1989年到1999年的10年中，中共中央、国务院或委托有关部门与民主党派中央、无党派代表人士就国家重大问题举行协商会、座谈会、通报会近150次，协商内容涉及国家政治、经济、文化、社会发展的各个方面，各民主党派中央提出重大建议160项，对于实现决策的科学化、民主化起了重要作用。

政治参与有序推进。1993年八届全国人大2978名代表中，非中共人士有941人；155名常委中，非中共人士有49人；20位副委员长中，非中共人士有9人。1998年九届全国人大2989名代表中，非中共人士有860人；134位常委中，非中共人士有41人；17位副委员长中，非中共人士有9人。到1999年，非中共人士有14万多人当选为各级人大代表。

1993年，民主党派成员、无党派人士在国务院41个部委中有9人担任副部长，1人担任最高人民法院副院长，8人任国务院直属局和归口局副局长，18人任副省（市）长、自治区政府副主席。到1999年9月，在全国31个省（自治区、直辖市）都有民主党派、无党派人士担任副省长、副主席、副市长或助理；担任县、处级以上领导职务的有9000余人。

八届全国政协2093名委员中，非中共人士有1262人；315名常委中，非中共人士有203人；26名副主席中，非中共人士有14人。九届全国政协2266名委员中，非中共人士有1352人；291名常委中，非中共人士有190人；29名副主席中，非中共人士有14人。到1999年，民主党派、无党派人士等被安排为各级政协委员的有32万多人。

民主党派组织联合考察、调查研究、建言献策，以及参加重要国事和外事活动等，成为参政议政的重要形式和内容。从1992年到1999年，各民主党派中央领导人参加接待国宾的活动共200余人次。1993年以来各民主党派、无党派人士年年开展联合考察，提出许多重要意见建议，受到党和政府的充分肯定。

探索完善民主监督新形式。“特约人员”工作在监察、检察、教育、国土资源、审计和税务等9个行政司法系统展开，同时在原有基础上，有关部门和一些地方还相继聘请民主党派成员、无党派人士担任行风评议员、党风检查员等。至2000年底，全国省以上行政、司法系统已聘任“特约人员”5000多名，进一步拓宽民主监督的渠道。

规范参事室、文史馆工作。改革开放以来，国务院连续下发《关于加强省、自治区、直辖市参事室工作的通知》和《关于改进省、自治区、直辖市文史研究馆工作的通知》，进一步明确了参事室、文史馆的性质和任务，参事、馆员的聘任办法、待遇以及参事室、文史馆的领导体制、领导班子等问题。在1989年《中共中央关于坚持和完善中国共产党领导的多党合作和政治协商制度的意见》中，提出“注意在政府参事室中适当安排民主党派成员和无党派人士，发挥他们的咨询作用”，使政府参事制度成为坚持和完善多党合作基本政治制度的重要组成部分。1993年第十八次全国统战工作会议指出，“各地统战部门要加强对政府参事室和文史馆的工作指导，帮助做好参事、馆员的聘任工作”。2000年《中共中央关于加强统一战线工作的决定》指出，党委统战部要按照党的统战政策，在遴选聘任政府参事和文史馆馆员等方面，加强对参事室和文史馆的指导。经过不懈的努力，政府参事室、文史研究馆基本实现了工作指导思想、工作职能和工作方式的转轨。

对国家重大建设项目联合考察调研　在建立社会主义市场经济体制过程中，各民主党派、无党派人士加大为经济建设和改革开放服务的力度，加强协调配合，为促进经济社会全面发展贡献力量。

1993年11月，经党中央、国务院批准，中央统战部邀请各民主党派中央、全国工商联负责人和无党派代表人士组成考察团，对长江三峡库区和处于前期施工准备阶段的三峡工程进行为期8天的实地考察。党中央、国务院对这次考察十分重视，中共中央领导人在中南海召开座谈会，专门听取考察三峡工程的意见建议，开创了对重大工程项目进行联合考察和决策实施过程中继续协商的范例。

【延伸阅读】

组织民主党派考察三峡工程

1993年11月，在特大型水利枢纽三峡工程正紧张而有序地准备之际，中央统战部邀请各民主党派中央、全国工商联的领导人和一些无党派人士、党外高级知识分子奔赴长江，考察三峡。三峡考察团一行108人，历时8天。这是新中国成立以来第一次大规模的党外代表人士对国家重大建设项目考察活动。行程中，在船上组织了两次座谈，在奔腾的长江上，怀着对三峡工程高度负责的精神，大家坦陈己见，为三峡工程献计献策。考察团回京后，国务院总理李鹏在中南海召开座谈会，听取党外人士考察三峡的意见。李鹏充分肯定了组织民主党派、全国工商联负责人和无党派代表人士参观考察重大工程项目是参政议政的好形式，要继续坚持下去，争取做得更好。

1994年后还先后对苏南和浦东改革开放、现代化建设情况，京九铁路建设及沿线发展情况等进行考察，就耕地保护问题、亚洲金融风暴对我国的影响等重大课题进行调研。党中央提出西部大开发战略后，中央统战部又组织各民主党派中央、全国工商联领导人和无党派代表人士200多人，用两个多月时间对西部12个省、自治区、直辖市进行考察，就加快基础设施建设、增进民族团结等关系西部大开发全局的重点工作，向党中央、国务院提出许多重要的意见和建议。1999年首次到沿海7个省市就推动两岸政治谈判、经济合作和“三通”问题进行考察，开辟了民主党派参政议政的新领域。2001年对10个省区进行了关于农业发展问题的考察，对农业发展和农村工作提出了有价值的意见和建议。

多种方式服务两个文明建设　各民主党派、工商联等围绕经济建设这个中心，发挥人才荟萃、智力密集、学科面宽、联系广泛的特点和优势，开展经济、科技咨询活动，兴办学校、培养人才，多渠道协助引进资金和技术，积极为改革发展稳定服务。各民主党派、工商联把科教服务与参政议政结合起来，多层次、多形式、多渠道地面向社会提供咨询服务，成立各类咨询服务机构近2000个，提供咨询服务3万多项；兴办各类学校和培训进修班65万个，参加学习和培养的各族群众达200多万人次。1996年11月，各民主党派、工商联为两个文明建设服务经验交流会在北京召开，李瑞环会见与会代表，并对各民主党派、工商联为两个文明建设服务取得的成绩表示祝贺。

1993年12月，中央统战部与国家民委联合召开各民主党派、工商联智力支边扶贫经验交流暨表彰会，总结了新时期以来智力支边扶贫工作的成绩和经验，表彰了63个先进集体和116名先进个人。据统计，1993年至1998年5年里，各民主党派、工商联各级组织举办各类培训班、讲座6000多次，培训各类人才65万多人次，提供各类咨询服务、协助开发项目27万多项，协助引进资金人民币16亿元，美元4000万元，技术700多项，促进了这些地区的改革开放和经济社会发展。

【延伸阅读】

毕节模式

贵州毕节素以山高坡陡、地形破碎著称，曾有人预言这里“不适宜人类居住”。1988年，时任贵州省委书记的胡锦涛倡导创立“开发扶贫、生态建设”试验区，打破这个魔咒。试验区同年得到国务院的批准。各民主党派、工商联以智力开发为支撑积极参与试验区建设。从帮助制定科学发展规划，进行科学论证，到帮助协调、引进资金、项目，推动经济社会快速发展；从帮助加强中小学教育，到帮助建设本科学院，推进教育大发展；从培训农民工，到培训农业科技人才，提高农民科学文化素质；从干预缺陷生育，到引资建设乡卫生院、村卫生室，改善医疗卫生保健状况；从解决人畜饮水问题，到修建、改建贫困农户房屋，改善人民群众生产生活条件；从“输血”式扶贫，到“造血”式扶贫，探索科学的扶贫机制；从定点扶贫，到促进整个试验区全面发展，推动城乡协调发展，充分体现了统一战线、多党合作推动毕节试验区实现科学发展的新优势，彰显了中国共产党领导的多党合作和政治协商制度的巨大优越性和强大生命力，创造了统一战线服务科学发展的成功范例，即以“开发扶贫、生态建设、人口控制”为主题的“毕节模式”。20多年后，这里山青了起来，森林覆盖率每年增一个百分点；水绿了起来，湖泊清净鱼儿欢跃；人富了起来，农民年人均收入增长了超过了本省其他地区。

二、民主党派领导班子的新老交替和政治交接

领导班子成员的新老交替 20世纪90年代，各民主党派中央和省级组织普遍存在着领导班子成员年龄老化、骨干队伍亟待充实的情况，物色和培养新一代代表性人士，实现领导班子成员的新老交替，成为各民主党派领导班子建设的一项重要任务。中共中央确定了协助各民主党派通过1992年和1997年的两次换届，实现领导班子新老交替的思路。中央组织部、中央统战部先后就积极协助民主党派加强领导班子建设，在职党外领导干部学习纳入党校进修计划，做好向民主党派推荐部分党外优秀知识分子作为发展对象工作等问题，经协商有关方面，制定了具体政策措施。中央统战部还就协助民主党派做好换届工作，支持民主党派组织发展，加强党外代表人物队伍建设，支持民主党派加强机关建设，办好社会主义学院等问题，在与各民主党派协商和征求有关方面意见后制定了具体措施，并抓好贯彻落实。

1991年6月，各民主党派中央有关负责人就1992年换届的方针、原则问题交换意见，经过协调，确定了贯彻团结、稳定的方针，积极、稳妥地进行领导班子成员新老合作和交替。为了保证换届的平稳顺利，一些民主党派在1991年底召开的中央全会上增补了新的中央委员和中央常委。

1992年11月下旬至12月底，民建、台盟、农工党、民进、民革、致公党、民盟、九三学社先后召开全国代表大会，进行换届选举。会前，李瑞环与各民主党派中央主要负责人座谈，就民主党派全国代表大会的主要任务、指导方针等问题交换意见。中共中央领导人李岚清、邹家华、李铁映、丁关根、尉健行、钱其琛、田纪云等分别到会，代表中共中央宣读贺词。

领导班子的新老交替，不仅要做到组织上的交替，更要实现政治上的交接。1993年第十八次全国统战工作会议强调，要依据民主党派的政治联盟特点，坚持进步性和广泛性相统一，推动民主党派加强自身建设，顺利实现新老交替与合作。1994年1月，根据各民主党派、全国工商联领导同志的要求，由中共中央领导同志提议，以中央统战部、中央党校为主，中央组织部、中央宣传部参加，首次举办了民主党派、工商联、无党派人士领导干部理论研讨班，其中民主党派中央、全国工商联专职副主席23人，副省（市）长和国务院部委、直属局副部（局）长的党外干部22人。中共中央高度重视，中央政治局常委李瑞环、朱镕基、胡锦涛分别到研讨班讲话，各民主党派中央、全国工商联主席三次参加研讨班活动。这次研讨班的总结报告印发各省、自治区、直辖市党委和中央各有关部门。此后，在各级党校和社会主义学院举办理论研讨班的方式逐渐形成制度，有力推进了各民主党派、无党派人士现任领导和后备干部的教育培训工作。

在新老交替基础上实现政治交接　1996年底，各民主党派中央在酝酿1997年民主党派换届时明确提出了政治交接的任务。民盟中央名誉主席费孝通就政治交接问题说：换届要以变来保证不变，即以人事的变化来保证政治制度的不变，并使之发挥得更好。政治交接是以变实现不变，人的变带动信念的不变。①

政治交接的提出，得到了中共中央的大力支持。1997年2月初，江泽民在中共中央举行的党外人士迎春座谈会上指出，各民主党派、工商联的新老交替，既是人事上的交替，也是政治上的交接。民主党派、工商联政治交接，要做好“三个延续与发展”：

要着眼于各民主党派政治纲领更好地延续与发展，着眼于民主党派、工商联与中国共产党亲密合作关系更好地延续与发展，着眼于民主党派、工商联老一代领导人的坚定政治信念、优秀品质和优良作风

① 《几点想法》（1996年5月30日），《费孝通文集》第14卷，群言出版社1999年版，第70—72页。

更好地延续与发展。[①]

1997年10月至12月，民盟、农工党、致公党、九三学社、台盟、民建、民革、民进相继召开了各自的全国代表大会，中共中央领导人姜春云、罗干、李铁映、田纪云、吴邦国、钱其琛、温家宝、丁关根代表中共中央分别向大会致贺词。通过换届选举，产生各自的新一届中央委员会。八个民主党派中央委员的平均年龄为55.6岁，中央常委平均年龄60岁，主席、副主席平均年龄61.8岁，分别比1992年换届时下降4岁、4.8岁、5.3岁，平稳顺利地实现了中央领导班子成员历史性的新老交替，为各民主党派实现政治交接、以崭新的面貌跨入21世纪奠定了坚实的基础。

1998年10月5日至7日，受中共中央委托，中央统战部组织各民主党派中央新一届领导同志到西柏坡参观学习，并举行“风雨同舟、继往开来”纪念活动。当年接受中共中央邀请、亲赴西柏坡的民盟中央名誉主席费孝通、民进中央名誉主席雷洁琼在纪念会上强调，50年前各民主党派中央响应中国共产党的号召，聚集在中国共产党周围，拥护共产党的领导，这是一个正确的历史选择，是民主党派的优良传统，是中国共产党统一战线工作的胜利。民建中央主席成思危代表各民主党派中央在会上讲话，表示要更加紧密地团结在中共中央周围，发扬亲密合作、患难与共的优良传统，与中国共产党并肩战斗，完成改革发展任务，为实现跨世纪的宏伟目标贡献力量。

全面加强自身建设 1997年各民主党派中央换届之后，普遍把加强自身建设作为进一步实现政治交接的重要措施，明确了在社会主义市场经济建立和社会主义民主政治发展的新的形势和任务下，民主党派组织发展的指导思想、基本方针、重点分工和地区、范围等问题。从1998年开始，围绕加强自身建设这一课题，中央统战部协助各民主党派中央联合组织了专题研讨班以及座谈会进行研究，进一步总结近年来自身建设的成果和经验，分析了面临的形势和存在的问题，就新形

① 《人民日报》1997年2月5日第1版。

势下加强自身建设若干问题形成了共识。在此基础上，1999年5月，经各民主党派中央共同研究和反复修改，形成和联合下发了《关于加强自身建设若干问题座谈会纪要》，提出要以搞好政治交接为主线，以思想建设为核心，以组织建设为基础，以制度建设为保障，努力把自身建设提高到新的水平。各民主党派从参政党性质、地位、特点和发挥参政党作用的要求出发，确定自身建设的目标任务，通过学习教育活动、老一代领导人言传身教、办班培训等形式，开展政治交接教育活动，以之推动各自的思想建设、组织建设和制度建设。

通过加强自身建设，民主党派各级地方组织和基层组织不断健全和完善，成员数量稳步、有序增长，到1997年底，八个民主党派成员总数已达41万人，地方组织1716个，基层组织25.8万多个。2002年民主党派成员发展到59万余人。

三、人民政协职能的完善发展

参政议政职能的提出　进入改革开放和社会主义现代化建设新时期，中共中央完善了中国人民政治协商会议的性质，是中国人民爱国统一战线的组织，是中国共产党领导的多党合作和政治协商的重要机构，是我国政治生活中发扬社会主义民主的重要形式。与这个性质相适应，强调要加强和发挥政协在民主政治建设中的作用。

1982年2月，全国政协五届五次会议通过的人民政协章程规定，人民政协的职能是“政治协商、民主监督”，并在工作总则中对这两种职能作出具体规定。1994年3月，在政协章程中把“参政议政”与“政治协商、民主监督”一起明确为人民政协的主要职能，为人民政协开展工作提供了广阔的舞台。1995年1月，政协全国委员会通过《关于政治协商、民主监督、参政议政的规定》，总结了政协多年的工作经验，明确规范了政协履行职能的内容、形式、方法和步骤，成为人民政协开展工作的指导性文件。同月，中共中央在转发这个《规定》通知中，要求各级党委：

必须充分重视人民政协在建设具有中国特色社会主义中的重要作用，进一步加强和改善对政协工作的领导。对国家和地方的大政方针以及政治、经济、文化和社会生活中的重要问题，要在决策之前在政协进行协商。

关于政治协商，《规定》明确，主要是对国家和地方的大政方针以及政治、经济、文化和社会生活中的重要问题，在决策之前进行协商和就决策执行过程中的重要问题进行协商。

关于民主监督，《规定》明确，就是对国家宪法、法律和法规的实施，重大方针政策的贯彻执行、国家机关及其工作人员的工作，通过建议和批评进行监督。民主监督的主要形式是提意见、作批评。

关于参政议政，《规定》明确，就是政治协商和民主监督的拓展和延伸，除了政治协商、民主监督的有关内容外，还包括选择人民群众关心、党政部门重视、政协组织有条件做的课题，组织调查研究，积极主动地向党政领导机关提出建设性的意见，为改革开放和社会主义现代化建设献计献策。因而其对象更加广泛，内容更加丰富，形式更加多样，方法更加灵活。

政协工作规范化、制度化建设　第七届全国政协制订了一系列工作制度，如常委会工作规则，政治协商、民主监督暂行规定，专门委员会组织通则，视察简则，提案工作条例，京外委员参加全国政协和地方政协活动办法，加强与港澳委员联系办法等基础上。第八届、九届全国政协把履行职能规范化、制度化作为重点工作来抓，进一步修订了人民政协《章程》，制定了《关于政治协商、民主监督、参政议政的规定》，完善和制定了常务委员会工作规则、专门委员会通则等一系列工作制度。

人民政协职能的拓展和各项制度、规则、条例的制定，不仅使人民政协工作更加有规可依、有章可循，而且加强了各级党委对政协工作的领导、各级政府对政协工作的经常性联系以及各有关方面对政协工作的大力支持，各民主党派、无党派人士通过人民政协在我国社会主义民主政治建设中发挥的作用也日益显著。随着政协参政议政职能的拓展，政协专题调研和反映社情民意信息等经常性工作更加活跃，增强了政协工作的主动性，推动了政协工作的经常化。人民政协积极围绕党和国家中心任务，在建立社会主义市场经济体制、推动社会主义物质文明和精神文明建设、促进祖国和平统一大业、开展人民外交等方面发挥了重要作用。

第三节　非公有制经济领域统战工作的开拓与发展

一、非公有制经济人士工作成为统战工作新领域

改革开放之前，我国的所有制结构与计划经济相适应，以单一的公有制为特征。个体经济虽然在中国社会存在，但只占国民经济中微乎其微的部分。党的十一届三中全会后，中国共产党认真总结在所有制问题上的经验教训，全面纠正“左”的错误，创造性地提出和制定有关非公有制经济的政策。党的十四大报告提出，“在所有制结构上，以公有制包括全民所有制和集体所有制经济为主体，个体经济、私营经济、外资经济为补充，多种经济成分长期共同发展”。1997年江泽民在十五大报告中，将公有制为主体、多种所有制经济共同发展的方针，确立为我国社会主义初级阶段的一项基本经济制度，并明确提出，“非公有制经济是我国社会主义市场经济的重要组成部分”。1999年3月，九届全国人大二次会议通过的宪法修正案，增加了“国家在社会主义

初级阶段，坚持公有制为主体、多种所有制经济共同发展的基本经济制度，坚持按劳分配为主体、多种分配方式并存的分配制度”，“国家保护个体经济、私营经济的合法的权利和利益。国家对个体经济、私营经济实行引导、监督和管理”等内容，从而为非公有制经济的健康发展提供了法律保障。

在党和国家的支持和帮助下，非公有制经济得到快速发展。到2001年底，私营企业户数从1991年底的10.8万户增加到202.85万户，从业人员由160万人增加到2714万人，注册资本达18212.2亿元，实现产值12317亿元，消费品零售额6245亿元，上缴工商税收917.6亿元；个体工商户由1991年的1417万户增加到2571.4万户，从业人员由1991年底的2258万人增加到4760万人，注册资本达3435.8万元，上缴工商税收660.9亿元，对国家、对社会作出了积极贡献。

非公有制经济的迅猛发展，涌现了一大批非公有制经济代表人士。做好非公有制经济代表人士的工作，促进非公有制经济健康发展，成为新时期统一战线工作的重要任务。1993年11月，王兆国在第十八次全国统战工作会议工作报告中强调，“中央决定把做好非公有制经济代表人士思想政治工作的任务交给工商联，这是一个带有战略意义的重要措施，为统一战线工作开辟了一个新的重要领域”。2000年第十九次全国统战工作会议和《中共中央关于加强统一战线工作的决定》中，将“非公有制经济人士”明确列入新世纪统一战线的工作范围。

二、明确非公有制经济人士工作的主要标准

随着社会主义市场经济的建立和发展，经济领域统战工作出现许多新情况、新问题。1995年中央统战部与全国工商联成立非公有制经济代表人士队伍调研课题组，通过典型解剖与问卷调查相结合的方式，对15个省、自治区、直辖市和8个重点城市非公有制经济代表人士

情况进行了调查，为做好非公有制经济代表人士的思想政治工作提供了基本依据。各地统战部门和工商联建立了领导干部与非公有制经济代表人士联系制度，经常了解他们的思想状况、企业经营状况，与他们交心谈心，广交朋友，做好有针对性的工作。

1998年2月，全国统战部长会议指出：必须按照“团结、帮助、引导、教育”的方针，进一步加强非公有制经济代表人士工作。一方面，要鼓励他们积极响应党和政府的号召，继续发展自己的事业；另一方面，要加强政治引导和思想教育，把他们的政治要求纳入到我国政治体制中来，自觉接受党的领导，坚定不移地走建设中国特色社会主义道路。

2000年第十九次全国统战工作会议和《中共中央关于加强统一战线工作的决定》中，明确提出着眼非公有制经济健康发展和非公有制经济人士健康成长，通过开展“致富思源、富而思进”教育和光彩事业、信誉宣言等活动，深入细致地做好思想政治工作，引导非公有制经济人士爱国、敬业、守法，培养和建立一支拥护党的领导、坚持走建设有中国特色社会主义道路的积极分子队伍。

2001年3月，江泽民在全国政协民建、工商联联组会上指出，对非公有制经济人士，要坚持“团结、帮助、引导、教育”的方针，既要鼓励支持，又要帮助教育。强调：

引导他们把自身企业的发展与国家的发展结合起来，把个人富裕与全体人民的共同富裕结合起来，把遵循市场法则与发扬社会主义道德结合起来。①

“三个结合”成为衡量和判断非公有制经济及其代表人士是否健康发展和成长的主要标准，为正确认识和对待非公有制经济人士，引导非公有制经济人士健康成长指明了工作重点和发展方向。

---

① 《积极引导非公有制经济健康发展》（2001年3月4日），《江泽民文选》第3卷，人民出版社2006年版，第206页。

三、大力弘扬和推进光彩事业

光彩事业的提出 1994年4月，全国工商联召开七届二次常委会议，响应党中央、国务院的号召，落实“国家八七扶贫攻坚计划”。10位参会的非公有制经济代表人发表了“让我们投身到扶贫的光彩事业中来”的倡议书，提出：开展以扶贫开发为主题，以互惠互利、自觉自愿为原则，以帮助“老、少、边、穷”地区开发资源、兴办企业、培训人才为主要内容的光彩事业，为实现共同发展、促进共同富裕，动一份真情、献一份爱心、作一份贡献。对此，中央统战部和全国工商联给予了充分肯定和大力支持，迅速确定了把光彩事业“办大、办好、办出成效”的工作方针，下发了《关于大力推动光彩事业的意见》，成立了中国光彩事业推动委员会。1995年10月，办理社团登记时改名为中国光彩事业促进会。

光彩事业活动，得到了党和国家领导人重视和支持。江泽民称赞“光彩事业这件事情很好”，并为光彩事业题词“发扬中华民族传统美德，促进共同富裕”。李瑞环肯定“光彩事业是一种先富帮后富的有效形式，是中华民族扶危济困传统美德在新形势下的发扬光大，也是社会主义市场经济条件下经济行为同道德行为相结合的一个创举”，光彩事业这种社会扶贫形式，“把道德行为、经济行为、政治行为三者有机统一，意义重大而深远，符合我国国情”。胡锦涛称赞光彩事业倡议很好，希望付诸行动，为国家八七扶贫攻坚作出贡献。

成立中国光彩事业促进会 1996年11月28日至29日，中国光彩事业促进会第一届理事会议在京召开，选举全国政协副主席、中央统战部部长王兆国担任中国光彩事业促进会会长。1997年11月7日，李瑞环会见出席中国光彩事业促进会一届二次理事会议代表时，号召更多的非公有制经济人士投身到光彩事业中去，动真情、献爱心、作贡献。这次会议对贡献突出的非公有制经济人士进行表彰，并建立了光彩事业表彰制度，25名非公有制经济代表人士首次获得光彩事业奖章。2001年11月11日，王兆国在光彩事业促进会理事会上的讲话中指出，光彩事业是对共同富裕理想的自觉追求，是社会主义义利观的具体实践，是社会责任感的生动体现，是中华民族传统美德的大力弘扬，并概括了“致富思源、富而思进，扶危济困、乐善好施，义利兼顾、德行并重，发展企业、回馈社会”的光彩精神。

因地制宜、项目推动　在各级党委、政府特别是各地统战部、工商联的支持指导下，光彩事业组织并推动非公有制经济人士开展兴办能够充分发挥贫困地区资源优势，又能大量安排贫困劳动力就业的资源开发型和劳动密集型企业；参与国有企业改革；协助开展劳务输出，参与贫困地区的市场建设、土地开发、旧城改造和异地开发，取得了显著成效。由李瑞环倡导，由中央统战部和全国工商联组织发起，以603家非公有制企业为主体，与有关部门、地方政府和有关人士共同捐款1500万元，实施了新疆和田打井饮水工程，使和田县15.3万人饮水困难得到解决，受到当地政府和少数民族群众的高度评价。

在光彩事业开展的过程中，各地根据以项目推动为主的工作思路，因地制宜，开展了多种形式的光彩事业活动。主要有：从事种植、养殖的农业开发型，开发利用自然资源的资源开发型，以公司为核心的工厂辐射型，种养、加工、销售联合经营的农工商联合型，帮助居住在缺乏基本生存生活条件地方的贫困群众迁往条件较好的地区生产生活的移民开发型，以兴办市场促进生产流通和经济发展的市场带动型，组织贫困地区劳动力进城或到经济发达地区务工的劳务招工型，人才教育培训型和公益捐赠型等。光彩事业从农村扶贫开发的农业产业化经营、国土绿化、区域性市场建设和移民安置项目，发展到参与国有企业下岗职工再就业工程和与扶贫开发相关的教育、环境保护以及信息、生物工程等领域。据统计，截至2001年10月，全国实施光彩事业项目5740个，参与非公有制经济人士8846人，到位资金229亿元，培训人员103万人次，安排就业104万人，帮助250万人口摆脱了贫困。

向港澳台和海外扩展 光彩事业的参与人员由内地非公有制经济人士扩展到港澳台及海外侨胞企业家，并得到国际社会的关注和支持。一些港澳台及海外侨胞企业家通过多种途径和形式，到内地特别是中西部地区开展光彩扶贫事业。1998年7月，中国光彩事业促进会与联合国区域发展中心、国务院发展研究中心在北京联合召开了“98社会扶贫国际研讨会”。1999年3月，联合国经济社会事务部派出考察小组专程来华对光彩事业项目进行了实地考察。同年五六月间，中国光彩事业促进会分别派出代表团出席了由联合国经济社会事务部与联合国亚太经济社会区域委员会共同在泰国曼谷召开的金融危机的社会影响国际研讨会和由联合国社会发展署在肯尼亚首都内罗毕召开的关于亚洲社会政策改革经验及其对非洲的重大意义的国际研讨会，并作发言。2000年4月，召开了光彩事业迈向新世纪国际研讨会，来自20多个国家和地区的专家对光彩事业给予了很高的评价。2000年联合国经社理事会授予中国光彩事业促进会特别咨商地位。2003年，中国光彩事业促进会被联合国贸发会议授予特约观察员身份，并和联合国计划开发署等建立了密切联系，光彩事业作为一种新型的扶贫模式走向国际社会。

四、探索非公有制经济人士发挥积极作用的新形式

各地紧密结合非公有制经济人士的特点和实际，采取学习座谈、专题讨论、参观考察、公益活动、举办报告会、培训班等形式，开展对非公有制经济人士的引导教育，并鼓励他们互相激励、共同提高。

成立民生银行 20世纪90年代，中国民营企业迅速发展，在经济社会发展中起着越来越重要的作用，但普遍存在缺乏金融支持、资金短缺严重等困难。1993年10月，在全国工商联第七届会员代表大会上，全国工商联主席经叔平提出要创办一家股份制商业银行，以更好地发挥工商联的职能作用，引导非公有制经济健康发展。并给时任国务院副总理兼中国人民银行行长朱镕基写信，提出由全国工商联牵

头，成立一家以工商联内有实力企业为主要股东的股份制商业银行，主要为民营企业融资服务，推动非公有制经济健康发展。朱镕基同志批示：“请人民银行予以考虑。”1994年的全国“两会”期间，全国政协委员中的一些民营企业家在会上提出倡议，希望能够拥有一家民营商业银行。

1995年5月6日，国务院发函批复中国人民银行，同意设立一家民营商业银行。经过周密筹备，中国民生银行于1996年1月12日在北京正式挂牌开业，经叔平被推选为董事长。民生银行是我国首家主要由非国有企业入股的全国性股份制商业银行，又是严格按照《公司法》和《商业银行法》建立的规范的股份制金融企业。2000年12月19日，民生银行在上海证券交易所挂牌上市。民生银行成立后，业务不断拓展，效益逐年递增，保持了快速健康的发展势头，为服务民营经济发展、推动中国银行业改革创新作出了积极贡献。

发出《信誉宣言》 1999年7月15日，刘永好等33名担任全国人大代表、全国政协委员、全国工商联常委的非公有制经济代表人士，针对市场经济中商业欺诈和信用紊乱现象，在北京人民大会堂向全国非公有制经济人士发出了《信誉宣言》，倡议弘扬中华民族“守信用、讲信誉、重信义”的传统美德，共同维护社会主义市场经济的正常秩序，营造良好的社会环境。《信誉宣言》的发表，得到了有关方面的高度重视和高度评价，得到了非公有制经济人士的热烈响应。《信誉宣言》活动不仅有助于塑造新的历史条件下非公有制经济人士的良好形象，又是非公有制经济代表人士积极参与社会主义精神文明建设的具体行动，也是统一战线开展非公有制经济代表人士工作的有效形式。

致富思源、富而思进 2001年，在开展致富思源、富而思进的“双思”活动中，浙江省31位非公有制经济人士向全国非公有制经济人士发出了《致富思源，富而思进，开拓进取，强我中华》的倡议书。2002年全国政协九届五次会议期间，工商联界别全体私营企业家发出了《坚持“三个结合”，当好社会主义事业建设者》的倡议书，反映广大非公有制经济人士以开拓进取、奋发向上的精神加快自身的发展，帮助更多的人走上富裕之路，从而更好地报效国家、回报社会和服务人民。

非公有制经济人士积极搞好自身企业，参与国企改革，参与再就业工程，参与西部大开发，努力创造社会财富，同时配合国家法律法规、行政、经济等方面的管理和调控，有效地抑制了个体私营经济发展中的一些短期行为、违规行为和有悖于社会主义精神文明的不良行为，提高了做合格的中国特色社会主义事业的建设者的自觉性。非公有制经济人士在守法经营、依法纳税，积极参与国有企业改革、吸纳下岗职工，投身社会公益事业方面发挥了积极作用。在1998年长江、松花江流域抗洪救灾中，全国非公有制经济人士和会员企业累计捐款捐物8.5亿元。

五、非公有制经济代表人士队伍建设

各级统战部门把加强非公有制经济代表人士队伍建设作为非公有制经济统战工作的重要内容，与有关部门密切联系，积极推进。加强调查研究，根据本地非公有制经济发展实际，明确非公有制经济代表人士的标准和范围，注意代表性，不但看企业的规模和经济实力，还看他们的综合素质、思想道德观、行业代表性、参政议政能力。还通过表彰纳税大户、组建行业商会等活动和形式，不断发现新的代表人士，充实和扩大非公有制经济代表人士队伍。加强培养教育，通过举办培训班、研讨会、报告会、座谈会等多种形式进行思想政治教育，通过光彩事业、“双思”教育、信誉宣言等实践活动进行自我教育，通过表彰先进、宣传典型、参观考察、经验交流等活动进行积极引导教育，从学习教育和实践锻炼的结合上提高非公有制经济代表人士的政治思想素质、参政议政能力和企业管理能力。

各级党委统战部和工商联，与各有关部门密切配合，扩大视野，广开渠道，循序渐进地加强对非公有制经济代表人士的政治安排工作。安排渠道主要有人大代表、政协委员、工商联执委，以及包括光彩事业促进会在内的各类经济性、统战性社团理事等。自1983年六届全国人大一次会议上，两名个体户最早当选为全国人大代表以后，非公有制经济人士在中国政治机构中不断增多。1993年3月，20名私营企业主正式成为全国政协委员。据统计，到1998年，全国私营企业主担任县以上政协委员的有8500多人，其中省级政协委员895人，全国政协委员46人；被选为县以上人大代表的有5400多人，其中省级人大代表372人，全国人大代表8人。到2002年上半年，担任县以上各级人大代表的有9065人，担任县以上各级政协委员的有32025人。

六、加强工商联组织建设

1993年10月，中华全国工商业联合会第七届会员代表大会召开，会议通过了新的工商联章程，选举产生了新的领导机构，在实现新老合作交替方面迈出了重大的一步。大会以后，各级工商联组织贯彻会议精神，开展“爱国、敬业、守法”教育活动和各项服务，引导非公有制经济健康发展，初步形成了一支积极分子队伍。工商联实现了会员结构的调整和各级领导班子的新老交替，到1997年9月底，4年间工商联会员总数由67万人发展到116.68万人，增长74.15%；其中非公有制经济成分的会员由20.59万人发展到68.48万人，占会员总数的58.68%；非公有制经济人士在省级工商联执委中所占比例为52%，在省级工商联常委中所占比例为50.4%，有的担任了工商联的正、副会长。逐步完善民间商会职能，为国家、为社会、为会员服务的各项工作上了一个新台阶，为改革开放和社会主义现代化建设作出了新的贡献。

1997年11月，中华全国工商业联合会第八届会员代表大会召开。中央政治局委员、全国人大常委会副委员长田纪云代表中共中央、国务院致贺词。会议通过的修改后的工商联章程，将工商联的性质明确为：

中国共产党领导的中国工商界组成的人民团体和民间商会，是党和政府联系非公有制经济人士的桥梁和纽带，是政府管理非公有制经济的助手。[①]

以工商联八大为新的起点，工商联进一步继承和发扬自身的传统和优势，把统战性同经济性、民间性这两个方面结合起来，在工作内容和方式上朝着更加适应社会主义市场经济和民主政治的方向转变和开拓。

第四节　民族、宗教工作的加强和民族地区的发展稳定

一、民族工作理论和实践的全面推进

20世纪90年代初，随着东欧剧变、苏联解体，美苏长期对峙的冷战格局结束，随之引发了一场新的世界性民族主义浪潮，民族、宗教问题成为全球性热点问题。国际敌对势力企图利用民族、宗教问题加紧对我国进行西化、分化，并与国内外分裂势力相勾结，企图利用民族、宗教问题打开缺口。同时，国内改革开放和现代化建设的全面展开，社会主义市场经济体制的建立和完善，也使民族、宗教工作面临许多新情况、新问题。党中央深刻把握时代特征和国际国内民族、宗教问题的发展变化，从全局和战略上研究民族、宗教问题，创新民族、宗教理

① 《中共中央国务院致全国工商联八大的贺词》，《人民日报》1997年11月4日第1版。

论，完善民族、宗教政策，加强民族、宗教工作，巩固和发展了民族团结进步和社会稳定的局面。

中央民族工作会议 1992年1月14日至18日，党中央、国务院在北京召开了改革开放以来的第一次中央民族工作会议。江泽民作了题为《加强各民族大团结，为建设有中国特色的社会主义携手前进》的讲话，提出了90年代民族工作的主要任务：一是加快少数民族地区经济发展，逐步与全国的发展相适应；二是大力发展少数民族地区的社会事业，促进各民族的全面进步；三是坚持改革开放，不断增强少数民族和民族地区的自我发展活力；四是坚持与完善民族区域自治制度，全面贯彻落实民族区域自治法；五是进一步加强民族的大团结，坚决维护祖国的统一。

讲话对党关于民族问题的基本观点和政策作了概括，特别是把民族自身的发展引入民族问题的内涵，是党在民族理论上的一次重要创新。这些为正确观察和研究当代中国民族问题，科学制定加快少数民族和民族地区发展的政策措施，提供了理论依据。李鹏在闭幕会上讲话，强调加快少数民族和民族地区的经济、社会发展和改革开放，进一步培养少数民族干部和做好宗教工作。这次会议，对于正确应对世界性民族主义浪潮的影响，战胜苏东剧变对我国民族关系的严峻挑战，加强各民族大团结，动员各族人民为建设有中国特色社会主义共同奋斗，具有非常重要的意义。

西部大开发战略 1999年9月29日，在新中国成立50周年之际，中共中央、国务院召开第二次中央民族工作会议。这次会议的一个特点是与全国民族团结进步表彰会结合起来，会议的主题是贯彻西部大开发战略，加快民族地区发展，把民族团结进步事业全面推向新世纪。这次会议第一次系统、明确地提出了西部大开发的五项主要任务。江泽民在讲话中强调，加快少数民族和民族地区的发展，不仅是一个重大的经济问题，也是一个重大的政治问题。指出：

全党同志必须把加强民族团结、促进各民族共同发展和共同繁荣，作为整个社会主义初级阶段民族工作的行动纲领。[①]

中共中央政治局常委、国务院总理朱镕基在讲话中明确指出，实施西部大开发战略，就是要加快少数民族和民族地区的发展，并提出了加快民族地区发展的主要工作任务。

2000年12月底，国务院颁发了《关于实施西部大开发若干政策措施》，标志着西部大开发战略迈出了实质性的步伐。在实施西部大开发中，国家将5个自治区、27个自治州、83个自治县（旗）纳入其中，同时规定3个自治州可以参照享受西部大开发优惠政策；对未列入西部大开发范围的自治县，责成其所在的省级人民政府在职权范围内比照西部大开发的有关政策予以扶持。党和国家为加快民族地区经济发展和社会进步采取了一系列措施：加大对民族地区的投入，确立了转移支付制度，新增了发展资金、温饱基金、民族地区乡镇企业贷款，制定了民族贸易和民族用品生产实行"低息贷款、减免税收、专项投资"等一系列优惠政策，还组织经济发达地区对口支援民族地区开展扶贫协作，在制定实施《国家八七扶贫攻坚计划》《中国农村扶贫开发纲要（2001—2010）》中，都将民族地区作为重点。国家有关部门对民族地区开始实施跨越式发展战略、"兴边富民"行动以及扶持人口较少民族发展的计划。

全面贯彻落实民族区域自治法　随着实践的发展，党对民族区域自治的认识不断深化。1992年，中央民族工作会议把坚持与完善民族区域自治制度，全面贯彻落实《民族区域自治法》作为90年代民族工作的一项主要任务。1997年，党的十五大把民族区域自治制度与人民代表大会制度、共产党领导的多党合作和政治协商制度一道，确立为中国必须长期坚持的基本政治制度。

民族区域自治法制化建设不断推进。1991年12月，国务院发出《关

---

① 江泽民：《在中央民族工作会议暨国务院第三次全国民族团结进步表彰大会上的讲话》（1999年9月29日），中共中央文献研究室编：《十五大以来重要文献选编》（中册），人民出版社2001年版，第1052页。

于进一步贯彻实施〈民族区域自治法〉若干问题的通知》，提出了11条具体措施，是加强民族法制建设的一个重要步骤。1993年，经国务院批准并授权，国家民委发布实施了《民族乡行政工作条例》和《城市民族工作条例》，就新形势下进一步保障散杂居地区少数民族的权益作出了规定。各地区在民族法制建设方面也做了大量工作。绝大多数自治州和自治县制定了自治条例，一些省区还制定了促进民族经济发展和维护民族团结等方面的地方性法规，各级政府结合实际制定实施细则，辖有自治地方的省、区、市大都修订和颁布了《实施〈中华人民共和国民族区域自治法〉的若干规定》。为适应社会主义市场经济体制和实施西部大开发的要求，90年代后期开始了《民族区域自治法》的修改工作。经过九届人大二十次常委会审议，于2001年2月28日通过了新修改的《民族区域自治法》。该法明确规定帮助民族自治地方发展是上级国家机关的职责，扩大了民族自治地方的自主权，要求有关上级国家机关和地方要制定配套的法规和规章等。

民族地区的发展进步 截至1998年底，我国共建立了155个民族自治地方，其中，包括5个自治区、30个自治州、120个自治县（旗）。55个少数民族已有44个实行了区域自治。此外，实行区域自治的民族和11个人口较少、聚居区过小的民族共建有1200个民族乡。社会主义的民族关系不断巩固和发展。少数民族地区的经济社会发展成就显著。表现在：经济总量迅速增长，民族地区的国内生产总值占全国的比重从1978年的8.9%上升到1997年的9.5%。工农业生产能力不断提高，产业结构不断优化，一批农牧业基地、能源基地、矿产基地和原材料生产基地正在民族地区崛起。民族地区经历了从向沿海地区学习到自己打开大门，实行对国外和国内发达地区的双向开放，形成了沿海、沿江、沿线的全方位的对外开放格局，民族地区正在成为我国同周边国家经贸往来的前沿阵地。地方财政收入快速增长，金融业务快速发展。民族地区各族群众生活水平得到显著改善和提高。民族教育取得了巨大成就，全国55个少数民族都有了自己的大学生，有些民族还有了研究生、博士生，回、朝鲜、纳西等十几个少数民族每万人平均拥有的大学生数已超过全国平均水平。少数民族文化事业进一步发展繁荣，卫生、体育事业发展迅速。在九届全国人大和九届全国政协中，共有少数民族人大代表428名、委员257名，分别占代表总数和委员总数的14.37%和11.7%，大大超过少数民族人口在全国人口中所占的比例。少数民族干部队伍不断壮大，到1999年已经达到282.4万人，形成了包括党务、政务、经济、科技、文化、教育、卫生等方面人才队伍，为维护祖国统一、民族团结、社会稳定和促进经济社会发展发挥了重要作用。

加强民族团结，维护祖国统一，反对民族分裂，是社会主义初级阶段的一项长期任务。20世纪90年代以来，在复杂的国际形势下，在国际敌对势力的支持下，“台独”“藏独”“疆独”的分裂活动有所加剧。党的第三代中央领导集体高度重视这一问题，有效领导了反分裂斗争。

二、积极引导宗教与社会主义社会相适应

宗教与社会主义社会相适应的提出　1979年第十四次全国统战工作会议提出了“要把宗教活动引导到地面上来”的观点。①1982年10月，中央政治局委员胡乔木提出“宗教怎样才能同社会主义社会相协调”的问题。这一时期，李维汉、杨静仁、习仲勋等也先后提出了“促使宗教同社会主义相适应”“使我国的宗教进一步同社会主义发展相适应”“使宗教活动同社会主义制度相适应”等观点，并引导宗教界共同思考。1986年12月，第十六次全国统战工作会议提出，要“坚持一切着眼于团结和建设的主导思想，全面理解和贯彻宗教信仰自由政策，促使宗教与社会主义制度相适应”。②1990年7月，《中共中央关

① 《第十四次全国统战工作会议》，中共中央统战部研究室编：《历次全国统战工作会议概况和文献》，华文出版社1998年版，第447页。

② 《第十六次全国统战工作会议》，中共中央统战部研究室编：《历次全国统战工作会议概况和文献》，华文出版社1998年版，第518—519页。

于加强统一战线工作的通知》提出，要引导爱国宗教团体和人士把爱教和爱国结合起来，把宗教活动纳入宪法和法律的范围，同社会主义制度相适应。[①]

1992年5月中共中央办公厅转发的中央统战部《九十年代统一战线部门工作纲要》提出，宗教工作的基本任务是贯彻党的宗教政策，依法对宗教事务进行管理，巩固和发展同宗教界的爱国统一战线，积极引导宗教与社会主义社会相适应，为维护稳定、增进团结、统一祖国、振兴中华服务。[②]

1993年11月7日，江泽民在第十八次全国统战工作会议上就做好宗教工作强调了“三句话”，明确提出全面、正确地贯彻执行党的宗教政策，依法加强对宗教事务的管理，积极引导宗教与社会主义社会相适应。并强调贯彻政策、依法管理的目的都是要引导宗教与社会主义社会相适应。并指出：

这种适应，并不要求宗教信徒放弃有神论的思想和宗教信仰，而是要求他们在政治上热爱祖国，拥护社会主义制度，拥护共产党的领导；同时，改革不适应社会主义的宗教制度和宗教教条，利用宗教教义、宗教教规和宗教道德中的某些积极因素为社会主义服务。[③]

在2000年第十九次全国统战工作会议和2001年全国宗教工作会议上，江泽民都对引导宗教与社会主义社会相适应作了进一步阐述。2002年又把“全面贯彻党的宗教信仰自由政策，依法管理宗教事务，积极引导宗教与社会主义社会相适应，坚持独立自主自办的原则”写

---

① 《中共中央关于加强统一战线工作的通知》（1990年7月14日），中共中央统一战线工作部、中共中央文献研究室编：《新时期统一战线文献选编（续编）》，中共中央党校出版社1997年版，第259页。

② 《中共中央统战部九十年代统一战线部门工作纲要》（1992年4月20日），中共中央统一战线工作部、中共中央文献研究室编：《新时期统一战线文献选编（续编）》，中共中央党校出版社1997年版，第403、415页。

③ 江泽民：《高度重视民族和宗教工作》（1993年11月7日），中共中央统一战线工作部、中共中央文献研究室编：《新时期统一战线文献选编（续编）》，中共中央党校出版社1997年版，第616页。

入党的十六大报告，从而使引导宗教与社会主义社会相适应的地位、作用和意义更加突出。

制定宗教事务管理行政法规 随着我国民主法制建设的加强，宗教立法工作加快了步伐。1991年5月6日，国务院宗教事务局和民政部制发《宗教社会团体登记管理实施办法》。1994年1月31日，国务院颁布了《中华人民共和国境内外国人宗教活动管理规定》和《宗教活动场所管理条例》，这是我国政府依法管理宗教事务的两个重要行政法规，标志着宗教方面法制建设迈出了重要一步。同年4月13日，国务院宗教事务局制定了《宗教活动场所登记办法》。1996年7月29日制定了《宗教活动场所年度检查办法》，逐步把政府对宗教事务的管理和宗教活动场所自身的管理纳入法制轨道。据不完全统计，到1999年，经登记的宗教活动场所有8.5万余处，各种宗教教职人员约30万人，全国性和地方宗教团体3000多个，宗教院校74所。各教都自己出版经典、书刊。中国各宗教团体同世界70多个国家和地区的宗教组织、宗教人士建立了联系。涉及民族、宗教因素的问题得到妥善处理，打着“宗教”旗号进行的分裂活动和违法犯罪活动受到严厉打击。

抵御境外利用宗教进行的渗透活动 坚持独立自主自办的原则，是中国教会生存和发展的一个基本原则，也是做好抵御境外利用宗教进行的渗透活动工作的指导原则。加强对神职人员特别是年轻的教职人员独立自主自办教会方针的教育，加强宗教爱国组织建设。1997年，中央统战部、国务院宗教事务局在《关于进一步加强对天主教地下势力综合治理工作的意见》中提出，要切实培养出一批接受党的领导、坚持走社会主义道路、拥护独立自主自办教会方针、并能联系信教群众的年轻神职人员。

2001年12月全国宗教工作会议上提出了“坚决抵御境外利用宗教进行的渗透活动”的明确要求。2002年《中共中央国务院关于加强宗教工作的决定》指出：

利用宗教进行渗透，是指境外团体、组织和个人利用宗教从事各种违反我国宪法、法律、法规和政策的活动和宣传，与我争夺信教群众，争夺思想阵地，企图西化、分化中国。[①]

《决定》还进一步归纳了宗教渗透主要有两种情况：一是打着宗教旗号企图颠覆我国政权和社会主义制度，破坏我国家统一、领土完整和民族团结；一种是企图控制我国的宗教团体和干涉我国宗教事务，在我国境内建立宗教组织和活动据点、发展教徒。会后，各级党委把抵御宗教渗透工作纳入议事日程，建立了相关部门参加的工作机制。

鼓励和支持宗教界对宗教教义作出符合社会进步要求的阐释，基督教界开展的神学思想建设、藏传佛教界开展的寺庙爱国主义教育、天主教界开展的民主办教、伊斯兰教界开展的“解经”工作以及佛教、道教界在这方面作出的积极探索都取得新的进步。

坚持“四个维护”　在国内外因素综合作用下，我国民族宗教方面的社会矛盾呈现出新特点，也出现了一些群体性事件。党中央强调民族和宗教中的矛盾，大量的属于人民内部矛盾。一定要做好人民内部矛盾的疏导工作，要认真解决，决不能掉以轻心。如何正确处理好涉及民族宗教方面的矛盾，党中央提出了“四个维护”的原则。1993年8月，李瑞环就关于迅速平息宁夏西吉沙、陈械斗事件问题的讲话中提出，“必须高举保护人民的旗帜——保护人民利益，保护人民生命财产安全；必须高举维护法律的旗帜——维护法律的尊严，制止一切违法犯罪行为”[②]。1994年7月，李瑞环在同新形势下民族宗教问题研讨班学员座谈时强调，民族宗教方面发生的问题，主要属于人民内部矛盾，但也不排除有的问题带有对抗的性质。对一些人利用民族宗教问题引发事端，制造动乱，我们也不能丧失警惕。必须坚持维护人民利益、维护法律尊严这两面旗帜。任何人以任何理由损害人民利益、践踏法律尊严都

① 《中共中央国务院关于加强宗教工作的决定》（2002年1月20日），中共中央文献研究室、中共新疆维吾尔自治区委员会编：《新疆工作文献选编（1949—2010）》，中央文献出版社2010年版，第555页。

② 李瑞环：《辩证法随谈》，中国人民大学出版社2007年版，第120页。

是不能允许的，都必须坚决制止。1995年11月10日，李瑞环在班禅转世灵童寻访领导小组第三次会议上，结合与达赖集团的斗争，进一步强调：

在我们国家，任何人、任何团体，包括任何宗教，都应当维护法律尊严，维护人民利益，维护民族团结，维护国家统一。在我们国家，任何人、任何团体，包括任何宗教，都绝不允许违反国家法律，损害人民利益，制造民族分裂，破坏祖国统一。这是最基本的行为准则。[①]

全国宗教工作会议 2001年12月10日至12日，中共中央、国务院召开全国宗教工作会议。江泽民在讲话中指出，宗教问题从来就不是孤立存在的，它总是同政治、经济、文化、民族等方面历史和现实的矛盾相交错，具有特殊复杂性。讲话从历史和现实的角度，观察世界的宗教问题，提出必须把握住宗教的三个主要特点，即宗教的存在有着深刻的社会历史根源，宗教将会长期存在并发生作用；宗教与一定社会的经济、政治、文化问题交织在一起，对社会发展和稳定产生重大影响；宗教常常与现实的国际斗争和冲突相交织，是国际关系和世界政治中的一个重要因素。讲话特别指出：

宗教走向最终消亡可能比阶级、国家的消亡还要久远。

既不能用行政的力量去消灭宗教，也不能用行政的力量去发展宗教，而要积极引导宗教与社会主义社会相适应。

在我国，宗教的社会作用仍有两重性，既有积极的一面，也有消极的一面，还会受到一定范围内存在的阶级斗争和国际上一些复杂因素的影响。

我国信仰各种宗教的群众有一亿多，他们也是建设有中国特色社会主义的积极力量。

我们共产党人坚持马克思主义的无神论，但不能简单地把无神论和有神论的区别等同于政治上的对立。

---

① 李瑞环：《在班禅转世灵童寻访领导小组第三次会议上的讲话（摘要）》（1995年11月10日），中共中央文献研究室编：《十四大以来重要文献选编》（中册），人民出版社1997年版，第1566页。

在社会主义条件下，信教和不信教以及信仰不同宗教的群众，他们在这种信仰上的差异是比较次要的差异，他们在政治上、经济上的根本利益是相同的。我们党代表最广大人民的根本利益，当然也包括广大信教群众的合法利益。[①]

会议强调，新世纪初宗教工作的基本任务是：

全面贯彻党的宗教信仰自由政策，依法管理宗教事务，坚持独立自主自办的原则，积极引导宗教与社会主义社会相适应，巩固和发展党同宗教界的爱国统一战线，维护稳定，增进团结，为推进社会主义现代化建设、实现祖国的完全统一、维护世界和平与促进共同发展而努力奋斗。[②]

2002年1月20日，中共中央、国务院下发了《关于加强宗教工作的决定》，这也是新中国成立以来关于宗教工作全局的第一个决定。

三、推动西藏的发展和稳定

确立西藏工作的指导方针　为了加快西藏的经济社会发展，党中央先后在1980年、1984年两次召开西藏工作座谈会。1987年6月29日，邓小平提出，判断西藏工作的好坏，关键是看怎样对西藏人民有利，怎样才能使西藏很快发展起来，在中国四个现代化建设中走在前列。

1989年10月19日，针对拉萨骚乱和戒严后的复杂局面，江泽民主持召开中央政治局常委会议专题研究西藏工作。会议充分肯定了西藏和平解放以来发生的翻天覆地的历史性变化，和西藏各族干部、群众、人民解放军为此作出的贡献。认为工作中的失误，包括“文化大革命”的严重失误，经过拨乱反正，落实政策任务已经基本完成，遗留问题今后继续解决。提出了旨在稳定西藏社会局势、发展西藏经济的

---

① 《论宗教问题》（2001年12月10日），《江泽民文选》第3卷，人民出版社2006年版，第373—384页。

② 《人民日报》2001年12月13日第1版。

10条意见，对统一党内思想、稳定人心发挥了重要作用，成为新时期西藏工作的转折点。1990年7月，江泽民亲临西藏视察指导工作，探访农家，慰问牧民，考察重点工程，慰问边防部队，研究民族宗教问题，筹谋西藏的长治久安、加快发展。

1993年底，中央批准中央统战部关于召开第三次西藏工作座谈会的请示。经过大量调研和精心筹备，中央第三次西藏工作座谈会于1994年7月20日在北京召开。会议在总结西藏工作基本经验、充分肯定西藏工作成绩的基础上，实事求是地分析了西藏面临的困难和问题，要求全党从战略全局高度重视西藏工作。江泽民在讲话中指出：

西藏的稳定，涉及国家的稳定；西藏的发展，涉及国家的发展；西藏的安全，涉及国家的安全。支援西藏的工作，实际上是保障全局的工作。

会议提出了中央关心西藏、全国支援西藏的方针，确定了中央有关部委和15个省市对口支援西藏的方式。会议分析了反分裂斗争面临的严峻形势，指出我们与达赖集团的斗争，不是信教不信教、自治不自治的问题，而是维护祖国统一和反对分裂的问题。提出在维护民族团结，尊重宗教信仰自由的同时，要坚决揭露达赖集团利用民族宗教作掩护的分裂活动，教育群众，团结多数。要以经济建设为中心，抓好发展和稳定两件大事，确保西藏经济的发展，确保社会的全面进步和长治久安，确保人民生活水平的不断提高。这一论述被概括为“一个中心，两件大事，三个确保”，成为新时期西藏工作的指导方针。

从1994年到2000年，西藏国内生产总值年均增长12.4%，生产总值达到117.4亿元；建设了一批基础性骨干项目，62项重点建设项目全部建成，实际完成投资达38亿元。科教文卫事业有较大发展，城乡居民收入持续增长，生活水平不断提高，改革开放不断深化，民族团结进一步加强，社会局势基本稳定，党的建设不断加强。第三次西藏工作座谈会对西藏加快发展和保持稳定发挥了重要作用，被誉为西藏发展史上的一个里程碑。

第十世班禅转世　第十世班禅转世灵童的寻访认定，是这个时期开展对达赖集团斗争，维护西藏稳定的一场严肃的政治斗争。第十世班禅额尔德尼是藏传佛教的杰出领袖，是一位伟大的爱国主义者和著名的国务活动家，是中国共产党的忠诚朋友，1989年1月28日因病在西藏圆寂。国务院在班禅圆寂后第三天即作出《关于第十世班禅大师治丧和转世问题的决定》，提出：根据扎什伦布寺民主管理委员会和僧众的请求，并参照历史惯例，国务院特就治丧和转世问题决定如下：

(1)在日喀则市扎什伦布寺修建第十世班禅额尔德尼·确吉坚赞法体灵塔和祀殿，供后人瞻仰朝拜，缅怀他爱国爱教的业绩。修建灵塔和祀殿事宜，责成西藏自治区人民政府和扎什伦布寺民主管理委员会共同办理。经费由国家拨专款。

(2)由扎什伦布寺民主管理委员会按照藏传佛教的仪轨，举行宗教悼念活动，办理遗体保存等事宜，经费由国家拨专款。

(3)由扎什伦布寺民主管理委员会负责，并视必要请中国佛教协会、佛协西藏分会协助，办理第十世班禅额尔德尼·确吉坚赞转世灵童的寻访、认定等事宜，报国务院批准。

寻访工作于当年8月启动。国务院批准成立了第十世班禅的经师嘉雅活佛、扎什伦布寺民主管理委员会部分成员和主要活佛、堪布、高僧和其他藏区知名活佛参加的转世灵童寻访工作领导班子，由他们按照宗教仪轨和历史定制具体领导寻访工作。同时还成立了以中国佛教协会会长赵朴初和副会长帕巴拉·格列朗杰为总顾问的顾问班子，负责有关事项的咨询。

流亡境外的达赖喇嘛一直企图插手班禅转世工作。在中央政府准备批准按照历史定制，通过金瓶掣签的方式认定转世灵童时，达赖唯恐失去最后的插手机会，突然在1995年5月14日擅自宣布一名有争议的男童为“转世灵童”。达赖这一行径违背了藏传佛教仪轨，违背了历史定制，也违背了十世班禅的遗愿，遭到寻访小组和藏传佛教界高僧大德及广大信教群众的反对。

1995年11月，班禅转世灵童寻访领导小组第三次会议召开。全国藏传佛教界高僧大德齐聚北京，就班禅转世灵童寻访认定中的一些重大问题进行充分研究磋商。李瑞环在讲话中指出，达赖处心积虑地利用班禅转世问题大做文章，其目的就是要改变班禅爱国爱教的传统，为他分裂祖国、搞乱西藏服务。

与会人士一致认为藏传佛教和中国其他宗教一样，必须维护法律尊严，维护国家利益，维护民族团结，维护国家统一。班禅转世灵童的寻访认定，必须遵循宗教仪轨和历史定制，特别是坚持金瓶掣签和中央政府批准的原则。

1995年11月29日，认定十世班禅转世灵童的金瓶掣签仪式按照藏传佛教仪轨在大昭寺隆重举行。当日下午，举行了册立典礼，国务院代表罗干宣读《国务院关于特准经金瓶掣签认定的坚赞诺布继任为第十一世班禅额尔德尼的批复》。12月8日，国务院代表李铁映宣读《国务院对西藏自治区人民政府〈关于举行第十一世班禅额尔德尼坐床典礼的请示〉的批复》，向班禅颁发"金册""金印"，完成坐床仪式。全国宗教界代表、高僧大德、信教群众代表共同见证了这一佛门盛事。

十世班禅转世工作的圆满完成，不仅是佛门的盛事，也有力地揭露了达赖在政治上的反动性和宗教上的虚伪性，教育了藏传佛教界和信教群众，为此后开展的寺庙爱国主义教育打下了基础，为新中国活佛转世立下了规矩，为建立藏传佛教与社会主义社会相适应的新秩序开辟了道路。

第四次西藏工作座谈会　2001年6月25日至27日，党中央、国务院在北京召开第四次西藏工作座谈会。会议从实施西部大开发战略出发，提出了今后一个时期西藏工作的各项方针、政策和措施。发展和稳定是会议的主线，继续动员全国支援西藏是会议的主要议题。会议进一步深化了"一个中心，两件大事，三个确保"的西藏工作指导方针。江泽民在这次座谈会上明确提出新世纪西藏工作的主要任务是：

紧紧抓住实施西部大开发战略和西藏社会局势基本稳定的良好机遇，着眼于西藏的繁荣进步和长治久安，集中力量解决事关西藏发展稳定全局的重大问题，促进西藏经济从加快发展到跨越式发展，促进西藏社会局势从基本稳定到长治久安。①

会议决定继续加大对西藏的投入，重点是基础设施建设。延长对口援藏时间，扩大对口支援的范围，增加部分国有大型企业参加援藏工作。会议安排落实了117个建设项目，投资达到311.78亿元（含青藏铁路西藏段120亿元）。动员各省、区、市和部分国有大型企业确定援助项目70个，总投资约10.6亿元。安排项目立足西藏的长远发展，重点是基础设施、农业综合开发。具体落实中，要求尽量多安排一些使广大农牧民群众直接受益的项目。

会议分析了反分裂斗争出现的新动向、新特点，指出：事实证明，尽管达赖集团从事分裂活动的策略手段不断变化，但其图谋“西藏独立”、分裂祖国的顽固立场没有改变；尽管国际反华势力支持达赖集团的方式不断变化，但他们企图利用达赖集团遏制、搞乱社会主义中国的既定战略没有改变。提出了对达赖集团的斗争方针：

旗帜鲜明，针锋相对，主动治理，强基固本。②

要求坚持标本兼治，重在治本。在绝不放松坚决依法打击的同时，要加强基层、基础工作，加强意识形态领域的工作，逐步铲除达赖集团分裂活动的社会基础，实现长治久安。

2001年6月29日，青藏铁路开工典礼在格尔木和拉萨隆重举行。7月19日，庆祝西藏和平解放50周年大会在拉萨举行。中央代表团团长胡锦涛向西藏自治区赠送江泽民题写的“祝贺西藏和平解放50周年”金匾并发表重要讲话。

---

① 江泽民：《促进西藏实现跨越式发展和长治久安》（2001年6月25日），中共中央文献研究室、中共西藏自治区委员会编：《西藏工作文献选编》，中央文献出版社2005年版，第551页。

② 《人民日报》2001年6月30日第1版。

第五节　“一国两制”方针的贯彻与实施

“和平统一、一国两制”是中国共产党实现祖国统一大业的基本方针。改革开放以来，中国共产党和中国政府为解决台湾问题，恢复对香港和澳门行使主权，实现祖国和平统一，积极推动“一国两制”伟大构想的贯彻实施。按照“一国两制”伟大构想，在中英、中葡联合声明的基础上，香港、澳门实现了和平过渡。1997年7月1日和1999年12月20日，中国政府先后恢复对香港和澳门行使主权，“一国两制”在香港、澳门成功实践，同时也对解决台湾问题起到了示范作用。

一、促进香港平稳过渡和回归

“一国两制”构想的运用　“一国两制”构想提出后，首先被成功运用于解决香港问题。香港包括香港岛、九龙和新界，自古以来就是中国的领土。1842年、1860年和1898年，英国通过两次鸦片战争和甲午战争后列强瓜分中国之机，强迫清政府签订《南京条约》《北京条约》和《展拓香港界址专条》，先后割让了香港岛、九龙半岛界限街以南地区，租借界限街以北、深圳河以南的九龙半岛北部大片土地以及附近的200多个岛屿（后统称新界），租期99年，到1997年期满。中国人民从来不承认这些不平等条约，辛亥革命后的历届中国政府也都没有承认过上述不平等条约。香港问题一直是中英两国之间的历史遗留问题。

新中国成立后，中国人民解放军已兵临港澳边境，但以毛泽东为核心的第一代中共中央领导集体从国际大局出发，审时度势，对港澳采取了“暂时不动”，“长期打算，充分利用”的方针，通过这两个窗口加强国际交往，开展商贸活动，促进祖国发展。与此同时，中国政府多次阐明对港澳问题的立场：香港、澳门是中国领土，中国不承认帝国主义强加给中国的不平等条约。对这一历史遗留问题，应在适当时机通过谈判和平解决，在未解决之前暂时维持现状。

1972年11月，第27届联合国大会通过决议，同意中国政府要求，将香港、澳门从殖民地名单中删除。香港和澳门是中国领土的地位再次得到确认，避免了其从中国版图独立出去的危险。

党的十一届三中全会后，中国政府开始致力解决香港问题。1979年3月，邓小平在会见香港总督麦理浩时说：我们历来认为，香港主权属于中华人民共和国，但香港又有它的特殊地位。香港是中国的一部分，这个问题本身不能讨论。但可以肯定的一点，就是即使到了一九九七年解决这个问题时，我们也会尊重香港的特殊地位。中国政府的立场不影响投资者的投资利益。在本世纪和下世纪初相当长的时期内，香港还可以搞它的资本主义，我们搞我们的社会主义。就是到一九九七年香港政治地位改变了，也不影响他们的投资利益。①这是“一国两制”构想运用于香港问题的最早阐释。

1982年，中英两国政府就解决香港问题开始进行谈判。9月，英国首相撒切尔夫人访问中国。邓小平在会见撒切尔夫人时，详细阐述了中国政府关于解决香港问题的原则立场。他说：我们对香港问题的基本立场是明确的，这里主要有三个问题。一个是主权问题；再一个问题，是1997年后中国采取什么方式来管理香港，继续保持香港繁荣；第三个问题，是中国和英国两国政府要妥善商谈如何使香港从现在到1997年的15年中不出现大的波动。②

---

① 中共中央文献研究室编：《邓小平年谱（一九七五—一九九七）》（上），中央文献出版社2004年版，第500—501页。

② 《我们对香港问题的基本立场》（1982年9月24日），《邓小平文选》第3卷，人民出版社1993年版，第12页。

关于主权问题，邓小平明确指出，中国在这个问题上没有回旋余地。坦率地讲，主权问题不是一个可以讨论的问题。现在时机已经成熟了，应该明确肯定：1997年中国将收回香港。就是说，中国要收回的不仅是新界，而且包括香港岛、九龙。中国和英国就是在这个前提下进行谈判，商讨解决香港问题的方式和方法。关于香港继续保持繁荣，邓小平说，根本上取决于中国收回香港后，在中国的管辖之下，实行适合于香港的政策。香港现行的政治、经济制度，甚至大部分法律都可以保留，当然，有些要加以改革。香港仍将实行资本主义，现行的许多适合的制度要保持。我们要同香港各界人士广泛交换意见，制定我们在15年中的方针政策以及15年后的方针政策。关于15年过渡期，邓小平专门强调，我们还考虑了我们不愿意考虑的一个问题，就是如果在15年的过渡时期内香港发生严重的波动，怎么办？那时，中国政府将被迫不得不对收回的时间和方式另作考虑。如果说宣布要收回香港就会像夫人说的“带来灾难性的影响”，那我们要勇敢地面对这个灾难，做出决策。①

此后，邓小平又多次同香港各界人士广泛交换意见。1984年6月22日、23日，他对香港人士说，我国政府在1997年恢复行使对香港的主权后，香港现行的社会、经济制度不变，法律基本不变，生活方式不变，香港自由港的地位和国际贸易、金融中心的地位不变，香港可以继续同其他国家和地区保持和发展经济关系。北京除了派军队以外，不向香港特区政府派出干部，这也是不会改变的。我们派军队是为了维护国家的安全，而不是去干预香港的内部事务。②

1984年9月，中英两国政府历经两年谈判，终于就解决香港问题达成协议，草签了《中英关于香港问题的联合声明》和三个附件。联合声

① 《我们对香港问题的基本立场》（1982年9月24日），《邓小平文选》第3卷，人民出版社1993年版，第12—14页。

② 《一个国家，两种制度》（1984年6月22日、23日）《邓小平文选》第3卷，人民出版社1993年版，第58页。

明宣布：中华人民共和国政府决定于1997年7月1日对香港恢复行使主权。同年12月19日，中英两国政府首脑在北京正式签署这个联合声明。1985年5月27日，中英双方在北京互换批准书，《中英关于香港问题的联合声明》正式生效，标志着香港进入了中国恢复行使主权前的过渡时期。

《香港特别行政区基本法》的制定　1985年4月10日，第六届全国人大三次会议在批准中英联合声明的同时，决定成立香港特别行政区基本法起草委员会，负责基本法的起草工作。在59名基本法起草委员会委员中，有安子介、费彝民、包玉刚等23名香港知名人士。1987年4月16日，邓小平在会见香港特别行政区基本法起草委员会委员时说，我们的"一国两制"能不能够真正成功，要体现在香港特别行政区基本法里面。他还表示，这个基本法还要为澳门、台湾作出一个范例。所以，这个基本法很重要。世界历史上还没有这样一个法，这是一个新的事物。他强调基本法要真正体现"一国两制"的构想，使它能够行得通，能够成功。[①]经过四年零八个月的努力，1990年《香港特别行政区基本法》诞生。邓小平称赞《基本法》是"一部具有历史意义和国际意义的法律""是一个具有创造性的杰作"[②]。1990年4月4日，第七届全国人大三次会议通过了《中华人民共和国香港特别行政区基本法》。

《基本法》是按照我国政府解决香港问题的总体构想——"一国两制"方针形成的。它既体现了"一国"所要求的主权统一、领土完整的基本原则，又保持香港原有的资本主义制度和生活方式50年不变的政治要求。《基本法》明确，香港特别行政区是中华人民共和国不可分离的部分。全国人民代表大会授权香港特别行政区依照基本法的规

① 《会见香港特别行政区基本法起草委员会委员时的讲话》（1987年4月16日），《邓小平文选》第3卷，人民出版社1993年版，第215、222页。

② 《香港基本法具有历史意义和国际意义》（1990年2月17日），《邓小平文选》第3卷，人民出版社1993年版，第352页。

定实行高度自治，享有行政管理权、立法权、独立的司法权和终审权。《基本法》的颁布为我国解决香港这一历史遗留问题、保持未来香港的繁荣和稳定奠定了法律基础。它是香港特别行政区日常立法的依据和基础，具有最高法律效力。英国政府也对《基本法》给予了高度评价，认为《基本法》是一个重要的里程碑，为香港的未来地位奠定了基础；基本法是中国当局与香港人经过五年紧张磋商取得的成果；就整体而言，《基本法》是对联合声明的令人可以接受的反映。

英国政府支持的所谓“政改方案”　1992年7月，在国际形势发生巨大变化的情况下，英国政府改变对华对港政策，派出彭定康出任第28任港督。1992年10月，彭定康在英国政府支持下，放弃中英合作，单方面提出包括香港1994年选举安排在内的对香港现行政治体制进行重大改变的方案。这个“政改方案”违反了中英联合声明精神，违反了英方关于使香港政制发展同《基本法》相衔接的承诺，违反了中英双方已经达成的有关协议和谅解，使政权顺利交接出现障碍。

1993年4月至11月，中英两国政府就香港1994/1995年选举安排问题举行了17轮会谈。中方真诚希望双方能够在符合中英联合声明、《基本法》与中英以往达成的谅解和协议的基础上达成协议，并曾为此作了最大的努力，表现出最大的诚意和灵活性。但英方却始终顽固坚持其“三违反”的错误立场，而且不顾中方的再三劝告，在双方未达成协议的情况下，悍然将其部分政制方案提交立法局，从而导致会谈的破裂。

鉴于英方一意孤行，悍然单方面操纵立法局，通过了彭定康的部分政改方案，1994年8月31日，全国人大常委会通过了郑耀棠等32位人大代表于同年3月提出的重建香港政制架构议案，宣布港英最后一届立法局、市政局和区域市政局、区议会将于1997年6月30日终止。1997年7月1日后，香港特别行政区将按照《基本法》和全国人大决议的有关决定，组织特区立法会和各区域组织。

中国对香港恢复行使主权　1996年1月26日，具有广泛代表性、包括香港社会各阶层和各个方面人士在内的香港特别行政区筹委会成立，标志着中国对香港恢复行使主权的准备工作进入实际操作的新阶段。1996年3月，筹委会决定设立临时立法会，为确保香港特别行政区的正常运作制定必不可少的法律和必要的人事安排。筹委会还筹备成立香港特别行政区第一届政府推选委员会。同年11月2日，筹委会全体会议以无记名投票的方式选出了340名推委会委员，他们与26名香港地区全国人大代表和34名香港地区全国政协委员代表一起组成了400人的推委会。12月11日，推委会举行第三次全体会议，选举董建华为香港特别行政区第一任行政长官人选。16日，国务院总理李鹏签署国务院令，任命董建华为香港特别行政区第一任行政长官。21日，推委会第四次全体会议选举产生了香港特别行政区临时立法会的60名议员。

1997年6月30日，中华人民共和国主席江泽民率中国政府代表团抵达香港，出席香港政权交接仪式。午夜至7月1日凌晨，中英香港政权交接仪式在香港举行。江泽民庄严宣告：中国政府对香港恢复行使主权。交接仪式结束后，举行了中华人民共和国香港特别行政区成立暨特区政府宣誓就职仪式。香港回到祖国怀抱，洗雪了百年国耻，圆了中华民族期盼了一个多世纪的香港回归梦，实现了几代人的夙愿。“一国两制”是一个高瞻远瞩的伟大创造，是人类文明进步史上的一大创举。

香港回归后，“一国两制”由科学构想变为生动现实。中央政府坚决贯彻“一国两制”、“港人治港”、高度自治的基本方针，全力支持行政长官和特别行政区政府依法施政。在亚洲金融危机严重冲击和国际经济环境变化的不利情况下，特别行政区政府沉着应对，香港各界人士携手努力，妥善处理了一系列社会和经济问题，保持了香港社会的稳定和谐与经济的繁荣发展。回归后的香港，原有的资本主义制度保持不变，广大居民继续以自己习惯的方式生活。香港仍然保持着自由港的特色和国际贸易、金融、航运中心的地位，继续被公认为亚洲乃至全球最具发展活力的地区之一。

二、促进澳门平稳过渡和回归

"一国两制"同样适用于澳门问题 澳门包括澳门半岛、凼仔岛和路环岛。鸦片战争后，葡萄牙殖民者于1849年、1851年和1864年先后占领澳门半岛、凼仔岛和路环岛，并于1887年迫使清政府签订《中葡会议草约》和《北京条约》，塞进了"葡国永驻管理澳门"的条文。

中国政府解决澳门问题的原则是：对澳门恢复行使主权，并保持澳门的社会稳定和经济发展。"一国两制"同样适用于澳门问题。当然，还要结合澳门的特殊情况，对我国解决澳门问题也将采取一系列特殊的政策。

1984年10月，邓小平在接见港澳同胞国庆观礼团时，提出了用香港问题的解决方案解决澳门问题的设想。他说：澳门问题的解决，想用香港的方式，我们以前不讲，是不要因为澳门问题影响了其他。澳门问题的解决当然也是澳人治澳，"一国两制"。①

1985年5月，葡萄牙总统埃亚内斯应邀访问中国，中葡双方发表联合公报，同意通过外交途径，谈判解决澳门问题。1986年6月30日，中葡关于澳门问题的第一轮会谈在北京举行。经过历时9个月的4轮谈判，1987年4月13日，中葡两国政府在北京正式签署《中葡关于澳门问题的联合声明》，确定中国政府于1999年12月20日恢复对澳门行使主权。《声明》的签署，标志着澳门进入了中国恢复行使主权前的过渡时期。

《澳门特别行政区基本法》的制定 1988年1月15日，在中葡联合声明正式生效的同时，中葡联合联络小组正式成立。4月13日，第七

---

① 中共中央文献研究室编：《邓小平年谱（一九七五—一九九七）》（下），中央文献出版社2004年版，第999页。

届全国人大第一次会议决定成立澳门特别行政区基本法起草委员会。在48名基本法起草委员会委员中，有包括马万祺、何鸿燊、何厚铧等22名澳门知名人士。10月，澳门基本法起草委员会在北京举行第一次全体会议，开始了起草工作。1993年3月31日，第八届全国人大一次会议通过并颁布了《澳门特别行政区基本法》。同日，会议还通过了《全国人民代表大会关于澳门特别行政区第一届政府、立法会和司法机关产生办法的决定》，规定“全国人民代表大会设立澳门特别行政区筹备委员会，负责筹备成立澳门特别行政区的有关事宜。根据本决定规定第一届政府、立法会和司法机关的具体产生办法。筹备委员会由内地委员和不少于百分之五十的澳门委员组成，主任委员和委员由全国人民代表大会常务委员会委任”。

中国对澳门恢复行使主权　1998年4月29日，第九届全国人大二次会议通过了澳门特别行政区筹备委员会组成人员名单。5月5日，筹委会在北京成立，标志着澳门回归进程进入关键阶段。1999年4月10日，200名澳门永久性居民在筹委会第七次全体会议上当选为澳门特别行政区第一届政府推选委员会委员。其中包括以无记名和差额选举的方式选举产生的185名推委会委员，4名具有澳门永久性居民身份的澳门地区全国人大代表，以协商互选方式产生的11名澳门地区全国政协委员。5月15日，推委会举行第八次全体会议，选举何厚铧为澳门特别行政区第一任行政长官人选。20日，国务院总理朱镕基签署国务院令，任命何厚铧为澳门特别行政区第一任行政长官。

1999年12月20日凌晨，中华人民共和国主席江泽民在澳门向全世界郑重宣告，中华人民共和国澳门特别行政区政府成立。随后，全部由澳门人组成的澳门特别行政区政府宣誓就职。以此为标志，“一国两制”、“澳人治澳”、高度自治的基本方针在澳门正式实施，澳门进入发展的新纪元。

三、发展两岸关系与推动祖国和平统一

形成"九二共识"　20世纪90年代初，随着两岸交流的开放，两岸关系进入新的历史时期。为了妥善处理两岸交流中出现的各种事务，台湾方面于1990年成立了财团法人海峡交流基金会（简称海基会），大陆亦于1991年对应成立了海峡两岸关系协会（简称海协会），作为大陆与台湾官方授权处理两岸事务的法人团体。1992年，大陆海协会与台湾海基会就坚持一个中国原则的态度交换意见，达成"九二共识"：

双方各自以口头方式表述"海峡两岸均坚持一个中国原则"。

"九二共识"的达成，为两会领导人会谈营造了合作互信的政治基础。1993年，两会负责人汪道涵与辜振甫实现了历史性会晤。"汪辜会谈"的成功开启标志着两岸关系发展又迈出了坚实一步。

提出"八项主张"　为了在新形势下进一步推动两岸关系发展，促进和平统一，1995年1月30日，江泽民代表中国共产党和中国政府发表了题为《为促进祖国统一大业的完成而继续奋斗》的重要讲话，提出了现阶段发展两岸关系、推动祖国和平统一的八项主张。

"八项主张"要点是：（一）坚持一个中国的原则，是实现和平统一的基础和前提。中国的主权和领土决不容许分割。任何制造"台湾独立"的言论和行动，都应坚决反对；主张"分裂分治""阶段性两个中国"等等，违背一个中国的原则，也应坚决反对。（二）对于台湾同外国发展民间性经济文化关系，我们不持异议。但是，我们反对台湾以搞"两个中国""一中一台"为目的所谓"扩大国际生存空间"的活动。（三）进行海峡两岸和平统一谈判，是我们的一贯主张。在和平统一谈判的过程中，可以吸收两岸各党派、团体有代表性的人士参加。在一个中国的前提下，什么问题都可以谈，包括就两岸正式谈判的方式问题同台湾方面进行讨论，找到双方都认为合适的办法。作为第一

步，双方可先就“在一个中国的原则下，正式结束两岸敌对状态”进行谈判，并达成协议。在此基础上，共同承担义务，维护中国的主权和领土完整，并对今后两岸关系的发展进行规划。（四）努力实现和平统一，中国人不打中国人。我们不承诺放弃使用武力，决不是针对台湾同胞，而是针对外国势力干涉中国统一和搞“台湾独立”的图谋的。（五）大力发展两岸经济交流与合作，以利于两岸经济共同繁荣，造福整个中华民族。完全应当采取实际步骤加速实现直接“三通”。要促进两岸事务性商谈。在互惠互利的基础上，商谈并且签订保护台商投资权益的民间性协议。（六）中华各族儿女共同创造的五千年灿烂文化，始终是维系全体中国人的精神纽带，也是实现和平统一的一个重要基础。（七）两千一百万台湾同胞，不论台湾省籍还是其他省籍，都是中国人，都是骨肉同胞、手足兄弟。要充分尊重台湾同胞的生活方式和当家作主的愿望，保护台湾同胞一切正当权益。希望台湾各党派以理性、前瞻和建设性的态度推动两岸关系发展。欢迎台湾各党派、各界人士，同我们交换有关两岸关系与和平统一的意见，也欢迎他们前来参观、访问。（八）我们欢迎台湾当局的领导人以适当身份前来访问；我们也愿意接受台湾方面的邀请，前往台湾。中国人的事我们自己办，不需要借助任何国际场合。①

这篇讲话精辟阐述了邓小平关于“和平统一、一国两制”思想的精髓，体现了中央对台方针政策的一贯性、连续性和在新形势下的进一步发展，展现了党和政府发展两岸关系、促进祖国统一的决心和诚意，是解决台湾问题的纲领性文件。

1998年5月11日，江泽民在中央对台工作会议上提出：“争取台湾民心，是完成祖国统一的重要基础。”2000年12月，江泽民在第十九次全国统战工作会议上进一步强调，解决台湾问题，实现祖国完全统

① 《为促进祖国统一大业的完成而继续奋斗》（1995年1月30日），《江泽民文选》第1卷，人民出版社2006年版，第421—423页。

一，是大势所趋，人心所向。更寄希望于台湾人民。台湾同胞和海外侨胞，只要坚持一个中国原则，拥护祖国统一，不论什么阶层、什么党派、什么团体、什么人，我们都要同他们加强联系，广泛团结，努力形成全体中华儿女共同致力于实现祖国完全统一的政治局面。

四、海外统战工作的开展

开创我国侨务工作新局面　中国是侨务资源大国，5000多万海外侨胞广泛分布在世界各地，3000多万归侨侨眷工作、生活在全国各地。新时期以来，广大海外侨胞和归侨侨眷，成为实现祖国统一和民族振兴的重要力量。在侨务工作中，党和政府始终坚持“三有利”原则，即有利于海外侨胞的长期生存和发展，有利于发展中国同海外侨胞住在国的友好合作关系，有利于推进我国现代化建设、维护和促进祖国统一。

1989年12月，第四次全国归国华侨代表大会在北京举行，江泽民代表中共中央和国务院发表重要讲话。全国侨联主席张国基代表上届委员会作题为《在改革开放中再创侨联工作新业绩》的工作报告。国务院侨办主任廖晖宣布了国务院侨办和全国侨联联合表彰的980名侨务系统优秀知识分子、企业家的决定。

1990年9月15日，邓小平在会见马来西亚郭氏兄弟集团董事长郭鹤年时说，大陆同胞，台湾、香港、澳门的同胞，还有海外华侨，大家都是中华民族子孙，要共同奋斗，实现祖国统一和民族振兴。

1991年1月1日起，《归侨侨眷权益保护法》开始施行。这部法律把我国长期以来对归侨侨眷实行的政策予以规范，使保护归侨侨眷权益工作更加规范化、制度化。这是新中国成立后第一部保护归侨侨眷合法权益的专门法律，为我国侨务工作新局面的开创奠定了基础。

2002年5月，中共中央办公厅、国务院办公厅转发《国务院侨务办公室、外交部关于进一步加强国外侨务工作的意见》，指出21世纪是实现祖国完全统一和中华民族伟大复兴的世纪，华侨华人是促进这一历史进程的重要力量，国外侨务工作将承担更加重要的使命，要充分调动和发挥广大海外华侨华人在促进祖国统一和参与祖国现代化建设等方面的积极性。海外华侨华人工作的深入开展，极大地密切了他们与祖（籍）国的联系，也有力地促进了我国的现代化建设，促进了祖国统一大业，促进了中华文化在世界各国的传播交流。

中华海外联谊会成立　1997年5月24日，中华海外联谊会在北京成立，推举全国政协副主席、中共中央统战部部长王兆国担任会长，全国人大常委会副委员长费孝通、雷洁琼、王光英、程思远为名誉会长。中华海外联谊会将生活在不同国度、不同地区和不同社会制度之下的台港澳同胞、海外侨胞最广泛地团结起来，成为团结、联系台湾同胞、港澳同胞、海外侨胞的桥梁和纽带。中华海外联谊会成立后，充分发挥理事们在资金、技术、管理和专业服务等方面的优势，积极建言献策，帮助引智引资，并为港澳台同胞、海外侨胞投身祖国建设创造机会、提供服务；积极弘扬中华文化，组织公祭黄帝陵活动，开展寻根之旅，举办“海外杰青汇中华”等活动，推动中华文化在海外侨胞特别是年轻一代心中深深扎根；以国家发展战略为导向，举办西部大开发、东北振兴、中部崛起等系列海联论坛，在社会各界特别是海外侨胞中产生强烈反响；以老少边穷地区为重点参与公益慈善，开展扶贫赈灾，捐资兴学建校，积极修医济困，为少数民族地区经济、社会事业发展提供有力支持。统一战线其他涉侨党派、团体，也通过组织考察、国情研习、联谊合作、学术交流、文艺演出、文化展览等多种方式，积极开展工作。海外统战工作坚持以侨为桥、沟通中国与世界，积极开展公共外交，加强与华侨华人联系，增强了对侨胞的吸引力、凝聚力和影响力。

2000年陈水扁上台执政后，大搞“台独”分裂活动。全球多个国家和地区的爱国友好侨团和海外侨胞成立了“反独促统”组织，开展海外“反独促统”活动，积极推进祖国和平统一大业。海外侨胞还以多种方式向当地社会和民众介绍中国国情和发展，展示中华民族的悠久历史和灿烂文化，宣传中国和平发展战略和建设和谐世界理念。

第六节 迈向新世纪的统一战线

一、第十九次全国统战工作会议

2000年12月4日至6日，中共中央召开了第十九次全国统战工作会议。江泽民发表了《进一步开创统一战线工作的新局面》的重要讲话，李瑞环同与会代表座谈并发表重要讲话。李鹏、朱镕基、胡锦涛、尉健行等在京中央政治局常委，政治局委员、候补委员等出席会议。王兆国作工作报告。会议讨论了《中共中央关于加强统一战线工作的决定》（征求意见稿），并于12月31日下发。这次会议，从跨世纪的历史高度，全面分析了统一战线工作面临的新形势、新情况，进一步明确了新的历史条件下统一战线的重要地位和作用，系统论述了当前和今后一个时期党的统一战线方针政策和主要任务，深刻阐明了统一战线一系列带有根本性、全局性、战略性的重大理论和实践问题，是动员和组织广大统一战线成员为实现党在新世纪的三大任务而奋斗的会议，在党的统一战线历史上具有深远意义。

明确新的历史条件下统一战线重要地位和作用 江泽民在讲话中，把统一战线在新世纪党的工作全局中的地位和作用概括为“四个离不开”，即实现第三步战略目标离不开统一战线，发展社会主义民主政治离不开统一战线，建设有中国特色社会主义文化离不开统一战线，实现祖国完全统一离不开统一战线。指出，巩固和发展最广泛的统一战线，关系到党的执政地位和人民民主政权的巩固，关系到公有制主体地位和促进非公有制经济的健康发展，关系到科教兴国战略的实施和现代化建设的进程，关系到民族团结、社会稳定和领土完整，关系到“一国两制”方针的贯彻和祖国完全统一，关系到维护世界和平与促进共同发展。强调：

在新世纪，统一战线作为党的一个重要法宝，绝不能丢掉；作为党的一个政治优势，绝不能削弱；作为党的一项长期方针，绝不能动摇。①

明确新世纪统战工作的基本任务和重要原则　会议指出，我国社会的一致性和多样性是当代中国社会的重要特征，是统一战线存在和发展的客观基础，对统一战线实现最广泛团结提出了新的、更高的要求。会议把统一战线工作范围由原来的10个扩大为12个方面，即各民主党派成员，无党派人士，党外知识分子，少数民族人士，宗教界人士，非公有制经济人士，香港、澳门同胞，台湾同胞、去台湾人员留在大陆的亲属和回大陆定居的台胞，出国和归国留学人员，海外侨胞和归侨侨眷，原工商业者，起义和投诚的原国民党军政人员等。

会议指出，新世纪统一战线工作的基本任务是：高举爱国主义、社会主义旗帜，团结一切可以团结的力量，调动一切积极因素，化消极因素为积极因素，为建设有中国特色社会主义的经济、政治、文化服务，为维护安定团结的政治局面服务，为实现祖国完全统一服务，为维护世界和平与促进共同发展服务。

会议提出了新世纪统一战线必须坚持的重要原则：

坚持党对统一战线的领导权，坚持为党和国家的中心任务服务，坚持大团结、大联合的主题，坚持发扬社会主义民主，坚持求同存异、体谅包容，坚持运用“团结—批评—团结”的公式，坚持照顾同盟者利益。

明确我国政党制度的显著特征和衡量标准　江泽民的讲话和《中共中央关于加强统一战线工作的决定》指出，确立和实行适合国

① 《进一步开创统一战线工作的新局面》（2000年12月4日），《江泽民文选》第3卷，人民出版社2006年版，第143页。

情的政治制度和政党制度，对一个国家的发展和稳定具有极为重要的意义。中国共产党领导的多党合作和政治协商制度，是中国共产党运用马克思主义政党学说，深刻总结国内外的历史教训，在长期的革命和建设实践中，同各民主党派共同创立的，是中国人民长期奋斗的成果，也是中国人民政治经验和智慧的结晶。明确提出：

我国政党制度的显著特征在于：共产党领导、多党派合作，共产党执政、多党派参政。

衡量中国的政治制度和政党制度，最根本的是要从中国国情出发，从中国革命、建设、改革实践的效果着眼，一是看能否促进社会生产力持续发展和社会全面进步；二是看能否实现和发展人民民主，增强党和国家的活力，保持和发挥社会主义制度的特点与优势；三是看能否保持国家政局稳定和社会安定团结；四是看能否实现和维护最广大人民的根本利益。①

强调在我国政党格局中，民主党派作为具有政治联盟性质的政党，具有进步性和广泛性相统一的特点。共产党和各民主党派在国家重大问题上进行民主协商、科学决策，集中力量办大事；共产党与各民主党派互相监督，促进共产党领导的改善和参政党建设的加强。这既避免了多党竞争、相互倾轧造成的政治动荡，又避免了一党专制、缺少监督导致的种种弊端。我国政党制度的巨大优势在这里，同国外一党制和多党制根本区别也在这里。②

完善党对统一战线的领导体制 会议要求各级党委要从坚持"三个代表"的高度抓好统一战线工作，党政主要领导要亲自做统战工作；各级人大、政府、政协和司法机关的党组织要搞好与党外人士的合作共事；工会、共青团、妇联等人民团体要结合自身特点开展统战

① 《进一步开创统一战线工作的新局面》（2000年12月4日），《江泽民文选》第3卷，人民出版社2006年版，第144页。

② 《进一步开创统一战线工作的新局面》（2000年12月4日），《江泽民文选》第3卷，人民出版社2006年版，第144页。

工作；科学、教育、文化、卫生、企业以及乡镇、街道党组织也要积极做好统战工作。

为加强党对统一战线工作的领导，江泽民的讲话和《中共中央关于加强统一战线工作的决定》明确：

省及省以下党委统战部长，由于工作需要而又有条件的要由同级党委常委担任，并在任免前征求上一级党委统战部门的意见。①

要求建立健全统一领导、相互协作的统一战线工作机制。加强统战部门和统战干部队伍建设，统战工作任务重的高等院校、科研院所和大型国有企业有企业党委要设置统战部，乡镇、街道党组织要有统战委员，其他企事业单位也要有人负责统战工作。各级党委要为统战部门改善工作条件，提供经费保障。

第十九次全国统战工作会议以后，掀起深入学习、广泛宣传的热潮。中央统战部制发文件和学习辅导材料，举办培训班、研讨会，组织全国统一战线知识竞赛。全国31个省区市都召开了统战工作会议传达贯彻中央精神，制发贯彻落实中央决定的意见及配套文件，党委常委担任统战部长、建立党委统战部负责协调的统一战线工作机制、党外人士的培养选拔安排使用等一些长期制约统战工作进一步发展的困难和问题逐步得到解决，全面活跃和推进了各个领域的统战工作。到2002年底，河南在全国率先实现全省17个省辖市、1个省直管市和158个县（市、区）统战部长由同级党委常委担任。

二、深入研究统战理论问题

20世纪90年代，面对国际国内形势的重大而深刻的变化，中央领导同志高度重视统战理论研究。江泽民要求统战系统要努力“开创学

① 《进一步开创统一战线工作的新局面》（2000年12月4日），《江泽民文选》第3卷，人民出版社2006年版，第154页。

习、研究、工作新局面”，李瑞环亲自与全国统战部研究室主任座谈，多次要求统战部门要塌下心来，研究问题，统战部负责同志要亲自动手研究问题，形成风气。

1994年7月，第三次中国统一战线理论工作会议召开。会议确立用邓小平建设有中国特色社会主义理论指导统战理论研究，明确统一战线理论研究的方针和任务，把统战理论研究工作推进到一个新阶段。会后，从中央到地方统战部门加强了对统战理论政策研究工作的组织领导，党内与党外相结合、理论工作者与实际工作者相结合、专职人员与兼职人员相结合、在职人员与离退休人员相结合、统战系统与其他部门相结合，逐步建立了以统战部门、社会主义学院、各民主党派和工商联等人民团体、科研单位和高等院校、统战理论研究会等为主体的研究网络，从中央统战部到省、市、县的相互衔接的研究体制；形成了以课题为纽带，以统战系统业务部门为依托，领导干部带头，抓住课题选择、中期推动、评奖表彰、成果转化四个环节，推动统一战线理论政策研究走向深入的工作机制。据不完全统计，到1999年9月，全国有省、市、县级统一战线理论研究会和企业、高校、民主党派统战理论研究组织1000多个，各级研究会会员8万多人。完成调研报告和研究文章4万多篇，597篇获全国统战理论研究优秀成果奖。在调研基础上，中央统战部形成政策性文件52份，各省区市形成文件共600多份，出版了一批具有较高学术价值的专著、文献、文集和资料，统战报刊和社会主流媒体刊载统战理论政策研究文章上万篇。

特别是以江泽民为核心的党中央着眼时代要求和中国社会发展，在深刻总结历史经验的基础上，坚持与时俱进、开拓创新，提出了一系列新的理论观点和政策思想，从理论与实践的结合上进一步丰富和发展了毛泽东统一战线思想和邓小平新时期统一战线理论，为社会主义市场经济条件下统战工作深入开展提供了根本指导。

2000年1月8日至10日，第四次统战理论工作会议暨中国统一战线理论研究会第三届理事会召开，李瑞环接见参会代表并讲话。王兆国向大会作工作报告。

会议就党的第三代领导集体对统一战线理论政策的丰富、发展和创新从十个方面进行了概括。（一）在统一战线的地位作用方面，强调巩固和发展爱国统一战线是我们党一项事关全局的长远战略方针，是我国政治上的一大优势，也是建设有中国特色社会主义的一大法宝；（二）在统一战线的本质方面，提出新时期统一战线的本质就在于大团结、大联合；（三）在多党合作方面，指出没有中国共产党领导的多党合作，就不可能最大限度地把全民族一切爱国的、进步的力量团结和调动起来，去实现我们共同的奋斗目标；（四）在民族方面，强调民族宗教无小事；（五）在宗教方面，指出要全面正确地贯彻执行党的宗教政策，尊重和保护公民信仰自由的权利，坚决反对和纠正任何歧视信教和不信教群众的行为；（六）在非公有制经济方面，明确指出公有制为主体、多种所有制经济共同发展，是我国社会主义初级阶段的一项基本经济制度，非公有制经济是我国社会主义市场经济的重要组成部分；（七）在知识分子方面，指出知识分子是先进生产力的重要开拓者和知识传播者，在社会主义现代化建设中发挥着不可替代的重要作用；（八）在人民政协方面，指出人民政协是具有中国特色社会主义政党制度的重要组成部分，是中国特色社会主义政治体制的重要组成部分，是我国基本政治制度的一种体现，是推进社会主义民主政治建设的一大创造、一大特色、一大优势；（九）在祖国统一方面，提出实现祖国完全统一，是全世界所有热爱祖国的中华儿女的共同心愿；（十）在加强党对统一战线工作的领导方面，指出在社会主义时期，坚持党的领导，仍然是统一战线的核心问题。

会议总结交流统一战线理论研究的成绩经验，讨论通过了全国统一战线理论研究五年规划，明确了跨世纪统一战线理论研究的基本方向和重点，就是着力研究涉及统一战线发展的全局性、战略性重大问题：（一）深入研究发展社会主义市场经济对统一战线的影响，探索新的工作思路；（二）深入研究有中国特色的政党理论，推进党领导的多党合作事业；（三）深入研究当今世界的民族、宗教问题，探索我国民族、宗教工作的基本规律；（四）深入研究非公有制经济的状况、特点及其发展趋势，做好非公有制经济代表人士工作；（五）深入研究知识经济背景下的党外知识分子统战工作，发挥知识分子在科教兴国战略中的作用；（六）深入研究"一国两制"条件下的港澳统战工作，促进祖国的完全统一。

第十一章

全面建设小康社会中的爱国统一战线

（2002 年 11 月—2012 年 11 月）

以党的十六大召开为标志，我国进入全面建设小康社会新的发展阶段。统一战线坚持以邓小平理论和“三个代表”重要思想为指导，牢固树立和落实科学发展观，着力促进政党关系、民族关系、宗教关系、阶层关系、海内外同胞关系的和谐，推动统一战线形成团结、稳定、开拓、活跃的良好局面，为全面建设小康社会、构建社会主义和谐社会作出了重要贡献。

第一节　新世纪新阶段统一战线的新任务新变化新发展

一、全面建设小康社会对统一战线的新要求

2002年11月8日至14日，中国共产党第十六次全国代表大会在北京召开。江泽民作了《全面建设小康社会，开创中国特色社会主义事业新局面》的报告。十六届一中全会选举胡锦涛为中共中央总书记。

《报告》提出：21世纪头20年，对我国来说，是一个必须紧紧抓住并且可以大有作为的重要战略机遇期。根据十五大提出的到2010年、建党一百年和新中国成立一百年的发展目标，我们要在本世纪头20年，集中力量，全面建设惠及十几亿人口的更高水平的小康社会，使经济更加发展、民主更加健全、科教更加进步、文化更加繁荣、社会更加和谐、人民生活更加殷实。这是实现现代化建设第三步目标必经的承上启下的发展阶段，也是完善社会主义市场经济体制和扩大对外开放的关键阶段。《报告》强调，为完成党在新世纪新阶段这个奋斗目标，发展要有新思路，改革要有新突破，开放要有新局面，各项工作要有新举措。

《报告》对全面建设小康社会新阶段的统一战线提出明确要求。

（一）高举爱国主义、社会主义旗帜，加强全国各族人民的大团结，巩

固和发展最广泛的爱国统一战线；（二）贯彻“三个代表”重要思想，最广泛最充分调动一切积极因素，不断为中华民族的伟大复兴增添新力量；（三）坚持“长期共存、互相监督、肝胆相照、荣辱与共”的方针，加强同民主党派合作共事，更好地发挥我国社会主义政党制度的特点和优势；（四）保证人民政协发挥政治协商、民主监督和参政议政作用；（五）全面贯彻党的民族政策，坚持和完善民族区域自治制度，巩固和发展平等、团结、互助的社会主义民族关系，促进各民族共同繁荣进步；（六）全面贯彻党的宗教信仰自由政策，依法管理宗教事务，坚持独立自主自办的原则，积极引导宗教与社会主义社会相适应；（七）认真贯彻党的侨务政策；（八）坚持“和平统一、一国两制”基本方针，贯彻八项主张，以最大的诚意、尽最大的努力争取和平统一的前景。

二、统一战线成为“四者”的联盟

经过改革开放20多年的发展，我国的经济社会结构发生了重大变化，产生了民营科技企业的创业人员和技术人员、受聘于外资企业的管理技术人员、个体户、私营企业主、中介组织的从业人员、自由职业人员等新的社会阶层。这些新的社会阶层伴随着改革开放的进程，不仅在建立和发展社会主义市场经济中不断发展壮大，而且为发展生产、解决就业、提供税收、维护稳定、增强综合国力作出了重要贡献。改革开放初期提出的统一战线是社会主义劳动者、拥护社会主义的爱国者和拥护祖国统一的爱国者的联盟，已很难涵盖私营企业主等新的社会阶层。

为适应这一重要变化，最充分最广泛地调动一切积极因素，为全面建设小康社会、实现中华民族的伟大复兴增添新力量，2000年12月颁布的《中共中央关于加强统一战线工作的决定》，把私营企业主等非公有制经济人士、出国和归国留学人员等作为统战工作对象，纳入了统一战线工作范围。党的十六大报告，进一步明确了新的社会阶层都是“中国特色社会主义事业的建设者”。因此，私营企业主等新的社会阶层就作为“中国特色社会主义事业的建设者”，成为统一战线的重要组成部分。

2004年3月，第十届全国人大二次会议通过的宪法修正案对统一战线的表述明确为：

在长期的革命和建设过程中，已经结成由中国共产党领导的，有各民主党派和各人民团体参加的，包括全体社会主义劳动者、社会主义事业的建设者、拥护社会主义的爱国者和拥护祖国统一的爱国者的广泛的爱国统一战线，这个统一战线将继续巩固和发展。①

2007年10月，党的十七大把统一战线“四者”的表述写进了党章，明确：

中国共产党同全国各民族工人、农民、知识分子团结在一起，同各民主党派、无党派人士、各民族的爱国力量团结在一起，进一步发展和壮大由全体社会主义劳动者、社会主义事业的建设者、拥护社会主义的爱国者、拥护祖国统一的爱国者组成的最广泛的爱国统一战线。②

统一战线内部构成“四者”的表述，反映了新世纪我国经济社会结构和统一战线内部关系的新变化，统一战线包括的“劳动者”“建设者”和两种“爱国者”，一层比一层更广泛。同时，将“建设者”纳入统一战线的基本构成，也使统一战线内部关系更加多样。统战工作既要充分认识统一战线各界人士在根本利益上的一致性，又要正确对待和包容新的社会阶层的差异性，兼顾他们的具体利益要求，加强对他们的团结凝聚和教育引导，调动他们投身改革开放和社会主义现代化建设的积极性，为全面建设小康社会、实现中华民族伟大复兴增添新力量。

---

① 王兆国：《关于〈中华人民共和国宪法修正案（草案）〉的说明》，《人民日报》2004年3月9日第2版。

② 《中国共产党章程》（中国共产党第十七次全国代表大会部分修改，2007年10月21日通过），《中国共产党第十七次全国代表大会文件汇编》，人民出版社2007年版，第64页。

三、着力协调处理“五大关系”

党的十六大确立了加快社会主义现代化的宏伟目标，并强调在全面建设小康社会中继续巩固和发展最广泛的爱国统一战线，促进社会更加和谐。

2006年7月10日至12日，第二十次全国统战工作会议在北京召开。胡锦涛代表党中央发表重要讲话，全国政协副主席、中共中央统战部部长刘延东作工作报告。这次会议根据党的十六大提出的全面建设小康社会中“社会更加和谐”的精神，提出了充分发挥统一战线的优势和作用，正确处理政党、民族、宗教、阶层、海内外同胞“五大关系”，为构建社会主义和谐社会作出更大贡献的明确要求，并确定了统一战线若干重要领域的方针政策。会议讨论修改了《中共中央关于巩固和壮大新世纪新阶段统一战线的意见》，并在7月24日颁发。

在协助中央筹备这次会议过程中，中央统战部组织各级统战部门围绕促进五大关系和谐等问题，开展了扎实的调查研究，为中央开好这次会议作了充分的理论政策准备。会议分析了新世纪新阶段统一战线的重要特征：

空前广泛性、巨大包容性、鲜明多样性、显著社会性。

会议把新世纪新阶段统一战线的工作对象扩大为15个方面：各民主党派成员，无党派人士，党外知识分子，少数民族人士，宗教界人士，非公有制经济人士，私营企业和外资企业的管理技术人员，中介组织从业人员，自由职业人员，原工商业者，起义和投诚的原国民党军政人员及眷属，港澳同胞，台湾同胞、去台湾人员留在大陆的亲属，出国和归国留学人员，海外侨胞和归侨侨眷。

胡锦涛在讲话中明确指出：

政党关系、民族关系、宗教关系、阶层关系、海内外同胞关系。这是政治领域和社会领域中涉及党和国家工作全局的一些重大关系，也是统一战线需要全面把握和正确处理的重大关系。[①]

强调，正确认识和处理这五个方面的重大关系，保持和促进这五个方面的重大关系和谐，事关中国特色社会主义事业的全局，事关构建社会主义和谐社会的进程，事关党和国家的兴旺发达和长治久安。要正确认识和处理中国共产党和民主党派的关系，巩固和发展中国共产党领导的多党合作的政治格局；正确认识和处理各民族特别是汉族和少数民族的关系，促进各民族共同团结奋斗、共同繁荣发展；正确认识和处理信教群众和不信教群众、信仰不同宗教群众之间的关系，积极引导宗教与社会主义社会相适应；正确认识和处理社会各阶层的关系，推动和实现全社会和谐相处、共同发展；正确认识和处理大陆同胞和港澳同胞、台湾同胞、海外侨胞的关系，在爱国主义旗帜下加强海内外中华儿女的大团结。明确要求，新世纪新阶段，统一战线要围绕中心、服务大局，充分发挥自身优势，积极开展工作，在协调和处理这五个方面的重大关系中积极发挥作用，努力使党同民主党派和无党派人士的团结更加巩固，我国56个民族的关系更加和谐，社会各阶层的关系更加协调，宗教与社会主义社会更加适应，大陆同胞和港澳同胞、台湾同胞、海外侨胞的联系更加密切，为实现党在新世纪的三大任务提供最广大的力量支持。

2006年10月，促进“五大关系”的和谐写入党的十六届六中全会决议。2007年10月，党的十七大报告明确指出，“促进政党关系、民族关系、宗教关系、阶层关系、海内外同胞关系的和谐，对于增进团结、凝聚力量具有不可替代的作用”。[②]进一步把促进“五大关系”的和谐纳入全党全国工作大局中统筹规划部署，使之成为党的总任务、总政策的有机组成部分。

---

① 胡锦涛：《在全国统战工作会议上的讲话》（2006年7月10日），中共中央文献研究室编：《十六大以来重要文献选编》（下），中央文献出版社2008年版，第548页。

② 《高举中国特色社会主义伟大旗帜，为夺取全面建设小康社会新胜利而奋斗》（2007年10月15日），《胡锦涛文选》第2卷，人民出版社2016年版，第637页。

四、服务科学发展和实现自身科学发展

学习实践科学发展观 2003年7月28日，党的十六届三中全会提出，“坚持以人为本，树立全面、协调、可持续的发展观，促进经济、社会和人的全面发展”。2004年3月10日，胡锦涛在中央人口、资源、环境工作座谈会上，阐发了科学发展观的深刻内涵和基本要求。2007年10月，胡锦涛在党的十七大报告中提出，“科学发展观，是对党的三代领导集体关于发展的重要思想的继承和发展，是马克思主义关于发展的世界观和方法论的集中体现，是同马克思列宁主义、毛泽东思想、邓小平理论和‘三个代表’重要思想一脉相承又与时俱进的科学理论，是我国经济社会发展的重要指导方针，是发展中国特色社会主义必须坚持和贯彻的重大战略思想”。要求全党“必须坚持以邓小平理论和‘三个代表’重要思想为指导，深入贯彻落实科学发展观”。

2008年2月，全国统战系统开展了深入学习实践科学发展观活动。全国政协副主席、中央统战部部长杜青林强调指出，服务科学发展和实现自身科学发展，是统一战线深入贯彻落实科学发展观的着力重点，也是新形势下巩固和发展统一战线的发展方向和需要解决好的重大课题。统一战线要围绕“凝聚人心、汇聚力量、科学发展、共建和谐”主题，把学习实践科学发展观活动的成效体现到服务科学发展和实现统一战线自身科学发展上来。

服务科学发展 统一战线把坚持以人为本、科学发展作为广大成员团结奋斗的第一要务，积极为促进社会主义经济建设服务。党的十七大以后，各民主党派、无党派人士等广大统一战线成员，先后就耕地保护、两岸“三通”、建设社会主义新农村、青藏铁路沿线发展、实施可持续发展战略、加快转变经济发展方式、制定实施“十一五”和“十二五”规划等国家政治、经济、社会生活中的全局性、战略性和前瞻性重大问题开展考察调研，提出政策性建议，在促进经济社会

发展重大决策的科学化、民主化方面发挥了重要作用。国际金融危机发生以后，及时把引导统一战线成员为保持经济平稳较快发展作贡献，作为统一战线围绕中心、服务大局的重中之重，搭建引导、智力、服务、协调四大平台，服务经济平稳较快发展。坚持扶贫开发、服务社会，在大力推动和实施智力支边、光彩事业、温暖工程等活动的同时，进一步探索创建了海联论坛、感恩行动、党外院士服务团、律师服务团、留学人员服务团等新品牌。各民主党派中央、全国工商联共同创造的服务科学发展的“毕节经验”，通过大力开展“助推发展、改善民生、智力支持、生态建设和示范带动”的五大工程，把参与毕节试验区建设上升到整个统一战线服务科学发展的高度，提出打造统一战线品牌，实现优势叠加，为推动贫困地区脱贫致富，为促进区域和城乡协调发展作出了积极贡献，取得了良好的社会效果。

统一战线着力服务社会管理，为促进社会主义和谐社会建设服务。2011年，中央提出加强和创新社会管理的重大任务后，中央统战部在调查研究基础上，及时制定下发了关于充分发挥统一战线在社会建设中作用的有关文件，明确了统一战线参与社会建设的总体思路、特点优势、重要任务和方式方法。在以保障和改善民生为重点的社会建设、社会管理发展中，统一战线坚持服务为先、思想引领、综合施策、共建共享。注重人本管理，坚持以人为本理念，秉持团结联合主题，尊重人、理解人、关心人、服务人，充分发挥统一战线广大成员的主体作用，激发他们的创造活力；注重源头管理，做好经常性的、深入细致的强基固本工作，努力将隐患消弭于萌芽、化解在基层；注重柔性管理，寓管理于平等沟通、民主协商、热情服务、说服教育、联谊交友之中，增强了社会管理的亲和力和有效性；注重间接管理，努力做好党外代表人士工作，通过发挥他们的桥梁纽带和辐射带动作用，实现了对所联系成员和群众的管理和服务；注重自我管理，通过发扬统一战线自我教育传统，引导广大成员加强自律和互律，有力促进了社会管理效果的深入持久。统一战线服务社会管理，着力在引导非公有制经济组织构建和谐劳动关系上做文章，在加强城市少数民族群众管理和服务上下功夫，在推进宗教事务管理法制化、社会化、民主化上出成效，为建设中国特色社会主义管理体系、确保社会既充满活力又和谐稳定发挥了重要作用。

特别是面对重大疫情和自然灾害，统一战线按照中央决策部署，投身一线，献智出力，发挥了独特作用。2003年上半年，面对突如其来的非典型性肺炎疫情，各民主党派、工商联和无党派人士等统一战线广大成员，积极响应中共中央的号召，全力投身抗击“非典”斗争。党中央、国务院先后五次主持召开情况通报会和座谈会，听取党外人士有关抗击非典的意见和建议。统一战线中的专家、学者和医务工作者积极投身抗击非典第一线，有的同志甚至献出了宝贵的生命。统一战线各界人士捐款11亿多元，捐赠物资和药物折合人民币2亿多元，为夺取这场斗争的最终胜利作出重要贡献。2008年“5·12”汶川特大地震发生后，统一战线广大成员按照中央决策部署，向灾区群众伸援手、送温暖、献智慧。5月29日至31日，中央政治局常委、全国政协主席贾庆林与各民主党派中央、全国工商联负责人和无党派代表人士到四川灾区进行慰问，为做好抗震救灾工作建言献策。统一战线各界人士还亲赴一线救援，捐款捐物近80亿元，在抗震救灾和灾后重建中发挥了重要作用。

促进自身科学发展　统一战线服务科学发展是以自身科学发展为基础的，自身科学发展的程度直接关系到服务科学发展的成效。统一战线涵盖民主党派、无党派、民族、宗教、非公有制经济、港澳台海外等多个领域，实现自身科学发展主要就是促进政党关系、民族关系、宗教关系、阶层关系、海内外同胞关系的和谐，增进统一战线的团结联合，健全社会主义协商民主制度，凝聚各方面力量，建设一支具有巨大包容性、强大凝聚力和持续发展的统一战线队伍，巩固和壮大爱国统一战线，将统一战线事业不断推向前进。

五、加强党对统战工作的领导

“六个纳入”“四个带头” 2006年的第二十次全国统战工作会议和《中共中央关于巩固和壮大新世纪新阶段统一战线的意见》强调：要把巩固和壮大统一战线，作为提高党的执政能力的一项重要任务，作为发展中国特色社会主义事业的一项重要任务，作为增强中华民族凝聚力的一项重要任务，摆到全党工作的重要位置，真正抓紧抓实抓好。

为加强党委对统战工作的领导，要求：

各级党委要把统一战线工作作为事关党和国家全局的重要工作，摆上重要议事日程，着力研究解决重大问题。把统战工作纳入党政领导班子工作的考核内容，作为选拔任用领导干部的重要依据。把统战工作纳入宣传、新闻工作计划。把统一战线理论政策作为各级党校、行政学院、干部学院的重要教学内容，作为培训党政干部的必修课程。把多党合作、人民政协、“一国两制”、民族、宗教理论政策等统一战线知识列入国民教育内容。把统一战线理论研究纳入马克思主义理论研究和建设工程。①

强调各级党政主要领导在统战工作中发挥模范带头作用，要求：

各级党政主要领导要带头学习宣传统一战线知识，带头贯彻落实统一战线政策，带头参加统一战线重要活动，带头广交深交党外朋友。

各级党委普遍按照“六个纳入”和“四个带头”的要求，加强和改善对统战工作的领导，巩固发展了全党重视支持统战工作的局面。

健全统战工作的机制 第二十次全国统战工作会议明确要求：各省（自治区、直辖市）、地（市、州、盟）、县（市、区、旗）要按照党总揽全

① 《中共中央关于巩固和壮大新世纪新阶段统一战线的意见》（2006年7月24日），中共中央文献研究室编：《十六大以来重要文献选编》（下），中央文献出版社2008年版，第580—581页。

局、协调各方和精干、统一、高效的原则，结合各自特点，在统战工作方针政策的贯彻落实、重大问题的协调处理和相关干部的管理等方面，建立健全党委统一领导、统战部牵头协调、各有关部门和人民团体各负其责的体制。全国大部分省、自治区、直辖市逐步建立了一定形式的统战部负责协调机制，形成了工作合力。

特别是统战部长由党委常委担任不断推进。2000年全国统战工作会议前，全国由常委担任统战部长的省、自治区、直辖市仅有上海和青海；到2008年，省、市、县级由常委担任统战部长分别为16个、202个、1233个，达到51.6%、49.6%和44.6%；截至2012年11月，省级统战部长由常委担任的已经达到21个，9个省、自治区、直辖市的省地县三级统战部长全部由党委常委担任，12个省、自治区、直辖市的地市级统战部长，10个省、自治区、直辖市的县级统战部长全部由党委常委担任，为统战部门有效履行职责、发挥优势作用提供了有力保障。

基层统战工作得到加强 中央统战部单独或与有关部门于2003年1月、2004年6月和12月，制定下发《关于加强县（市）统一战线工作的意见》《关于进一步加强和改进国有企业统战工作的意见》和《关于加强高校统一战线工作的意见》，分别明确了县（市）、社区、高校和国有企业统战工作的重要意义、指导思想、主要任务和领导保障。指出县级统战工作，主要以民族宗教、非公有制经济人士和党外知识分子工作为重点；高校、科研院所和国有大中型企业统战工作，主要以党外知识分子工作为重点。要求统战工作任务重的乡镇、街道党组织一般都配有统战委员，规模较大、统战工作对象多、任务重的高等学校党委单独设立统战部，重点科研院所和大型国有企业党委设置统战工作机构，配备专职统战干部，其他国有企业和事业单位也要求有人员负责统战工作。同时，中央统战部还适应形势发展，召开了社区和社团统战工作研讨会，推动了社区和社团统战工作的开展。

第二节　推进多党合作和政治协商规范化、制度化、程序化建设

进入新世纪新阶段后，多党合作和政治协商面临许多新情况新问题，全面建设小康社会也提出了新要求。党的十六大后不久，2002年12月23日、24日、27日，胡锦涛、贾庆林、曾庆红等中央领导同志，逐一走访了八个民主党派中央和全国工商联，与新老领导人座谈，指出，共产党领导的多党合作和政治协商制度是我国的一项基本政治制度，也是我国社会主义政治制度的特有优势。党的十六大把这项制度写入中国共产党领导人民建设中国特色社会主义必须坚持的基本经验，表明了我们党坚持和完善我国这项基本政治制度不可动摇的决心。2005年以后，中共中央先后制定颁发了一系列重要文件，在多党合作和政治协商的制度化、规范化、程序化方面迈出了新步伐，取得了新进展。

【延伸阅读】

胡锦涛走访民主党派中央

2002年寒冬岁阑，瑞雪纷飞。12月23日上午、24日上午和27日下午，时任中共中央总书记胡锦涛和中共中央政治局常委贾庆林、曾庆红等中央领导同志一起，逐一走访了各民主党派中央、全国工商联。胡锦涛代表中共中央，向各民主党派新一届中央领导机构成员和全国工商联领导机构成员表示衷心的祝贺，向各民主党派和全国工商联的广大成员表示诚

挚的问候，并发表了热情洋溢的讲话。他对各民主党派和工商联在我国革命、建设和改革事业中作出的重要贡献给予高度评价，对在新世纪、新阶段改革、建设和发展中发挥更大作用寄予殷切期望。强调，必须始终不渝地坚持统一战线这个重要法宝和战略方针，必须始终不渝地发挥共产党领导的多党合作和政治协商制度的优势，把一切积极因素充分调动和凝聚起来，万众一心地创造我们的幸福生活。总书记走访民主党派中央，体现了中共中央对统一战线和多党合作的高度重视，展现出中国共产党与各民主党派团结合作的亲密关系。

一、制定《中共中央关于进一步加强中国共产党领导的多党合作和政治协商制度建设的意见》

为进一步加强中国共产党领导的多党合作和政治协商制度建设，经过中国共产党和各民主党派、无党派人士共同协商，2005年2月，《中共中央关于进一步加强中国共产党领导的多党合作和政治协商制度建设的意见》颁发。《意见》总结历史经验，适应现实发展，对多党合作和政治协商的原则、内容、方式、程序等作了科学规范，在理论创新和政策完善方面有了新发展。

《意见》提出，坚持和完善中国共产党领导的多党合作和政治协商制度，是建设社会主义政治文明的重要内容。着眼中国共产党和民主党派的长期合作、稳定合作和有效合作，明确了在多党合作中必须坚持的重要政治准则：

坚持以马克思列宁主义、毛泽东思想、邓小平理论和“三个代表”重要思想为指导，坚持中国共产党的领导，坚持社会主义初级阶段的基本路线、基本纲领和基本经验，坚持长期共存、互相监督、肝胆相照、荣辱与共的基本方针，保持宽松稳定、团结和谐的政治环境。中国共产党和各民主党派都必须以宪法为根本活动准则，负有维护宪法尊严、保证宪法实施的职责。[①]

《意见》对新世纪新阶段民主党派性质内涵作出新表述，指出：

民主党派是各自所联系的一部分社会主义劳动者、社会主义事业建设者和拥护社会主义爱国者的政治联盟，是接受中国共产党领导、同中国共产党通力合作的亲密友党，是进步性与广泛性相统一、致力于中国特色社会主义事业的参政党。

《意见》指出，政治协商是中国共产党领导的多党合作和政治协商制度的重要组成部分，是实行科学民主决策的一个重要环节，是中国共产党提高执政能力的重要途径。明确政治协商包括两种基本形式，即中国共产党与民主党派和无党派人士的协商，中国共产党在政协同各党派团体和各族各界人士的协商。强调：

把政治协商纳入决策程序，就重大问题在决策前和决策执行中进行协商，是政治协商的重要原则。

《意见》强调，发展是中国共产党执政兴国的第一要务，也是各民主党派参政议政的第一要务，多党合作和政治协商要牢牢把握发展这个根本任务。

《意见》指出，由于中国共产党处于领导和执政地位，更加需要自觉接受民主党派的监督。强调：

要在知情环节、沟通环节、反馈环节上建立健全制度。

《意见》指出，无党派人士是我国政治生活中的一支重要力量，提出要鼓励和支持无党派人士在参政议政、民主监督中发挥积极作用，积极稳妥地培养、选拔和安排新一代无党派代表人士，推进新老交替。首次把无党派人士界定为：

没有参加任何党派、对社会有积极贡献和一定影响的人士，其主体是知识分子。

《意见》还对加强中国共产党同党外人士合作共事、支持民主党

① 《就学习贯彻落实〈中共中央关于进一步加强中国共产党领导的多党合作和政治协商制度建设的意见〉中央统战部负责人答本报记者问》，《人民日报》2005年3月22日第2版。

派加强自身建设、办好社会主义学院、加强和改善中国共产党对多党合作和政治协商的领导等提出了具体要求。

《意见》符合形势发展要求，体现了鲜明的时代特色，是对我国多党合作和政治协商成功经验的理论升华，是加强我国社会主义政治文明建设的重要成果，为新世纪新阶段多党合作事业蓬勃发展提供了重要制度保障。

二、制定《中共中央关于加强人民政协工作的意见》

2006年2月，《中共中央关于加强人民政协工作的意见》颁发。文件科学概括了党的三代中央领导集体关于人民政协事业的重要论述和以胡锦涛为总书记的中共中央对人民政协工作的新思想、新要求，阐明了新形势下加强人民政协工作的重要性和必要性，进一步明确了人民政协的性质、地位、作用、主题、任务、职能和工作原则，并对搞好人民政协工作的制度化、规范化、程序化提出了明确要求，同时还为人民政协的各级组织、各参加单位以及广大委员进一步解放思想、开拓创新，提供了广阔空间。

《意见》对人民政协的性质作了完整表述，指出：

中国人民政治协商会议是中国人民爱国统一战线的组织，是中国共产党领导的多党合作和政治协商的重要机构，是我国政治生活中发挥社会主义民主的重要形式。①

《意见》明确，人民政协是我国政治体制的重要组成部分。指出：

人民通过选举、投票行使权利和人民内部各方面在重大决策之前进行充分协商，尽可能就共同性问题取得一致意见，是我国社会主义民主的两种重要形式。

《意见》明确了人民政协工作必须坚持的原则，指出：

---

① 《中共中央关于加强人民政协工作的意见（摘要）》（2006年2月8日），中共中央文献研究室编：《十六大以来重要文献选编》（下），中央文献出版社2008年版，第259页。

坚持以马克思列宁主义、毛泽东思想、邓小平理论和“三个代表”重要思想为指导，坚持中国共产党领导，坚持在宪法和法律范围内开展工作，坚持社会主义初级阶段的基本路线、基本纲领、基本经验，坚持团结和民主两大主题，坚持科学发展观、把促进发展作为人民政协履行职能的第一要务，坚持实现和维护最广大人民的根本利益作为人民政协工作的出发点和落脚点。

《意见》对搞好人民政协的政治协商、推进人民政协的民主监督、深入开展人民政协的参政议政、抓好人民政协的自身建设、加强和改善党对人民政协的领导都作了具体要求，强调要“善于运用人民政协这一政治组织和民主形式为实现党的总任务、总目标服务”。

三、两个《意见》的贯彻实施

政治协商规范有序　中国共产党同民主党派、无党派人士政治协商健康、有序开展。从中央层面看，政治协商已形成制度，对于实现决策的科学化、民主化起到了重要作用。据统计，2002年11月党的十六大至2012年4月，中共中央、国务院及委托有关部门召开的民主协商会、座谈会、情况通报会共189次，内容涉及政治、经济和社会发展的重大问题，其中，由胡锦涛总书记主持召开46次。中共中央先后就《中共中央关于加强党的执政能力建设的决定》《中共中央关于构建社会主义和谐社会若干重大问题的决定》等许多重要文件的征求意见稿，全国人大、全国政协领导人选，宪法修改以及立法法、反分裂国家法、监督法、物权法等多部法律文件草案，《中华人民共和国国民经济和社会发展第十二个五年规划纲要》等国民经济和社会发展的中长期规划，社会主义新农村建设、国家金融体制改革、卫生体制改革和教育体制改革等关系国计民生的重大问题，认真听取各民主党派、无党派人士意见建议，其中许多被中共中央、国务院及有关部门所采纳。按照中央文件要求，各地结合实际制定出台了有关政治协商的实施意见，大大提高了政治协商的制度化水平。

参政议政扎实推进　为更好地支持和协助民主党派发挥参政议政作用，根据《意见》精神，2006年有关部门制定了《关于健全各民主党派中央、全国工商联和无党派人士考察调研制度的措施》，健全了选题交流协商机制、组织实施机制、采纳反馈机制，为民主党派深入调查研究、积极建言献策提供了保障。

各级党委和政府部门加大选拔民主党派成员、无党派人士在人大、政府及司法机关担任领导职务的力度，为民主党派和无党派人士充分发挥作用创造了有利条件。特别是按照中央“符合条件的党外人士可以担任正职”的要求，国务院加大民主党派成员、无党派人士在国家政权机关担任领导职务的力度。2007年4月27日，十届全国人大常委会第27次会议决定，任命时任中国致公党中央副主席、同济大学校长、汽车专家万钢为科学技术部部长。时隔两个多月，全国人大常委会又任命无党派人士、时任中国科学院副院长、血液病专家陈竺为卫生部部长。民主党派成员和无党派人士担任领导职务后，有职、有权、有责、有为，在工作中作出了积极贡献。

各民主党派、无党派人士就我国改革、发展、稳定等一系列重大问题，积极建言献策，取得良好成效。党的十六大以后，各民主党派先后就西部大开发、环境保护、教育改革与发展、社会主义新农村建设等热点、难点问题深入调查研究，积极建言献策。党的十七大以后，各民主党派围绕服务科学发展主题和加快转变经济发展方式主线，重点就“三农”问题、社会保障制度、教育发展、科技创新、加强和创新社会管理及文化大发展大繁荣等重大问题献计出力，共提出意见建议266件，如海峡西岸经济区、中原经济区、柴达木循环经济试验区、鄱阳湖经济区等都是民主党派中央提出后上升为国家战略的，有力地推动了我国经济社会又好又快发展。2006年、2011年，两次召开了各民主党派、工商联、无党派人士为全面建设小康社会作贡献表彰大会，对先进集体和个人进行了表彰。此外，各民主党派围绕中心、发挥优势，广泛开展抗灾救灾、招商引资、扶贫开发、科技兴农、医疗服务、捐资助学等社会服务活动，形成了一批叫得响、影响大、口碑好的民心品牌。尤其是各民主党派、工商联和无党派人士持续参与毕节试验区重大项目413个，投入和引进资金305亿元，建立产业示范基地32个，招商引资450.2亿元，累计捐款捐物价值4.7亿元，产生了显著的经济效益和社会效应。

民主监督切实加强 按照《意见》要求，着重拓宽民主监督渠道、完善民主监督机制、加大民主监督力度。2006年2月中纪委、监察部等部门联合制定了《关于向民主党派通报党风廉政建设和反腐败工作情况、邀请民主党派参加党风廉政建设专项检查的实施意见》，就向民主党派通报党风廉政建设和反腐败工作情况的内容、形式、时间以及邀请民主党派参加党风廉政建设有关专项检查工作的内容、组织、要求等作出了详细规定。2006年9月，中央统战部、最高人民检察院、教育部、监察部等7部门联合制定了《关于加强特约人员工作的意见》，对民主党派担任特约人员的职责、权利和义务，健全特约人员工作制度等作了明确规定，为民主党派成员中的特约人员充分发挥作用提供了保证。

中共中央和各级党委努力营造宽松氛围，坚持做到每年就党风廉政建设和反腐败工作向民主党派通报情况，听取意见；不断加大特约人员工作，全国除西藏外的30个省（自治区、直辖市）都开展了特约人员工作，县级以上聘请民主党派成员和无党派人士担任各级政府部门和司法机关特约监察员、检察员、审计员、教育督导员、党风监督员等各类特约人员近5万人。一些地方邀请民主党派、无党派人士参与党委和政府开展的有关专项检查、执法监督工作以及政风行风评议等工作，有的地方党委建立"直通车"制度，民主党派成员意见建议可直达党委和政府主要领导手中。

统一战线重视发挥政府参事和文史馆员在参政议政、建言献策、咨询国是中的作用。2009年11月国家颁发《政府参事工作条例》，2011

年10月国务院办公厅印发《关于加强和改进政府文史研究馆工作意见的通知》。各地认真贯彻条例和通知精神，加大各级政府参事、文史研究馆馆员队伍建设力度，到2012年，全国各级政府共有参事约1000人，文史研究馆馆员超过2000人。

四、《中国的政党制度》白皮书的发表

随着中国经济社会的快速发展和国际地位的不断提高，国内外对中国的政治制度特别是中国共产党领导的多党合作和政治协商制度的关注程度越来越高。为了让国际社会更加了解中国的政党制度，2007年11月15日，国务院新闻办公室发表《中国的政党制度》白皮书，全面详细介绍了中国政党制度的形成、主要特征、基本内涵，全面反映了中国政党制度的发展历程以及在中国经济社会发展中发挥的重要作用。这是我国首次就政党制度发表白皮书，也是继2005年《中国的民主政治建设》白皮书后，又一次围绕我国政治文明建设发表的白皮书。

白皮书深刻论述了多党合作制度的历史必然性、伟大独创性和巨大优越性，系统介绍了多党合作在加强国家政权建设中的作用，进一步明确了民主党派在中国特色社会主义建设中的重要作用，全面阐发了多党合作制度在中国基本政治制度框架中的地位和作用，并首次概括了多党合作制度的价值和功能：

政治参与、利益表达、社会整合、民主监督、维护稳定。[①]

白皮书还向世界全面介绍了中国的八个民主党派和无党派人士的性质、历史及目前发展情况。截至2011年底，各民主党派成员达88万人，具有高、中级职称69.8万人；地方组织2404个，其中省级委员会210个，市级委员会1836个，县级委员会358个；基层组织37639个。

《中国的政党制度》白皮书的发表，向世界展示了中国政党制度

---

① 《中国的政党制度》，外文出版社2007年版，第13—14页。

的确立和发展是中国社会历史发展的必然选择，中国政党制度是一种崭新的、具有中国特色的社会主义政党制度，中国的政党制度在中国革命、建设和改革事业中具有重要作用、巨大优越性和强大生命力。

五、开展主题教育活动

坚持中国特色社会主义政治发展道路 坚持中国特色社会主义政治发展道路是多党合作的政治基础，也是一项长期的战略任务。2006年1月，在中共中央召开的党外人士迎春座谈会上，胡锦涛希望各民主党派换届工作要突出走中国特色社会主义政治发展道路这一主题，遵循多党合作的政治准则，符合政治交接、优化结构和健全机制的要求。2007年2月在中共中央召开的党外人士迎春座谈会上，胡锦涛又把“四个致力于”作为坚持走中国特色社会主义政治发展道路、推进民主党派政治交接的重要内容，即致力于促进科学发展、致力于加强中国共产党领导的多党合作、致力于推动社会主义核心价值体系建设、致力于维护和促进社会和谐。在中共各级党委的支持和协助下，各民主党派坚持“自觉、自主、自为”的原则，先后开展了以坚持走中国特色社会主义政治发展道路为主题的政治交接学习教育活动、学习贯彻科学发展观活动、学习践行社会主义核心价值体系活动，广大成员普遍受到深刻教育，增进了政治共识。

树立和践行社会主义核心价值体系 社会主义核心价值体系是社会主义意识形态的本质体现，是全党全国各族人民团结奋斗的共同思想基础。2006年10月，党的十六届六中全会首次提出建设社会主义核心价值体系的任务，并提出了一系列重大方针政策，作出了重要的工作部署。2007年党的十七大进一步强调建设社会主义核心价值体系，增强社会主义意识形态的吸引力和凝聚力。2010年2月，胡锦涛在党外人士迎春座谈会上，对各民主党派树立和践行社会主义核心价值体系提出了殷切希望。各民主党派中央积极响应，把树立和践行社会主义核心价值体系作为中国特色社会主义主题学习教育活动的深化和延伸，迅速作出部署。民主党派各级组织紧密结合自身实际，积极探索和采取各自成员便于参加、易于接受的活动方式，特别是在加强理论学习、继承优良传统、树立先进典型等方面，积极创新载体，开展丰富活动，取得了良好的成效。各级党委和统战部门把支持各民主党派和无党派人士树立和践行社会主义核心价值体系作为一项重要政治任务，精心谋划，扎实推进，为活动的顺利开展提供了重要保证。在中央统战部的指导和各民主党派中央的支持下，重庆建立了中国民主党派历史陈列馆，成为多党合作优良传统教育的重要基地。

在民主党派、无党派人士中，广泛开展了“学传统、学典型”活动，系统整理孙起孟、雷洁琼、吴阶平等老一辈党外代表人士与中国共产党团结合作的生动事例，举办民主党派老一辈优秀品质座谈会。2010年12月，身边的榜样——树立和践行社会主义核心价值体系先进人物事迹报告会在北京人民大会堂举行。贾庆林出席会议并讲话。9位民主党派成员和无党派人士从不同角度、不同侧面生动诠释了各自爱国、为民、敬业、奉献的崇高精神，集中反映了近年来各民主党派自身建设的成效，充分展现了践行活动开展以来所取得的重要成果。中央统战部还组织杨佳（九三学社成员、联合国残疾人权利委员会副主席）先进事迹报告会，先后到湖南、河南、山东、天津、云南等地做了巡回演讲。

民主党派、无党派人士开展树立和践行社会主义核心价值体系宣传教育活动，立足于学，明确树立践行的目标、定位、主题及原则，以认识深化增进了行动自觉；致力于行，把握坚持道路、同舟共济、参政为民、传承进步的基本要求，挖掘典型、示范引领，使广大民主党派成员和无党派人士学有榜样、赶有目标；重在于果，把树立和践行活动体现到履行职能、发挥作用中，切实转化为投身中国特色社会主义事业的实际行动。

打造“同心”品牌　2011年初，胡锦涛在中共中央召开的党外人士迎春座谈会上指出：中国共产党成立以来90年波澜壮阔的历史和实践充分证明，思想上同心同德、目标上同心同向、行动上同心同行，是中国共产党领导的多党合作和政治协商制度最鲜明的特质，是我们不断夺取革命、建设、改革事业胜利的有力保证。

围绕"思想上同心同德、目标上同心同向、行动上同心同行"，中央统战部先后举办"同心"品牌研讨会和专题培训班，支持民主党派和无党派人士把"同心"思想贯穿于各项教育活动中，把打造"同心"品牌作为服务科学发展重要举措，进一步凝聚了共识和力量。

第三节　促进各民族共同团结奋斗、共同繁荣发展

一、中央民族工作会议的召开

2005年5月27日至28日，第三次中央民族工作会议暨国务院第四次全国民族团结进步表彰大会在北京召开。中共中央总书记胡锦涛、国务院总理温家宝在会议上发表了重要讲话。会后颁发了新中国成立以来关于民族工作全局的第一个决定，即《中共中央国务院关于进一步加强民族工作加快少数民族和民族地区经济社会发展的决定》；发布了实施民族区域自治法的第一个行政法规，即《国务院实施〈中华人民共和国区域自治法〉的若干规定》；国务院审议通过了《扶持人口较少民族发展规划（2005—2010）》。这次会议，在民族工作理论政策方面提出了一系列新论断、新观点、新政策。

在党和国家的文件中提出"民族"的定义，指出，民族是在一定的历史发展阶段形成的稳定的人们共同体。一般说来，民族在历史渊

源、生产方式、语言、文化、风俗习惯以及心理认同等方面具有共同的特征。有的民族在形成和发展过程中，宗教起着重要作用。

明确了民族问题在发展全局中的重要地位，强调要从党和人民事业发展全局的高度深刻认识做好民族工作的重要性和紧迫性。指出：

中国多民族的基本国情，决定了民族问题始终是建设中国特色社会主义必须处理好的一个重大问题，也决定了民族工作始终是关系党和人民事业发展全局的一项重大工作。[①]

随着我国经济、政治、文化和社会的发展，各民族相互学习、相互影响、相互帮助，共同因素会不断增多，但民族特点和民族差异、各民族在经济文化发展上的差距将长期存在。在现实生活中，我国的民族问题往往表现为经济问题与政治问题交织在一起，现实问题与历史问题交织在一起，民族问题与宗教问题交织在一起，国内问题与国际问题交织在一起。正确处理民族问题，涉及我国经济建设、政治建设、文化建设与和谐社会建设各个方面。我国的民族问题必须放到建设中国特色社会主义的全局中来解决，解决好民族问题又有利于推进建设中国特色社会主义。中国特色社会主义是中国各族人民的共同事业，中国特色社会主义道路是解决我国民族问题的根本道路。要切实落实民族地区全面建设小康社会的各项任务，使民族地区的面貌更快地得到改变，让改革发展的成果更好地惠及各族群众。

完整提出中国社会主义民族关系的本质特征：

平等、团结、互助、和谐。

阐述了它们之间的关系：平等是基石，团结是主线，互助是保障，和谐是本质。这种关系体现了中华民族多元一体的基本格局，体现了中华民族大家庭的根本利益。

提出新世纪新阶段的民族工作的主题是：

---

① 胡锦涛：《在中央民族工作会议暨国务院第四次全国民族团结进步表彰大会上的讲话》（2005年5月27日），中共中央文献研究室编：《十六大以来重要文献选编》（中），中央文献出版社2008年版，第899页。

各民族共同团结奋斗、共同繁荣发展。

指出，共同团结奋斗，就是要把全国各族人民的智慧和力量凝聚到全面建设小康社会上来，凝聚到建设中国特色社会主义上来，凝聚到实现中华民族的伟大复兴上来。共同繁荣发展，就是要牢固树立和全面落实科学发展观，切实抓好发展这个党执政兴国的第一要务，千方百计加快少数民族和民族地区经济社会发展，不断提高各族群众的生活水平。只有各民族共同团结奋斗，各民族共同繁荣发展才能具有强大动力。只有各民族共同繁荣发展，各民族共同团结奋斗才能具有坚实基础。抓住了共同团结奋斗、共同繁荣发展这个主题，就抓住了新形势下正确处理民族问题、切实做好民族工作的根本，就能在全面建设小康社会的历史进程中不断开创民族工作的新局面。

确定了民族工作的五条指导原则。一是坚持从实际出发，充分认识我国多民族的国情和民族问题的长期性、复杂性，根据我国民族问题的特点和规律，着眼于党和人民事业发展的全局，正确处理我国的民族问题，做好民族工作。二是坚持巩固和发展平等、团结、互助、和谐的社会主义民族关系，大力弘扬爱国主义精神，牢固树立汉族离不开少数民族、少数民族离不开汉族、各少数民族之间也相互离不开的思想观念，促进各民族互相尊重、互相学习、互相合作、互相帮助，始终同呼吸、共命运、心连心。三是坚持和完善民族区域自治制度，切实贯彻民族区域自治法，充分保证民族自治地方依法行使自治权，切实尊重和保障少数民族的合法权益。坚持因地制宜、分类指导，制定并实施符合少数民族和民族地区实际的政策措施。全面贯彻党的宗教政策，尊重少数民族的宗教信仰。四是坚持把加快少数民族和民族地区经济社会发展作为解决我国民族问题的根本途径，坚持国家帮助、发达地区支援、民族地区自力更生相结合，不断改善各族群众的生产生活条件，不断提高各族群众的思想道德素质、科学文化素质和健康素质。五是坚持维护法律尊严，维护各族人民利益，依法妥善处理影响民族关系的各种矛盾和问题，依法打击民族分裂主义势力及其活动，坚决反对境内外敌对势力利用民族问题进行的渗透、破坏活动，坚决维护民族团结、祖国统一、国家安全、社会稳定。

强调解决少数民族和民族地区问题，根本途径是加快发展、科学发展。加强人力资源能力建设，提高思想道德素质和科学文化素质，是加快少数民族和民族地区发展的根本之策。要通过加大国家投入和制定有效的帮扶政策等措施，积极发展民族地区教育、科技、文化等事业，弘扬少数民族优秀文化传统，提高少数民族群众的科学文化素质，大力培养适应民族地区建设需要的各类人才，鼓励、支持、吸引更多人才到民族地区贡献力量。建设一支高素质的少数民族干部队伍，提高少数民族管理本民族事务的能力，重视培养选拔少数民族中高级领导干部。

这次民族工作会议是新世纪新阶段召开的一次重要会议，制定了党关于民族工作全局的重要决定，体现了党的民族理论和政策的创新发展，进一步开辟了全面建设小康社会中解决民族问题的正确道路。

【延伸阅读】

“两个共同”主题的由来

各民族共同团结奋斗、共同繁荣发展（即“两个共同”），是2003年3月胡锦涛在全国政协十届一次会议少数民族界委员联组讨论会上讲话中第一次提出的。在2004年10月中央政治局第十六次集体学习会上，胡锦涛又强调了这一主题。2005年召开的中央民族工作会议上，胡锦涛强调指出，民族工作必须把各民族共同团结奋斗、共同繁荣发展作为主题，并进一步阐明了“两个共同”的科学内涵及其辩证关系。

二、推动少数民族和民族地区经济社会发展

2006年7月中旬，各有关部门召开了贯彻落实中央民族工作会议

精神经验交流会。10月，由中央办公厅和国务院办公厅牵头，中央统战部、国家民委等13个部门组成贯彻落实中央民族工作会议精神专项督查组，分6组赴5个民族自治区和云南等6省进行专项督查，并对各地民族工作的发展提出指导意见。

为加快少数民族和民族地区经济社会发展，党和国家在编制“十一五”规划中，第一次编制了《扶持人口较少民族发展规划（2005—2010）》《少数民族事业“十一五”规划》《兴边富民行动“十一五”规划》3个国家级专项规划。2005年6月10日，有关部委印发了《培养少数民族高层次骨干人才计划的实施方案》。2006年下半年，全国人大常委会执法检查组对《中华人民共和国民族区域自治法》实施情况进行了检查。2009年7月，国务院下发了《进一步繁荣发展少数民族文化事业的若干意见》。2010年，党中央、国务院召开西部大开发工作会议，制定了《关于深入实施西部大开发战略的若干意见》，对未来10年深入实施西部大开发战略作出了全面部署。截至2008年，西部大开发以来民族地区固定资产投资累计达到77899亿元，其中2008年达18453亿元，比2000年增长5倍，年均增长23.7%。

经过全国各族人民的共同团结奋斗，少数民族和民族地区经济社会发展不断跃上新台阶，实现跨越式发展。党的十六大以来的10年，是民族地区受支持力度最大、发展最快、群众得实惠最多的重要时期。经济实力明显增强，2010年，民族八省区地区生产总值约4.2万亿元，财政收入达到4098亿元，年均保持了两位数的增长速度，高于全国平均增速，其中内蒙古连续九年增速居全国之首。一批特色优势产业初步形成，新疆的油气、棉花，内蒙古的乳业、煤电，广西的蔗糖、蚕茧，云南的花卉、烤烟，青海的钾肥，产量都稳居全国之首，为民族地区经济持续快速发展奠定了坚实基础。基础设施快速增长，一大批交通、水利、通信等重大项目相继建成，四通八达、覆盖城乡的基础设施网络初步形成。至2010年底，民族地区公路总里程达到91.4万公里，乡镇通公路比重达到99.5%，建制村通公路比重达到96.6%。青藏铁路、西电东送、西气东输等一大批标志性工程建成投入使用，重大水利、能源、通信设施建设也全面推进。民生大幅改善，民族地区教育办学条件极大提高，“普九”任务顺利完成，“两免一补”政策全面普及，少数民族考生升学率稳步上升，内地新疆班和西藏班招生规模不断扩大。城镇居民基本医疗保险制度、新型农村合作医疗制度、农村最低生活保障制度全面建立，新型农村社会养老保险制度试点在西藏实现全覆盖，新疆、宁夏等地覆盖面远远高于全国平均水平。2010年，民族八省区农村贫困人口已从2001年的3076.8万人下降到1452万人，西部地区9400多万人的饮水问题得到解决。生态建设成效显著，青海三江源治理、退耕还林、退牧还草等系列重大生态工程扎实推进，保护范围不断扩大。退牧还草工程实施以来，累计安排投资136亿元，工程区植被覆盖率平均增长14个百分点，产草量增长68%。素有“千湖之县”美誉的黄河源头第一县——玛多县，又开始呈现出湖泊星罗棋布、水草丰美的景象。民族地区作为国家生态安全屏障，其整体生态恶化趋势已得到初步遏制。对外开放日益加深，在1.9万公里的边境线上，民族地区着力发挥区位优势，积极参与大湄公河流域、图们江地区、中亚地区等国际区域经济合作，相继举办了中国—东盟博览会、中国—亚欧博览会，开启了北部湾经济区、喀什和霍尔果斯经济开发区建设新局，为构建我国全方位、多层次、宽领域的对外开放格局作出了重要贡献。国家通过各种政策措施，尊重和保护少数民族文化，支持少数民族文化的传承、发展和创新，鼓励各民族加强文化交流，繁荣发展少数民族文化事业。少数民族干部和人才队伍的建设也有了长足的发展，成为了衡量少数民族发展进步的重要标志。

三、民族团结进步创建活动深入开展

民族团结进步创建活动，是引导各族干部群众领会党的民族理论和政策，参与民族团结生动实践，维护国家统一、反对民族分裂，坚持社会主义民族关系、巩固民族团结进步事业的有效形式。早在1952年，吉林省延边朝鲜族自治州就开始将每年9月作为“民族团结宣传月”，集中对全州各族人民进行党的民族政策宣传和民族团结教育，得到周恩来、朱德等老一辈无产阶级革命家充分肯定。党的十一届三中全会以后，中央确定民族工作的一项重要任务就是“在全党、全国各族人民中间，普遍地、深入地、大张旗鼓地进行民族政策再教育，认真检查民族政策的执行情况，切实解决存在于民族关系方面的问题，消除一切不利于民族团结的因素”。各地在贯彻落实过程中创造性地开展了形式多样的民族团结进步宣传活动。1983年4月，新疆维吾尔自治区党委和政府将每年5月定为“民族团结教育月”。9月，内蒙古自治区党委和政府将每年9月定为“民族团结表彰活动月”。此后，湖南湘西州，甘肃甘南州、临夏州，贵州黔南州、黔东南州，云南西双版纳、德宏、大理州等地州以及全国较早成立的一些民族自治县，也每逢5周年、逢10周年举行庆祝活动，集中开展民族团结宣传教育活动。民族团结活动在全国各地蓬勃开展起来。

1988年4月25日至29日，国务院隆重召开第一次全国民族团结进步表彰大会。2005年，民族团结进步创建活动正式被确定为国家的一项法定活动。《国务院实施〈中华人民共和国民族区域自治法〉若干规定》第四条规定：各级人民政府应当积极开展促进民族团结进步的各项活动，对为民族团结进步事业作出突出贡献的单位和个人，给予表彰和奖励。

这充分体现了党和国家对发展民族团结进步事业的关心和重视，标志着民族团结进步创建活动走上了规范化、制度化的轨道。

2009年9月，胡锦涛在第五次全国民族团结进步表彰大会上明确提出，“要认真组织开展民族团结进步创建和表彰活动”。会议期间，中央统战部、国家民委召开全国民族团结进步创建活动经验交流会，对广泛持久开展民族团结进步创建活动提出了要求。在五次全国民族团结进步表彰大会上，共表彰民族团结进步模范6481个，其中模范集体3213个、模范个人3268名。以全国民族团结进步表彰大会为牵引，全国共有26个省、自治区、直辖市召开了民族团结先进集体和先进个人的表彰大会，民族团结进步创建活动在全社会展开。

2010年3月，中央宣传部、中央统战部和国家民委联合下发了《关于进一步开展民族团结进步创建活动的意见》。2011年7月下发的《中共中央国务院关于加强和创新社会管理的意见》中，明确要求“广泛开展民族团结进步创建活动”。开展民族团结进步创建活动已成为全党、全社会的共识，成为中央在新时期对民族工作的重大战略部署。各族群众广泛参与民族团结创建活动，增强了对伟大祖国的认同、对中华民族的认同、对中华文化的认同、对中国特色社会主义道路的认同。

四、促进西藏跨越式发展和长治久安

中央第五次西藏工作座谈会　2008年在西藏各族群众同全国人民一同沉浸在喜迎北京奥运会的欢乐祥和气氛之中时，3月14日，达赖集团分裂势力在拉萨等地有组织地策划了严重暴力犯罪事件，并蔓延到四川、甘肃、青海部分省区，人员伤亡、财产损失惨重。在党中央坚强领导下，在广大人民群众积极参与下，西藏和四省藏区党委、政府采取有力措施，迅速平息了事态，恢复了正常的社会秩序。

2010年1月18日至20日，党中央、国务院在北京召开了第五次西藏工作座谈会。中央政治局常委全体出席，胡锦涛发表讲话。会议提出西藏工作的指导思想是：

高举中国特色社会主义伟大旗帜，以邓小平理论和“三个代表”重要思想为指导，深入贯彻落实科学发展观，坚持中国共产党领导，坚持社会主义制度，坚持民族区域自治制度，坚持走有中国特色、西藏特点的发展路子，以经济建设为中心，以民族团结为保障，以改善民生为出发点和落脚点，紧紧抓住发展和稳定两件大事，确保经济社会跨越式发展，确保国家安全和西藏长治久安，确保各族人民物质文化生活水平不断提高，确保生态环境良好，努力建设团结、民主、富裕、文明、和谐的社会主义新西藏。[①]

这一指导思想明确了西藏工作"四个坚持"的政治原则，突出了改善民生和生态环境的内容，进一步完善了新时期西藏工作指导方针。会议还对加快四省藏区经济社会发展作出全面部署。

胡锦涛在讲话中指出，当前西藏社会的主要矛盾同全国一样，依然是人民群众日益增长的物质文化需要同落后的社会生产之间的矛盾；同时，西藏还存在着各族人民同以达赖集团为代表的分裂势力之间的特殊矛盾，西藏社会存在的主要矛盾和特殊矛盾也决定了西藏工作的主题必须是推进跨越式发展和长治久安。胡锦涛强调：没有跨越式发展，西藏就不可能跟上全国发展步伐；没有科学发展，西藏跨越式发展就难以持久。

如何在科学发展的轨道上推进跨越式发展，会议提出了"七个更加注重"的基本思路：要更加注重改善农牧民生产生活条件，更加注重经济社会协调发展，更加注重增强自我发展能力，更加注重提高基本公共服务能力和均等化水平，更加注重保护高原生态环境，更加注重扩大同内地的交流合作，更加注重建立促进经济社会发展的体制机制。

会议还明确了西藏发展的战略定位，即实现经济增长、生活宽裕、生态良好、社会稳定、文明进步的统一，使西藏成为重要的国家安全屏障、重要的生态安全屏障、重要的战略资源储备基地、重要的高原特色农产品基地、重要的中华民族特色文化保护地、重要的世界旅游目的地。

社会稳定、和谐发展是西藏各族人民的共同愿望。会议提出了高举"五个维护"的旗帜，指出：我们要高举维护社会稳定、维护社会主义法制、维护人民群众根本利益、维护祖国统一、维护民族团结的

---

① 《努力建设团结民主富裕文明和谐的社会主义新西藏》（2010年1月18日），《胡锦涛文选》第3卷，人民出版社2016年版，第312页。

旗帜，坚持旗帜鲜明、针锋相对、掌握主动、争取人心、强基固本的方针，紧紧依靠各族干部群众，坚持以两手对两手，立足长期斗争，讲究斗争策略，谋长久之策，行固本之举，下好先手棋，牢牢掌握反分裂斗争主动权。

强调了争取人心和加强思想教育工作。反分裂斗争的胜利之本在于凝聚人心，改善民生是发展的目的和稳定的基础，是发展和稳定的结合点，也是争取人心的物质基础。思想战线是反分裂斗争的重要领域，要切实抓好思想教育工作，既要“管肚子”，也要“管脑子”。这个反分裂斗争方针，既与第三、第四次西藏工作座谈会提出的反分裂斗争方针一脉相承，又在总结平息拉萨三一四事件新鲜经验的基础上有所前进、有所发展。

会议着眼推动各民族和睦相处、和衷共济、和谐发展，提出了衡量民族工作成效的重要标准：

有利于民族平等团结进步、有利于各民族共同繁荣发展、有利于民族交往交流交融、有利于国家统一和社会稳定。[①]

这“四个有利于”是总结新形势下民族工作实践提出的重要思想，对于新世纪新阶段的民族工作具有重要指导意义。

会议制定了一系列关于推进西藏和四省藏区经济社会发展的优惠政策，涵盖了财税金融、投资产业、对外开放、社会保障、工资等重要方面。国务院批准了《“十二五”支持西藏经济社会发展建设项目规划方案》，国家重点支持西藏226个重大项目建设，涵盖了民生工程、基础设施、特色产业发展、生态环境等经济社会发展的各个方面，规划项目总投资达3305亿元，其中“十二五”期间计划完成投资1931亿元，是“十一五”规划投资的2.5倍。国务院批准“十二五”支持四川、云南、甘肃、青海省藏区经济社会发展建设项目规划方案，安排四省藏区

---

① 《努力建设团结民主富裕文明和谐的社会主义新西藏》（2010年1月18日），《胡锦涛文选》第3卷，人民出版社2016年版，第320页。

509个项目，总投资10319亿元，其中“十二五”期间总投资5470亿元。

同时，国家建立了对口支援资金稳定增长机制。其中，对口支援西藏的省市年度援藏投资实物工作量，按本省市上年度地方财政一般预算收入的1‰安排，对口支援青海藏区的资金量按照支援地区一般性预算收入的0.5‰—0.78‰确定年度援助资金。全国有17个省市、17家中央企业承担对口援藏任务；6个省市、13家中央企业承担对口援青任务。建立对口援藏机制17年来，各省市、中央企业已累计向西藏无偿援助资金、物资折合人民币190多亿元，实施援助项目5000多个。2012年，对口援藏的17个省市安排援藏资金达38.3亿元，项目965个。同时，对口援青工作已落实对口支援项目30个，资金4.7亿元。随着对口支援工作不断向纵深发展，已经形成了干部、项目、资金、人才、技术等全方位对口支援工作格局，有力地推动了西藏和青海省藏区经济社会又好又快发展，极大改善和提高了人民生产生活水平，促进了各民族间的交往交流交融，加强了干部队伍建设。

庆祝西藏和平解放60周年　2011年是西藏和平解放60周年。西藏自治区人民政府主席白玛赤林向中外记者介绍了西藏和平解放60年来的发展成就：(1) 经济实力大幅跃升。2010年，全区生产总值达到507.47亿元，按可比价格计算，比1951年增长了111.8倍。(2) 人民生活显著改善。在旧西藏，广大农奴和奴隶一无所有。现在，全区所有住房条件较差的农牧民都住上了安居新房；农牧民人均纯收入达到4138元。(3) 社会事业全面发展。以免费医疗为基础的农牧区医疗制度覆盖全区农牧民，西藏人均寿命由和平解放前的35.5岁提高到67岁，总人口由和平解放前的114万人增加到300万人；小学学龄儿童入学率达到99.2%，青壮年文盲率下降到1.4%。(4) 优秀传统文化和宗教信仰得到尊重和保护。布达拉宫、大昭寺、罗布林卡列入世界文化遗产名录，藏语文的学习、使用、保护和发展受到高度重视；宗教信仰充分自由，信教群众的宗教需求得到充分满足。(5) 各族人民当家做主的权利得到切实保障。废除了政教合一的封建农奴制度，广大翻身农奴和奴隶成为国家的主人、西藏的主人和自己命运的主人。在自治区3.4万多名各级人大代表中，藏族和其他少数民族代表占94%以上。

2011年7月17日至22日，西藏和平解放60周年庆祝活动隆重举行。中共中央、全国人大常委会、国务院、全国政协和中央军委致电祝贺，胡锦涛题写“祝贺西藏和平解放六十周年”贺匾。中央代表团团长习近平赴藏出席大会并发表重要讲话。他强调西藏60年不平凡的发展历程揭示了一个颠扑不破的真理：没有中国共产党就没有新中国，也就没有新西藏。只要我们坚持中国共产党领导，坚持社会主义制度，坚持民族区域自治制度，坚持走有中国特色、西藏特点的发展路子，西藏必将迎来更加繁荣、更加进步、更加美好的明天。

五、中央新疆工作座谈会的召开

2009年7月5日，新疆乌鲁木齐市发生了严重暴力犯罪事件，给各族群众生命财产造成了重大损失，给社会稳定造成了严重破坏。在党中央、国务院领导下，新疆维吾尔自治区党委和政府、中央和国家机关有关部门、部队、生产建设兵团紧急行动起来，紧紧依靠新疆各族干部群众，坚决制止了暴力犯罪，恢复了乌鲁木齐的社会稳定。

在新疆发展和稳定面临重大机遇和挑战的新形势下，为了总结新疆发展和稳定的成绩和经验，研究部署新疆工作，推进新疆的跨越式发展和长治久安，在对新疆的情况进行了广泛深入调查研究的基础上，2010年5月17日至19日，党中央、国务院在北京召开了新疆工作座谈会。中央政治局常委全体出席会议。胡锦涛在讲话中指出：做好新形势下新疆工作是提高新疆各族群众生活水平、实现全面建设小康社会目标的必然要求，是深入实施西部大开发战略、培育新的经济增长点、拓展我国经济发展空间的战略选择，是我国实施互利共赢开放战略、发展全方位对外开放格局的重要部署，是加强民族团结、维护祖国统一、确保边疆长治久安的迫切要求。加快建设繁荣富裕和谐稳定的社会主义新疆，是全党全国各族人民的共同意志，是全体中华儿女的共同责任。全党全国必须充分认识做好新疆工作对党和国家工作全局的重大意义，深刻理解邓小平“两个大局”战略思想和中央西部大开发战略决策的重大意义，切实做好新形势下新疆工作，把新疆经济社会发展搞上去，把新疆长治久安工作搞扎实，推进新疆跨越式发展和长治久安，不断开创新疆工作新局面。

胡锦涛强调，要全面贯彻党的民族政策和宗教政策，深入开展社会主义核心价值体系宣传教育，广泛开展民族团结宣传教育和民族团结进步创建活动，打牢民族团结思想政治基础。鲜明提出：

增强各族人民对伟大祖国的认同，对中华民族的认同，对中华文化的认同，对中国特色社会主义道路的认同。[①]

温家宝在讲话中指出，中央将加大对新疆政策支持力度，并具体部署了新疆工作。加快推进以改善民生为重点的社会建设，着力扶持贫困地区发展；加强基础设施和生态环境建设；大力发展特色优势产业；从战略层面扩大新疆内外开放，努力打造我国向西开放的桥头堡；努力提高新疆生产建设兵团综合实力，发挥在稳疆兴疆中的特殊作用；举全国之力，把新疆这块伟大祖国的宝地建设得更加美好。

中央新疆工作座谈会召开前后，贾庆林和中央统战部、国家民委、国家宗教事务局等部门的主要领导几次去新疆调研。这些部门按照会议精神和自身工作的职能，积极推进新疆少数民族经济社会发展，就加强民族团结、维护社会稳定、促进宗教关系和谐做了大量工作。新疆维吾尔自治区、新疆生产建设兵团、全国各有关省区认真贯彻座谈会精神，新疆经济社会有了快速发展，民族团结进步事业深入推进，社会进一步稳定，境内外“东突”分裂势力的破坏活动得到了有效遏制。

---

① 胡锦涛：《深入贯彻落实科学发展观，努力推进新疆跨越式发展和长治久安》（2010年5月17日），中共中央文献研究室编：《十七大以来重要文献选编》（中），中央文献出版社2011年版，第691页。

第四节　促进宗教关系和谐

2004年1月中央召开全国宗教工作座谈会。会上将“全面贯彻宗教信仰自由政策，依法管理宗教事务，坚持独立自主自办的原则，积极引导宗教与社会主义社会相适应”概括为党的宗教工作基本方针。2006年，胡锦涛在第二十次全国统战工作会议上指出，“做好新形势下的宗教工作，关键是要全面贯彻党的宗教工作基本方针，落实宗教事务条例”。党的十七大第一次将宗教工作基本方针正式写入党的报告和党章。宗教工作基本方针的确定，是中国共产党坚持把马克思主义民族宗教理论同中国改革开放和社会主义市场经济实际相结合的产物，是中国特色社会主义理论体系的重要组成部分，对于指导新世纪我国宗教工作，建立和谐的宗教关系，发挥宗教界人士在促进经济社会发展中的积极作用，具有重要意义。

一、深入贯彻宗教信仰自由政策

进入新世纪，宗教信仰自由政策得到进一步贯彻。我国佛教、道教、伊斯兰教、天主教和基督教等主要宗教的信教群众1亿多人，约占全国总人口的10%。宗教教职人员约36万人，宗教活动场所约13万处，宗教团体近5500个，宗教院校110多所。各宗教都办有自己的刊物，出版了一大批宗教经典书籍。自1980年至2012年，中国基督教会累计印行《圣经》达6000万册，共22种版本。

党和政府对信教群众和不信教群众一视同仁，宗教界人士和信教群众平等地享有选举、就业、升学等政治、经济、文化权利。依法处理伤害信教群众宗教感情的事件，倡导信教群众与不信教群众互相尊重、和睦相处。在各级人民代表大会、政治协商会议中，宗教界的代表、委员代表宗教界参与管理国家大事和重要社会事务，并通过议案、提案对政府宗教工作提出意见，积极维护宗教界的合法权益。

党的十六大以来，中央财政拨款7亿多元，支持全国性宗教团体和宗教院校改善办公办学条件。各级党委、政府主动为宗教界办实事，帮助宗教团体、宗教院校和宗教活动场所解决实际困难，改善办公、办学和开展正常活动的条件。妥善处理城市建设中涉及拆迁宗教团体房产和宗教活动场所问题，继续推动和协调落实宗教房产遗留问题。人力资源和社会保障部、民政部、卫生部、财政部、国家宗教事务局联合制定下发了《关于妥善解决宗教教职人员社会保障问题的意见》，把宗教教职人员纳入社会保障，受到宗教界的普遍欢迎。

国家对少数民族地区宗教团体、宗教活动场所、宗教院校的建设和优秀宗教文化的保护、传承，投入大量资金，予以特殊关照。如，中央财政拨付5000万元，建立新疆维吾尔自治区经文学校，资助重建喀什经文学校；拨付数千万元，用于资助维修清真寺和培养伊斯兰教教职人员。到2012年底，新疆有穆斯林1100多万人，清真寺近2.4万座，伊斯兰教教职人员有2.8万余名，同等数量的穆斯林所拥有的清真寺数超过一些穆斯林国家。国家为穆斯林朝觐提供各种服务和便利，到2012年底，共有10多万穆斯林参加了朝觐。又如，截至2009年，中央财政拨付3亿多元，修复开放西藏1400多座寺庙；拨付近4亿元及大量金、银等贵重物资，维修布达拉宫、罗布林卡和萨迦寺。

二、推进宗教事务法治化、社会化、民主化管理

颁布《宗教事务条例》 依法管理宗教事务，主要在于政府对涉及国家利益和社会公共利益的宗教事务进行依法管理，使宗教在宪法和法律、法规、政策允许的范围内活动，并提高服务意识和社会管理水平，保护合法、制止非法、抵御渗透、打击犯罪。改革开放以来，宗教事务逐步纳入法治化轨道。在此基础上，2004年11月，国家

颁布了《宗教事务条例》，并于2005年3月1日起施行。这是中国第一部宗教事务方面的综合性行政法规，为依法管理涉及宗教的社会事务和公共服务提供了法律依据，标志着宗教事务方面的法制建设进入一个新阶段。

《宗教事务条例》共7章48条，包括总则、宗教团体、宗教活动场所、宗教教职人员、宗教财产、法律责任和附则等部分。《条例》的宗旨是保障公民宗教信仰自由，维护宗教和睦与社会和谐，规范宗教事务的管理；基本精神是重在保护公民宗教信仰自由的权利。为了保护公民宗教信仰自由的权利，又必须依法管理宗教事务。宗教团体、宗教活动场所和信教公民应当遵守宪法、法律、法规和规章，维护国家统一、民族团结和社会稳定。任何组织或者个人不得利用宗教进行破坏社会秩序、损害公民身体健康、妨碍国家教育制度，以及其他损害国家利益、社会公共利益和公民合法权益的活动。各宗教坚持独立自主自办的原则，宗教团体、宗教活动场所和宗教事务不受外国势力的支配。宗教团体、宗教活动场所、宗教教职人员在友好、平等的基础上开展对外交往；其他组织或者个人在对外经济、文化等合作、交流活动中不得接受附加的宗教条件。《条例》特别规范了政府管理宗教事务的行政行为和法律责任。总之，《条例》坚持了保护公民宗教信仰自由与依法管理宗教事务并重，坚持了权利和义务的统一，坚持了执行政策与运用法律的衔接，坚持了依法办事与做好群众工作的结合。

为执行好《宗教事务条例》，国家宗教事务局还制定了《宗教活动场所设立审批和登记办法》《宗教教职人员备案办法》《宗教活动场所主要教职备案办法》《宗教活动场所财务监督管理办法(试行)》《藏传佛教活佛转世管理办法》《藏传佛教寺庙管理办法》《藏传佛教经师聘任办法》等与条例配套衔接的规章和办法，各省、自治区、直辖市出台了60个地方性宗教法规和政府规章。2012年10月，中央统战部等10部委还出台了《关于处理涉及佛教寺庙、道教宫观管理等问题的意见》。宗教事务方面的法制建设逐步趋于完善，宗教事务管理走向法制化、规范化。

宗教事务社会管理　2007年10月，党的十七大提出要“健全党委领导、政府负责、社会协同、公众参与的社会管理格局，健全基层管理体制”。2011年2月，胡锦涛在省部级主要领导干部社会管理及其创新专题研讨班开班式上发表重要讲话，强调扎扎实实提高社会管理科学化水平，建设中国特色社会主义社会管理体系。7月，党中央、国务院印发《关于加强和创新社会管理的意见》，进一步明确了加强和创新社会管理的指导思想、基本原则、目标任务和主要措施。

在这些重要精神和政策文件指导下，宗教工作部门逐步重心下移，加大在社会管理框架内推进宗教事务管理的工作力度。各地普遍建立了从省级到市、县级由各级党委统战部门、政府宗教事务部门、宗教社会团体、宗教活动场所民主管理委员会组成的三级宗教事务社会管理机构，并延伸到乡镇、村居（街道）的宗教事务管理体系。各大宗教形成了从省级宗教团体到宗教活动场所民主管理委员会的自我管理体系。此外，各级宣传、文化、民政、公安，以及各级党委、政府所属的其他组织机构，成为宗教事务社会管理的辅助网络机构，宗教事务社会管理网络主干体系已经初步形成。

三、发挥宗教界人士和信教群众的积极作用

党的十七大报告将促进宗教关系和谐置于壮大爱国统一战线，调动一切积极因素，构建社会主义和谐社会的大背景之下，要求“全面贯彻党的宗教工作基本方针，发挥宗教界人士和信教群众在促进经济社会发展中的积极作用”。

按照党中央有关要求，各级党委和政府的宗教工作扎实推进。加强宗教界代表人士和教职人员队伍建设，发挥爱国宗教团体的积极作用，着力培养和造就一支政治上靠得住、宗教上有造诣、品德上能服

众的宗教界代表人士队伍。国家投入数亿元专项资金，实施改善全国性宗教团体和部分宗教院校办公办学条件的“10+1”项目工程；加大对宗教院校的经费支持力度，采取了多种方式加强对中青年宗教界人士的教育和培养工作。

支持宗教界对宗教教义作出符合时代发展潮流和社会进步要求的阐释，进一步挖掘教义中的积极因素，探索宗教和谐理论，树立宗教和谐理念，推广宗教和谐价值，引导宗教界更好地为经济社会发展服务。佛教的讲经交流活动、道教的玄门讲经、伊斯兰教的“解经”、天主教民主办教和神学本地化建设、基督教神学思想建设等都取得新的进展。

宗教界开展社会服务工作。1984年，我国当代著名高僧真禅长老开始向上海的有关福利机构捐赠财物。1985年，中国基督教领袖丁光训主教发起成立了以教育、医疗卫生、社会救助和农村发展为主的民间社会服务机构——爱德基金会。同年8月，在赵朴初、丁光训等宗教领袖的倡议下，由全国政协宗教组发起了成立中国残疾人福利基金会的倡议。20多年来，我国宗教界发扬服务社会、行善济世的优良传统，积极开展公益慈善事业，在扶贫济困、帮学助残、救难赈灾等方面做了很多事情，受到了社会各界的广泛好评。仅以2007年至2012年5年的不完全统计，宗教界的慈善捐款约30亿元，其中佛教界18亿多元，道教界2亿多元，伊斯兰教界近2亿元，天主教2亿多元，基督教3亿多元。2012年，中央统战部等6部委下发了《关于鼓励和规范宗教界从事公益慈善活动的意见》。

拓展宗教服务大局的新途径。发挥宗教的独特优势做台湾人民的工作，开展了一系列大型宗教交流活动，两岸同胞血浓于水的亲情得到了强化。

发挥宗教在国际交流中的积极作用，开展对外友好交往和民间外交。成功举办了三届世界佛教论坛和两届国际道教论坛等，组织佛指、佛顶骨、佛牙赴台湾、香港、澳门地区和缅甸、泰国等国供奉，参加世界宗教和平大会，举办中国基督教圣经事工展(美国、德国等地)、中美基督教领袖论坛、中土伊斯兰文化展演、中国道教“道行天下”赴英国、韩国等地交流活动，有力地宣传了中国构建和谐社会和推动建设和谐世界的理念。

抵御境外势力利用宗教进行渗透。认真贯彻《宗教事务条例》和《中华人民共和国境内外国人宗教活动管理规定》等法规，用法律武器抵御渗透；开展治理基督教私设聚会点等专项工作。

第五节　开展新的社会阶层人士和留学人员统战工作

一、新的社会阶层人士成为统战工作新的着力点

新的社会阶层主要由非公有制经济人士和自由择业知识分子组成，集中分布在非公有制经济组织和新社会组织中。随着我国社会主义市场经济深入发展，这个群体呈现出快速增加的态势。做好新的社会阶层人士工作，最大限度地把他们团结起来，充分发挥他们的作用，是扩大党的群众基础的需要，是巩固和发展新世纪新阶段统一战线的需要，也是构建社会主义和谐社会的需要。

2006年第二十次全国统战工作会议提出了加强新的社会阶层人士统战工作的新要求。会议指出，团结新的社会阶层人士是统一战线的重要任务，新的社会阶层人士工作是党的群众工作的新领域，统一战线要把这项工作作为新的着力点。会议明确新的社会阶层人士的统战工作的方针是：

充分尊重、广泛联系、加强团结、热情帮助、积极引导。[①]

强调引导他们爱国、敬业、诚信、守法、贡献，致富思源、富而思进，自觉接受党的领导，自觉履行义利兼顾、扶贫济困的社会责任，做合格的中国特色社会主义事业的建设者。

会议要求，要在党委统一领导下，建立由统战部门牵头、党政有关部门参加、社会有关团体参与的联席会议制度，形成开展新的社会阶层人士统战工作的合力。要探索做好新的社会阶层人士的工作方法，注重以社团为纽带，以社区为依托，以网络为媒介，以活动为抓手。会议强调，要把新的社会阶层代表人士的培养选拔纳入党外代表人士队伍建设的总体规划，建立和完善评价体系，有重点地培养选拔，逐步建立一支代表人士队伍。切实发挥新的社会阶层人士中党员的作用。适当增加新的社会阶层代表人士在各级人大代表、政协委员中的数量，做好向有关人民团体推荐提名工作。在新的社会阶层人士比较集中的行业协会，可推荐适当数量的党外人士担任领导职务。

2007年8月，刘延东在中央统战部举办的贯彻落实全国统战工作会议精神交流会上强调，要尊重新社会阶层人士的劳动创造和创业精神，发挥他们的聪明才智，同时要增强他们接受中国共产党领导的自觉性，坚定不移地走中国特色社会主义道路，为全面建设小康社会和构建社会主义和谐社会作出新的贡献。各级统战部门把新的社会阶层人士纳入工作视野，开展调查摸底，加大培养力度，拓展工作渠道，做好培养、安排和使用工作，扩大有序政治参与，使新的社会阶层人士统战工作取得显著实效。

① 《中共中央关于巩固和壮大新世纪新阶段统一战线的意见》（2006年7月24日），中共中央文献研究室编：《十六大以来重要文献选编》（下），中央文献出版社2008年版，第576页。

二、《中共中央国务院关于加强和改进新形势下工商联工作的意见》的颁布和实施

促进非公有制经济快速发展 中共中央、国务院高度重视发挥非公有制经济的重要作用。党的十六大明确提出“两个毫不动摇”方针，即毫不动摇地巩固和发展公有制经济，毫不动摇地鼓励、支持和引导非公有制经济发展。2003年1月1日，《中小企业促进法》正式实施，这是我国第一部关于中小企业的专门法律，标志着促进中小企业发展走上规范化和法制化轨道。2005年国务院颁布了《关于鼓励支持和引导个体私营等非公有制经济发展的若干意见》，这是新中国成立以来第一部全面促进非公有制经济发展的政策性文件。党的十七大进一步提出：平等保护物权，形成各种所有制经济平等竞争、相互促进新格局。推进公平准入，破除体制障碍，促进个体、私营经济发展。2009年国务院下发了《关于进一步促进中小企业发展的若干意见》，有效改善了中小企业的融资和发展环境。2010年国务院又出台了《关于鼓励和引导民间投资健康发展的若干意见》，这是改革开放以来出台的第一份专门针对民间投资发展、管理和调控方面的综合性政策文件。2010年3月，胡锦涛参加全国政协十一届三次会议民建、工商联届委员联组会时，提出希望广大非公有制企业在加快经济发展方式转变上有更大作为，在保障和改善民生上有更大作为，在提升自身素质上有更大作为。

党的一系列方针政策，推进了非公有制经济的快速发展。据国家工商总局统计，截至2012年9月底，全国个体工商户达3984.7万户，从业人员8454.7万人；私营企业1059.83万户，从业人员1.1亿人。2007年到2012年5年间，从数量上看，个体工商户增长了45.3%，私营企业增长了76.1%；从资金上看，个体工商户增长了155%，私营企业增长了217%。个体工商户、私营企业创造了60%左右的国内生产总值，提供了50%以上的税收、

80%以上的城镇就业岗位和90%以上的新增就业岗位。[1]非公有制经济已经成为我国解决社会就业的主要渠道、财政收入的重要来源、自主创新的重要力量、对外投资的重要主体、县域经济的重要支撑，成为社会主义市场经济的重要组成部分和社会主义现代化建设的重要推动力量，为坚持和发展中国特色社会主义作出了重大贡献。

加强和改进工商联工作 为进一步促进非公有制经济健康发展和引导非公有制经济人士健康成长，2010年9月16日，中共中央、国务院印发了《关于加强和改进新形势下工商联工作的意见》。《意见》认真总结工商联工作的成绩和经验，对加强和改进新形势下工商联工作作出了明确要求和全面部署。

明确了工商联工作的定位和主题。《意见》强调，工商联工作是党的统一战线工作和经济工作的重要内容。工商联工作的主题是：

促进非公有制经济健康发展和非公有制经济人士健康成长。[2]

概括了工商联组织的性质和基本特征。《意见》指出，工商联是中国共产党领导的以非公有制企业和非公有制经济人士为主体的人民团体和商会组织，是党和政府联系非公有制经济人士的桥梁纽带，是政府管理和服务非公有制经济的助手。明确：

统战性、经济性、民间性有机统一，是工商联的基本特征。

【延伸阅读】

工商联“三性”的形成

统战性、经济性、民间性是工商联的基本特征，在工商联成立之初即确定下来，并随着工商联工作的不断发展得以丰富和完善。1949年8月，党中央《关于组织工商业联合会的指示》提出成立工商业联合会，“以便教育和团结私人工商业家”。1950年3月，李维汉在第一次全国

① 《人民日报》2012年12月6日第10版。

② 《指导新形势下工商联事业发展的纲领性文件》，《人民日报》2010年11月11日第8版。

统战工作会议上指出，“工商联合会是重要的人民团体，并且是我们在私营工商业者中进行统一战线工作的重要环节之一。党和政府要经过它去团结教育工商业者执行共同纲领和人民政府的政策、法令，……同时必须承认工商联合会是工商界自己的组织，有权代表工商界的合法权益”。这一论述蕴含了工商联是统一战线组织和民间商会，兼具统战性、经济性和民间性的思想。

社会主义改造基本完成后，毛泽东在同民建和工商联负责人谈话时指出，“工商联可以长期共存，互相监督。定息取消了，资本家也还要改造”。此后一段时期，工商联的任务主要就是组织、推动工商业者进行学习和自我教育，为社会主义建设服务，其统战性特征更加突出。

改革开放后，1991年7月，中共中央批转中央统战部《关于工商联若干问题的请示》，指出工商联是党领导下的以统战性为主，兼有经济性、民间性的人民团体，工商联“三性”特征首次以中共中央文件形式予以明确。2006年7月，《中共中央关于巩固和壮大新世纪新阶段统一战线的意见》提出，“工商联是党领导的以非公有制企业和非公有制经济人士为主体的具有统战性、经济性、民间性的人民团体和商会组织，是党和政府联系非公有制经济人士的桥梁纽带，是政府管理非公有制经济的助手”。这标志着我们党对工商联“三性”内涵的认识上升到一个新高度。2010年9月16日，中共中央、国务院颁发《关于加强和改进新形势下工商联工作的意见》，作出“统战性、经济性和民间性有机统一，是工商联的基本特征”这一重要论断，表明“三性”内在地统一于工商联组织，是互相依存、不可分割的关系，揭示了工商联与民主党派和一般社团的区别，进一步明确了工商联组织建设和事业发展的正确方向。

提出了工商联的基本任务。《意见》指出，工商联的基本任务是：加强思想政治工作，引导非公有制经济人士学习贯彻党的路线方针政策，遵守国家法律法规，培养拥护党的领导、走中国特色社会主义道路的非公有制经济人士队伍；参加政治协商，发挥民主监督作用，积极参政议政；推动经贸交流和协作，促进经济社会发展；加强行业协会商会建设，服务非公有制企业；参与协调劳动关系，促进社会和谐稳定；反映非公有制企业和非公有制经济人士利益诉求，维护其合法权益。

明确了工商联工作的对象和工作方针。《意见》指出，工商联工作对象主要包括私营企业、非公有制经济成分控股的有限责任公司和股份有限公司、港澳投资企业等，私营企业出资人、个体工商户、在内地投资的港澳工商界人士、原工商业者等。将工商联的工作对象由原来的非公有制经济代表人士扩大为非公有制企业和非公有制经济人士，并明确将“私营企业主”改称“私营企业出资人”。工商联工作的方针是：

团结、服务、引导、教育。

《意见》还要求以改革创新精神加强工商联自身建设，建设中国特色商会组织，加强和改善对工商联工作的领导，充分发挥工商联党组领导核心作用。

《意见》的颁布，对于坚持和完善我国公有制为主体、多种所有制经济共同发展的基本经济制度，促进非公有制经济健康发展和非公有制经济人士健康成长，巩固壮大爱国统一战线，加强党在非公有制经济领域的领导具有重要意义，进一步强化了工商联的政治责任和历史使命，成为指导工商联工作的又一个纲领性文件。

为深入学习贯彻落实文件精神，2010年11月15日至16日，全国加强和改进工商联工作会议在北京召开，贾庆林作重要讲话。会议强调，要把握工商联与民主党派的区别，明确工商联是党领导的人民团体；工商联的一切工作，都要牢牢把握统战性，充分发挥经济性，切实体现民间性，始终坚持“三性”的有机统一；要把促进非公有制经济健康发展和非公有制经济人士健康成长，作为工商联一切工作的出发点和落脚点。各级工商联组织要以学习贯彻《意见》精神为契机和动力，全面提升服务科学发展和自身科学发展的水平。

三、开展“优秀中国特色社会主义事业建设者”表彰活动

激发建设者热情与活力 党的十六大明确指出，新的社会阶层作为中国特色社会主义事业的建设者，对他们中的优秀分子都要表彰。这一定位和评价，对广大新的社会阶层人士来说，既是一份崇高荣誉，更是一种庄严使命，极大地激励和调动了他们投身中国特色社会主义事业伟大实践的热情和活力。许多非公有制经济代表人士秉持“义利兼顾、以义为先”的理念，积极投身光彩事业、感恩行动，主动参与新农村建设和区域协调发展事业。2005年12月，中国光彩事业基金会正式成立。2006年全国“两会”期间，38位参加会议的中国光彩会理事和民营企业家，联名向全国民营企业家发出《让我们积极投身到社会主义新农村建设中来》的倡议。同年9月，中国光彩事业促进会会同全国工商联部署实施行动，参加的全国民营企业约20万家，与村结对帮扶的企业6.9万多家，结对的村6.1万多个，帮扶资金达351亿元，带动942万农民脱贫。开展全国性的“光彩行”活动，捐建光彩学校、光彩文库、光彩医院等社会公益设施，开展各类扶危济困、抗灾救灾、绿化国土和治理沙漠等活动，涌现出一批政治上有觉悟、经济上有实力、社会上有影响、对人民有贡献的代表性人士。

对优秀建设者进行表彰 2004年，经中央批准，中央统战部、国家发改委、人事部、国家工商总局、全国工商联联合开展了首届“优秀中国特色社会主义事业建设者”评选表彰活动。在活动中，5家单位加强组织领导，各地和有关部门严格评选，纪检、公安、税务、劳动保障、环保、工会等部门参与评审把关，人选初步确定后在新闻媒体进行了公示，扩大了公开透明度，加大了社会监督力度，保证了受表彰人员的先进性和群众公认度，评选表彰活动取得圆满成功，100名非公有制经济人

士被授予“优秀中国特色社会主义事业建设者”称号。[①]这100名受表彰者中，中共党员占41%，全国人大代表27名，全国政协委员21名。他们都曾被全国性部门、团体或省级单位授予各种荣誉称号。100家企业总计为社会公益事业捐赠现金24.3亿元，捐物价值12亿元，每家企业平均捐款捐物3640万元。2006年和2009年，先后举办了第二届和第三届“优秀中国特色社会主义事业建设者”评选表彰活动。评比表彰活动全面展示了广大非公有制经济人士的精神风貌，广泛宣传了优秀中国特色社会主义建设者的先进事迹，有力调动了非公有制经济人士投身中国特色社会主义事业的积极性、主动性和创造性，是促进非公有制经济健康发展和非公有制经济人士健康成长的重要举措。各省区市和部分市县也广泛开展了此项表彰活动，有数千人受到表彰。

以“爱国、敬业、诚信、守法、贡献”为核心的优秀建设者精神，是以爱国主义为核心的民族精神和以改革创新为核心的时代精神在新的社会阶层人士身上的集中体现。“优秀中国特色社会主义事业建设者”评选表彰活动，对于引导新的社会阶层人士大力弘扬优秀建设者精神，积极服务科学发展，自觉承担社会责任，在建设中国特色社会主义伟大事业的历史进程中建功立业，发挥了重要作用。

加强和改进非公有制经济人士思想政治工作　随着非公有制经济人士队伍的不断壮大，创新非公有制经济人士思想政治工作载体，做好非公有制经济人士思想政治工作，已经成为新世纪以来工商联工作的重要内容。2008年9月，针对非公有制经济人士队伍的群体构成、思想状况、自身素质、成长环境等发生的深刻变化，特别是少数人存在重利轻义、易受国外社会思潮影响等一些不可忽视的问题，以及统战部和工商联部分干部做非公有制经济人士思想政治工作的责任意识不强、工作手段缺乏等状况，中央统战部和全国工商联召开了全国非公有制经济人士思想政治工作会议。会议强调，要团结教育广大非

---

① 后有1名被取消称号。

公有制经济人士，拥护中国共产党领导，树立中国特色社会主义共同理想，践行社会主义核心价值体系，坚定不移地走中国特色社会主义道路；努力培养和造就一支与中国共产党同心同德、始终不渝致力于中国特色社会主义事业的非公有制经济代表人士队伍，影响和带动广大非公有制经济人士自觉承担社会责任，做到爱国、敬业、诚信、守法、贡献，为全面建设小康社会、构建社会主义和谐社会不断创造物质财富和精神财富。11月，中央统战部和全国工商联印发了《关于加强和改进非公有制经济人士思想政治工作的若干意见》，对加强和改进非公有制经济人士思想政治工作的重要性、指导思想、基本任务、主要目标、主要原则、内容和途径、组织领导提出了明确要求。习近平等中央领导同志作出了重要批示。习近平强调，要从全局和战略高度，切实做好非公有制经济人士的团结、帮助、引导和教育工作，把坚持原则性同把握灵活性结合起来，把解决思想问题同解决实际问题结合起来，为坚持和完善社会主义基本经济制度、巩固党的阶级基础和扩大党的群众基础作出新贡献。

开展非公有制经济代表人士的综合评价　开展非公有制经济代表人士综合评价工作，是新世纪新阶段非公有制经济领域统战工作的一项创新性举措。综合评价工作在党委统一领导下，由党委统战部牵头，众多党政部门和人民团体参加，从政治表现、经营管理、社会贡献、道德修养四个方面，分四个等级，对非公有制经济代表人士进行全面、客观的评定，并把综合评价结果运用到非公有制经济代表人士选拔培养表彰等各项工作中。2010年，中央统战部印发了《关于进一步做好非公有制经济代表人士综合评价工作有关问题的通知》，进一步完善表彰活动的评选条件。

四、加强自由择业党外知识分子的统战工作

加强自由择业党外知识分子统战工作　自由择业的知识分子主

要包括新时期的私营企业和外资企业的管理技术人员、中介组织从业人员、自由职业人员等新的社会阶层人士。他们是改革开放以来产生发展的一个新的知识群体，是知识分子队伍的重要组成部分。2000年，中共中央《关于加强统一战线工作的决定》首次明确：将自由择业的党外知识分子纳入统战工作范围，建立相应的工作机制。这标志着自由择业知识分子统战工作的正式起步。

2003年，中共中央、国务院《关于进一步加强人才工作的决定》提出，要把新的社会阶层中的各类人才纳入党和政府的工作范围，消除体制和政策障碍，在政治上对非公有制组织和社会组织人才一视同仁，在政府奖励、职称评定等人才政策上统一安排，在面向社会的资助、基金、培训项目、人才信息库等公共资源运用上平等开放，在改善创业环境和工作生活条件上积极提供服务。

2006年，中共中央《关于巩固和壮大新世纪新阶段统一战线的意见》，进一步明确了自由择业知识分子的界定，并就加强这方面工作提出了具体要求。2008年，中央统战部和商务部联合印发了《关于开展受聘于外商投资企业管理和技术人员统战工作的意见》，阐明了做好这项工作的重要意义，进一步明确了开展工作的指导思想、对象范围、主要任务和工作方法，并强调要切实加强对外企管理和技术人员统战工作的领导。这是中央和国家有关部门就自由择业党外知识分子统战工作出台的第一个专门文件。2011年，中央统战部和财政部联合印发了《关于加强注册会计师行业统战工作意见》，这是中央和国家部门就行业统战工作出台的第一个专门文件。这些政策规范，推动了自由择业党外知识分子工作广泛深入开展。

建立自由择业党外知识分子工作机制载体　为了加强自由择业党外知识分子统战工作，2006年由中央统战部牵头，中央国家机关工委、司法部、商务部等党政有关部门参加，中华全国律师协会、中国注册会计师协会、中国资产评估协会、中国注册税务师协会等社会团体参与，建立了新的社会阶层人士统战工作联系会议制度，明确了各自职责，形成开展工作的合力。发端于20世纪80年代的知识分子联谊会快速发展起来，这是党委统战部领导的、以党外知识分子代表人士为主体的、具有统战性和联谊性的社会团体。北京、山东等省市成立了专门的自由择业知识分子联谊组织。吉林、江苏、湖南、上海等在省级党外知识分子联谊组织中，增设了自由择业知识分子、外企高管、专业人士分会；浙江下发了《关于"新社会阶层人士（自由择业知识分子）统战工作网络构建行动计划"的实施意见》，基本实现了省、地、县三级联谊组织的全覆盖；辽宁、青海、云南、海南、甘肃等省建立了以自由择业知识分子为主体的党外知识分子联谊会。这些联谊组织，将一大批优秀的自由择业党外知识分子团结凝聚在党和政府周围，发挥了党和政府联系自由择业党外知识分子的桥梁和纽带作用。2008年4月，重庆市成立了新的社会阶层专业人士联合会，把律师、会计师等专业服务人士组织起来，纳入市委、市政府高层次协商范围，扩大了其有序政治参与的途径。这是党外知识分子统战工作理论和实践创新的成果，也是自由择业党外知识分子统战工作的一个重要平台。

五、留学人员统战工作的开展

留学人员纳入统战工作范围　改革开放以来，在党和国家"支持留学、鼓励回国、来去自由"和"鼓励海外留学人员以不同方式为祖国服务"方针指引下，我国迎来了历史上规模最大、领域最多、范围最广的出国留学和归国热潮。留学人员成为我国社会的一个重要群体，出国留学人员和留学回国人员总数持续增长。截至2011年底，各类出国留学人员总数达224.5万多人，留学回国人员总数达81.8万多人。

2000年第十九次全国统战工作会议和《中共中央关于加强统一战线工作的决定》，首次将出国和归国留学人员纳入统战工作范围，并要求统战部门"对居住海外、学业有成的出国留学人员，要加强联系，鼓励他们通过多种形式为祖国服务"。2003年10月8日，胡锦涛在欧美同学会成立90周年庆祝大会上发表重要讲话，要求各级党委和政府要把吸引留学人员回国参加建设和以多种形式为国服务作为实施人才强国战略的一项重要任务抓紧抓好。要适应新形势新任务的要求，不断完善政策措施，探索建立新的工作机制，积极营造留学人员回国工作、创业、发展的良好环境，鼓励和支持广大留学人员施展才华、大显身手。

按照中央有关精神，2004年中央统战部制定下发了《关于做好留学人员统战工作的意见》，明确了留学人员统战工作的指导思想、基本方针、范围对象、主要任务、主要方法等，为开展留学人员统战工作奠定了政策基础。各级党委统战部把留学人员统战工作摆上重要位置，研究制定具体措施，建立完善工作机制，推动留学人员组织发展，培养留学人员代表人士，支持海内外留学人员实现报国愿望。中央组织部与中央统战部等六部门共同开展了留学回国人员先进个人和先进工作单位表彰活动，留学人员统战工作呈现出良好局面。

发挥欧美同学会·中国留学人员联谊会作用 欧美同学会·中国留学人员联谊会是由中国归国留学人员自愿组成的群众组织和人民团体，是党和政府做好留学人员工作的助手，也是开展留学人员统战工作的桥梁和纽带。2006年全国统战工作会议提出，要“做好留学人员统战工作，注重发挥欧美同学会（中国留学人员联谊会）等组织的作用”。截至2012年底，欧美同学会已有27家团体会员，16个国别分会。新世纪新阶段，欧美同学会工作形成了三个重点：一是贯彻落实中央关于人才工作的精神，定期召开海外高层次人才座谈会，协助中央有关部门引进海外留学人才，向地方政府和用人单位推荐人才，为海外留学人才回国工作和为国服务牵线搭桥。二是成立建言献策工作委员会，建立和完善建言献策渠道，广泛联系和组织海内外留学人员，围绕经济社会发展中重大问题提出意见建议，为党和政府科学决策提供参考。三是实施“报国计划”，建立留学报国人才基地，组织留学人员服务团，主办中国海外学子创业周等。

推进实施“千人计划” 2008年，中央人才工作协调小组召开会议，制定《关于实施海外高层次人才引进计划的意见》，围绕国家发展战略目标，针对以留学人才为主体的海外人才，提出要“在中央、国家有关部门、地方分层次组织实施海外高层次人才引进计划”，简称“千人计划”，并制定了大力引进海外高层次人才回国（来华）创新创业的具体政策规定。

2010年9月28日，全国政协副主席、中共中央统战部部长、中华海外联谊会会长杜青林出席海联论坛——海外高层次人才与国家发展战略研讨会并发表主旨演讲。他希望广大海外人才要把握机缘、广结善缘、着力修缘，把个人发展与民族振兴联系起来，把事业成功与国家强盛结合起来，发扬报国兴邦传统，致力于加快国家发展的宏伟目标；高举爱国主义旗帜，致力于促进祖国统一的历史使命；弘扬开拓创新精神，致力于推动科学繁荣的战略任务；发挥桥梁和纽带作用，致力于传递和平友谊的崇高事业，共同谱写祖国发展、民族振兴的华彩篇章。

第六节 促进港澳长期繁荣稳定和两岸关系和平发展

保持香港、澳门长期繁荣稳定是中国共产党在新形势下治国理政的崭新课题。党的十六大以来，中央政府切实贯彻“一国两制”、“港人治港”、“澳人治澳”、高度自治的方针，严格按照香港、澳门特别行政区基本法办事，坚定不移地维护香港、澳门繁荣稳定，促进香港、澳门与内地经贸关系更加紧密。全国人大制定了《反分裂国家法》，坚决维护国家主权和领土完整，成功开启两岸政党交流，推进了两岸关系和平发展。

一、全面贯彻“一国两制”方针，促进港澳繁荣稳定

香港、澳门特别行政区政治体制是一种全新的地方宪制。它既不同于内地的人民代表大会制度，又不同于原来的总督制，也不是西方的三权分立，而是一种行政主导型的体制，概括起来主要有三个特点：一是行政主导，其实质就是行政长官主导；二是“均衡参与”，即政治发展要照顾到港澳社会各阶层、各界别的利益，而且大家有均等机会参与；三是循序渐进，即根据特区的实际情况循序渐进地推进民主向前发展。港澳回归后，全国人大常委会适时释法，香港、澳门特别行政区政府依法施政，政治体制发展基本保持了平稳有序的状态。

加强各个领域交流与合作　中央政府全力支持香港、澳门同内地加强在各个领域的交流与合作。2003年6月和10月，内地与香港、澳门特别行政区代表经过多轮磋商，分别签署了《内地与香港关于建立更紧密经贸关系的安排》《内地与澳门关于建立更紧密经贸关系的安排》（简称CEPA），并于2004年1月1日零时起正式实施。CEPA是在“一国两制”原则下和世贸组织的框架内作出的特殊制度性安排，是内地与香港、澳门签署的最重要的加强经贸合作的文件，反映了中国作为国家主体与香港、澳门作为单独关税区之间建立的更为紧密的经贸关系，带动和促进香港、澳门与内地进一步走向共同发展、共创双赢。2006年6月，全国政协主席贾庆林专程赴港出席内地与港澳经贸合作发展论坛开幕式并发表主旨演讲。他强调，中央政府将坚定不移地加强和推动内地同港澳的交流和合作。无论发生什么情况，伟大的祖国都将是香港、澳门保持繁荣稳定的坚强后盾。截至2011年7月，内地进口香港CEPA框架下累计受惠货物41.85亿美元，关税优惠24.10亿元人民币；澳门CEPA框架下累计受惠货物2559.2万美元，关税优惠1536.4万元人民币。

支持港澳繁荣稳定 2007年7月1日，胡锦涛出席在香港隆重举行的庆祝香港回归祖国十周年大会暨香港特别行政区第三届政府就职典礼。他在讲话中回顾了香港回归十周年来取得的成就，总结了四条重要经验：

一是坚持全面准确地理解和贯彻执行“一国两制”方针；二是坚持严格按照香港基本法办事；三是坚持集中精力发展经济、改善民生；四是坚持维护社会和谐稳定。①

2009年9月20日，胡锦涛出席在澳门隆重举行的庆祝澳门回归祖国十周年大会暨澳门特别行政区第三届政府就职典礼。他在讲话中回顾澳门回归十周年的巨大变迁，概括了五条重要启示：

第一，必须全面准确理解和贯彻“一国两制”方针；第二，必须严格依照澳门基本法办事；第三，必须集中精力推动发展；第四，必须坚持维护社会和谐稳定；第五，必须着力培养各类人才。②

中央政府坚定不移贯彻“一国两制”、“港人治港”、“澳人治澳”、高度自治的方针，严格按照香港基本法、澳门基本法办事，全力支持香港特别行政区、澳门特别行政区行政长官和特区政府依法施政，努力保持香港、澳门长期繁荣稳定，努力增进香港、澳门全体市民福祉，努力推动香港、澳门和国家共同发展。这些得到香港特别行政区政府、澳门特别行政区政府以及社会各界人士共同拥护和认可。

2011年《中华人民共和国国民经济和社会发展第十二个五年规划纲要》第一次将港澳内容单独成章，提出“支持港澳巩固提升竞争优势，支持港澳培育新兴产业，深化内地与港澳经济合作，支持香港、澳门充分发挥优势，在国家整体发展中继续发挥重要作用”。这为香港、澳门的发展提供了战略指引，将有力促进港澳地区的繁荣稳定。

---

① 《在庆祝香港回归祖国十周年大会暨香港特别行政区第三届政府就职典礼上的讲话》（2007年7月1日），《胡锦涛文选》第2卷，人民出版社2016年版，第592—594页。

② 《在庆祝澳门回归祖国十周年大会暨澳门特别行政区第三届政府就职典礼上的讲话》（2009年12月20日），《胡锦涛文选》第3卷，人民出版社2016年版，第288—290页。

二、积极推动两岸关系和平发展

颁布《反分裂国家法》 2000年台湾民进党上台后，顽固坚持“台独”立场，推行“法理台独”“入联公投”等分裂活动，将两岸关系推向危险的边缘。中共中央坚持“一个中国”原则不动摇，坚定反“台独”、反分裂，一如既往地推进两岸关系发展与祖国和平统一的进程。

2002年10月，江泽民在党的十六大报告中宣示了对台工作的指导思想和总体要求，呼吁在一个中国原则的基础上，暂时搁置某些政治争议，尽早恢复两岸对话和谈判。强调在一个中国的前提下，什么问题都可以谈，可以谈正式结束两岸敌对状态问题，可以谈台湾地区在国际上与其身份相适应的经济文化社会活动空间问题，也可以谈台湾当局的政治地位等问题。再次展示了中国共产党争取和平统一的诚意和善意，对于打破两岸政治僵局、重开两岸对话与谈判具有重要指导意义。

2003年3月，胡锦涛在十届全国人大一次会议期间，就做好新形势下对台工作提出四点意见，强调：

坚持一个中国原则决不动摇，争取和平统一的努力决不放弃，贯彻寄希望于台湾人民的方针决不改变，反对“台独”分裂活动决不妥协。

2005年3月，十届全国人大三次会议高票通过《反分裂国家法》。这部法律紧紧围绕反对和遏制“台独”分裂、促进祖国和平统一这个主题，把党关于解决台湾问题的大政方针以法律的形式固定下来，宣示了中国政府和人民反对“台独”、捍卫国家主权与领土完整的共同意志和坚定决心，对“台独”分裂势力产生了震慑作用，也使国际社会认识到“台独”分裂活动的严重危险性，压缩了“台独”国际空间。同时，大陆持续释出对台惠民政策，推动两岸交流合作，争取台湾民心，为两岸关系和平发展提供了良好的社会民意基础。

开启两岸政党交流 党中央提出的两岸关系和平发展战略新思

维，有力地推动了两岸关系的发展。2005年两岸政党之间的交流迈出了关键性一步。3月中国国民党副主席江丙坤访问大陆，开启“破冰之旅”；4月中国国民党主席连战访问大陆，开启“和平之旅”；5月亲民党主席宋楚瑜访问大陆，开启“搭桥之旅”；7月新党主席郁慕明访问大陆，开启“民族之旅”。中共中央总书记胡锦涛分别同他们会见、会谈，达成了反对“台独”、谋求台海和平稳定、促进两岸关系发展等共识，加强了两岸反“台独”活动的力量。胡锦涛总书记会见国民党主席连战，是时隔60年后国共两党最高领导人的历史性握手，会谈后双方共同发布了两岸关系和平发展五项“共同愿景”，提出：促进尽速恢复两岸谈判，共谋两岸人民福祉；促进终止敌对状态，达成和平协议；促进两岸经济全面交流，建立两岸经济合作机制；促进协商台湾民众关心的参与国际活动的问题；建立党对党定期沟通平台。

推动两岸关系发展　2006年4月，胡锦涛正式提出和平发展理应成为两岸关系发展主题的论断。这一重要主张，2007年正式写入党的十七大报告，成为对台工作指导思想和方针。2008年3月，民进党“台独”政权终结，“法理台独”被有效遏制，反分裂、反“台独”斗争取得重大胜利，两岸关系走出“高危期”，迎来了两岸关系和平发展的难得机遇。5月国民党重新执政，两岸关系形势发生了重大积极变化。胡锦涛又及时指出，国共两党应共同努力，积极落实两岸关系和平发展共同愿景。2008年12月31日，胡锦涛在纪念《告台湾同胞书》发表30周年座谈会上，首次全面系统地阐述了两岸关系和平发展的战略思想，提出了推动两岸关系和平发展的六点意见：

一、恪守一个中国，增进政治互信。

二、推进经济合作，促进共同发展。

三、弘扬中华文化，加强精神纽带。

四、加强人员往来，扩大各界交流。

五、维护国家主权，协商涉外事务。

六、结束敌对状态，达成和平协议。[①]

这六点意见成为新时期指导对台工作的纲领性文件。

两岸关系不断朝着和平发展方向迈进。国共两党自2006年建立党际沟通平台两岸经贸文化论坛，每年举办一届。论坛达成的共识业已成为两岸制定政策的重要参考，对两岸和平发展发挥了重要推动作用。2008年6月，大陆海协会与台湾海基会正式恢复了中断近10年的协商谈判，先后签署了15项协议，达成了两项共识，解决了一系列两岸交往合作中急需解决的问题，为两岸关系和平发展注入了强大动力。在大陆积极推动、岛内各界长期努力下，2008年12月，两岸全面、直接、双向“三通”最终实现。

扩大两岸经济交流 随着“大三通”的实现，两岸经济交流与合作领域不断扩大，层次显著提升。2009年11月16日两岸正式签署金融监督管理合作谅解备忘录（MOU），为开拓金融领域的实质性合作奠定了基础。为深化两岸经济合作，两岸携手推进产业合作“搭桥计划”，加快了两岸产业生产要素的双向流动，为共同发展增添了新动力。2010年6月，两岸正式签署经济合作框架协议（ECFA），就增进双方的经济、贸易和投资合作达成了框架性协议，两岸经贸交流合作步入了正常化、制度化和机制化的轨道。2011年1月6日，两岸经济合作委员会正式成立，构建了两岸经贸领域制度化协商的新平台，启动了推动两岸经济合作发展的新机制。这对保持两岸关系和平发展势头、开创两岸关系和平发展新局面具有重要的作用和意义。

2012年7月，第八届两岸经贸文化论坛在哈尔滨举行，中共中央政治局常委、全国政协主席贾庆林和中国国民党荣誉主席吴伯雄出席论坛。贾庆林在讲话中指出：两岸经贸文化论坛已成功举办八届，每一届都办出了鲜明特色，取得了丰硕成果，产生了积极影响，在两岸关系发

---

① 《携手推动两岸关系和平发展，同心实现中华民族伟大复兴》（2008年12月31日），《胡锦涛文选》第3卷，人民出版社2016年版，第190—193页。

展史中发挥着不可替代的政策先导作用。两岸关系和平发展顺应民心、合乎时势，是一条正确的道路。两党两岸双方都担负着巩固发展两岸关系的重大责任，应当作出更加积极的努力。吴伯雄表示两岸关系和平发展成果来之不易，应坚定不移地走下去。

两岸人员往来呈现快速增长、健康有序发展的良好势头。2008年7月18日以后，大陆居民赴台团队旅游不断增加，截至2011年5月31日，总人数累计达到234万人次，其中2010年达到122万人次，2011年1至5月达到52万人次。大陆居民赴台团队旅游，在促进两岸旅游业共同发展、增进两岸民众相互了解和感情融合、推动两岸关系和平发展等方面发挥了积极的作用。

三、反“独”促统运动的开展

实现祖国完全统一是中华民族的核心利益。进入新世纪以来，随着中国综合国力的增强和国际地位的提高，海外华侨华人对祖（籍）国的向心力和凝聚力大大增强，全球反“独”促统运动蓬勃发展。由各民主党派和有关人民团体等23家单位在北京共同发起，由赞成中国统一的各界人士组成，于1988年成立的中国和平统一促进会，积极推动建立全球反“独”促统统一战线组织，开展全球华侨华人促进祖国统一工作。

2005年3月《反分裂国家法》颁布后，海外华侨华人与岛内各方力量，在海外开展声势浩大的反“独”促统运动，对“台独”势力形成了巨大的压力。2006年12月，全球华侨华人促进中国和平统一大会在澳门成功召开。这是新世纪以来第一次在中国举办的全球华侨华人促进中国和平统一大会，来自全球约50个国家和地区的1200余名代表参加会议，其中包括400多名台湾同胞，得到中央政府和社会各方面的高度重视，在海内外产生了很好的反响。

2008年，针对台海局势发生的积极变化，来自全球70多个国家和地区130多个中国和平统一促进会的会长和代表，云集黄帝故里，同拜祖先，共话统一，共商促进两岸关系和平发展大计，通过了《全球各地统促会联合宣言》，成为海外广大统促会组织的行动纲领，推动了新形势下反“独”促统运动的深入开展。2010年9月，全球华侨华人促进中国和平统一大会在香港举办，来自内地、香港、澳门、台湾以及全球60多个国家和地区的1500多名代表济济一堂，其中台湾代表逾600名，海外代表逾200名，是历次大会中规模最大的一次。会议通过的《香港宣言》，成为凝聚全球华侨华人意志、促进中国和平统一大业的又一重要文件。

全球反“独”促统运动根据形势的发展变化，不断探索新途径、新方法。在反“台独”斗争中，广泛发动海内外同胞，坚决谴责“台独”分裂行径，鲜明表达反“台独”坚定立场，形成反“台独”强大声势，为挫败“公投制宪”“入联公投”等“台独”分裂活动，巩固国际社会承认一个中国格局作出了独特贡献。在反“藏独”分裂活动中，及时通过召开座谈会、举办图片展、组织集会游行等方式，揭露达赖集团分裂国家的本质，声讨“藏独”分子的暴行，抵制达赖集团的欺骗性宣传，压缩达赖集团的海外活动空间，维护国家统一和民族团结。在两岸关系实现历史性转折的新形势下，及时统一反“独”促统人士思想认识，明确反“独”促统运动工作目标，调动岛内外反“独”促统积极因素，争取国际社会的理解和支持，为两岸关系和平发展营造有利环境，为推动祖国和平统一凝聚最广泛的力量。

全球反“独”促统力量不断加强团结合作，日益发展壮大。全球华侨华人反“独”促统大会和亚洲论坛、非洲论坛、中南美洲论坛、欧洲论坛、澳洲高峰论坛等一些洲际性、地区性反“独”促统活动的影响不断扩大，已成为海外华侨华人反分裂、反“台独”、促统一的重要阵地。中国和平统一促进会与海内外反“独”促统组织，已经推动召开了20余次全球性或洲际性反“独”促统大会。截至2012年，全球已成立189家反“独”促统组织，分布于89个国家和地区。

【延伸阅读】

海外侨胞护“奥运圣火”

2008年北京奥运火炬境外传递的过程中，受到了极少数敌对势力的干扰，数千万海外华侨华人和中国留学生挺身而出，坚决捍卫圣火的纯洁性，为北京奥运会的成功举办保驾护航。在英国伦敦、法国巴黎、美国旧金山、澳大利亚堪培拉、泰国曼谷、马来西亚吉隆坡、日本长野、韩国首尔、阿根廷布宜诺斯艾利斯等地，当“藏独”等反华势力蓄意破坏奥运圣火传递时，身居海外的爱国侨胞和留学生自发走上街头，用血肉之躯捍卫圣火的尊严和荣誉。他们挥舞着五星红旗，高唱着义勇军进行曲，汇成一片红色的海洋，淹没了“藏独”等反华分子一次又一次的猖狂进攻，海外华侨华人及留学生以实际行动，向世界展示了中华民族万众一心、众志成城，坚决捍卫民族尊严、共同祈愿祖国富强的坚定信念和磅礴力量。

第七节　加强党外代表人士队伍建设

加强党外代表人士队伍建设是统一战线的基础性、战略性工程。中国共产党历来高度重视党外代表人士队伍建设，始终从解决力量对比、影响事业成败的战略高度，把团结培养党外代表人士作为党和国家工作全局的重要方面。进入新世纪新阶段，胡锦涛强调要加强同民主党派合作共事，支持民主党派和无党派人士更好履行参政议政、民主监督职能，选拔和推荐更多优秀党外干部担任领导职务。同时，各级党委把党外代表人士队伍建设摆到重要议事日程，纳入干部和人才队伍建设的总体规划，把握成长规律，完善政策举措，健全体制机制，强化教育培训，注重发挥作用，党外代表人士队伍建设的科学化水平不断提升，一大批党外优秀人才不断涌现，在国家政治和社会生活中发挥着日益重要的作用。

一、《中共中央关于加强新形势下党外代表人士队伍建设的意见》的颁布

党的十六大以来，统一战线把建设一支数量充足、结构合理、素质优良、作用突出的党外代表人士队伍作为重要目标，着力推进党外代表人士队伍建设的规范化、制度化。2005年，中共中央《关于进一步加强中国共产党领导的多党合作和政治协商制度建设的意见》提出，党外干部是国家干部队伍的重要组成部分，不断巩固中国共产党同党外人士的联盟。2006年，中共中央《关于巩固和壮大新世纪新阶段统一战线的意见》进一步明确了党外代表人士队伍建设的工作原则、总体要求和工作重点，强调要努力提高党外代表人士的综合素质，加强党外代表人士后备队伍建设，完善党外代表人士培养选拔任用工作机制。

党的十七大后，中央政治局常委会连续三年把加强党外代表人士队伍建设列入工作要点，胡锦涛、贾庆林提出明确要求。按照中央领导同志的指示精神，2010年、2011年中央统战部研究制定了《关于加强民主党派代表人士队伍建设的意见》《关于加强党外代表人士实践锻炼的意见》《关于开展党外代表人士综合评价工作的意见》《中央统战部与党外代表人士联谊交友实施意见》等9个专项文件，对统一战线各领域党外代表人士队伍建设及其相关工作提出了具体措施。

2012年2月，中共中央颁发了《关于加强新形势下党外代表人士队伍建设的意见》。这是第一次以中央名义下发的关于加强党外代表人士队伍建设的文件，是指导党外代表人士队伍建设的纲领性文件。

《意见》科学界定了党外代表人士的概念、范围和基本标准。指出：

党外代表人士是指与中国共产党团结合作、作出较大贡献、有一定社会影响的非中共人士。

政治坚定、业绩突出、群众认同，是党外代表人士的基本标准，也是加强党外代表人士队伍建设的根本要求。①

《意见》明确了加强党外代表人士队伍建设的总体要求。指出：

加强党外代表人士队伍建设，要坚持德才兼备、以德为先用人标准，以不断增强党外代表人士的代表性为重点，以广交深交党外朋友为基础，以加强理论培训和实践锻炼为途径，以提高素质、发挥作用为目标，努力建设一支高素质的党外代表人士队伍。

《意见》提出，加强党外代表人士队伍建设工作原则是：

坚持党管干部、党管人才与发扬民主相统一，坚持进步性与代表性相统一，坚持政治教育与实践锻炼相统一，坚持加强培养与注重使用相统一，坚持组织培养与自我提升相统一，坚持统筹推进与突出重点相统一，坚持发挥骨干作用与发挥群体作用相统一。

《意见》指出，发现、培养、使用、管理四个环节是党外代表人士队伍建设的关键，强调要切实抓好党外代表人士的发现储备，全面加强党外代表人士的教育培养，加大党外代表人士选拔任用力度，注重党外代表人士的管理。

《意见》明确：

根据领导班子建设和工作需要，选配符合条件的省级民主党派主委、工商联主席、无党派人士进入同级人大常委会、政府、政协领导班子。

《意见》强调：

加大党外正职安排力度，对符合任职条件的党外干部，可根据工作需要选拔担任部门（单位）行政正职。

---

① 《中共中央关于加强新形势下党外代表人士队伍建设的意见（摘要）》（2012年2月2日），中共中央文献研究室编：《十七大以来重要文献选编》（下），中央文献出版社2013年版，第811页。

《意见》强调，要重视发挥联谊交友在加强党外代表人士队伍建设中的作用，把联谊交友工作贯穿于党外代表人士发现、培养、使用和管理各个环节，党员领导干部和统战干部要带头做好联谊交友工作，不断拓宽视野，广泛联系各界人士，广交深交党外朋友，不断巩固党与党外人士的联盟。

《意见》还对加强和改善党对党外代表人士队伍建设的领导提出要求，强调加强统筹协调，健全工作机制，支持民主党派、工商联和有关社会团体在党外代表人士队伍建设中发挥作用。

《意见》下发后，各级党委认真组织学习和部署贯彻落实文件精神。各级统战部门纷纷组织开展调研，深入研究问题，协助党委研究制定实施意见。在贯彻落实中，党外代表人士队伍建设中存在的一些重点难点问题逐步得到有效解决。

二、加强党外代表人士的教育培训

发挥社会主义学院的主阵地作用　中央社会主义学院1982年恢复后，受到中共中央高度重视和亲切关怀。1992年6月，邓小平亲笔题写“中央社会主义学院”校名。同年10月，中央社会主义学院建院复办10周年时，江泽民亲笔题写“爱国、团结、民主、求实”的八字校风。2006年10月，中央社会主义学院建院50周年时，胡锦涛致信祝贺，指出，“中央社会主义学院在培养统一战线人才、推动统一战线工作方面担负重要职责”，要求中央社会主义学院充分发挥统一战线人才培养基础、理论研究基地、方针政策宣传基地的作用。

党的十六大以来，各级党委高度重视、统筹谋划，把党外代表人士队伍教育培训纳入干部教育培训规划，坚持有计划、多层次、分领域的系统培训，为统一战线的巩固和发展提供坚实的组织保障。2003年，中央统战部制定印发《社会主义学院工作暂行条例》，2004年和2010年分别召开全国社会主义学院工作会议，对社会主义学院正规化建设进行部署。2010年，中共中央办公厅印发《2010—2020年党外代表人士教育培训改革和发展纲要》。这是中共中央第一次专门就党外代表人士教育培训工作颁布文件。同年9月，全国党外代表人士教育培训工作会议暨全国社会主义学院工作会议召开。贾庆林在讲话中，从加强理论培训、加强实践锻炼、加强社会主义学院建设和加强党的领导等四个方面提出了明确要求。2012年，中共中央《关于加强新形势下党外代表人士队伍建设的意见》强调，要发挥社会主义学院主阵地作用，坚持政治培训为主，注重思想政治教育，全面提高党外代表人士综合素质。

在中央的高度重视下，在各级党委、政府的支持下，各级统战部门与社会主义学院共同探索、积极开展党外代表人士教育培训工作。系统开展中国特色社会主义理论体系和社会主义核心价值体系教育，加强中共党史、多党合作历史及统一战线优良传统教育，积极开展主题教育活动。坚持“自己提出问题、自己分析问题、自己解决问题”和“自觉、自主、自为”的方针。各级统战部门积极组织参政议政、考察调研、服务社会等活动，各级社会主义学院注重办好进修班、培训班、专题研究班、国情研修班，不断提高办学质量。经过各方面共同努力，党外代表人士教育培训工作取得了显著成效，为党的统一战线事业培养和造就了一大批高素质党外人才。

推进党外代表人士的实践锻炼　加强党外代表人士实践锻炼，是帮助党外代表人士了解国情、体察民意、增强本领、发挥作用的有效途径。进入新世纪以来，根据形势任务的发展变化，党中央加大了党外代表人士实践锻炼工作力度。2010年，中共中央办公厅印发《2010—2020年党外代表人士教育培训改革和发展纲要》提出，要强化实践教学、推动挂职锻炼、注重社会服务，切实加强党外代表人士的实践锻炼。同年，中央统战部印发《关于加强党外代表人士实践锻炼的意见》，明确了新形势下加强党外代表人士实践锻炼的指导思想、主要目标、基本原则等，规范了党外代表人士实践锻炼的形式，特别是对推进党外代表人士实践锻炼基地建设作出了明确部署。2012年2月，中共中央《关于加强新形势下党外代表人士队伍建设的意见》，明确要求切实加大党外代表人士实践锻炼力度，推动了各种实践锻炼形式制度化、规范化。

在中央的大力推动下，越来越多的地方制定出台了有关加强党外代表人士实践锻炼的政策规定和实施意见，将党外干部纳入党政领导干部交流总体安排，选派一大批党外干部到西部地区、东北地区等老工业基地、经济相对发达地区、重大工程和上级机关挂职锻炼或任职；组织党外代表人士到沿海地区、中西部地区、民族地区考察学习，参与社会服务；进一步推进党外干部在中央国家机关和省、自治区、直辖市之间以及各省（自治区、直辖市）内不同班子之间的交流。

特别是在总结各地经验做法的基础上，2011年起中央统战部在北京、上海、贵州、甘肃、重庆、四川等省市试点建立全国党外代表人士实践锻炼基地，每年选派约20名党外代表人士挂职担任省级政府部门或地市政府副职。部分省（自治区、直辖市）也开始探索建立各自的实践锻炼基地，受到党外代表人士的普遍欢迎。

三、加大党外代表人士的选拔任用力度

党的十六大以来，相继出台了一系列政策文件，对党外代表人士在人大、政府、政协、法院和检察院、国有企事业单位、社会团体等方面的推荐使用，提出了明确要求。2004年，中央组织部、中央统战部召开全国培养选拔党外干部工作座谈会，明确了新形势下培养选拔党外干部工作总的要求和主要任务，对加强党外干部的培养教育、完善党外干部选拔任用工作机制、搞好合作共事等一系列重大问题进行了具体部署。2005年中共中央《关于进一步加强中国共产党领导的多党合作和政治协商制度建设的意见》，对进一步加强培养选拔党外干部工作，拓宽党外干部选配领域，充分发挥党外领导干部的作用等方面作

出了明确规定。2012年，中共中央《关于加强新形势下党外代表人士队伍建设的意见》提出，要加大党外代表人士的选拔任用力度，不断健全选拔任用工作机制，切实搞好党与党外代表人士的合作共事。

各级党委认真贯彻落实党外代表人士推荐使用的政策要求，始终坚持德才兼备、以德为先的选人标准，开阔选人视野、注重从早抓起，坚持科学评价、注重作用发挥，不断建立健全选拔任用党外代表人士工作机制，积极搞好中国共产党与党外代表人士的合作共事，党外代表人士选拔任用工作有了很大进展和成效。2008年换届后，十一届全国人大常委会有非中共副委员长6人、常委会委员49人，专门委员会有非中共副主任15人、委员34人，非中共全国人大代表807人，广泛分布于各个领域。十一届全国政协有非中共副主席13人、非中共常委195人，各专门委员会有非中共副主任33人，非中共全国政协委员1345人。截至2010年底，担任县处级以上职务的民主党派和非党干部有3.1万人，其中地方政府及其部门和司法机关领导班子中有3500人，31个省、区、市政府有30个配备了非中共副省长（副主席、副市长），全国381个市（地、州、盟、区）人民政府配备非中共副职348名；全国2799个县（市、区、旗）人民政府配备非中共副职2443名，中央国家机关和最高法院、最高检察院领导班子中配备非中共干部20人，国务院组成部门配备非中共正职2名，各省(区、市)政府工作部门配备非中共正厅(局)长35名。31个省级法院、检察院中分别有18个、16个配备了非中共领导干部；396个市级法院、检察院中分别有114个、99个配备了非中共领导干部；2790个县级法院、检察院中分别有555个、486个配备了非中共领导干部。各级政府参事共有976人。全国各类高等学校共配备非中共正副校(院)长509名。民主党派和非党外代表人士选拔任用工作的有效推进，为他们在国家政治社会生活中更好地发挥作用创造了有利条件，搭建了广阔舞台。

【延伸阅读】

万钢、陈竺担任国家科技部、卫生部部长

2007年，致公党中央副主席、原同济大学校长万钢和无党派代表人士、中国科学院副院长陈竺先后被任命为国家科技部部长和卫生部部长。这是自1972年傅作义离任水利部部长后，党外人士重新出任国务院部委正职，在海内外引起强烈反响。法新社报道说，这创下了一项新纪录，体现了中共吸纳非共产党人士等其他社会精英入阁的决心。新加坡《联合早报》发表文章称，安排党外人士担任国务院部门正职，不仅能提高中共执政的效果，也能稳健地推进中国民主，还有利于共产党与官员的清廉。美国《侨报》发表文章称，在选拔非中共人士方面，当局的政策是务实富有前瞻性的，必将激励更多的非中共人士致力于民族复兴。

第十二章

党的十八大以来的
爱国统一战线

（2012 年 11 月—2016 年 7 月）

党的十八大以来，党和国家确立了“全面建成小康社会、全面深化改革、全面依法治国、全面从严治党”的战略布局，全面推进经济建设、政治建设、文化建设、社会建设、生态文明建设的总体布局，并召开了中央统战工作会议，颁布《中国共产党统一战线工作条例（试行）》。在以习近平同志为核心的党中央坚强领导下，统一战线进一步开拓创新、巩固发展，为推进“五位一体”总体布局和“四个全面”战略布局，实现“两个一百年”奋斗目标和中华民族伟大复兴中国梦，提供广泛力量支持。

第一节　爱国统一战线的新的里程碑

一、“四个全面”战略布局对统一战线提出新要求

2012年11月，中国共产党第十八次全国代表大会在北京召开。胡锦涛作了《坚定不移沿着中国特色社会主义道路前进，为全面建成小康社会而奋斗》的报告。党的十八届一中全会选举习近平为中共中央总书记。

《报告》提出，要高举中国特色社会主义伟大旗帜，以邓小平理论、“三个代表”重要思想、科学发展观为指导，解放思想、改革开放、凝聚力量、攻坚克难，坚定不移沿着中国特色社会主义道路前进，为全面建成小康社会而奋斗。强调，建设中国特色社会主义，总依据是社会主义初级阶段，总布局是五位一体，总任务是实现社会主义现代化和中华民族伟大复兴。明确全面建成小康社会和全面深化改革开放的目标，就是经济持续健康发展，人民民主不断扩大，文化软实力显著增强，人民生活水平全面提高，资源节约型、环境友好型社会建设取得重大进展。特别是强调构建系统完备、科学规范、运行有效的制度体系，使各方面制度更加成熟更加定型。《报告》着眼全面提高党的建设科学化水平，提出加强党的执政能力、先进性和纯洁性建设。

党的十八大后，以习近平为核心的党中央，紧紧围绕实现“两个

一百年”奋斗目标和实现中华民族伟大复兴的中国梦，举旗定向、谋篇布局、攻坚克难、强基固本，开辟了治国理政新境界，开创了党和国家事业发展新局面，形成一系列治国理政新理念新思想新战略，进一步丰富和发展了党的科学理论，为在新的起点上实现新的奋斗目标提供了基本遵循。在党的十八大提出“全面建成小康社会”“五位一体”总体布局基础上，十八届三中全会部署“全面深化改革”，四中全会专题研究“全面依法治国”问题，2014年又提出“全面从严治党”，形成了“四个全面”战略布局，成为中国特色社会主义道路上新的遵循、科学指南和行动纲领。

党中央新的战略部署，实现中华民族伟大复兴中国梦，对巩固和发展最广泛的爱国统一战线提出新的要求。（一）统一战线是夺取中国特色社会主义新胜利的重要法宝。赋予了统一战线重要地位作用新的时代内涵，明确了服务“五位一体”建设、促进“五大关系”和谐的努力方向。（二）正确处理一致性和多样性关系。明确了统一战线工作的基本要求，必须坚持求同存异、体谅包容，以一致性引领多样性，以多样性促进一致性，巩固共同思想政治基础。（三）健全社会主义协商民主制度。统一战线成员是协商民主的重要主体，政治协商是协商民主的重要形式，统一战线要在完善协商制度、丰富协商形式、提升协商质量上发挥独特优势和作用。（四）加强党外代表人士队伍建设。选拔和推荐更多优秀党外人士担任各级国家机关领导职务，充分体现了我们党巩固与党外人士联盟的鲜明立场。对民族、宗教、新的社会阶层、港澳台海外统战工作也提出了明确要求。这些新思想新要求，为新形势下统一战线优势作用的充分发挥提供了根本遵循。

党的十八大召开后，12月24日、25日，习近平、俞正声等中央领导同志分别走访了各民主党派中央和全国工商联，同领导机构成员进行了座谈，强调要坚定不移坚持和完善中国共产党领导的多党合作和政治协商制度，支持民主党派更好履行参政党职能，充分发挥自身优势，最大限度调动一切积极因素、凝聚一切积极力量，为实现中共十八大确定的奋斗目标和工作任务而奋斗。

二、中央统战工作会议的召开

为深入贯彻党的十八大，十八届三中、四中全会和习近平总书记系列重要讲话精神，认真总结统一战线工作的成绩和经验，明确全面建成小康社会阶段统一战线的主要任务，进一步完善各领域方针政策，推动党的统一战线事业蓬勃发展，2015年5月18日至20日，中央统战工作会议在北京召开①。习近平出席会议并发表重要讲话，中央政治局常委、全国政协主席俞正声出席会议并作总结讲话，中央政治局委员、中央统战部部长孙春兰对《中国共产党统一战线工作条例（试行）》作了说明。

这次会议是在协调推进“四个全面”战略布局、奋力实现“两个一百年”奋斗目标的关键阶段召开的重要会议，在统一战线历史上承前启后、继往开来、影响深远。习近平发表重要讲话，围绕新的历史时期需要不需要统一战线、需要什么样的统一战线、如何巩固发展统一战线进行了深入系统论述，是指导新形势下统战工作的纲领性文献。

（一）从人心和力量上深刻认识统一战线重要地位作用。习近平在讲话中，着眼回答我们党力量弱小时需要统一战线，为什么力量强大、长期执政了还需要；搞革命需要统一战线，为什么搞建设、搞改革还需要，深刻指出统一战线就是壮大共同奋斗的力量，强调：

人心向背、力量对比是决定党和人民事业成败的关键，是最大的政治。统战工作的本质要求是大团结大联合，解决的就是人心和力量问题。②

---

① 新中国成立后共召开21次统战工作会议，前20次都以全国统战工作会议名义召开。将全国统战工作会议改称中央统战工作会议，体现了中央对统一战线工作的高度重视。

② 习近平：《深刻认识做好新形势下统战工作的重大意义》（2015年5月18日），中共中央文献研究室编：《十八大以来重要文献选编》（中），中央文献出版社2016年版，第556页。

（二）正确处理一致性和多样性关系。习近平强调，做好新形势下统战工作，必须掌握规律、坚持原则、讲究方法，最根本的是要坚持党的领导。并鲜明提出：

做好新形势下统战工作，必须正确处理一致性和多样性关系。①

指出，统一战线是一致性和多样性的统一体，只有一致性、没有多样性，或者只有多样性，没有一致性，都不能建立和发展统一战线。正确处理一致性和多样性的关系，关键是坚持求同存异。一方面，要不断巩固共同思想政治基础；另一方面，要充分发扬民主，尊重包容引导差异。要找到最大公约数，只要把政治底线这个圆心守住，包容的多样性半径越长，画出的同心圆就越大。

（三）以改革创新精神推进统一战线工作。习近平强调，更好体现中国共产党领导的多党合作和政治协商制度的效能，发挥好民主党派和无党派人士的积极作用。支持民主党派加强思想、组织、制度特别是领导班子建设，提高政治把握能力、参政议政能力、组织领导能力、合作共事能力、解决自身问题能力。②

【延伸阅读】

坚持和发展中国特色社会主义学习实践活动

着眼深化政治交接、增进政治共识，各民主党派和无党派人士从2013年10月起，开展坚持和发展中国特色社会主义学习实践活动，引导广大成员深化政治共识、传承政治薪火，继承优良传统、巩固政治基础，切实承担起中国特色社会主义事业亲历者、实践者、维护者、捍卫者的政治责任。学习实践活动紧扣主题，把巩固共同思想政治基础作为首

① 习近平：《深刻认识做好新形势下统战工作的重大意义》（2015年5月18日），中共中央文献研究室编：《十八大以来重要文献选编》（中），中央文献出版社2016年版，第561页。

② 新中国成立60多年来，民主党派的思想、组织、制度和领导班子建设不断推进，到2015年底，已建立地方组织2400多个，成员总数106万人。

要任务；突出实践性特征，各民主党派和无党派人士紧紧围绕协调推进“四个全面”战略布局献智出力，为中国特色社会主义事业凝聚强大力量。2015年2月11日，习近平在同党外人士共迎新春时，对学习实践活动给予充分肯定。10月14日，坚持和发展中国特色社会主义学习实践活动经验交流暨中期推动会在京召开，俞正声出席并讲话。他强调，要适应形势任务变化，着眼增进政治共识，更加注重开拓创新、扩大影响、提高实效，把学习实践活动不断引向深入。会后，各民主党派和无党派人士结合新的形势任务，创新方式方法，推动学习实践活动深入开展。

党外知识分子工作，不仅要增强责任意识、配强工作力量，还要改进工作方法，学会同党外知识分子打交道特别是做思想政治工作的本领。高度重视和做好新的社会阶层人士工作，鼓励留学人员回国工作或以多种形式为国服务，加强和改善对新媒体中的代表性人士的工作。坚持中国化方向，积极引导宗教与社会主义社会相适应。引导非公有制经济人士特别是年轻一代致富思源、富而思进，做到爱国、敬业、创新、守法、诚信、贡献，形成健康的政商关系。党外代表人士工作的重点是科学使用、发挥作用，关键是加强培养、提高素质。要适应新形势，在港澳、对台、侨务工作中，发挥统一战线争取人心的作用。

（四）统战工作要靠全党共同来做。习近平在讲话中，既有对全党特别是党委主要负责同志亲自做统战工作的明确要求，也有对建立健全统一战线体制机制的战略部署，还有对新形势下统战部门职责的科学定位。针对长期以来“统一战线不统一”的现象，强调：

要坚持党委统一领导、统战部牵头协调、有关方面各负其责的大统战工作格局。[①]

要求各有关部门和人民团体增强统战意识，搞好分工协作。并指出：

---

① 《人民日报》2015年5月21日第1版。

统战部作为党委主管统战工作的职能部门，是党委统战工作的参谋机构、组织协调机构、具体执行机构、督促检查机构。[①]

中央统战工作会议，全面部署新形势下巩固发展统一战线的战略任务，进一步明确统一战线在协调推进“四个全面”战略布局下的新定位新作用，为做好统战工作指明了方向；会议创新发展了新形势下统一战线的重大理论政策，是十八大以来党的统一战线理论和实践发展成果的集中体现，进一步丰富了中国特色社会主义统一战线理论；会议破解了制约统一战线工作的突出问题，在统一战线发展史上具有里程碑意义。

三、《中国共产党统一战线工作条例（试行）》的颁布

制定颁布《中国共产党统一战线工作条例（试行）》，是贯彻落实党中央关于加强党内法规制度建设的要求、全面提高党的建设科学化水平的重要部署，并列入《中央党内法规制定工作五年规划纲要（2013—2017年）》。党中央直接领导了《条例》起草制定工作。2014年、2015年，中央政治局常委会工作要点都将起草《条例》工作列入其中，习近平专题听取汇报，多次作出重要指示。俞正声具体指导条例起草。中央统战部会同有关部门成立《条例》起草的领导机构和工作机构，认真研究梳理重要政策，深入开展重点调研，广泛征求中央和国家机关有关部门的意见，听取各民主党派中央、全国工商联、无党派代表人士的意见，并听取了各省区市委统战部和新疆建设兵团党委统战部的意见。经中央政治局常委会、中央政治局会议审议通过，于2015年5月18日正式颁布实施。

《条例》明确了一系列重要理论观点和政策规定。

（一）关于统一战线性质。《条例》明确，“统一战线是指中国共

① 《人民日报》2015年5月25日第1版。

产党领导的、以工农联盟为基础的，包括全体社会主义劳动者、社会主义事业建设者、拥护社会主义爱国者、拥护祖国统一和致力于中华民族伟大复兴爱国者的联盟”。把“致力于中华民族伟大复兴爱国者”写进统一战线性质，进一步拓展了统一战线成员的共同思想政治基础。

（二）关于统一战线的地位作用。《条例》明确：

统一战线是中国共产党凝聚人心、汇聚力量的政治优势和战略方针，是夺取革命、建设、改革事业胜利的重要法宝，是增强党的阶级基础、扩大党的群众基础、巩固党的执政地位的重要法宝，是全面建成小康社会、加快推进社会主义现代化、实现中华民族伟大复兴中国梦的重要法宝。

（三）关于坚持正确处理一致性和多样性关系的方针。《条例》第一次把正确处理一致性和多样性关系明确为统一战线工作的方针，这是统一战线理论的重大创新，对于把握统一战线的本质和规律具有重大指导意义。

（四）关于统一战线工作范围和对象。《条例》将统一战线工作范围和对象由原来的15个方面调整为12个方面，把“私营企业、外资企业的管理人员和技术人员”“中介组织从业人员”“自由职业人员”和“新媒体从业人员”等，统称为“新的社会阶层人士”。“原工商业者”“起义和投诚的原国民党军政人员及眷属”数量已很少，不再单列，并入“其他需要联系和团结的人员”之中。

（五）关于民主党派性质和基本职能。《条例》明确各民主党派是中国特色社会主义参政党。将政治协商的内容写入民主党派职能，使民主党派职能由两项扩展为“参政议政、民主监督，参加中国共产党领导的政治协商”三项职能，并对支持民主党派履行职能的内容、程序、形式等作了进一步规范。

（六）关于统一战线各领域工作。《条例》明确了根本要求、方针政策、主要任务、体制机制和方式方法，并有新的规定。如在民族工作

"四个认同"基础上增加了对中国共产党领导的认同[①]；强调建立健全三级宗教工作网络和两级责任制；明确了促进非公有制经济健康发展和非公有制经济人士健康成长的工作主题；支持民主党派和无党派人士在港澳台海外统一战线工作中发挥作用；提出各省区市可以成立党外知识分子联谊会等。

（七）关于党外代表人士队伍建设。《条例》对一些重要政策作了明确规定：

符合条件的党外干部可以担任政府部门（单位）行政正职。各省（自治区、直辖市）在政府组成部门中应当配备2名左右党外正职。

还明确，符合条件的省级民主党派主委、工商联主席、无党派代表人士一般应进入同级人大常委会、政府、政协领导班子；全国和省级人大常委会、政协中应当有民主党派成员或者无党派人士担任专职副秘书长；除特殊情况外，人大常委会、政协领导班子中的党外代表人士应当与担任同级职务的党内干部享受同等待遇；各级法院、检察院领导班子中应当配备党外干部；高等学校领导班子中一般应当配备党外干部，符合条件的可担任行政正职；组织部门、统战部门应当建立健全协作配合机制，在动议和讨论决定党外干部任免、调动、交流前，应当征求统战部门的意见。并对无党派人士的界定作了完善，对非公有制经济人士作了界定：

无党派人士是指没有参加任何党派，有一定社会贡献和影响，有参政议政愿望和能力，主体是知识分子。

非公有制企业主要出资人并以经营管理为主要职业的，在推荐安排中应当界定为非公有制经济人士。

（八）关于加强党对统一战线领导。《条例》首次规定了各级党委开展统一战线工作的7项主要职责，明确党委（党组）主要负责人是统

① 完整表述为：增进各族群众对伟大祖国、中华民族、中华文化、中国共产党、中国特色社会主义的认同。

一战线工作第一责任人。并就成立中央统一战线工作领导小组作出规定，明确其职责是对统一战线贯彻落实中央重大方针、政策、法律法规情况进行研究、协调指导和督促检查。《条例》明确规定，省级党委统战部部长一般由同级党委常委担任，市、县两级党委统战部部长由同级党委常委担任或兼任。《条例》将党委统战部的主要职责在“了解情况、掌握政策、协商关系、安排人事”基础上，又增加了“增进共识、加强团结”。

《条例》是统一战线工作制度化、规范化、科学化的重要标志，在党的统一战线历史上同样具有里程碑意义。《条例》进一步明确了新形势下统一战线的性质、地位、作用和目标任务、范围对象，总结完善了统一战线各领域理论、方针、政策和举措，为统一战线事业发展提供了政治保障；《条例》解决了统一战线工作中长期存在的重点难点问题，在加强党对统战工作的领导、统战干部队伍建设、党外代表人士队伍建设等方面都作了明确规定，为统一战线事业发展提供了组织保障；《条例》规定了各级党委（党组）、统战部门、有关组织和单位在统一战线工作中的基本职责，对各领域各方面统一战线工作作出了规范，为统一战线事业发展提供了法制保障。

四、中央统战工作会议精神和《条例》的贯彻落实

会议召开和《条例》颁布后，党中央成立统一战线工作领导小组，涵盖中央和国家机关有关部门、全国政协、有关群团等18家成员单位，办公室设在中央统战部，为形成大统战工作格局提供了领导和组织保证。领导小组制定下发《贯彻落实中央统战工作会议精神和〈条例〉重点工作规划（2015—2017年）》，明确每个年度需要完成的目标任务、牵头单位、参与单位、思路举措、主要成果等，使会议精神和《条例》贯彻落实有了任务书、路线图和时间表。指导各地认真学习贯彻中央精神，召开统战工作会议，成立统战工作领导小组，制

定具体实施意见和配套文件，推动解决重点难点问题。截止到2015年底，共有30个省区市党委召开统战工作会议，21个省区市成立统战工作领导小组。

中央统战部及时下发通知，周密安排、全力推动学习宣传和贯彻落实工作。组织力量到各地党委中心组进行宣讲，举办统一战线深入学习贯彻会议精神和《条例》研讨班，帮助党政领导干部、统战干部、党外代表人士提高统一战线理论政策水平。在《人民日报》连续刊发6篇评论员文章、刊登20篇署名文章、开设7期《党外人士说统战》专栏，开通微信公众号“统战新语”和移动客户端“统战新闻”，从传统媒体到新媒体、从统战宣传到社会宣传，形成了全方位、立体式宣传态势，提高了统一战线的社会关注度和认知度。

第二节　建设社会主义协商民主

一、社会主义协商民主的提出

协商民主始于新民主主义革命时期的国共合作和中国共产党与党外人士的合作共事。以中国人民政治协商会议第一届全体会议的成功召开为标志，协商民主这种新型民主形式开始在全国范围内实施。在中国共产党推进社会主义民主政治发展过程中，从新中国成立初期创造的双周座谈会、协商座谈会和最高国务会议等协商方式，到改革开放以来不断探索完善的政治协商、社会协商、基层协商等多种形式，协商民主在全国范围、各个层次广泛开展。

协商民主理论在我国的最早阐释，可以追溯到新中国成立时。

1949年9月，中国人民政治协商会议第一届全体会议召开期间，周恩来曾精辟地指出："新民主主义的议事精神不在于最后的表决，主要在于事前的协商和反复讨论。"[①]因此，协商民主在新中国从一开始就是探索和发展人民民主的重要产物。全国人民代表大会制度建立后，在要不要继续发挥人民政协的作用问题上，毛泽东明确指出，"有了人大，并不妨碍我们成立政协进行政治协商。各党派、各民族、各团体的领导人物一起来协商新中国的大事非常重要"。进入改革开放和社会主义现代化建设新时期，中国共产党在探索和建设中国特色社会主义的进程中，把人民民主作为中国特色社会主义的本质属性，放在十分重要的位置。1987年，中国共产党第十三次全国代表大会明确提出，"建立社会协商对话制度的基本原则，是发扬'从群众中来，到群众中去'的优良传统，提高领导机关活动的开放程度，重大情况让人民知道，重大问题经人民讨论"。这是第一次把协商的内涵从政治领域扩大到社会领域。1991年，江泽民在"两会"党员负责人会议上首次提出："人民通过选举、投票行使权利和人民内部各方面在选举、投票之前进行充分协商，尽可能就共同性问题取得一致意见，是我国社会主义民主的两种重要形式。"这是第一次从社会主义民主实现形式的高度来定位协商，是对社会主义民主发展规律认识的进一步深化，确立了新时期中国发展社会主义民主的重要路径。2007年，国务院新闻办公室发表《中国的政党制度》白皮书，第一次使用协商民主的概念，强调"选举民主与协商民主相结合，是中国社会主义民主的一大特点"。

党的十八大提出"健全社会主义协商民主制度"，首次从制度层面阐述协商民主。胡锦涛在十八大报告中指出：社会主义协商民主是我国人民民主的重要形式。要完善协商民主制度和工作机制，推进协商

---

① 《关于人民政协的几个问题》（1949年9月7日），中共中央统一战线工作部、中共中央文献研究室编：《周恩来统一战线文选》，人民出版社1984年版，第134页。

民主广泛、多层、制度化发展。通过国家政权机关、政协组织、党派团体等渠道，就经济社会发展重大问题和涉及群众切身利益的实际问题广泛协商，广纳群言、广集民智，增进共识、增强合力。坚持协商于决策之前和决策之中，增强民主协商实效性。

二、对社会主义协商民主的系统论述

2014年9月21日，习近平在庆祝中国人民政治协商会议成立65周年大会重要讲话中，对建设社会主义协商民主作了重要论述。

习近平强调，协商民主是中国社会主义民主政治中独特的、独有的、独到的民主形式，具有深厚的文化基础、理论基础、实践基础、制度基础。在中国社会主义制度下，有事好商量，众人的事情由众人商量，找到全社会意愿和要求的最大公约数，是人民民主的真谛。鲜明指出：

社会主义协商民主，是中国社会主义民主政治的特有形式和独特优势，是中国共产党的群众路线在政治领域的重要体现。①

习近平强调，社会主义民主不仅需要完整的制度程序，而且需要完整的参与实践。人民当家作主必须具体地、现实地体现到中国共产党执政和国家治理上来，具体地、现实地体现到中国共产党和国家机关各个方面、各个层级的工作上来，具体地、现实地体现到人民对自身利益的实现和发展上来。

习近平强调，全心全意为人民服务，始终代表最广大人民根本利益，是我们能够实行和发展协商民主的重要前提和基础。在中国共产党统一领导下，通过多种形式的协商，广泛听取意见和建议，广泛接受批评和监督，可以广泛达成决策和工作的最大共识，可以广泛畅通各种利益要求和诉求进入决策程序的渠道，可以广泛形成发现和改

---

① 习近平：《在庆祝中国人民政治协商会议成立六十五周年大会上的讲话》（2014年9月21日），中共中央文献研究室编：《十八大以来重要文献选编》（中），中央文献出版社2016年版，第72页。

正失误和错误的机制，可以广泛形成人民群众参与各层次管理和治理的机制，可以广泛凝聚全社会推进改革发展的智慧和力量。

习近平指出，要切实落实推进协商民主广泛多层制度化发展这一战略任务。要按照协商于民、协商为民的要求，大力发展基层协商民主，重点在基层群众中开展协商。

三、颁布《关于加强社会主义协商民主建设的意见》

根据十八届三中全会提出的构建程序合理、环节完整的协商民主体系，拓宽国家政权机关、政协组织、党派团体、基层组织、社会组织的协商渠道的工作目标，中共中央于2015年1月5日正式印发了《关于加强社会主义协商民主建设的意见》。

《意见》明确了社会主义协商民主的本质属性和基本内涵，阐述了加强社会主义协商民主建设的重要意义、指导思想、基本原则和渠道程序，对新形势下开展政党协商、人大协商、政府协商、政协协商、人民团体协商、基层协商、社会组织协商等作出全面部署，是指导社会主义协商民主建设的纲领性文件。

《意见》强调：

继续重点加强政党协商、政府协商、政协协商，积极开展人大协商、人民团体协商、基层协商，逐步探索社会组织协商。①

要求各类协商要根据自身特点和实际需要，合理确定协商内容和方式。从实际出发，按照科学合理、规范有序、简便易行、民主集中的要求，制定协商计划、明确协商议题和内容、确定协商人员、开展协商活动、注重协商成果运用反馈，确保协商活动有序务实高效。

《意见》指出，要继续探索规范政党协商形式，完善民主党派中

① 《关于加强社会主义协商民主建设的意见》（2015年1月5日），中共中央文献研究室编：《十八大以来重要文献选编》（中），中央文献出版社2016年版，第293页。

央直接向中共中央提出建议制度，加强政党协商保障机制建设。有关部门要为无党派人士和工商联参加协商做好联络服务。各省（自治区、直辖市）、市（地、州、盟）党委要结合实际，对开展政党协商作出具体安排。

《意见》指出，充分发挥人民政协作为协商民主重要渠道和专门协商机构的作用。明确政协协商的主要内容，完善政协会议及其他协商形式，加强政协协商与党委和政府工作的有效衔接，加强人民政协制度建设。

《意见》指出，党的领导是中国特色社会主义最本质的特征。加强协商民主建设，必须坚持党的领导，充分发挥党总揽全局、协调各方的领导核心作用，把握正确方向，形成强大合力，确保有序高效开展。

四、制定下发《关于加强政党协商的实施意见》和《关于加强人民政协协商民主建设的实施意见》

加强政党协商　按照中央要求，中央统战部起草了《关于加强政党协商的实施意见》，经党中央同意，中央办公厅于2015年10月13日印发，12月10日公开发表。

《实施意见》明确了政党协商的指导思想和重要意义，对政党协商的内容、形式、程序、保障机制作出规定，对加强和完善党对政党协商的领导提出要求。

《实施意见》明确：

政党协商是中国共产党同民主党派基于共同的政治目标，就党和国家重大方针政策和重要事务，在决策之前和决策实施之中，直接进行政治协商的重要民主形式。[①]

① 《关于加强政党协商的实施意见》，《人民日报》2015年12月11日第1版。

《实施意见》指出，无党派人士是政治协商的重要组成部分，参加政党协商。工商联是具有统战性的人民团体和商会组织，参加政党协商。

《实施意见》指出，中共中央同民主党派中央开展政党协商的主要内容包括：中共全国代表大会、中共中央委员会的有关重要文件；宪法的修改建议，有关重要法律的制定、修改建议；国家领导人建议人选；国民经济和社会发展的中长期规划以及年度经济社会发展情况；关系改革发展稳定等重要问题；统一战线和多党合作的重大问题；其他需要协商的重要问题。

《实施意见》明确：

政党协商有会议协商、约谈协商、书面协商。①

并明确要求建立知情明政机制、考察调研机制、工作联系机制、协商反馈机制等协商保障机制。《实施意见》要求，各级党委要高度重视政党协商，营造宽松和谐氛围，加强协商能力建设。

加强人民政协协商民主建设 根据中共中央《关于加强社会主义协商民主建设的意见》，全国政协起草了《关于加强人民政协协商民主建设的实施意见》，经党中央同意，中共中央办公厅于2015年6月15日印发。

《实施意见》明确了加强人民政协协商民主建设的重要意义、指导思想和重要原则；对政协协商的内容、形式、与党委和政府工作的有效衔接、人民政协制度建设、协商能力作出规定；对加强和完善党对人民政协协商民主建设的领导提出要求。

《实施意见》指出，政协协商的主要内容是国家大政方针和地方的重要举措以及政治、经济、文化和社会生活中的重要问题，各党派参加人民政协工作的共同性事务，政协内部的重要事务，以及有关爱国统一战线的其他重要问题等。要制定政协年度协商计划，在实践中

① 《关于加强政党协商的实施意见》，《人民日报》2015年12月11日第1版。

丰富协商内容。

《实施意见》指出，要完善政协全体会议协商制度，健全专题议政性常务委员会会议制度，规范专题协商会，完善双周协商座谈会制度，开展对口协商和界别协商，健全提案办理协商制度，拓展协商形式。要规范协商议题提出机制，健全知情明政制度，完善协商成果采纳、落实和反馈机制。

《实施意见》指出，要建立健全党领导人民政协协商民主建设的工作制度，发挥政协党组领导核心作用，营造全党全社会重视和支持人民政协协商民主建设的良好氛围。

五、积极推进社会主义协商民主实践发展

《意见》和两个《实施意见》出台后，全国政协和中央统战部突出工作重点，体现自身特色，推动贯彻落实工作。

党中央率先垂范，大力推进政党协商。2015年，中共中央召开或委托中央统战部召开各类协商会议24次，其中习近平主持召开专题协商座谈会4次。中央统战部会同有关方面做了大量组织协调工作，提前谋划调研题目的选定、选题内容的介绍、考察活动的组织、会议程序的设计，会后及时反馈意见建议办理情况。

对政党协商形式进行探索创新，提出了“调研协商座谈会”新的政党协商形式。调研协商座谈会由中共中央负责同志主持召开，主要就民主党派中央和无党派人士的重点考察调研成果及建议进行协商，邀请有关部门参加，一般每年2次。2015年6月8日和8月21日，俞正声分别主持召开两场调研协商座谈会，邀请有关民主党派和全国工商联负责人就推进“一带一路”建设、制定“十三五”规划、流域经济发展和水资源开发利用保护建言献策。

2015年，各民主党派中央向中共中央、国务院报送意见建议88

件，中央领导同志批示77件。民革中央《关于加快推进平潭综合实验区建设的建议》、民盟中央《关于实施“中国野生东北虎和东北豹恢复与保护重大生态工程”的建议》、民建中央《加强经济合作，推动长江经济带健康发展》、民进中央《关于在“十三五”期间完善现代公共文化服务体系建设的建议》、农工党中央《关于加强涉水体制机制改革，确保我国水安全的建议》、致公党中央《关于促进边境经济合作区建设的建议》、九三学社中央《关于黄土高原“固沟保塬”综合治理的建议》、台盟中央《进一步了解台湾普通民众对两岸经贸合作的态度和看法》等，分别得到中共中央领导同志的批示或政府有关部门的重视，成为国家发展战略和重点整治的重要内容。特别是围绕“十三五”规划的制定，各民主党派深入调研，形成高质量的意见建议，在《中共中央关于制定国民经济和社会发展第十三个五年规划的建议》中得到体现。

无党派人士为推进“四个全面”战略布局积极建言献策。依托党外知识分子联谊会，成立建言献策小组，组建党外院士专家服务团、律师服务团、留学服务团，服务决策咨询、科技创新和人才培养，就重大问题进行专题调研。2012年至2015年，无党派人士向中共中央、国务院提交调研报告、意见建议200余篇。

全国政协以调研促进协商质量提高、以协商促进调研成果转化。2015年，召开了全体会议、5次常委会议、2次专题协商会、20次双周协商座谈会，各种协商形式联动配合，情况介绍、会议发言、互动交流等方法综合运用，进一步形成宽领域、多层次、常态化的协商议政格局。注重问题导向，强化民主监督职能。按照开展监督有计划、有题目、有载体、有成效的要求，针对重大改革举措落实和群众关切，开展投资审批制度改革、腾格里沙漠污染治理、小型农田水利建设、环卫工人权益保障等12项监督性强的调研议政活动，推动了相关工作改进和政策出台。

第三节　突出重点做好党外知识分子工作

一、加强高校统战工作

2007年以来，各地按照第一次全国高校统战工作会议的要求，着眼实施科教兴国、人才强国和建设创新型国家的战略，突出特色、发挥优势，创新思路、拓宽渠道，为促进高校改革、发展与和谐服务，为巩固和壮大最广泛的爱国统一战线服务，为夺取全面建设小康社会新胜利、开创中国特色社会主义事业新局面服务，努力推动新世纪新阶段高校统战工作实现新的跨越，高校统战工作呈现出良好局面，也面临着一些新情况新问题。

为深入贯彻落实中央统战工作会议精神和《中国共产党统一战线工作条例（试行）》，进一步推动高校统战工作深入开展，中央统战部和教育部于2015年11月24日至25日联合召开第二次全国高校统战工作会议，俞正声会见全体代表并讲话，孙春兰作工作报告。

俞正声强调，高校党外知识分子集中，是统战工作的战略要地。做好新形势下的高校统战工作，不仅对于推进高校改革发展、巩固壮大统一战线，而且对于如期全面建成小康社会、维护社会和谐稳定、巩固党的执政地位，都具有重要意义。要认真贯彻中央统战工作会议、特别是习近平重要讲话精神，全面落实《中国共产党统一战线工作条例（试行）》，深入研究解决突出问题，在新的起点上将高校统战工作推向前进。

俞正声指出，做党外知识分子的团结引导工作，要坚持原则性与灵活性的统一，体现尊重包容，既注重摆事实、讲道理，又善于联谊交友，帮助解决具体困难。高校是培养党外代表人士的基地，要支持他们加强政治理论学习，帮助他们在实践中增长才干，多为他们提供不同岗位历练的机会和成长进步的平台。充分发挥党外人士作用的前提是充分信任、重要条件是大力支持，要敢于给优秀党外人才交重任、压重担，支持他们立足岗位建功立业，引导他们积极议政建言，鼓励他们创新创造，当好党和政府的智库。

孙春兰强调，高校是我们党开展统战工作的一个缩影，是展示统一战线法宝作用的一个窗口，要从协调推进“四个全面”战略布局、维护意识形态安全的高度，深刻认识做好高校统战工作的特殊重要性。要坚持正确处理一致性和多样性关系的方针，以强化党外知识分子思想政治引导为主线，以加强党外代表人士队伍建设为重点，做好高校民主党派、无党派人士工作，促进各民族师生交往交流交融，抵御利用宗教对高校进行渗透和防范校园传教，引导高校港澳台侨学生增进国家认同和中华民族意识。要加强对高校统战工作的领导，创新思路举措，完善机制载体，改进方式方法，配强工作力量，形成开展工作的合力。

二、开展新的社会阶层人士统战工作

做好党外律师代表人士统战工作　律师是全面推进依法治国和法治中国建设的重要力量。为促进律师队伍健康成长、保障律师行业健康发展，2013年12月，中央统战部、司法部党组联合制发《关于加强律师行业统战工作的意见》。

《意见》指出，要坚持党的领导与加强行业自律相结合，坚持广泛联系与重点培养相结合，坚持体谅包容与增进共识相结合，坚持热情帮助与发挥作用相结合的工作原则。要求以党外律师为主体，重点做好政治坚定、法律精通、恪守诚信、业绩突出、群众认同的党外律师代表人士的统战工作。

大力加强律师服务团建设，团结引导广大律师服务于国家法治建设。2013年7月，中央统战部与司法部、全国律协共同举办同心·律师服务团第一批服务活动总结表彰暨第二批启动仪式。2014年8月，组织部分服务团律师前往吉林省，深入企业、乡村、社区，开展法律讲座、现场咨询、图书捐赠等多种形式的集体帮扶活动。2015年9月，组织八省市律师赴河北，围绕“京津冀协同发展战略”主题开展律师服务团集体帮扶活动。

加强中介组织从业人员统战工作　2012年，中央统战部制定中介组织从业人员综合评价体系，在北京市朝阳区开展试点工作。指导中国注册税务师行业协会建立健全行业代表人士综合评价体系。推荐专业人士参与党外知识分子建言献策小组工作，支持他们围绕党和国家中心工作提出意见建议。2013年，中税协成立中国注册税务师服务团和省级服务团，支持引导税务行业专业人士开展智力扶贫、捐资助学等公益活动，承担社会责任。

开展社会组织统战工作　随着我国市场经济的快速发展，介于政府和企业、个人之间的社会组织不断发展壮大，社会组织从业人员数量快速增加，到2015年底达60多万家，从业人员700多万人，在促进经济发展、繁荣社会事业、提供公共服务等方面发挥了越来越重要的作用。2014年1月，中央统战部下发《关于开展社会组织统战工作试点的通知》，并在浙江省、山东省、湖南省及深圳市、大连市和北京市朝阳区开展社会组织统战工作试点。这些试点地区经过积极探索，初步形成了党委统一领导、统战部门牵头协调、政府部门支持配合、社会组织积极参与的工作格局，丰富了社会组织统战工作的载体和渠道，建立了一支社会组织代表人士队伍，打造了“一家一”助学就业，“送科技、送法律、送文化、送医疗、送卫生”“促进创新创业、助推转型发展、专业咨询服务、社会公益慈善”等社会服务品牌。2015年底，中央统战部在湖北召开社会组织统战工作试点地区总结会，向全国介绍了他们的经验和做法，推动了这项工作的开展。

探索自由职业人员统战工作　自由职业人员是适应市场经济发

展和信息技术进步需要而产生的新兴社会群体，目前我国自由职业人员群体规模超过1000万人。随着生产方式和生活方式的深刻变革以及网络技术的迅猛发展，自由职业人员群体的规模将不断扩大，已经成为新的社会阶层的重要组成部分。2016年初，中央统战部启动实施新的社会阶层人士统战工作调研，为把自由职业人员组织起来、发挥作用奠定基础。

三、探索新媒体从业人员统战工作

新媒体从业人员是随着网络技术的迅猛发展和新媒体迅速崛起而成长起来的社会群体，是新的社会阶层的重要组成部分。截至2015年6月，全国约有网站357万余家，新媒体从业人员800多万人。及时将他们纳入统战工作范围，是新形势下统一战线需要高度关注并深入研究的崭新课题。

为加强新媒体从业人员统战工作，2014年12月，中央统战部、中央网络安全和信息化领导小组办公室联合出台《关于开展新媒体从业人员统战工作的意见》，强调，新媒体从业人员是新的社会阶层统战工作重要着力点，要坚持以促进新媒体行业健康发展和新媒体从业人员健康成长为主题，以培养一支政治坚定、业绩突出、群众认同的新媒体行业代表人士队伍为重点，以引导新媒体从业人员自觉维护网络安全、促进信息化建设为目标，把新媒体从业人员紧密团结在党的周围，为建设网络强国、全面建成小康社会、实现中华民族伟大复兴的中国梦凝聚新力量。

2015年5月，习近平在中央统战工作会议上进一步指出，要把新媒体从业人员纳入统战工作视野，加强和改善对新媒体中的代表性人士的工作，建立经常性联系渠道，让他们在净化网络空间、弘扬主旋律、维护意识形态安全等方面展现正能量。

各地按照中央要求，加强新媒体从业人员团结引导、推进代表人士队伍建设，将中国互联网协会、著名网站、互联网企业负责人等成规模纳入培养体系，进行理论政策培训。创新工作方式方法，加强线上线下互动交流，及时听取意见建议，有针对性做好引导服务等工作。

【延伸阅读】

组织网络人士培训

2015年3月24日至4月3日，中央统战部在中央社会主义学院和闽西革命老区举办第12期新的社会阶层人士理论研究班，吸收包括中国互联网协会、小米公司、优酷土豆公司、“今日头条”、爱奇艺、天涯社区等负责人，互联网行业管理、技术支持、新闻网站、网络论坛、网络影音、搜索引擎、电子商务、网络安全等相关人员，互联网知名“大V”等55人参加。

培训班紧扣时代脉搏，突出问题导向，帮助学员理解党的十八届三中、四中全会精神，理解习近平系列重要讲话精神，理解“四个全面”战略布局，理解统一战线和新阶层人士统战工作。坚持学员主体性和启发性原则，将课堂教学、讨论交流、现场教学、总结座谈结合起来，每场讲座均设提问互动环节。密切统战干部与学员、学员相互之间的沟通交流，借助现代通信手段，开班第一天就建立了微信群。将学员按性别、职业、所在地区较为均匀地分为4个小组，每组的人员构成都具备“互联网+”特征。还结合学员的专业特点，安排了学员论坛、学员沙龙等活动。

通过培训，强化了政治认同，特别是通过对革命老区的实地考察，更加珍惜无数革命先烈付出牺牲换来的今日幸福生活。提升了能力素质，增强了就中央关心、群众关切、社会关注、个人擅长的领域建言献策的动力。明确了自身责任，深切感到作为中国特色社会主义事业建设者，在全面建成小康社会、推动实现“两个一百年”的奋斗目标、实现中华民族伟大复兴中国梦的过程中，担负重要责任。

四、推进留学人员统战工作

欧美同学会成立100周年庆祝大会 2013年10月21日，欧美同学会成立100周年庆祝大会在人民大会堂举行，习近平出席大会并发表重要讲话。俞正声、刘云山到会祝贺。全国政协副主席、欧美同学会会长韩启德作工作报告。

习近平强调，党和国家将按照支持留学、鼓励回国、来去自由、发挥作用的方针，把做好留学人员工作作为实施科教兴国战略和人才强国战略的重要任务，使留学人员回到祖国有用武之地，留在国外有报国之门。希望广大留学人员砥砺道德品质，掌握真才实学，练就过硬本领，努力成为堪当大任、能做大事的优秀人才；积极投身创新创造实践，有敢为人先的锐气，有上下求索的执著，脚踏着祖国大地，胸怀着人民期盼，力争有所突破、有所发展、有所建树；充分发挥自身优势，当好促进中外友好交流的民间大使，讲述好中国故事，传播好中国声音，让世界对中国多一分理解、多一分支持。

弘扬留学报国优良传统 中央统战部支持欧美同学会（中国留学人员联谊会）开展“学讲话、举旗帜”主题活动，通过学习会、座谈会、报告会、征文等，在广大留学人员中掀起学习习近平在欧美同学会成立100周年庆祝大会上重要讲话精神、弘扬留学报国优良传统的热潮。围绕留学人员创新创业、海外引进人才与“裸官”等问题进行调研，为党中央、国务院发挥留学人员作用提供决策参考。中央办公厅印发《关于加强欧美同学会（留学人员联谊会）建设的意见》，为加强留学人员工作提供了组织保障。

1978年至2015年，我国出国留学人员累计达404.21万人，留学回国221.86万人，其中2015年回国40.91万人。留学人员作为科技创新的开拓者、创业大潮的生力军、治国理政的智囊团，在促进社会管理创新、实施科教兴国战略、推动经济持续发展中发挥着重要作用。留学人员还积极充当中国企业国际化和跨国企业中国化的重要推手，充当促进中外友好交流的民间大使，在加强国际交流合作中发挥了重要作用。2016年5月25日至27日，由欧美同学会（中国留学人员联谊会）主办的首届中法文化论坛在北京举行，中国国家主席习近平和法国总统奥朗德分致贺信，中共中央政治局委员、国务院副总理刘延东，全国人大常委会副委员长、欧美同学会（中国留学人员联谊会）会长陈竺，法国国务秘书勒甘、法国前总理拉法兰出席会议并讲话，通过了《中法文化论坛北京宣言》。中法文化论坛的成功举办，既为两国人民文化交流提供了一个新的平台，也是欧美同学会（中国留学人员联谊会）落实党中央关于发挥民间外交生力军要求的积极探索。

第四节　着眼促进“两个健康”，做好非公有制经济领域统战工作①

一、构建新型政商关系

改革开放以来，我国非公有制经济有了很大发展。到2015年底，非公有制组织数量已经占到市场主体的90%左右，创造的国内生产总值超过60%，税收超过50%，成为我国经济发展举足轻重的力量。促进非公有制经济健康发展，前提是促进非公有制经济人士健康成长。在党的政策指引下，我国非公有制经济人士迅速增长，到2015年底已达8000万人。广大非公有制经济人士主流是好的，但也存在某些弱点和不足，特

① “两个健康”即促进非公有制经济健康发展，促进非公有制经济人士健康成长。

别是在与领导干部交往和政治参与中出现了一些问题。2015年5月召开的中央统战工作会议上，习近平专门强调对非公有制经济人士既要鼓励支持，又要教育引导，并明确提出要形成健康的政商关系。

2016年3月4日，习近平参加全国政协十二届四次会议民建、工商联界委员联组会时，就毫不动摇坚持我国基本经济制度，推动各种所有制经济健康发展，做合格的中国特色社会主义事业建设者发表重要讲话，并进一步从“亲”和“清”两个方面，就建立新型政商关系作了深刻论述。

习近平指出，新型政商关系应该是什么样的？概括起来，就是“亲”“清”两个字。对领导干部而言：

所谓“亲”，就是要坦荡真诚同民营企业接触交往，特别是在民营企业遇到困难和问题情况下更要积极作为、靠前服务，对非公有制经济人士多关注、多谈心、多引导，帮助解决实际困难，真心实意支持民营经济发展。

所谓“清”，就是同民营企业家的关系要清白、纯洁，不能有贪心私心，不能以权谋私，不能搞权钱交易。[①]

对民营企业家而言：

所谓“亲”，就是积极主动同各级党委和政府及部门多沟通多交流，讲真话，说实情，建诤言，满腔热情支持地方发展。

所谓“清”，就是要洁身自好、走正道，做到遵纪守法办企业、光明正大搞经营。企业经营遇到困难和问题时，要通过正常渠道反映和解决，如果遇到政府工作人员故意刁难和不作为，可以向有关部门举报，运用法律武器维护自身合法权益。

习近平指出，领导干部同非公有制经济人士交往是经常的、必然的，也是必须的。这种交往应该为君子之交，要亲商、安商、富商，但不

---

① 习近平：《毫不动摇坚持我国基本经济制度，推动各种所有制经济健康发展》（2016年3月4日），《人民日报》2016年3月9日第2版。

能搞成封建官僚和“红顶商人”之间的那种关系，也不能搞成西方国家大财团和政界之间的那种关系，更不能搞成吃吃喝喝、酒肉朋友的那种关系。领导干部同民营企业家打交道要守住底线、把好分寸，并不意味着领导干部可以对民营企业家不理不睬，对他们的正当要求置若罔闻，对他们的合法权益不予保护。

习近平强调，广大非公有制经济人士要加强自我学习、自我教育、自我提升。要把守法诚信作为安身立命之本，依法经营、依法治企、依法维权。法律底线不能破。

习近平3月4日重要讲话，是十八大以来党中央关于非公有制经济和非公有制经济人士工作全面系统深刻的阐述，是中国特色社会主义理论体系的创新成果，是党治国理政方略在非公有制领域的重要体现，是新形势下指导非公有制经济领域统战工作的纲领性文献。特别是构建新型政商关系的论述，不仅让政商双方都有规可依、有度可量，更是给领导干部同企业家打交道明确了准则，划出了底线，对坚持和完善我国基本经济制度，教育引导非公有制经济人士成为合格的中国特色社会主义事业建设者，推动非公有制经济在经济发展新常态下更好发挥作用，具有重要意义。

3月8日，中央统战部分别召开全国统战部长和民建、工商联负责人座谈会，对学习贯彻习近平重要讲话精神作出部署，对构建“亲”“清”新型政商关系提出要求。4月，广东省制定首个《关于推动构建新型政商关系的若干意见（试行）》，其他省区市也积极研究制定具体措施。

二、促进非公有制经济健康发展

制定鼓励支持非公有制经济发展政策举措　党的十八大以来，党中央站在“五位一体”总体布局、“四个全面”战略布局、践行新发展理念的高度，对鼓励支持非公有制经济健康发展提出一系列新的政策举措。

党的十八大进一步提出，“毫不动摇鼓励、支持、引导非公有制经济发展，保证各种所有制经济依法平等使用生产要素、公平参与市场竞争、同等受到法律保护”①。十八届三中全会提出，公有制经济和非公有制经济都是社会主义市场经济的重要组成部分，都是我国经济社会发展的重要基础；公有制经济财产权不可侵犯，非公有制经济财产权同样不可侵犯；国家保护各种所有制经济产权和合法利益，坚持权利平等、机会平等、规则平等，废除对非公有制经济各种形式的不合理规定，消除各种隐性壁垒，激发非公有制经济活力和创造力②。十八届四中全会提出要“健全以公平为核心原则的产权保护制度，加强对各种所有制经济组织和自然人财产权的保护，清理有违公平的法律法规条款”③。十八届五中全会强调要“鼓励民营企业依法进入更多领域，引入非国有资本参与国有企业改革，更好激发非公有制经济活力和创造力”④。国务院办公厅于2013年下发《关于强化企业技术创新主体地位、全面提升企业创新能力的意见》，国务院2014年下发《关于扶持小型微型企业健康发展的意见》、2015年8月下发《关于深化国有企业改革的指导意见》、10月下发《关于实行市场准入负面清单制度的意见》等文件，对非公有制企业参与国企改革、提升企业创新能力，落实小微企业税收优惠和清费政策、加大财政支持、降低融资成本等，提出新的政策举措。

---

① 胡锦涛：《坚定不移沿着中国特色社会主义道路前进，为全面建成小康社会而奋斗》（2012年11月8日），中共中央文献研究室编：《十八大以来重要文献选编》（上），中央文献出版社2016年版，第16页。

② 《中共中央关于全面深化改革若干重大问题的决定》（二〇一三年十一月十二日中国共产党第十八届中央委员会第三次全体会议通过），中共中央文献研究室编：《十八大以来重要文献选编》（上），中央文献出版社2016年版，第515—516页。

③ 《中共中央关于全面推进依法治国若干重大问题的决定》（二〇一四年十月二十三日中国共产党第十八届中央委员会第四次全体会议通过），中共中央文献研究室编：《十八大以来重要文献选编》（中），中央文献出版社2016年版，第162页。

④ 《中共中央关于制定国民经济和社会发展第十三个五年规划的建议》（二〇一五年十月二十九日中国共产党第十八届中央委员会第五次全体会议通过），中共中央文献研究室编：《十八大以来重要文献选编》（中），中央文献出版社2016年版，第798页。

为非公有制经济发展营造良好环境 引导非公有制企业适应经济发展新常态，把握和用好“十三五”规划实施，推进供给侧结构性改革，实施“一带一路”建设、京津冀协同发展、长江经济带发展等国家三大战略的重大机遇，优化发展战略，实现动能转换，加快升级换代，努力实现新作为新提升新发展。中央统战部制定《关于统一战线服务“一带一路”战略的意见》，就推动民营企业“走出去”明确政策举措。全国工商联与国家发展改革委建立合作机制，举办“政府和社会资本合作项目”推介电视电话会议，积极引导民间资本参与基础设施等领域重点项目建设。建立统战部门与非公有制经济人士经常性联系机制，及时了解党和国家方针政策贯彻落实情况，了解非公有制经济人士思想状况和企业生产经营中存在的困难，推动解决问题。2016年5月，国务院派出9个督查组，由国家发展改革委、科技部、工业和信息化部、财政部等部门负责人带队，赴18个省区市对促进民间投资落实情况开展专项督查。7月，国务院办公厅印发《关于进一步做好民间投资有关工作的通知》，要求认真抓好发现问题的整改落实。

2015年7月至8月，全国工商联受国务院委托，以第三方的身份，就支持小微企业发展的财税、金融、普遍性降费和清理规范涉企收费、商事制度改革四方面政策措施执行情况进行了重点评估，形成了《全面支持小微企业发展政策措施落实情况的第三方评估报告》。9月16日，国务院常务会议听取了全国工商联等关于政策措施落实情况第三方评估工作的汇报。在各有关部门的共同推动下，出台了若干项进一步支持小微企业发展的优惠政策。国务院决定设立总规模为600亿元的国家中小企业发展基金，用市场化的办法，重点支持种子期、初创期成长型中小企业发展。2016年5月，全国工商联又组织开展了促进民间投资第三方评估工作。开展国家政策落实效果评估工作，是政府工作机制的工作创新，为党和政府了解政策落实情况提供了新途径，为政府管理方式创新提供了新思路，为促进政策的贯彻落实找到了新方式。

【延伸阅读】

俞正声“问计”民营企业家

2016年2月2日，俞正声主持召开民营企业家座谈会，围绕调结构、谋发展听取意见建议。座谈会上，泛海集团卢志强、娃哈哈集团宗庆后、腾讯公司马化腾、东岳集团张建宏、特变电工公司张新、红豆集团周海江、亨通集团崔根良、天生密封件公司励行根，围绕践行发展新理念、结构调整和转型升级、创新驱动、守法诚信、实施“一带一路”战略、实施《中国制造2025》、“互联网+”和质量品牌建设等作了发言。俞正声认真听取大家的意见建议，并同他们深入讨论交流。俞正声指出，党中央鼓励支持引导民营经济健康发展是坚定不移的。我国经济发展进入新常态，面临速度换挡、结构调整、动力转换，这是我国经济向形态更高、分工更优化、结构更合理的阶段演进的必经过程。希望民营企业家全面认识和把握经济发展新常态，坚定信心，增强攻坚克难的勇气，以新状态实现新发展。

三、促进非公有制经济人士健康成长

开展非公有制经济人士理想信念教育实践活动 2013年5月，各级统战部门和工商联组织以“民营企业家与中国梦”为主题，开展非公有制经济人士理想信念教育实践活动，动员广大非公有制经济人士积极参与，进一步增强了非公有制经济人士对中国特色社会主义的信念、对党和政府的信任、对企业发展的信心。10月30日，全国非公有制经济人士理想信念报告会在北京召开，王玉锁、王均金、丁建忠、柳传志、南存辉、刘庆峰等6位企业家代表在会上交流了参与教育实践活动的收获和体会。后来这项教育活动又增加了“对社会的信誉”的内容，发展为“四信”教育。到2015年底，全国有26000多家商会参与活动，有效覆盖了160多万非公有制经济人士。2016年，明确理想信念教育实践活动以“守法诚信、坚定信心”为重点，着力发挥商会主阵地作用，充分发挥企业家主体作用。各地也开展了一系列贴近非公有制经济人士思想实际、主题突出、特色鲜明的活动。

表彰优秀中国特色社会主义事业建设者 2014年11月25日，中共中央统战部、工业和信息化部、人力资源和社会保障部、国家工商总局和全国工商联共同在北京举行第四届全国非公有制经济人士优秀中国特色社会主义事业建设者表彰大会。俞正声出席大会并讲话。100名非公有制经济人士和其他新的社会阶层人士获得“优秀建设者”荣誉称号。

会议希望广大非公有制经济人士和其他新的社会阶层人士要深入学习贯彻党的十八届四中全会精神，坚定不移走中国特色社会主义道路；在经济发展新常态中，加快转型升级、积极服务全面深化改革；在推进社会主义法治国家建设中，增强法治观念、切实履行社会责任，努力做到政治上自信、发展上自强、守法上自觉。

中国光彩事业促进会第五次会员代表大会 2015年10月19日至20日，中国光彩事业促进会第五次会员代表大会暨五届一次理事会在京召开。俞正声会见全体代表并讲话，孙春兰在大会开幕式上发表讲话。会议审议通过了工作报告、中国光彩事业促进会章程修改草案，选举产生了第五届理事会领导机构。

会议指出，中央统战工作会议把“两个健康”确定为非公有制经济领域统战工作主题，为进一步办好光彩事业指明了方向。希望非公有制经济人士始终坚定理想信念，真正成为与党同心同德的中国特色社会主义事业建设者；增强发展信心，主动适应新常态，通过转型升级不断提升企业核心竞争力；履行社会责任，弘扬“致富思源、富而思进，义利兼顾、以义为先，扶危济困、共同富裕”的光彩精神，多做利国利民利企的实事好事。

会议强调，要找准新形势下光彩事业参与扶贫开发的着力点，通过精准扶贫和项目实施，推动贫困地区脱贫致富、产业发展、社会进步，让贫困群众过上更有尊严、更加幸福的生活。要把光彩事业作为教育培养非公有制经济人士的重要阵地，引导他们把个人梦、企业梦融入中国梦，把增强理想信念体现到先富带动后富、促进共同富裕的实践中，吸引凝聚更多非公有制经济人士参与光彩事业。

会议进一步推动了光彩事业与精准扶贫的有机结合，在开展光彩事业革命老区行的基础上，相继在新疆、甘肃等贫困地区开展了光彩事业专项行动。党的十八大以来，共组织12次光彩行活动，覆盖中西部和东北6个连片特困地区，签约项目1584个，计划投资金额13325.9亿元，共计捐款18659.5万元。

实施“万企帮万村”精准扶贫行动　为贯彻落实中央扶贫开发工作会议和《中共中央国务院关于打赢脱贫攻坚战的决定》精神，2015年10月，全国工商联与国务院扶贫办、中国光彩会发起“万企帮万村”精准扶贫行动。这项行动以民营企业为帮扶方，以建档立卡的贫困村、贫困户为帮扶对象，以签约结对、村企共建为主要形式，力争3到5年时间，动员全国1万家以上民营企业参与，帮助1万个贫困村加快脱贫进程。2016年1月25日，召开推进“万企帮万村”精准扶贫行动全国电视电话会议，进一步明确任务、部署工作、推进行动。截至2016年5月，全国共有2万多家民营企业与21259个贫困村结对，开展了产业扶贫、商贸扶贫、就业扶贫、捐赠扶贫、智力扶贫等多种活动。习近平对此给予高度评价，指出“工商联开展的‘万企帮万村’精准扶贫行动很好，要抓好落实、抓出成效”。

加强和改进非公有制经济人士综合评价工作　2016年3月4日，习近平在参加全国政协十二届四次会议民建、工商联界委员联组会时的讲话中强调，对有贡献的非公有制经济人士做适当政治安排是一项重要工作。要坚持标准、严格程序、认真考察，做好综合评价，真正把那些思想政治强、行业代表性强、参政议政能力强、社会信誉好的非公有制经济人士推荐出来。《中国共产党统一战线工作条例（试行）》明确规定，推荐为人大代表候选人、政协委员以及在工商联等人民团体、社会组织中任职的非公有制经济人士，应当经综合评价。为适应综合评价工作的新要求，中央统战部在全面深入调研的基础上，总结了近年来对非公有制经济人士综合评价的实践经验，起草了《关于加强和改进非公有制经济代表人士综合评价工作的意见》。经中央统战工作领导小组第二次专题会议审议，2016年6月，中央统战部、中央组织部、全国工商联等14家部门单位共同印发了《意见》。《意见》紧密结合非公有制经济人士特点和评价单位业务工作实际，最大限度地与各单位现有信用评价指标体系相衔接，明确了思想政治表现、企业经济状况、企业守法诚信、个人守法等4个方面9个指标，由党委统战部牵头，党委组织部、工商联、人民法院、人民检察院、工业和信息化、公安、人力资源和社会保障、环保、卫生和计划生育、税务、工商（市场监督管理）、安全生产监督管理部门、工会等单位共同组织实施。这对于完善非公有制经济人士的政治安排、确保有序政治参与、更好发挥我国政治制度的优势具有重要意义。

四、提高工商联工作科学化水平

2012年12月7日，中华全国工商业联合会第十一次会员代表大会在北京开幕。中共中央政治局常委、书记处书记刘云山会见全体与会代表，并代表中共中央、国务院致贺词。大会听取和审议了中华全国工商业联合会第十届执行委员会工作报告，审议通过了《中华全国工商业联合会章程（修改草案）》，选举了中华全国工商业联合会第十一届执行委员会，王钦敏当选为主席。

贺词希望工商联坚持把促进非公有制经济健康发展和非公有制经济人士健康成长作为工作主题，充分发挥在非公有制经济人士思想政治工作中的引导作用，在非公有制经济人士参与国家政治生活和社会事务中的重要作用，在政府管理和服务非公有制经济中的助手作用，在行业协会商会改革发展中的促进作用，在构建和谐劳动关系、加强和创新社会管理中的协同作用。

全国工商联第十届执行委员会工作报告指出，未来五年工商联要高举中国特色社会主义伟大旗帜，坚持围绕中心、服务大局，坚持改革创新、主动作为，坚持面向基层、重心下移，以转变发展方式为主线促进非公有制经济健康发展，以培养合格中国特色社会主义事业建设者为目标引导非公有制经济人士健康成长，以改变基层薄弱状况为重点全面加强自身建设，不断提高工商联工作科学化水平，为全面建成小康社会、推进中国特色社会主义伟大事业作出新贡献。

会后，全国工商联积极推进统战工作向商会组织有效覆盖，召开商会工作建设会议，加强对所属商会的指导、引导和服务。持续推进县级工商联"一个设立、五个有"建设①，大力开展"领导班子好、会员发展好、商会建设好、作用发挥好、工作保障好"的活动。工商联自身建设得到加强，基层组织得到巩固。

第五节　加强和改进新形势下民族工作

一、召开中央民族工作会议暨第六次全国民族团结进步表彰大会

2014年9月28日至29日，中央民族工作会议暨国务院第六次全国民族团结进步表彰大会在北京举行。习近平在会上发表重要讲话，全面分析我国民族工作面临的国内外形势，深刻阐述当前和今后一个时期

① "一个设立、五个有"即县级工商联设立党组，有满足需要的人员编制、有保证工作正常运作的工作经费、有独立的办公场所、有必要的办公设备、有丰富的活动内容。

我国民族工作的大政方针。李克强就加快民族地区发展、促进全面建成小康社会作了讲话。俞正声在会议结束时作总结讲话。中共中央政治局常委张德江、刘云山、王岐山出席会议。会议对1496个全国民族团结进步模范集体和模范个人进行了表彰。

会议指出：

做好民族工作要坚定不移走中国特色解决民族问题的正确道路。①

民族区域自治制度是我国的一项基本政治制度，要坚持统一和自治相结合、民族因素和区域因素相结合，把宪法和民族区域自治法的规定落实好，关键是帮助自治地方发展经济、改善民生。

做好民族工作，最关键的是搞好民族团结，最管用的是争取人心。要正确认识我国民族关系的主流，多看民族团结的光明面；善于团结群众、争取人心，全社会一起做交流、培养、融洽感情的工作；加强各民族交往交流交融，尊重差异、包容多样，让各民族在中华民族大家庭中手足相亲、守望相助；创新载体和方式，引导各族群众牢固树立正确的祖国观、历史观、民族观；用法律来保障民族团结，增强各族群众法律意识；坚决反对大汉族主义和狭隘民族主义，自觉维护国家最高利益和民族团结大局。

要紧紧围绕全面建成小康社会目标，发挥好中央、发达地区、民族地区三个积极性，对边疆地区、贫困地区、生态保护区实行差别化的区域政策，优化转移支付和对口支援体制机制，把政策动力和内生潜力有机结合起来。要紧扣民生抓发展，重点抓好就业和教育；发挥资源优势，重点抓好惠及当地和保护生态；搞好扶贫开发，重点抓好特困地区和特困群体脱贫；加强边疆建设，重点抓好基础设施和对外开放。

---

① 中国特色解决民族问题的正确道路，就是《中国共产党统一战线工作条例（试行）》明确的民族工作根本要求：坚持中国共产党的领导，坚持中国特色社会主义道路，坚持维护祖国统一，坚持各民族一律平等，坚持和完善民族区域自治制度，坚持各民族共同团结奋斗、共同繁荣发展，坚持打牢中华民族共同体的思想基础，坚持依法治国。

解决好民族问题，物质方面的问题要解决好，精神方面的问题也要解决好。要旗帜鲜明地反对各种错误思想观念，增强各族干部群众识别大是大非、抵御国内外敌对势力思想渗透的能力。加强中华民族大团结，长远和根本的是增强文化认同，建设各民族共有精神家园，积极培养中华民族共同体意识。弘扬和保护各民族传统文化，要去粗取精、推陈出新，努力实现创造性转化和创新性发展。要积极做好双语教育和信教群众、少数民族代表人士、知识分子工作。

改革开放以来，我国进入了各民族跨区域大流动的活跃期，做好城市民族工作越来越重要。对少数民族流动人口，不能采取“关门主义”的态度，也不能采取放任自流的态度，关键是要抓住流入地和流出地的两头对接。要把着力点放在社区，推动建立相互嵌入的社会结构和社区环境，注重保障各民族合法权益，坚决纠正和杜绝歧视或变相歧视少数民族群众、伤害民族感情的言行。

各级党委和政府要把民族工作摆上重要议事日程，坚持从政治上把握民族关系、看待民族问题。明确提出：

民族地区的好干部要做到明辨大是大非的立场特别清醒、维护民族团结的行动特别坚定、热爱各族群众的感情特别真诚。①

强调无论是少数民族干部还是汉族干部，都要以党和国家的事业为重、以造福各族人民为念，齐心协力做好工作。

会议召开后，中央统战部和国家民委举办省部级干部民族工作专题研讨班，组织全国民族团结进步模范事迹报告团赴各地宣讲中央民族工作会议精神。24个部门组成联合督查组到11个省区市开展会议精神贯彻落实情况督查，7部委重点赴7省市开展禁止针对少数民族群众歧视性做法实地督查。2015年，选派542名干部参加挂职锻炼，并对西部地区和其他少数民族地区挂职锻炼25周年工作进行全面总结。

---

① 《人民日报》2014年9月30日第1版。

二、维护新疆社会稳定和长治久安

第二次中央新疆工作座谈会 新疆是多民族、多宗教、多元文化地区，许多问题相互交织、复杂敏感。党的十八大以来，党中央站在全局的高度，围绕社会稳定和长治久安这个总目标，坚持依法治疆、团结稳疆、长期建疆，推动新疆改革发展、民族团结、社会进步、民生改善、边防巩固取得了新的成就。同时，受国际复杂环境影响，新疆正处于暴力恐怖活动的活跃期、反分裂斗争的激烈期、干预治疗的阵痛期。

2014年4月27日至30日，习近平来到喀什和乌鲁木齐等地，深入乡村、企业、部队、学校、基层派出所、清真寺和新疆生产建设兵团，实地了解新疆经济社会发展情况，看望各族干部群众和部分长期在新疆工作的老同志，对做好新疆维护社会稳定、推进跨越式发展、保障和改善民生、促进民族团结、加强党的建设等工作进行指导。

2014年5月28日至29日，第二次中央新疆工作座谈会在北京举行。习近平在会上发表重要讲话，李克强就新疆经济社会发展工作作了讲话，俞正声在会议结束时作了讲话。张德江、刘云山、王岐山、张高丽等出席会议。

这次会议全面总结了2010年中央新疆工作座谈会以来的工作，科学分析了新疆形势，明确了新疆工作的指导思想、基本要求、主攻方向，对当前和今后一个时期新疆工作作了全面部署。

习近平强调，做好新疆工作是全党全国的大事，必须从战略全局高度，谋长远之策，行固本之举，建久安之势，成长治之业。我们党的治疆方略是正确的，必须长期坚持，保持战略定力。要结合新疆形势充实和完善党的治疆方略。指出：

坚持依法治疆、团结稳疆、长期建疆。①

---

① 《人民日报》2014年5月30日第1版。

要多管齐下，久久为功，扎实做好打基础利长远的工作，为社会稳定和长治久安打下坚实基础。指出：

社会稳定和长治久安是新疆工作的总目标。

这也是当前和今后一个时期新疆工作的着眼点和着力点。必须把严厉打击暴力恐怖活动作为当前斗争的重点，高举社会主义法治旗帜，大力提高群防群治预警能力，筑起铜墙铁壁、构建天罗地网。要并行推进国内国际两条战线，强化国际反恐合作。新疆的问题最长远的还是民族团结问题。指出：

民族团结是各族人民的生命线。

要坚定不移坚持党的民族政策、坚持民族区域自治制度。要高举各民族大团结的旗帜，在各民族中牢固树立国家意识、公民意识、中华民族共同体意识，最大限度团结依靠各族群众。指出：

各民族要相互了解、相互尊重、相互包容、相互欣赏、相互学习、相互帮助，像石榴籽那样紧紧抱在一起。

要加强民族交往交流交融，部署和开展多种形式的共建工作，推进“双语”教育，推动建立各民族相互嵌入式的社会结构和社区环境，有序扩大新疆少数民族群众到内地接受教育、就业、居住的规模，促进各族群众在共同生产生活和工作学习中加深了解、增进感情。

要精心做好宗教工作，依法保障信教群众正常宗教需求，尊重信教群众的习俗，稳步拓宽信教群众正确掌握宗教常识的合法渠道。要重视培养爱国宗教教职人员队伍，采取有力措施提高宗教界人士素质，确保宗教组织领导权牢牢掌握在爱国爱教人士手中。

要坚定不移推动新疆更好更快发展，同时发展要落实到改善民生上、落实到惠及当地上、落实到增进团结上。强调：

要在各族群众中牢固树立正确的祖国观、民族观，弘扬社会主义核心价值体系和社会主义核心价值观。

庆祝新疆维吾尔自治区成立60周年　2015年9月25日至10月1日，新疆维吾尔自治区成立60周年庆祝活动在乌鲁木齐举行。中共中央、全国人大常委会、国务院、全国政协、中央军委联合向新疆维吾尔自治区成立60周年发出贺电。习近平为新疆维吾尔自治区成立60周年题写了“建设美丽新疆、共圆祖国梦想”的贺匾。以俞正声担任团长的中央代表团赴疆慰问。在疆期间，中央代表团到新疆有关单位和各地州市走访慰问，接见离退休老同志、先进模范代表、各族各界人士和政法系统干部代表，看望慰问新疆军区、新疆生产建设兵团和武警部队，出席庆祝中华人民共和国成立66周年暨新疆维吾尔自治区成立60周年大会和招待会、文艺晚会等。

三、坚持党的治藏方略，加快西藏全面建成小康社会步伐

对口援藏工作20周年电视电话会议　2014年8月25日，对口支援西藏工作20周年电视电话会议在北京人民大会堂召开。俞正声、张高丽出席会议。俞正声强调，做好新形势下对口支援西藏工作，要始终坚持“一个中心、两件大事、四个确保”的新时期西藏工作指导思想，坚持“依法治藏、长期建藏、争取人心、夯实基础”的重要原则，充分认识和把握对口支援西藏工作的长期性、群众性、科学性，大力实施经济援藏、教育援藏、就业援藏、科技援藏、干部人才援藏，进一步完善全方位、多层次、宽领域的对口支援西藏工作格局，推进西藏跨越式发展和长治久安。对口支援西藏工作的指导思想、基本要求、工作方法对四川、云南、甘肃、青海四省藏区也是适用的。要组织动员各方力量，不断提高对口支援四省藏区的工作水平，加快西藏和四省藏区经济社会发展，提高群众生产生活水平，促进各民族交往交流交融，实现各民族共同团结奋斗、共同繁荣发展。

中央第六次西藏工作座谈会　2015年8月24日至25日，中央第六次西藏工作座谈会在北京召开。习近平出席会议并发表重要讲话。李克强就推进西藏和四省藏区经济社会发展作了讲话。俞正声在会议结

束时作了讲话。张德江、刘云山、王岐山、张高丽出席会议。

习近平指出，西藏工作关系党和国家工作大局。在60多年的实践过程中，形成了党的治藏方略，这就是：

必须坚持中国共产党领导，坚持社会主义制度，坚持民族区域自治制度；必须坚持治国必治边、治边先稳藏的战略思想，坚持依法治藏、富民兴藏、长期建藏、凝聚人心、夯实基础的重要原则；必须牢牢把握西藏社会的主要矛盾和特殊矛盾，把改善民生、凝聚人心作为经济社会发展的出发点和落脚点，坚持对达赖集团斗争的方针政策不动摇；必须全面正确贯彻党的民族政策和宗教政策，加强民族团结，不断增进各族群众对伟大祖国、中华民族、中华文化、中国共产党、中国特色社会主义的认同；必须把中央关心、全国支援同西藏各族干部群众艰苦奋斗紧密结合起来，在统筹国内国际两个大局中做好西藏工作；必须加强各级党组织和干部人才队伍建设，巩固党在西藏的执政基础。①

西藏工作的着眼点和着力点必须放到维护祖国统一、加强民族团结上来，把实现社会局势的持续稳定、长期稳定、全面稳定作为硬任务，各方面工作统筹谋划、综合发力，牢牢掌握反分裂斗争主动权。

西藏和四省藏区已经进入全面建成小康社会决定性阶段。要在西藏和四省藏区继续实施特殊的财政、税收、投资、金融等政策。西藏和四省藏区要坚持自力更生、艰苦奋斗，全面深化改革，不断增强各族群众的发展参与度和获得感。

实现西藏和四省藏区长治久安，必须常抓不懈、久久为功，谋长久之策，行固本之举。要大力做好藏传佛教工作，发扬藏传佛教界爱国爱教传统，推进寺庙管理长效机制建设，支持藏传佛教按照与社会主义社会相适应的要求进行教规教义阐释。要坚持不懈开展马克思主义祖国观、民族观、宗教观、文化观等宣传教育活动，凝聚中国特色社会

① 《人民日报》2015年8月26日第1版。

主义思想共识。要落实依法治藏要求，对一切分裂祖国、破坏社会稳定的行为都要依法打击。

庆祝西藏自治区成立50周年　2015年9月6日至11日，西藏自治区成立50周年系列庆祝活动在西藏隆重举行。中共中央、全国人大常委会、国务院、全国政协、中央军委联合发出贺电。习近平在贺匾上题词“加强民族团结　建设美丽西藏”。中央代表团团长俞正声出席庆祝大会并讲话。在藏期间，中央代表团分赴日喀则、昌都、山南、林芝、那曲、阿里等地走访慰问，接见各族各界人士代表，看望部队官兵。

第六节　坚持宗教中国化方向

一、召开全国宗教工作会议

2016年4月22日至23日，全国宗教工作会议在北京召开。习近平出席会议并发表重要讲话，李克强主持会议，俞正声在会议结束时作总结讲话。张德江、刘云山、王岐山出席会议。

这次会议，从党和国家事业发展全局的战略高度，科学分析了宗教工作面临的形势和任务，研究宗教工作面临的新情况新问题，明确提出了中国特色社会主义宗教理论，深刻阐明了宗教工作的一系列重大理论和实践问题，并就新形势下加强和改进宗教工作作出全面部署。

习近平指出，宗教问题始终是我们党治国理政必须处理好的重大问题。强调：

宗教工作在党和国家工作全局中具有特殊重要性，关系中国特色社会主义事业发展，关系党同人民群众的血肉联系，关系社会和谐、民族团结，关系国家安全和祖国统一。[①]

必须坚持党的宗教工作基本方针。要全面贯彻党的宗教信仰自由政策，依法管理宗教事务，坚持独立自主自办原则，积极引导宗教与社会主义社会相适应。党的宗教工作基本方针是我们党坚持马克思主义宗教观，从我国国情和宗教具体实际出发，汲取正反两方面经验制定出来的。实行宗教信仰自由政策，出发点和落脚点是要最大限度把广大信教和不信教群众团结起来。明确提出：

积极引导宗教与社会主义社会相适应，是要引导信教群众热爱祖国、热爱人民，维护祖国统一，维护中华民族大团结，服从服务于国家最高利益和中华民族整体利益；拥护中国共产党领导、拥护社会主义制度，坚持走中国特色社会主义道路；积极践行社会主义核心价值观，弘扬中华文化，努力把宗教教义同中华文化相融合；遵守国家法律法规，自觉接受国家依法管理；投身改革开放和社会主义现代化建设，为实现中华民族伟大复兴的中国梦贡献力量。

积极引导宗教与社会主义社会相适应，一个重要的任务就是支持我国宗教坚持中国化方向。强调要用社会主义核心价值观来引领和教育宗教界人士和信教群众，弘扬中华民族优良传统，用团结进步、和平宽容等观念引导广大信教群众，支持各宗教在保持基本信仰、核心教义、礼仪制度的同时，深入挖掘教义教规中有利于社会和谐、时代进步、健康文明的内容，对教规教义作出符合当代中国发展进步要求、符合中华优秀传统文化的阐释。

把党的宗教工作基本方针坚持好，关键是要在“导”上想得深、看得透、把得准，做到“导”之有方、“导”之有力、“导”之有效，牢牢掌握宗教工作主动权。

做好新形势下宗教工作，就要坚持用马克思主义立场、观点、方法认识和对待宗教，遵循宗教和宗教工作规律，深入研究和妥善处理宗教

---

① 《人民日报》2016年4月24日第1版。

领域各种问题，结合我国宗教发展变化和宗教工作实际，不断丰富和发展中国特色社会主义宗教理论，用以更好指导我国宗教工作实践。

要构建积极健康的宗教关系。在我国，宗教关系包括党和政府与宗教、社会与宗教、国内不同宗教、我国宗教与外国宗教、信教群众与不信教群众的关系。指出：

处理我国宗教关系，必须牢牢把握坚持党的领导、巩固党的执政地位、强化党的执政基础这个根本，必须坚持政教分离，坚持宗教不得干预行政、司法、教育等国家职能实施，坚持政府依法对涉及国家利益和社会公共利益的宗教事务进行管理。

要提高宗教工作法治化水平，用法律规范政府管理宗教事务的行为，用法律调节涉及宗教的各种社会关系。要保护广大信教群众合法权益，深入开展法治宣传教育，教育引导广大信教群众正确认识和处理国法和教规的关系，提高法治观念。

在爱国主义、社会主义旗帜下，同宗教界结成统一战线，是我们党处理宗教问题的鲜明特色和政治优势。要坚持政治上团结合作、信仰上相互尊重，多接触、多谈心、多帮助，以理服人，以情感人，通过解决实际困难吸引人、团结人。宗教团体是党和政府团结、联系宗教界人士和广大信教群众的桥梁和纽带，要为他们开展工作提供必要的支持和帮助，尊重和发挥他们在宗教内部事务中的作用，努力建设政治上可信、作风上民主、工作上高效的高素质领导班子。

各级党委要提高处理宗教问题能力。要把宗教工作纳入重要议事日程，及时研究宗教工作中的重要问题，推动落实宗教工作决策部署。要加强对党关于宗教问题的理论和方针政策的学习，加强对宗教基本知识的学习，把党关于宗教问题的理论和方针政策纳入干部教育培训计划。要建立健全强有力的领导机制，做好对宗教工作的引领、规划、指导、督查。要高度重视互联网宗教问题，在互联网上大力宣传党的宗教理论和方针政策，传播正面声音。坚决抵御境外利用宗教进行渗透，防范宗教极端思想侵害。

统战部门要担负起牵头协调责任，宗教工作部门要担负起依法管理责任，各有关部门及工会、共青团、妇联、科协等人民团体要齐抓共管，共同做好宗教工作。党的基层组织特别是宗教工作任务重的地方基层组织，要切实做好宗教工作，加强对信教群众的工作。共产党员要做坚定的马克思主义无神论者，绝不能在宗教中寻找自己的价值和信念。要加强对青少年的科学世界观宣传教育。

二、发挥宗教界人士和信教群众的积极作用

对宗教教规教义作出符合时代进步的阐释　支持宗教界努力挖掘和弘扬宗教教义、宗教道德、宗教文化中有利于社会发展、时代进步和健康文明的内容，对教规教义作出符合时代进步要求的阐释，进一步推动宗教与社会主义社会相适应。以纪念丁光训主教诞辰100周年系列活动为契机，进一步推动基督教界加强神学思想建设，推动基督教中国化进程。指导中国天主教“一会一团”举办“本地化”和“民主办教”研讨会，积极推动天主教与社会主义社会相适应。在佛教、道教界开展讲经交流，伊斯兰教界开展“解经”工作。2013年，中国佛教协会在四川成都举办“佛教生命观研讨会”，阐发中国三大语系佛教珍爱生命、反对极端的理念，从正面对达赖集团蛊惑、煽动自焚的行为进行驳斥。

在促进经济社会发展中发挥积极作用　支持宗教界积极投身公益慈善事业，开展社会服务工作。制定鼓励宗教界在公益慈善方面发挥积极作用的文件，指导宗教界在全国范围内开展“宗教慈善周”活动。2015年，宗教界积极响应国家打赢脱贫攻坚战的号召，将扶贫济困作为今后一段时期的重点，推动宗教公益慈善向纵深发展。积极践行节俭环保、护生利生的理念，积极开展植树造林、防沙治沙、动物保护等环保公益活动，提高广大信教群众的生态意识，促进环保理念的大众传播。

三、提高宗教工作法治化水平

完善管理宗教事务的法律体系 在《宗教事务条例》确定的基本法规制度基础上，国家宗教局先后制定出台12部部门规章，形成了宗教团体和宗教活动场所管理制度、宗教教职人员认定备案制度、宗教院校管理制度、宗教财产管理制度、宗教出版物、大型宗教活动、大型露天宗教造像管理制度以及宗教涉外事务制度等较为系统的宗教法律制度，丰富和充实了依法管理宗教事务的法律体系。各地共制定或修订了60多个宗教事务方面的地方性法规及政府规章，逐步形成了《条例》统括全局、地方法规规章细化落实的格局。中央统战部与国家宗教局、中央网信办等6部门联合下发加强互联网宗教事务管理有关工作意见。

加强爱国宗教团体组织建设和制度建设 积极稳妥开展自选自圣主教工作，举办天主教上层人士和归国留学人员研讨班，研究修订中国天主教民主办教“三项制度”。加强宗教界代表人士队伍建设，宗教院校增至85所，基本建立了较为完善的宗教院校教育体系，宗教院校成为培养爱国宗教骨干人才的主渠道。全国和地方宗教团体的领导班子、工作机构建设得到加强，一大批“政治上靠得住、宗教上有造诣、品德上能服众、关键时起作用”的中青年教职人员充实到宗教团体中，较好地实现了宗教团体领导班子的新老交替，为发挥宗教团体积极作用增添了活力。

四、妥善处理宗教领域复杂问题

建立健全工作机制 建立我国伊斯兰教穆斯林朝觐工作协调机制，有组织有计划朝觐，坚决制止零散朝觐，实现了平安朝觐、有序朝觐、文明朝觐的目标。制定藏传佛教寺庙管理办法，完善长效管理机制，维护藏传佛教正常秩序。

依法治理各种乱象 2013年以来，针对佛教、道教领域出现的问题和乱象，集中开展专项治理并进行重点督查，遏制乱建寺庙和露天宗教造像之风，斩断借教敛财利益链，解决少数宗教教职人员戒律松弛、追名逐利等问题。依法治理基督教私设聚会点，一些地方基督教活动混乱的现象得到一定程度遏制。

防范宗教极端主义渗透蔓延 加大新疆民族宗教工作力度，推动实施新疆伊斯兰教“去极端化”工程。2014年，中国伊斯兰教协会在新疆乌鲁木齐举办了以“坚守中道、远离极端”为主题的伊斯兰教中道思想研讨会，阐释了伊斯兰教中道思想的丰富内涵，批驳了宗教极端思想的歪理邪说，强烈谴责暴力恐怖活动。新疆治理违法经文学校和阿语学校，依法严厉打击极端组织，依法查处传播极端思想的组织和个人、网站、非法出版物和宣传品，形成遏制极端的社会氛围。

第七节　最广泛地团结港澳台海外同胞

一、坚持“一国两制”，保持港澳长期繁荣稳定

香港特区政府依法推动“政改” 2013年12月4日至2014年5月3日，香港特别行政区政府就2017年行政长官产生办法和2016年立法会产生办法进行了广泛、深入的公众咨询。在此基础上，香港特别行政区行政长官就2017年行政长官和2016年立法会产生办法修改问题向全国人大常委会提出报告。2014年8月31日，第十二届全国人民代表大会常务委员会就2017年香港特别行政区行政长官普选办法和2016年立法会产生办法作出决定，明确了行政长官普选的原则和制度框架。

2015年1月至3月，香港特区政府就2017年行政长官产生办法和2016年立法会产生办法进行了第二轮咨询。2015年4月22日，香港特区政府严格按照基本法和全国人大常委会在2014年8月31日作出的决定，同时尝试在众多及不同的诉求和观点中，寻找最大的共同点及平衡点，发表《行政长官普选办法公众咨询报告及方案》。2015年6月18日，香港特别行政区立法会就特区政府提出的行政长官普选法案进行表决。立法会70名议员中有28名议员投反对票，法案未能获得香港基本法规定的全体议员2/3多数支持而未获通过。这意味着2017年第五任香港特别行政区行政长官选举不能实行由普选产生的办法，而继续沿用现行的由行政长官选举委员会选举产生的办法。

此次特区政府提出的普选方案符合基本法和全国人大常委会的有关决定，得到多数市民的认同。但少数议员出于私利，否决普选法案，阻碍香港民主发展进程，使香港错失了实现行政长官普选的重要机遇。中央政府表示将继续坚定不移地落实“一国两制”、“港人治港”、高度自治的方针，继续坚定不移地支持行政长官和特区政府依法施政，继续坚定不移地支持香港特别行政区依法循序渐进地发展民主并最终达至普选目标。

妥善处置非法“占中”事件　2014年9月28日，香港少部分人不满全国人大常委会8月31日表决通过的《关于香港特别行政区行政长官普选问题和2016年立法会产生办法的决定》，于凌晨发起所谓“占领中环”非法集会，在金钟、旺角、铜锣湾等多个地点强行设置路障，占据部分交通干道，围堵行政长官办公室，冲击政府总部和立法会大楼，与警方发生激烈冲突，严重扰乱社会秩序、损害经济民生、冲击香港政局稳定。

香港社会各界市民强烈谴责违法“占中”行动。香港特区政府依法处置、稳妥应对，香港警方忍辱负重、理性克制，广大爱国爱港团体和人士积极组织反“占中”活动，给特区政府和警队以有力支持。12月中旬，香港特区政府和警方依据高等法院禁制令和有关法律规定，开展清路清场行动，恢复路面交通和社会秩序，得到香港广大市民和社会各界普遍理解和支持。中央充分肯定并坚决支持香港特区政府和警方依法处置违法行为，维护法治和秩序。12月15日傍晚，非法“占中”的最后“占领”区域铜锣湾及立法会大楼外示威区清场结束。

庆祝澳门回归祖国15周年大会暨澳门特别行政区第四届政府就职典礼　2014年12月20日上午，庆祝澳门回归祖国15周年大会暨澳门特别行政区第四届政府就职典礼在澳门东亚运动会体育馆隆重举行。习近平出席并发表重要讲话。在习近平的监誓下，崔世安宣誓就任澳门特别行政区第四任行政长官，澳门特别行政区第四届政府主要官员在崔世安带领下宣誓就职。

习近平指出，澳门回归祖国15年来，“一国两制”实践取得了丰硕成果。希望继续奋发有为，不断提高特别行政区依法治理能力和水平；继续统筹谋划，积极推动澳门走经济适度多元可持续发展道路；继续筑牢根基，努力促进社会和谐稳定；继续面向未来，加强青少年教育培养。

习近平强调，继续推进“一国两制”事业，必须牢牢把握“一国两制”的根本宗旨，把坚持一国原则和尊重两制差异、维护中央权力和保障特别行政区高度自治权、发挥祖国内地坚强后盾作用和提高港澳自身竞争力有机结合起来，任何时候都不能偏废。

二、坚定推进两岸关系和平发展

倡导“两岸一家亲”理念　2013年10月6日，习近平在印度尼西亚巴厘岛出席亚太经合组织第二十一次领导人非正式会议期间，会见了台湾两岸共同市场基金会荣誉董事长萧万长一行。习近平强调，两岸双方应该坚持走两岸关系和平发展的正确道路，倡导“两岸一家亲”的理念，加强交流合作，共同促进中华民族伟大复兴。随后，在2014年2月18日和5月7日，习近平分别会见了中国国民党荣誉主席连战和亲民党主席宋楚瑜，再次强调“两岸一家亲”的理念。

习近平指出，由于历史和现实的原因，两岸关系存在的很多问题一时不易解决，但两岸同胞是一家人，有着共同的血脉、共同的文化、共同的连结、共同的愿景，这是推动相互理解、携手同心、一起前进的重要力量。两岸同胞一家亲，谁也不能割断我们的血脉；两岸同胞命运与共，彼此没有解不开的心结；两岸同胞要齐心协力，持续推动两岸关系和平发展；两岸同胞要携手同心，共圆中华民族伟大复兴的中国梦。

提出“四个坚定不移”方针　2015年3月4日，习近平看望了参加全国政协十二届三次会议的民革、台盟、台联委员，并参加联组会，听取委员们意见和建议。习近平在认真听取大家发言后发表了重要讲话，强调，两岸关系和平发展是一条维护两岸和平、促进共同发展、造福两岸同胞的正确道路，也是通向和平统一的光明大道，我们应该坚定不移走和平发展道路，坚定不移坚持共同政治基础，坚定不移为两岸同胞谋福祉，坚定不移携手实现民族复兴。

习近平强调，我们始终把坚持“九二共识”作为同台湾当局和各政党开展交往的基础和条件，核心是认同大陆和台湾同属一个中国。只要做到这一点，台湾任何政党和团体同大陆交往都不会存在障碍。“台独”分裂势力及其活动损害国家主权和领土完整，企图挑起两岸民众和社会对立、割断两岸同胞精神纽带，是两岸关系和平发展的最大障碍，是台海和平稳定的最大威胁，必须坚决反对。

习近平指出，为两岸同胞谋福祉是我们发展两岸关系的着眼点和落脚点。我们坚持为两岸同胞谋福祉的理念不会变，为台湾同胞办实事、办好事的政策措施不会变。我们注重听取台湾各界特别是基层民众意见和建议，愿意了解台湾同胞想法和需求。我们欢迎更多台湾同胞参与到两岸大交流进程中来，成为两岸关系和平发展的支持者、参与者。我们愿意让台湾同胞分享大陆发展机遇，愿意为台湾青年提供施展才华、实现抱负的舞台，让两岸关系和平发展为他们的成长、成才、成功注入新动力、拓展新空间。

习近平同马英九历史性会面　2015年11月7日，习近平同台湾方面领导人马英九在新加坡会面。双方肯定2008年以来两岸关系和平发展取得的重要成果，认为应继续坚持“九二共识”，巩固共同政治基础，推动两岸关系和平发展。这是1949年以来两岸领导人首次会晤，翻开了两岸关系历史性的一页。

两岸领导人通过对两岸关系66年来发展历程的回顾，尤其是对2008年以来两岸关系和平发展取得的重要成果的肯定，表明了两岸继续走和平发展道路的决心，极大地提振了两岸同胞对和平发展道路的信心。双方同意采取积极措施，扩大深化两岸经济、文化、社会等各领域交流合作，融洽同胞亲情，促进心灵契合。双方都强调，两岸同胞同属中华民族，呼吁两岸同胞携手合作，共同致力于实现中华民族伟大复兴。这充分说明，两岸双方在一个中国原则基础上，完全能够通过建立和加强高层沟通，增进互信，明确方向，共同推动两岸关系和平发展，维护台海和平稳定，致力于中华民族伟大复兴。

三、汇聚海内外同胞实现中国梦的强大力量

推进港澳台海外爱国力量建设　2013年10月10日，中华海外联谊会四届一次理事大会在北京召开。俞正声会见了出席中华海外联谊会四届一次理事大会的全体理事，并与新一届领导班子进行座谈。2015年9月21日，中国和平统一促进会第九届理事大会在京召开，俞正声当选中国和平统一促进会会长，孙春兰当选为执行副会长，陈昌智、严隽琪、万鄂湘、张宝文、陈竺、韩启德、帕巴拉·格列朗杰、万钢、林文漪、齐续春、王钦敏当选为副会长。会议强调，早日完成祖国统一大业，实现中华民族伟大复兴中国梦，是反“独”促统运动的时代主题。要着力融通两岸同胞民心，扩大两岸社会各界各阶层接触面；要着力维护国家核心利益，始终坚持反对“台独”的立场；要着力营造有利国家发展、祖国统一的国际氛围；要着力壮大反“独”促统力量，巩固发展全体中华儿女反分裂、促统一的良好局面。

参与中国人民抗日战争暨世界反法西斯战争胜利70周年纪念活动 2015年，根据中央统一部署，中央统战部牵头举办港澳台同胞、海外有关人士纪念抗战胜利70周年座谈会和纪念台湾光复70周年大会，参与配合纪念中国人民抗日战争暨世界反法西斯战争胜利70周年大会等7项活动。8月31日，统一战线纪念中国人民抗日战争暨世界反法西斯战争胜利70周年座谈会在北京召开，孙春兰出席并讲话，万鄂湘、王钦敏、唐晓青、马国超、黄梅邨分别代表民主党派、工商联、无党派人士、民族宗教界人士和港澳台海外人士发言。会议强调，要继承和弘扬抗日民族统一战线优良传统，将海内外中华儿女团结凝聚在以习近平同志为核心的中共中央周围，共同开创中华民族伟大复兴的美好未来。

后　记

编写《中国共产党统一战线史》（以下简称《统战史》）是中央党史研究室组织编写的《中国共产党专门史丛书》之一，也是中央统战部的一项重要任务和统战理论建设的一项基础工程。《统战史》的编写工作自2001年立项以来，先后得到李瑞环、贾庆林、俞正声等中央领导同志的亲切关怀，王兆国、刘延东、杜青林、孙春兰同志在编写过程中先后给予指导。2010年，中央党史研究室将《统战史》列入中国共产党专门史第一批启动的课题，将中央统战部作为第一批启动专门史编写工作的部门。中央统战部成立《统战史》专门编写班子，在前期资料收集和研究基础上组织人员进行编写，2013年形成初稿。经广泛征求各方面意见，反复修改，于2016年7月形成征求意见稿，11月形成送审稿。12月，中央政治局委员、中央统战部部长孙春兰同志主持召开部长办公会审议，2017年1月报中央政治局常委、全国政协主席俞正声同志审批后正式出版。

《统战史》的编写，坚持以马克思列宁主义、毛泽东思想、邓小平理论、“三个代表”重要思想、科学发展观为指导，深入学习贯彻习近平总书记系列重要讲话精神和治国理政新理念新思想新战略，特别是关于统一战线的重要思想，以党中央关于党的历史问题的决议和关于统一战线的重要论述为依据，以党的统战理论政策和实践发展为主线，坚持党性和科学性的统一、整体性和阶段性的统一、深刻性和生动性的统一，以史为主、论从史出，力求生动反映统一战线在革命、建设和改革事业中的重要法宝作用，清晰展现党的统一战线理论、方针、政策在各个时期的发展脉络，深刻揭示建立、巩固和发展统一战线的基本规律，力求为广大党政干部、统战干部和统战成员奉献一部权威、准确、简明的党的统一战线历史著作，更好发挥以史鉴今、资政育人的作用。

本书编写工作是在中央统战部领导班子领导下进行的，由中央统战部原副部长陈喜庆同志牵头，中央统战部研究室具体组织编写。《统战史》编写中，除中央统战部相关人员参与外，还诚邀中央党校、中央社会主义学院、民主党派中央、地方统战部门负责同志和专家学者参与编写。

编写过程中，张健、姚植传、章建敏、夏畦、高飞、艾多同志参与讨论提纲、组织协调并审阅书稿。吴茜、徐小凤、周志华、蒋志敏、李德兼、齐连振、庞德彬、方敏、高向军、姜红星、高阳、肖照青、郭伟、孙博、刘冰、梁艳丽、陈玉凤、黎晓明、程鹏、杜雪芬、王森、孙倩、唐勇刚、乔发进、邵泽龙、曾辉、贾泽鹏、黄大勇、徐磊、王宇辰、闫莉、吴文鑫、王美玲、刘晨阳同志参与了部分工作。中央统战部原副秘书长、四局局长张献生和四川省人民政府参事室任杰同志进行了统稿。陈喜庆同志对整个书稿进行审改后，报孙春兰同志审定。

本书具体承担各章节编写工作的人员如下：第一至四章，九三学社中央岳庆平、任杰；第五至八章，上海市委统战部殷之俊；第九至十一章，有关民族宗教内容，中央党校龚学增；第九、十章，有关多党合作和政治协商内容，中央社会主义学院郑宪；有关基础理论内容，任杰；有关党外知识分子内容，欧美同学会许睢宁；有关非公有制经济领域统战工作内容，中山大学梁平汉；第五、六、十、十一章，有关西藏工作内容，中国藏学研究中心毕华；有关台湾内容，中国社会科学院台湾研究所谢郁；第十一章，中央统战部仇昱；第十二章，李德兼、王宇辰。

《统战史》编写、出版工作，得到中央有关领导同志、中央有关部门的指导和帮助，也得到了各民主党派中央、全国工商联，中央统战部老领导，各地统战部门的鼎力支持。在本书编写过程中，刘延东、杜青林、王兆国等领导同志对书稿提出了指导性意见。中央党史研究室、中央文献研究室、民革中央、民盟中央、民建中央、民进中央、农工党中央、致公党中央、九三学社中央、台盟中央、全国工商联、中央社会主义学院等提出了宝贵意见。中央党史研究室、中央文献研究室对书稿进行了审读和把关，提出了修改意见。中央统战部部领导张裔炯、巴特尔、徐乐江、苏波、史大刚、冉万祥、戴均良同志，曾担任中央统战部部领导的朱维群、全哲洙、斯塔、林智敏同志审阅了书稿。中央统战部老同志华毅、罗广武等，中央统战部张明、徐志涛、孙凌雁、袁莎、傅铁生、戚建美、路晓峰等同志，分别对书稿相关章节进行了审读。谨向上述单位和个人以及所有为本书编写作出贡献的同志，表示诚挚的感谢！

我们深知，中国共产党统一战线90多年的光辉历程波澜壮阔，各个领域统战工作实践丰富多彩，成功经验和优良传统弥足珍贵，独具特色的理论政策体系博大精深，方方面面的党外代表人士灿若群星，要将其浓缩在一部40多万字的著作中，是一件很不容易的事情。由于水平有限、经验不足，不够周到和妥当之处在所难免，恳请广大读者朋友批评指正。

中共中央统战部
2017年6月